긍정주의 심리치료

Nossrat Peseschkian 저

김희진 역

Positive Psychotherapy

학지사

Positive Psychotherapy

Theory and practice of a new method

by Nossrat Peseschkian

역자 서문

긍정주의 심리치료는 정상인이나 장애인, 사회계층 간의 구별 없이 사람은 누구나 실제로 활용가능한 잠재능력 및 기본적인 잠재능력을 가지고 있다는 전제하에서 전개해 나가는 심리치료 접근법이다. 이는 역자의 삶의 철학이나, 교육관, 그리고 심리치료 접근 양식과 상당히 일치하여 호감을 가지게 되었다. 여기서 '긍정적'이라는 말은 사람들이 현재 보이는 장애를 해결하는 데 초점을 두기보다 활용가능한 잠재능력과 자조능력에 그 방향을 맞추고 있다는 의미다. 나는 실제로 상담현장에서 만나는 내담자들의 변화를 통해서 또는 교육현장에서 만나는 학생들의 성장과 성숙을 통해서 사람의 잠재능력의 중요성을 느꼈으며, 이 과정 속에서 인생과 사람에 대한 긍정적인 태도와 마음을 가지게 되었다. 모든 사람은 나름대로의 잠재능력을 갖추고 있다가 어느 순간 적합한 환경과 조건이 되면 발현될 수 있다는 것을 경험한 것이다.

긍정주의 심리치료에서는 인간의 잠재능력이 특정문화나 계층에 영향을 받지 않는다고 보고 있다. 인간에게 있는 실제로 활용가능한 잠재능력을 끌어내어 이미 내재한 치료적 능력을 활성화함으로써 서로 다른 언어를 가진 다양한 계층의 사람들이 문화를 초월한 문제들을 효과적으로 다룰 수 있다고 보는 것이다. 이는 개인이 가지고 있는 활용가능한 잠재능력은 사회문화나 사회계층의 구별 없이 모든 사람에게 있는 것으로서, 만약 치료자가 만나는 내담자가 다른 사회계층, 다른 문화에 속해 있을지라도 그 격차를 초월하여 상호 간에 소통할 수 있고 내담자가 이해받고 있다고 느낄 수 있을 때 비로소 치료효과가 나타나기 때문이다. 이런 의미에서 긍정주의 심리치료는 치료 장면에서 누구에게나 적용가능한 치료 접근으로 평등한 기회가 주어질 수 있다는 가능성을 시사하고 있는 것이다.

　　기존의 심리치료 및 교육학적 문헌에서 관습적, 기능적 그리고 역동적인 관련성을 고려했다면 긍정주의 심리치료에서는 양육 및 인간관계의 갈등 그리고 심리치료에서 드러나야 할 내용에 초점을 두었다는 특징이 있다. 이 책에서는 심리적 내용을 중심으로 구성된 활용가능한 잠재능력을 일차적 잠재능력과 이차적 잠재능력으로 구분하고 있다. 일차적 잠재능력은 사랑하는 능력을 지칭하는데, 이는 더 우월해서라기보다는 정서영역과 더 많이 관련되어 있음을 의미하는 것이다. 이차적 잠재능력은 알고자 하는 인지능력으로 지식전달과 관련된 것으로 개인이 속한 사회집단 내에서의 성취규범이 반영되어 있다. 이렇게 내용과 관련된 경험이나 생각과 감정이 갈등을 유발시키는 것으로 보며, 이와 같은 심리 내용을 분석하기 위해 체계적으로 개발된 분화 분석 목록(Differentiation Analysis Inventory: DAI)을 사용하여 갈등의 내용과 증상을 진단하고 치료할 수 있는 모델을 제시하고 있다.

　　나아가 긍정주의 심리치료에서는 심리내용을 목록화하여 분명한 치료 범주를 분류해 주고 있다. 일차적 잠재능력의 내용 목록은 사랑(정서), 모델링, 인내, 시간, 교제, 성적특질, 믿음, 확신, 희망, 신앙/종교, 의심, 확실성, 일치성으로 분류되어 있으며, 이차적 잠재능력의 내용 목록은 시간엄수, 청결, 질서정연, 순종, 예의, 정직/솔직, 충실성, 정의, 근면/성취, 절약, 신뢰, 정확성, 성실성 등으로 분류되어 있다. '질서'의 한 예를 들어 보면, 만약 개인의 활용가능한 잠재능력 안에 '질서'라는 내용이 없다면 질서라는 것을 인식하는 것이 불가능하다고 보는 것이다. 다른 말로 하면, 각 개인에게 '질서'라는 개념과 관련된 경험, 생각, 감정들이 내재되어 있기 때문에 개인이 가지고 있는 그 질서의 의미와 어긋나는 혹은 상반되는 상황에 부딪히게 되면 그 개인은 양육이나 인간관계, 심리치료, 교육장면 등에서 갈등을 겪게 된다고 설명하고 있다.

　　초기의 긍정주의 심리치료 접근은 심리적 및 심인성 장애의 원인을 찾는 치료에서 출발하였으나 점차 긍정적인 방향으로 수정되어 환자 자신의 활용가능한 잠재능력과 자조능력 부분들을 활성화시키는 치료모델로 개발되었다. 이와 같은 연구진의 노력은 드디어 개인의 심리내용과 연관되어 갈등을 일으키는 영역들인 양육, 인간관계, 자조(self-help)능력 및 정신건강을 긍정적으로 활성화시키는 심리치료 및 교육장면 분야에 새로운 가능성을 열어 주게 된 것이다.

이 책에서 저자가 나타내고자 하는 의미를 나름대로 열심히 전달하려는 과정에서 더 오랜 시간이 걸리게 되었으며, 번역을 하는 동안 상담전문가로서 또 교육자로서 많은 깨달음과 통찰을 얻는 유익한 시간을 가질 수 있었다. 만약 독자들이 관심을 가지고 이 책을 읽는다면 심리치료 및 교육에 큰 도움이 되리라 확신한다. 이 책의 번역에 큰 관심을 가지고 조언을 아끼지 않으신 김유숙 교수님, 그리고 이 책이 나오기까지 오래도록 흔쾌히 기다려 주신 학지사의 김진환 대표님과 편집부 관계자들에게도 감사한 마음을 전한다. 또한 이 책의 번역 과정에서 헌신적으로 도와주고 지원해 준 서울외국어고등학교 학생생활상담소 조성진, 박진선, 배정주 상담선생님들과 사랑하는 마음으로 격려해 주며 나를 지탱해 준 가족들에게 미안함과 아울러 고마운 마음 가득하다. 나아가 나의 인생 가운데 이 책이 나올 수 있도록 언제나 함께해 주신 하나님께 감사드린다. 생각이 막히어 진척이 없을 때마다 격려와 지혜로 나의 생각을 깨우쳐 주신 나의 주, 나의 하나님께 감사와 사랑을 고백한다.

2010년 역자

저자 서문

1. 긍정주의 심리치료란 무엇인가

고통의 상황이라는 것은 정신적 고통뿐만 아니라 여러 양식으로 나타난다. 예를 들면, 어떤 사람이 오랫동안 한쪽 다리로만 서 있다고 하자. 그렇게 되면, 시간이 흐르면서 다리 근육에 경련이 일고 체중의 부담을 견디지 못해 아픈 다리가 그만 균형을 잃게 된다. 다리뿐만 아니라 온몸의 근육 조직은 이러한 자세를 견디지 못하여 경련을 일으키고, 그 고통이 참을 수 없이 극심하게 되면 결국 누군가에게 도움을 요청하게 된다.

이러한 상황이 되면 여러 방면에서 그 사람에게 도움을 주려고 몰려든다. 어떤 사람은 경련을 일으키는 다리를 풀어 주려고 주무르기도 하고, 또 다른 사람은 그의 목을 잡고 스웨덴식 마사지를 해 주기도 하며, 팔을 내밀어 균형을 잡아 주려는 사람도 있다. 또 어떤 사람은 더 이상 그가 힘들게 서 있지 않도록 두 손을 잡아 주라고 말하기도 한다. 이를 지켜보던 한 노인은 다가와서 두 다리를 모두 잃은 사람들과 비교하면 한 다리라도 있는 것이 얼마나 다행인지 생각해 보라고 말하기도 한다. 또 어떤 사람은 자신이 깃털처럼 가볍다고 상상하면서 그 상태에 몰입하면 고통이 훨씬 줄어들 것이라고 맹세하듯 말하기도 한다. 어떤 노인은 모든 것을 통달한 듯이 "시간이 낫게 해 줄 걸세."라고 충고를 하기도 한다. 그러다가 마침내 이를 쭉 지켜보던 한 사람이 그에게 다가와 이렇게 말한다. "왜 한쪽 다리로 서 있죠? 다른 쪽 다리를 쭉 펴고 서 보세요. 다른 쪽 다리도 있잖아요."

이것이 바로 긍정주의 심리치료다

오늘날의 심리치료에서는 경제적이면서도 효과적인 치료방법을 개발하도록 요구하고 있다. 이 책의 핵심은 이것이 기존의 방대한 이론, 방법, 개념, 치료 절차에 덧붙여 추가하는 것이 아니라 오히려 근본적인 방법을 보다 확장하는 문제를 제기하는 것이다. 기존의 많은 심리치료 절차에서는 대부분이 장애와 병리에 그 시작점을 두고 있는 데 반하여, 이 책에서 제시하고 있는 예방의학과 심리치료에서는 장애보다는 한 사람의 발전가능성과 잠재능력에 중점을 두고 있다. 만일 인간의 발달 단계에서 이러한 능력이 키워지지 않은 채 무시되거나 발달 과정에서 한쪽으로 편향되어 구조화된다면, 잠재되어 버리거나 드러나거나 갈등을 일으킬 여지가 다분히 자리를 잡게 된다.

2. '비진단(No Diagnosis)'의 원리

전통적인 심리치료는 인간에 대한 정신 병리적 관점에서 비롯되었다. 따라서 전통적인 심리치료의 연구와 치료대상은 장애이며, 치료 목적은 외과수술에서 조직을 절제하는 것과 같이 이러한 장애를 제거하는 것이다. 심리치료는 이런 관점에서 오랜 전통을 이어 왔다. 치료자들은 우울, 강박 신경증, 정신분열증, 히스테리, 불안, 공격성, 인정욕구행동, 그리고 천식, 두통, 심장 통, 위장 질환, 복부 통증 등과 같은 심인성 질환을 주로 치료해 왔다. 일단 이러한 시사점은 적절하다고 볼 수 있다. 왜냐하면 환자가 단지 자신의 건강상태를 확인하기 위해 치료자를 찾는 경우는 거의 드물고, 오히려 신체기관과 그 기능이 손상되어 이를 제거하기 위해 치료자를 찾는 경우가 많았기 때문이다. 이렇게 실제적인 관점을 따져 보면, 의학은 아프지 않은 것이 건강한 것이며 건강한 것이 아프지 않은 것이라는 비진단의 원리를 발전시킨 것이다.

이 원리에 따르면 심리치료는 동양철학과 그리스 철학에 이미 존재하고 있던 인지적 모델을 차용한 것으로, 이는 어떠한 개념을 정의하는 데 있어서 그건 아니다라고 말하는 부정적인 원리에 입각한 것이라고 볼 수 있다. 즉, 어떤 사람이 부정적인 속성에 대해 묘사하면서 그 부정적 속성을 부인하는 것이 곧 긍정적인 것이라고 가정하고 있다. 이렇게 정의하는 치료 방법에는 그만한 역사적인 배경을 가지고 있다. 소크라테스가 유명한 시인에게 아름다움이 무엇인지 말해 보라고 했을 때, 놀랍게도 그 시인은 아름다움에 대해서는 이야기하지 않고 오히려 그 반대개념인 추함에 대해 이야기하였다. 소크라테스가 왜 아름다움을 그런 식의 찬사로 표현하느냐고 시인에게 묻자 그는 "나는 추함이 무엇인지에 대해 묘사하였습니다. 추하지 않은 것이 바로 아름다움이기 때문입니다."라고 대답하였다.

이와 같은 원리가 구약성경의 십계명에서도 나타나고 있는데, 즉 도적질하지 마라, 네 이웃의 아내를 탐하지 마라, 살인하지 마라 등이다. 우리의 일상적인 삶에서 따라야 하는 준수사항에서도 부정적인 형태로 묘사되어 있음을 알 수 있다. 사람들은 어떻게, 무엇을 해야 하는지에 대해서는 거의 듣지 못하고, 무엇을 하지 말아야 하는지에 대해서 더 많이 듣고 있는 것이다.

심리분석에 대한 과학적 방법도 초기에는 이러한 부정적인 원리에 기반을 두고 있었다. 프로이트(Freud, S.) 역시 "병리를 연구할 때에만 정상을 이해할 수 있다."라고 같은 방식으로 주장한 것을 볼 수 있다.

프로이트의 이러한 표현으로 미루어 볼 때, 그의 이론 역시 오랜 전통적 관점을 따르고 있었음을 알 수 있다. 예를 들면, 철학자인 리히텐베르크(Lichtenberg)는 "사람은 먼저 고통을 통해 건강한 감정을 얻게 된다."라고 하였다. 이는 우리가 하지 말아야 할 것과 바람직하지 않은 것을 알기 전까지 바람직한 것을 인식하지 못하고 이를 소중히 여길 수 없다는 것이다. 인간의 이러한 태도는 먼저 고통을 겪어야 지혜로워지고, 먼저 심장병과 같은 중병에 걸려야 건강을 돌보게 되며, 이혼을 통해서 결혼의 소중함을 알게 되고, 경험과 행동에 장애를 겪음으로 자기 자신이 원하는 것과 욕구 그리고 자아에 대해 주의를 집중할 수 있게 된다는 것을 의미한다.

이와 같은 방식으로, 인간의 성격은 장애에 대해서 대략적으로라도 알게 될 때 비로소 파악될 수 있다. 갈등으로부터 자유로운 사람을 정의하고자 할 때, 퇴행에 대해 저항함으로써 얻어지는 상대적인 잠재능력과 억압하지 않음으로써 얻게 되는 상대적인 자유로움과 같은 그러한 감정들을 표현할 수 있을 때에 비로소 갈등으로부터 자유로운 사람이라고 정의하는 것이다. 결과적으로 환자가 치료의 대상이 아니라 병리가 치료의 대상이 되고 있는데 치료자는 오로지 병리에 대해서만 인식하게 되고, 그 병리에 대한 개념 때문에 환자를 볼 수 없게 만든다. 그러므로 환자는 곧 이러한 생각을 하게 된다. '내가 치료자에게 요구할 수 있는 것은 오직 내 병을 통해서뿐이다.' 그 결과 환자의 눈에는 장애만 더 두드러지게 보이게 된다.

병리학적 진단은 장애영역 이상의 다른 부분에 대해서는 파악하지 못하기 때문에, 이러한 방법으로는 치료가능성이 감소할 수밖에 없다.

3. 누가 환자인가

일반적으로 환자는 질병을 앓고 있는 사람이고, 의사나 치료자들은 건강을 회복시키기 위해 건강 기관을 맡고 있는 사람들이라고 생각한다. 그러므로 사람들은 환자와 의사의 역할에 대해 잘못 판단하기가 쉽다. 환자는 자기 안에 병과 건강의 가능성을 모두 가지고 있으며, 반대로 치료자는 환자의 병과 건강에 대한 조절기능을 가지고 있다. 치료자는 환자에게 병이 쉽게 걸리게 영향을 끼칠 수 있을 뿐만 아니라 건강 능력을 발휘하게 할 수도 또는 정체시킬 수도 있는데 이러한 과업이 예방의학과 정신위생학의 주된 목표이기도 하다. 치료절차의 기법 문제를 넘어, 어떤 준거에 의해 현재의 갈등을 묘사하고 해결할 것인지에 따라서 치료내용과 관련된 문제를 어떻게 다루는지가 매우 중요하다.

긍정주의 심리치료에서 생각하는 주제는 환자를 오로지 증상을 가지고 있는 사람으로만 보고 잘못 이해했던 전통적인 방식을 탈피하여 비교적 포괄적인 설명을 통해 환자를 이해하려는 접근을 시도하는 데 있다.

4. 긍정주의 심리치료의 목적

긍정주의 심리치료는 여러 가지 근본적인 목적을 가지고 있는 새로운 형태의 심리치료다.

긍정주의 심리치료는 보편적인 특징을 가지고 있는데, 단지 개인적인 차원에서 어떻게 갈등이 발생하는지에 대한 측면을 바라보는 것이 아니라 가능한 포괄적인 방법을 통해 환자를 이해하고자 한다. 긍정주의 심리치료의 가장 중요한 측면은 치료자가 단지 자신의 이론에 입각하여 선입견을 가지고 환자와 대면하고 치료하는 것을 막는다는 것이다. 이러한 목적을 달성하기 위해, 긍정주의 심리치료에서는 각각의 환자가 드러내는 여러 형태의 장애와 독특성에 따라 여러 가지 절차와 기법 및 방법을 연합하여 모두 치료에 적용한다. 긍정주의 심리치료의 개념, 특히 인간의 행동과 경험을 나타내는 영역으로서의 실제적인 잠재능력은 특정 문화나 계층에 영향을 받지 않는다. 이는 기본적인 의사소통을 접목하여 언어의 장벽을 극복하도록 돕는다. 그러므로 긍정주의 심리치료는 단지 중산층 사람을 돕는 심리치료라기보다는 지금까지 심리치료의 대상에서 제외되어 왔던 하류계층 환자들의 어려움과 문제를 해결하는 데 보다 적절하다고 할 수 있다. 긍정주의 심리치료는 치료자에게 치료자 자신을 이해할 수 있는 가능성을 일깨워 주고 환자에게는 치료자가 환자의 문제를 이해하고 있다는 감정을 느끼게 해 준다. 그리하여 적어도 심리치료 내에서, 평등한 치료 기회를 확장하는 데 기여한다고 할 수 있다.

이러한 긍정주의 심리치료는 기본적인 인간의 잠재능력을 다룸으로써 모든 언어와 계층의 사람들에게 문화를 초월한 문제들을 효과적으로 해결할 수 있게 하였다. 이러한 접근은 다음의 두 가지 기본적인 물음을 전제로 한다.

- 사람들은 어떻게 다른가?
- 모든 사람들이 지닌 공통점은 무엇인가?

긍정주의 심리치료는 환자 안에 내재하는 치료적 잠재능력을 활성화하는 5단계의 단기적이고 효과적인 치료를 제공한다. 다른 말로 표현하면, 환자는 병으로 인해 고통받는 당사자이기도 하지만, 그 자신이 치료자가 되기도 하는 것이다.

긍정주의 심리치료의 개념에서는 정신병원이 단지 보호 관리의 기능만을 담당하는 병원에서 벗어나 상담소, 치료센터, 클리닉으로 전환됨으로써 환자의 주변 사람들이 치료의 기능을 담당할 수 있게 하고 환자 자신이 그들과 치료에 동참할 수 있게 하기 위하여, 정신의학과 정신병 환자(매우 심각한 상태)의 보호는 문제를 재구조화해야 함을 제안하고 있다.

긍정주의 심리치료는 분화 분석을 토대로 모든 긍정적인 예후를 제시하는 것이 아니라 문제가 되는 행동의 분화를 전제로 한다. 이는 비교적 갈등이 없거나 긍정적인 행동의 요소들과 증상 자체를 분리시켜 환자와 그의 환경에 대해 문제를 더 잘 해결할 수 있는 기반을 제공하고 있다.

따라서 긍정주의 심리치료는 그 자체를 많은 이론 중의 하나로 간주하지 않는다. 많은 환자들이 겪는 가장 큰 어려움은 심리치료자를 찾을 때 환자가 가진 부적절한 동기가 문제라기보다는 어떠한 심리치료자가 자신이 겪고 있는 불안과 어려움을 해결하는 데 탁월한지에 대해서 잘 모른다는 것이다. 이러한 문제는 오로지 기존의 수많은 심리치료를 한데 모아 종합적인 시스템을 이루어 그 강점에 따라 환자가 선택할 수 있게 될 때 비로소 해결될 수 있는 문제다. 긍정주의 심리치료는 이러한 시스템을 단지 심리치료적 방법뿐만 아니라 하나의 심리치료 상위이론(metatheory)으로 제시하고 있다.

긍정주의 심리치료의 생성 배경과 본질에 비추어 볼 때, 이 치료는 이론보다는 실질적인 접근에 더 가깝다. 필자는 대체로 환자의 독특한 특성을 고려하면서 그의 주관적이고도 객관적인 필요가 무엇인지를 이해하려고 노력하였다. 긍정주의 심리치료는 이러한 목적을 가지고 하나의 치료기술만을 제시하는 것이 아니라, 다양한 치료기법(예를 들어, 개인 치료, 집단 치료, 가족 치료, 이완 기법, 학습이론에 근거한 접근, 정신분석 방법)을 동원한다. 환자가 이미 주어진 방법론에 적응해야 하는 것이 아니라, 환자가 필요로 하는 심리치료 접근의 변화에 따라 적합한 방법론들을 선택한다. 이러한 유연성을 통해서 심리적, 그리고 좀 더 넓은 의미에서 심인성 질병과 장애를 모두 다룰 수 있게 된다. 그러므로 이 책에서는 완벽한 이론을 제시하기보다 인간의 필요와 역량에 따라 적합한 실제적인 치료체계를 서술하고 있다.

이 책을 집필하면서 필자가 가진 관심사 중 하나는 서양의 새로운 심리치료적 지식들을 동양의 지혜와 직관적인 사고에 접목시키는 것이었다. 이는 심리치료에 대한 신념에 기여할 뿐만 아니라 동양과 서양의 철학자 및 과학자들을 긍정주의 심리치료의 관점에서 조명하여 그 지혜를 살펴보기 위함이다. 이렇게 하는 의도는 사람의 지적 성장뿐만 아니라 상상력과 직관력, 지각력 그리고 잠재능력까지도 기르게 하는 데 목적이 있다.

책의 내용에서 동양적인 이야기를 구분하기 위해 이야기체는 특별한 유형으로 표기했으며 사례에 대해서는 작은 글씨체로 표기하였다.

필자는 바하이교(Bahai Faith)[1]의 교인으로, 이 종교(1844년에 창시)의 근본원리는 필자에게 여러 영역에서 지속적인 연구를 할 수 있게 하는 동기와 자극을 주었다.

5. 이 책은 누구를 위해 쓰였는가

이 책의 본질적인 관심사는 긍정주의 심리치료에서 접근하는 문제와 방법들을 체계적이고도 포괄적으로 제시하여, 심신의학과 정신위생학에 기여하며, 전문가들에게 실습과 관련된 유익한 정보를 제공함과 동시에 일반인들에게도 심리치료적 접근과 방법들에 대한 이해를 제공하여 활력을 주고자 한다. 그러므로 긍정주의 심리치료는 심리치료자, 내과 의사, 정신과 의사, 심리학자, 건강관리사, 의료분야에 종사하는 모든 사람들에게 매우 의의 있는 치료 접근이라 할 수 있다. 이러한 의료분야 종사자들 외에도 이 책은 교사, 법률전문가, 사회사업가, 가정교사, 부모, 학생, 청년 등 대인관계 문제에 마음이 열려 있는 사람들과 교육적인 자극 및 적응지도에 도움을 주고자 준비하는 모든 이들에게 도움이 될 것이다.

6. 긍정주의 심리치료는 효과적인가

긍정주의 심리치료는 초점 지향적이다. 즉, 관심의 초점은 환자의 잠재능력에 맞추어져 있으며, 소위 '한 사람'은 한 사람 이상의 의미를 가진 육체-정신-영혼

---

1) 바하이교: 19세기 중반, 바하 울라(아랍어로 '신의 영광'이라는 뜻)로 알려진 미르자 호세인 알리 누리가 창시한 종교(역자 주).

(body-soul-spirit)의 결합체로서 재통합할 수 있도록 준비시키는 것을 지향하고 있다. 이는 여러 단계의 치료 계획을 통해서 이루어진다. 이러한 치료 접근에 대한 경험은 많은 사례들로부터 모아져 왔는데, 그 치료사례들에는 복부 및 장기 통증, 심장 및 혈액순환 장애, 류머티즘, 천식 등과 같은 심인성 질환에 대한 호소뿐만 아니라 결혼생활 및 협력 관계에서 나타나는 갈등이나 자녀 양육 문제, 우울증, 공포증, 성 장애, 정신분열증 등이 있다.

치료 결과는 대체로 눈에 띄게 상태가 호전되거나, 짧은 기간(6~10회의 치료회기) 안에 완치되는 모습으로 나타난다. 1년 후의 후속 연구를 통해서도 대부분의 경우 치료 결과가 성공적인 것으로 나타났다.

이 중에서도 특히 신경증적 질환과 심인성 질환에서 좋은 결과가 나타났다. 따라서 긍정주의 심리치료는 다른 치료방법과 비교해 보았을 때 효과적인 대안치료라고 할 수 있겠다.

7. 긍정주의 심리치료의 전망은 어떠한가

심리적 장애와 심인성 질환이 활용가능한 잠재능력이나 상대적인 심리사회적 규범들과 관련된다는 것이 알려질수록, 긍정주의 심리치료는 과학적이고도 쉽게 접할 수 있는 치료 접근이 될 것이다.

이러한 인식이 모든 집단, 즉 국민, 국가, 문화적 집단 내에서 발생하는 대인관계 및 사회관계의 전체 영역으로 확장될 때, 긍정주의 심리치료와 관련한 거대한 사회이론이 개발될 것이다. 그러므로 이 이론은 대인 상호작용에서의 어려움 및 인간의 잠재능력 개발에 모두 도움이 될 뿐 아니라 경제적인 조건에도 도움이 될 것이다.

긍정주의 심리치료는 독일의 하센(Hessen) 주의 의사협회와 연계된 의료교육기관으로 알려진 PEW(Psychotherapeutic Experience Group of Wiesbaden)에서 교육이 이루어진다. 필자는 긍정주의 심리치료 접근에 대한 열정을 가지고 연구를 계속해 온 PEW의 구성원들—의사, 심리치료사, 교육 담당자, 이론가—에게 진심으로 감사를 표하면서 이러한 독창적인 연구에 대한 논의가 계속 확대되어 가기를 바란다.

필자는 *Psychotherapy of Everyday Life*(Springer, 1986)에서 교육 및 자조(self-help) 문제를 주로 다루었으나, 이 책 *Positive Psychotherapy*에서는 심리치료적인 부분에 더 중점을 두어 결과적으로 두 책이 상호 보완을 이룰 수 있게 하였다.

감사의 글

이 책은 만약 내 환자들이 자신의 사례와 과거사들을 내 책에 인용하는 것을 자발적으로 협력하고 기꺼운 마음으로 허락하지 않았더라면 쓸 수 없었을 것이다. 그러므로 그들의 익명이 유지되도록 이름과 날짜를 가명으로 사용하였다. 그러나 인용한 사례들의 문서를 가치 있게 잘 유지하기 위해서, 가능한 한 구술이든 문서로 된 보고서든 한마디 한마디를 모두 중요하게 다루었다.

이 책이 나오도록 언제나 큰 도움을 준 동료 의사 Dieter Schön 박사에게 특별히 감사하며, 또한 Wiesbaden 주에서 행동치료와 심리치료를 하고 있는 동료 치료학자 Hans Deidenbach에게도 감사한다. 그리고 이 책에 대해 비서인 Krieger 여사, Hofmann 여사 그리고 Berdjis-Schaefer 여사가 보여 준 지치지 않고 신중한 노력에 진실로 깊은 감사를 드린다. 또한 영문번역을 해 준 Robert Walker 박사에게 특별히 따뜻한 마음의 감사를 전한다.

마치 생명의 양식과 같은 지혜와 격려로 많은 것을 생각하도록 기회를 주었던 친구들과 동료들에게 사랑의 감사를 드린다.

끝으로 이 책이 완성하도록 많은 영감을 불어넣어 주었던 아내 Manije와 두 아들 Hamid와 Nawid에게도 진실로 고마운 마음을 전한다.

Wiesbaden
Nossrat Peseschkian

모든 심리치료들은 주로 치료자와 환자 간의 의사소통을 중심으로 이루어진다. 치료자가 사용하는 논리적인 근거와 접근가능한 심리치료 기법들의 범위는 그 수가 많다. 그 기본적인 전제들과, 자아 강화, 심리적인 관심, 능력, 치료적인 관계형성, 동기부여 및 인지적 근거 제공하기에 대한 논리적 근거를 강화하는 것에도 실질적이고 이론적인 견해 차이가 약간은 있지만, 치료기법 간의 차이보다는 개인 치료자들 간의 견해 차이가 더 크게 나타난다. 400종류 이상의 심리치료법들은 서로 다른 이론과 원리들로 연구되어 왔지만 이 이론들의 공통적인 특징은 주로 치료자와 환자 사이의 의사소통을 다루고 있다는 것이다. 경청해 주며, 공감해 주고, 또 의사소통할 때 어떠한 어휘들을 쓰고 있는지 그리고 병의 증상 및 고통의 정도를 어떻게 완화하는지 그 방법들을 제시해 주고 있다. 그러나 모든 심리치료는 무엇보다 치료 장면에서 신뢰할 수 있는 치료적 관계가 잘 형성될 때 치유가 일어난다. 때로는 모순된 감정과 혼란스러운 느낌도 일부 있을 수 있지만, 다양한 심리치료 절차들이 성장할 수 있었던 것은 심리치료의 예술성과 과학성이 풍부하여 환자들에게 도움이 되었기 때문이다.

『긍정주의 심리치료(Positive Psychotherapy)』의 저자 페제슈키안(Peseschkian) 박사의 견해에 의하면, 전통적인 심리치료학파에서는 정신병리학을 중요하게 다루므로 연구의 주제가 병에 초점이 맞추어져 있어서 환자의 정신을 치료하는 것이 아니라 아픔만을 치료한다고 지적하고 있다. 대부분의 심리치료학파는 인간의 심리역동성을 중시하는 정신의학이론에 기초한다. 무의식은 창조적이면서도 갈등을 일으키는 가능성과 심리치료가 필요한 영역으로 보며, 손상된 인격을 구성하고 치료하는 과정이다. 따라서 다른 학파들도 환자들이 자신의 갈등을 이해하고 해결해 가도록 다양한 설명을 하고 있다. 그러므로 고전적 심리치료 개척자들인 프로이트, 아들러 그리고 융과 같은 치료자들도 치료 장면에서 자아, 무의식 그리고 방어기제들을 적극적으로 드러낼 것을 주장하고 있다. 어떤 심리치료자들은 인간 내면의 심오한 영혼과 그 영혼의 가장 민감한 원형적인 모습들이 우주의 절대적인 법 및 질서와 아주 밀접하게 관련되어 있다고 보았으며, 종교와 같이 가장 오래된 고대 문화는 이와 같은 질서체제를 우주 법칙에 따라 통제하는 체제 안에서 다방면의 의식과 관습들을 다루고 있다고 보았다.

　　그러나 긍정주의 심리치료학파에서는 이와 다른 새로운 이론과 방법을 적용하고 있다. 즉, 인간과 환경과의 관계는 정지상태가 아니라는 전제하에 설정된 이론이다. 그러므로 인간과 환경과의 관계는 동적이라서 항상 변화한다고 보며, 인간이 환경과 상호작용하는 것이 변화할 때 이러한 변화가 사람에게 영향을 미치고 있다고 가정한다. 그러므로 인간의 문화 및 인간이 생각하고 느끼고 행동하는 유형은 계속 변화하는 것으로 본다. 문화는 쉽게 진보하지 않기 때문에 결국은 잘 적응하지 못한다. 이와 같은 맥락에서 보면 긍정주의 심리치료법은 변화하는 문화 속에서 인간이 적응하도록 잠재능력을 다루는 데 관심을 가지며 환자가 자신의 문제를 이해하고 효과적으로 대처해 갈 수 있도록 개개인이 자신의 잠재능력을 발전시키도록 돕는다. 긍정주의 심리치료에서는 갈등과 장애의 역동적인 관계를 이해하는 반면에 모든 인간에게 주어진 문화 환경에서 드러나는 이용가능한 잠재능력과 적응력을 활성화하는 데 주안점을 두고 있다. 긍정주의 가족치료에서 환자는 환자의 역할에서 벗어나 자신과 자신의 환경을 치료하는 치료자가 된다. 이렇게 긍정주의 심리치료법은 병과 병의 원인에 초점을 두는 서양의 치료모델을 강조하지 않고, 각 사람이 가지고 있는 강점을 드러내게 하는 치료로서 아주 자연적인 치료법이다. 긍정주의 심리치료학파는 환자가 내면에 자신의 건강과 병을 다룰 수 있는 잠재능력을 지니고 있다고 보는 반면에 치료자는 환자가 건강과 병을 규제할 수 있도록 도와주는 역할을 한다고 본다. 그러므로 치료자는 환자의 건강에 해를 끼치기도 하고, 환자가 건강을 유지하도록 잠재능력을 깨우쳐 주기도 하며 안정시키게도 할 수 있는 양면성을 가지고 있다고 볼 수 있다.

　　나아가 긍정주의 심리치료 접근은 환자를 이해하려는 노력을 기울이며 이러한 치료목표를 위해서 각 환자의 다양한 형태의 정서적 장애와 독특성에 따라 복합적인 치료절차, 기술 그리고 방법들을 적용하려고 한다.

　　심리치료 과정에서 환자가 자신의 이야기를 할 수 있도록 유도하고 있는데, 이는 지적인 접근으로 직관력과 상상력을 활성화시키는 치료법이다. 환자가 하는 이야기들은 자신의 자아나 자기개념 및 가치관을 위협하지 않으면서, 그 이야기가 치료자와 환자 사이에서 중재자 역할을 하게 되어 치료에 효과를 준다. 이러한 방법은 환자가 다른 사람들과의 관계에서 자신의 문제의 한 면만을 보고 개념화하던 것을 바로 보게 됨으로써 그 문제들을 재해석할 수 있게 될 뿐 아니라 재고해 볼 수 있는 능력을 갖게 한다. 이 목표에 도달하기 위해 환자의 이야기들과 환자에게 형성되어 온 관습적인 지혜는 심리치료 과정에서 적절하게 표현하게 하여 자주 사용된다. 삶에서 드러나는 일상적인 문제들을 심리적으로 통찰하게 함으로써 고대의 지혜에 바탕을 두고 있는 비유나 이야기들을 효과적으로 사용하는 것은 치료에 큰 도움이 되고 있다.

이런 점에서 긍정주의 심리치료는 오늘날 다문화 사회에서 효과적으로 대처해 갈 수 있는 인간의 가장 기초적인 잠재능력을 강조하며 나아가 치료이론보다는 치료방법을 더 강조하고 있다. 따라서 치료방법들은 환자가 필요로 하는 심리역동적인 평가에 보다 많은 비중을 둔다. 이러한 목표 달성을 위해 긍정주의 심리치료에 관한 책은 여러 가지 양식의 범위 안에서 일관성 있게 개념적 틀을 제공하고 있다.

이 책의 독자들은 전문적인 치료자들뿐 아니라 일반 사람들 및 일상생활에서 증가되고 있는 자신의 문제들을 인식하지 못하고 있는 사람들까지 광범위하며, 더 나아가 동서양을 막론하고 낙천적으로 살고 있는 사람들 모두에게 자신의 지혜를 활성화하도록 도움을 준다. 이 책은 심리치료절차 중에 환자가 가진 보편적인 지혜와 상상을 이끌어내어 그 사람에게 의의 있는 이야기를 드러낼 수 있게 함으로써 치료내용이 매우 풍부하며 그 접근방법 또한 사람들에게 흥미를 느끼게 하여, 흡수할 수 있는 기술들을 제공한다.

이 책은 1977년 최초로 독일어로 출판된 이후, 여러 번에 걸쳐 재판되었으며, 실제적이고 유용한 심리치료에 관심이 있는 치료전문가와 일반 사람들 모두에게 인기를 끌게 되었다. 긍정주의 심리치료는 일상적으로 사용할 수 있는 매우 가치 있고 효과 적인 치료로서 전통적 심리치료의 대안치료로 정착해 왔다. 그러므로 이 책은 심리치료법 기술향상에 흥미가 있는 모든 사람들에게 유용하게 쓰일 수 있을 것이다.

PROF. SHRIDHAR SHARMA

MD, F.R.C.Psy. (Lond), FRANZCP (Australis), FAPA, FAMS

인간 행동 및 협력과학학회 명예교수

머리말

저자가 이 책에서 기술한 효과적인 심리치료적 관점은 동양과 유럽식 접근을 결합한 치료법으로서 매우 유익한 것으로 묘사하고 있다. 매력적인 상징주의기법 속에서 특히 그 비유들이 동양의 지혜를 이야기로 그려내는 데 가장 단순한 방법으로 보이는 것 속에 심리적 통찰이 드러난다. 저자는 전통적 심리치료의 기세를 누르기 위한 자신의 효율적인 치료기법을 다음 세대로 어떻게 전수해야 할지를 잘 알고 있다. 예를 들면, 기본적인 잠재능력과 실제로 사용되는 잠재능력 같은 심리적 체계의 범주에 대하여 접근가능한 많은 치료이론 중 유일하게 하나를 들어서 확실하게 설명하고 있다. 그러나 독자는 연구자들이 제출한 연구보고서 중 치료에 효과적으로 적용가능한 연구보고서를 통해서만 결론을 얻어야 한다. 즉, 상위심리학과 같은 범주의 체계를 확실하게 하기 위해서 분명하게 설명한 것을 보면, 환자보다는 치료자에게 더 큰 도움이 될 것이다. 그러므로 최종 분석을 통해 환자들이 자신의 치료에 도움을 줄 수 있는 심리치료자를 고를 때 가장 중요한 점은 의사 또는 심리학자가 환자에게 솔직하고 환자를 있는 그대로 조건 없이 수용할 수 있는 사람인지 아닌지다.

그러나 페제슈키안의 긍정주의 심리치료와 그가 개인적으로 쌓아 온 치료결과는 이 책의 독자들에게 큰 감동을 주는데, 그 감동은 고민을 해결하려고 찾아오는 환자들에게 심리치료자가 전문적으로 도와주고자 특별히 동기부여를 하며 열심히 일하는 모습에서 느껴진다. 나는 저자가 이 책과 더불어 꼭 성공하기를 바란다.

Prof. Raymond Battegay, M.D.
Psychiatrische Universitätspoliklinik Base

영문판 서언

> 오랜 습관은 단번에 고쳐지는 것이 아니라, 조용히 탐색하며 조화를 이루어 가는 것이다.
> – 동양 속담

이 책의 독일어 출판 이후, 긍정주의 심리치료기법은 계속해서 발달하였다. 한 국가뿐 아니라 국제회의 및 많은 정기간행물에서도 치료기법 자체가 효과가 있는 것으로 증명되었다. 긍정주의 심리치료(질문서 및 의미의 차이 등)의 심리적 치료 접근 방법에 대해서 조사한 연구들은 내가 보는 관점들을 이미 평가하여 입증하였고, 이론적으로나 실제적으로 효과 있는 치료기법으로 증명하였기 때문에 전문가들과 저널, 그리고 내 책에 대한 독자들의 반응 또한 매우 긍정적인 동기를 부여하고 있다.

긍정주의 심리치료에서 표현하는 '긍정적'이란 말은 이미 현존하는 장애를 해결하는 데 초점을 맞추는 것이 아니라 활용가능한 잠재능력과 자조능력(self-help potential)을 무엇보다 먼저 도출해 내는 데 초점이 맞추어져 있다. '긍정적' 어원의 본래 정의는 '현존하는' '주어진' 이라는 의미가 있다. 현존해 있고 이미 주어져 있다라는 사실은 갈등과 장애 이외에도 모든 인간이 반드시 내면에 이미 가지고 있는 잠재능력도 의미한다.

진료실 안에서든 밖에서든 치료사례의 50% 정도를 의사들이 다루고 있다. 그런데 많은 환자들이, 소위 의료 사회학자들(medical sociologists)이 보통 사람이라 부르는 이웃사람, 지인, 친척들 그리고 그 밖에도 약사, 교사, 간호사, 자격증을 가진 미용사 등과 같은 '비전문 시스템'에서 상담을 받고 있거나 치료처치 등의 도움을 받고 있는 것이 현실이다.

이 책에서는 심리적 그리고 심인성 증세를 중요하게 다루면서 이와 같은 증세치료에 도움이 되는 기초적인 심리치료 접근 모델을 소개하고 있다. 긍정주의 심리치료에서의 치료는 즉각적으로 의사-환자관계로 개입하기보다는 자조능력과 예방가능한 전략을 기르는 데 중점을 둔다고 할 수 있다. 이 치료법의 목표는 실제적인 치료절차에 대한 심리치료 훈련을 받지 않은 의사에게 친숙한 치료법이 되게 하는 것이며 일반 사람들에게도 정신병에 대해 가지고 있는 편견을 구별할 수 있도록 도움을 주는 것이다. 이해를 돕기 위해서 특정 주제 앞에 동양이야기를 삽입하고 있다.

긍정주의 심리치료는 심리치료의 새로운 형태로서 다른 치료방법 사례 그리고 예화들을 다양하게 제시하고 있는데 특히 주목할 점은 병-문화-가족-그 배후 그리고 심리치료가 연속선상에 있어야 한다는 것이다.

긍정주의 심리치료는 치료와 거리가 있는 것으로 인식되지는 않는다. 왜냐하면 증세 자체보다는 대부분 환자에게 매우 중요한 사람이 행해 온 배경, 환자 자신이 답습해 온 자조능력, 그리고 치료자가 실시한 심리치료 등이 밀접하게 얽혀 있는 것을 다루기 때문이다. 새로운 심리치료적 접근가능성에 대한 파악은 치료가 경제적인지 또는 현저하게 효과가 있는지 나아가 다른 심리치료적인 방법들과도 밀접한 관련이 있는지를 알 수 있어야 한다. 잘 알려진 정신분석치료학파, 개인심리학, 행동요법, 언어치료, 거래분석, 분석심리학 그리고 집단 심리치료 등은 이미 논의한 바대로 긍정주의 심리치료와는 제법 대조를 이루고 있다.

긍정주의 심리치료도 심리적 그리고 심인성 병의 원인을 찾는 치료에서 출발하였지만, 실제로 심리치료에 적용가능한 치료모델을 개발하였다. 개발된 치료 접근은 이미 드러난 환자 자신의 자조능력 부분에 대한 전략을 수정해 가면서 다섯 단계의 치료전략들을 적용해 간다.

게다가, 배우자 사이의 역동적인 상호연결성,[1) 직업 그리고 종교문제에서 심리역동적으로 서로 연결된 문제들은 그 사람이 가진 자기 자신의 미래와 삶의 의미, 그리고 성취 기준들과 관계이듯이, 실례와 사례에 비추어서 해석된다. 특히 '신뢰'와 '신앙'에 대한 그 사람의 태도와 기대감이 어떠한지 주의를 기울일 필요가 있는데, 이는 개인의 잠재능력 발달에 어머니-아이의 관계뿐 아니라 아버지-어머니-아이의 관계까지도 아주 중요한 영향력을 끼친다고 보기 때문이다. 사회제도는 보편적으로 효과적인 내용을 개인에게 전달하려고 하기 때문에, 오래지 않아 개인적인 관계성도 사회제도에 의해 영향을 받는다고 본다. 이러한 방식으로 보면, 교회와 종교가 개인에게 끼치는 영향력도 시간이라는 차원과 연결지어 생각해 볼 수 있다.

정신의학 및 심리치료 활동을 하는 동안에 나의 통찰에 많은 도움을 주었던 동료늘과 환자들에게 진실로 감사한다. 나의 저서 『긍정주의 가족치료(*Positive Family Therapy*)』『일상생활

---

1) '파트너'와 각 개인에게 '본이 되는 인물' 간의 관계; 특별히 남편과 아내 간의 관계.

에 적용되는 심리치료(*Psychotherapy of Everyday Life*)』『심리치료 도구로서의 동양 이야기들(*Oriental Stories as Tools in Psychotherapy*)』『상인과 앵무새(*The Merchant and the Parrot*)』『의미를 찾아서: 심리치료의 소단계들(*Search of Meaning: A Psychotherapy of Small Steps*)』(Springer-Verlag에서 출판)에 대하여 가족치료와 자조의 틀 안에서 접근한 긍정주의 심리치료의 체계적 발표에 관심을 보여 준 독자 모든 분들에게 감사를 드린다.

Wiesbaden

Nossrat Peseschkian

차 례

Chapter 01 긍정주의 심리치료적 접근 27

Chapter 02 분화 분석 개론 65

긍정주의 심리치료와 다른 심리치료들　465

Positive Psychotherapy

Chapter 1

긍정주의 심리치료적 접근

APPROACHING POSITIVE PSYCHOTHERAPY

1. 심리치료라는 미로

한 코끼리가 어두운 방에 전시되어 있었다. 사람들이 코끼리 주위로 몰려들었다. 구경하는 사람들은 주위가 어두워서 잘 볼 수 없었기 때문에 코끼리가 어떻게 생겼는지 알아보기 위해 코끼리를 만지려고 하였다. 그러나 코끼리가 매우 커서 사람들은 몸의 일부분만을 만지고 느끼며 묘사할 수 있을 뿐이었다. 한 사람이 코끼리의 코를 만지고서 코끼리는 굵은 기둥 같다고 하였다. 다른 사람은 코끼리의 상아를 만지고서 코끼리는 뾰족한 물체인 것 같다고 하였다. 귀를 만졌던 또 다른 사람은 코끼리는 부채 같다고 이야기를 하고, 등을 만진 사람은 코끼리는 침대같이 평평하다고 말하였다(페르시아 시인인 Mowlana의 글에서).

심리치료, 교육, 정신위생의 현주소는 위에서 제시된 이야기와 여러모로 유사하다. 각각의 사람들은 정확하게 인지하고 있지만 어느 누구도 전체를 인지하고 있지 못하다. 이와 같은 논리로 어떤 부모들은 행동거지가 바른 아이를 원하는가 하면 민첩하고 근면한 아이를 원하는 부모들도 있으며, 또 아이가 의존적이기를 원하는 부모들도 있다. 이러한 선호 경향은 결혼에서도 나타난다. 어떤 여성은 배우자를 사회적으로 성공했는지 여부에 따라 결정하기도 하고 부드럽고 자상한 남자를 배우자로 원하는 여성도 있다. 또한 순종적인 아내를 원하는 남성이 있는가 하면 지혜롭고 독립적인 여성을 원하는 남성도 있다. 그들 모두 개인적인 선호 경향을 가지고 함께 살아갈 배우자를 찾고 있는 것이다. 사람들은 어떤 한 사람을 바라볼 때 전체적인 성격을 바라보기보다 몇 가지 특성만을 가지고 사람을 파악하곤 한다.

심리치료에 있어서도 어떤 학파에서는 인간을 동기에 의해 조절되는 존재로 간주하고 또 다른 학파에서는 인간을 반응의 총체로 바라본다. 또한 인간을 사회적인 상호작용의 관점에서 보는 학파도 있으며, 반면에 인간을 선천적인 기질, 관습, 직관, 지능, 의지, 무의식을 가진 존재로 보는 학파도 있다. 이렇게 인간에 대한 다양한 시각이 존재하기 때문에 정신보건과 심리치료에서 수많은 이론들이 나타났으며 학파 간의 상호교류는 거의 이루어지지 않고 있다.

이와 같은 다원적인 양상은 치료법에서도 발견된다. 어떤 치료자는 주로 약물치료에 의존하는가 하면, 어떤 치료자는 행동치료를 주로 사용한다. 정신분석학을 공부한 치료자들 중 25%가 심층심리학(분석심리학)을 지향하거나 꿈을 치료의 주요 수단으로 삼거나 최면요법을 사용하기도 한다.

많은 심리치료자들은 개인 치료를 강조하고 이러한 기본적 원리에서 벗어난 처치가 있는지 탐색해 보곤 한다. 그리고 또 다른 치료자들은 집단 치료를 한다.

어떠한 치료자는 아이를, 어떠한 치료자는 부모들을 치료한다. 몇몇 치료자들은 특정 질환의 전문가인데 불안, 대인관계 장애, 부부문제 등의 특정 영역을 다루기도 한다. 젊고 매력적이며 똑똑한 여성 환자들은 그들의 경험을 명확하게 설명하는 법을 배운 사람들답게 자신들이 선호하는 치료기법을 선택하기도 한다.

어떠한 장애는 치료에 민감하게 반응하기도 하며 어떠한 장애는 치료에 별로 반응하지 않기도 한다. 어떠한 장애를 특정 범주로 분류하는 것은 명확하지 않으며 장애의 단면만을 가지고 판단할 수 없는 문제다. 이는 오히려 치료자의 이론적인 학파경향에 따라 좌우된다고 할 수 있다. 그리하여 어떠한 치료자는 강박 신경증이 예후가 좋지 않다고 보기도 하며, 어떠한 치료자는 약물 중독자에게 희망이 없다고 하기도 하고 성 장애의 치료 가능성이 거의 없다고도 생각한다. 또한 어떠한 치료자는 정신분열증에 대해 치료의 가능성을 열어 두고 있는 반면에 또 다른 치료에서는 '선천적인 정신병'이라고 부르기도 한다.

이러한 심리치료의 다양한 학파 때문에 많은 환자들에게 심리치료는 기회의 게임이 되어 버렸다. 자신의 심리적 그리고 심인성 장애의 본성에 대해 명확히 알지 못하는 환자가 어떻게 자신에게 적절한 심리치료자를 찾아갈 수 있을까?

결국 심리치료는 자신의 심리 장애에 알맞은 치료자가 누구인지 정확히 알 수 있을 때에만 환자들에게 치료자를 선택할 수 있는 특권이 부여된다. 서로 다른 심리치료 접근과 이론체계 사이에서 서로 잘못된 이해와 편견을 갖게 됨으로써 어떠한 이론을 다른 이론으로 해석할 수 없게 된다. 그리하여 많은 치료자들이 이러한 통합의 상실 속에서 어찌해야 할지 모르는 경우가 자주 발생하게 된다.

　"나는 이제 누구에게 물어봐야 할지 모르겠어요."

　불안, 위장 장애, 어깨와 팔의 통증, 두통, 우울, 알레르기 등으로 수년간 고통을 겪은 환자가 있었다. "나는 팽팽한 활처럼 극도로 긴장된 상태였으며 심리적으로 매우 혼란스럽고 두려웠습니다. 나는 평안한 상태를 갈망했지만 그럴 수가 없었습니다. 나는 매우 민감하고 쉽게 우울해지며 갑자기 기분이 엉망이 되곤 하였습니다. 사소한 일로 내 기분은 침울해졌으며 특히 일을 할 때 모든 것이 귀찮아지는 것은 어떻게 대처할 수가 없었습니다. 9월부터 나는 극심한 요통에 시달리게 되었는데 그전에도 아프긴 했지만 그 고통은 어느 때보다 더했습니다. 마사지는 잠시만 고통을 줄여 줄 뿐이었습니다. 나는 종일 서 있거나 걸어야 했기 때문에 그 고통으로 인해 내 삶은 많이 망가졌습니다. 그 고통은 복부까지 이어졌고 정형외과 의사는 척추전만과 척추골의 미약한 뒤틀림으로 인해 자세가 잘못되었다는 것만 발견했을 뿐 특별히 다른 것을 발견하지는 못했습니다. 산부인과 의사 또한 특별한 이유를 발견하지는 못했습니다. 나는 극심한 스트레스로 완전 지쳐 버렸고 고통이 더욱 심해지자 온천에서 치료를 받기로 결심했습니다. 하지만 마사지는 고통을 악화시켰고 그로 인해 나는 온천욕을 두려워하게 되었습니다. 넷째 주에는 집에 잠시 다녀오는 것이 두려워졌습니다. 의사들은 어떤 질환도 발견하지 못하고 운동을 하라는 말만 계속하였고 신경안정제를 처방하여 주었으며 자기 최면 이완 요법에 대해 알려 주었습니다. 나는 나에 대해 다양한 진단을 하려 하는 돌팔이 의사를 찾아갔습니다. 나는 차마 이 사실을 주치의에게 말할 수가 없었습니다. 처음에는 안도감을 느꼈으나 증세는 곧 재발하였습니다. 나는 신경의학자에게 진료를 받고, 신경학적인 검사를 해봤지만 어떠한 병리적인 진단도 내릴 수 없었기 때문입니다. 나는 신경안정제와 불안을 감소시켜 주는 약을 처방받았고 이러한 약물들이 매우 효과적이었기 때문에 매우 기뻤습니다. 하지만 약이 떨어지자 그전과 같은 증상이 다시 나타났습니다. 이제는 수면제와 신경안정제를 먹어도 잠을 잘 수가 없습니다. 나는 이제 매우 비참합니다. 설상가상으로 이제는 실직할 지경에 이르렀습니다. 나는 이제 누구에게 물어봐야 할지 정말 모르겠습니다. 나는 지금 몹시 힘들고 누가 내 병을 고칠 수 있을지 모르겠습니다. 현재 나는 심리치료를 받고 있지만 내가 제대로 찾아온 것인지도 모르 겠습니다." (36세 환자의 첫 번째 치료회기 면담 중 발췌)

담당의사가 환자를 다른 심리치료분야의 전문가에게 보내야 할 때도 특정 연령 집단과 특정 임상 증상에 어떠한 전문가가 적절한지 결정하는 것이 어려울 때가 종종 있다. 하물며 환자가 이를 결정하는 것은 얼마나 더 어려울 것인가! 그럼에도 때로는 환자가 어떠한 치료자를 찾아가야 하는지 선택해야 하는 경우가 있다. 그러나 이와 같이 수많은 전문 집단으로 나뉘어 있는 다양한 심리치료분야에서 환자가 적절한 치료자를 찾는 문제는 위험과 기회가 동시에 깔려 있기 때문에 무시할 수 없는 중요한 문제다. 각각의 전문 집단은 대체로 각기 다른 세계관과 이론적인 배경을 가지고 서로 다른 치료방법을 적용하고 있기 때문이다.

그렇다면 누구에게 자문을 구해야 하는가? 신경의학자, 정신과 의사, 심리치료사, 정신분석가, 응용 심리학자, 행동치료사 또는 아동 심리학자를 찾아야 하는가? 이러한 혼란을 해결하기 위해서는 심리치료분야에서 가장 중요한 특성들을 명확하게 분류해 볼 필요가 있다.

신경의학자

신경의학자는 신경계의 장애, 상해, 결손, 질병 등을 다룬다. 여기에서 뇌병변장애 (중풍), 감각 상실, 뇌종양, 중추 및 말초 신경계의 손상, 좌골 신경통, 신경통 등의 임상적인 진단을 한다. 치료 과정에서는 대체로 약물과 방사선 및 전기치료, 물리치료 가 이루어진다.

정신과 의사

신경학자와 같이 정신과 의사도 감정 및 정신 질환에 전문적이며 소위 정신분열증, '내생적' 우울증, 정신 병리학, 신경학적 장애 등의 심리적 증상들을 다룬다. 이 때문에 독일에서는 일반적으로 정신과 의사들도 신경의학자의 자격을 갖고 있는 것으로 간주된다. 정신과 의사의 치료 대상은 망상, 환각, 우울, 불안에 시달리는 환자들이다. 치료는 대체로 약물치료이며 여기에 부가적으로 심리치료 면담과 자기 최면식의 이완 요법이 이루어지기도 한다.

심리치료사

심리치료사는 심리적인 이유로 발생한 장애를 전문적으로 다룬다. 대부분 이러한 장애들은 무의식적인 갈등과 경험에 기반하고 있다. 심리치료를 하기 전에 생물학적인 원인이나 증상이 없는지 살펴보는 것이 중요하다. 대체로 심리치료사는 더 많은 훈련을 통해 의사, 정신과 의사 혹은 임상심리학자가 되기도 한다. 심리적 및 심인성 장애를 가지고 있는 환자들이 심리치료사에게 오는데 심리적인 장애에는 불안, 우울, 강박, 주의를 끄는 행동, 관계 장애, 성 장애, 억압 등이 있으며 심인성 장애에는 말 그대로 몸과 마음이 연합된 장애로서 위와 심장 및 순환계의 장애, 천식, 두통, 수면 장애, 류머티즘, 산부인과 질환, 알레르기, 소화 장애 등이 있다. 심리치료의 방법은 대부분 노출과 이완, 그리고 무의식적인 갈등을 다루거나 면담을 통해 갈등 해소 방안을 제시하는 것으로 이루어진다.

정신분석가

심리치료에는 여러 가지 방법이 있다. 프로이트(Freud, S.) 이후의 정신분석, 융(Jung, C. G.) 이후의 분석심리학, 아들러(Adler, A.) 이후의 개인심리학, 프랭클(Frankl, V.) 이후의 실존심리학 등이다. 정신분석가는 프로이트의 정신분석학을 전공한 치료자다. 특별한 훈련 프로그램을 통해 정신분석가와 환자 사이에 이루어지는 과정을 통제할 수 있도록 조절하게 하며 분석을 교육하기도 한다. 정신분석가는 치료의 초점을 무의식에 놓고 어린 시절의 경험과 성욕의 중요성을 강조한다. 정신분석가의 치료방법은 자유연상을 중시하며, 환자가 대체로 무의식적으로 하는 말에 대한 해석으로 이루어진다. 평균적으로 정신분석 치료는 1년에서 4년 정도가 소요된다.

응용 심리학자

응용 심리학자는 '정상적인' 심리적 발달에 대해 특별히 관심을 갖고 인간의 경험과 행동에 대한 과학을 연구하는 사람이다. 또한 응용 심리학자는 감정적, 정신적 영역의 주요 장애에 관심을 가지고 있는 검사 전문가들로서 검사 연구를 통해 인간의 성격구조와 역량, 성취와 장애 등에 대한 객관적인 정보를 제공한다. 몇몇 심리학자들은 임상 심리학자로 수련을 받으며, 심리치료나 병원에서의 검사-진단을 하며 또는 개인적으로 개업을 하기도 한다. 응용 심리학자의 활동은 심리학과 관련된 분야와 산업, 마케팅 관련 심리학, 교육 및 진단 심리학, 임상심리학의 모든 영역에 망라해 있다. 심리치료에 있어서 의사와 응용 심리학자의 유대관계는 특별히 권장할 만하다.

행동치료사

대체로 행동치료사는 의사이거나 응용 심리학자들로 원리에 따라 행동 장애를 치료한다. 행동치료사에게는 증상과 장애 자체가 초점이 된다. 불안 장애로 괴로워하고 있는 환자는 장애에 대해 적절하고 체계적인 치료를 받게 된다. 그러므로 불안의 근본적인 원인은 그다음의 문제다. 행동치료사는 장애와 주의를 끄는 행동, 불안, 말더듬, 야뇨증, 안면경련 등과 장애들을 학습이론과 특정 규칙을 통해 치료할 수 있다고 가정한다.

아동 심리학자

아동 심리학자는 아동과 청소년 치료에 전문적인 수련을 받은 사람이다. 아동 심리학자의 치료접근은 심층심리학이나 정신분석에 기원을 두고 있다. 아동 심리학자는 놀이치료에 특별히 관심을 갖고 아동의 행동을 해석하며 치료적인 면담을 한다. 이때도 아동 심리학자와 의료 전문가와의 유대관계는 중요하다.

이러한 심리치료의 다양한 전문 영역은 각각 특수한 치료방법을 가지고 신기하게도 각자 다른 장애를 가지고 있는 환자들을 결과적으로 호전되게 만든다. 심리적 및 심인성 장애를 가지고 있는 환자들이 자신에게 맞는 심리치료사를 찾는 데는 평균 6년이 걸리기도 한다.

결론 ➤ 독일연방정부(1975)의 정신의학 현황을 다룬 보고에 의하면, 독일인 세 명당 한 명꼴로 일생 동안 정신적인 질환으로 고통받은 적이 있거나 현재 그 고통을 겪고 있는 것으로 나타났다. 또한 독일에서 대략 2,000만 명이 정신질환을 앓은 것으로 집계되었으며 1년에 4,200만 명이 정신과 의사를 찾고 심리적인 장애를 이유로 400~800만 명이 정신과 의사를 찾는 것으로 나타났다. 100만 명은 정신의학적 혹은 심리치료적인 개입이 절실한 실정이며, 한 해 60만 명이 신경의학자나 심리치료자를 찾고 있고 한 해 20만 명의 환자들이 정신병원에 입원하고 있다. 수많은 환자들과 잠재적인 환자들이 자신에게 맞는 전문가를 찾는 과정에서 의학적-심리적-정신의학적-심리치료의 미궁에서 막다른 골목에 도달하게 되며 결국에는 그들의 문제를 적절하게 해결해 줄 전문가의 치료를 받는 것을 포기하기도 한다. 의사들에게 순수하게 신체적이고 물리적인 장애를 가지고 있는 환자와 감정적, 정신적인 질환을 가지고 있는 환자 중에 어떠한 환자를 치료할 것인지 선택해 보라고 묻는다면 대다수의 의사들과 수련의들은 육체적 질병을 가지고 있는 환자를 선택할 것이라고 한다(Depner, 1974). 필자의 경험에 의하면 이러한 선택의 주요 동기는 정신 질환에 대한 무관심이 아니라 심리적 장애와 심리치료 방법의 불확실성에 따른 위험부담 때문일 것이다.

2. 건강-질병

의사는 모든 것을 알고 있다

한 남자가 중병으로 몸져누워 있는데 죽음이 임박한 듯하다. 그의 아내는 두려운 마음에 마을의 의사를 불렀다. 30분 이상 의사는 환자를 살펴보며 맥박을 체크하고 가슴에 머리를 대어 본 후 배와 옆구리, 등을 돌려 보았고 다리와 몸통을 진단하였으며, 눈과 입을 벌려 본 후 확신에 찬 듯 환자의 아내에게 다음과 같이 말하였다. "부인, 유감스럽게도 남편분께서는 이틀 동안 사망하신 상태로 계셨군요." 바로 그때 누워 있던 남자가 깜짝 놀라 일어나 울먹이며 말했다. "아니에요. 전 아직 살아 있어요." 그러자 아내가 그의 머리를 거칠게 때리면서 소리를 질렀다. "조용히 해요. 의사가 전문가잖아요. 의사는 모든 것을 알고 있으니까요." (페르시아의 이야기 중)

약간 임신한 것 같다는 존재하지 않는다

심리치료를 하다 보면 이상한 오해를 하는 사람들을 만나곤 한다. 어떠한 사람이 발열, 두통, 복통, 심장의 통증 등 신체적인 장애를 갖게 되면 건강한 사람보다 더 많은 관심을 받게 된다. 만약 어떤 사람이 사회적인 활동 때문에 부담을 가지고 있다면 그에게는 휴식이 허락될 것이다. 그러나 '이상한' 행동(우리에게 익숙하지 않은 방식의 행동)을 하거나 장소를 가리지 않고 '가장 기본적인 예절'을 무시하면 우리는 곧 인내의 한계에 도달하게 된다. 만일 어떤 이가 갑자기 주변에 적응을 못하고 이해하기 어려운 불안감을 증폭시키며 자기 방을 마구 흩뜨리고 과음하며 자신 임무까지도 무시한다면, 이러한 사람을 두고 아프다고 생각하는 대신 미쳤거나 정말 괴팍하거나 게으르다고 생각하여 "정신 좀 차려라!"라고 충고할 것이다. 그러면서 대체로 사람들은 이러한 사람과 가능하면 최대한 거리를 두려고 할 것이다. 그리고 정신병원이 도시의 지역사회와 가능한 멀리 떨어져 있는 것을 알 수 있다. 이러한 사람들은 좋은 공기와 아름다운 환경을 제공받는 대신 사회적으로 고립된다. 병원에서 환자들은 안전하며, 사람들은 더 이상 불쾌하고 위협적인 정신질환적 행동과 대면하지 않아도 된다. 이는 소수의 극단적인 사례만이 아니라 일상생활의 규준에서 벗어난 행동에도 적용된다. 우리는 우리의 기대와 가치판단에 상반된 행동을 하는 사람들을 곧바로 정신병원에 보내는 경향이 있으며, 그들과 최소한의 사회적인 상호작용도 회피하곤 한다. 이러한 모습들은 가족과 이웃, 학교, 직장, 어느 곳에든 볼 수 있다.

사회적 관계에서 이상한 행동을 하거나 정신질환이 있는 사람들을 배제하는 것은 일반인들에게만 팽배한 것이 아니며, 건강 및 의료분야에 종사하고 있는 사람들에게서도 마찬가지다.

이와 같이 신체와 정신의 질병에 대한 우리의 상반된 태도는 깊은 뿌리를 가지고 있다. 의학에는 분명히 이분법이 존재한다. 진단을 내리거나 그렇지 않거나, 사람이 아프거나 그렇지 않거나, X-ray가 결핵을 보여 주거나 그렇지 않거나, 환자에게 당뇨가 있거나 없거나, 여자가 임신을 했거나 하지 않았거나 둘 중에 하나지 '약간 임신한 것 같다.'는 존재하지 않는다. 그러나 심리학과 심리치료 영역은 이분법과는 다소 다르다. 즉, 이것 아니면 저것이라는 선택이 존재하지 않고 대신 건강과 질병 사이에서 점진적으로 변화하는 다양한 단계가 존재한다. 우리들은 각각 강점과 약점을 가지고 있기 때문에 스위스의 저명한 정신과 의사가 "모든 사람은 어느 정도 자신만의 신경증을 가지고 있다."라고 한 말에 동의할 수밖에 없을 것이다. 이는 우리 모두 각자의 문제와 갈등을 갖고 있다는 말이다. 특히 어려운 상황에 놓여 있을 때, 갈등은 개인의 능력 밖에 있게 되어 병리적인 특성을 갖게 된다.

결론 ➔ 대체로 신체 질병은 치료결과가 확실한 것으로 알려져 있다. 어떤 사람이 불편하면 우선 의사를 찾아간다. 심리치료자를 찾는 경우는 매우 드물며 분명한 심리적 장애라고 할지라도 심리치료자를 찾아가지 않는다.

반면, 심리치료에서는 건강과 질병 사이의 구분이 모호하다. 건강과 질병은 객관적인 진단보다는 주관적인 견해에 의해 좌우된다.

3. 신경증과 신경과민

미 련 함 의 확 실 한 상 징

옛날에 어떤 선생이 수업을 준비하면서, 7명의 현자가 쓴 책에서 "머리통이 작고 수염이 길면 미련하다는 상징이다."라는 문구를 읽었다. 크게 흥미를 느낀 선생은 거울을 들고 오랜 시간 자기 자신을 바라보았다. 그는 혼잣말로 "내 수염도 희고 길군." 하고 중얼거렸다. 그는 계속해서 열심히 거울을 들여다보다가, "하나님, 맙소사! 내 머리통도 크지 않네. 이를 어쩌지…. 이 현자의 글을 내일 제자들에게 소개하게 되면 그들 앞에 내가 어떻게 서나?" 우둔함에 대한 상징과 자신의 모습이 너무도 일치하여 기분이 나빠진 그는 재빠르게 떠오른 생각을 행동으로 옮기게 되었다. "이 책에 짧은 수염과 작은 머리가 우둔함의 상징이라는 글은 없다." 그 선생은 마침 가지고 있는 가위도 예리한 칼도 없어서 결국 길게 늘어진 자신의 수염을 자르기 위해서 등불을 갖다 대었다. 불꽃은 그의 수염에 단숨에 옮겨 붙었고 미처 불을 끄기도  전에 수염은 타 버렸으며, 얼굴도 불로 인해 까맣게 타 버렸다. 수염이 사라진 모습과 까맣게 타 버린 얼굴로 제자들 앞에 나갈 수 없게 되자, 그는 깊이 생각하게 되었다. "작은 머리통과 긴 수염은 미련함의 상징이다."라는 운명적인 문구 옆에 다음과 같은 문장을 크게 썼다. "이러한 주장은 실제로 증명되었다."(페르시아의 이야기 중)

일상생활에서 사용하는 언어에서 질병이라는 말은 주로 경멸적인 의미로 사용된다. "그 사람 신경증적이잖아." "행동하는 것을 봤을 때 그 사람은 분명히 정신분열증 환자일 거야." "나는 정신적으로 문제가 있는 사람과는 알고 지내고 싶지 않아."

이러한 암묵적인 언어사용은 그 영향이 일파만파 퍼지게 된다. 이렇게 임상적으로 단정 짓는 것은 일반화되어 있어 증상과 증상을 보이는 사람을 동일하게 보는 경향이 있다. '질병을 앓고 있다'거나 '아프다'라는 것이 '아픈 사람'으로, 또 '신경증'은 '신경과민적으로 행동하는 사람'으로 혼동하고 있다.

　"역시 수준 낮은 사람이야."
　한 기혼여성이 자신의 친구들과 친척들에게 다음과 같은 말을 퍼뜨리고 다녔다. "내 남편은 완전히 나쁜 놈이에요. 나는 더 이상 그 사람과 얽히고 싶지 않아요." 그녀는 남편과 성적 관계도 갖지 않고 결국 그와 이혼했다. 파티장에서 남편은 자기 가족의 친구 부인과 볼을 맞대고 춤을 춘 적이 있었다. 이를 본 그의 아내는 이것이 12년간의 행복했던 결혼생활을 마감하는 데 충분한 이유가 되며, 자기 남편은 역시 수준 낮은 사람이라는 생각을 떨쳐내지 못했다.

　증상뿐만 아니라 사람의 특성 또한 일반화시킨다. 이는 인간에 대한 비과학적인 사고의 영역으로서 이러한 오해는 자주 나타난다. 심리학, 정신의학, 심리치료의 영역도 예외는 아니다. 이러한 오해는 실제적인 연관성을 확인하지 않고 주위환경들을 관련시키는 경향 때문에 생긴다. 아래턱이 큰 것은 힘의 상징으로 여겨지고 아치형의 이마는 똑똑함의 상징으로, 언어능력의 결함은 정신 및 지능발달의 지연으로, 벌어진 이빨은 사업수완이 좋은 것으로, 손이 부드러운 것은 예민한 것을 나타내는 것으로 여겨진다.

　결론 ➜ 정신의학적 진단을 할 때, 미련함의 상징을 내용으로 한 동양 이야기를 적용시켜 보면 새로운 의미를 발견하게 될 것이다. 아침에 나른하고 변비와 불면증이 있는 것이 칭싱 '내재적' 우울증의 초기증상이라고 할 수는 없다. 어떠한 사람이 특이한 생각을 갖고 있다고 하여 우리는 '미쳤다'라고 결론지을 수 없다. '환청' 현상이 항상 정신분열증을 나타내는 것은 아니다. 진단이라는 것은 대충 어림짐작하는 것이 아니다. 이는 정신의학, 심리학, 심리치료의 영역에서 특히 중요하며 환자의 치료와 더 나아가 그의 운명이 이 진단에 달려 있다고 볼 수 있다. 장애가 환자의 성격에 영구적인 영향을 끼친다고 할지라도 그것이 진단되는 것은 아니며 신경증적 증상을 갖고 있는 사람들이 있지만 이들이 신경증 환자는 아니다.

4. 당신은 상황 판단을 잘하고 있는가

한 번에 모든 것을 주지 않는다

이슬람교의 목회자이자 율법학자가 설교를 하려고 집회장으로 들어갔다. 집회장에는 어린 말 조련사 혼자만 첫째 줄에 앉아 있을 뿐 다른 자리는 텅 비어 있었다. 설교자는 설교를 해야 할지 곰곰이 생각한 후 그 조련사에게 말을 걸었다. "자네 혼자만 있구먼. 내가 설교를 해야 할지 말아야 할지를 생각 중인데, 자네는 어떻게 생각하는가?" 그는 이렇게 대답했다. "선생님, 저는 아주 단순한 사람이라 이 상황을 이해하기는 어렵습니다만, 제가 마구간에 들어갔을 때 말들이 모두 도망가고 한 마리만 남아 있다고 하더라도 저는 그 말에게 먹이를 줄 것입니다."

설교자는 어린 마부의 말에 감동을 받고 설교를 하기 시작했다. 그는 두 시간이 넘도록 설교를 하고는 우쭐해져 설교를 들었던 소년에게 자신의 설교가 얼마나 훌륭했는지를 확인하고 싶었다. "내 설교가 어땠나?"라고 물었더니 그 소년은 "제가 말씀드렸듯이 저는 매우 단순한 사람이라 이런 상황을 잘 이해하기는 어렵지만, 마구간 말들이 모두 도망가고 한 마리만 남아 있다면, 그 말에게 먹이는 주겠지만 갖고 있는 먹이를 모두 주지는 않을 것입니다."(동양의 전해 내려오는 이야기 중)

정신질환 치료는 인류 역사에서 볼 때 특별한 영역이지만, 필자의 개인적인 생각으로는 참 슬픈 일이라 여겨진다. 모든 것이 불확실한 가운데서 그 징후들은 심리적으로 분명하게 다시금 재발하곤 하는데—이러한 표현은 아주 세심한 주의를 기울여 사용해야 한다—한 사회와 그 시대 안에 존재하는 인간을 어떤 세계관에 의해 규정하는지에 따라 정신적 징후에 대한 표현이 다를 수 있다. 문화심리학 연구에서는 시대라는 차원이 경시되었음을 보여 주고 있으며, 그 결과는 현실—정치, 과학, 종교—을 지배하려는 시도가 매우 고착되어 조절이 어려웠음을 나타내고 있었다. 예를 들면, 어떤 시대에서건 과학은 새로운 발견을 시도하지만 새로운 발견에 대해서 그 시대는 계속해서 거부하려는 경직성이 있었음을 다음과 같은 역사적인 예들이 증명하고 있다.

브루노(Bruno, G.)는 A.D. 1600년에 지구가 태양을 공전한다는 주장을 하여 이단자로 화형당하였다. 그로부터 몇 년이 지난 후 갈릴레오(Galileo, G.)가 세계에 대한 새로운 관점을 가지고 그의 견해를 다시 주장하였다.

콜럼버스(Columbus, C.)는 배가 항해를 하면 지구의 다른 쪽에 도달하여 고향으로 다시 돌아오는 것이 불가능하다고 굳게 믿었던 그 시대의 학자들로부터 비웃음과 조롱을 당하였다.

전기과학의 선구자인 갈바니(Galvani, A.)는 그의 동료들로부터 조롱을 당하였고 '개구리 춤 강습 선생'(갈바니가 개구리 다리에 전류가 흐르는 현상을 발견한 것으로부터 유래)이라고 불렸다. 혈액의 순환을 발견한 하비(Harvey, W.)는 그의 동료들로부터 조소를 받으며 교수직을 잃게 되었다. 제멜바이스(Semmelweis, I. P.)는 분만 시 산욕열의 원인이 열악한 위생상태라고 밝히며 적절한 산부인과 조치가 필요하다고 하였는데 이로 인해 그는 동료들로부터 많은 박해를 받았다. 더욱 엄격한 위생조치가 도입된 후 산모들의 사망률은 급격히 감소하기 시작하였다. 기관차를 발명한 유럽의 저명한 수학자인 스티븐슨(Stephenson, G.)은 기관차가 전진하지 않고도 바퀴가 돌아가기 때문에 레일에 짐을 내릴 수 없다는 것을 밝혀내기 위해 수년간 연구하였다.

다윈(Darwin, C.)은 종의 기원(Esslemont, 1963)이라는 그의 이론 때문에 박해를 당하였다. 메스머(Mesmer, F. A.)는 최면술을 연구하여 최면학의 중요성을 강조하였는데 이로 인해 많은 박해를 받았으며 프랑스의 약제사인 쿠에(Coué, Émile)가 자기 암시라는 주제를 연구하였을 때도 박해를 받았다. 정신분석의 창시자 프로이트도 비엔나 정신의학회에서 남성의 히스테리 사례를 발표한 후 다시는 학회에 참석할 수 없게 되었다.

질병의 개념에 대한 역사적인 이해들을 살펴보면 오늘날 질병과 정신질환에 대해 타당하다고 여기는 태도가 처음에는 그렇게 명백하게 드러나지 않았음을 깨닫게 될 것이다. 이는 심리치료뿐만이 아니라 다양한 지리적, 사회적 집단에서 유지되고 있는 치료방법이 시간이 흐르면서 변화해 왔기 때문에 정신질환의 상호관계를 규명하기 위해 모델들을 적용시켜 보는 것이 필요하다. 의학에 대한 역사와 사회학에 관한 연구를 살펴본 후에 다음과 같은 모델들, 즉 신성 모델, 악령 모델, 형벌 모델, 성혼 모델, 유전 모델, 의지 모델, 의학 모델, 환경 모델들을 설명하겠다.

신성 모델(The Deification Model)

고대 그리스와 중앙아메리카 원주민 문화에서는 정신병이 신에게로 가는 수단으로 여겨졌다. 즉, 정신병은 신성시되었다. 우리가 정신분열병이나 간질의 증상에서 볼 수 있는 특이한 행동과 혼란스러운 상태는 이해 불가능한 신의 영향의 표현으로 여겨졌다. 신은 정신질환을 앓는 사람과 관계가 있다고 생각되었으며 정신질환을 앓는 사람은 신의 대변인, 심지어 수단으로 여겨졌다. 이는 정신병의 가장 두드러진 역할을 보여 주는 것으로서 성직자와 종교적인 영역에 속한 것이었다. 그들의 존재는 축복받은 사람들로 비쳐졌다. 그러므로 이러한 정신상태를 변화시키는 치료라는 것은 이 모델에서는 생각할 수 없는 것이다. 이 신성 모델은 오늘날 종교적인 영역이 아닌 질병 상호 간의 관계에 있어서도 발견된다. 이는 특히 가족의 한 구성원이 가족 전체의 문제를 짊어지고 가는 가족 신경증에서 극명하게 나타난다. 여기에서 증상을 나타내는 사람은 신성화와 유사한 특별한 역할을 갖게 되는데 이 사람은 가족에게 중요한 표상이 되는 것이다.

악령 모델(The Demon Model)

이 모델에서는 일반적으로 정신병을 앓고 있는 사람이 악마의 기질, 귀신의 속성을 가졌다고 일컬어진다. 이러한 초자연적인 힘은 정신병을 앓고 있는 사람을 따라다니며 기괴하고 이해할 수 없는 위협적인 행동을 하게끔 한다. 이러한 생각은 어느 곳에서나 선한 영과 악한 영들이 유익하거나 악의적인 충동을 일으킨다는 관점에서 보면 어느 정도 수긍할 수 있다. 이는 충동 조절이 되지 않는 사람들로부터 악령을 쫓아내는 의식을 통해 치료하는 모습에서도 나타난다. 인간으로부터 악령을 내쫓기 위한 다양한 방법들이 개발되있는데 저주의 말과 기도를 하며 관장약과 악취, 불협화음의 음악이 치료에 도움이 될 것이라 여겨졌다. 악령을 쫓아내기 위한 더 강력한 방법으로는 채찍질에서부터 쇠사슬로 묶는 고문에 이르기까지 여러 방법이 시도되었다.

신체적인 학대는 악령을 쫓아내기 위한 수단이 되어 각양각색의 형태로 오늘날까지 존속하고 있다. 오늘날 악령을 쫓아내고자 하는 문제 배경에는 결혼, 배우자관계, 자녀 양육 문제까지도 포함하고 있다. 이렇게 대응하는 것이 부정당한 것 같아 보이지는 않는다. 왜냐하면 많은 부모와 교수들이 이상하고 위협적이며 악마같이 구는 아이들의 행동들에 대해서는 너무 무력하기 때문에 초기 사회에서는 정신질환에 대해서 이와 같은 방법들을 사용할 수밖에 없었기 때문이다. 부모나 교사들이 아이들을 때릴 때 공황상태를 유발시키는 그 무언가를 막을 수 없었기 때문에 그러한 방법을 사용했던 것 같다. 이는 한때 많은 인기를 끌었던 전기충격과 같은 충격요법에서 잘 드러나며 이것이 바로 악령 모델의 기원이기도 하다.

형벌 모델(The Sinner Model)

이 모델은 인간의 질서를 유지하며 형벌을 내리는 공의로운 신을 기반으로 한 것이다. 이러한 규칙은 일반적으로 타당성 있는 심리사회적 규범을 가지고 인간의 상호작용을 통치한다. 예를 들어, 십계명과 같은 규율은 공격성을 억제하고(친절함), 정직, 순종, 충성, 성실함을 요구한다. 다른 종교적 규율들에는 정결한 행위에 대한 규정이 있고, 사회적 행위에 대한 규칙(절약, 작은 것에 만족, 신뢰)들이 서술되어 있다. 미래와 관계되는 것도 자세히 서술되어 있다(믿음, 희망 등등). 그러한 모델은 문화적 배경에서 오는 특수한 공격적 행동들을 조장하기도 한다. 그래서 동양에는 "사람을 기만하는 죄에 대해서 신은 의사도 치료하지 못할 병을 주실 것이라고 기도한다."라는 말도 있다. 또한 조상들의 죄로 인하여 후손들이 3대에 이르기까지 벌을 받는다고도 한다. 따라서 형벌 모델은 정신치료에 있어 인간은 신의 의지를 거스르고 싶어 하지 않기 때문에 치료적인 개입을 거부한다. 기껏해야 아픈 사람, 특히 정신질환을 앓고 있는 사람은 동정을 받을 사람으로만 여기게 된다.

성흔 모델(The Stigma Model)

초기 기독교 시대에는 병이라는 것은 연민의 대상으로 마치 가시 면류관을 쓰고 있는 그리스도의 고통처럼, 깊은 슬픔과 비탄의 성흔(聖痕)으로 병을 동일시하는지 모른다. 그러므로 병은 지긋지긋한 것이 아니라 오히려 축복의 표상으로 보았으며 바로 고통은 신의 뜻이라고 보았다. 형벌 모델, 악령 모델과는 달리 성흔 모델은 아픈 사람이 고통을 당하는 것이 아니라 고난을 견디고 있는 사람으로 자기연민을 가지고 대한다. 즉, "고통을 이겨 내는 것이 삶의 의미이며, 행복에 이르는 유일한 길은 예정된 고난을 이겨 내야 한다. 그래서 나는 이 의무를 회피하지 않을 것이다."(48세 미망인의 말 중)

유전 모델(The Genetic Model)

유전 모델은 새로운 세대의 구성원들이 부모 세대의 특성을 유사하게 심지어 똑같이 갖고 있다는 것을 발견함으로써 시작되었다. 과거에는 유전이라는 현상이 소위 말하는 혈통으로 설명되었다. 오늘날에는 염색체와 유전인자가 유전 형질을 전달하는 것으로 설명하고 있다. 어떤 특정한 변화를 일으키는 범위 내에서는 신체적인 특징을 가진 유전원인이 심리적인 분야로 분류되기도 한다. 즉, 질서정연함, 신뢰감,

개방성, 정직, 품행, 인내, 지적 능력 등이 유전되는 특성과 자질들로 비춰지고 있다. 유전을 연구하는 과학적인 이론에서 만약에 심리적인 영역에서나 다루는 이미 고립되어 있는 인간관계성에 대한 이론을 제시한다 할지라도 이미 일반화되어 있는 유전 모델은 여전히 많은 의문점을 내포하고 있다. "그는 자기 아버지를 닮아서 거짓말을 잘해."라는 말은 단순히 정직함과 같은 도덕적 자질에 대한 표현 이상으로 그 사람의 행동은 결국엔 필연적이고 변할 수 없다는 뉘앙스를 가지고 있다. 유전은 예정된 운명과도 같은 것이며 어느 누구도 이를 피할 수 없다는 것이다. 여기에는 두 가지 의미가 내포되어 있는데, 첫째는 집단 내에서 드러나는 한 사람의 역할은 유전적으로 예상 가능한 결정된 행동이라고 판단하고 있다. 둘째, 유전된 행동은 항상 나타나기 마련이므로 변화 가능성이 극히 낮다는 것이다. 이러한 관점에서 본다면, 교육자는 이와 같은 노골적인 자료를 가지고 교육을 통해서는 원 상태를 더 나아지게 할 수 없다는 진부한 평계를 대고 있다. 오늘날까지도 이러한 모델은 치료 가능성을 극도로 제한하고 있기 때문에 일반적으로 신체적인 건강상태를 치료하는 의술에서 선호하고 있다.

의지 모델(The Will Model)

이 모델은 유럽의 계몽운동에 뿌리를 두고 있다. 인간이 모든 것의 기준이 되었다. 인간은 자신의 결심을 현실로 만드는 의지를 통하여 그 자신이 결정할 자유를 갖게 되었다. 심리학적으로 이러한 개념은 인간이 그의 능력을 통해 자신의 운명을 결정지을 자유를 가지고 있으며 곤경에 처했을 때도 자신의 힘으로 일어서야 한다는 주장과 일맥상통한다. 사회와의 관계에 있어서 이러한 태도를 소위 자유주의자[1]라 부르는데 이는 개인 의지의 중요성이 강조되는 것으로서, 자유롭게 느끼고 생각하고 행동하는 개인의지가 발휘할 수 있는 힘을 의미한다. 또한 접시 닦기 같은 밑바닥 인생도 자신의 의지와 노력으로 백만장자가 될 수 있다는 이데올로기를 기반

---

1) 미국에서는 보수주의(영문판 역자 주).

으로 하여 가난한 사람도 분명한 목표와 의지만 갖고 있다면 그가 원하는 모든 것을 얻을 수 있다고 한다. 외적인 성취 목표가 최우선시되며 내적인 목적과 정서적인 생활은 목적을 위한 수단이 된다. 따라서 심리적인 갈등을 현실에서 부차적인 것으로 도외시하게 되며 단지 자신이 원하는 것을 모두 해결할 수 있다고 생각하게 되고, 일과 성취에만 몰입하여 자기개념을 유지하는 데 도움이 된다. 즉, 더 이상 약해지거나 의존적이지 않고 강하다라는 자아상을 갖게 된다. 내적으로 회의가 생기고 의혹에 시달리게 될 때는 특별히 자신은 강인하다는 것을 증명해야만 한다는 것이다. 자녀 양육 문제 또는 결혼생활의 어려움에 직면하게 되어도 언제나 갈등상황이 깔려 있는 외부세계의 직업과 활동들로 대체하여 생각하게 된다. 즉, "내가 사회에서 성공한 남자인데 결혼생활 문제가 뭐 그리 대수로운가?"(38세의 사업가의 말). 이런 사람들에게 심리치료자는 별로 필요하지 않다. 결국은 자기 자신이 정신을 차리면 서두르지 않아도 문제는 해결될 수도 있다. 확실히 치유되고자 하는 환자의 의지는 이런 식으로 자극을 받아 자아 기능이 어느 정도 안정감을 얻을 수도 있다. 그러나 많은 환자들이 이러한 요구에 무기력하다. 예를 들면, 비활동적이고 위축되어 있는 우울증 환자의 경우를 보자. 그가 내적으로 자기 자신을 너무 힘들게 몰아붙이는 듯 보이니까, 대개는 어떤 힘든 상황에서도 자신을 너무 위축시키지 말고 스스로 이 상황을 이겨 나가라고 충고한다. 그런데 지금까지 이런 우울증 환자들을 살펴보건대 주변의 지인들이 주는 이러한 악의 없는 충고가 내적인 어려움을 더 심화시킨다는 것을 알게 되었다.

의학 모델(The Medical Model)

이 모델은 내부적인 원인과 외부적인 증상 사이에 분명히 연관이 있을 것이라 가정한다. 이 관점과는 달리, 행동치료에서는 정신질환에서 환자의 증상과 숨겨진 병의 원인은 구분할 필요가 없다고 말하고 있다. 증상을 치료하는 것이 바로 병을 치료하는 것이라고 보기 때문이다. 하지만 여기서는 또 다른 방향으로 접근해 보고자 한다. 병의 증상과 원인의 관계는 그리 복잡하지 않다. 신체적 질병의 원인이 내부에 있다고 보는 한, 병을 유발시키는 암시적인 요인들을 발견하기는 어렵다고 본다. 이렇게 병을 유발시키는 '암시적' 요인들은 심리사회적 요인, 식습관, 음주, 운동, 담배, 전반적인 건강에 대한 태도 같은 것들을 꼽고 있다. 직장에서의 스트레스, 가족 간 불화, 만성적 스트레스, 실패 경험, 절망, 무의미함 등이 병의 원인이 되어 병의 진행에 강한 내부적 충동과 외부적 요구 때문에 위장장애가 일어난다는 것이 분명할 때조차도 의학에서는 그것이 심리적 압박의 결과로 나타나는 위궤양이라고 진단하는 것은 문제가 있다고 보는 것이다. 순수한 의학 모델에서는 이러한 내적인 원인 때문에 신체적 질병이 생긴다고 진단하는 것을 꺼린다. 원인-증상 관계의 범위를 넘어선 요인들은 의학의 영역으로 보지 않으며 자유주의, 유전, 환경 모델에서는 이를 환자의 사적인 사건으로 본다. 의사와 특별히 의학 훈련을 받은 사람들은 병을 다룰 수 있는 자격이 있는 사람들이다. 이들은 환자의 가장 두드러진 문제나 행동장애와 같은 것을 치료에서 제외한다. 대체적으로 의사들은 어느 정도 이상의 병이 있는 환자들에게 관심을 갖고 그들의 치료를 돕는 것에 흡족해한다. 최근에 들어서야 의학은 더 좁은 의학 모델의 범위를 넘어 예방 의학, 정신 위생, 의사의 예방 및 자조능력 등에까지 관심을 가지기 시작하였다.

환경 모델(The Environmental Model)

이 모델은 관찰과 과학적으로 입증 가능한 경험이 아닌 환경적 요소의 중요성을 강조한다. 모든 행동은 환경과의 관계 속에서 발생한다. 순수하게 사회적인 진공상태에 존재하는 행동은 없으며 이러한 가상적인 진공상태 자체가 일종의 환경이 된다. 우리가 배고플 때 가장 흔히 나타나는 행동은 먹을 것을 기대할 수 있는 어떤 환경을 찾아가는 것이다. 신체적인 특성이기는 하나 배고픔이라는 그 자체가 일정기간 동안 환경이 유기체에게 음식을 제공하지 않는 것을 의미한다. 인간의 행동은 유전되는 염색체와 유전자 역할에서 드러난 사실처럼 그 행동을 일으킬 수 있는 기질을 이미 가지고 있다는 개념을 제시하고 있는데, 인간의 모든 행동은 '모든 것에 책임을 지고 있는' 환경과 깊은 관계가 있음을 보여 주는 것이다. 그래서 인간은 환경의 산물이라고 한다. 부분적으로 부모가 자녀의 장애에 책임이 있을 수는 있다. 즉, '당신이 부모와 함께 사는 한 당신은 그들에게 의존하고 있다.' '당신이 부모에 대한 의존에서 벗어난다면 모든 것이 나아질 것이다.' '어느 누구도 나를 도와주지 않는다. 부모는 나를 망친다.' 라는 의미들을 내포할 수 있기 때문이다.

또 다른 '희생양'은 사회다. 이 주제는 정치적 토론에서 격렬하게 논쟁을 일으키는 주제다. "당신을 파괴하는 것들을 파괴하라!" 이는 부당하게 대우를 받은 경험이 있는 사회적 관계를 의미한다. 이러한 관점에서 보면 심리치료의 목적은 다음과 같은 문제에 직면하게 된다. 만약 사회라는 환경이 먼저 변화되지 않는다면 부조리한 사회에 맞추어 살아간다고 해서 무엇이 좋다는 말인가? 개인 심리치료는 또한 다음과 같은 도전을 받는다. '비정상적인 사회에서는 비정상적인 것이 정상적인 것이다.' 그러나 심리치료는 개인과 개인의 갈등을 먼저 다루었고, 비록 이것이 사회적 요인을 반영한다 할지라도 이것들이 쉽게 사라지지 않을 것이라는 것 또한 자명하다.

결론 ➜ 인간은 항상 치료를 받는다. 변화하는 것은 치료의 형식과 내용이다. 심리치료의 원리는 그 시대의 인간에 대한 관점에 의해 좌우된다. 한 시대의 행동 모델에 따라 심리치료의 가능성 또한 달라진다. 우리에게는 다양한 모델에 대한 선호와 선택권이 주어져 있다. 각각의 모델은 그 결과가 다르게 나타난다. 대체로 각각의 모델은 문화와 상황에 따라 좌우되며 이에 따라 심리적 갈등과 그 해결 가능성이 결정된다. 치료자에 대한 역할 기대는 환경의 요구에 따라 변화한다. 우리의 선택에 따라 모든 사람들의 발전에 영향을 미치는 좋은 조건들을 창조하는 새로운 시대가 열리게 될 것이다.

5. 심리치료에 대한 풍자

완벽한 낙타

4년 전에 학자들이 카월 사막을 대상(隊商)과 함께 여행을 하고 있었다. 저녁에는 불을 피우고 둘러앉아 그들의 경험에 대해 이야기를 나누었다. 그들은 모두 낙타에 대해 끊임없이 칭찬을 하며 낙타의 힘과 인내심에 대해 감탄을 금하지 않았다. "우리는 모두 문필의 대가들 아니오."라고 한 사람이 말하였다. "낙타에 대한 찬미의 글을 쓰고 그림을 그려 봅시다." 이렇게 말하며 한 사람이 양피지를 꺼내 등불이 켜진 텐트 안으로 들어갔다. 몇 분이 지난 후 그는 텐트에서 나와 자신의 작품을 세 명의 친구들에게 보여 주었다. 그는 낙타가 휴식을 취하다 일어난 모습을 그렸다. 그는 낙타를 마치 살아 있는 듯 아주 잘 그렸다. 곧이어 다음 사람이 텐트로 들어갔고 잠시 후 나왔다. 그는 낙타가 가져다주는 장점에 대해 짧은 글을 써 왔다. 세 번째 사람은 매혹적인 시 한수를 지었다. 마지막으로 네 번째 사람이 텐트로 들어가며 다른 사람이 자신을 방해하지 못하도록 지시하였다. 몇 시간이 지난 후 불은 다 꺼졌고 다른 사람들은 잠이 들어 버렸다. 하지만 희미하게 등불이 켜진 텐트에서는 나지막한 노래 소리와 펜 소리가 계속 들렸다. 다음날 밖에 있던 세 사람이 무료하게 친구를 기다렸고 그다음 이틀 동안도 계속 기다렸다. 마치 절벽이 알라딘 뒤에서 닫혔던 것처럼 네 명의 학자들은 텐트 안에서 지냈다. 마침내 5일째가 되자 텐트가 열리고 가장 열심을 다했던 그 사람은 피곤에 지쳐 죽을 듯 눈 주위가 검고 볼은 홀쭉해진 채 나왔다. 그는 턱수염이 자라 있었고 얼굴은 마치 초록색 레몬을 먹은 듯했으며 피곤에 지친 걸음으로 동료에게 다가왔다. 그는 지쳐 카펫 위에 양피지를 던져 놓았다. 양피지 위에는 큰 글씨로 이렇게 쓰여 있었다. "완벽한 낙타, 혹은 낙타가 어떻게… 해야만 하는지…."(동양이 전해 내려오는 이야기 중)

전문적인 심리치료의 영역 이외에도, 심리치료는 매 순간 모든 다른 형태의 대인관계에서도 일어난다. 상대방의 행동에 있어서의 변화 또는 기분 좋지 않은 상황으로부터 자신을 보호하는 것 등 모든 상호 간의 주고받는 영향은 심리치료와 유사하다고 할 수 있다. 대체로 심리적 장애는 전문적인 심리치료의 영역이라기보다 대인관계의 영역이기 때문에 사회생활―특히 예방적 심리치료와 정신 위생의 중요한 주제―에 영향을 미치는 발병 및 치료적 요인에 대해 주의를 기울일 필요가 있다. 기존의 심리치료와 관련된 전문가나 제도, 시설 등은 제도권 밖의 심리치료 능력에 대해 매우 제한적으로 생각한다. 비전문적인 심리치료의 다양한 형태 가운데 여기에서는 '민간 심리치료' '법률 심리치료' '경제적 심리치료' '점성술 심리치료' '과학적 심리치료' 등의 영역들을 살펴보고자 한다. 이러한 영역들은 전통적인 관점에서 거의 관심을 얻지 못했다. 필자와 동료들은 이러한 영역들을 통해 정신 위생과 심리치료에 있어 매우 가치 있고 유용한, 그러나 사용되지 않았던 치료적 능력들을 밝힐 수 있을 것이라 본다.

민간 심리치료: '너의 감정을 억제해라'

민간 심리치료는 어떠한 면에서 보면 그 자체로 다양한 '심리치료 체계'를 갖춘 '과학'이라 할 수 있다. 전해 내려오는 격언, 직관적 사고, 전설, 우화, 문학적 혹은 예술적 접근으로 갈등을 해결하는 행동 모델을 제시한다. 격언은 삶의 좌우명으로서 갈등해결에 좋은 역할을 한다. "세상에 맞추어라. 너의 지식은 세상에 맞추어 살아가기에 매우 부족하다." 이러한 말은 천박한 이들의 입을 막을 수는 있어도 감동을 주지는 못한다. 사회에서 올바르다고 인식되는 규범과 가치들은 격언과 전해 내려오는 이야기들에서 직설적으로 하지 말아야 할 행동을 좀 더 완곡하게 표현하고 있다.

> "완벽한 성공은 겁쟁이들에게만 필요한 것이다."(Hilty) "사람은 두 가지 방법으로 무언가를 성취한다. 자신의 능력으로 아니면 다른 사람의 우둔함을 통해서 이룬다."(La Bruyére).

이러한 민간치료의 형태들은 심리치료가 제도적인 차원이 아니라 일반적인 삶의 목적에 그 뿌리를 두고 있음을 보여 주고 있다. 대체적으로 타당하다고 인식되는 가치 기준들을 통해 한 사람이 나아갈 올바른 방향이 제시된다. 민담, 신화, 우화, 격언, 인생관, 소설 등이 이와 유사한 역할을 담당한다.

예술 또한—심리치료적인 측면에 있어— 도덕적인 역할을 수행해야 한다. 공연예술은 무대 위의 배우와 동일시함으로써 카타르시스 효과를 얻게 함과 동시에 사회적 교화를 위한 수단으로 작용한다. 이보다 더 대중적인 것은 영화로서 공격성이나 희극적인 요소들, 종교적 목적 등 다양한 상황에서 그 역할이 주어진다. 음악은 안정감과 기분전환, 감정 경험 등의 효과를 가져다준다.

민간 심리치료 영역에 있어 상담 또한 대부분 개인의 소망들을 공유하게 되는데, 개인이 경험하는 것들이 보화가 되어 소망으로 드러나게 되는 것이다.

"당신은 당장 집으로부터 벗어나는 것이 필요합니다. 그렇게 되면 당신은 훨씬 나아질 것입니다." "당신은 아내와 떨어져 지내야만 현재 겪고 있는 문제로부터 자유로워질 수 있습니다." "당신은 다른 직업을 갖게 될 때 현재 겪고 있는 문제가 해결될 것입니다." 또는 "너의 감정을 억제해라." "넌 매우 똑똑한 딸이야."(순종을 강요하기 위한 칭찬) "아픈 척을 하다가 병을 만든단다. 좀 더 열심히 살아보렴." "사람들이 뭐라고 할까?" "시간이 지나면 모든 것이 나아질 거야." "배우자를 찾게 되면 모든 문제가 해결될 거야." "생각만 하지 말고 일을 하여라." "네가 보기에는 잘못된 것으로 보일지 모르지만 절대 그렇지 않다." "네가 아이를 갖게 되면 모든 문제가 해결될 것이다." 등등.

인간관계에 있어서 치료적 모습은 거의 인지할 수 없는 행동방식으로 표현되기도 한다. 어떤 사람이 비탄에 잠겨 있는 사람의 말을 듣고, 그에게 조언을 해 주고 어깨를 토닥거리며 힘을 내라고 한다면, 이러한 말은 치료의 중요성에 대한 이해는 부족하더라도 분명히 의미 있는 것이다.

"힘 내." "걱정하지마." "너무 감정적으로 빠지지마." "기운 내." "기운 차려." "너무 슬퍼하지마." "그런 게 무슨 소용이 있겠니?" "우는 것보다 웃는 게 나아." "행운을 빌어." 등등.

종종 특정 종교만을 치유의 유일한 수단으로 생각하는 광신도를 만날 때가 있다. 그들은 "왜 병원에 가거나 심리치료를 받습니까? 모든 일은 신의 뜻입니다."라고 말한다. 그들은 신앙의 치료 기능에 대해 찬미하는 데 집중해 그것이 인간의 운명을 좌우하는 데는 극히 일부분에 지나지 않음을 망각하고 있다. 또 다른 부분은 지식과 심리치료에 있어서 많은 역할을 감당하는 과학과 인간의 적극적인 활동이라 할 수 있다.

결론 ➔ 올바른 충고라 할지라도 이를 받아들이지 않는 사람에게 한다면 아무런 의미가 없게 된다. 전문적인 심리치료의 영향이 증대되면서 민간 심리치료 또한 그 중요성이 증대되고 있다. 많은 사람들, 특히 젊은 사람들은 그들의 문제에 대해 더 자유롭게 이야기할 수 있으며 같은 생각이나 취미를 갖고 있는 집단 내에서는 더욱 그러하다. 이러한 대화가 지금까지 온실 속에 있었을지라도 민간 심리치료가 미개척된 잠재력을 갖고 있다는 것은 부인할 수 없을 것이다.

법률 심리치료(Juridical Psychotherapy): '언젠가는 판결이 번복될 것이다'

살인혐의로 억울하게 유죄판결을 받은 한 남자가 판사에게 사건을 다시 한 번 검토해 달라고 요청하였다. "저는 신께 맹세코 살인을 저지르지 않았습니다. 나를 시기했던 이웃이 저를 곤경에 빠뜨리려고 한 것입니다. 저는 살인혐의로 사형을 받을 것입니다." 판사는 그를 진정시키려고 하였다. "하지만 이제서 내가 당신을 어떻게 도와줄 수 있겠소?" 이에 그 남자는 "그걸 왜 저에게 물으십니까?"라고 답하였다. "그 이웃을 법정으로 데려와 심문하고 조사해 주십시오." 판사는 오랜 시간 골똘히 생각하다가 마침내 입을 열어 부드러운 음성으로 다음과 같이 이야기하였다. "이보게, 당신의 말은 매우 일리가 있소. 나는 당신의 말을 마음에 새기고 다음과 같은 제안을 하겠소. 먼저 당신은 사형의 의무를 다하시오. 그리고서 내가 약속하겠소. 당신의 이웃을 법정으로 불러들여 모든 사실을 상세히 조사하겠소." 판사는 부드러운 눈빛으로 그를 쳐다보았고 사형집행자에게 집행을 언도했다. 그리고서 다음과 같이 말했다. "다음 사건!"(페르시아의 이야기 중)

전통적으로 이러한 인간관계의 갈등에 대한 합법적인 토론은 심리치료의 영역이라기보다 법률의 영역이다. 논쟁, 법률 위반, 관습의 위배 등은 복잡한 법률적인 조항들 안에서 공적인 권위에 대한 보호를 받는다. 이는 비록 심리치료와는 다른 목적을 가지고 있지만 서로 겹치는 부분들이 있을 수밖에 없다. 법률과 심리치료가 가장 많이 중복되는 문제는—형의 집행은 제외하고—이혼 문제다. 이혼 외에는 자신들의 문제가 해결될 수 없다고 생각하는 부부들은 심리치료자를 자격 있는 전문가라 생각하지 않는다. 그들에게 있어 전문가는 자신들이 이미 내린 주관적인 결정이 법적인 효력을 발휘하게 할 수 있는 법률관계자와 판사들이라고 생각한다. 그러므로 부부들의 문제를 법률적인 접근으로 해결하고자 한다. 그리하여 이들이 결혼한 사람들의 문제를 그들의 방식대로 다루게 되는 것이다.

　　"좀 더 기다렸다 상황을 보자."
　　이전에 이혼 소송을 제기했던 44세의 한 보험증권 소유주가 심인성 장애로 심리치료를 받고 있었다. 심리치료를 받으면서 환자의 결혼생활 문제도 다루어졌는데 회기 중 갑자기 그가 변호사에게 이혼 소송을 취하하겠다고 말했다. 변호사는 그를 말리며 "원래 의사들은 좀 더 기다려 보자고 말합니다. 언제까지 기다릴 수 있겠어요? 결정하면 모든 게 끝나는 겁니다. 당신은 스스로 결정할 수 있을 만큼 충분히 성장했다구요."

　　심리치료자는 변호사도 판사도 아니다. 그에게 있어 죄의 문제는 관심의 대상이 아니다. 법률이라는 것은 관습적으로 인정되는 법의 규준을 다루지만 심리치료는 대체적으로 이러한 절대적인 가치관의 기준을 부인한다. 예를 들어, 사기나 재산권 침해와 같은 범죄는 정직, 절약, 성취, 성공 등과 관련해 볼 때 학습된 행동양식이나 가치관을 어기게 될 것이고, 결국에는 법적 처벌을 받을 만한 행위로 간주한다. 살인도 그 행위의 농기가 심리학적인 의미를 갖게 되어 질투에 의한 살인은 신의와 존경심에 대한 가치평가가 강조됨에 따라 이해 가능한 것이 되기도 하고, 다른 '범죄행위들'도 (주관적인) 정의감의 요구에 의해 발생한 것으로 간주되기도 한다. 이렇게 사회적인 규범과 각 개인 및 집단의 규범은 갈등에 부딪히곤 한다.

결론 ➔ 심리치료는 한 개인의 독특한 상황과 증상 및 동기들이 어떠한 관련이 있는지를 다룬다. 처벌 대신에 환자가 자신의 갈등을 인식하여 스스로 갈등을 다룰 수 있는 힘을 기르게 한다. 심리사회적 규범과 대인관계의 갈등이라는 공통된 문제를 다루는 데 있어 두 부분, 즉 법률적인 문제와 심리치료 접근 간의 상호 협력을 더 강화할 필요가 있는지에 대해서는 여전히 의문으로 남아 있다.

경제적인 심리치료: '먹는 것이 우선, 정신적인 것은 그다음'

심리치료자를 찾는 환자는 단순히 '심리적' 문제만으로 찾는 것이 아니고, 일상생활 전반의 문제와 곤란 때문에 심리치료자를 찾는다. 이때의 재정적인 곤란이라 함은 삶에서 특별한 역할을 하는데, 즉 누군가는 돈과 소유물이 많아 그에 따른 압박에 시달리기도 하고 또 어떤 경우는 너무 궁핍한 재정 때문에 곤란을 겪기도 한다. 이러한 측면에서 본다면 심리치료자는 세법이나 사회적 정의에 대해서 전문가도 아니며 그러한 곳에 시간을 할애하지도 않고, 게다가 심리치료에 돈까지 요구하게 되니 이중으로 쓸모가 없는 것처럼 보이기도 한다.

사실 개인이 심리치료를 시작하는 기점은 고난에 부딪혀 심한 갈등을 경험하는 시기로서 이러한 경험 때문에 개인의 자유가 극히 제한되는 매우 힘든 시점이다. 예를 들면, 파산한 사업가가 직업 없이 무의미하게 살아가는 실직자들처럼 밑바닥 인생에 빠져 매우 위축되고 곤란에 처해 있는 상황에 있을 때라는 것이다.

실제로 재정적이고 경제적인 문제들은 많은 경우에 경제적인 영역을 넘어선 원인들을 내포하고 있다. 그 원인들이란 개인의 가치판단에 따라 우선권을 어디에 두고 결정하느냐에 따라 발생하는데 최종적으로는 이미 개인에게 규범화되어 학습된 행동으로 되돌아가는 것이다.

"불확실한 미래"

"알다시피 저는 죽어라 일해야 해요. 내 아이들의 미래를 위해 뒷바라지해야만 하거든요."(30세 아들과 28세 딸을 두고 있는 58세의 한 사업가의 말 중)

이러한 환자들에게 경제적인 지원이 일시적으로 안도감을 주지만, 많은 경우 이러한 방법이 유일한 치료로 작용하기도 한다.

결론 ➜ 현명하게 생각해 보면, 앞에서 살펴본 문제들을 고려할 때 모든 치료에서 경제적인 문제를 다루어 주는 것이 매우 효과적일 수 있다. 재정적인 비용은 변명으로 사용되는데, 결국 인력으로 가능한 모든 것이 끝났다는 것이다. 이러한 치료방법이 경제적 도움뿐만 아니라 정신의학과 심리치료 및 사회사업 분야 등에서 치료접근으로 가능하다. 재정적인 문제를 다루는 지식은 정신 위생학적 수단에서 오직 돈을 바꾸는 환전기 역할처럼 대체될 수 있다고 본다.

점성술 심리치료: '이 점괘는 불길하다'

여기 소개하는 점성술은 전문 의학이 들어오기 이전에 별자리들을 통해 사람의 운명을 예측해 본 것으로 불확실한 미래를 준비하는 삶에 도움이 되어 왔던 대중화된 접근법이다. 점성술 접근법은 매우 다양한데, 궁수자리와 전갈자리의 궁합은 좋지 않다는 결혼에 대한 점괘에서부터 개인의 운명을 예측하는 것까지 별자리에 책임을 지운다는 것이다. 앞에서도 언급하였듯이 점성술의 기능은 실제로 생계에 도움이 되어 왔다. 여하튼 책임에 대한 압박을 좀 더 쉽게 별자리와 점괘로 돌릴 수 있었으며 나아가 점성술은 또한 사회적인 게임이기도 한데, 대인관계와 과거의 사건들 또는 성격 특질들까지도 점괘의 예측에 들어맞도록 왜곡한다. 또한 점성술을 통해 사람들은 자기 자신에 대한 통찰도 얻게 되었으며, 그 별이 속해 있는 세상의 질서에 자신이 존재한다는 사실에 기분이 좋아지기도 한다.

미묘하게도 점성술은 전해 내려오는 격언, 갈등해결 가능성 및 개인의 관심을 촉진시키는 속매제 역할을 담당하기도 하지만 도움도 되고 위험도 따르는 양면성이 있다.

어떤 한 젊은 여성이 꼭 받아야 하는 맹장수술을 하지 않으려고 계속 버텼다. 그녀는 계속 수술을 미뤄야 한다고 말했다. 수술과 관련해 불길한 점괘가 나온 모양이었다. 의

사는 이를 받아들여 수술을 하지 않았는데 사람의 생존에 있어서 별자리 점괘란 확실히 바람직하지 않은 영향을 미쳐 왔다고 볼 수 있다.

따라서 이러한 점성술이나 영적인 것을 믿는 이들에게 있어서는 전문적인 치료방법을 거부하는 일이 발생하기도 하며 이미 때가 아주 늦었을 때만 치료를 하기도 한다.

결론 ➔ 별의 움직임은 사고의 대상이 되어 모든 일의 추이는 단지 그것들의 결과에 불과한 것이 된다. 이러한 관점에서 보면 개인의 운명을 별자리에 거는 것은 미친 짓처럼 보인다. A.D. 1200년경에 살았던 페르시아의 유명한 시인인 사디(Saadi)는 점성술의 문제점에 대해 다음과 같은 비유로 이야기하였다.

점성술사

한 점성술사가 집에 들어와 보니 어떤 이상한 남자가 침대 위 자신의 아내 옆에 앉아 있는 것을 보았다. 그는 화가 나 욕을 하며 난리를 쳤다. 이를 본 한 현자가 다음과 같이 말하였다. "자신의 집에서 일어나고 있는 일도 모르면서 하늘에서 주관하는 운명에 대해 당신이 어떻게 안단 말이오?"

의학적 심리치료: '욕은 영혼의 배설물이야'

의학적 심리치료는 민간 심리치료에서 뻗어나온 것으로 생각해 볼 수 있다. 이는 내과의사가 심리치료를 한다는 것이 의사의 모든 치료처방에 민간 치료요소들이 적용되고 있다는 것이다. 의사와 환자의 관계가 치료에서 가장 중요한 요인임에도 불구하고 의술을 행하는 의사들이 전문적 심리치료에 임할 때, 일반적으로 자신들의 직관, 감각, 경험에 의지하고 있다는 것이다. 심리치료에서 다루어야 할 투사와 동일시, 일반화와 아주 평이한 일까지도 도외시한다는 사실은 놀라운 일도 아니다.

어렸을 때부터 개를 갖기를 소망했던 한 내과전문의는 우울 경향이 있는 한 신경과민 환자에게 개를 키워 보라고 권하며, 애완견이 긴장이완에는 최고라고 하였다.

이런 접근은 환자가 치료자에게 동일시하는 것이 아니라 최소한 일시적으로라도 의사가 환자역할에 맞추어 자신의 경험이나 상상적 소망에 의해 좋다고 판단하는 것을 의학치료에 적용하는 경우다. 이는 환자를 돕고자 하는 좋은 의도로 적용하고는 있지만 유사심리치료이지 진정한 심리치료는 아니다. 그러므로 이는 의사의 무력함을 반영하는 것이며 이 의사는 이러한 심리치료를 하기에 적당한 전문가는 아니므로 경우에 따라 다음과 같은 미묘한 상황이 발생하기도 한다.

"앉아서 기다려 보라."

불안감으로 고통을 겪고 있는 한 환자는 심리적인 진단을 받기 전에 한 정신과 의사를 찾아가 상담을 하였다. 그 의사는 "불안감이 엄습해 올 때 가장 좋은 방법은 가만히 앉아서 불안감이 지나가길 기다리는 것"이라고 조언하였다. 그 환자는 아버지를 교통사고로 잃은 후 불안감이 증폭된 환자였다.

"기분이 엿 같았다."

한 유능한 심장전문의는 환자들이 자리에서 일어나 사무실을 떠나려고 할 때, 몇 해 전부터 오랫동안 버릇처럼 해 왔던 자신의 마음에 있는 이야기를 환자들에게 다음과 같이 충고해 주는 습관이 있었다. "몇 년 전에 화가 날 때마다 몰상식한 말이나 욕을 하면서 자신의 감정을 추스르던 남자 환자가 있었는데, 여러분이 믿기 어렵겠지만, 그 방법이 나에게도 도움이 되었어요. 이는 일종의 좌우명 같은 것이었는데, 아마 여러분들에게도 도움이 될지 몰라요." 그 남자 환자는 "내 엉덩이나 핥지 그래."라는 말을 아내에게 하면서 자기 기분을 추스르곤 했다는 것이다(그 아내는 심인성 장애를 가지고 있는 사람으로 남편의 그러한 '무례함' 때문에 늘 화가 나 있는 아내였다.). 그리고는 "욕은 영혼의 배설물과 같은 것이야."라면서 변명을 하였다는 것이다. 그런데 그런 자극적인 욕설을 듣곤 했던 아내는 심리치료 과정에서 자신을 억압해 왔던 그런 것들을 어느 정도 해소한 후에 말하기를, "남편이 매번 그런 말을 할 때마다 내 기분은 정말 엿 같았어요."라고 하였다.

또 다른 의미 있는 제안들이 있는데, "어느 정도 건강한 이기주의를 가져라." "당신이 원하는 것을 성취할 의지력을 키워라." "용서하는 법을 배워라." 등등이다.

그러나 의사가 행하는 의술은 이와 같은 투박한 민간치료법과 다르기는 하지만 대신에 의사가 심리치료를 할 때 약을 사용하는 것이 증가하고 있으며 때로는 다음과 같은 결론을 제시하기도 한다. "결국 우리는 약을 사용하는데 심리치료에 무엇 때문에 약을 사용하는가?" 실로 약은 많은 도움이 되며 약물치료는 빠른 효과가 있어서 매력이 있다. 한 알의 약을 먹으면 곧 고통이 사라지고 우울증이나 불안감을 더 이상 느끼지 않게 할 수 있기 때문이다. 그러나 약물이 일시적으로 고통을 경감시키는 것은 분명하지만 질병과 증상의 재발을 막을 수는 없다. 의사들이 제공하는 약물치료의 효과라는 것이 실제로 심리치료에 있어서는 오히려 치료를 방해하는 위험요소가 되어 버린다.

결론 ➔ 동일한 약물에 대한 반응이 환자마다 다르듯이 각각의 독특한 증상을 가지고 있는 모든 사람들에게 절대적인 상담은 존재하지는 않는다.

과학적 심리치료: '그러자 그는 나에게 다목적이거나 전능한 것에 대한 무의미한 말만 늘어놓았습니다!'

지금까지 잘못 이해되어 온 것 중 하나가 '과학적 심리치료'라는 것이다. 이는 과학적인 토대 및 더 나아가 실험적 심리치료 발전에 이바지해 온 사람들을 비난하는 것이 아니다. 그보다 불행하게도 심리치료 영역에서 지금까지 배제되어 충분히 적용해 오지 못했던 부분을 언급하는 것이다. 여기서 언급하고 있는 과학적 심리치료의 문제는 환자를 도외시하고 상아탑 안에서 이론적인 것만 자기만족적으로 이루어진다는 것이다. 여기서 문제가 되는 것은 치료에서 가장 중요하게 다루어져야 할 부분들이 이론적으로만 제기되어 구술되었지, 환자와 직결되어 있는 피와 살의 문제에 대해서는 관심이 없다는 것이다. 응용과학과 연구부분이 어쩔 수 없이 차이가 있다 하더라도 심리치료에서 이론이 중심이 되고 환자가 주변부에 놓인다면 비판을 받을 수밖에 없다.

　민간 심리치료의 다양한 모습에서 살펴볼 수 있듯이 이론적으로 많이 부족한 심리치료는 맹목적인 것이 될 수밖에 없다. 반면, 실천이 없는 이론 또한 철학에 그칠 뿐 이것은 많은 심리치료자들이 갖고 있는 문제다. 그들은 순수 심리치료의 원칙과 순결함에 대한 강한 신념을 가지고 투쟁하고 있다. 이러한 과학적 심리치료는 민간 심리치료와는 달리 초보자들이 접근할 수 없는 어려운 이론을 통해 그 정당성을 추구하는 것처럼 보일 때가 있다. 그들은 이런 식으로 종교를 대신해서 심리치료를 숭배하는 사람들의 필요를 충족시킨다. 몇 가지 사례에서 볼 수 있듯이 이론을 제시하고자 하는 치료자와 치료를 기대하는 환자 사이에는 좁히지 못하는 간격이 존재하고 있다.

　　"다목적–전능에 대한 감정"
　　"나는 의사에게 내 불평을 말했습니다. 나는 좀 성급한 성향이 있는지라 의사는 내 부모가 성급했는지를 알고 싶어 했으며, 의사는 또 나에게 초자아라는 것에 대해 설명을 하는데 그것은 내가 스스로 설정한 이상적 자아라는 것입니다. 의사가 나에게 양육과정에서의 퇴행경향에 대해 물었을 때까지만 해도 나는 그가 말하는 것에 집중할 수 있었습니다. 그런데 시간이 조금 흐르면서 나는 무엇인가 진전되는 느낌을 갖지 못했는데 갑자기 의사는 내가 퇴행적인 방식으로 행동하고 있다고 말하는 것입니다. 나는 흥분상태가 되었습니다. 우리는 계속해서 '진압자(강력한 오토바이 이름)'에 대해 이야기했고, 나는 그 오토바이의 성능에 대해 열심히 격찬했지만 의사는 나에게 집중하지 않았습니다. 대신 나에게 다목적 또는 전능에 대한 감정이 무엇인지를 무의미하게 늘어놓았습니다!"(약물남용과 세대 차의 문제를 가지고 있는 18세 학생의 말 중)

　심리치료는 정신분석지향의 치료뿐 아니라, 위의 사례에서도 보았듯이 과학적인 자기 정당화의 문제를 가지고 갈등하고 있는 환자와 대면하여 치료하는 것이다. 그

러므로 행동치료자와 심층 심리학자들 또한 유사한 어려움을 갖고 있다고 보고하고
있다. 다음은 한 행동치료자의 고백이다.

"당신은 과민성이 체계적으로 감소할 것입니다."

"최근에 나를 혼란스럽게 만들었던 한 환자가 있었습니다. 나 혹은 그녀가 무언가 잘
못되었던 것 같습니다. 그녀의 두드러진 증상은 공포와 우울이었습니다. 나는 그녀와
좀 더 자세히 이야기를 나누고자 했습니다. 긴 이야기를 짧게 줄이는 것으로는 아무것
도 얻어 낼 수 없었습니다. 그녀는 조건 자극과 무조건 자극, 조건 반응과 무조건 반응,
행동 반응, 자극 일반화, 신경증적 불일치 등과 같은 학습이론의 간단한 원리를 이해하
지 못했습니다. 마치 소 귀에 경을 읽는 격이었습니다. 그녀는 이러한 명확한 상호관계
를 전혀 이해하지 못했습니다. 그리고서 치료를 시작하고자 맘을 먹고 그녀에게 이제
우리가 체계적 둔감법을 수행할 것이라고 이야기했더니 그녀는 갑자기 이상하게도 울
기 시작했습니다."

"누가 콤플렉스를 갖고 있단 말입니까?"

심리치료에 대해 어떠한 말도 듣고 싶지 않은 한 환자가 화를 내며 다음과 같이 말했
습니다. "콤플렉스! 내가 콤플렉스를 갖고 있다구요? 완전 미쳤군요. 그렇게 말하는 사
람이 콤플렉스를 갖고 있겠지요. 자기나 열등감에 빠져 있으라고 해요!"

과학적 심리치료의 주장은 진단이라는 거대한 머리와 치료라는 상대적으로 작은
꼬리를 가진 '심리학적 심리치료'라고 이름 붙인 하나의 치료상을 만들어 내는 듯
해 보인다.

"저에겐 시간이 더 필요해요."

"저는 제 둘째 아들과 문제가 있어서 심리학자를 찾아갔습니다. 제 아들은 학업에 문
제가 있고 집에서는 매우 무질서하며, 언제나 골이 나 있고 가끔은 밤에 소리도 지릅니
다. 저는 정말 이해할 수가 없어요. 심리학자는 제 말을 끝까지 경청해 주셨어요. 그로

인해 제 문제에 대해 말할 수 있었고 많은 도움을 얻었습니다. 그리고서 심리학자는 제 아들에게 심리검사를 받게 했고 상담을 위해 다음 날짜를 정했지요. 심리학자는 저에게 제 아들이 평균 이상의 지능을 갖고 있다고 했어요. 또한 숨겨진 공격성을 가지고 있고 아빠와 형에 대해 경쟁심을 갖고 있다고 말했으며 제가 둘째 아들을 양육했던 방식에 양가적으로 불일치한 모습—어떤 때에는 부드럽게, 어떤 때에는 거칠게—이 있다는 것을 말해 주며 제가 아들을 가끔씩 안아 주거나 어루만져 주며 사랑받고 싶어 하는 욕구를 충족시켜 줄 수 있도록 더 많은 주의를 기울여야 한다고 말했습니다. 나는 그 외에 무언가가 더 있는지 물어보고 싶었지만 벌써 시간은 끝났고 심리학자는 내 손을 잡으며 '이제 당신에게 달려 있습니다.'라고 말했습니다. 그러나 그 모든 것을 이해하려면 내게는 좀 더 많은 시간이 필요하네요."(둘째 아들의 양육상 어려움으로 심리치료 상담을 찾은 34세 주부의 말 중)

결론 ➔ 심리치료의 우선적 임무는 사람을 돕는 것이다. 그럴듯하고 검증 가능한 이론 등에 대한 연구는 그다음의 문제여야 한다.

6. 긍정주의 심리치료

해시계의 그림자

옛날 동방의 한 왕이 자신의 백성들을 기쁘게 해 주고 싶었다. 그때 당시의 사람들은 시계가 어떤 것인지 몰랐기 때문에 왕은 여행을 다녀오면서 해시계 하나를 갖고 돌아왔다. 그의 선물은 백성들의 삶을 변화시켰다. 사람들은 하루를 구분 짓기 시작했고 시간을 쪼개기 시작했다. 사람들은 더 빠르고 규칙적이며 부지런하게 되었고, 그로 인해 많은 부를 얻고 삶의 수준을 향상시켰다. 왕이 사망하게 되자 백성들은 그의 공적에 어떻게 감사의 표시를 할 수 있을지 고민하였다. 해시계가 왕의 너그러운 자비의 상징과 백성들의 윤택한 삶의 원인이 되었기 때문에 백성

들은 해시계 주변에 금으로 된 둥근 지붕의 화려한 사원 하나를 짓기로 했다. 그러나 사원
이 다 지어지고 지붕이 해시계보다 높아지게 되자 더 이상 태양광선이 해시계에 닿지 못하
게 되었다. 백성들에게 시간을 알려 주었던 해시계의 그림자, 즉 해시계의 가장 큰 특징이
사라지게 된 것이다. 백성들은 더 이상 시간을 잘 지키지 못했고, 더 이상 부지런하지 못했
으며, 규칙적으로 생활할 수 없게 되었다. 백성들이 하나 둘씩 그렇게 되자 그 왕국은 멸망
하게 되었다.

이 해시계에 관한 우화는 자녀 양육과 심리치료에 있어 시사하는 바가 크다. 모든
사람들은 성숙하면서 환경과의 접촉을 통하여 수많은 잠재능력을 키워 간다. 발달
심리적 관점에서 보면 이는 다음과 같은 방법으로 형성된다. 부모는 환경에 있어서
가장 중요한 초기 인물이며 또한 양육 환경에서의 본보기가 되는 사람들로 아직 약
하고 유연하며 발달하지 않은 아동의 초기 단계 잠재능력을 촉진 혹은 방해할 수 있
다. 더 정확히 표현하자면 우화에서와 같이 아동의 잠재능력을 키워 나가는 데 방해
할 때가 더 많다. 아이를 양육자의 표상대로 키우기 위해서 부모는 교육자로서 사회
적으로 바람직한 특성들을 강조하게 된다. 많은 사례를 통해 보면 이러한 특성들이
틀에 맞추어져 있고 편향되어 있을 때가 많다. 정확히 표현하자면 아이들의 잠재능
력 중 일부분은 개발되고 분화되지만 그로 인해 아이들은 많은 스트레스를 받기도
한다. 그러나 다른 부분들은 마치 화려한 사원으로 인해 해시계가 가려진 것처럼 억
제되어 개발되지 못하는 것이다.

다양한 모습으로 우리 모두는 갈등과 문제에 직면한다. 그러므로 좀 더 실질적이
고 효과적인 새로운 방법과 접근이 필요하다. 현존하는 많은 심리치료방법들이 많
은 장애와 질환들을 치료하고 있지만 예방 의학과 심리치료에서는 장애보다는 사람
들의 발전적인 가능성과 잠재능력에 초점을 맞춘 좀 더 차별화된 방법을 요구하고
있다. 이러한 잠재능력들이 억제되고 무시되어 편향적으로 개발된다면 갈등의 소
지가 드러나거나 잠재적으로 숨어 버리거나 하는 등의 문제가 발생할 것이다.

"나는 어렸을 때부터 성공만을 향해 달려 왔다…. 나는 내 직업을 즐기기는 하지만 다른 사람들과 어떤 대인관계도 맺지 못한다. 심지어 나의 아이들과도 잘 지내지 못한다. 나에게 있어 자유시간은 고문과도 같다." (42세의 우울증을 앓고 있는 변호사의 말 중)

결론 ➔ 억압되고 편향된 잠재능력들은 심리적인 장애와 대인관계 갈등의 원인이 될 가능성이 있다. 이는 그 자체로 심인성 장애라 불리는 불안과 공격성, 이상한 행동과 우울증을 나타낸다. 이러한 갈등들이 개인의 발달과정에서 환경과 접촉하면서 발생하는 것이기 때문에 이러한 장애가 피할 수 없는 운명이 아니라 오히려 자신들이 해결해야 할 문제와 과제로서 직면해야 하는 문제로 접근해야 한다.

이와 같은 전통적 정신의학과 심리치료에서는 장애와 갈등 및 질환을 치료의 출발점으로서 중요하게 다룬다. 따라서 치료의 목적은 질환을 치유하고 장애를 없애는 것이다. 하지만 중요한 것은 장애가 치료의 핵심이 아니라 이러한 장애들로부터 직·간접적으로 영향을 받는 잠재능력을 치료의 주요 요인으로 삼는 것이다.

Positive Psychotherapy

Chapter 2

분화 분석 개론(긍정주의 심리치료)

INTRODUCTION TO DIFFERENTIATION ANALYSIS(POSTIVE PSYCHOTHERAPY)

앵무새와 설탕 자루

한 상인이 너무나 아름다운 인도산 앵무새를 들여왔다. 그는 이 새를 너무 사랑하여 모든 여가 시간을 앵무새와 함께 보냈다. 앵무새를 어깨에 올려놓기도 하고, 머리에 놓기도 하고, 잘한 일이 있으면 늘 설탕 조각을 주어 칭찬을 하였다. 앵무새에게 설탕은 주인의 사랑의 화신이 되었다. 어느 날 저녁이었다. 집안에 아무도 없고 상인과 앵무새만 남아 있었다. 상인은 "나의 어여쁜 새야, 시간이 늦었구나. 나는 좀 피곤하구나. 오늘밤 이 집에는 아무도 없고 너와 나뿐이다. 경비원도 없고 집을 지켜 줄 사람이 없으니 우리 둘 다 잠을 잘 수는 없구나. 그러니 네가 야간 경비를 서도록 하거라."

앵무새는 두 귀를 곤두세우고 충성을 다해 자신의 임무를 수행하고 있었다. 이윽고 상인은 깊은 잠에 빠져 들었고 집안은 깊은 고요에 휩싸이게 되었다. 그런데 갑자기 담벼락에 갈고리가 던져지더니 몰래 침입자가 밧줄을 타고 올라왔다. 침입자는 집안으로 살금살금 들어오더니 닥치는 대로 집안에 있는 물건을 모두 자루 속에 집어넣었다. 그러나 그는 설탕 자루는 보지 못하였다. 드디어 앵무새와 설탕 자루, 그리고 잠자는 상인만 남겨 둔 채 집안에 있던 귀중품은 다 사라지고 텅 비게 되었다.

다음 날 아침 상인이 눈을 떠 보니 집안의 모든 것이 사라진 채 텅 비어 있었다. 벽과 바닥에 있던 카펫도 사라졌다. 모두 다 살펴보았지만 방은 텅텅 비었을 뿐이었다. "내 모든 재산과 소유물이 연기처럼 사라졌구나. 내가 빈털터리가 되었구나. 비단 양탄자는 어디로 갔나?"

상인은 슬퍼하였다. "걱정 마세요." 앵무새가 대답했다. "설탕 자루는 여기 그대로 있어요." "내 보석들은 어디로 사라졌나?" "정신 차리세요, 설탕 자루는 여기 그대로 있다니까요." "나의 기쁨 나의 보물들은 어디로 갔단 말인가?" "좀 조용히 하세요, 설탕 자루는 안 없어졌다니까요?" "어젯밤에 누가 왔었는지 보았느냐?" 상인이 물었다. "어떤 사람이 왔었는데, 오래 있지 않았어요. 금방 다시 나갔어요." 앵무새가 대답했다. "저를 믿으세요. 설탕은 하나도 안 없어졌다니까요, 저한테 말씀하신 것은 제가 최선을 다해 지켰어요. 밤새도록 저는 한순간도 설탕에서 눈을 뗀 적이 없어요. 설탕이 우리에게 제일 중요하잖아요. 주인님에게 제일 중요한 것을 제가 어찌 모르겠어요?"(P. Etessami, 페르시아의 여류 시인)

긍정주의 심리치료의 발전(분화 분석)

　필자가 분화 분석-분석적 접근을 하게 된 동기는 아마도 필자가 2개의 다른 문화에서 살았기 때문일 것이다. 필자는 페르시아 사람(이란 태생)이지만 1954년부터 유럽에서 살았다. 이런 경험 때문에 필자는 행동양식, 관습, 태도 등이 문화마다 다르다는 사실에 관심을 갖게 되었다. 예를 들어, 이란과 독일은 '예의 바르다.' 혹은 '예의 없다.'에 대해 다르게 인식한다. 즉, 이란이나 독일 어느 한쪽이 예의가 없다는 뜻이 아니라 예의 바른 태도가 문화적으로 다르다는 의미다. 심리사회적 규범에서도 문화적 상대성이 존재한다. 따라서 다른 민족이라는 점을 인정하더라도 이민자 문제는 그 이상의 의미를 갖게 된다. 외국인이란 단지 우리 집단에 속하지 않는 '침입자'가 되는 것이다. 즉, 주류집단의 가치판단 기준에서 완전히 벗어나는 특성, 태도, 행동 양식을 가진 사람이라는 뜻이 된다. 이는 양쪽 집단이 당연하게 생각하는 사소한 관습에서 쉽게 찾아볼 수 있다.

　독일에서는 다음과 같이 생각한다. 주인이 접시에 담아 준 음식은 모두 먹는다. 음식을 접시에 남기는 것은 예의에 어긋나며 부적합한 행동이다. 음식을 남김없이 다 먹음으로써 초대한 주인에게 암묵적으로 칭찬을 표시하는 것이 예의다.

　　"나는 무례한 사람이 되고 싶지 않았어요."
　이란을 방문한 한 독일 여성이 소화 불량으로 상당히 고생하다 결국 병이 나고 말았다. "나는 음식을 보는 것조차 힘들어요. 여기 온 지 일주일 됐어요. 거의 매일 다른 가정에 초대를 받았어요. 저를 초대한 분들은 매우 친절하게 잘 대해 주셨습니다. 다른 것은 다 괜찮았어요. 식사하는 것만 빼면요. 제가 식사를 마치면 (음식은 항상 맛있었어요) 곧바로 다음 음식을 대접하는 거예요. 예의 없다는 소리를 듣지 않으려고 또다시 다 먹었지요. 그러고 나니 또 음식을 주시는 거예요. 여러 번 그렇게 했더니 거의 토할 뻔했어요. 더 이상 주인 입장만 생각할 수 없었어요. 더 이상 먹을 수가 없어 그냥 음식을 남겼지요. 난 마음이 불편했어요. 주인들은 나한테 매우 친절하고 다정하게 대해 주셨거든요."

이 독일 여성이 자신이 마지막으로 한 일이 무슨 뜻인지 알았다면 마음이 불편할 필요는 없었을 것이다. 접시에 음식을 남겨 두는 것은 이란에서 가장 예의 바른 행동이었기 때문이다.

이와 같은 경험을 통해 필자는 사회화 과정과 대인관계 및 개인의 내적 갈등에 심리사회적 기준이 중요한 영향을 미치고 있음을 주목하게 되었다. 그리고 동양인, 유럽인 및 미국인 환자들과의 심리치료에서 이들이 언급한 증상과 심리사회적 기준의 영향을 연관시키게 되었으며, 그로 인한 갈등의 원인을 반복적인 행동양식에서 찾을 수 있었다. 따라서 필자는 이러한 행동 규범을 구분할 방법을 모색하였고 이러한 현상에 대하여 조사하기 시작하였다. 밀접하게 연관된 표현들을 하나의 규범으로 통합하여 목록을 작성하였고, 이것으로 주요 갈등을 일으키는 중심내용을 구성하였다. 여기에서는 자녀 양육과 심리치료 영역에서 잠재적인 갈등과 발달적인 측면으로 나타난 것이 도덕과 종교 영역에서는 덕목으로 나타난다.

필자는 심리치료와 관계있는 행동과 태도의 규범을 넘어선 포괄적인 범주 체계라 할 수 있는 '분화 분석 도구(DAI)'를 개발하였다. 그리고 이러한 행동 규범을 활용가능한 잠재능력(actual capacities)으로 명명하였다. 이러한 규범들은 인간 발달에 내재된 능력이기 때문에 이 용어가 합당하다고 생각한다. 활용가능한 잠재능력은 긍정적인 환경의 영향을 통해 강화되거나 혹은 부정적인 환경의 영향을 받아 억제되는 식으로 형성되며, 매일매일의 삶 속에서 다양한 방식으로 매 순간 표현된다. 심리사회적 규범과 관련하여 다음과 같은 질문을 할 수 있다. 이 갈등이 어떻게 발생하는가? 이 갈등을 어떻게 적합하게 기술해야 하는가? 심리적 및 심인성 장애의 증상과 인간관계를 철회하는 것 이면에는 무엇이 있는가? 그리고 이 장애는 어떻게 치료될 수 있는가?

✻ 긍정주의 심리치료는 무엇을 의미하는가

분화 분석은 심리치료의 새로운 형태로, 역사는 짧지만 오래전부터 있었던 것이다. 필자는 이 개념을 1968년부터 집중적으로 연구하기 시작하였으나, 분화 분석의 근원은 고전심리치료학파뿐만 아니라 동서양의 관점이나 사상까지 거슬러 올라간다.

그렇다면 분화 분석의 의미는 무엇인가? 단어의 의미를 생각해 보자. 분화란 분리를 뜻한다. 이는 신체적뿐만 아니라 심리적, 사회적으로 형성되는 인간의 잠재능력을 말한다. 인간 발달에서 분화는 신체에서 처음으로 발생한다. 신체적인 분화는 출생 이후에도 계속된다. 더욱이 놀라운 것은 발달 영역이 개방되어 있다는 것이다. 발달은 경험과 관련되어 있으며, 경험에 대처하는 것 또한 행동과도 관련되어 있다. 한편, 신체적인 면에서 장기와 신경 조직 같은 것은 기능적으로 발달을 거듭한다. 또한 잠재능력도 환경과 계속적인 상호작용을 통해 발달한다. 태아기에서 사회 환경은 생물학적-신체적 환경에 비해 2차적인 것으로 간주되지만 오늘날에는 사회적 관계의 중요성이 부각되고 있으며 심리적, 사회심리적 분화 또한 새로이 등장하고 있다고 할 수 있다. 이미 언급한 신체적 성숙 외에도 심리사회적 영역에서 다음의 두 가지 분화, 즉 정서적 분화와 인지, 지식, 성취능력의 분화가 가능하다.

아이는 즐거운 것과 불쾌한 것을 구분하게 되며, 자신이 처한 환경의 특징과 특성도 구분하게 된다.

예를 들어, 한 어린아이가 탁자에 대해 배울 때는 자신이 처한 환경에서 접하는 사물들의 다양한 특징들을 구분해야 한다. 공통적 특징이 특정한 형태로 계속해서 나타나는 것을 인식한다. 다리 4개, 그 위에 판자, 이러한 특징을 가진 사물은 인형 놀이할 때 쓰는 것이든, 방에 있는 것이든 간에 모두 탁자로 인식한다. 아이가 이러한 방법으로 분화 및 통합을 한다면 전에 한 번도 본 적이 없는, 탁자와 탁자가 아닌 그 밖의 것의 차이점을 말할 수 있을 것이다. 어떤 '탁자가 아닌 사물'이 탁자의 특징을 보일 때도 이러한 구분은 가능하게 된다. 예를 들어, 다리는 있으나 판자가 없거나 판자와 다리는 있으되 스탠드, 사다리 혹은 이와 유사한 물건이 있는 경우 등 이러한 과정을 통해 환경의 복잡한 성격을 단순화시켜 더 잘 인식할 수 있게 된다. 사실상 인식을 통하여 이루어지는 학습은 분리/분화 또는 통합을 근간으로 하여 이루어진다. 아이는 탁자가 무엇인지, 오븐이 무엇인지, 언제 만질 수 있는지 없는지를 배우게 된다.

이 기간 동안 경험한 것은 다음과 같은 경험의 틀을 형성하게 된다. 아이는 사회적 행동을 분화시키는 것을 배우며, 해도 되는 것과 하면 안 되는 것을 구분하는 것을 배운다. 이것이 아동 양육의 중심축을 이룬다. 부모와 자녀 사이의 의사소통은 대부분 다음과 같은 정보에 의해 제한된다.

> 손대지 마라, 더럽다; 조용히 하렴; 그건 하지 마; 아직 밥 먹을 시간이 아니야; 오줌 쌀 나이는 지났잖니; 네가 더 잘하길 바래; 아빠한테 가렴; 내가 올 때까지 기다려라; 집에 늦게 오지 마라; 버릇없는 네 친구는 다시 데려 오지 마라; 참 잘했구나; 내 아들 어쩜 이렇게 똑똑하고 말도 잘 들을까; 날 도와주면 시내에 데려갈게; 집어라; 밥 먹기 전에 손을 씻어야지; 식탁 위에 발을 올려놓지 마라; 먹으면서 이야기하지 마라; 그렇게 돈을 낭비하지 마라… 등등.

이러한 지시, 칭찬, 훈계, 야단 등이 아동 양육의 분위기를 형성한다고 할 수 있다. 아이들은 본보기가 되는 인물의 애정을 얻기 위해 바람직한 것, 반드시 해야만 하는 것을 배운다. 이 분화 과정은 사회화의 특징으로서 인생에 걸쳐 중요한 것이며 특정 환경에서는 갈등의 원인이 된다.

그러나 분화는 어떤 상황에서, 즉 갈등이 발생할 때 또는 전에는 당연히 여기던 행동이나 태도가 문제시될 때 등 과거의 어떤 상황에서 적합하지 않다고 배운 것이 지금 중요한 역할을 할 때 의미가 있다. 따라서 학습한 분화가 현재나 미래의 요구를 충족시키지 못할 때 갈등이 발생한다.

> 한 젊은 남학생이 있었다. 그는 엄마가 방 청소도 해 주고 재정 관리도 해 주었기 때문에 자신의 일상생활을 관리하는 법을 배우지 못했다. 그가 독립하여 이사를 하게 되자 새로운 환경에서 만난 사람들에게 엄마가 해 주던 일을 해 달라고 요구하기 시작하면서 문제가 발생하게 되었다.

우리의 행동 하나 하나는 다양한 분화 수준을 포함하고 있는데, 분화의 수준은 아주 세밀한 것에서부터 일반적인 것에 이르기까지 다양하다.

아주 간단한 예를 들어, 가계수표를 작성할 때는 일련의 분화된 행동과 상황을 구조화 시켜야 한다. 우선, 수표책과 볼펜을 준비한다. 어디다 두었는지 모를 경우는 먼저 찾아야 하고 이에 필요한 시간이 있어야 한다. 돈을 얼마 찾을지 정해야 하고, 그다음에 수표를 어떻게 써야 하는지 알아야 한다. 또한 쓸 때는 명료하게 써야 하고, 구좌 번호도 알아야 하며, 해당 은행과 그 은행의 업무시간도 알아야 한다. 수표책을 준비하고 수표에 쓸 준비가 되었으면 은행잔고가 얼마 남아 있는지 아는 것도 중요하다. 이와 같이 해야 하는 일련의 과정들이 있고 이것은 하나의 사슬처럼 서로 맞물려 있다. 이 과정 중 하나에 문제가 생기면 전체 거래가 이루어질 수 없다. 결과적으로 재정적 불이익을 당하거나, 장기간 돈 없이 지내게 되거나, 수표책을 미친 듯이 찾으러 다니거나, 백지수표를 건네 주거나, 출금액을 적지 않고 보내서 걱정근심으로 나날을 보내거나, 심지어 수표를 부도 내어 감옥에 갈 수도 있는 등의 일들이 생긴다.

결론 ➔ 분화능력은 모든 기능의 기초가 된다. 분화의 수준은 학습을 통하여 이루어진다. 개개인에게 어떤 방법을 사용하는가와 관계없이, 치료적 개입은 마지막 분석에서 환자가 보다 구체화된 분화를 할 수 있도록 하여 보다 상황에 적절하게, 그리고 합의된 목표대로 예상되는 상황에서 적합하게 행동할 수 있도록 하는 것이다. '분화분석'이라고 말할 때 처음부터 이것을 분명히 해야 한다.

✳* 긍정주의 심리치료는 어떻게 생성되었나

심리치료와 심리학 및 교육 관련 문헌을 보면, 기능적 및 역동적 상호 관련성을 고려하면서 양육의 내용과 인간관계 및 심리적 갈등의 내용을 검토해 왔다. 다른 말로 하면, 무슨 일이 어떻게 발생하였는가, 어떤 기능과 상호 연관성이 포함되었는가에 대해 관습적으로 질문해 왔다. 반면에 무슨 일이 발생하는가, 어떤 내용이 이를 결정하는가 하는 것은 오랫동안 그다지 중요하게 여겨지지 않았고 임의적으로 선택한 사례들에 포함되었을 것으로 여겨져 왔다.

앞에서 언급한 남학생의 사례를 전통적인 심층심리학의 관점에서 기술한다면 엄마-아들의 강한 애착관계로 인해 수동적으로 기다리는 태도가 발달된 것으로 볼 수 있다. 표면적으로 볼 때 역동적으로 묘사되고 있음에도 불구하고 내용이라는 관점에서 이러한 태도가 '질서정연' '절약' 혹은 '신뢰' 중 어느 영역인지 알지 못하기 때문에 이 상황을 적절하게 이해할 수는 없다. 엄마-아들의 애착이라는 갈등과정과 수동적으로 기다리는 태도라는 갈등내용 양자를 통해서만 인간관계 혹은 심리적 갈등 상황과 조건을 이해할 수 있다. 그동안 내용적인 면은 심리적 기능을 수행하는 방법들이 너무 다양하고 많기 때문에 등한시해 왔다. 그래서 모방, 동일시, 일반화에서 그 내용은 중요하지 않았으며, 기술 이론(descriptive theory)에서도 내용적인 면은 요점을 벗어난 것이었다. 그러나 환자의 입장에서는 그렇지 않다. 예를 들어, 환자가 '시간엄수'를 가장 중요한 가치로 경험한나면 그에게는 이 영역에서 정확히 하는 것이 중요하다. 따라서 그는 끊임없이 기분이 상하고 부인과 동료에 의해 의기소침해질 수 있다. 아마도 '절약'에 관련해서는 유사한 일들이 별로 자극적이지 않을 수 있는데, 이는 이 영역에서 나타나는 외부적인 일들이 그에게 큰 문제가 아니기 때문이다.

그러나 이 사람이 좌절을 견딜 수 없으며 실망, 부담감, 거절을 감당할 수 없다고 주장하는 것은 아니다. 앞의 사례에서 제시된 학생의 특별한 문제를 기술하기 위해서는 다음과 같은 방법으로 진단을 분화해야 한다. 이 학생은 자신과 다른 생각을 가진 인간에게 어떻게 해야 한다는 것을 잘 수용하지 못했다.

내용적인 면을 등한시하는 많은 이유들이 있다. 예를 들어, 어떤 사람이 말의 내용은 무시하고 마치 수학 공식을 읊듯이 말한다면 이는 형태나 구조가 내용에 비해 변하지 않는다는 이유로 내용을 등한시하는 것이다.

사람들은 자신들이 할 수 있는 정도 내에서 도덕과 윤리를 지키기 때문에 이런 점이 '내용'에 대한 의구심을 갖게 만든다. 반면, 활용가능한 잠재능력(actual capacities)은 모든 사회에서 볼 수 있는 행동유형으로, 행동 자체가 아니며 사회의 특징에 따라 상대적으로 표현된다. 이는 대부분 산업사회에 바람직한 행동규범이라고 할 수 있는데 식상생활에서 시간을 지키지 못하는 것, 정직하지 못한 것, 무질서, 신뢰의 결여 등이 어떻게 영향을 미칠지 쉽게 상상해 볼 수 있을 것이다. 갈등의 원인은 활용가능한 잠재능력이 아니라 사회적으로 그리고 시간의 흐름에 따라 형성된 일방성을 개인에게 요구하기 때문이다. 이것이 산업사회에서는 타당한 것일지 모르나 바로 그렇기 때문에 그 자체로 타당하다고 할 수는 없다. 확실히 청결, 질서정연, 시간, 예의, 정직과 같은 규범이 부르주아적 혹은 억압적인 것으로 사람들 사이에 널리 퍼져 버렸다. 그래서 어떤 때는 감히 언급조차 못하거나 듣자마자 방어적이 될 수밖에 없다. 그럼에도 이러한 규범들과 유사한 경향들을 모든 사람들이 사용하고 또 그에 맞추어 살아가고 있다. 그러므로 이를 억압하기보다는 그러한 규범의 발달, 조건 요인, 의미 그리고 영향에 대해 숙고하는 것이 필요하다고 하겠다.

결론 ➤ 심리치료 및 교육학적 문헌에서는 관습적, 기능적 그리고 역동적인 관련성을 고려한 반면에, 분화 분석은 체계적이며 비판적으로 양육, 인간관계의 갈등 및 심리치료의 내용을 다룬다. 그러므로 분화 분석이 실제적인 것을 추구하기 때문에 동기가 좀 더 깊이 있게 언급되어야 한다. 실제 심리치료에서 필자는 개인 심리치료에서 나타나는 일방성 때문에 겪는 어려움을 지속적으로 보아 왔다. 개인 치료를 지향하는 학파에서 어떤 표현들은 심리학적 선례를 참조하는 데 사용된다. 그러나 조금 바뀐 게 있다면 이 선례들의 내용 요소들이다. 심리역동적 선례에 무엇이 있는가도 중요하지만 어떤 내용이 이러한 선례의 특징을 형성하도록 하였는가 또한 중요하다. 예를 들어, 프로이트는 '초자아'라는 단어를 사용하고 있는데 이에 대해 필자는 관련된 내용이 무엇이고, 심리학적 및 사회적으로 관련된 범주가 무엇인지, 그리고 어떻게 성적인 것이 초자아 위에 위치했는지를 묻는다. 아들러가 자아 존중감과 열등감의 문제에 대해서 이야기할 때 필자는 어떤 행동 영역과 관련이 있는지를 묻는다. 이러한 식으로 다른 심리치료 이론에 대해서도 관련된 질문을 한다. 관련된 내용의 원인과 장애의 조건 요인에 대한 이와 같은 의문은 필자로 하여금 활용가능한 잠재 능력에 관심을 갖게 하였다. 이것을 기초로 필자와 동료들은 분화 분석 도구를 개발하였다. 이러한 노력을 기울이게 된 더 깊은 동기로 인해 갈등에 중점을 둔 심리치료에 관심과 열정을 갖게 되었고, 이를 통해 경제성과 효율성을 극대화한다.

1. 활용가능한 잠재능력

활용가능한 잠재능력의 형성

인간관계에서 갈등이 일어나는 것이 당연하다고 여기게 되면, 이 갈등이 일정 한계를 넘어갈 때에 비로소 걱정을 하기 시작한다. 그리고 그러한 한계에 다다르지 않기를 기대하게 된다. 이러한 개념으로 접근하면 거대한 빙산의 일부분만 보게 될 뿐이다. 그리고 갈등이 계속 있음에도 불구하고 빙산 아래 물속에는 그다지 존재하는 것도 별로 없다고 한다. 그러나 갈등은 겉으로 보기에 유사한 것, 즉 아프거나, 화가 나거나, 죄의식, 불안, 공격성 등을 통해서 드러나게 된다. 처음에는 인식하기 어려운 커다란 갈등이나 병을 유발하는 갈등은 노이로제같이 우리의 경험과 행동에 영향을 미친다.

다음에는 갈등을 파악하기 위하여 '사소한' 문제 상황을 무작위로 조합하여 제시하고자 한다.

가족과 자녀 양육에서 활용가능한 잠재능력

부모-자녀 간, 형제들 사이, 학교와 아이 사이에서 벌어지는 일상생활의 언쟁을 관찰해 보면 다양한 상황과 내용을 살펴볼 수 있다.

- "지금 일어나, 안 그러면 늦어. 너는 태어날 때 빼고는 시간을 지킨 적이 없어." (시간엄수, 순종)
- "아들에게 도움을 요청할 때 아들은 항상 존댓말을 사용해 달라고 합니다. 막상 자신은 아버지를 '어이, 아버지!'라고 부르면서 말이죠." (예의)
- "남편은 목욕을 하지 않아요. 이게 나한테는 너무 힘들어요. 불평을 하게 되지요. 배에는 뾰루지가 많이 났어요. 하도 안 씻어서." (청결)

- "그이 방은 정리 정돈이 아주 잘 되어 있어요. 옷장을 보면 옷이 가득해요. 하지만 좋은 옷, 새 옷을 너무 좋아하고 늘 옷을 새로 사야겠다고 말합니다. 그런데 가끔 보면 셔츠가 밖으로 나와서 보기 흉한데 신경도 쓰지 않아요. 외출할 때도 마찬가지예요." (질서정연, 절약, 예의)

- "너 지금까지 학교에 있었다는 말은 하지 마. 그걸 내가 어떻게 믿니?" (정직, 근면/성취)

- "너는 한술 더 떠서 내가 한 말을 반도 기억하지 못 하잖아." (신뢰)

- "너는 나한테 한마디 말도 없이 저 아이들을 또 초대한 거니?" (순종, 교제)

- "누나가 방 청소를 끝내 주게 했더구나." (질서정연, 모범)

- "네 친구 참 괜찮더구나. 올 때마다 인사를 참 반듯하게 하더라." (예의, 모범)

- "네 여자친구는 인상이 좋구나. 깔끔하고 잘 자란 것 같더라." (청결, 모범)

- "네가 그런 식으로 돌아다니면 사람들이 뭐라고 생각하겠니?" (청결, 교제, 예의)

- "교회 또 빼먹었니?" (순종, 신앙)

- "선생님은 우리 숙제 제출한 거 돌려주신다고 벌써 네 번이나 약속하셨어. 매일 핑계만 대는 거야. 그게 좋은 본보기가 된다고 생각하면 완전 실수하는 거지." (정직, 신뢰, 예의, 모범, 신뢰, 인내)

대인관계에서 활용가능한 잠재능력

말하기, 불평, 보고, 이야기는 표면적인 구조에 나타난 것보다 더 많은 것을 포함할 때가 있는데, 여기에서 활용가능한 잠재능력을 살펴볼 수 있다. 우리는 주기적으로 활용가능한 잠재능력을 삽입하고 또 우리에게 적합한 교훈에 따라 행동한다. 그러나 우리들은 대부분 이것을 깨닫지 못한다. 다음의 예는 인간관계와 여러 문화에 걸쳐 발견된 유사한 말들에서 선택한 것들이다.

- "그 회사 물건은 정말 형편없어요. 완전히 실망했어요. 고객 서비스도 엉망이에요. 도착한다고 약속했지만 아직도 기다리는 중이에요." (시간엄수, 신뢰, 믿음)

- "앞으로 나 그 식당에는 절대로 안 갈 거야. 너무 화가 나더라. 음식 나오는데 한 시간이 걸렸어. 나왔는데 보니까 음식이 식은 거야. 포크와 나이프는 더럽고. 그런데 청구서를 보니까 세상에!"(시간, 시간엄수, 인내, 청결, 절약)

- "내가 늦었다는 것을 알고 차를 타고 출발했지. 경찰이 숨어서 기다리고 있었던 거야. 사진이 몇 방 찍혔어. 엄청 화가 나는 거야. 경찰이 나를 잡길래 신경질을 냈지. 변호사가 그러는데 그러면 안 되는 거였대."(시간엄수, 시간, 순종, 예의, 절약)

- "저 사람 좀 봐. 되게 이상하다. 같은 옷을 나흘째나 입고 있어. 아마 빨지도 않았을 거야. 광대인가 봐. 행동거지 좀 봐. 저 사람이 우리랑 같이 식사한다면 정말 기분 나쁠 거야."(청결, 예의, 명예, 신뢰)

- "그 사람은 일과 결혼했어. 즐길 줄 몰라. 가족과 보내는 시간도 없어. 밥 주고 빨래해 주는 하숙집만 있으면 돼."(근면/성취, 시간)

- "다시는 거기 안 갈 거야. 사람들이 쥐새끼처럼 도둑질하고, 거리는 쓰레기 천지야. 어떤 남자는 거기 서서 소변을 보는 거야. 포도 파는 데 바로 옆에서 말이지. 길거리에다 침을 뱉고. 교통은 말할 것도 없어. 이런 혼란 천지니 경찰이 미치지 않으면 다행이지. 한 발짝 움직이는 데도 속이 바짝 바짝 타. 그렇게 처참한 데 바로 옆에 궁전이 있는 거 있지."(정직, 청결, 예의, 질서정연, 정의, 신뢰, 인내)

- "모든 게 엉망이야. 그래서 이번엔 휴가를 해외로 가기로 했거든. 근데 남편이 비자 신청하는 걸 까먹은 거야. 국경에서 걸려 결국은 못 넘어갔어."(시간엄수, 질서정연, 희망)

- "이 사람들을 어떻게 해야 되는지 모르겠어. 몇 달 동안 한 번 들르라고 그러더니만 막상 저녁 초대해서 갔더니 어땠는지 알아? 식어 빠진 돼지고기, 치즈 하고 차 하고 주는 거 있지. 속이 안 좋다고 하고 그냥 나와 버렸어."(시간엄수, 절약, 교제, 시간, 예의, 정직)

- "그 남자한테는 매너를 찾아볼 수가 없어. 수프 먹을 때는 소리 내서 먹고, 접시에서 음식을 가져갈 때는 자기가 먹던 숟가락을 쓰고, 다 먹고 나더니 손톱으로 이를 쑤시는 거 있지."(예의, 교제, 청결)

- "기사 봤어? 자기 부인을 죽인 남자 있잖아, 바람 피웠다고 그랬대."(정직, 충실, 신뢰, 희망)
- "도대체 공무원들이 누구한테 월급을 받는지 알고 있나 궁금해. 민원실에서 한 시간이나 기다렸어. 잠깐 물어보려고 하는데 세상에 사적인 전화를 15분씩이나 하고 있더라고. 난 앉아서 끝나길 기다리고 있는데… 세금이 그렇게 쓰인다고 생각하니 기가 막혀."(정직, 예의, 절약, 인내, 시간)
- "아내 때문에 망하게 생겼어. 별거 후에 그 여자가 국세청에 가서 내가 세금을 안 냈다고 일러바친 거야. 그래서 지금 우리 집에 감사 나와 있어. 세금 왕창 물게 생겼어."(정직, 절약, 정의, 신뢰, 희망)

직장에서 활용가능한 잠재능력

활용가능한 잠재능력은 직장생활에서도 중요한 역할을 한다. 현대 문명사회는 기능적 능력을 보장하는 활용가능한 잠재능력을 기초로 하고 있다.

- "이 주문서에 명시된 마감일을 정확히 지키셔야 합니다. 3월 1일까지 도착하지 않으면 주문을 취소할 수 있는 권리가 있습니다. 도착이 지연되어 발생하는 손해책임은 모두 당신에게 있습니다."(시간엄수, 정확성, 절약, 성취)
- "당신이 제안하신 가격은 너무 높아서 좀 곤란하겠습니다."(절약, 성취)
- "하나님 감사합니다! 드디어 좋은 비서를 채용하게 되었습니다. 이제부터는 연락하는 일을 정확하고 제대로 할 수 있게 됐습니다. 책상도 깨끗하고, 신뢰가 가고, 방문객을 잘 접대합니다. 계획을 말하면 더 이상 지시를 안 해도 됩니다. 보고서 정리도 잘 되어 있고 이전 비서와는 비교할 수가 없습니다. 이전 비서는 처음 것이 나중에 와 있고 나중 것이 처음으로 와 있고 아주 엉망이었습니다."(청결, 질서, 신뢰, 예의, 교제, 정확성, 믿음)
- "바퀴 볼트가 느슨해져서 사고가 났습니다."(신뢰, 정확성, 시간엄수, 절약, 시간, 믿음)

- "S가족에 대해서 좀 알려 주시면 고맙겠습니다. 내가 사는 2층 건물의 1층으로 이사하고 싶다고 해서요. 당신이 추천인이라고 연락을 주더군요. 그 사람들이 조용한 사람들인지, 그리고 임대료는 정확하게 잘 내는지 말씀해 주시면 감사하겠습니다." (예의, 믿음, 절약, 시간엄수)

- "더 이상 이 회사에 다닐 수가 없어. 우선 급여가 너무 적어. 둘째, 근무 환경을 참을 수 없어. 셋째, 나를 그런 식으로 대하는 걸 참을 수 없어. 상사한테 아부하고 잘 보이면 승진하고 무슨 반대라도 하면 화가 따라오는 곳이야. 제일 참을 수 없는 건 동료들이야. 안 보이는 자리에서 다른 사람들 깎아내리는 일 외에는 아무 일에도 관심 없는 사람들 같아. 작년에 회사에서 다 같이 놀러 갔는데 그때 있었던 일이 아직도 제일 인기 있는 화젯거리라니까. 누가 술에 취했다, 누가 누구를 꼬셨다, 누가 누구랑 자러 갔다 등등." (절약, 예의, 정의, 정직, 충실, 성적 관심)

심리치료와 활용가능한 잠재능력

내용 면에서 모든 심리치료는 5분 동안 손을 씻는 외과의사든 약품 상자를 가지런히 잘 정리해 두어서 이 약 저 약 찾으러 약더미 속에서 헤매지 않고 잘 준비하는 의사든지 간에 활용가능한 잠재능력과 관계가 있다. 다른 의사들이 보낸 편지에 즉각 답장하거나 또는 될 수 있으면 환자와 시간을 더 많이 보내려고 노력하는 의사들, 그리고 환자에게 인내를 가지고 대하는 의사들이 그 예다. 환자들이 치료를 받으러 올 때는 의사-환자 관계의 일부로서 그리고 내용과 관련된 양상과 환자들 증상에 있는 행동 요소로서 환자들의 가치 기준 그리고 그들만의 행동 모델을 가져온다. 활용가능한 잠재능력은 자신만의 증상적인 특징이 있고 따라서 병적인 증상이 나타나는 영역이다.

- "내 집으가 곰 너터웠서른. 의사가 그걸 보더니 표정이 일그러지는 거야. 까다로운 사람이야. 2분 늦잖아, 난리 나." (청결, 시간엄수, 예의, 모범, 인내)

- "그 의사한테 이제 안 갈 거야. 실력이 좋으면 다야? 한 번 진료받으려면 몇 시간씩 기다려야 해. 그리고 나서 진찰하는 시간은 겨우 4분밖에 안 돼." (시간엄수, 시

간, 믿음, 신뢰)

- 진료 보고서: "이 학생은 외모가 지저분함. 첫 번째 면담에 지각하였음. 표정에 초점이 없음…. 환자는 집중력 약화, 학습 장애, 동료와의 갈등과 같은 증상을 언급함…. 정서 장애와 심각한 갈등이 있는 전이 상황 때문에, 분석 치료의 수행이 나에게 의심스러워 보임." 이 모든 것을 고려해 볼 때 치료자는 환자를 왜곡된 행동 모델로 제시하고 심한 역전이를 초래할 수 있다고 볼 수 있다(활용가능한 잠재능력: 질서정연, 시간엄수, 청결, 교제, 근면/성취, 믿음).
- "환자는 청결하고 깨끗하게 씻어야 한다는 것에 강박적으로 매달림."(청결)
- "그녀한테는 질서정연이 인생에서 가장 중요한 요소다. 자신의 어머니가 질서정연에 대해 철저하게 교육했다고 한다."(질서정연, 정확성)
- "20번째 회기에서 이 작은 아이는 성격이 강하고 요구가 심한 엄마로부터 까다로울 만큼 질서정연에 대한 교육을 심하게 받았음이 드러났다."(질서정연)
- "부당한 대우를 받고 또 지나친 책임을 진다고 느꼈는데, 부모님이 자신의 언니한테 그렇게까지 심하게 대하지 않음을 본 것이다."(근면/성취, 순종, 정의)
- "그 일 이후에 환자는 자신은 늘 뒷전이라는 것을 알게 되었다. 옛날 남자 친구는 늘 자기를 최우선적으로 대해 주었다는 것만 생각하며 살아간다."(정의)
- "부모와 동일시하면서 자신은 자신의 욕구를 억제하고 있다는 것을 깨닫게 된 겁니다. 가슴 깊은 곳에서 부모님이 진정으로 자신을 사랑한 것이 아니고 다만 집안에 두고 길들였다는 생각이 든 거죠. 이것을 깨닫자 새로운 출발을 하게 되었습니다."(성적 특질, 순종, 근면/성취)
- "이 환자는 가족 이외의 사람하고는 교제를 하지 않습니다."(교제)
- "반듯하고, 열심히 공부하였으나 과잉보호로 불안하고 약하게 자란 26세 아들과 전통을 고수하는 엄마가 치료를 받으러 왔습니다. 아들은 억압과 우울을 느낀다고 하였고 하나님과 친구들 모두와의 교제를 상실했다고 합니다."(교제, 신앙, 근면/성취, 전통)
- "자아통합을 유지하는 능력의 상실 그리고 보이지 않게 진행되는 완전 정지 상태. 대부분 사춘기 말에 발병하는데 종종 관계 맺는 것에는 실패하는 것으로 나타난

다.”(스포에리(Spoerri)는 정신분열증을 활용가능한 잠재능력의 ‘마이너스 증상’이라고
주장하였다.)

결론 ➔ 활용가능한 잠재능력은 긍정주의 심리치료의 핵심요소다. 활용가능한 잠
재능력은 개인의 경험과 인간관계에서 중요한 요소다. 이에 대해 필자와 동료들 모
두 공감하기 때문에 활용가능한 잠재능력을 단순히 ‘말로만’ 소개하지 않고 실제 영
향을 미치는 심리사회적 요소를 찾아 관련된 표현들로 소개하였다. 활용가능한 잠재
능력은 항상 존재하였지만 체계적으로, 심리사회적 영역으로 고려되지 않았다.

2. 긍정주의 심리치료의 이론

다양한 자녀 양육 방법, 다양한 경제적 상태, 수많은 인생사, 개성 그리고 각 개인
의 요구와 필요 등의 모든 요소를 고려한다면 자녀 양육과 심리치료에 대하여 어떤
규칙을 수립하는 것이 가능한 것일까? 흥미, 지역, 국가, 인종이 수도 없이 다양하고,
민족마다 관습, 기호, 기질, 개념 등이 서로 다르고, 사상, 세계관, 인간관 등도 다양
하다. 이 모든 것에 적합한 교육 혹은 재교육(심리치료)이란 것은 너무 어려운 과제가
아닐까? 한편으로 개인 및 사회의 복합적인 환경은 전례가 없는 사회적 갈등의 소재
다. 이 모든 것을 근거로 다음과 같은 근본적인 질문을 할 수 있다.

1. 모든 사람들이 지닌 공통점은 무엇인가?
2. 사람들은 어떻게 다른가?

인간은 태어날 때 백지상태라기보다는 읽을 수 없거나 읽기 어려운 것이 쓰인 종
이상태와 같다고 할 수 있다. 인간의 잠재능력—인간 발달의 기초—은 성숙과 우호
적인 환경의 도움을 필요로 한다. 그러나 이 잠재능력의 개념은 그 자체로 문제를 안
고 있다. 무언가를 성취하여 나타나지 않는 한 발견되지 않는다는 점이다. 마치 캄캄

한 밤에 검은색 옷을 입고 검은 돌 위에 앉은 사람을 찾기 어려운 것과 같다. 그러나 잠재능력은 실제로 존재하며 어느 순간 적합한 환경과 조건이 되면 나타난다. 모든 사람은 나름대로의 잠재능력을 갖추고 있다. 발달 단계에서 잠재능력이 구체화되어 나타나는지 여부는 신체적, 환경적 조건이 유리하게 작용하는가 혹은 불리하게 작용하여 억제하는가에 달려 있다. 욕구와 비교해 볼 때, 잠재능력은 가소성이 훨씬 높고 환경에 훨씬 예민하게 반응한다. 이러한 점에서 전통적인 사회질서의 형성은 인간의 잠재능력이 나름대로의 질서를 형성한다는 점을 반영하고 있다. 질서에 대한 잠재능력이 없다면 질서라는 것을 인식하기는 불가능하기 때문이다.

필자와 동료들이 인간관계의 갈등에 관한 연구를 시작하면서 자신과 다른 사람에 대한 평가 기준과 가치를 관찰하였다. 양육과 심리치료의 기준을 조사하고, 심리적 그리고 심인성 장애를 일으키는 알려진 조건에 대한 연구를 통해, 이 장애 이면에 있는―보다 깊은 곳에 있는 구조―자기 자신과 다른 사람의 행동 유형과 관련된 부적합한 분화에 대해 연구하였다. 심리적 및 심인성 장애를 묘사할 때, 지나치게 요구가 많다, 일을 너무 많이 한다, 부담스럽다는 표현을 한다. 이처럼 '부담스럽다' 라고 말하는 것은 이러한 부담이 무엇인지 그 본질에 대해서 일일이 말하고 있는 것은 아니다. 사람들은 대부분의 경우 직업상의 지나친 부담만을 간주하려고 한다. 그러나 사실상, 잠재적인 갈등을 가져오는 행동유형이나 태도가 존재하기 때문에 심리적 및 심인성 장애를 미리 정할 수가 있다. 이러한 태도와 행동유형은 심리사회적 규범 목록을 사용하여 기술할 수 있다. 이 목록은 발달 영역과 잠재된 갈등 영역에 동시에 영향을 줄 수 있는 사실을 구분하여 작성한 것이다. 문제가 되는 규범은 다음과 같다.

시간엄수, 청결, 질서정연, 순종, 예의, 정직, 충실성, 정의, 근면/성취, 절약, 신뢰, 정확성, 양심, 사랑, 모범, 인내, 시간, 교제, 성적 관심, 믿음, 확신, 희망, 신앙, 의심, 확실성, 일치성 등이다. 필자와 동료들은 이를 행동의 활용가능한 잠재능력 범주라고 칭한다.

활용가능한 잠재능력

내용 중심으로 구성된 이 심리학적 실제 규범은 이차적 잠재능력과 일차적 잠재능력의 두 가지 기본 범주로 나눌 수 있다.

이차적 잠재능력은 알고자 하는 능력의 표현으로 지식 전달에 의존한다. 이 능력은 개인이 속한 사회집단의 성취 규범이 반영되어 있다. 시간엄수, 청결, 질서정연, 순종, 예의, 정직, 충실, 정의, 근면/성취, 절약, 신뢰, 정확성, 양심이 여기에 속한다.

이차적인 잠재능력은 일상생활의 기술과 평가에서 그리고 타인을 판단하는 데 결정적인 역할을 한다. 사람들은 어떤 사람이 친절하고 호감 가는 사람이라면 그의 태도를 다음과 같은 활용가능한 잠재능력으로 기술한다. "그 사람은 너무 사려 깊고 질서도 있고 믿을 만한 사람이에요." 그러나 한편으로는 이를 과소평가하기도 한다. "그 사람 전 별로던데요. 좀 구질구질하고, 시간도 안 지키고, 정의로운 것 같지도 않고, 예의도 없고, 인색하고, 노력도 안 해요."

이러한 경험은 사람의 성향이나 신체적 조건에 의한 결과다. 예를 들어, 변덕, 무질서, 의식화된 청결, 불결, 시간엄수에 대한 지나친 요구, 지각, 강박적으로 양심적인 것, 불신 등은 인간관계상의 갈등뿐만 아니라 불안, 공격, 모방과 같은 심리적 또는 심인성 갈등도 초래한다. 그리고 그 결과 심리적 영역, 호흡기, 심장 및 혈액 순환계, 위장, 운동 신경, 신경계통, 비뇨기, 피부 등에 영향을 준다.

> "상사가 부당하게 한 짓을 생각만 해도 떨리고 어지럽고 그래요. 그런 다음엔 두통이 오고 배가 아파 옵니다."(28세 직장인, 심인성 장애)

이차적 잠재능력에 장애가 있는 경우 뚜렷한 감정적 반응이 표현되는 것은 정서적 유대감이다는 관섬에서만 이해할 수 있다. 그리고 이것은 일차적 잠재능력으로 표현된다.

일차적 잠재능력은 사랑하는 능력을 말하는 것으로 주로 정서적 영역과 관련되어 있다. 반면, 이차적 잠재능력은 주로 대인관계와 관련이 있는데, 본보기가 되는 인물

들과의 관계, 특히 어머니, 아버지와의 관계가 중요한 역할을 한다. 일차적 잠재능력은 사랑(정서), 모범, 인내, 시간, 교제, 성적 관심, 믿음, 확신, 희망, 신앙, 의심, 확실성, 일관성 등과 같은 범주를 포함한다.

우리가 일차적 잠재능력으로 부르는 것은 그것이 이차적 잠재능력보다 중요하기 때문이 아니다. '일차적'이라는 표현은 이 잠재능력이 정서 영역과 관련되어 있기 때문이고, 정서 영역은 곧 자아와 가깝기 때문이다. 일차적 잠재능력은 이차적 잠재능력의 기초를 구성하고 있다.

내용 면에서 일차적 잠재능력은 이차적 잠재능력과 관련된 경험에 치중해 있다.

"남편을 더 이상 믿을 수가 없어요. 항상 믿을 수 없고 시간도 안 지켜요⋯."

이차적 잠재능력은 정서적 반향을 경험하는 일차적 잠재능력에 기초하고 있다. 예를 들어, 인내가 다소 부족하면 시간엄수를 안 하는 상황에 대해 화를 낼 수 있다. 화 그 자체는 감정의 표현이다. 35세 환자의 말을 들어 보자.

"나는 의욕이 없고 우울해요. 불안하기도 하고 밤에 잠도 잘 안 와요. 집중하기도 힘들고 사는 거 자체가 지겨워요. 이 긴장을 참기 어렵고 또 어떻게든 도망가고 싶어요. 이런 지 한 5개월 정도 됐습니다. 남편이 바람났다는 것을 알았을 때부터입니다."

"산수 시험이 있었다는 것을 들었을 때 딸 레나타(9세)가 학교성적을 가지고 집으로 오기까지 너무 너무 초조했어요. 성적이 좋으면 초조한 맘이 사라집니다. 성적이 나쁘면 진짜 두통이 생겨요."(세 명의 자녀를 둔 32세 학부모, 심장병, 혈액순환 장애)

위 사례에서 '근면'과 '성공'이라는 행동규범은 엄마에게 중요한 내용이다. 그러나 근면과 성공을 특별히 강조하는 것은 엄마의 지나친 반응에 대한 충분한 이유가 되지 않는다. '믿음'과 '인내'에 대한 다른 잠재능력도 관련되어 있다. 그러나 아이에 대한 신뢰가 결여된 것은 반드시 엄마-아이 관계의 산물은 아니다. 오히려 엄마 자신의 양육과정과 인생 경험에 기초한 듯하다. 이러한 경험이 아이에게 전이될 때 엄마, 아이; 아빠 그리고 학교 사이에서 갈등의 요인이 될 수 있다.

　모든 활용가능한 잠재능력은 그것이 갖는 가치의 특징이 나타나는 정서, 목소리 톤의 범위로 표현된다.

　　질서정연을 중요하게 생각하는 엄마는 아주 처절한 목소리로 이야기한다. "17세 된 딸이 있는데 몇 주 동안 친구랑 같이 방을 썼어요. 얼마나 방이 지저분한지 차라리 임신한 것을 보는 게 낫겠어요. 완전 돼지우리예요."

　그리고 이차적 잠재능력과 일차적 잠재능력은 방패막이나 핑계와 같은 기능을 한다.

　　"남편이 맘에 안 들어요. 물건을 아무데나 놓고 제대로 씻지 않는 사람과 성관계 하고 싶지 않아요. 몸에서 냄새가 난다는 생각만 해도 모든 욕구가 다 사라져 버려요." (24세 비서, 성 장애와 혈액순환 장애)

이차적 잠재능력과 일차적 잠재능력 목록(활용가능한 잠재능력)

이차적 잠재능력	일차적 잠재능력
시간엄수	사랑(정서)
청결	모델링
질서정연	인내
순종	시간
예의	교제
정직/솔직	성적 특질
충실성	믿음
정의	확신
근면/성취	희망

절약	신앙/종교
신뢰	의심
정확성	확실성
성실	일치성

활용가능한 잠재능력 목록은 후에 더 추가될 수 있으나 이차적 잠재능력 13개, 일차적 잠재능력 13개는 인간관계에서 가장 빈번히 발생하는 행동 영역을 포함하고 있다. 더욱이 다른 행동 영역은 위에서 언급한 잠재능력에 포함될 수 있다. 예를 들어, 진실성과 신실성은 정직에 포함되고 명성과 성공은 근면으로, 결혼관계에서의 정직은 충실로, 사회적 의사소통에서의 정직은 공정과 청렴에 포함되었다.

상투적인 말들 중에서 어떤 표현들, 즉 모델링, 의심, 확신 그리고 일관성은 좁은 의미에서 '잠재능력'에 드물게 포함되었다. 이들은 부분적으로 특별한 능력 내에서 명백히 작용하는 심리적 과정이고, 이러한 과정의 결과로서 부분적으로 나타난다. 이 잠재능력들은 '완전히 독립된 요소'라기보다는 오히려 내적으로 밀접하게 상호 연관되어 있다.

활용가능한 잠재능력은 한 사람이 인생을 살면서 학습하고 개발하는 사회화 규준이다. 이 과정에서 사람들은 개인적인 중요성을 인식하고 전통적으로 활용가능한 잠재능력을 당연시하는 것에서 자유로울 수 없다. 예를 들어, 모든 사람이 '질서정연'이 무엇인지 안다. 이 표현에 대한 최종 분석은 기숙사 사감 같은 질서를 의미하는지, 부드러운 질서정연인지, 어감에 따라 그리고 상황에 따라 다르다. 다른 한편으로, 특히 심리적 중요성과 관련된 구조적인 공통성이 계속 발견되는데, 예를 들어 '예의'는 공격성, 절제 그리고 다른 사람의 유익을 위하여 자기 자신의 소원을 억제하는 것으로 이해될 수 있다. 이런 식으로 다른 사람에게 사랑과 인정을 받는 사회적 도구가 강화되고 '친절한 모습'을 얻게 된다. 다른 한편으로 '정직'은 정직한 입장을 취하는 쪽으로 자기 자신의 소원을 성취하는 기능을 한다.

활용가능한 잠재능력의 심리적 중요성은 한 개인의 생애 전체를 통해서 수정되고 각각이 특별한 의미를 획득하게 된다. 어떤 사람에게는 근면/성취가 특별히 중요한

반면, 또 다른 사람은 질서정연, 시간엄수, 예의, 정직, 절약 등과 같은 잠재능력을 중요하게 여긴다. 그러나 잠재능력은 개인에게 제한된 심리적 영역이 아니며, 오히려 심인성 및 사회적 영역 모두에 영향을 미친다. 사회심리적 관점에서 볼 때 활용가능한 잠재능력은 일종의 사회적 게임 규칙일 뿐만 아니라 인간관계상의 게임 규칙이다.

　이러한 접근 방법은 환자에게 활용가능한 잠재능력과 관련된 갈등에 관한 질문을 할 수 있는 아이디어를 제공한다. 예를 들어, 우울할 때 우울한 증상에 관하여 물어볼 뿐만 아니라 연역적으로 주요 갈등에 대해, 그리고 잠재된 갈등 행동 영역에 대해서도 물어볼 수 있다.

　처음에는 불안에 초점은 맞추지 않고 불안을 해소하는 네 효과가 있는 일련의 조건에 대해 집중할 수 있다. 부인이 저녁 때 남편을 기다려야 하는 상황이 되면 항상 불안이 심해지는 상황을 가정해 보자. 이러한 경우 불안은 심리사회적 규준인 '시간엄수'에 집중되어 있다. 그렇다면 이 영역을 정확히 어떻게 다루어야 하는지 분명하지 않은가?

분화 분석 목록(DAI, 단순형)

활용가능한 잠재능력	환 자	상대방	자연스러운 반응(말)
시간엄수			
청결			
질서정연			
순종			
예의			
정직/솔직			
충실성			
정의			
근면/성취			
절약			
신뢰/정확성			
사랑			
인내			
시간			
믿음/희망			
교제			
성/성적 특질			
신앙/종교			

약어: + 긍정적 평가 − 부정적 평가

결론 ➤ 활용가능한 잠재능력은 심리 역동적 반응과 심리치료 모델링 내용과의 관계를 나타낸다. 이러한 점에서 분화 분석은 가부장적인 부모를 둔 가정, 부모와의 강한 유대, 학대, 신격화 그리고 거칠거나 부드럽거나 혹은 두 가지가 모두 혼합된 양육 형태와 같이, 일반적인 발견에만 제한되는 것이 아니다. 이는 자아가치의 갈등, 열등감, 공포, 우울 또는 충분히 규정되지 않은 초자아에 관해서만 말하는 것이 아니라 오히려 심리내적 그리고 인간관계상의 과정과 관련된 구체적인 내용(활용가능한 잠재능력)까지도 분석한다.

활용가능한 잠재능력의 평가 목록은 완성되었는가

활용가능한 잠재능력의 목록은 1960년대 말부터 단계적으로 작성되었다. 필자는 예의와 정직이 심리치료적으로 중요하다는 점을 처음 인식한 순간부터 이에 매료되기 시작했다. 이 두 가지 심리사회적 규범을 인지한 이후부터 이 규범이 필자 자신의 행동 속에서, 가족과의 관계에서 그리고 부모님과 주위 사람들과의 교류 가운데 얼마나 중요하게 작용하는지 계속 확인할 수 있었다. 이 규범은 하나의 덕목으로서 자녀 양육과 발달 단계상 목적이 됨과 동시에 장애, 짜증, 불평, 어려움, 질병과 관련되어 있는 것을 계속해서 발견할 수 있었다. 모든 심리사회적 규범은 서로 밀접하게 연관되어 있지만 두 가지 측면을 내포하고 있다. 필자는 주로 정서 및 감정과 연관된 것을 일차적 잠재능력으로, 심리사회적 성취와 알고자 하는 능력과 관련된 것은 이차적 잠재능력으로 구분하였다. 두 범주는 활용가능한 잠재능력의 목록을 완성하는 데 필요한 지표다. 이 목록은 실제 치료에 적용하면서 많은 시간을 거쳐 완성되었다. 관찰된 갈등을 활용가능한 잠재능력을 이용하여 적합하게 서술할 수 있는지 그 가능성을 연구하였다.

이 연구에는 필자 혼자만 참여한 것이 아니라 심리치료자, 정신과 의사, 심리학자, 교사들로 구성된 비스바덴(Wiesbaden) 심리치료 경험 집단(PEW)의 동료들이 공동으로 참여하였다. 연구는 기본적으로 5만여 가지 심리치료 회기 자료를 바탕으로 하였다. 비체계적인 일상생활 관찰은 훨씬 더 유용한 내용이 있었지만, 연구 자료에 포함시키지 않았다. 또한 DAI가 어떤 사회에서는 의미가 있고 다른 사회에서는 의미가 없는 그러한 심리사회적 규범을 반영하는 위험을 피하기 위하여 특별히 2개 이상의 문화에서 나타나는지 확인하는 절차를 중요시했다. 따라서 주요 대상은 주로 중부 유럽 출신의 사람들로 구성되었고 동시에 북부 유럽, 남부 유럽, 북미 그리고 동양의 나양한 종교(이란, 터키, 아라비아) 출신들도 함께 포함되었다.

극동 아시아 문화권 출신이며 독일 사람과 결혼하여 서부 독일에서 직장생활을 하는 15명의 일본 사람(환자)의 예를 들어 보자. 타 문화권 간의 결혼은 활용가능한 잠재능력과 관련된 갈등을 매우 분명하게 보여 주기 때문에 가장 중요한 정보의 원천

중 하나가 된다. 연구에 참여한 민족 집단을 대상으로 DAI를 사용하여 개인의 활용
가능한 잠재능력을 종합하거나 혹은 직접 DAI를 사용하여 갈등의 잠재 요소를 쉽게
분석할 수 있었다.

　문화 차이는 있지만, DAI를 적용할 수 있었다. 필자의 첫 번째 저서『해시계의 그
림자: 교육－자조－심리치료(*Schatten auf der Sonnenuhr: Erziehung－Selfbsthilfe－
Pshchotherapie*)』는 주로 교육 문제와 관련된 큰 평가기준을 다루었다. 여기에서 우리
는 배우자와의 관계에서 '충실성'이라는 독립적인 활용가능한 잠재능력보다는 정직
을 가지고 훨씬 더 잘 분석할 수 있다고 믿었다. 그러나 성인을 대상으로 한 갈등 조
사에 따르면, 충실성에 비해 정직이 별로 관계가 없는 것으로 드러났다. 이러한 이유
때문에 활용가능한 잠재능력 도구 목록에 가장 정확한 의미의 단어인 '충실성'을 첨
가하였다.

　그러므로 한 사회에서 특별히 강조되는 사회심리적 규범을 인식하는 것은 매우 중
요하다. 다른 활용가능한 잠재능력을 사용하여 이 규범 내용을 정의하는 것보다는
잠재능력으로 증명이 된 것이라면 DAI와 통합하는 것이 바람직하다. 예를 들면, '존
경' '용기' ' 책임감' 등이 이에 속한다. 이 평가기준들은 실제 치료 과정에서 훌륭한
보조 기능을 한다. 위에서 언급한 '존경'을 예로 들면, '존경'이라 할 때 존경이라는
개념에 제한될 필요 없이 존경과 관련된 것, 즉 정직, 예의, 성취, 절약, 신앙/종교 등
을 생각해 볼 수 있다.

　심리치료 과정과 교육 과정에서는 활용가능한 잠재능력과 분화 분석 도구(DAI, 단
순형)를 통합하는 것이 유익한 것으로 밝혀졌다. DAI는 필수적인 갈등과 발달 영역
을 총 망라하고 있다(88쪽 표 참조).

결론 ➔ 지금까지 개략적으로 긍정주의 심리치료에 대해 살펴보았다. 그리고 보충
개념으로 개인의 활용가능한 잠재능력의 증후, 분류 및 조합 등을 살펴보았다.

활용가능한 잠재능력의 능동적·수동적 양상

활용가능한 잠재능력은 복합적인 특성이 있다. 활용가능한 잠재능력은 사회 또는 집단, 개인의 심리적 경험, 심인성 장애가 나타나는 과정에서 그 기능을 한다. 또한 활용가능한 잠재능력은 그 자체도 세분화되어 있으며 스스로 세분화하기도 한다.

우선, 활용가능한 잠재능력을 '기대'라는 것을 예로 들어 살펴볼 수 있다. 그 기대는 상대방이 시간도 잘 지키고, 예의 바르고 질서정연하며, 청결하고, 존경할 만하며, 공정하고, 절약하는 것에 대해 이루어진다. 이런 점에서 활용가능한 잠재능력은 수동적 양상을 띠고 있다.

"퇴근해서 집에 오면 아내가 저녁을 준비해 놓고 집도 깨끗하게 정리해 놓고 그래서 편안한 느낌이 들게 해 주기를 기대하지요."

반대로, 활용가능한 잠재능력은 일종의 행동양식, 즉 시간엄수, 예의, 질서정연 등 자신이 행동으로 옮기는 능동적 측면이 있다.

"나는 가끔 남편이 어질러 놓고 나가면 그냥 그대로 내버려두고 싶을 때가 있어요. 하지만 지저분한 것을 보면 내 속이 답답해요. 남편이 정리할 때까지 그냥 놔둘 수가 없어요."(37세 주부, 불안 및 심장 질환)

능동성과 수동성 영역 사이의 분화는 진단적으로 중요한 측면이 있는데, 한편으로는 능동성과 수동성이 반응유형에 관하여 암시해 주기 때문이고, 다른 한편으로는 환자가 언급한 내용을 이해하는 데 도움이 되기 때문이다. "질서정연에 대해 두 분 중에 누가 더 중요하게 생각하시나요?" 등등의 질문에 환자가 답을 할 때, 처음에는 그가 개방적인 질문을 함으로써 환자가 어떤 활용가능한 잠재능력에 중점을 두는지 알 수 있다. 즉, 그의 아내가 충실하기를 기대만 하는지 혹은 본인이 실제로 충실할 준비가 되었는지, 다른 사람이 시간을 잘 지키기를 바라는지 혹은 본인이 시간엄수를 잘하는지 알 수 있다.

능동성-수동성 측면은 활용가능한 잠재능력에 포함된 여러 양상 중의 하나다. 융통성과 고착성도 간과해서는 안 된다. 이 측면은 활용가능한 잠재능력을 평가하는 것과 관련하여 자신의 입장과 태도를 수정하는지 혹은 고착되었는지의 경향과 능력을 다루고 있다. 이 측면은 내용 면에서 기본적으로 활용가능한 잠재능력 중 '시간'과 관련되어 있다. 활용가능한 잠재능력이 다른 어떠한 측면과 관련 있는지 요인 분석을 통해 밝혀야 하며 이에 대한 연구가 진행 중에 있다.

심리사회적 규범은 활용가능한 잠재능력을 이용하면 체계적으로 이해할 수 있다. 이 규범은 사람이 성장하면서 갖게 되는 사회화 내용의 많은 부분을 결정한다. 활용가능한 잠재능력은 모든 문화에서 동일하게 작용하며, 그 중요성은 문화에 따라 다양하고 상대적이다. 일차적 잠재능력과 이차적 잠재능력은 단순한 표현이거나 우연히 나타나는 일시적인 현상이 아니다. 오히려 이는 규칙, 규범, 태도 그리고 삶의 행동양식이며, 모든 사람의 경험, 종족, 계층, 연령, 성별, 유형학, 질병에 따라 다르게 나타난다. 사회화 과정을 통하여 잠재능력은 인간의 특별한 능력으로 습득되고 형성되며, 자기개념과 통합된다. 그리고 부분적으로 감정적 영향을 심하게 받기도 한다.

마치 요리책으로 요리를 배우는 것같이 단지 작은 정도까지는 규칙을 통해서 학습된 활용가능한 잠재능력이다. 좀 더 넓은 의미로, 마치 우리 자신의 경험에 의해서나, 다른 사람의 행동을 따라 함으로써 습득하는 방식으로 배우기도 한다.

아버지와 아들이 차를 타고 여행을 한다. 아버지는 무척이나 서두른다. 급한 약속이 있어서 속도위반도 하고 신호등도 그냥 통과한다. 다른 운전자에게 멍청하다고 욕을 하고 차는 주차장이 아닌 곳에 주차한다.

아들은 아버지로부터 배운 것을 아래와 같이 연관을 맺고 있다.

서둘러 가야 할 때는(시간엄수) 운전을 빨리 해요(시간). 교통 규칙 같은 것에는 그다지 신경을 쓰지 않아요(순종). 다른 사람들이 약속한 시간을 지키지 않으면(예의) 당연히 화가 나지요. 질서요, 안 지켜도 괜찮다고 생각해요(질서).

이와 같은 일련의 행동과 시간엄수를 분리하여 생각해 보자. 그러면 이러한 행동은 비사회적, 히스테리적, 정신병적 행동이라 할 수 있다. 사회 규범의 분화 및 훈련이라는 관점에서 볼 때, 위의 경우는 다른 학습 경험으로 인해 규칙 형성을 방해받았다. 교통 신호를 어기고, 다른 사람에게 화를 내고, 혹은 내가 다른 사람들에게 맞추는 것이 아니라 다른 사람들이 나에게 맞추어야 한다고 믿는다. 다른 일에서도 같은 일반화를 적용하는 것이 가능하다. 즉, 내가 시간을 맞추려고 서두를 때 모든 규범에 허용적이 되어 어떤 행동을 해도 좋다는 식으로 믿는다. 이러한 병리적 발달을 제외한다면 이와 같은 상황은 거의 모든 사람에게 일어날 수 있는 것이다. 앞에서 아버지와 함께 차를 타고 여행을 하는 중에 지금까지 자신이 배운 것과 다른 사회의 요구에 직면하게 된다. 청년은 이 단계에서 사회의 요구를 새로이 수용할 수도 있다. 그러나 이 일은 처음에 학습할 때보다 훨씬 어렵다. 예를 들어, 화를 내지 않기로 한다든지 예의, 직서, 순종에 따르기로 작정한다든지 함으로써 자신의 행동과 가치 체계와 갈등을 일으킬 수 있다. 신경 질환이 있는 사람은 이와 같은 내면적 모순이 증상으로 나타나는 특징이 있다.

결론 ➤ 스스로에게 자문해 보라. 당신 부인이나 남편이 혹은 애인이 데이트에 늦으면 당신은 어떻게 반응하는가? 당신이 옳다고 생각하는 것, 중요하게 생각하는 것을 상대방이 하지 않을 때는? 참을 수 없는 냄새를 풍기고 다닐 때는? 혹은 냄새가 코를 찌르는 사람과 오랫동안 대화를 해야만 할 때는? 자신이 부당한 대우를 받는다고 느낄 때는? 혹은 다른 사람이 부당할 정도의 호의를 받고 있다고 느낄 때는? 배반당한 것을 알았다면? 상대방이 충실하지 않음을 알았다면? 시험을 앞두고 있을 때 나는 어떻게 반응하는가? …

이 질문을 그냥 읽는 것에 그치지 말고 질문의 상황을 상상해 보면, 자신의 감정과 느낌이 그 질문의 일부를 통하여 다루어진다는 것을 확실히 알 수 있을 것이다. 여기에 활용가능한 잠재능력이 포함되어 있다.

활용가능한 잠재능력과 하나됨

인간은 통합적인 존재로 이해되어야 한다. 신체, 환경(환경적 요소, 심리사회적 요소, 영혼, 경험), 시간(의식과 인간 정신의 본질)이 포함된다. 활용가능한 잠재능력은 이 세 가지 영역과 밀접한 관계 속에서 발달하며 동시에 이 세 가지 영역에 대한 태도에도 영향을 미친다.

✳ 활용가능한 잠재능력과 신체

신체 영역이란 생활의 기본인 생물학적인 요소, 즉 신진대사 과정, 반사신경, 유전, 신체적 성숙, 몸 속 기관의 기능, 감각 기능, 필수적인 욕구 등이다. 필수적인 욕구 충족을 위한 방법과 수단을 통하여 개인의 활용가능한 잠재능력이 발달되거나 혹은 정지된다. 이러한 의미에서, 시간엄수의 발달은 잠자고 일어나고 배고픔을 느끼는 등의 생체 리듬과 관련되어 있다. 청결은 어린 시절 배변 훈련과 관련이 있다. 어린아이 각각의 욕구와 신체적 특색에 대한 본보기가 되는 인물의 반응 방식은 아이의 자아상과 성격에 영향을 미친다. 이러한 식으로 활용가능한 잠재능력은 한 개인의 발달과 존재감에 영향을 미친다.

정신신체 영역에서 활용가능한 잠재능력의 영향에 관련된 경험과 갈등은 기본 성향, 기분 전환, 정서 불안, 불안감, 공격성, 우울 등에 변화를 일으킨다. 또한 심인성 질환에 영향을 미칠 수 있다. 한 개인의 무질서와 느린 행동은 "쓸개와 위장에 영향을 미친다."(Peseschkian, 1973) 종종 태도는 자신 혹은 타인에 의해 지각된 신체적 특징에 대하여 감정의 깊은 영역에서 형성된다. 그 예로는 빨간색 머리 때문에 사람들에게 거절당한 어린이, 토실토실하다는 이유로 엄마에게 특별한 사랑을 받는 아이, 긴 다리를 감추고 싶은 사춘기 청년, 그러나 그의 쭉 뻗은 다리를 좋아하는 애인 등이 있다. 신체적 기형 혹은 수족의 절단, 피부병 등은 외모상의 특징 때문에 상당히 부정적인 감정을 갖게 한다. 예를 들어, 청결에 학습된 태도의 배경과는 달리 위에서 언급된 신체적 특징은 어떤 사람에게 거부감과 혐오감을 갖게 할 수 있다.

✳* 활용가능한 잠재능력과 환경

환경이란 측면은 한 개인과 그가 속한 사회 환경과의 관계를 말한다. 활용가능한 잠재능력은 직접적이거나 간접적으로 규칙이라는 형태로 행동 그 자체 또는 다른 사람의 행동에 대한 우리의 기대에 영향을 미친다. 즉, '성실하고, 신뢰할 수 있고, 질서를 지키고, 믿을 만한 직원이 승진한다.'

이처럼 활용가능한 잠재능력으로 모든 내적, 외적 갈등을 기술할 수 있다. 우리는 개인적·집단적 영역에서 활용가능한 잠재능력의 영향과 부딪치며 살고 있다. 즉, 결혼하거나 이혼할 때, 우정에 금이 갈 때, 해고당할 때, 그리고 집단 또는 사람들 간에 잠재적인 갈등 요소가 있을 때다. 전통적으로 활용가능한 잠재능력의 형태는 한 집단의 특별한 특징이 되며, 집단의 결속력과 다른 집단과의 관계에 영향을 미친다 (Peseschkian, 1970, 1971). 그 과정에서 개인적으로 활용가능한 잠재능력, 즉 청결, 시간엄수, 예의는 집단 구성원들 사이의 공통된 표시가 된다. 따라서 한 집단의 회원은 외부적인 특징으로 결정되기보다는 집단만이 가지는 특정 규범, 즉 활용가능한 잠재능력으로 다른 집단과 구별되며, 결국에 의미나 목적이 외부적인 표시를 통해 나타나는 것이다. 집단에 속한 사람과 집단 외부에 속한 사람들 사이의 갈등은 새로운 관점에서 이해할 수 있다.

"감자를 칼로 자르는 사람은 우리 회원이 아니야."

"깔끔하지 않고 몸에서 냄새가 나는 사람은 우리와 상관없는 사람이야."

"어린 시절부터 시간 잘 지키라고 배웠기 때문에 다른 사람들도 그럴 것이라고 기대해요. 시간을 안 지키는 사람하고는 같이 지내기 힘들죠."

✳* 활용가능한 잠재능력과 시간

어떤 사람이 신체와 환경 영역에 관련된 발달과정에서 장애가 있다면 시간 영역에서도 문제가 된다.

"예전에 어떤 사람이 갑자기 나를 떠나 버린 이후로는 사람을 믿지 않아요."

"예전에 거짓말을 한 적이 있는 아이를 어떻게 믿을 수가 있나요?"

이러한 고착으로 인해 활용가능한 잠재능력의 내용과 관련된 측면이 갈등의 소지를 안게 된다. 과거, 현재, 미래가 혼동되어 있거나 혹은 구분이 안 된다면 활용가능한 잠재능력은 시간, 상황, 현실에 따라 분화가 되지 않는다. 자신의 행동과 다른 사람의 행동에 대한 이해가 서로 달라 일어난 상황에 대한 해석이 왜곡된 듯하다. 이러한 연관성으로 인해 과거 어떤 순간의 어떤 행동을 절대적인 기준으로 생각하는 고착 현상이 일어난다. 이는 전혀 이해하고 있지 못하다는 것이며 이해하기 위해서는 상당히 관심을 가져야 함을 의미한다. 다음의 예는 고착과 그 반대 개념인 융통성과 변화 능력의 차이를 분명하게 설명해 준다.

"나는 완전히 새로운 사람이 되었어요. 더 이상 남편과 싸우지 않거든요. 전에는 남편이 어지럽히고 지저분하게 만들어 놓으면 계속 화가 났어요. 지금은 더 이상 싸우지 않아요. 남편을 이해하려고 노력해요. 남편이 씻지 않으면 씻어야 하지 않겠냐고 말로 하고 더 이상 크게 문제 삼지 않아요." (26세 환자, 두통과 성 장애)

결론 ➔ 활용가능한 잠재능력은 추상적 개념이 아니다. 오히려 신체, 환경 및 시간의 발달 영역에서 행동으로 나타나는 것이다.

✳* 활용가능한 잠재능력과 가면

활용가능한 잠재능력은 처음 단계에서 확인되지 않을 수도 있다. 활용가능한 잠재능력은 실제로 도구를 사용하여 알아낸 것과는 다른 형태로 표현되거나 혹은 가면을 쓰기 때문에 그렇다. 그러나 가면 뒤에 숨겨진 활용가능한 잠재능력들을 잘 구별해 낼 수 있다. 이런 경우를 유사함이라고 한다. '질서정연'을 예로 들어 보자.

생활의 매우 다양한 측면에서 비롯된 것이라 할지라도 '질서정연' 혹은 '무질서함' 대신에 이런 저런 방법으로 이 개념을 표현하는 방법은 수도 없이 많다. 예를 들어, 정리, 정리하는 사람, 질서에 맞추어 두기, 질서를 지키는, 청결한, 절차가 번잡한, 까다로운, 체계적인, 정돈되게, 조직적으로, 분류하여, 청소하기, 분명하게, 집단으로, 구분, 정리, 분류, 명확함, 규칙, 책별로, 판에 박힌, 규율에 따름, 체계, 무턱대고 아무데나, 난잡한, 사방팔방으로, 뒤죽박죽, 엉망진창, 동굴에 사는 사람 같은, 복잡한, 위아래가 뒤집힌, 내다 버린 듯한, 엉킨, 뒤섞인, 잘못 둔, 관리를 안 하는, 어지럽힌, 폭풍우가 지나간, 지저분한, 정리가 안 된, 황당한, 부주의한, 우유부단한, 단정치 못한, 정신없는, 태풍이 지나간, 혼잡, 잡다한, 뒤범벅, 돼지우리, 돼지 같은 아수라장, 뒤섞인 등이 있다.

'질서정연-무질서'와 같은 뜻으로 쓰인 말들은 자녀 양육, 남편과 아내 관계, 직장, 전문 기관, 홍보, 일상적인 대화, 인쇄물에서 그리고 적지 않게 심리치료에서 환자들의 진술과 불평 등 실제 상황에서 적용되어 왔다. 이것을 통하여 활용가능한 잠재능력인 '질서정연'의 특징이 어떻게 분화되었는지뿐만 아니라 상황과의 관계에 따라 어떻게 나타나는지 알 수 있다. 예를 들어, "직장에서는 정리정돈도 잘하면서 집에 와선 엉망진창입니다."라는 것을 들 수 있다.

게다가 상황에 따라 예의를 갖추는 정도가 다르고, 지역마다 활용가능한 잠재능력이 다양하게 표현된다. 유사한 표현들이 단지 하나의 활용가능한 잠재능력에만 국한되는 것은 아니다. 가끔 하나가 동시에 여러 개의 활용가능한 잠재능력을 포함한다. 예를 들어 "그 사람은 원시적이에요."라는 주장에는 예의 없다, 정리 정돈을 안 한다, 지저분하다, 정직하지 않다 등의 다양한 의미가 숨어 있다. 전면에 드러나는 활용가능한 잠재능력이 무엇인가 하는 것은 관련된 사람들과 상황 그리고 말하는 방식을 보면 알 수 있다. 치료자와 모든 사람들은 관련된 갈등의 내용을 명료화하고 자신의 삶에서 일어나는 어떤 상황의 중요성을 해석해야만 한다. 이러한 해석은 치료자 혹은 분석하는 가족 구성원이 임의로 선택하는 평가기준에 따른다.

"환자가 치료시간보다 늦게 도착한다."라는 상황 보고는 피상적인 입장에서 보더라노 '시간엄수'와 관련이 있다. 처음에는 환자가 '시간엄수'와 관련된 측면에서 부족하다고 결론을 내릴 수 있다. 그러나 다른 관점에서 볼 때 이 주장을 반박할 수 있는 가능성이 있다. 예를 들어, 그와 동일한 환자가 일상생활에서 초대받는 것을 들 수 있다. 이 환자는 다른 사람과 교류가 없는 편이어서 치료자로부터 사람들과 교제하라는 조언을 받았다. 환자는 치료를 위해 사람들과 만나는 것을 견딜 수 없어(정직하기) 늦게 올 수도 있는 것이다. 따라서 이 상황에서의 시간엄수 결여는 다른 의미를 지닌다. 환자가 심리치료 과정에서 반감이 생겼거나 혹은 치료자를 약 올리기 위해 늦장을 부리는 자신의 성향을 이용하거나, 혹은 이전의 치료 경험 속에서 치료를 위협으로 경험한 적이 있어서 심리치료 상황을 가능한 한 뒤로 미루고자 하는 것일 수도 있다. 따라서 활용가능한 잠재능력이 나타내는 하나의 행동은 여러 가지 기능을 갖는다.

결론 ➤ 심리사회적 규범은 매우 다양하게 표현되기 때문에 활용가능한 잠재능력을 명시하는 방법도 다양하다.

구체적이지 않은 표현은 모든 활용가능한 잠재능력과 관련될 수 있다. "나는 이제 지쳤어요." "모든 게 무의미해요." "나는 너무 행복해요."

복합적인 표현은 분명하게 혹은 암시적으로 다양한 활용가능한 잠재능력을 표현한 것이다. '냄새'(직접적으로는 청결과 관련되어 있으나 무질서, 신뢰할 수 없음, 불충실, 시간 안 지킴 등의 의미일 수 있다), "그 사람은 원시적이에요." "나는 실패자입니다." (실패 영역은 성취 혹은 성 영역을 의미할 수도 있다), "그는 순 멍청이에요."(이 주장은 우선 지적 능력을 의미한다. 그러나 넓은 의미에서는 역시 다른 활용가능한 잠재능력과 관련되어 있을 수도 있다.)

구체적인 표현은 활용가능한 잠재능력을 직접적으로 표현한다. "남편을 기다릴 때는 미쳐 버리는 것 같아요." "남편이 어질러 놓으면 정말 돌아 버릴 것 같아요." "남편이 바람난 것을 알았을 때는 그것으로 끝이라고 생각했어요. 그때는 그랬어요."

증상을 표현하는 것은 활용가능한 잠재능력이 무엇인지 가리킨다. "위도 나쁘고 장도 나빠요. 밤에 잠을 잘 못 자요. 회사에서 책임이 많아지면서부터 그랬어요."

상황적 정보가 담긴 표현은 활용가능한 잠재능력이 직접적으로 언급되지는 않지만 활용가능한 잠재능력의 행동 범주 내에서 관계에 대한 것 그리고 여러 행동에 대한 자신의 평가에 관한 것을 다룬다. 예를 들어, 일요일 아침 식사에 제일 맛있는 빵은 아이가 차지합니다(예의), 남편은 약속시간보다 집에 늦게 와요(시간엄수), 아내는 말은 한마디도 안 하지만 침대에서 손길을 피하고 머리가 아픈 척합니다(성, 정직) 등이다.

✽* 구어분석과 활용가능한 잠재능력

인간관계의 많은 부분은 언어(구두 언어)로 이루어진다. 인간은 언어(구두 언어)를 통해 정보를 교환하고, 사회적 관계에 있는 상대방의 욕구, 필요, 경험을 알 수 있다. 상대방의 특별한 특징을 제외하면 상호작용 과정은 이 과정을 송신자와 수신자라는 비유로 살펴볼 수 있다. 송신자와 수신자는 정보를 전달하는 매개체를 통해 연결되어 있다. 그러나 송신자가 단순한 송신자가 아니고 수신자 또한 단순한 수신자만은 아니다. 나의 말, 나의 행동 혹은 나의 신호는 나와 대화하는 상대방이 나에게 반응하고 나도 그에게 반응하는 것이다. 내가 손짓하면(이리 오세요) 상대방이 고개를 흔들었다(아니). 내가 그에게 가서 왜 안 오느냐고 물었다. 이에 대하여 그는 다른 데 갈데가 있다고 말한다.

언어적 또는 비언어적 의사소통은 각 단계마다 의사소통의 의미를 지니고 있고 목적 지향적 관계를 형성하게 된다. 이와 유사한 무수한 과정 뒤에는 숨은 구조가 있으며 그 속으로 내용이 흘러들어 간다. 일상생활에서의 대화를 예로 들어 보자.

대화를 시작하는 말	내 용	증 상
왜 말 안 했어요.	늦을 거라고?(시간엄수)	나 진짜 화났어요.

이 대화는 복잡한 상호작용 과정 중 일부분을 추출한 것이다. 한 사람이 누군가를 기다렸다. 아마 어떤 정한 시간에 만나기로 한 것 같다. 상대방이 늦게 왔다. 기다리던 사람은 속으로 불쾌함을 느꼈다. 이것은 그 사람이 자신을 얼마나 중요한 사람으로 생각하는지, 시간엄수에 대해 얼마나 중요하게 생각하는지를 이해하면 그의 불쾌함을 이해할 수 있다. 이 사례에서 늦게 나타난 상대방의 말은 찾아볼 수가 없다. 그는 자신이 늦었고 시간을 지키지 않아서 상대방이 불쾌한 것을 이해하기 때문이거나 혹은 약속을 잊어버렸고 아니면 시간을 지키는 것에 대해 상대방만큼 중요하게 생각하지 않기 때문일 수도 있다. 이 사례를 좀 더 상세히 살펴보도록 하자. 이 대화의 첫

부분은 그 내용으로서 상대방에게 다가가는 것이다.

대화를 시작하는 말	내용	증상
왜 말 안 했어요.		

직접적인 대화가 시작되었다. 상대방은 훈계, 위협, 칭찬, 감탄 등의 말을 듣게 되고 어조, 눈빛, 목소리, 흉내, 몸짓 등의 행동으로 말의 내용에 대한 수정 및 보완이 이루어진다.

두 번째 대화 부분은 내용과 관련된다. 여기에서 심리사회적 규범이 직·간접으로 나타나며 상대방은 핵심이 되는 부분을 듣는다.

대화를 시작하는 말	내 용	증 상
	늦을 거라고?(시간엄수)	

이러한 내용 영역에서 활용가능한 잠재능력이 다루어진다. 여기에서 수많은 유사한 대화가 이루어질 수 있다. 앞의 말 대신에 "당신 늦었어요." "내가 당신을 얼마나 오랫동안 기다렸는지 아세요?" "약속시간을 안 지켰어요."라고 할 수도 있다.

대화를 시작하는 말	내 용	증 상
		나 진짜 화났어요.

증상은 다양한 방법으로 표현될 수 있다. 앞의 예처럼 심리적 증상으로 표현될 수도 있고 혹은 심인성 증상으로 표현될 수도 있다. 그리고 이번 행동의 결과로 다음 번에는 어떻게 하겠다는 식으로 증상을 표현하기도 한다. 상대방에게는 "다음 번에는 그냥 안 넘어가요."라고 표현할 수도 있고, 제3자에게는 "초대한 사람이 지금쯤이

면 우리를 걱정할 것 같습니다." 혹은 집단을 대상으로 말할 때는 "친구들이 우리를 더 이상 초대 안 하는 것이 이해가 가는군."이라고 표현할 수도 있다. '증상'의 수단과 목적에는 진단하는 것과 같은 통찰력이 있는데, 이는 이 단계에서 전형적인 반응과 갈등 대처 방법이 분명하게 나타나기 때문이다.

대화를 시작하는 말, 내용, 증상이 포함된 대화는 완전한 대화로 간주할 수 있으나 실제 의사소통에서는 대화가 미완성으로 끝나거나 혹은 중간에 중단되었어도 심리 사회적 기능을 수행하는 것을 볼 수 있다. 완전하지 않은 대화에서는 대화할 때 개별적인 부분이 누락되거나 암묵적으로 전달되며 위장된 대화가 나타난다. 언어(구두 언어)를 매개로 이루어지지 않는 비언어적 의사소통은 모든 형태의 사회적 관계에서 발생한다. 흉내, 판토마임 같은 움직임, 눈썹 올리기 등과 같은 표현이 있다. 구두 언어와 비언어적 표현 사이에는 외침이나 울음이 있다. 외침은 복합적인 의미가 담겨 있어서 상황에 따라 그리고 소리 크기에 따라 그 의미를 알아낼 수 있다. 기쁠 때 표현하는 "오."라는 외침과 실망했을 때 "오."는 그 의미가 다르다.

대화의 일부가 누락될 가능성은 다양하지만 위의 예는 몇 가지 전형적인 경우로만 제한한 것이다.

✳* 대화를 시작하는 말은 누락될 수 있다

사람들은 대화를 시작하는 말은 하지 않은 채 바로 내용을 언급하기도 한다. 직접적으로 상대방은 내용에 직면한다. 이 경우 대화는 이미 시작되었거나 혹은 눈빛 대화 또는 말하는 사람이 다른 사람에게 이미 했거나 또는 다른 사람에게 했을 것으로 가정한다.

대화를 시작하는 말	내용	증상
	얼마나 지저분한지 하늘을 찌르고도 남아요. (질서정연)	얼마나 더 오래 버티는지 보자, 이 벌레야.

∗* 내용 누락

내용이 누락된 경우에는 무슨 일인지 말하는 대신 상황을 참작하거나 혹은 상대방이 알고 있을 것으로 가정한다.

대화를 시작하는 말	내용	증상
어서 오세요. 당신이 집에 오니까 기분이 좋은 걸요.		오늘밤은 당신하고 외출하고 싶어요.

위의 대화 내용을 이해하기 위해서는 배경 설명이 필요하다. 부인은 남편이 퇴근길에 매우 비싼 공연 티켓을 가지고 집으로 온 것을 알고 너무 좋아 기분이 들떠 있다(절약).

내용 누락은 의사소통이 중단되는 것의 원인이 될 수 있다. 내용 누락은 한 사람이 상대방과 상황을 다르게 이해할 때 발생한다. 남편은 아마 부인의 친절한 몸짓을 자신이 성공한 사람이기 때문에 그런 것이라고 추측하고 이에 대해 언급하지 않는다. 이렇게 '내용'에 대한 서로 다른 틀을 가지고 있으면 협력관계나 양육 또는 심리치료에서 갈등이 발생하는 원인이 되는 것을 종종 발견할 수 있다. 이러한 일은 종종 송신자와 수신자가 서로 다른 내용을 마음에 두고 있기 때문에 발생하거나 혹은 동일한 내용, 즉 동일한 활용가능한 잠재능력을 이야기하지만 이해하는 바가 서로 다를 때 발생한다.

∗* 증상 누락

대화를 시작하는 말	내용	증상
당신한테는 아주 쉽군요.	게다가, 당신은 나와 애들이랑 보낼 시간은 없고, 우리는 그저 어쩌다 시간이 남으면 같이 있고(시간, 정의).	

앞의 대화는 한 여성이 남편에게 대화를 시작하자는 말을 하였고 내용도 분명하게 언급하였으나 증상은 표현하지 않았다.

'증상'이 누락되는 경우는 말하는 사람이 심리적 혹은 심인성 문제가 있을 때 나타나며, 침묵으로 대신하거나 시간이 좀 지난 후에 나타나기도 한다.

대화를 시작하는 말	내용	증상
더 이상 참을 수 없어요.	어떻게 맨날 여자들이나 꼬시고 다녀요(충실성, 정직).	나는 지금까지 아무 말도 안 했어. 나도 이제는 지겨워. 당신이란 사람과 더 이상 살 수 없다고

일반적인 경우, 증상을 감추는 것은 예의, 정숙, 정직, 솔직함 등과 관련이 있다. 증상을 표현하게 되면 그 대화에 내포된 요구가 드러나게 된다. 따라서 마지막 예에서 오랫동안 증상이 무엇인지 모르고 지냈던 상대방은 갑자기 이전 경험의 배경에 비추어서 지금 매우 심각한 상황이라는 것을 깨닫게 되는 것이다.

* 대화를 시작하는 말, 내용, 증상이 모두 누락

화는 내면서 왜 화가 났는지 말은 하지 않고 결국 증상만 나타난다. 혹은 기뻐하면서 왜 그러는지 상대방에게는 아무런 암시도 주지 않는다. 따라서 상대방은 같이 기뻐할 수 없게 된다. 두 가지 경우 모두 여러 가지 방법으로 나타날 수 있다.

대화를 시작하는 말	내용	증상
(!)	(!)	(!)
(?)	(?)	(?)

상대방이 깊은 감정이입을 통하여 아주 힘들게 분노나 기쁨(예의/정직)을 추측할 수도 있고 혹은 기쁨과 분노에 아무런 관심을 표현하지 않을 수도 있다. 혹은 자신의 요구를 이해하지 않거나 또는 공감할 수 없음을 알고 포기할 수도 있다. 마침내 상대방을 불신하거나 혹은 상대방이 본인의 감정이나 요구를 악용할 수도 있다는 두려움

이 있으면 아무 말도 하지 않게 된다(신뢰/정직).

　다음은 직접 말로 표현하는 것을 억제하는 경우다. 이때는 하나의 몸짓, 흉내, "아."와 같은 외침 같은 것으로 통합되어 나타날 수도 있다.

　같은 방식으로 고개를 끄덕끄덕하는 것, 눈을 크게 뜨는 것, 어깨를 으쓱하는 것, 다른 사람의 발을 세게 밟아 버리는 것은 위에서 설명한 것에 해당할 수 있다.

대화를 시작하는 말	내용	증상
왠지 이런 일이 또 일어날 거 같아.	열쇠를 잃어 버렸어. (질서정연)	내 머리도 몸에 붙어 있지 않았으면 아마 잃어버렸을 거야.

　대인관계의 갈등과 심리치료 분야에서 말하는 사람의 발언을 분석하는 것은 실제적인 차원에서 중요하다. 21세 학생이 교통사고로 병원에 누워 있다. 어느 정도 회복한 후 사건 발생에 대하여 다음과 같이 이야기하였다.

　"친구 파티에 여자 친구와 같이 갔습니다. 그녀 집에 들러 차에 태워 갔습니다. 처음엔 아무 일도 없었어요. 그런데 그녀가 다른 남자에게 춤을 추자고 했어요. 몇 곡 추더군요, 서로 꼭 껴안고. 참을 수가 없었습니다. 그러더니 그녀는 그 놈이랑 한참 이야기를 하는 거예요. 나는 완전히 미쳐 버리는 줄 알았어요. 예전에도 그런 적이 몇 번 있었습니다. 그럴 때는 밖으로 나와서 차를 타고 동네 몇 바퀴 돌고 다시 파티 장소로 돌아가곤 했습니다. 내가 질투하고 있다는 것을 아무도 눈치 채지 못했어요. 나는 별로 질투하지도 않고, 그럴 필요도 없다고 말했었습니다. 그런데 이번엔 달랐어요. 참을 수 없었습니다."

　이 사람은 여자친구에게 화가 났을 때 '교제' 할 수 있는 다른 사람을 찾지 않았다. 뒤로 한 발 물러서서 질투하고 있다는 것 그리고 애정과 충실성에 대한 자신의 내면적 욕구를 부인했다. 자신에게조차도 그 증상을 인정할 수 없었다. 이 경우 그의 교통사고는 여자친구에게 호소하는 형태로 나타난 증상이라고 할 수 있다.

결론 ➔ 활용가능한 잠재능력은 다양한 방법으로 가시화되어 어떤 때는 가면으로, 어떤 때는 동의어로, 또한 인간관계의 의사소통 내용으로 나타난다. 이 모든 가면들의 형태는 증상, 심리적 갈등, 심리적 및 심인성 장애의 배경으로서 가치가 있으며 진단 혹은 치료의 중요한 단서가 된다.

활용가능한 잠재능력과 갈등의 관계

　사람들은 각자 나름대로의 방법으로 활용가능한 잠재능력을 형성한다. 예를 들어, 사람들은 '시간'을 분배히는 능력을 각자 나름대로 개발한다. 그러나 시간 분배는 기본적으로 문화적인 틀에 크게 영향을 받는다. 고도의 조직적인 산업사회에서는 '시간엄수'를 중요하게 생각하는 경향이 높다. 그러나 농경사회에서는 '시간'을 세분화하는 경향이 훨씬 적다. '시간엄수' 대신에 '인내'가 더 중요한 가치로 평가된다. 농경사회 환경에서는 기다림을 더 가치 있는 것으로 생각한다. 즉, 자연의 리듬에 맞추어 적응하는 것으로 농경사회에서는 시간을 분배하는 법에 대한 개념이 더 좋은 것이라고 할 수 없다. 그러나 각각의 체계마다 갈등에 대해 서로 다르게 인식한다. 현대 산업사회의 스트레스 현상은 '시간엄수'를 강조하는 것과 관련이 있고, 동양 사람들의 운명주의는 여유로운 시간 분배 구조와 관련이 있다. 그러나 활용가능한 잠재능력은 개인이 이를 습득하는 과정을 통하여 형성하게 되는 일관성 있는 행동 방식으로서 개인의 특징 및 자질이 된다.

　활용가능한 잠재능력은 개인적인 자질 및 특징일 뿐만 아니라 사회 관습에 의해 형성되는 '행동 이론'이기도 하다. 이는 어떤 행동을 할 때 반드시 해야 하는 어떤 방식이 있어 다른 방식으로 해서는 안 되는 이유를 설명해 준다. 또한 어떠한 상황에서 어떠한 행동이 적합한지를 알려 준다. 개인의 활용가능한 잠재능력과 관련된 가치판단은 행동이론의 관점에서 고려해야 한다. 따라서 행동이론은 어떤 특정 상황이나 대상에만 제한하거나(책상 정리정돈, 시간엄수) 혹은 직장에서의 윗사람들만을 향한 행동으로 제한해야 한다(질서정연, 직장에서의 신임도). 종종 이러한 개인의 태도는 가치 체계에서 나온 것이다. 예를 들어, 정확성을 긍정적으로 평가하는 사람은 질서정연과 시간엄수 역시 중요하게 행동하고 부정확과 부정직에 대해서는 거부하는 행동을 한다. 그러나 활용가능한 잠재능력은 항상 이와 같은 식으로 평가되지는 않는다. 예를 들어, 정확성은 노력을 많이 하지만 시간엄수에 대해서는 다르게 행동할 수 있다. 이러한 점에서 볼 때 활용가능한 잠재능력은 개인의 가치체계이며 이것으로 자신의 행동과 다른 사람의 행동을 평가한다.

보편적으로 적용되는 준수사항으로서 규칙에 대한 요구는 집단 규범과 사회법에서 기인한다. 우선, 내용 면에서 이러한 규칙은 활용가능한 잠재능력과 관련되어 있다. 어떤 활용가능한 잠재능력은 인간관계의 상호작용, 기존의 의무와 자유 등에 대한 구속력 있는 관습으로 명시적으로 혹은 법적 문서로 이루어진다. 이 범위는 한 개인이 자신에게 주어진 역할에 맞게 어떤 행동은 해야 하고, 어떤 것은 하면 안 되는 것 등 관습에서 법령에 이르기까지 모두 포함한다. 이외에도 당연시되는 무언의 규범, 가치 평가기준이 존재하며 사람들은 이것들을 열심히 지킨다. 그리고 이로 인해 '합당함'에 대한 일종의 합의가 존재한다. 이 합의는 법과 같은 특징이 있으며 보편 타당성이 있는 것으로 간주된다. 그러한 과정은 전통을 따르는 집단 혹은 개인에게서 관찰할 수 있다. 여기에서 선택된 활용가능한 잠재능력 또는 심리사회적 규범의 틀은 절대성을 강조하며, 질서정연, 청결, 정직, 시간엄수 외에 마치 다른 것이 없는 것처럼 행동한다.

이러한 절대화 경향은 예외가 없으며 거의 규칙에 가깝다. 왜냐하면 활용가능한 잠재능력은 정서에 뿌리를 내리고 승인이라는 심리적 기제를 거친 것이기 때문이다. 게다가 이 가치 체계는 방어 체계로 작용하는데, 이는 가치 체계가 행동을 정당화할 수 있는 제일의 원천이기 때문이다. 예를 들면, 충실성을 상대방이 위반하는 경우 이 원칙은 배우자 혹은 자기 자신을 지옥으로 만드는 '정당화'의 수단으로 사용된다. 그러나 상대방이 결혼에 대해 개방적인 입장이라면 충실하지 못함은 자신에게 변명, 합리화, 이해가능한 일이라는 태도를 견지할 수 있다.

따라서 활용가능한 잠재능력의 정당화되는 범위는 매우 넓은데, 이는 활용가능한 잠재능력이 강한 감정적 반향을 포함하고 있으며 또한 이웃, 친구, 아는 사람들이 자신이 좋아하는 가치를 공유하고 있다는 것을 알고 즐거워하기 때문이다. 이러한 식으로 외부 사람들을 보면서 자신이 옳다는 것을 확인한다. 그리고 자신의 가치 체계를 기준으로 좋은 친구란 어떻게 하는 것이 옳은 것인지 그렇지 않은지에 대하여 다른 사람들한테 가르치기도 하고, 자기 자신도 이에 맞는 정당한 생활을 한다고 생각한다. 그러나 자신의 자아상에 있는 중요한 활용가능한 잠재능력과 관련하여 자신과 다른 의견에 부딪치면 기본적으로 위협을 느끼게 된다. 우리와 다르게 행동하는 사람을 만나거나 혹은 우리 사이의 합당한 규칙을 따르지 않는 사람을 만나면 이는 단순히 어떤 상황에서 갈등이 발생하는 것이 아니라 행동이나 태도가 일탈된 것으로 보면서 자신의 고유한 가치 체계와 개념이 갑자기 의문에 싸이게 되는 것이다. 왜냐하면 이 가치 체계를 지지하고 있는 모든 강화, 칭찬, 벌과 같은 모든 구조가 갑자기 의미를 잃어버리기 때문이다.

　이러한 경우 사회·심리학적 관점에서 볼 때 활용가능한 잠재능력은 분명히 갈등 요소로 나타날 수 있다. 남편과의 관계에서 아내는 질서정연을 주장한다. 이는 단순히 어떤 공식적인 규칙을 옹호하기 때문이 아니라 질서정연을 옹호하는 것이 곧 그녀 자신이기 때문이다. 이 경우 아내는 아내라는 역할에 대한 의문을 가질 수 있다. 그녀가 질서정연과 청결에 대해 특별히 관심을 두고 있기 때문에 이로써 자아존중감을 가질 수 있고, 남편의 무질서함을 보고(양말을 벗어 침실에 던지거나, 침대 밑이나 가끔 옷장 밑에 벗어 두는 일) 자신의 어떤 가치가 무시당하고(예의 바르지 못함) 자신에게 가장 중요한 가치가 모욕당하는 것으로 느낀다. 종종 자신의 역할과 기능과 위치에 전혀 만족하지 못하는 사람들이 외부 영향에 대해 가장 강력한 방어 자세를 취한다.

　활용가능한 잠재능력은 역할이 불확실한 상황에서 역할을 결정하거나 혹은 역할의 요소로 기능한다. 자신이 옹호하는 가치를 절대화시키는 경향은 심리적, 사회심리적, 심리치료적으로 설명이 가능한 것으로 심리적 갈등 및 인간관계에서 일어나는 갈등의 본질적인 요소다. 이러한 절대화 경향으로 사람들은 부적절한 융통성과 적합성을 강화하게 되며, 가치 표준에 대해 확고한 신념을 가지게 된다. 고정 및 '절대화'는 개인의 활용가능한 잠재능력과 관계가 있을 수도 있고 혹은 전체 가치 체계와 관련될 수도 있다. 가치란 다른 사람에게 주장하는 내용 혹은 자신의 행동규범을 구성하며 누가 반박을 하더라도 굳세게 옹호하는 것이다. 그러나 활용가능한 잠재능력을 통일한다는 것은 불가능하다. 모든 사람은 나름대로의 독특하고 변하지 않는 양육 방법이 있을 뿐만 아니라 자신에게 요구되었던 역할과 상황에 따라 요구 사항들이 다르기 때문에 융통성을 갖는 것이 꼭 필요하다. 따라서 시간에 따라 어떻게 변화되었는가 하는 점이 고려되어야 한다.

고착이란 시간과 상황을 무시하는 것으로 누구나 잘 아는 장애를 초래한다. 모든 사람이 경리사원같이 질서정연하거나, 공무원처럼 시간을 잘 지키거나, 재단사 같은 정확함, 내과의사와 같은 청결함을 지키는 것은 아니다. 활용가능한 잠재능력은 사람들이 그렇게 할 수밖에 없었던 그 시간, 그 시점에 있었던 상황을 떼어놓고 생각하면 우스꽝스러운 것이 되고 갈등을 야기할 수 있는 근원이 된다. 외과의사는 수술하기 3분에서 5분 전후로 손을 씻는다. 그가 만약 집에서도 이렇게 하고 가족에게도 똑같이 요구한다면, 어떤 상황에서는 너무나 적합하고 바람직한 행동이 정말 터무니없는 짓이 될 수도 있다. 자녀들은 반항할 것이고, 부인은 화가 날 것이며, 가족은 고통을 당하게 된다.

두 가지 이상의 문화가 공존하는 상황에서 서로 다른 양육 방식으로 자란 두 사람 사이의 가치 평가 형태를 보면 활용가능한 잠재능력의 상대성을 볼 수 있다. 극단적인 경우엔 이런 상황에서는 공통점은 거의 없고 수많은 차이점만 존재한다. 청결 의식에 대한 예를 하나 들어 보자. 동양에서는 화장실에서 용무를 본 이후에 엉덩이를 물로 씻는데, 규칙에 따라 물이 분출되는 구리 물통을 왼손으로 사용한다. 그들은 화장지를 사용하는 유럽의 관습을 의심의 눈초리를 바라보고 불결하다고 생각할 수 있고 반대로 유럽 사람들이 동양의 방법을 신기하고 불결하고 혐오스러운 것으로 생각할 수 있다. 문화에 따라 특수한 청결 의식은 각 집단만의 개념을 주장하는 것이고 전통을 통해 전수되는 것이다. 전통은 특정 교육·관습뿐만 아니라 지배적인 종교 등을 통해 전해지는 가치도 포함된다.

일차적 잠재능력과 이차적 잠재능력은 서로 조화를 이룰 때 최고의 효과를 낳을 수 있다. 이 두 능력이 서로 다른 위치에 놓이게 되면 가치와 관련된 통찰력이 줄어들게 된다. 즉, 잠시 옹호하는 능력을 지나치게 강조하고 지나치게 확신하게 되면 다른 가치와 능력에 대해서는 알지 못하게 된다.

"나는 행동을 똑바로 하는 사람만 상대합니다. 그가 성공한 사람이라 해도 예의를 제대로 차리지 않으면 아무 소용이 없어요." (53세 여자 환자, 두통 및 혈액순환 장애)

> 활용가능한 잠재능력과 관련된 장애는 전형적인 부조화 상태에서 발달된다.
> 이차적 잠재능력 중에서(부지런하나 질서가 없는)
> 일차적 잠재능력 중에서(다른 사람은 신뢰하나 자신은 믿지 않는)
> 일차적 잠재능력과 이차적 잠재능력 사이의 관계에서(질서는 있으나 참을성이 없는)

결론 ➔ 대인관계에서 활용가능한 잠재능력에 대해 서로 다른 평가를 내리는 것은 갈등의 뿌리 이면에 숨어 있는 개념에 대한 이해를 필요로 한다. 그러나 사회화라는 이유로 개인의 활용가능한 잠재능력을 절대화하려는 경향은 이러한 이해를 방해하는 것이 된다. 우리는 활용가능한 잠재능력을 평가하는 데 있어 상대성을 인정할 준비가 되어 있어야 한다. 잠재적인 갈등은 상호작용, 활용가능한 잠재능력 유형과의 만남에서 발생할 뿐만 아니라 활용가능한 잠재능력 그 자체에서도 발생할 가능성이 있다. 즉, 문화와 집단의 가치 체계 배경을 무시하고 어떤 활용가능한 잠재능력을 일방적으로 지나치게 강조하면 갈등의 소지가 된다. 이러한 관점에서 어린 시절의 행동장애, 양육 기간 동안의 어려움, 세대 간 갈등, 부모 자녀 사이의 갈등, 배우자와의 어려움, 직장에서의 불화, 신경 문제, 심인성 장애 등은 일차적 잠재능력과 이차적 잠재능력 사이의 갈등에 대한 반응 양식, 즉 분화가 부적합하게 이루어진 결과로 해석할 수 있다.

3. 미세한 정신적 외상

사람들은 보통 심리적 장애로 고통받는 사람은 어떤 끔찍하고 무섭고 충격적인 경험을 했을 것으로 추측한다. 그러나 그런 경험이 발견되지 않으면 의사조차 우울증이나 속임수, 정신 불안 및 질환이 있는 사람으로 생각하는 경우가 있다.

그러나 긍정주의 심리치료는 신경학의 예를 이용하여 충격적인 경험이 없어도 심리적 장애를 가질 수 있음을 보여 준다. 일반적으로 권투 선수들이 연속적인 잽을 맞고 미세한 정신적 외상을 일으키는 것이 KO를 당하는 것보다 더 위험하다는 점은 널리 알려진 사실이다.

이는 충격적인 경험 없이 자주 반복되는 미세한 정신적 외상(microtrauma)이 우리의 습관을 형성한다는 것을 이해할 수 있다. 이에 대해 파블로프(Pavlov, 1993)는 "우리의 양육, 학습, 훈련, 습관은 조건 반사의 긴 고리로 형성된 것이다."라고 하였다.

자녀를 양육할 때, 배우자와의 관계에서 그리고 직장에서 '잽으로 머리를 때리는 것처럼' 미세한 정신적 외상과 같은 일이 행해지고 있다. 심리학적 의미에서 볼 때 반복적으로 지속되는 일방적인 학습 경험은 미세한 정신적 외상을 일으킨다. 예를 들어, 부모님이 끝도 없이 요구하는 질서정연, 청결, 예의 혹은 지적 성취나 신체 발달을 성취하는 것에 대한 일방적인 강조, 한 특정 인물에 대한 과도한 집착 등이다. 이러한 요구는 양육의 필수적인 부분이지만 특별히 이러한 요구를 받을 때 부적절한 자아존중감, 불안감, 위협, 애정 표현을 억제하는 것이나 체벌이 동반되면 아동에게 부정적으로 작용할 수 있다.

> "방 청소를 안 했다면 '그것은 너를 더 이상 사랑하지 않아.' 라는 뜻이 됩니다. 겁먹고 불안에 떨었죠. 지금 나는 누구보다 깔끔 떨고, 이 때문에 남편과 아이와 대립할 때가 종종 있어요." (39세 여성, 만성 변비와 수면 장애)

이 사례는 미세한 정신적 외상이 어떻게 '예민함' 혹은 '약함' 이라는 것을 낳게 하

고 잠재적인 갈등 요인이 되는지 보여 주고 있다. 상대방은 의식적으로 약함을 알아
차리고 공격 대상으로 삼을 때가 있다. 겉으로 볼 때는 아무렇지도 않은 사소한 일들
이 문제로 대두된 갈등을 자극한다. 즉, 앞에서 언급한 미세한 정신적 외상이 성격상
민감한 부분을 '후려치는' 경우도 있다.

정신병에 영향을 주는가?

"나는 우울증이 심하고 불안하다는 느낌도 많이 받아요. 3년 동안 약물치료를 받고
있는데 6주 동안 정신과 치료도 받았어요. 집중하는 일이 힘들어요. 남자친구와 눈도
마주치지 않아요. 나를 미치게 하는 일들을 많이 해요. 상상조차 안 되는 짓을 해요. (치
료자의 질문: 그게 무슨 뜻인가요?) 치약을 밑에서부터 안 짜고 중간에서 짜서 쓰는 거
예요. 상상이 가세요? 면도하고 나서도 그 자리에 그냥 두고 나와요. 내가 치우게 되죠.
화장실에 가 보면 꼭 변기 가장자리에 소변이 몇 방울 떨어져 있어요. 설사하고 나면 다
내리지 않아서 남아 있어요. 그냥 두고 나오는 거예요. 화장실 청소하는 것을 못 봤어
요. 정말 지겨워요. 죽을 것만 같아요. 그 사람 얼굴을 보면 그가 한 미친 짓이 떠올라
요. 화장실을 깨끗하게 청소해 놔도 아무 말도 안 해요. 세면대를 깨끗이 청소해도 만족
하는 법이 없어요. 한 방울 물기도 없이 반짝 반짝 빛나야 해요. 가끔 '내가 왜 청소를 해
야 되지, 더럽힌 사람이 청소해야 되는 거 아냐?'라는 생각이 들어요. 하지만 더러운 면
도솔, 더러운 화장실을 보면 너무 힘들어서 결국은 내가 청소를 하고 말지요." (32세 간호
사, 정동장애)

다시 말하면 어떤 환경에서 작고 사소한 일이 계속되면 마침내 극적인 국면에 이
르게 된다. 즉 '작고 사소한' 세포가 증식되어 '세포벽'을 관통하고 그 후에는 통제
불능이 되는 것이다. 이전에 잠재해 있던 갈등이 축적되어 심각한 수준이 된다. 물이
갑자기 끓는점에 도달하지 않는 것처럼 갈등이나 심리사회적, 심인성 장애도 갑자기
하늘에서 뚝 떨어지는 것이 아니고 나름대로 누적되는 과정이 있다. 이러한 과정은
다음과 같이 서술할 수 있다.

"나는 몇 년 동안 이 일에 화가 나 있었어요. 고통도 많이 받았지요." "당분간은 참을 수 있어요." "늘 그래요." "더 이상은 참을 수 없어요." "수천 번도 더 얘기했을 거예요." "더 이상 이러는 게 아무 의미 없어요." "내가 무슨 짓을 해도 그 사람은 변하지 않아요." "벌써 몇 년째 이래요." "그냥 내가 짐을 지고 말지요. 늘 그랬습니다." "나는 안 된다는 말을 할 수가 없어요."

이러한 말들은 어떤 상황에서 힘들고 마음이 상했음을 나타내는 반응이다. 한 사람이 사회적으로 관계를 맺고 있는 한 명 혹은 여러 명이 그에게 미세한 정신적 외상을 입히면서 지속적으로 신경을 거슬리고 있다는 것을 알 수 있다. 상대방이 사소하게 느끼는 것과 달리 갈등을 폭발하게 하는 이런 미세한 정신적 외상은 더 이상 사소한 것이 될 수 없다.

"남편에게 문제에 관해 이야기를 꺼내려고 하면 남편은 사소한 일 가지고 왜 그러냐면서 별로 신경을 쓰지 않아요. 그의 무관심에 매우 화가 납니다."(33세 교사, 두통과 결혼생활의 갈등 및 성 장애)

이러한 '미세한 정신적 외상'의 문제는 기본적으로 겉으로 볼 때 사소한 일에 불과하고 또 별로 큰 일이 아니라고 가정한다는 점이다. 이러한 일들이 충분히 갈등을 초래한다는 점을 인정하려 하지 않기 때문에 '더 깊은' 원인을 찾기 위해 다른 종류의 갈등으로 눈을 돌린다. 그 결과 축적된 '사소한 일'은 전혀 다른 특징, 즉 심리사회적 및 심인성 갈등으로 연결되거나 발달할 수 있다는 주장이 등장하였다.

결론 ➜ 미세한 정신적 외상은 누적되는 효과가 있다. 숫자(마음 상하는 일들의 축적)가 특징(심리사회적 및 심인성 과정)으로 변화하는 일이 발생한다. 물방울이 돌 위로 계속 떨어지면 돌이 파이면서 어떤 모양이 형성되는 것처럼 이러한 심리적으로 미세한 정신적 외상은 인격적 특성을 형성한다. 그러므로 미세한 정신적 외상이 활용가능한 잠재능력의 영역에 해를 끼친다는 것을 인식하는 것이 필요하다.

정확한 가격

아노쉬르완 왕이 수행원들과 함께 나라 곳곳을 여행하던 중 산악지대의 황량한 지역에 이르게 되었다. 그곳에는 작고 초라한 양치기 오두막조차 찾을 수가 없었다. 왕의 요리사가 걱정이 되어, "위대한 왕이시여! 왕의 즐거운 식사를 위하여 제가 여기 있나이다. 그러나 식당에는 소금이 조금도 남아 있지 않나이다. 소금이 들어가지 않으면 맛이 제대로 나지 않습니다. 위대한 왕이시여, 제가 어찌하면 좋으리까?" 왕은 "가까운 마을로 가서 소금 장수를 찾아라. 그러나 더도 말고 덜도 말고 평상시와 같은 정확한 가격을 주고 사야 하느니라." " 위대한 왕이시여, 당신의 금고에는 세상 누구보다도 돈이 많이 있습니다. 제가 소금값을 조금 더 비싸게 주고 산다 하더라도 무슨 큰 차이가 있겠습니까? 조금 더 주고 산다 하여도 큰 금액이 되지 않습니다." 왕이 심각한 얼굴로 요리사를 바라보았다. "세상에 불의가 커지는 것은 바로 그 작은 일들이니라. 작은 일이란 호수 전체를 채우는 한 방울의 물과 같다. 이 세상의 커다란 불의는 이 작은 일들에서 시작하느니라. 그러니 가서 정확한 가격을 주고 소금을 사 오도록 하거라."(페르시아에서 전해 내려오는 이야기)

4. 갈등에 대한 선택적 민감성

자율신경계에 통제 장치(메커니즘)가 있기 때문에 심장은 심리적 긴장을 매우 섬세하게 측정할 수 있는 장치다. 심장이 불안감과 정서적 긴장에 대응할 준비가 되어 있다는 것은 이미 알려진 사실이다. 따라서 1200년경 페르시아 시인 모우라나는 외과 의사 아비세나가 맥박 수를 재어서 심리적 장애를 조사하는 일에 성공하였다고 보고하였다. 필사와 봉교들은(Peseschkian, 1975) 심장 박동의 특성한 리듬 변화도 갈등이 잠재된 활용가능한 잠재능력을 추론할 수 있는지 실험하였다. 5쌍의 실험대상 중 한 쌍에게 활용가능한 잠재능력과 관련된 갈등이 있었다. 한 쌍 중 한쪽은 갈등을 느끼고, 다른 한쪽 배우자는 비교적 갈등을 느끼지 않는 편이었다.

실험대상은 42세 회사원으로 그는 다른 사람을 기다리는 상황이 되면 불안감을 느낀다. 심리치료 시작 전에 발작성 빈맥증(급작스러운 심장 박동 증가) 증세가 보였고 이 상황은 대부분 '시간엄수'와 관련이 있었다. 이 갈등과 관련된 중심적인 인물은 환자의 어머니였다.

32세 주부는 '질서정연'과 관련하여 상당한 문제를 보였다. 무질서는 그녀에게 위협으로 느껴진다. 심리치료 시작 전에 발작성 빈맥증과 기외 수축(맥박 조정 장애) 증상이 나타났다.

위의 두 가지 경우는 '시간엄수와 질서정연 상황'에서 발생한 것이다. 반응은 심전도(ECG)에서 기록되었다. 42세 회사원의 경우 '시간엄수'가 잠재적인 갈등이다. 아래에 묘사된 상황을 살펴보자.

실험

"상황을 상상해 보세요. 지금 집에 있습니다. 거실입니다. 기분이 괜찮아요. 정오쯤 되었습니다. 어머께서 1시에 비스바덴 기차역에 도착한다고 말씀하셨어요. 부인이 어머니를 모시러 차를 가지고 나갔습니다. 1시 30분이 되었어요. 어머니께서는 아직 도착하지 않으셨어요. 지금까지 어머니를 기다리시는 일을 얼마나 자주 하셨습니까? 부인이 어머니를 모시고 돌아옵니다. 다른 날 어머니가 또 제시간에 도착하지 않았습니다. 당신은 앉아서 기다립니다. 음식은 식어 버렸습니다. 지금 어머니를 기다리고 있습니다. 부인이 점점 조급해집니다. 어머니가 또 늦고 있습니다. 당신은 기다립니다. 상황은 이제 분명합니다. 약속시간에 오지 않기 때문에 기다려야 합니다. 상황이 확실해졌습니다."

32세 주부는 같은 방식으로 같은 구조에서, 시간엄수 상황에 참여했던 사람과 함께 '질서정연' 상황에 들어간다. 대화의 내용은 다르지만 지시 내용이 같은 두 가지 상황을 준다. 그녀에게는 '질서정연'이 갈등의 잠재 요인으로 질서정연에 관한 상황을 상상해 보도록 한다.

실험

"상황을 상상해 보세요. 지금 집에 있습니다. 거실입니다. 기분이 괜찮아요. 정오쯤 되었습니다. 딸이 거실로 들어옵니다. 책가방을 바닥에 던져요. 오렌지 껍질을 벗기더니 껍질을 그대로 내버려두고 과도도 지저분하게 식탁에 그대로 있습니다. 딸이 방을 나갑니다. 딸이 엉망으로 만들어 놓는 것을 바라봅니다. 소파에는 책도 어수선하게 놓여 있습니다. 오렌지 껍질도 탁자에 아무렇게나 놓여 있습니다. 책가방은 바닥 한가운데 던져진 채로 있습니다. 자, 이제 상황은 분명합니다."

다음의 표는 '시간엄수 상황'과 '질서정연 상황'을 비교한 자료다. J. H. 슐츠 (1970) 방법에 따라 ECG와 편안한 상태를 비교한 자료다.

주요 태도 영역과 심장 박동과의 관계

대상 1(남성)	최소 맥박 수	대상 2 (여성)	최소 맥박 수
ECG	57	ECG	65
긴장 완화	65	긴장 완화	70
질서정연 상황 (비교적 갈등 없음)	62	질서정연 상황 (주요)	78
긴장 완화	56	긴장 완화	58
시간 엄수 상황 (주요)	67	시간 엄수 상황 (비교적 갈등 없음)	63

통계적인 숫자가 중요하지는 않지만 각각의 대상자가 전에 위기를 느꼈던 상황에서 맥박 수가 증가하는 것은 분명히 알 수 있다.

그리고 실험대상자들이 모든 갈등 영역에서 동일하게 반응하지 않는다는 것도 알 수 있다. 한 대상자에게 잠재 갈등이 되는 것이 다른 대상자에게는 별 반응이 없을 수 있다. 그리하여 갈등이 없는 잠재 행동 영역에서는 대상자들 모두 거의 긴장 완화 상황과 비슷한 맥박 수를 나타낸다. 32세 주부는 '질서정연 상황'에서 불안증세를 뚜렷하게 보이지만 42세 회사원은 그렇지 않다. 이 부인이 '시간엄수 상황'에서는 흥분하지 않고 '질서정연 상황'과 관련하여 화를 낸 것과 일치하는 결과다.

결론 ➔ 인간관계에서 발생하는 의사소통에서의 오해의 근원에 대해 알 수 있고 이것이 왜 중요한지에 관한 단서를 얻을 수 있다. 왜냐하면 모든 사람이 지적, 감정적, 육체적 판단과 관련하여 활용가능한 잠재능력에 각기 다르게 반응하기 때문이다.

활용가능한 잠재능력의 중요성

오래전부터 사람들은 장애는 부정적인 것으로, 능력은 긍정적인 것으로 이해하였다. 초기 철학자 플라톤이 인간에게 내재된 4가지 덕목, 즉 정의, 통찰력, 용기, 지혜로 인간의 잠재능력을 언급하였고, 유사한 방식으로 동양 철학자는 사랑, 정의, 권력 그리고 지혜에 대하여 주장한 바 있다. 마찬가지로 최근 심리학은 인간이 능력과 특징을 개발할 수 있는 다양한 영역에 대해 고찰하고 있다.

심리치료와 의학에 관련된 저서들은 개별적으로 활용가능한 잠재능력에 대해 충분한 환상을 제공하였다. 특히 행동장애, 심인성 장애, 신경증(노이로제), 정신병에 대하여 프로이트(1942)는 질서정연, 절약은 배변훈련 단계에서 고착된 것의 산물이라고 한다. C. G 융(Jung, 1938), F. 쿤켈(Künkel, 1962)과 V. 프랑클(Frankl, 1959)은 믿음의 중요성에 대하여 강조한다. E. 프롬(Fromm, 1971)은 희망에 관하여 주장하였고, A. 미처린(Mitscherlin, 1967)은 성취에 대한 요구와 동기에 대해 자세히 연구하였다. R. 드레이커스(Dreikurs, 1970)는 성공과 특권, 정확성을 자녀 양육 문제와 연관시켰다. G. 바흐(Bach)와 H. 도이치(Deutsch, 1971)는 결혼한 배우자 사이에서 열린 관계(정직)의 중요성을 지적하였다. E. H. 에릭슨(Erikson, 1964)은 개인의 발달 단계와 심리적 기능의 성숙도에 따라 형성되는 덕목을 제시하였다. 그는 희망, 의지력, 목표 지향성, 능숙함 등이 어린 시절에 개발되는 것이고, 청년 시절에는 사랑하는 사람에 대한 충실함을, 성인 시절에는 남에 대한 배려와 지혜를 각각 개발한다고 하였다. 그는 초기 저서(1980)에서 개인의 능력이 다양한 발달 단계에 따라 어떤 순서로 이루어지는지를 도표로 작성하였다.

발달 단계 도표(E. H. 에릭슨(1980) 이후 변경됨)

I	II	III	IV
구강기	항문기	생식기	잠재기
기본적 신뢰 대 불신	자율 대 수치감 및 의심	주도성 대 죄책감	성취감 대 열등감

V	VI	VII	VIII
사춘기와 청소년기	초기 성인기	성인기	완숙기
자아정체감 대 역할 혼미	친밀감 대 고립	생산성 대 정체	자아통합 대 절망

H. E. 리히터(Richter, 1976)는 다음과 같이 활용가능한 잠재능력에 대한 의문을 제기하였다. "인간은 자신이 이해하고 있는 세계관과 원칙을 지킨다고 믿는다. 그러나 인간은 이러한 세계관과 원칙이 현재의 환경 규범과 일치할 때에만 믿는다는 사실을 알지 못한다."

R. 배트게이(Battegay, 1971)는 교제와 예의와의 관계를 강조한다. "우리는 사람을 있는 그대로 사랑하지 않는다. 그 사람이 주변 세계에 적응하는 방식, 그가 세운 가치판단, 관계를 발전시키는 그의 방법을 사랑한다." 안나 프로이트는 정직, 정의와 같은 초자아적 특징을 높이 평가한다. 그녀는 "분석심리학에서는 강박관념의 본질이 질서정연, 청결, 절약, 우유부단 등과 같은 특징 및 경향이 있다고 한다. 이것들은 항문기의 억제된 충동에 그 근원이 있다고 하는 의견을 반박하고 있다. 어린 시절의 경험이 왜 많은 경우 유사한 결과가 나오지 않는지, 왜 심리적으로 의식되고 있는 성대기 좀 더 적극적으로 명백해지면 안 되는지 아직까지 확실하지 않다고 하였다."(A. Freud, 1966).

정신 진단절차, 즉 검사, 질문지, 투사적 방법 등은 활용가능한 잠재능력의 내용과 관련이 있다. 이러한 진단절차들은 조사하려는 대상이 본질적인 내용이기 때문에 일시적인 것으로 표시되며, 반면에 개별적으로 활용가능한 잠재능력은 진단과 관련된 요소이기 때문에 가장 우선에 둔다. 예를 들어, 속임수가 있는 질문은 피면접자의 정직을 평가하기 위해 그의 진술을 확인한다(나는 항상 진실을 말하지는 않아요.). 다른 질문은, 예를 들어 '교제'(저는 친한 친구가 별로 없는 편이에요.), '예의'(친구들이 다른 의견을 말하면 어떻게 대처해야 할지 모르겠어요.), '양심적임'(나는 좀 지나치게 양심적인 편이거든요.)을 언급한다. 이러한 예는 FPI(Freiburger Personlichkeitsinventar)에서 인용한 것이다. 투사적 검사법, 특히 머레이(Murray, J. E.)의 '주제 통각 검사'는 애매모호한 그림을 보고 이야기를 만드는 것을 토대로 활용가능한 잠재능력을 알 수 있도록 한다. 그러나 일반적으로 그 해석은 비체계적이다.

도판 #5: 이 그림은 나한테는 별 의미가 없는 것 같습니다. 40세 여성이 병중에 계신 엄마의 방을 점검하고 있지요. 정리가 잘 되었는지(교제, 질서정연) 여자는 좀 참을성이 없는 편 같습니다. 그날 엄마가 몇 번이나 불렀으니까요. 그런데 조바심 나는 것을 표시 내지 않고 있어요(인내, 예의, 존경).

성취와 지능에 관한 검사는 개인의 이차적 잠재능력을 평가한다(성실, 정확함, 근면/성취). 그리고 고도의 분화된 방식으로 이들의 활용가능한 잠재능력을 검사한다. 예를 들어, 직업적 성취에 필요한 기대 능력과 이를 분석하기 위한 고도로 분화된 활용가능한 잠재능력이 제시된다. 그러나 이 분화는 한쪽의 관점을 희생하여 얻는 것이다. 이러한 종류의 검사와 분화 분석 도구(DAI)와의 주요한 차이점은, DAI가 심리치료와 정신건강의 관점에서 총체적인 인격을 보고 그 영역과 관련된 갈등 영역을 이해한다는 점이다. 반면, 특수한 검사들은 개인의 활용가능한 잠재능력만을 다루고 이에 필요한 특정 질문을 통해 필요한 부분만 답을 얻게 되어 있다.

심리치료, 심신 의학, 사회심리학, 정신의학, 교육분야 저술 중에서 활용가능한 잠재능력에 대해 은연중에 혹은 분명하게 참조하지 않은 것은 거의 없다. 아직 이론적 평가는 이루어지지 않았지만 활용가능한 잠재능력은 어떤 경우엔 이론과 직접 관련되기도 하고 자연스럽게 인용되는 경우도 있다. 다음의 통계에서 보듯이 최근 14권의 심리치료, 정신의학, 사회심리학, 교육 관련 저서의 부록에서 활용가능한 잠재능력을 언급하고 있다.

다음의 표에서 보여 주는 것이 비교적 제한적인 정보이긴 하지만—색인의 참조 횟수가 실제 저서에서 사용한 횟수를 의미하지는 않는다—이 표는 의미하는 바가 크다.

이 표에 나타난 모든 저자는 크든 작든 활용가능한 잠재능력을 다양하게 인용하고 있다. 가장 많이 인용된(10회 이상 참조) 활용가능한 잠재능력은 근면/성취(정신의학: 슐츠/톨레; 교육학: 클로저), 역할 모델(정신분석: 로흐), 교제(정신분석: 암몬, 발린트; 교육학: 클로저; 사회심리학: 만) 그리고 성(정신분석학: 암논, 로흐, 리히터, 크레메리우스; 정신의학: 슐츠/톨레; 교육학: 클로저; 행동치료: 올페)이다. (x)는 1~3회, (xx)는 4~6회, (xxx)는 7~9회, (xxxx)는 10회 이상을 참조한 것을 의미한다.

이를 통하여 다음과 같은 두 가지 사항을 알 수 있다. (a) 어떤 잠재능력은 다른 능력보다 인용 횟수가 더 많다. (b) 활용가능한 잠재능력은 주제에 따라서 그리고 저자의 이론적 경향에 따라 인용된다.

그러나 이러한 내용 구성요소 사이의 체계적인 관련성은 거의 다루어지지 않았다. 개인적 특성과 행동 범주에 대한 임의적인 선택은 사회, 집단, 개인 그리고 이론의 틀 속에 담긴 규범적 사고가 직접적으로 반영되어 있음을 뜻한다. 즉, 집단 내의 편견이 서술화되었다는 점이다. 한 문화에서만 타당한 규범이 아닌 다양한 문화나 집단의 특성을 포함한 다양한 체계를 출발점으로 삼으면 이러한 일방성은 줄어 들 수 있다.

결론 ➤ 의학, 심리학, 교육학, 심리치료 저술에서 점차 활용가능한 잠재능력을 언급하기 시작하였다. 그러나 이러한 잠재능력들은 아직도 체계적으로 다루어지지 않고 있다. 긍정주의 심리치료는 처음으로 행동과 태도의 종합적 범주로서 체계적으로 잠재능력을 고려하기 시작하였다.

활용가능한 잠재능력	드레이커스	암몬	로흐	슐츠/톨레	리히터	크레메리우스	발린트	바흐만	클로저	만	올프	메이어
시간엄수						×						
청결		××							×××			
질서정연	×			×								
순종	×			×	×			×	××	××		
예의	×						×		××			
정직			×	×				×				×
충실성												
정의									×			
근면/성취	×	××	××	××××	××	×	××	×	×××	××		
절약						×				×		
신뢰										××		
정확성									×			
성실						×	××××	×	××××			
사랑		×	××	×	×		××		×××			×
모델링		××	××××	×	×××							×
인내	×				×							
시간	×		×			××	×××		××××	××××	×	
교제	×	××××	×××	××			××	×××	××××		××××	××
성적 특질		××××	××××	××××	××××	××		×××	××			×
믿음	×		×		×							
확신	×		×					×				×
희망									×			
신앙			×	××		×			×			
의심			×									
확실성												
일치성			×									

5. 활용가능한 잠재능력의 기능

활용가능한 잠재능력은 법률, 사회학, 신학, 심리학에서부터 의학, 정신의학, 심리치료 분야까지 광범위한 분야에서 복합적으로 기능한다. 앞에서 제시된 활용가능한 잠재능력들은 필수적인 것으로 차후 연구결과에 따라 차차 보완될 것이다.

활용가능한 잠재능력은 능력 그리고 발달 가능성으로 적용할 수 있다. 잠재능력은 환경에 의해 또는 환경을 통해 분화된다. 따라서 활용가능한 잠재능력에서 장애는 타고나는 것이 아니라 습득되는 것이다. 활용가능한 잠재능력을 평가하는 가족의 관습은 어떤 행동에 대해 유전되었다는 인상을 줄 수 있어 유전인가 양육인가라는 문제로 혼동을 일으키기 쉽다.

활용가능한 잠재능력은 서술적인 범주다. 인간관계와 심리적 갈등과 관련된 태도와 행동양식은 활용가능한 잠재능력의 개념을 사용하여 적합하게 기술할 수 있다.

활용가능한 잠재능력은 추론화의 중간 단계에 있는 가설로서, 직접 관찰할 수는 없으나 구체적인 행동과 상황을 통하여 추론할 수 있다. 활용가능한 잠재능력에서는 행동이란 개인의 행동 방식을 집적화시킨 형태로 존재하는 것이 아니라 행동을 규정하는 규칙을 포함하고 있다는 사실을 고려한다. 정확히 말하면, 심리사회적 중요성이라는 관점에서 볼 때, 이 규칙은 활용가능한 잠재능력을 이용하여 기술되어야 한다. 활용가능한 잠재능력과 고도의 추론화 단계(예: 초자아, 무의식)를 구성하는 것 사이의 주요한 차이점은 활용가능한 잠재능력이 실험적으로 통제 가능하다는 것이다.

활용가능한 잠재능력은 갈등과 질병이 발생하는 원인 혹은 이를 촉발시키는 방아쇠 역할을 할 수 있다. 원인이 된다는 것은 활용가능한 잠재능력이 직접적인 행동의 변화 및 환경의 변화 등을 가져온다는 것이고, 방아쇠 역할을 한다는 것은 외부환경과 전혀 관계없이 진행되는 심리생리학 과정을 형성한다는 것이다. 예를 들어, 심인성 장애와의 상관관계를 살펴보면 근면/성취 혹은 절약에 대해 오랫동안 부담감을 가지면 위장병을 일으키는 방아쇠가 되는 것이다.

활용가능한 잠재능력은 사회적 규범으로서, 즉 법이나 관습과 관련되어 집단에 속한 사람들의 행동을 규정한다. 활용가능한 잠재능력은 종교, 법적 장치 속에 포함되어 있어 규범에 의해 소속감을 갖게 된다. 적절한 제재를 통해 잠재능력은 강화된다. 긍정주의 심리치료에서는 활용가능한 잠재능력을 규범으로 고려하지 않고 주요한 분석이라는 관점에서 고려한다. 따라서 어떤 특정 규범을 구체화하는 질문이 아니라 경험이나 인간관계에서 이것이 얼마나 중요한가에 대해 질문한다.

활용가능한 잠재능력은 사회화의 다양한 표현이다. 모든 사람, 모든 문화 속에 존재한다. 문화마다, 집단마다, 개인마다 다르게 형성된다. 이는 양육하는 내용과 사회 구성원의 필요에 따라 부여된 것이다. 예를 들어, 산업사회는 시간엄수, 정확성, 질서, 근면, 신뢰라는 형태에 기초하고 있지만 한편으로는 주요 잠재능력 영역을 무시하고 있음을 반영하고 있다. 다른 이론에서는 이를 욕구 좌절이라는 용어로 표현한다.

활용가능한 잠재능력은 역할을 안정화시키는 장치다. 모든 역할은 활용가능한 잠재능력의 유형에 의해 정해진다. 모든 사람은 역할이 다양하기 때문에 주어진 역할에서 요구하는 행동과 태도를 가진다. 그리고 성격에 의해 좌우된다. 대부분의 경우 이 두 영역은 서로 중복되는 부분이 있고 서로 긴밀하게 연결되어 있다. 역할이란 사람에 따라 중요하게 생각하는 기준이 다르거나 어느 정도 사회의 특권을 소유한다는 특징 때문에 개인의 활용가능한 잠재능력을 강하게 주장한다.

활용가능한 잠재능력은 집단 구성원들 간의 표시다. 유명 학교나 대학생들이 대학의 상징을 표시하는 의미에서 버튼이 달린 옷이나 풀오버 스웨터를 입는 것처럼 사람들은 활용가능한 잠재능력을 통하여 자신의 집단을 표현하는 가치 기준, 집단의 특징, 좌우명 등을 사용하여 다른 사람의 행동을 구분하려고 한다. 즉, 이렇게 저렇게 행동하는 사람은 우리 집단에 속한 사람이며, 우리와 다르게 행동하는 사람은 우리 집단이 될 수 없다는 것이다. 이런 식으로 활용가능한 잠재능력은 집단에 속한 사람과 집단에 속하지 않은 사람을 구분하는 역할을 한다.

활용가능한 잠재능력은 자아와 근접한 것으로 어떤 사람을 즉시 이해할 수 있게 한다. 활용가능한 잠재능력은 자극이란 단어로서 내면의 개인적인 것을 연상시키기도 하며, 의사소통이 잘 이루어지도록 한다. 활용가능한 잠재능력의 개념은 계층 간의 구분이 없다. 그리하여 치료자는 다른 사회 계급 구성원에게 자신을 나타낼 수 있고, 환자는 그의 문제를 치료자가 이해한다는 느낌을 가질 수 있다. 이러한 방법으로 긍정주의 심리치료가 최소한 심리치료에서는 기회 평등에 기여할 수 있다.

경험상, 활용가능한 잠재능력은 종교를 대신할 수 있다. 활용가능한 잠재능력은 절대화된 세계관, 인간관의 중심을 형성하게 된다.

> 질서정연은 내 인생의 반을 차지합니다. 나는 내가 성공할 때만 내가 살아 있다는 느낌을 갖습니다. 사람과 짐승의 차이점은 조직과 성공에 있습니다. 나에게는 신뢰가 안 가는 사람은 필요 없습니다. 나는 직장 생활을 더 이상 계속할 수 없어요. 직장 동료들이 너무 오만해요. 시험을 볼 수 없어요. 선생의 부당한 대우는 도저히 참을 수 없습니다.

위의 경우는 수단과 목적을 혼동하고 있는 것이다. 개인의 활용가능한 잠재능력은 삶의 의미를 고양시킬 수 있다. 따라서 희망과 신뢰는 개인이 의지적으로 선택하는 활용가능한 잠재능력이다. 이 요소에 실망하면 삶의 의미도 잃게 되어, 신뢰와 희망은 불신과 의심으로 변한다. "남편이 그런 식으로 배반한 후에(충실, 희망, 신뢰) 나는 삶의 의미를 상실했어요."

활용가능한 잠재능력은 상황에 따라 가면과 같은 기능을 한다. 어떤 경우 개인의 잠재능력을 숨기는데 이는 목적 달성에 도움이 되는 것처럼 보이기 때문이다. 예를 들어, 약혼자가 예의와 부드러움을 보이다가 결혼 후에는 태도가 변하고 남성 우월주의적인 태도를 보이는 것과 같다.

활용가능한 잠재능력은 방패와 무기 같은 기능을 할 수 있다. 활용가능한 잠재능력에 대해 감정적인 반향을 형성하면 이는 독특한 무기로 사용될 수 있다.

> "당신이 하도 정신이 없어서 나는 너무 힘들어요. 그러니 이제 당신한테 예의를 지키지 않겠어요. 당신의 급한 성격에 나는 지쳐 버렸어요. 지금부터는 당신이 기다릴 차례

예요. 당신은 게으르고 말도 안 듣고, 이제부터는 당신이 청소해요. 당신이 맨날 밖으로 도니까 나도 더 이상 부드럽게 대할 수 없어요."

위 상황에서 이 사람은 자신이 상대방에게 고통과 아픔을 주는 행동을 한다는 것을 알지 못한다. 그래서 다른 사람에게 고통을 주고 벌을 주는 것을 즐기게 된다. '활용가능한 잠재능력'이라는 무기를 사용하면 기분이 나아질 수도 있으나 그렇지 않을 수도 있다.

"누가 찾아오면 나는 예의상 다른 약속이 있다는 말을 못해요. 솔직하게 말을 못해서 중요한 만남을 놓쳐 버리고 나중엔 나한테 찾아온 사람한테 화가 나요."

또 다른 사람은 약속시간에 늦고 마감시간을 놓치는 일을 자주하여 자신에게 불이익을 자초하는 것이다.

활용가능한 잠재능력은 태도의 내용이라 할 수 있다. 따라서 인지와 사고의 구성요소뿐만 아니라 감정과 행동의 구성요소를 포함한다. 그 결과 태도의 변화와 발달 모델뿐만 아니라 상호작용과 의사소통 이론과 유사한 활용가능한 잠재능력의 습득과 변형의 모델을 활용하는 것이 필요하다. 여기에 속하는 이론에는 정서-인지 일관성 이론(Rosenberg, 1960), 인지 부조화 이론(Festinger, 1957), 기능적 태도 이론(Katz & Stotland, 1959) 그리고 교환 이론(Thibaut & Kelly, 1959) 등이 있다.

활용가능한 잠재능력은 정신역동적으로 효과가 있다. 이는 심리 분석의 범주와 관련되는 것으로 초자아, 이상적인 자아, 그리고 심층심리학의 범주, 즉 자아 가치감 또는 열등감, 행동치료의 '원하는' 그리고 '원하지 않는' 행동과 관련이 된다.

활용가능한 잠재능력은 분화 진단에 관한 단서를 보완해 준다. 내용과 관련된 갈등 영역에 관한 지식의 기초로서, 그리고 양육과 자조(self-help), 정신건강, 갈등 중심 심리치료 등의 분야에 새로운 가능성을 열어 주었다.

결론 ➜ 개별적인 활용가능한 잠재능력, 정의, 발달 양상, 동의어, 장애, 행동 규칙

은 부록에서 찾아볼 수 있다. '이것에 대하여 어떻게 질문할 수 있는가?'라는 제목
아래에 제시된 주요 질문을 보면 개별적으로 활용가능한 잠재능력을 어떻게 사용할
지에 대한 내용이 게재되어 있다.

Positive Psychotherapy

Chapter 3

기본적 잠재능력

BASIC CAPACITIES

1. 모든 사람들이 지닌 공통점은 무엇인가

태 양 을 부 르 는 자

어느 양계장에서, 한 수탉이 너무 아파서 다음 날 아침에 울지 못할까 봐 걱정했다. 암탉들도 매우 걱정하며, 수탉이 울지 않아 태양을 부르지 못하게 되어 결국 날이 밝지 않을까 봐 두려웠다. 암탉들은 수탉이 울어서 태양이 뜨는 줄로 생각했기 때문이었다. 그런데 다음 날 암탉들은 이러한 미신에서 벗어날 수 있었다. 수탉은 여전히 아팠고 새벽에 울기에는 너무 목이 쉬었지만, 그럼에도 불구하고 태양은 떠올랐고 날이 밝는 데는 아무런 지장도 없었기 때문이다(페르시아에서 전해 내려오는 이야기).

씨앗이 토양이나 비, 정원사와 같은 환경의 영향을 통해 다양한 능력을 펼치듯이 인간 역시 환경과 밀접한 관계를 맺으며 자신의 잠재능력을 개발한다. 긍정주의 심리치료 개념의 기초는 모든 사람에게는 두 가지 기본적 잠재능력, 즉 인지능력과 사랑하는 능력(정서)이 있다는 것이다. 이 두 가지 기본적인 잠재능력은 일차적 잠재능력과 이차적 잠재능력을 포괄하는 범주다. 그러나 그 능력들은 위에서 언급한 활용 가능한 잠재능력보다 상위의 추상 개념이라기보다는, '불꽃을 피울 수 있는 양초나 언제든지 빛을 켤 수 있는 램프처럼' 아직 분화되지 않은 단계로서 인간의 잠재능력의 전체성을 대표한다.

사람이 한 평생 사는 동안 기본적 잠재능력은 활용가능한 잠재능력의 형태로 분화되어 우리가 관찰할 수 있는 개별적이고 명백한 특성이 된다. 활용가능한 잠재능력으로 분화되더라도 기본적 잠재능력에는 헤아릴 수 없이 방대한 발달가능성이 잠재되어 있다.

활용가능한 잠재능력은 역사적, 사회적, 개별적 상황에 따라 좌우된다. 반면에 인지능력과 사랑하는 능력은 인간의 본질에 속한다. 이는 인간이 본질적으로 선하다는 것과 다름없다. 또한 인종, 즉 흑인종인가 황인종인가 백인종인가와 상관없고 사회·경제적인 계층과 상관없으며 지적인가, 외향적인가, 내향적인가, 분열적 기질인가, 조울증인가 하는 심리학적 유형과도 상관이 없다. 기본적 잠재능력은 건강한 사람만이 지닌 것이 아니라 신체적, 심리적, 정신적 기능에 장애가 있는 사람들도 지닌 것이다. 또한 정신적으로나 정서적으로 병든 사람들도 기본적 잠재능력은 있다. 그

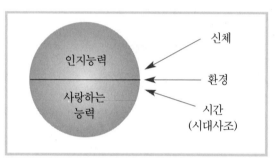

기본적 잠재능력과 그 발달을 위한 조건

들은 언어를 이해할 수는 있지만 신체기관의 기능 장애로 인해 언어적 잠재성을 외부로 표현하지 못하는 실어증을 앓는 사람과 비슷하다. 거의 모든 사회 접촉을 거부하고 자기 속에서 고립되어 사는 자폐증 환자조차도 지나친 긴장에 압도된 사람들이나, 표정 없는 정신분열증 환자, 그리고 감정 없는 사이코패스와 마찬가지로 인지능력과 사랑하는 능력을 갖고 있다.

장애는 기본적 잠재능력과 전혀 상관이 없다

이 세상에 악한 사람은 없다. 만약 우리가 누군가를 견디기 힘들다면 그가 다른 피부색을 지녔거나, 표현을 다르게 한다거나, 우리가 받아들이고 싶지 않은 특정한 신체적 특성을 지녔기 때문일 수 있다. 만약 누군가에게 불쾌함을 느끼고, 거리를 두고 싶고, 화가 난다면, 그가 다른 주장을 한다거나, 충분히 정중하지 못하거나, 계속 기다리게 한다거나, 신뢰성이 없다거나, 익숙하지 않아 불편한 행동을 하도록 요구했기 때문일 수 있다. 만약 우리가 누군가를 싫어한다면 그가 우리를 실망시킨 적이 있거나 그에 관한 불쾌한 기억 때문에 그를 더 이상 믿을 수 없기 때문이다. 그러나 우리는 어떤 사람이 밉다고 해서 그를 미워하거나, 버릇없다거나 신뢰할 수 없다고 해

서 미워할 수도 없다. 우리가 보기에 미운 사람들이 다른 사람들의 눈에는 아름답게 보일 수 있기 때문이다. 또한 우리가 무례하다고 여기는 사람들은 단지 우리가 원하는 정중함을 미처 배우지 못했거나, 혹은 우리가 그들 특유의 정중함의 방식을 이해하지 못한 것일 수도 있다. 그러나 우리의 신뢰를 잃은 이들이라도 다른 영역에서 그리고 다른 시간에 다른 사람들에게서는 신뢰를 얻을 수 있다. 어떤 사람이 가지고 있는 문화의 수준 또한 사람의 본질과는 관련이 없다. 우리 조상들은 옷을 입지 않았고, 은제품 식기 대신 손을 사용하였으며, 화장실을 본 적이 없고 학교나 대학에 다니지 않았다. 그러나 이러한 모든 역사적 차이에도 불구하고 그들은 저마다 다른 규범을 따르며 서로 다른 발달수준에 있는 오늘날의 사람들과 마찬가지로 가치 있는 존재다. 예를 들면, 우리조차도 최근에 배운 청결과 규칙을 지키려고 애쓰지 않는 한 지키기가 어렵다.

신체적 손상이든 환경에서 받은 충격이든 간에, 많은 사람들은 여러 상황적 이유로 인해 자신의 잠재능력을 적절히 활용하지 못한다. 물론, 기본적 잠재능력을 표현할 수 있도록 하는 유기적인 기능이 방해를 받아 어려움이 계속되는 경우가 있을 수도 있다. 그러나 기능 장애와 외관상 가망이 없다는 예측 때문에 인지능력과 사랑하는 능력이 완전히 상실되었다고 결론을 내리는 것은 옳지도 않으며 묵인될 수 없는 것이다. 가망이 없다는 것은 장애로 인한 것뿐 아니라 기존의 치료법에 의한 진단이기도 하다. 그러므로 치료자는 진단적 측면에 대한 결정을 내릴 때 '객관성'이라는 단상에서 내려와 "그는 도움을 받지 못해."라고 말하는 대신 "나는 아직 그를 도울 수 없어."라고 인정할 수 있는 용기가 필요하다.

이러한 생각을 가지고 필자와 동료들은 직접적으로 관찰 가능한 영역을 뒤로 한채 관찰할 수는 없지만 이해할 수 있는 구성개념(constructs)의 영역에 관심을 가지게 되었다. 눈부신 전등의 빛을 볼 때 빛이 켜지는 원리보다는 환한 그 빛 자체만 보는 것처럼, 우리는 단지 그 결과의 효과를 통해서 이것에 접근할 수 있다.

결론 ➔ 이러한 맥락에서, 필자와 동료들은 심리적 기질(경향)로서 인지능력과 사랑하는 능력을 모든 인간이 가지고 있으며, 이는 실제화와 분화를 필요로 한다고 이해하였다. 다른 모든 잠재능력은 이 두 가지 기본적 잠재능력으로부터 도출되거나 기본적 잠재능력의 다양한 결합 형태로 이해할 수 있으며, 삶의 어떠한 상황에서도 적용될 수 있다. 두 가지 기본적 잠재능력은 기능적으로 상관관계에 있다. 그러므로 한쪽 능력이 적절하게 발달하면 다른 쪽 능력의 발달을 돕고 촉진시킨다.

모든 인간은 자신에게 드넓은 가능성을 열어 주는 기본적 잠재능력을 자신의 마음대로 사용할 수 있다. 기본적 잠재능력들은 인간의 신체적, 환경적, 그리고 인간이 살아가는 시대적 조건에 따라 분화되며 본질적인 특성 구조에 분명히 연결되어 있다.

문헌에서 나타난 기본적 잠재능력

기본적 잠재능력의 원리는 다양한 문헌에 여러 형태로 나타난다. 인문과학의 모든 개념들은 직·간접적으로 행동이나 지각력이 파생될 수 있는 근본적인 특질 혹은 기본적 잠재능력을 포함한다.

어떤 사람들은 그것을 본능이라 하며 학습능력이라고 하는 사람들도 있다. 이외에도 '내재된 것' 과 같은 정서적 특징으로 보는 경우도 있다. 이러한 '기본적 잠재능력' 에 대한 평가는 기본적으로 인간을 보는 관점에 따라 다르다.

성적이고 공격적인 추동을 유력한 '기본적 잠재능력' 으로 보는 프로이트(Freud)는 인간에 대한 자신의 관점을 다음과 같이 명확하게 말하였다. "인간의 발달이란 나에게는 동물과 관련된 설명 이외의 것을 필요로 하지 않는 것으로 보인다." (Maeder, 1947 참조)

심리학의 역사에서 '조건 반사' 로 유명한 파블로프(Pavlov)가 인간에 대해 비슷한 관점을 주장한 바 있다. "내가 이전 강의에서 모든 것을 설명한 후에, 상위 신경 활동의 매우 보편적인 근본 원리가… 고등 동물과 인간에서 같다는 것은 사실이며, 이러한 사실을 논박하는 것은 거의 불가능하다." (1953, p. 329)

이러한 결론은 단지 과학자들의 가치중립적인 결론이나 견해는 아니다. 엄밀히 말하면, 사실에 근거한 것이라기보다는 기계론적 기원에서 비롯된 인간에 대한 관점에 기초한다. 인간과 동물에게 동일한 규칙이 적용되느냐는 질문은 실제적인 중요성에 비해 이론적이지도 철학적이지도 못한 질문이라 할 수 있다. 여기서 인간을 무엇이라고 생각해야 하는가, 그에 따라 결과적으로 인간을 어떻게 다루어야 하는가, 그리고 인간에게 어떤 발달적 가능성이 부여되는가에 대한 질문이 제기된다. 그러므로 인간에 대한 관점은 양육, 일반적인 사람과의 관계, 개인 간 관계, 심리치료에 대해 심원한 결론을 가져온다.

긍정주의 심리치료의 두 가지 기본적 잠재능력은 모두 활용가능한 잠재능력에 의해 이해될 수 있는 인간 행동으로부터 추론할 수 있다. 여기서 관찰가능한 행동은 보편적인 기질 혹은 본질적인 특성(Allport, 1949)의 지표(Guilford, 1964)로서 기능한다.

스턴(W. Stern, 1923)은 '지속되는 잠재적 인과관계'에 대해 말하는데, 이것은 실제화와 분화에 있어서 '세상과의 접촉점(convergence)'을 필요로 한다. 조던과 스트리츠(Jordan & Streets, 1972)는 바하이교에 기초를 둔 아니사(Anisa) 모델에서 "인지능력과 사랑하는 능력은 두 가지 기본적 잠재능력이다… 이 두 능력의 혼합과 분화로부터 인간의 모든 잠재성은 파생된다."고 말한다. 교육학적 개념에서 출발해 보면, 인지능력과 사랑하는 능력이라는 두 가지 기본적 잠재능력을 다음에 제시되는 발달상의 범주와 관련지었다. 정신운동 발달, 지각 발달, 인지 발달, 감정 및 정서 발달, 도덕적 발달, 의지 발달, 창조성과 미적 감수성의 발달, 정신적 발달 그리고 언어 발달이 그것이다. 그리고 이러한 구별에 기초하여 포괄적인 교육학 프로그램인 아니사 모델이 만들어졌다.

결론 ➜ 고전 심리학에서는 이미 지각 및 사고를 포함한 인지와, 지각 및 감정적 성향을 포함한 정서를 근본적으로 구별하였다. 사회심리학에서는 행동과 함께 인지 및 정서는 태도의 본질적 양상으로 여겨진다. 심리학의 역사에서 이러한 삼분법은 다시 한 번 사고, 지각 및 자기의지의 세 가지로 나타난다. 인지능력과 사랑하는 능력으로 구별하지는 않지만 여러 이론들은 기본적 잠재능력과 비슷한 개념을 채택한다. 바일(Weil, 1976)은 '고유의 심리학적 중심', 뷜러(Büller, 1962)는 '정신적 토대'라는 의미에서 이러한 현상의 기원을 말한다. 아이(Ey, 1948)는 기본적 잠재능력과 활용가능한 잠재능력 간의 관계와 유사한 방법으로 '성격의 토대'와 '의식의 표면'을 구별한다.

하지만 그는 이러한 표현을 일반적인 의미로 사용하지 않고, 병리적 장애로 제한한
다. 비슷하게, 바이트브라흐트(Weitbracht)는 '토대'를 신경증을 좌우하는 요인 중 하
나로 본다. 프로이트는 자신의 이론에서 성격의 역동적인 영역이라 할 수 있는 요소
와 사회적 요구와 개인이 직면하는 책임에서 보이는 요소로 구성된 기본적인 이원론
으로 되돌아갔으며, 쾌락 원리와 현실 원리를 구별하였다. 에릭슨(Erikson, 1964)은 기
본적 덕목의 단계적 변화를 말하고, 이를 '내적인 힘' 또는 '활동적 성질(active quali-
ty)'로 이해하며, 이러한 덕목은 특정한 인간의 힘(에너지)으로서 기본적 잠재능력보
다는 활용가능한 잠재능력에 더 가깝다고 하였다.

2. 인지능력이란 무엇인가

　인지능력(capacity to know)은 배우고 가르칠 수 있는 능력을 뜻한다. 모든 인간은 현
실에서 어떤 관련성을 발견하고자 한다. 왜 사과가 땅에 떨어지는지, 나무가 어떻게 자
라는지, 왜 태양이 빛나는지, 차가 어떻게 굴러 가는지, 왜 질병과 고통이 존재하는지
질문한다. 또한 자신이 진정으로 누구인지, 어디서 왔는지 그리고 어디로 갈 것인지에
대해 관심을 갖는다. 이 질문들은 단지 철학적인 질문만이 아니라 기본적인 인간의 욕
구를 반영하는 질문이다. 그렇게 의문을 가지고 그에 대한 해답을 찾고자 하는 인간의
본성은 인지능력의 표현이며, 교육적으로는 지식의 전달에 기초하여 형성된다.
　인지능력은 배우고 가르치는 상호 보완적인 능력, 즉 경험하고 그것을 나누는 능력
으로 확장된다. 배움과 가르침의 불균형은 특별한 갈등을 일으킨다. 만약 우리가 복
잡한 기계를 다루기를 원한다면, 먼저 그것이 어떻게 작동하는지 배워야 한다. 만약
다른 사람에게 이 기계를 건네기를 원한다면, 우리는 그를 가르쳐야 할 의무가 생긴
다. 만약 우리가 그것을 하지 않는다면, 그가 사용미숙으로 그 비싼 기계를 망가뜨려
도 놀라지 말아야 한다. 배움과 가르침의 불균형은 자녀양육, 결혼, 세대 간 관계에
서 다양한 긴장감을 야기시킨다. 인지능력은 시간엄수, 질서, 청결, 예의, 정직, 절약
과 같은 이차적 잠재능력을 발달시킨다.

인지능력의 양식

필자와 동료들은 인지능력의 발달을 위해 어떤 양식이 가능한지 자문해 보았다. 그리고 인지 과정을 네 가지 양식으로 분류하였다. 이들은 모든 사람에게 있는 잠재능력으로, 드러나는 형태 및 정도는 환경에 의해 좌우된다.

1. 감각
2. 이성
3. 전통
4. 직관

이러한 네 가지 양식의 기능은 '무의식'에 의해 더 많게 또는 더 적게 서로 영향을 미친다.

인지능력의 양식들이 모두 통합될 때만 판단의 범주와 기준으로 인간 경험의 모든 가능성을 섭렵할 수 있다. 이 양식들은 발달과정에서 분화되었고, 인간이 자기 자신과 자신의 환경을 지각하는 방식을 결정한다. 중요한 것은 여기서 현실에 대한 질문이 거론된다는 것이다. 인간은 환경을 자신이 아는 방법에 따라 자기가 보고 싶은 대로 본다. 그러므로 네 가지 양식들은 환경의 영향을 통해 지지되거나, 억제되거나 또는 한쪽으로 치우쳐서 발달될 수 있는 잠재능력이다. 이는 활용가능한 잠재능력과 함께 동적으로 변화하며, 기준 및 평가적 접근을 제시한다. 반대로 인지 과정의 사회화는 활용가능한 잠재능력의 개별적 형태에 대한 선호에 영향을 미친다.

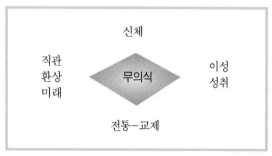

인지능력이 네 가지 **양식** 발달에서 **모형**의 기능을

✱* 감각

모든 인간은 자신의 감각을 통해 처음으로 자신과 자신의 주변 세계를 직접적으로 경험한다. 만지고, 보고, 듣고, 냄새를 맡고, 맛을 보는 등의 행동을 한다. 이와 유사하게 인간은 신체 상태와 각 신체기관에 대한 정보를 전달해 주는 감각을 갖는다. 비록 감각을 통해서만 환경과 접촉할 수 있지만, 우리는 감각이 절대적인 기준을 제공하지 못한다는 것을 염두에 두어야 한다. 왜냐하면 감각은 놀랄 만큼 부정확한 방법으로 기능하기도 하며 속임수에 잘 넘어가기 때문이다. 감각을 통해 아이는 발달 초기에 자신의 환경과 접촉한다. 모든 활동은 감각을 통해 통제된다. 예를 들면, 아이가 잠자고 먹는 간격은 시간엄수라는 잠재능력의 발달에 중요할 수 있다.

감각을 통해 수용된 정보는 개별적으로 학습된 가치 기준의 검열을 통과하여 그 토대 위에서 판단된다. 더럽다는 현상은 그 자체로는 당황스러울 이유가 없는 것이다. 오직 더러움은 나쁜 것이고, 더러운 것은 혐오스러운 것이라는 점을 배운 후에만, 불결한 사람을 봤을 때 혐오감을 느끼고 반응하게 된다. 개인의 감각 기관 특성은 이러한 긍정적이거나 부정적인 경험과 관련하여 갈등을 수반할 수 있다. 따라서 어떤 사람들은 누군가 크게 말하거나 소리 지르는 것을 들으면 당황하게 된다. 이는 처음으로 아버지가 소리를 지르며 복종하라고 요구하거나 신체적 처벌을 당한 경험이 있거나 혹은 조용히 하라는 부모의 계속적인 요구로 인해 소음을 참기가 힘들게 되었기 때문이다. 다른 감각들 또한 이런 자극에 의해 영향을 받는다. 따라서 어떤 사람들은 어떤 종류의 냄새를 쉽게 견딜 수 있는 반면, 특정한 후각적 자극(주로 신체에서 나는 냄새)에 의해서 신체적인 고통을 받는 사람들도 있다는 사실은 주목할 만하다. 이처럼 개별적인 감각들은 저항을 줄이는 통로가 되고, 독립적인 의미를 얻게 된다.

"저는 계속해서 '네가 얼마나 야비한 줄 아느냐?'는 음성을 들어요. 그 음성들은 제가 해야만 했던 저질스러운 것들에 대해 말합니다."(28세 여성 환자, 정신분열증)

우리는 감각 기관 자체와 중추신경계로 통하는 경로뿐 아니라 중추신경 처리과정과 자극을 통해 작용하는 반응들(근육 활동, 분비 과정 및 장기 기능들)을 이해한다. 그 과정에서 중추신경계는 경험의 저장소로서 그리고 처리 체계로서의 역할을 하며, 그 안에서 학습 경험은 다시 중앙 처리과정에 영향을 미친다.

감각은 다양한 활동과 사회적 자극을 통해 발달하며, 감각에 대한 평가의 연결고리를 제공한다. 먹이고, 먹고, 자고, 몸을 가지고 놀며, 물건이나 동물과 역할놀이를 하는 과정에서 손을 쥐거나 움직이는 활동을 하게 된다. 패션 놀이나 동적이며 지적인 미적 추구 놀이 등과 같은 활동은 감각을 형성시키며, 활용가능한 잠재능력과 중요하게 연관된다. 감각은 자녀를 양육할 때 신체적 및 심리적 발달에서 명백하게 나타난다. 개별적인 감각의 질이나 신체적 특징은 마음에 그린 소망이나 목표의 중심이 된다.

"먼저 뭐 좀 먹어!"

"우리 집에서는 뚱뚱한 사람은 누구나 건강하다고 생각했어요. 엄마는 내가 외동이라고 음식을 마구 먹였지요. 이따금 문제가 있을 때면, 그저 '우선은 먹어라.' 하셨어요 …. 사실 난 항상 잠이 부족했거든요. 난 매일 7시가 되면 지쳐서 잠들었죠. 남들이 다 깨어 있을 때 잠들어야 했고, 나더러 자라고 하지도 않았어요. 어린 시절에 우리는 성적인 놀이를 하는 것을 좋아했고, 이 호기심은 극에 달했어요. 나의 부모님, 특히 어머니는 우리를 늘 그냥 내버려둬서 우리는 숲으로 가서 몇 시간이고 계속해서 병원놀이와 술래잡기를 하곤 했어요. 또 가끔은 머리를 쓰는 놀이도 했어요. 그 외에는 별로 놀 거리가 없었어요. 우리는 매우 가난했거든요. 우리 집에서는 아무것도 부수면 안 됐어요. 어렸을 때는 그걸 무척 잘 지켰죠. 난 어떠한 것이라도 부순 적이 없어요. 크레용이 다 닳아서 더 이상 가질 수 없을까 봐 크레용으로 색칠을 거의 못 했어요…." (복종, 예의, 정직, 시간엄수, 시간, 성, 근면, 성취 및 절약이라는 활용가능한 잠재능력과 관련된 감각 기관)

위의 내용은 교육학을 전공하는 학생이자 다섯 살짜리 딸을 둔 24세의 미혼모 환자 베티의 보고서다. 그녀는 우울증 때문에 심리치료를 받고 있다. 이후 내용에서는 계속해서 베티의 이야기에 대해 살펴볼 것이다.

동의어 및 예시: 촉각(누름, 가려움, 간지럼, 쓰다듬기, 만지기 등), 후각(킁킁거림, 냄새 맡기, 냄새 분간하기 등), 미각(맛보기, 풍미, 메스꺼움, 질림, 식욕이 나지 않음, 불쾌함, 향기로움, 맛 좋음, 감칠맛 있는), 맛의 종류(달콤한, 신, 쓴, 짠 등등), 시각(봄, 알아차림, 노출, 상대의 외모를 좋아함, 초상화가 형편없는 등), 청각(협화음, 불협화음, 큰, 잔잔한, 날카로운, 단조로운, 소음, 음악, 연설 등), 평형감각(균형을 잃음, 어지러움, 현기증 등)

특별한 질문　아버지와 어머니 중 누가 당신과 더 신체적으로 친밀한 관계가 있었는가? 누가 당신을 어루만져 줬는가? 식사시간은 규칙적이었는가? 당신이 신체를 이용하여 놀 때(예를 들어, 엄지손가락 빨기, 자위행위 등) 부모님은 어떻게 반응했는가? 당신은 신체적인 벌을 받았는가? 가족 내에서 또는 친구들 사이에서 운동(또는 모습)과 같은 신체적 성취가 가치 있게 여겨졌는가? 몸이 아플 때 사람들은 당신을 어떻게 대하였는가?(아픈 것을 무시당했는가? 보살핌을 받고, 보호를 받으며, 관심을 받았는가?) 몸에 병이 생겼을 때 즉시 치료를 하였는가? 가능하다면 집에서 치료하려고 하였는가? 아플 때조차 가능하면 참아야만 했는가? 곧바로 잠자리에 들어야 했는가? 아플 때 누가 간호를 해 주었는가? 이러한 질문들은 의도적인 것들이다. 예를 들어, 수면장애를 가진 환자에 대해서는 그와 함께 잠자리에 드는 의식적 행사를 할 수 있으며, 더 넓은 의미에서 '시간'과 '시간엄수'라는 활용가능한 잠재력을 다룰 수 있다. 또한 잠자리에 들기 전의 자위, 저녁 식사 양 그리고 신체 활동과 같은 주제들은 이 영역에 속한다.

✱* 이성

이성(지성)은 사고 과정에 기초한다. 이는 일반적으로, 이성이 문제 해결과 관련된 기능, 즉 현실을 검증한다는 것을 의미한다. 이성은 내재적 욕구와 동기 그리고 물리적 및 사회적 환경 간의 활발한 조정자로서 기능하며, 언어를 통해 대인관계의 수단이 된다. 사고는 행동의 결과를 예측하고, 감수해야 할 위험 정도에 따라 그 결과를 비교할 수 있게 돕는다. 바로 이러한 점이 활용가능한 잠재능력과의 관계를 좀 더 명확하게 만든다. 예를 들면, 개인은 언제, 어디서, 누구에게 정중해야 하는지와 언제, 어디서, 누구에게 정직해야 하는지를, 혹은 어떤 순서가 어떤 장소에서 언제 적절한지를 결정한다.

> "제 남편은 집에서 정리정돈을 전혀 중요하게 생각하지 않아요. 그 사람은 자신의 물건을 어딘가 떨어뜨리면 그저 너저분하게 내버려둬요. 하지만 제가 놀라운 것은 직장에서 남편은 가장 정확하고 정돈된 사람이고, 부주의한 실수를 거의 하지 않는다는 거죠." (55세 과학자의 아내)

사고와 이성은 근면/성취라는 활용가능한 잠재능력에서 중추적인 기능을 한다. 왜냐하면 문제를 해결하고 최대한으로 성취할 수 있도록 하기 때문이다.

사회적 지능이라는 지성은 시대적 특징에 따라 검증될 수 있는 학습된 행동양식과 내용과는 대조되는 기준이다. 그러나 이성은 많은 사람들이 이성에 대해 기대하는 절대적인 기준을 제공하지 않는다. 모든 사람이 자신을 이성이 지배하도록 한다고 할지라도, 반드시 같은 결론에 도달하지는 않는다. 사람들은 각각 서로 다른 전제와 자신만의 동기를 가지며, 그 전제와 동기는 그들에게 이성에 대한 준거 체계로서의 역할을 한다. 준거 체계에 대한 일치가 실제로 존재할 때만 명제들이 만들어질 수 있다. 그럼에도 불구하고 규칙으로서의 그러한 일치는 이성적인 체계에서 일어나기 어렵다. 이를 심리치료에 적용해 보면, 행동주의 심리치료자와 심리분석가들이 서로 상반된다 해서 반드시 틀린 것은 아니지만, 특정 준거 체계 내에서와 특정 요구에 대한 반응으로서 타당성을 가지고, 공통의 준거 체계와 일치하는 요구를 기반으로 합의가 이루어진다면 상반되는 진술은 해결될 수 있다는 것이다.

이성은 물론 시간에 좌우될 수 있으므로 지속적인 변화와 변화하는 상황에 대한 적응이 필요하다.

만약 이성이 본질적이거나 심지어 유일한 지식의 기준으로 간주된다면, 비슷하고 전형적인 태도가 나타나게 된다. 즉, 감각에 반대하는 금욕주의 경향이 나타나거나 직관, 전통 및 환상에 대해 회의적인 경향이 나타난다. 성취동기와 논리적–추상적 사고는 훈련을 통해 촉진될 수 있다. 그러나 이를 지나치게 강조하면 억제와 교제에서 장애를 초래한다.

감각기능을 우선시하면 "나는 오로지 내가 본 것만을 믿는다."는 것이 되는 반면, 이성을 우선시하게 되면 "나는 사고가 뒷받침되는 것만을 믿는다."의 경우가 되는 것이다. 예를 들면, 편파적인 과학자와 관리자, 만성적인 불신자가 이 범주에 속한다. 모든 면에서 논리의 법칙을 우선적으로 따르는 이성조차 활용가능한 잠재능력의 영향으로 특권이나 태만을 '이성'의 시각으로 볼 수 있다.

다음에 제시된 베티의 진술에서는 각각의 활용가능한 잠재능력에 대한 선호—어떠한 경우는 이차적 잠재능력으로, 또 다른 경우는 일차적 잠재능력으로—를 발견할 수 있다.

"엄마가 '그래.'라고 말씀하시면, 그건 맞는 거야…."
"우리 어머니가 원했던 것은 무엇이든지 항상 옳아요. 나는 항상 어머니에게 동의해야만 했지요. 가끔 나는 어머니께 뭔가를 묻고 싶었지만, 내가 그것을 이해하지 못했다면, 어머니 또한 나를 도와주시지 않았을 거라는 것을 알고 있었어요." (복종, 공손, 정직, 신뢰, 확신이라는 활용가능한 잠재능력과 관련된 이성 수단)

동의어 및 예시: 논리적인, 객관적인, 합리적인, 이해가능한, 세상 물정에 밝은, 명백한, 논의하다, 토의하다, 비판하다, 논쟁하다, 추론하다, 지성의, 이해하는, 어리석은, 멍청한, 근시안적인, 원시적인, 무지의, 나약한 마음을 가진, 얼간이, 제정신이 들게 하다, 이성에 호소하다.

특별한 질문 당신은 문제가 있을 때 누구에게(아버지, 어머니) 이야기할 수 있는가? 부모님 중 누가 당신과 놀아 주었는가? 당신은 충분히 놀았는가? 당신이 보기에, 부모님들은 당신의 질문에 대답하기 위해 노력했는가? 당신은 부모님께 문제를 말할 수 있었는가? 부모님 중 누가 숙제를 같이 해 주었는가? 당신은 왜 무언가를 해야 하는가 또는 왜 하지 말아야 하는가에 대한 설명을 들었는가? 무언가 잘못을 했을 때, 부모님은 당신의 실수에 대해 설명해 주었는가 아니면 단순히 호통을 쳤는가? 당신의 생각이나 고려사항이 당신의 부모님과 선생님들에게 인정받고 있다는 느낌을 받았는가? 뭔가 잘못되었을 때(가령 나쁜 성적, 지각 등) 부모님은 어떻게 행동하였는가? 당신은 부모님께 사실대로 말할 수 있었는가? 사람에게 지능이 매우 중요한 것이라고 생각하는가? 당신은 자신이 지성인이라 생각하는가 아니면 그렇지 않다고 생각하는가? 배우자와 동료들이 당신의 사고 과정들을 이해하지 못한다고 느끼는가? 당신이 생각하는 바를 말로 할 수 있는가? 당신의 업무는 논리적인 사고에 크게 의존하는가? 결단을 내리는 데 어려움을 겪는가? 누가 직업의 선택에 가장 많은 영향을 미쳤는가? 배우자를 선택할 때 부모님이 영향을 미쳤는가?

✳* 전통

인간은 역사적인 존재다. 동물은 항상 새롭게 시작해야 하고, 어찌 보면 선천적인 과거(본능)와 축소된 과거(자신만의 학습 경험)를 가지는 반면, 인간은 자기 마음대로 모든 역사과정을 만들어 갈 수 있다. 인간은 자신이 속한 사회에서 축적된 경험과 성취에 의해 형성된다. 이러한 역사적인 영역을 넘어서 인간은 자신만의 집단과 가족의 역사 속에 위치하며, 자신의 개별적인 발달과정 속에서 학습 경험을 가진다.

"첫눈에 반한 사랑!"

"그 남자를 봤을 때, 난 그와 함께 자야만 한다는 것을 즉각 알아차렸어요. 나는 그와 자기 위해 할 수 있는 모든 것을 다했고, 결국 그렇게 했어요. 그에게 말하면서 내가 왜 그 남자에게 그렇게 끌렸는지가 분명해졌어요. 그가 걷는 방식과 몸짓은 내 여동생의 남편과 닮았었는데, 그와 아름다운 밤들을 보냈었지요. (주의: 이 환자는 자신의 남편에게 수년간 냉담했었다.) 하지만 나는 그만둬야만 했어요. 내 여동생이 알면, 무슨 일이 일어났을지 모르거든요." (세 자녀를 둔 34세의 가정주부)

앞에 제시된 환자는 스스로 자각하지 못한 채 자신의 개인적 전통에서 나온 정보에 의해 그 남자에게 끌린 것이었다. 집단 전통은 내용적으로는 신화(주로 종교적인 주제를 가진)와 동화를 통해 부분적으로 전달된다. 동화는 유년기에 적합한 신화의 여러 형태 중 하나로 볼 수도 있다. 동화는 상징적인 설정과 언어적 형식, 즉 환상과 현실을 동시에 결합시킨다. 이러한 방법으로 동화는 여러 면에서 학습 모델을 제공하며, 동시에 정서적 반향을 증대시키게 된다. 동화는 인간관계, 과학, 종교 및 정치적 결과를 가져오는 선입견이라는 전통적인 전달 수단이 될 수 있으며, 그에 따라 갈등을 수반하는 불합리한 행동에 대한 배경이 될 수 있다.

따라서 전통과 이성은 상호 연관되어 있다. 전통은 신뢰 있는 행동양식을 전수시키며 이는 이성을 통해 시대적 요구에 적합하게 되거나 수정된다. 전통은 어찌 보면 독자적 구조와 활용가능한 잠재능력으로 물든 심홍색 실과 같다.

전통은 하나의 장치로서 전수하는 기능을 가질 뿐 아니라, 상상의 대상으로서 그 기저에 역사와 일대기를 통해 조절된 평가가 놓여 있다. 극단적인 평가는 한편으로는 전통적 틀에 박힌 내용의 무조건적 고착이며, 다른 한편으로는 전통에 대한 절대적인 거부라 할 수 있다. 사회적 영역에서 전통에 구속되는 것은 폐쇄사회에서 나타나는(Parsons, 1961) 반면, 전통적 가치에 대한 상대화는 개방사회를 암시한다. 베티는 자신의 전통에 대한 관계 발달에 대해 다음과 같이 묘사하였다.

"변화에 대한 두려움"

"어머니는 전통에 매우 심하게 속박되어 있어요. 1920년대에 머물러 계시지요. 그것은 제 안에 전통에 대한 일종의 반감을 형성시켰습니다. 어머니는 이전의 행동 방식, 이전의 윤리 의식, 그리고 심지어는 이전의 옷차림만을 받아들입니다. 미니스커트가 유행했을 때에는 격분했습니다. 정말 어머니는 독설을 토해 내셨습니다. '그래, 이 돼지들아, 예전에 여자들은 긴 치마를 입었는데, 어떻게 이런 옷을 입는 거야?' 등등으로 말입니다. 어머니는 그러한 일들로 분노에 휩싸이셨지요."(활용가능한 잠재능력 중 시간, 예의, 정직, 성적 특질, 충실과 관련된 전통 수단)

동의어 및 예시: 형성된, 분명한, 물려주는, 유효성이 증명된, 뿌리 깊은, 가계도, 증거, 기록, 관습, 습성, 관례, 관습법, 역사, 보수적인, 고정된, 전통적인, 그대로 남아 있다.

특별한 질문　누가 당신에게 이야기를 읽어 주거나 말해 주었는가(아버지, 어머니, 조부모, 외숙모, 유치원 선생님)? 동화나 소설 중에 잊지 않고 기억하는 것이 하나라도 있는가? 역사적 사건에 관심이 있는가? 전통을 중시하는가? 당신의 부모님들은 전통을 가치 있게 여기는가? 전통적 관념을 고수하는가? 차라리 모든 전통을 밖으로 내던지고 싶은가? 아버지(어머니)와 같은 직업을 선택했는가? 소중한 관습을 쉽게 포기하는가? 스스로 보수적이라고 하겠는가? 새로운 주변환경에서 어떤 느낌을 받는가? 익숙한 전통과 익숙한 상황을 고수하는가?

✱ 직관

보다 깊이 있는 인식은 이른바 시어(詩語)에서 말하는 마음으로부터의 음성이며, 종교에서 말하는 영감이고, 심리학에서 말하는 직관 또는 직관적 판단이다. 분석적 사고는 단계적으로 일어나는 반면, 직관적 사고는 불연속적으로 일어난다. 직관은 순간적인 생각으로 그저 단순히 존재하는 것이며, 그 근원에 대해 밝히려고 하는 것은 아니다. 따라서 직관적 사고는 무의식적이고 잠재적인 사고 과정이라고 할 수 있다. 그리고 꿈과 환상의 심리적 과정과도 깊이 관련되어 있으며, 문제 및 갈등에 대한 해결방법을 제시할 수도 있다.

　　어느 환자가 말하기를 꿈속에서 그는 더러운 창문을 너무 천천히 닦아서 사장에게 질책을 받았다고 했다(R. Battegay, 1971에서 인용).

현실과 상상을 아직 구별할 수 없고 명료한 인과관계를 형성하지 못하는 아이는 전의식의 내용을 직관처럼 자연스레 경험한다. 직관과 밀접한 관련이 있는 환상은 한편으로는 갈등에 대처하는 방법이며, 동시에 상상 및 창조적 사고를 위한 잠재능력의 한 형태로 충분히 직관적 사고라고 할 수 있다.

개인에게 있어 무엇이 적절하고, 옳고, 선하고, 진실한가에 대한 생각은 갑작스럽게 나타난다. 그는 이 개념들을 완전한 신념으로 지지하고 지키는데 이것은 마음에서 나오는 음성이 거짓말을 할 수 없기 때문이며, 그래서 "나는 옳은 것이 무엇인지를 정확히 느낀다."라고 말한다. 이슬람 선각자는 직관을 앎의 한 방법으로서 체계적으로 확장시켰으며, 그것을 진실의 기준으로 여겼다.

부분적으로 직관적인 생각들은 일차적 잠재능력의 영역과 관련된다. 직관적인 생각들은 인내, 믿음, 희망, 신앙, 확신 및 일관성의 중심에 있다. 그러나 이차적 잠재능력들 또한 행동을 규제하는 직관에 의해 좌우된다. 예를 들면, "나한테 아무것도 말하지 마. 난 네가 어떻게 행동해야 하는지 알고 있어."라든가 "내가 왜 육아에 대한 정보를 원해야 하니? 난 이미 어떻게 양육해야 하는지 알고 있어." 또는 "나는 남편이 나를 배신했다고 믿을 수 없어. 내 마음 깊은 곳에서는 그가 내게 충실하다는 것을 너무나 잘 알고 있어."와 같다.

개인의 활용가능한 잠재능력은 환상의 내용이 될 수 있다. 따라서 신앙, 성적 특질 또는 근면/성취에 대한 생각은 인간 사고의 대부분을 차지할 수 있다. 이것은 환상적인 관계를 경험하고 구성하는 환각에 기괴한 왜곡을 초래할 수 있으며, 대개 활용가능한 잠재능력에 대한 특별한 평가와 그 외의 다른 양식들과 관계된다. 전형적인 정신병적 망상은 다음의 관점에서 이해될 수 있다.

- 질투: 성적 특질, 충실성, 믿음 및 감각 수단과 관련된 환상
- 권위의 망상: 종교, 성취/성공, 명예, 절약, 교제 및 이성의 수단과 관련된 환상
- 박해: 정의, 순종(전능하다고 여겨지는 권위자에 대한 반항과 복종) 및 이성의 수단과 관련된 환상

그러나 환상 속의 내용은 개인마다 매우 다르기 때문에, 망상의 내용이 의미하는 바를 이해하기가 어렵다. 결과적으로 환자는 점점 고립되고 그의 상상 속의 세계는 넓어

져 간다. 그러므로 환자가 경험하는 이상한 세계와 그것에 대한 환자의 동일시가 무엇보다 중요하다. 비록 일반적인 동일시가 어려움을 내재하고 치료자를 다소 놀라게 할수 있지만 환자가 그 내용에 부분적으로 동일시하는 것은 도움이 된다. 이는 역사적으로 볼 때 이미 의학의 아버지라 불린 유명한 페르시아 의사 아비세냐(Avicenna: 980-1037)에 의해 사용되었던 기술이다.

이러한 형태의 망상은 직관 활동의 경계선에 있는 것으로, 직접적인 현실을 넘어서며 우리가 활동의 의미, 삶의 의미, 욕망, 불확실한 미래 혹은 유토피아라고 부르는 모든 것을 망라한다.

치료받은 망상

아머뉴헤 사머니 왕이 죽었을 때, 학자들은 그들이 골치 아파하던 아비세냐에 대한 음모를 꾸밀 기회를 잡았다. 그래서 아비세냐는 도시를 떠나 다일아민 왕조에 속한 레이로 갈 수밖에 없었다. 레이는 깊은 우울과 조증 쇠약(manic emaciation)으로 고통받던 마즈레도레후 통치하에 있었다. 아비세냐는 상당히 독특한 방법으로 그를 도울 수 있었다. 그것을 페르시아 시인 니자미는 다음과 같이 표현하였다.

왕은 자신은 인간이 아니라 소라고 믿고 있었다. 그래서 그는 수소처럼 울고 "이리 와서 나를 데려가시오. 나를 잡아서 내 살을 써 주세요."라고 빌었다. 그는 모든 음식을 돌려보내며 아무것도 먹지 않았다. "왜 저를 푸른 초원으로 데려가서 풀을 뜯어 먹을 수 있게 하지 않나요?"라고 했다. 왕은 아무것도 먹지 않았고 점점 더 말라서 뼈와 가죽밖에 남지 않았다. 어떠한 방법이나 치료도 소용이 없자 사람들은 아비세냐에게 도움을 청했다. 그는 왕에게 왕을 잡아서 살을 떼어 나누어 사람들이 먹도록 할 푸주한 (도살자)이 온다는 말을 전했다. 아픈 왕은 그 말을 들었을 때, 기쁨에 흥분하여 큰 기내를 가지고 자신의 죽음을 기다렸다. 약속한 날, 아비세냐는 왕 앞에 나타났다. 그는 칼을 휘두르며 무서운 목소리로 "도살할 소는 어디 있느냐?"라

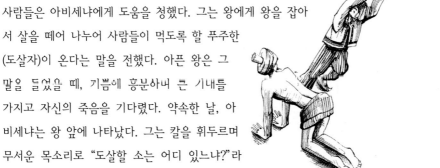

고 외쳤다. 왕은 푸주한(도살자)에게 희생될 소가 어디 있는지 알도록 황홀하게 "음매." 하고 울었다. 아비세냐는 "살찐 소를 여기로 데리고 와서 머리부터 엉덩이까지 쪼갤 수 있도록 묶어라."라고 외치며 명령했다. 그러나 그는 내리치기 전에 푸주한이 곧잘 그러는 것처럼 고기와 지방이 있는지 허리와 배를 검사하고 난 후 "아니야, 아니야, 이 소는 아직 잡을 때가 되지 않았군. 너무 말랐어. 데려가서 살을 찌워라. 적당한 무게가 나갈 때 다시 와서 잡도록 하겠다."라고 외쳤다. 곧 도살될 것이라는 희망에, 아픈 왕은 주는 음식을 모두 먹었다. 그는 체중이 늘었고, 눈에 띄게 상태가 좋아졌으며, 아비세냐의 보호 아래 건강을 회복하였다.

"얼마나 아름다울 수 있었을까!"

직관과 환상과 관련해서 환자인 베티는 다음과 같이 말했다. "내가 무언가를 하고 있을 때면 어떤 생각이 갑작스레 떠오르거나 매우 산만해져요. 나는 가끔 일할 때 연상을 하면 시각적 회상이 떠오르거나 내가 과거에 완전히 다르게 행동해야 했었다는 생각이 들어서 문서에 집중할 수가 없어요. 예전에 어렸을 때, 내가 통역가나 선생님이 되고 싶다고 확신했었죠. 나는 항상 그렇게 되면 얼마나 좋을까 하고 상상했어요." (활용가능한 잠재능력 중 시간, 근면/성취, 모델링과 관련된 직관 수단)

동의어 및 예시: 영감, 갑작스러운 영감, 예감, 감정적, 타율적, 창조적, 직관, 상상의, 낭만적인, 환상에 잠기는, 비현실적, 유토피아적, 상상하기, 누군가를 믿게 하기, 발명하기, 꿈 속 세계, 신기루, 변덕, 공상에 잠기기, 신기루, 공상의 나라.

특별한 질문   당신의 공상과 영감을 누구에게 말할 수 있는가(아버지, 어머니)? 당신 생각에 아직도 활발한 공상적 삶을 살고 있는가? 어린 시절 자주 환상을 가졌는가? 부모 중 누가 공상을 자주 했는가? 논리적인 설명을 할 수 없더라도, 공상을 통해 만족감을 느낄 수 있는가? 당신이 하는 공상들은 부모에 의해 받아들여졌는가? 당신이 한 이야기 때문에 거짓말쟁이로 불렸는가? 당신은 현실보다 공상을 더 좋아하는가?

당신은 아내(또는 남편)가 다른 사람이었다면 어떨까라는 생각에 자주 잠겼는가? 당신은 다른 직업을 가지면 어떨까라는 생각을 자주 하는가? 당신은 가끔 죽으면 어떤 느낌일까라고 생각해 보는가? 당신은 자주 과거를 회상하는가? 당신은 미래에 자신이 어떤 모습인지 스스로 그려 보기를 좋아하는가? 당신은 장난삼아 자살을 생각해 본 적이 있는가? 자살을 한 번이라도 시도해 본 적이 있는가?

✳* 무의식

인간 행동 저변에 깔린 동기 중 일부만이 의식되고 통제된다. 프로이트의 정신분석학은 바로 이러한 사실을 인식하는 것에서 시작된다. 그는 무의식을 연구하고 무의식에 대한 이론을 세웠다. 이 이론에서 성생활은 중요한 의미를 지닌다. 프로이트는 모든 인간의 행동 뒤에는 성적 에너지가 관련된다는 관점을 가지고 인간 행동을 설명하기 위한 심리역동 모델을 개발하였다. 이 모델의 출발점은 불안 및 고착행위다. 인간에 대한 그의 관점은 인간이 가지고 있는 잠재능력들보다 이러한 쪽에 집중되어 있었다. 이 모델에서 특별한 역할을 수행하는 것이 억압인데, 억압은 잘못된 심리적 발달의 실제 원인으로 생각된다. 억압은 다음과 같은 뜻을 지닌다.

불안과 처벌에 관련된 경험은 부분적으로 자기 보호라는 이유로 의식에서 제외되고 잊혀진다. 이는 그러한 경험을 회상하면 잠재적 요소에 강한 정서적 영향을 미쳐 불쾌해지고, 그 사람의 성격 구조를 위협할 수 있기 때문에 일어나는 것이다. 따라서 경험의 내용들은 무의식 속에 강제로 묻히지만 감정적인 괴로움이 남게 되며, 다른 형태로 변하게 된다. 왜냐하면 그 경험들은 터놓고 드러낼 수 없기 때문에 가면이나 상징을 통해서 나타난다.

프로이트의 심리치료법은 초기 아동기의 억압된 경험들을 의식하게 함으로써 환자를 치료하고자 하였다. 그에 의하면 무의식은 추동에너지와 억압된 내용들의 장이다. 융(Jung, C. G.)에게 있어서 무의식은 조개인적 내용들의 장이다. 무의식의 내용을 결정하려는 이러한 시도들은 많은 질문들을 남겨 두었으며, 무의식의 모든 영역을 다루지 못하고 있다. 긍정주의 심리치료 이론에서 인지능력과 사랑하는 능력 등 두 가지 기본적 잠재능력은 프로이트 이론의 리비도(성욕)를 대치한다. 어느 정도까지 리비도는 두 가지 기본적 잠재능력의 에너지 요소로서 포함되어 있다. 덧붙여서 긍정주의 심리치료에서 무의식은 다음과 같은 두 가지 기능을 한다.

하나는, 무의식은 아직 발달되지 않고 구별되지 않은 기본적 잠재능력과 인간 에너지의 중심이다. 따라서 무의식에는 아직 성숙되지 않았기 때문에 사람에게 잠재되어 있으나 채 펼쳐지지 않은 모든 것이 들어 있다. 잠재능력들은 현실로 나타나려고 하는 잠재적 에너지다. 다른 하나는, 무의식은 억압되고 억눌린 활용가능한 잠재능력과 유형의 중심이다. 이러한 활용가능한 잠재능력은 이미 환경에 직면한 적이 있다. 즉, 주어진 환경에 의해 거부되었거나 환경이 잠재능력이 충분히 발달하도록 영향을 미치지 못했거나 다른 활용가능한 잠재능력이 중요해서 발전할 여지가 없었기 때문이다.

이러한 무의식의 이중적인 기능에 따라, 왜 경험한 것뿐만 아니라 경험하지 못한 것들도 불안과 갈등을 일으키는지 이해할 수 있다.

무의식은 그 본질 때문에 직접적인 질문을 통해 접근하는 것이 불가능하다. 오히려 무의식은 치료자가 추측할 수 있는 것이어서, 치료자는 환자의 주어진 정보(활용가능한 잠재능력의 예시 그리고 사랑하는 능력과 인지능력의 유형)로부터 심리역동적인 상호 관계를 추측하기 위해 노력한다. 부적절한 분화는 각각의 심리역동적 내용이 의식화되는 것을 가로막는다. 이러한 억압 및 일반화와 같은 과정들은 심리역동적 관점에서 특징지어진다. 이러한 표현들은 보편적이며, 그 내용이 고려되지 않는 한 개별적인 정신적 사건을 묘사하기는 부적합하다. 이러한 의미에서 분화 분석 도구(DAI)를 실시하여 사랑하는 능력과 인지능력의 유형을 살펴보는 것은 이미 치료적 관점에서 무의식을 의식으로 끌어올리는 것이다.

무의식의 기능 외에, 무의식(이론적이기보다는 주관적인 의미에서)이 위협적으로 불안을 유발하는 무서운 것으로 경험되든지 아니면 자아발견, 의식의 확장, 창조성의 원천으로 경험되든지 간에, 무의식에 대한 태도는 진단적으로 그리고 치료적으로 관련이 있다. 베티는 자신의 무의식과의 관계를 다음과 같이 명확히 말한다.

"내가 그걸 어떻게 알 수 있었겠니?"

"살면서 한때 마음의 휴식을 취한 적이 있었어요. 그건 바로 내가 약혼하고 임신했을 때였죠. 난 그때 지금은 설명할 수 없는 것들을 했어요. 난 정말 멍청했고, 의존적이었으며, 감수성이 예민했지요. 난 당시 남자친구를 쫓아갔어요. 그 후 나는 그것이 무서운 것임을 알게 되었죠. 나는 그때 의식이 있는 사람이라면 절대 하지 않을 것들을 했어요. 지금은 달라요. 사리 분별을 하려고 노력하죠. 어떤 일을 하기에 앞서, 난 그것에 대해 매우 조심스럽게 생각하고 또 생각해요. 지난번과 같은 일은 절대로 내게 다시 일어나지 않을 거예요."(활용가능한 잠재능력과 그 양식인 감각, 이성, 성적 특질, 충실성, 믿음, 정직, 사랑, 시간, 의심, 확신과 관련된 무의식 수단)

동의어 및 예시 : 의식, 동기가 없는, 예측할 수 없는, 말없이 가는, 자발적인, 강요, 충동적인, 불합리한, 본능적인, 무의식적인, 충동에 이끌린, 무심결에, 의도하지 않은, 무의식적으로, 심리학적 구조, 고의가 아닌, 억압된, 타고난 소질이다, 그냥 그대로 해라, 어쩔 수 없어, 자동적인, 생각할 필요 없는.

특별한 질문 어떠한 일을 한 뒤에(상황) 스스로 화를 자주 내는가? 누군가 당신을 실망시키면, 그로부터 완전히 떠나는가?(상황), 배우자 또는 부모가 가진 특성을 자신에게서 가끔 발견하는가? 배우자의 문제와 어려움을 자신의 일로 여기는가? 당신이 화가 났을 때 그것을 아이들이나 또는 그 일과 관련되지 않은 주변 사람에게 푸는 일이 자주 일어나는가?(상황 및 내용), 사고, 대참사 또는 죽음에 대해 들으면 어떤 느낌이 드는가? 꿈을 자주 꾸는가? 만약 그렇다면 무엇에 대해 꿈을 꾸는가? 꿈을 꾸면 어떤 느낌이 드는가? 정말 하기 싫었던 말을 하거나, 정말 잊기 싫었던 것을 잊어버리는 일이 자주 발생하는가? 같은 실수를 거듭해서 한다는 것을 종종 발견하는가?(상황 및 내용), 집중을 잘하는가, 아니면 그렇지 못한가?(상황), 무의식이 당신의 행동과 경험에 영향을 미친다고 생각하는가?(상황)

인지능력의 의미

인지의 네 가지 양식 모두 우리가 아는 모든 것과 관련되지만, 서로 비중이 다르며 지식에 대한 서로 다른 가치에 부합한다. 따라서 몇몇 학문은 단지 전통적인 질문을 하거나 이성에 기초한 것처럼 보인다. 겉으로 보기에는 다르지만, 철학적 사고의 특정 형태에 적용되는 것을 의학에서도 발견할 수 있다. 여기서 감각은 의심할 여지없이 먼저 작동한다. 사회학자들의 논쟁점은 사회적 전통인 반면, 경험론자들은 감각적 경험을 중시한다. 직관 및 감각의 활동 영역으로서 인간에게는 환상에 의지하고 자유로운 환상을 이성적으로 조정하는 예술이 있다. 그리고 이 모든 것은 심리치료에 반영되어 있다.

인지능력의 양식들은 인식의 순수한 기능이 아니다. 특히 갈등을 일으키는 주요 영역인 협력관계, 양육, 일, 종교/세계관의 영역과 관련된 유형들에 많은 정서적 영향을 미친다. 그러나 네 가지 유형들은 활용가능한 잠재능력과 마찬가지로 상대적인 주제일 뿐이다. 그러므로 개별 유형과 그 독특한 내용에 대한 서로 다른 평가는 오해를 가져오는 근원이 된다.

"왜 제가 남편을 위해 일해야 하나요?"

부부 문제로 심리치료를 하던 48세의 여성이 한번은 이런 불평을 했다. "내 남편은 아주 조금만 아파도, 마치 곧 죽을 것처럼 몸부림쳐요. 그러면 모두 그를 기다려야만 해요. 최근 저는 담낭이 극심하게 아팠지만, 계속해서 일을 했고 이를 악물고 고통을 참으려고 했죠. 전 누군가가 내 남편처럼 울고불고 하면 참을 수가 없어요." (활용가능한 잠재능력 중 정의, 예의, 정직과 관련된 감각 수단)

"사람들은 뭐라고 할까?"

사람은 종종 또 다른 전형적인 불평과 맞닥뜨린다. "내 남편은 훌륭한 과학자예요. 모두들 그의 업적에 놀라죠. 그가 자신의 업적에 대해 말을 할 때면, 상대방은 어떻게든 흥미롭게 들어야 하죠. 하지만 남편이 생각에 더 많이 집중할수록 자신의 외모와 건강에는 신경을 전혀 안 써요. 한번 창조적인 일에 몰두하게 되면, 밤새도록 일하며 거의 아무것도 먹지 않고 깨어 있기 위해서 엄청나게 커피를 마시죠. 결국엔 위염에 걸리게 되죠. 그러면 저는 그의 고통스러운 얼굴과 배를 움켜쥐는 모습을 보게 되죠. 하지만 저는 한번도 남편이 불평하는 것을 들은 적이 없어요. 옷차림과 외모는 그에게 그저 사소한 것에 지나지 않아요. 면도하지 않으면 그는 과학자라기보다는 도둑처럼 보이죠. 전 다른 사람들이 그런 모습을 볼 때면 너무 부끄러워요. 결국 그의 태만함은 저에게도 또한 반영되고, 전 사람들이 우리 뒤에서 뭐라고 할지 상상이 돼요." (48세의 과학자 아내. 활용가능한 잠재능력 중 청결, 질서정연, 예의와 관련된 감각 및 이성 수단)

이러한 예시들은 감각 및 이성에 대해 서로 다른 평가가 있으며, 인지능력의 양식들의 불일치로 인해 발생된 전형적인 갈등 상황을 나타내는 것이다.

3. 사랑하는 능력이란 무엇인가

'사랑하는 능력'은 사랑을 하는 능력과 사랑을 받는 능력을 말한다. 인지능력의 발달은 사람의 성공과 실패에 대한 경험과 상관관계가 있다. 만약에 아이가 학교에서 성적이 낮은 편이라면, 그는 곧 학교에 대한 흥미를 잃고 자신이 실패하는 과제들을 피할 방법을 찾을 것이다. 부모들은 성취에 대한 실패에 무관심하지 않다. 반면에 긍정적인 성취를 한다면 모든 분위기가 이전과 전혀 다르게 좋아질 수 있다. 이것은 단순히 좁은 의미에서의 성취와 관련된 것만이 아니라 이차적인 잠재능력과도 관련된다. 인지능력의 각 영역들에 대한 태도와 반응은 감정적 관계 또는 사랑하는 능력의 표현이라고도 불릴 수 있는 인간의 정서 혹은 감정의 영역에 속해 있다. 여기에서 동적인 감정적 관계를 형성할 수 있는 능력(사랑하는 능력), 그리고 감정적 애착을 받아들이고 지탱할 수 있는 능력(사랑받는 능력), 이 두 개의 구성요소가 중요하다. 사랑하는 능력은 그것이 누구를 향하는가와 무관하지 않다. 우리가 뭔가를 배우고 얻고 창조할 때, 이 행동의 목적과 의미는 이것이 무엇과 누구를 위해 행해지는가에 의해 좌우된다. 이것이 우리를 위한 것인가? 우리의 배우자와 가족 구성원을 위한 것인가? 또는 우리의 이익 집단, 지역을 위한 것인가? 국가를 위한 것인가? 인류를 위한 것인가? 멀지 않은 미래 또는 먼 미래를 위한 것인가? 또는 그것들에 반해서 행해지는 것인가?

사랑하는 능력은 사랑, 모범, 인내, 시간, 교제, 성적 특질, 믿음, 자신감, 희망, 종교, 의심, 확신 및 일치 등의 일차적 잠재능력으로 발전한다. 감정적 관계인 사랑은 주는 행위와 받는 행위 사이의 상호관계에 의해 특징지어진다. 사랑의 가장 초기 형태는 어머니와 아이 사이의 관계(초기 대인관계)에서 나타난다. 아이는 주로 어머니라는 본보기가 되는 인물을 통해 자신의 중요한 욕구를 충족시키는 법을 배운다. 아동기에 아이는 역할 모델이며 인내와 시간관념을 배우게 하는 어머니의 정서적인 애정을 필요로 한다. 이 초기 단계에서 아동은 기본적 신뢰 또는 욕구가 만족되지 않으면 실존적인 불안을 전면에 드러내는 불신적 태도를 발달시킨다. 아동에게는 당연히 주는 행동보다 받는 행동이 먼저 나타난다. 어머니 및 이후 발달과정에서 본보기를 보이는 인물은 아버지, 형제, 조부모이고, 사회 환경은 아동이 이미 잠재능력으로 가지고 있는 사랑을 지원하거나, 아니면 억압하여 나중에 이러한 잠재능력이 거의 없는 것처럼 보이게 한다. 또는 긍정적인 정서적 관계가 불신, 질투, 증오, 공격적 성향 그리고 불안으로 전환될 수도 있다.

사랑하는 능력의 유형

필자와 동료들은 사랑하는 능력을 네 가지의 유형으로 구분한다. 이는 모든 사람들이 맺게 되는 전형적인 기본적 관계의 특성을 보여 준다. 이러한 기본적 관계들은 나(I), 당신(Thou), 우리(We) 그리고 근원적-우리(Origin-We)에 대한 관계다. 다음 모형의 특징은 이 네 가지 관계들이 각각 영향을 미친다는 것이다. 모형에서 나에 대한 관계의 영역(차원)은 부모와 형제-자녀에 대한 관계, 당신에 대한 관계는 부모 상호 간 관계, 우리에 대한 관계는 부모의 환경에 대한 관계, 그리고 근원적-우리에 대한 관계는 부모의 종교/세계관에 대한 관계다.

핵가족에서 부모와 형제는 아동에게 최초의 본보기를 보이는 인물로서, 사회적 관

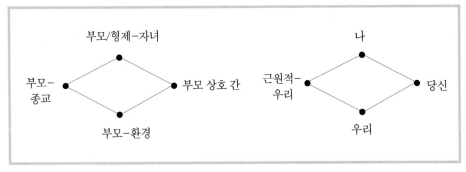

사랑하는 능력의 네 가지 양식의 발달에서 모형의 기능

계 유형에 대한 본을 제공한다.

이러한 차이점들은 인간의 사회적 관계의 특성에 대한 새로운 시각을 열어 준다. 인간은 '관계'를 지향하기 때문에, 교제가 거의 없는 것은 대부분 '당신' 및 '우리'의 교제와 같은, 특정한 교제가 이루어지지 않는 것과 관련된다. 이러한 경우, 우리는 어떤 유형의 교제가 이루어졌는가 그리고 어떠한 활용가능한 잠재능력과 연관되어 있는가는 생각하지 않고 교제가 부족한 것만을 탓한다. 그러므로 활용가능한 잠재능력은 사회적 관계를 걸러 주는 장치와 같이 작용할 수 있다. 예를 들어, 어떤 사람은 손님을 초대하게 되면 정돈된 상태가 흐트러질 뿐만 아니라 그 비용으로 인해 자신의 절약에 대한 개념이 영향을 받기 때문에 손님을 초대하는 것을 그만둔다. 이와 같은 방법으로 일차적 능력의 영역으로부터 충분한 지원을 받지 못한 실패(근면/성취)를 통해 '나'에 대한 관계가 가로막힐 수도 있다. '근원적-우리'에 대한 관계가 정직, 정의 및 희망에 대한 충족되지 못한 기대로 인해 방해받을 수 있듯이, '당신'에 대한 관계는 성적 특질, 신뢰 및 믿음의 영역에서 나타나는 갈등에 의해 크게 방해받을 수 있다.

나(I)에 대한 관계(부모-형제-자녀)

부모(상황에 따라서는 최초의 본보기가 되는 인물)와 아동 및 그 형제들의 관계는 '나'

에 대한 관계, 예를 들어 자아상, 자기평가, 자기신뢰 등에서 가장 중요하다. 여기서 아동은 자기 자신에 대한 관계를 가정하게 되는데, 이는 특히 그의 요구가 어떻게 충족되었는지에 의해 좌우된다. 가장 기본적인 질문인 "내가 받아들여지고 있는가, 또는 거부되고 있는가?"는 매우 결정적인 것이다. 이 질문에 대한 대답은 직접적으로는 본보기가 되는 인물과 아동의 관계에 의해, 간접적으로는 예를 들어 형제를 대하는 태도를 비교하는 가운데 주어진다. 이 과정에서 최초의 발견이 이루어지는데, 이는 이후 발달에서 준거 체계가 될 수 있다. 이 첫 발견은 이후에 아동이 자신의 가치를 결정하는 것에 영향을 미친다고 할 수 있다. 즉, "나는 성격이나 또는 성취 면에서 받아들여지는가?"와 같은 질문을 할 수 있다. 여기서 '나'에 대한 관계의 전통적인 고정관념이 개입될 수 있다. 이에 대한 예가 남자아이 또는 여자아이가 경험하게 되는 남녀차별적인 평가다.

베티는 다음과 같이 말했다. "내가 기억하는 첫 소원 중 하나는 내가 남자가 되고 싶은 것이었어요. 어머니는 내게 그런 쪽으로 영향을 미쳤어요. 어머니에게는 이미 두 명의 딸이 있었기 때문에 내가 남자아이였다면 더 나았겠죠…. 난 항상 모든 것을 스스로 해결하도록 남겨졌다는 느낌을 받았어요. 물론 어머니는 내게 어떤 문제가 생기면 당신께 도움을 요청하라고 말했죠. 하지만 문제가 생기면 어머니는 신경 쓸 시간이 없었어요. 대부분 어떤 일에 제대로 대처하지 못했을 때 난 꿈속으로 도망쳤어요. 거기서는 모든 것이 완벽했고, 거기서 나는 모든 일들에 대해 얘기를 할 수 있는 어머니와 나를 경청하고, 이해하고, 나와 놀아 주는 아버지가 있었죠…. 내 둘째 언니는 말썽꾸러기였어요. 언니는 어머니가 하는 말에 신경조차 쓰지 않았고, 항상 일을 벌이면서 수습하지 않았죠. 그래서 언니는 내게 매우 나쁜 본보기로 비춰졌어요. 하지만 속으로는 모든 것에 수긍하고 나서 혼자서 불쾌해하는 나와는 달리 언니는 자신이 하고 싶은 대로 하면서 사는 것이 항상 부러웠죠."(활용가능한 잠재능력 중 정의, 시간, 믿음, 인내, 질서정연, 순종, 모범, 예의, 정직과 연관된 '나'에 대한 관계)

동의어 및 예시: 정체성, 자기만족, 자기중심주의, 이기주의, 자아가치에 대한 문제, 자아 상, 스스로에 대한 집중, 겸손, 스스로에 대한 성찰, 불충분한 자의식, 나는 실패자야, 나는 내가 원하는 게 무엇인지 알아, 내가 먼저이고 그다음에 다른 사람들, 나는 그냥 나 자신을 믿어야 해, 어리석은 사람만이 자기 자랑을 해, 나는 항상 누군가의 도움이 필요해, 나는 혼자가 되는 것에 개의치 않아.

특별한 질문   부모 외에도 조부모들은 아동이 자아가치감을 배우는 본보기가 되는 인물로서 중요한 역할을 수행한다. 많은 환자들은 "아버지와 어머니 중에 누구에게 더 강한 애착을 느낍니까?"라는 질문에 선뜻 대답할 수 없다. 사람이 자신의 과거에 대해 세밀하게 탐색하도록 하기엔 '애착'이란 단어는 너무 막연하다. 그보다는 이 애착이 표현되는 유형에 대해 질문하는 것이 훨씬 생산적이다.

'인내'(부모 중 누가 더 침착했고, 누가 더 쉽게 기분이 상했는가?), 본보기가 되는 인물이 환자에게 쏟은 '시간'(어머니와 아버지 중에 누가 당신에게 더 많은 시간을 할애했는가?), 그리고 '모범'(당신은 누구를 당신의 모범으로 삼았는가? 당신에게서 발견할 수 있는 버릇과 태도는 누구의 것인가?)에 관해 질문할 수 있다.

당신(Thou)에 대한 관계(부모 상호 간 관계)

'당신'에 대한 관계의 좋은 모델이 되는 것은 부모들의 예, 즉 부모들의 상호관계다. 부모의 예를 통해 배우자와의 관계에서 행할 수 있는 것들이 제시된다. 무엇보다 중요한 것은, 바로 이것을 통해서 상냥함의 행동유형이 크게 영향을 받는다는 것이다. 아동은 상냥함을 행동으로 보여 주는 방법은 어떤 것인지, 어느 것이 바람직한지, 그리고 어떤 것을 기대하는지를 배우게 된다. 부모와 자녀 간의 밀접한 정서적 관계는 특히 이 모델을 모방함으로써 이해하기 쉽다. 대개 아동은 부모 중 한 명을 자신과 동일시한다. 그러나 반드시 같은 성(性)을 가진 부모를 동일시하는 것은 아니다. 나중에 배우자와의 관계를 성립하는 것은 부모 중 한쪽에게 영향을 받는다. 동시에 부모는 아이에게 전형적인 갈등해결 방법과 함께 갈등의 성향 또한 물려주게 된다.

부모의 결혼을 통한 결합의 본질은 상대방에 대한 충실성이다. 부부관계에서의 충실성과 정직은 가족 내의 감정적 유대감을 바탕으로 자녀들에게 전해진다. 그래서 어떤 사람이 한쪽 배우자에 대해 일방적으로 집착하거나 또는 배우자와 관계를 형성하는 능력이 결핍된 것은 흔히 그의 부모의 예에서 근원을 찾을 수 있다. 부모들의 결혼생활에서 실제적으로 그리고 직접적으로 경험하는 분위기 외에도, 부모들이 서로에 대해 갖고 있는 태도, 특히 부모 중 한쪽이 없을 때 다른 쪽 부모가 아이에게 비밀을 털어놓을 때에 나타나는 태도는 아동에게 모델로 제시된다는 면에서 특별한 결과를 가져오며, 이러한 과정에서 특정한 가치판단 또한 아동에게 전달된다.

개인적 관계를 형성하는 '당신'의 대상이 반드시 인간일 필요는 없다. 인간 외에도 어느 정도 동료를 대신하거나 배우자와 유사한 기능을 한다고 가정할 수 있는 동물, 식물, 물건, 그리고 상상의 산물인 추상적인 것 등이 '당신'에 포함될 수 있다. 이에 대한 예로는 상상 속 또는 실제 동료로 인격화되고 관계에서 중심이 되는 대상의 역할을 수행한다고 가정되는 애완동물, 식물, 물체, 그리고 상상의 추상적 산물 등이 있다. 이러한 관점에서 인형(아동들에게 자녀 역할을 함), 고무젖꼭지(엄마와 유방의 대체), 그리고 무기(보호해 주고 힘을 부여하는 권위, '군인에게 아내'와 같은 총) 등은 심리적으로 중요하다.

성적 상대에 대한 선명한 상상에서부터 가치판단과 내용에까지 이르는 상상의 '당신'은 환상을 통해 나타나며, 이러한 방법으로 상상 속의 권위자가 만들어진다.

베티는 자신의 '당신'에 대한 관계와 관련해서 다음과 같이 말했다.

"나는 아직도 그녀의 목소리가 귓전에 들려요!"

"토요일 저녁이 되면 아버지는 자주 취한 채로 집에 오셔서 우리 모두를 두려움에 떨게 했어요. 그리고 드디어 취한 아버지가 잠들고 코를 골기 시작하면 어머니는 내게 오셔서 자신이 아이들만 없었다면, 돈이 있고 직업이 있었다면 저런 난봉꾼과 이혼을 했을 것이라며 울면서 속내를 털어놨죠. 나는 아직도 어머니의 목소리가 들리는 것 같아요. 얘야, 나중에 독립할 수 있도록 뭔가를 배우거라…. 나중에 난 큰 야망을 갖게 되었어요. 비록 그것은 쉽지 않았지만 난 야간 고등학교를 마치고, 대학에 다니기 시작했어요…. 내게는 몇몇 좋은 친구들이 있지만 그들이 나와 너무 친해지려고 할 때, 난 왠지 불안해져요. 난 단순히 내 자유를 잃기 싫은 거죠."(활용가능한 잠재능력 중 예의, 정직, 믿음, 절약, 근면/성취, 시간, 모델링, 교제 및 의심과 관련된 '당신'에 대한 관계)

> 동의어 및 예시: 협력관계, 공감, 사랑, 교제, 이타주의, 이웃 사랑, 한 쌍, 애정, 경쟁관계, 질투, 남편은 자기 마음대로 한다, 내가 계속 사는 이유는 그 때문이다, 어머니는 나에게 매우 잘 대해 주셨다, 그가 그립다, 나는 배우자를 절대 잃기 싫다.

특별한 질문   당신의 부모들은 서로를 잘 이해했는가? 둘 중 한 명이 바람을 피웠는가? 당신의 부모들은 자녀들에 관하여 서로 의지를 했는가? 결혼을 한 이유가 편리함 때문인가, 사랑 때문인가? 문제가 어떤 식으로 표출되었는가?(부모들이 서로를 향해 소리를 질렀다, 아버지가 어머니를 때렸다, 어머니는 아버지를 무시하여 그를 벌하려 했다, "우리는 아무 문제도 없어."라는 식으로 갈등이 숨겨졌다.)

결론 ➔ 배우자 간 관계의 모델로서 이러한 부분적인 정보들은 배우자 간에 일어나는 게임과 그들의 행동에 대한 암시를 제공한다.

우리(We)에 대한 관계(부모-환경)

한 사람의 '우리'에 대한 관계는 그의 부모들이 자신의 사회 환경과 맺었던 관계의 영향을 받는다. 사회화를 통해서 성취 규범과 함께 사회적 행동에 대한 독특한 태도가 전수된다. 태도와 기대는 핵가족 외부의 사회적 유대와 관련이 있으며, 친척, 동료, 사회적 관계에 있는 집단, 이익 집단, 나라 그리고 전체로서의 인류에 대한 관계를 포함한다. 여기에서 개인적인 '당신'에 대한 관계를 감소시키고 사회 집단과의 관계를 더욱 발전시킨다. 사회적 존재로서 인간은 사회 집단에 충실하게 된다. 사회 집단은 인간에게 필수적인 보장들을 제공한다. 하지만 인간에게 개인의 가치에 의문을 제기할 수 있는 타인과의 대면은 위협적인 경험이 될 수도 있다. 이러한 이유로 어떤 사람들은 그들이 동의를 얻을 수 있고, 똑같은 형태의 활용가능한 잠재능력과 양식들이 있는 교제만을 찾게 된다.

집단은 그 구성원들에게 집단의 전통적인 규범을 따르길 요구하고, 이 때문에 어떤 경우에는 개인의 자연스러운 성향을 포기하게 만든다. '우리'를 포함하는 대표적인 사회 집단들은 기관, 즉 모임, 전문 협회, 교회, 스포츠클럽, 정당 및 심리치료 집단, 그리고 일반적으로 '우리'라는 단어를 사용할 수 있는 모든 종류의 집단들을 포함하는 단체들이다.

베티는 자신의 동료와 집단과의 관계를 바탕으로 다음과 같이 말한다.

"그에게는 평화가 더욱 중요했다."

"사실 나의 아버지는 고객들하고만 교제했어요. 아버지는 다른 종류의 사회적인 접촉을 거의 하지 않았죠. 실제로 어머니는 외출을 하고 싶었지만 아버지께서 평화와 고요함을 원했기 때문에 그런 일은 일어나지 않았어요. 친척들은 거의 찾아오지 않았죠. 나는 종종 부모님이 다른 사람의 어려움에 별로 관심이 없다고 느꼈어요. 게다가 남을 접대하는 것은 돈이 너무 많이 들기 때문에 우리 집에서는 기대할 수 없는 것이었어요…. 나는 가끔 집단에서나 다른 사람들에게 나의 존재를 인식시키고 싶었어요. 하지만 그런 생각에 몰두하지 않게 되면… 사실 선천적인 것은 바꿀 수 없겠죠. 혹시라도 내가 뭔가 말을 해야 할 때면 심장이 뛰는 것 같은 느낌이 들고 목이 메어 말이 나오지 않아요." (활용가능한 잠재능력 중 교제, 근면/성취, 순종, 절약, 정직, 자신감과 관련된 우리에 대한 관계)

동의어 및 예시: 교제, 집단, 가족에 대한 감각, 결속, 동료, 모임, 군중, 이익 집단, '우리'라고 하는 감정, 계급의식, 참여, 가족, 친척, 국가, 사람, 사회, 지역, 인류, 집단에 대한 공포, 사교성으로의 회피, 파벌, 또래 집단(동일한 연령의 집단), 집단 구성원, 사교성, 교제가 거의 없는, 분리, 자폐증, 억압.

특별한 질문　부모 중 누가 더 교제하기를 좋아했는가? 누가 손님이 오는 것을 원했는가? 당신의 가족은 교제하는 것을 좋아한다고 생각하는가? 당신은 부모님이 사회적으로 맺는 관계의 영향을 받았는가?(어른들이 얘기하는 도중 당신은 조용히 있었어야 했는가?), 아이들은 부모들의 사회성을 나타내는 대상이었는가?(손님들이 왔을 때 예의 바르게 행동하고 아무것도 만져서는 안 되었는가?), 사회성이 아이들의 성취 정도를 보여주는 장(場)이 되었는가?(바이올린으로 뭔가를 연주해 봐라?), 교제가 이루어지거나 혹은 교제가 가로막혔던 이유는 무엇인가?(사업적인 목적만을 위해서 혹은 가족의 의무 때문에 초대하는 손님, 무계획적인 초대, 오직 전문적 동료 또는 정돈, 청결 및 절약에 따른 제한적인 교제, "손님이란 단지 일을 어지럽히기만 하고, 다른 사람들에게 우리가 어떠한지에 대해 말하고, 초대하는 데 많은 금전적 부담을 준다."), 당신은 책을 읽는 것을 선호하는가 아니면 사람들과 어울리는 것을 선호하는가? 당신의 부모는 사회 참여나 정치 참여를 하였는가? 당신은 어떻게 참여하였나? 당신은 무엇을 옹호하는가? 당신의 부모님은 사회나 이익 집단 또는 노동 단체에 속해 있었는가? 당신은 집단 활동에 참여하는 것을 즐기는가? 당신은 사람들 사이에서 가끔 외로움을 느끼는가?

결론 ➔ 사회적 제재를 받는 관계를 포함하여, 둘 이상의 사회적인 교제는 위와 같은 배경 지식으로부터 가설적으로 추론될 수 있다.

근원적-우리(Origin-We)에 대한 관계(부모-종교/세계관)

한 사람의 '근원적-우리'에 대한 관계는 제일 먼저 종교와 세계관에 대한 그의 부모의 태도에 의해 영향을 받는다. 종교적 또는 세계관과 관련된 준거 체계의 배경을 통해, 의미를 찾는 질문에 대한 답을 얻을 수 있다. 따라서 '근원적-우리'는 종교 또는 세계관과 관련된 집단에 공식적으로 참여하는 것에 기초할 뿐만 아니라 그 이후의 의미를 찾는 질문을 하기 위해서 필수적인 것이다. 종교를 거부한다고 하더라도, '근원적-우리'는 의미가 있는 내용을 제공하는 기타 인식 체계의 기초로 존속하게 된다. 이러한 체계에는 사회(흔히 확정된 사회 형태), 특정한 삶의 방식, 가족, 선택된 모델 또는 성취나 쾌락의 원칙 등이 있다. 이러한 관념적 내용은 우상 또는 종교의 대체물이 될 수 있다. 전수된 내용들보다 더 결정적인 것은 부모들이 그 내용을 지키는 데 이용되는 신념 및 일관성으로 보인다. 아이들은 부모가 종교 또는 세계관을 얼마나 진지하게 생각하는지, 그리고 이와 관련된 의무들이 전심을 다해 이행되는지 혹은 형식적으로 지켜지는지에 대해 매우 주시하며 지켜본다. 또한 부모가 서로 종교와 세계관에 의해 하나가 되었는지 또는 하나됨이 없이 의심을 가진 채 자녀를 양육하는 것인지의 여부도 중요하다. 이러한 관계에서는 종교에 대한 부모들의 태도뿐 아니라 부모들의 종교적 행위에 대한 경험의 일관성 또한 중요하다. 자녀에게 교회를 가고 기도를 하며 금식을 하는 등의 종교의 외적 규범을 철저하게 지키기를 요구하는 아버지가 정작 자신은 정직하지 못하고 정의롭지 못하게 행동을 한다면 이러한 아버지의 종교에 대한 태도는 갈등의 초점이 됨으로써 자녀와 조화를 이루지 못한 경험을 제공하는 것이다.

종교적 규범에 대한 맹목적 집착, 종교를 대체하려는 경향을 포함한 모든 종교적 내용에 대한 완강한 거부와 종교에 대한 양가적이고 불확실한 접근-회피 태도(종교적/세계관과 관련된 내용으로는 설명할 수 없는)는 부모에게 영향을 받았기 때문이다.

최소한 생후 몇 년간은 부모가 아이에게 전지전능하고 맞설 수 없는 존재이며 하나님과 같은 역할을 담당하므로, 인간이 아버지나 어머니와의 유년시절 경험을 하나님이나 불확실한 미래에 대한 기대로 전이하는 것은 이상한 일이 아니다. 따라서 부조리한 아버지는 부조리한 하나님 또는 부조리한 세상에 대한 생각의 토대가 될 수 있으며, 때로 미래가 꽉 막히거나, 무의미하거나, 절망적으로 보이게 할 수 있다.

"믿는 자에게 축복이 있다."

제 부모님은 두 분 다 개신교예요. 하지만 두 분 모두 교회에 나가지 않았죠. 간다고 해도 크리스마스, 부활절 그리고 몇 주가 전부였어요. 하지만 어머니는 매일 밤 우리와 함께 기도를 하고, 자신을 위해서도 기도하셨죠. 여하튼 어머니는 제가 무신론자인 남편을 만났을 때 기겁을 하셨어요. 어머니에게 교회에서 하지 않는 결혼식은 상상도 할 수 없었죠. 이모 또한 사람을 믿음의 정도에 따라 판단했어요. 만약 상대방이 제대로 된 믿음을 가졌다면 인정받았고, 만일 믿음이 없다거나 가톨릭 신자라면 믿음직스럽지 못하고 경시되었죠. 이모는 다른 모든 종교를 철저히 거부했지요(활용가능한 잠재능력 중 믿음/종교, 시간, 교제, 순종, 예의, 정직과 관련된 근원적–우리에 대한 관계).

> 동의어 및 예시: 종교, 세계관, 관념, 우상, 우상 숭배, 원시적 본질, 불확실한, 알 수 없는, 창조자, 하나님, 예언자, 징후, 믿음, 종교적 귀의, 교회, 목적, 의미, 삶의 의미, 미래, 희망, 불신, 확신, 무신론, 유물론, 자애, 광신, 믿음의 위기, 죄악, 종교광, 종교적 갈등, 죽음, 사후 세계, 명상, 기도.

특별한 질문 부모 중 누가 종교를 가지고 있었는가? 부모가 미래에 대해 비관적인 태도를 가지고 있었는가 아니면 낙관적인 태도를 가졌는가? 부모의 삶의 목적은 무엇이었는가? 당신의 목적은 무엇이었는가? 미래를 희망적으로 보는가? 부모는 어느 종교를 가지고 있었는가? 당신은 종교 및 세계관에 대한 자신의 견해에 일치를 보이는가? 한쪽 부모의 세계관이 다른 부모에게 거부되었는가? 부모의 종교적 및 세계관적 관점이 다른 사회적 준거집단(친척, 학교, 이웃, 동료, 공공기관)에게 인정받았는가? 종교 및 세계관에서 일탈하는 것이 참을성 있게 다루어졌는가? 그 밖의 다른 세계관, 종교 집단과 관련되어 고정관념이 형성되었는가? 기도하거나 어떠한 형태로든 명상을 하는가? 부모 중 누가 기도를 했고, 누가 당신과 함께 기도를 했는가? 부모 중 누가 사후 세계, 존재의 의미, 하나님의 본질에 대한 질문에 관심을 가졌는가? 이러한 질문들은 당신에게 어떤 의미가 있는가? 당신은 종교적, 정치적, 과학적 문제에 많은 관심이 있는가?

결론 ➜ 태도 및 행동유형의 일반적 준거 체계가 될 수 있는 믿음, 종교 및 세계관은 활용가능한 잠재능력의 형성에 영향을 미친다. 이러한 관계 속에 종교적이나 세계관과 관련된 신념은 성적 특질(자신의 성별로 인해 해도 되는 것과 해서는 안 되는 것, 관습적인 성적 행동), 양육(부모의 역할, 권위적 훈육, 비권위적 경향, 아들이나 딸에 대한 선호), 직업(직업 가능성의 한계, 직업에 내재된 동기, 예를 들어 인류에 대한 봉사로서의 직업, 자아실현으로서의 직업, 삶의 목적으로서의 직업, 사회적 책임으로서의 직업, 본래 과업으로부터의 일탈 및 짐으로서의 직업), 협력관계(남편과 아내의 관계에서 동등한 권리, 자녀 양육 수단, 사회의 핵심, 즐겁게 협조하는 것, 구속적 계약으로서의 부부간 협력에 대한 세계관과 관련한 평가) 및 규정된 사회 관계(예를 들어, 인도의 카스트 제도나 사회집단, 계층 간의 관계; 공동 기도회와 공동모임, 노래 부르기, 명상에 잠기기와 같은 세계관이나 종교로 규정된 상황; 사회적 금욕주의에 대한 요구)에 대한 태도의 배경 지식으로 여겨질 수 있다.

사랑하는 능력의 의의

우리 모두는 사랑하는 능력의 네 가지 유형에 의해 영향받을 수밖에 없는 관계 속에 있다. 이 관계들은 현실에 속하지만, 경험에 따라 서로 다른 의미로 이해된다. 자기 자신과 관련된 일로 바쁘고, '당신' 혹은 '우리'와 단절하고자 하는 개인주의라고 하더라도 '불신'과 같은 영역들과 특징적인 관계를 가진다. 활용가능한 잠재능력들에 여러 형태가 있듯이 사랑하는 능력의 유형들도 여러 형태를 지닌다. 다른 사람의 재산을 횡령하는 도둑은 이러한 관점에서 보면 근본적으로 자기 자신과의 관계에는 문제가 없다. 대신 그에게서는 사회적 규칙을 위반하는 행동을 하도록 동기를 부여하는 독특한 증상이 나타난다. 아마도 그에게는 '나'에 대한 관심이 지나칠 뿐만 아니라 특정한 '당신'과 선택된 '우리' 그리고 심지어는 '근원적-우리'에 대한 관심이 있을 것이다. 이러한 그의 관심에서 제외되는 것은 희생자의 '당신'과 도둑질을 비난하고 벌주는 사회적 '우리'다.

따라서 그 자체가 관계의 한 형태인 사랑하는 능력은 다른 사람들과 경쟁을 하도록 만들 수 있다. 예를 들어, '나'에 대한 애착 때문에 상대방을 간과하는 경우, 자신의 가족에 대한 배려 때문에 다른 사람들을 잊는 경우, 의무와 사회적 약속들의 압력 아래 가족들과 자기 자신을 간과하는 경우, '근원적-우리'를 지나치게 강조하여 다른 영역들에 대한 실제적 요구를 간과하는 경우, 실제적 요구들이 독점하여 '근원적-우리'에 대한 관계를 간과하는 경우 등이 있다. 적절한 외부 환경 및 변화 속에서 나타나는 여러 장애들이 이러한 특정한 관계를 강조하는 것을 기반으로 형성되므로, 그에 따른 증상의 특성을 추측해 볼 수 있다.

"삶에서의 과업 상실"

52세의 한 가정주부는 심각한 우울증과 불안감이 엄습하는 것으로 인해 고통을 받았으며, 더 이상 그녀의 삶이 무슨 의미가 있는지 알 수 없었다. 그녀는 다음과 같이 말했다. "나는 모든 것이 헛되고, 텅 빈 것 같은 느낌을 받아요. 완전히 탈진했어요." 대화를 통해, 이 환자는 더 진지하게 자신만의 삶을 살기 위해 노력해 왔다는 것이 나타났다. 치료자가 좀 더 깊게 탐색했을 때, 다음과 같은 사실이 드러났다.

그 주부는 20년 전 남편의 죽음 이후 줄곧 그녀 혼자 힘으로 세 자녀를 양육해 왔다. 그녀는 아이들을 위해 재혼을 하지 않았다. 시간이 지나서 세 자녀 모두 자라 집을 떠났고, 다른 지역에서 가정을 꾸리게 되었다. 지금, 이 환자는 삶 속에서 자신이 할 일이 없어져 버렸으며, 적절한 대체 대상을 발견하지 못했다. 이러한 상황에서 그녀는 자기 자신은 쓸모없고, 자신의 삶을 의미 없는 것으로 바라보며, 세상을 불공평하다고 생각하였다. 사랑하는 능력의 관점에서 보면, 이 환자의 주요한 관계는 아이들의 '당신'이라는 관계와 그녀 자신만의 가족인 '우리'라는 관계였다. 오로지 이 두 관계를 통해서만 그녀는 자신을 확인하였으며, 사회적 활동과 더 넓은 관심으로서 자신을 확인하는 것은 간과하였다.

> "당신이 만약 나라에 질서를 가져오고 싶다면 먼저 그 지방에 질서를 가져와야 하고, 그 지방에 질서를 가져오고 싶다면 그 도시에 질서를 먼저 가져와야 하며, 그 도시에 질서를 가져오고 싶다면 먼저 당신의 가족에 질서를 가져와야 하며, 가족에 질서를 가져오고 싶다면 당신 스스로 먼저 질서가 있어야 한다."(동양 속담)

인지능력과 사랑하는 능력의 통합

인지능력과 사랑하는 능력의 유형들은 강하게 상호작용하기 때문에, 엄밀하게 단하나의 독립된 개별 유형으로는 말할 수 없다.

기본적 잠재능력의 발현으로서 이 유형들은 실제적 속성과 개별적 특성이 형성되는 것과 활용가능한 잠재능력의 도움을 설명하는 기본적인 구조를 형성한다. 인지능력과 사랑하는 능력의 양식들이 발달하는 방법은 어떠한 활용가능한 잠재능력들이 가능할지를 결정한다. 기본적 잠재능력들의 양식을 통해 개인의 발달이 정의될 뿐 아니라, 실제적인 행동 자체가 그 양식에 대한 영향과 주관적 평가에 대한 중요성을 반영한다.

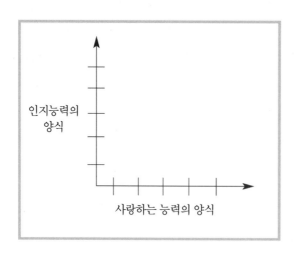

개인의 행동은 여러 가지 요소들에 의해 결정되며, 이 요소들은 서로 간에 밀접한 상호관계 기능 속에 존재한다. '만약에-그렇다면(if-then)'의 관계에 대한 명확한 설명은 오직 이러한 요소 중 하나가 명확하고 분명하게 인식할 수 있을 때 그 현실을 적절히 반영할 수 있다. 그러므로 '성 장애' '직업적으로 지나치게 부담되는' '잘못 양육된' '종교에 대한 집착' '교육 불가' '스트레스받기 쉬운' 그리고 '부적절한 교제' 와 같은 설명들은 그러한 예외적인 상황이 된다.

결론 ➔ 우리는 이렇게 겉으로 보기에는 명료한 상황조차 기본적 잠재능력과 활용 가능한 잠재능력 유형들의 개별 구조에 의해 형성된 복잡한 의사결정 상황으로부터 형성된다는 것을 깨달아야 한다. 이러한 구조는 사람의 가치, 태도와 양육에서뿐 아니라 치료에서 진단과 절차에 중요한 행동적 특징들을 포괄한다.

여러 문화에서 나타나는 문제의 내용과 관련된 기본적 잠재능력과 활용가능한 잠재능력

사회심리적 규범으로서 활용가능한 잠재능력은 특별한 의미를 부여하는 사회 문화적 준거 집단에 의존한다. 이는 기본적 잠재능력의 양식들도 그러한데, 그로부터 특징적인 태도가 반영된다. 개개인에 따라 활용가능한 잠재능력과 기본적 잠재능력의 형태가 다양할지라도 두 가지 능력 모두 모든 사람들에게 존재한다. 예를 들어, '예의' 에 대해 살펴보자. 모든 사람들은 '예의' 를 갖고 있다. 그것은 사회로부터 선택된(그리고 때때로 간과되거나 의도적으로 거부되는) 사회적 교류에 대한 규칙뿐 아니라, 대인 관계와 관련된 모든 원칙을 포괄한다. 이와 동일하게, 기본적 잠재능력의 유형에 대한 평가도 다양하다. 서양에서는 이성에 더 많은 비중을 두는 반면, 동양 문화권에서는 직관을 지식의 유형으로 보고 이를 선호한다. 이와 비슷하게, 유럽에서는 '나' 와 '당신' 의 관계가 강조되며, 동양에서는 '우리' 와 '근원적-우리' 의 관계가 강조된다. 따라서 사회심리학적인 가치 체계에서 보면, 활용가능한 잠재능력 및 기본적 잠재능력은 긍정적인 요인으로 또는 부정적인 증상으로 전달될 수 있다. 어쨌든 활용가능한 잠재능력과 양식들을 평가하는 데 있어서, 행동을 판단하고 그 행동을 위한 기준으로 작용하는 내재된 가치 체계 간의 관계를 반드시 고려해야 한다는 것을 기억할 필요가 있다. 이러한 관계는 특히 문화가 교차되는 영역에서 명백히 나타난다. 극단적인 경우 동일한 행동이 어느 가치 체계의 관점에서는 거짓되고, 나쁘고, 기이하며, 이해할 수 없는 것으로 분류되고, 또 다른 가치 체계에서는 긍정적

분화 분석 목록(DAI) 활용가능한 잠재능력-기본적 잠재능력

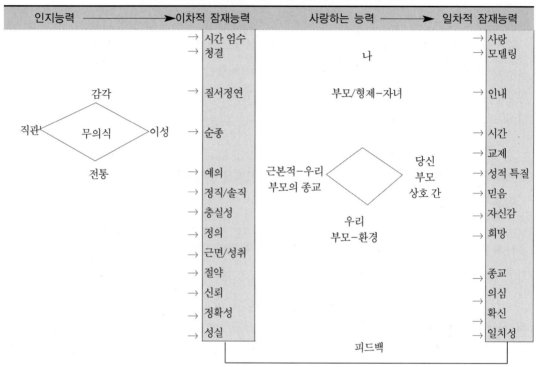

으로 분류된다.

결론 ➡ 동양에서는 대체로 '시간엄수'에 대해 매우 인내하는 태도를 나타낸다. 상대방이 늦는 경우 그가 오기만 한다면(교제), 시간을 정확히 지키지 않은 것은 참을 수 있는 일이 된다. 사교성은 주로 감각적 도구들, 특히 좋고 풍부한 음식에 크게 집중된다. 만약 당신이 사람들을 초대한다면 반드시 손님이 많아야 한다. 단지 두 사람만 초대하는 경우는 거의 없을 것이다. 중부와 북부 유럽에서는 '시간엄수'에 훨씬 더 많은 비중을 부여한다. 그러므로 '부정확함'은 약점과 비난받을 만한 것으로 인식되며, 정확하지 못한 사람과 더 이상 무언가를 함께하지 않으려 한다(교제).

모든 사회적 상황에서 손님들에게 음식과 음료가 제공되는 것은 아니며, 사람들은 종종 작은 규모의 집단으로 만나며, '교제'를 대화, 즉 이성을 교류하는 수단으로 제한한다.

실제적인 갈등–기본적 갈등

모든 갈등은 과거의 상황들에서 현재에 대한 이해, 미래에 대한 기대와 가능성에 이르는 나름대로의 발달과정을 겪는다. 이러한 시간의 연속성 안에서 한 사람이 환자로 비꿔는 갈등이 형성된다. 갈등의 발달과 기원에 대해서는 수많은 이론이 있으며, 이들 각각은 특히 삶의 특정 기간 혹은 시점의 중요성을 강조한다. 그러므로 정신분석은 성인이 사회 환경으로부터의 영향을 크게 받지 않는다는 가정을 지지하며, 오직 초기 유년기의 발달 단계에서 외부 현실과의 상호작용이 각 개인에게 영향을 미친다고 여긴다. 이러한 가정은 심리적 구조가 발달하는 단계에서, 특히 자아 구조가 아직 완전히 분화되지 않았고 '통합'되지 않았다는 것에 기초한다. 사실상 초기 유년기는 갈등의 근원과 발달에 중요한 역할을 한다.

그럼에도 불구하고 H. E. 리히터(Richter, 1963)는 "성인은 여러 가지 새로운 사회적 상황에 직면하게 되는데, 유아기 행동 모델에 기초한다면 그는 상황을 충분히 이해하거나 실제적 상황에 대처하지 못할 수 있다. 예를 들면, 직계 가족들과의 사적인 관계, 업무 활동에서 어떻게 적응하는지, 정치적인 과정에 참여하는 문제에 대한 새로운 해답을 찾아야만 한다. 만일 그가 새로운 해답을 성공적으로 찾는다면, 그 해답을 통해 그리고 그 안에서 총체적으로 변할 것이다. 또한 그러한 변화들은 유년기와 청소년기의 발달 과정에서 계속된 것이라 할 수 있다."

사회심리적 갈등을 한 개인의 생애 발달과 관련하여 분석한다면 두 가지 갈등 영역, 즉 실제적인 갈등 및 기본적인 갈등으로 구분할 수 있으며, 두 영역 모두 갈등 상황의 본질과 형성에 영향을 미친다.

✱* 실제적인 갈등

실제적인 갈등 상황은 업무 스트레스, 남편과 아내의 말다툼, 자녀 및 부모님에 대한 어려움, 그리고 대인관계에서의 문제와 같은 실제적인 문제들을 통해 생긴다. 내용 면에서 실제적인 갈등 상황은 활용가능한 잠재능력과 인지능력 및 사랑하는 능력의 유형이 나타나는 행동 범주를 순환하며, 그 잠재능력들과 양식을 통해 설명될 수 있다. 실제적 갈등 상황의 내용들은 주관적인 가치 체계와 적절한 행동에 대한 개인의 관점에 근거하며, 그 영향이 개인의 주관적이고 상황적인 수용능력을 초과하는 순간에 갈등으로 이어진다. 아이가 학교에 갔다 와서 가방을 거실 구석에 던져 둔다. 아이의 어머니는 부엌에서 이 모습을 보고 아이의 행동에 대해 심하게 화를 낸다. 그 어머니가 그렇게 화를 냈어야만 했을까? 어머니가 화를 낸 것은 '질서정연'이 매우 중요하다는 태도에서 비롯된다. 이러한 태도를 만든 조건은 우리가 소위 말하는 기본적 갈등에서 찾아볼 수 있다.

✱* 기본적 갈등

실제적 갈등 상황은 어느 날 갑자기 청천벽력처럼 나타나는 것이 아니다. 갈등 상황은 아주 서서히 발달하여, 마침내 별문제가 되지 않는 갈등 상황이 갑자기 심리적 또는 정신적 장애가 되는 정도까지 이르게 된다. 자세히 말하면, 마음의 장애는 서서히 데워지다가 결국 특정 온도가 되면 끓기 시작하는 물과 같다. 이러한 이유에서 실제적인 갈등을 넘어서서 내적, 외적 갈등 상황의 발달 과정을 조사하게 되며, 그렇게 함으로써 그 사람의 유년기와 자란 환경이 심리치료에서 질문의 초점이 된다. 여기서 우리는 상대적으로 변하지 않는, 즉 성격 특질이라고 말하는 안정적 특성 및 태도와 관련된 영역에 이르게 된다.

이러한 분석수준에서 나타나는 갈등 상황을 기본적 갈등이라 한다. 기본적 갈등에는 평가 및 중요도뿐 아니라 인지능력과 사랑하는 능력의 유형과 관련된 개별적 발달도 포함된다. 이는 개인의 일생에서 얻어지는 활용가능한 잠재능력의 형태가 그러하듯이, 기본적 갈등의 전제 조건이 된다. 기본적 갈등은 반드시 본보기가 되었던 인물들의 죽음과 같은 일회적인 사건이 아니다. 오히려 활용가능한 잠재능력과 기본적 잠재능력의 유형들과 관련되고, 실제적 갈등상황을 만드는 역할을 하는 우리의 모든 경험들이 기본적 갈등을 가져오게 한다. 그러므로 단지 과거로 제한하여 기본적 갈등을 살펴보는 것은 갈등을 한쪽으로 치우쳐서 관찰하는 것이 될 것이다.

기본적 갈등과 관련된 스트레스로 현실의 영역을 손상시키는 것은 현재의 의사결정과 반응가능성을 단절시킬 뿐 아니라 우리의 미래에도 영향을 미친다. 즉, 한편으로는 우리의 목표를 제한하여 결과적으로 미래의 가능성을 제한하는 동기가 발달하며, 다른 한편으로는 우리의 잠재성과 미래의 목표에 대한 태도가 어느 정도 삶의 경험, 즉 기본적 갈등에 따라 적응된다. 이렇게 목표가 축소되는 것—한쪽으로 치우치는 것—은 유감스럽게도 신경증의 징후라 할 수 있다. 이러한 편파성은 활용가능한 잠재능력과 기본적 잠재능력의 관점에서 설명될 수 있다.

심리치료와 모든 사회적 상황에 대한 최종 분석에서 그가 이전에 어떠했는지 또는 어떤지를 그 사람에 대한 인상만으로 판단할 수 없다. 그대신 그들이 무엇으로 변화할 수 있는지, 그리고 무엇이 그러한 발달가능성들을 가능하게 했는지를 보아야 한다. 이렇게 하는 것은 우리가 다른 사람을 게슈탈트(경험의 통일적 전체) 안에서 수용하는 것뿐 아니라, 동시에 그의 알려지지 않은 잠재능력과 가능성들을 긍정하는 것이다. 앞에서 제시된 사례에서 왜 그 어머니는 거실 구석에 가방을 던지는 것이 화가 날 정도로 심각한 행동이라고 생각하는 것일까? 이 질문에 대한 답은 아마도 그 어머니의 학습과 관련된 이전 경험을 통해 얻을 수 있을 것이다.

다음의 상황들을 상상해 볼 수 있다. 예를 들면, 그 어머니는 아이였을 때 정돈하지 않은 일로 인해 윽박지름을 당하고 벌을 받았다거나, 어렸을 때부터 정돈을 잘 못해서 현재 다른 사람들에게 정리정돈을 하도록 요구받고 있는 것과 같은 상황을 생각해 볼 수 있다. 이 사례는 정확함, 정직, 근면 등을 포함하는 것으로 확대해 볼 수 있으며, 사회적 관계에 대한 특정 태도(사랑하는 능력의 방식)와 인지능력의 유형들을 함축한다고 할 수 있다. 그 어머니는 무질서한 것에 대해 너무 걱정해서, 무질서한 아이의 행동이 즉각적으로 그녀의 관심을 끌었다. 어머니는 그저 그것을 무시할 수 없는 것이다(감각). 그녀는 어쩌면 그런 종류의 갈등 상황을 처리하는 방법(이성)을 배우지 못했을지도 모르며, 대신에 즉각적이고 직관적으로 반응하는 것이다(직관).

가족 상황을 분석해 보면, 그 어머니는 어느 정도 자신 어머니의 행동을(전통) 모방했으며, 의식적인 통제 없이 자신의 어머니와 동일시해 왔다. 이 경우 그 정서적 연계성은 아마도 그 어머니가 자녀와 가족들을 위해 스스로를 희생했으며, 자신(I)만의 관심과 욕구를 간과한 사실에서 기인했을 것이다. 그 과정에서 아이의 행동은 은혜를 모르며 불공평한 것으로 보인다. 자녀에게 애정을 집중하는 것은 부분적으로 남편은 가족(Thou)에게 헌신하는 시간이 거의 없으며, 그녀가 다른 사람들(We)과의 관계를 거의 갖지 않는 사실에서 비롯되었다. 그 어머니는 자녀에게 희망을 걸고 있다. 게다가 그녀는 질서정연과 순종에 대해서 전해져 온 기준들에 집착하고 있으며, 그 기준들은 '존경 받는 사람'을 위한 전제 조건으로 그녀 안에 깊숙이 뿌리 박혀 있다.

결론 ➔ 갈등의 근원과 발달의 중요성 외에, 기본적 갈등에 포함된 내용은 치료자와 환자 관계의 요소가 된다. 이는 심리치료에 대해 갖고 있는 환자의 기대, 여전히 풀리지 않은 기존의 경험 잔재, 그리고 '그 속에 게슈탈트(경험의 전체적인 총체)를 이루려는' 경향에 대한 반응이며, 심리치료 안에서 결합의 요소가 된다.

융합-분화-분리

실제적인 갈등 및 기본적 갈등의 발생은 활용가능한 잠재능력과 기본적 잠재능력의 유형을 통해 이해된다. 그 과정에서 개인은 기본적인 갈등의 모든 부분에서, 실제적 갈등의 특징 내에서, 또한 미래와 관련된 태도 및 기대 속에서 역동적인 구조를 발견하며, 이는 발달 및 갈등 모두의 기본적 원칙이라 부를 수 있다. 개인의 발달뿐만 아니라 협력 상황에서도 모든 사람은 다음의 세 가지 원리들에 의해 특징지어지는 서로 다른 단계들을 지속적으로 지나게 된다.

✱* 발달의 원리
발달의 원리란 모든 인간의 잠재능력은 지속적인 변화의 과정을 거치고, 개인의 나이 또는 문화의 역사와 관련하여 전개된다는 것을 의미한다. 이 원리는 결과적으로 시간 차원의 왜곡이 과중 부담 또는 과소 부담으로 이어지는 오해를 낳는다. 대인 관계에서 발달의 원리는 융합 단계(phase of fusion)를 반영하며, 발달적으로 볼 때는 아동이 처음에는 자신의 부모에게 의존한다는 것을 의미한다. 아동은 부모의 애정을 필요로 하며, 애정은 모델링, 인내 및 시간을 통해 제공된다. 그리고 부모들은 사랑, 희망, 믿음 그리고 책임을 통해 아이들과의 연대를 느낀다.

이 단계에서 아이는 주로 수동적인 역할을 한다. 자신의 신체적 욕구 및 정신적 욕구를 만족(감각의 방법에 의해)시키는 데 있어서 아이는 본보기가 되는 인물, 특히 어머니에게 의존한다. 어머니는 아이의 욕구들을 만족시키며, 올바르다고 여겨지는 특정한 습득된 행동양식에 따라 아이의 최초 지각 기능을 이끌어낸다. 이것은 정서적인 특징이나 정도를 통해서뿐만 아니라 식사 시간과 배변훈련의 기술들을 통해 이루어진다. 달리 말하면 아이는 아직 분화되지 않은 잠재능력과 처음에는 수동적인 행동양식을 가지고, 자신이 현재 반응해야 하는 활용가능한 잠재능력의 특성 및 형태에 직면한다. 그리고 자신에게 있어서 최초로 능동적인 행동 방식들을 습득한다.

이미 초기 아동기에 나타나는 이 구조가 대인관계, 경험 및 일생에 걸친 주관적 기대에서 발견될 수 있다.

융합 단계(애착)　무기력함을 느낌, 상대방의 애정에 의지함, 사랑과 안정을 희망함, 상대방이 함께 시간을 보내고, 수용하며, 우리의 말을 들을 준비가 되고, 우리에게 인내심을 가지며, 우리에게 시간을 주고, 우리를 신뢰하기를 기대하며, 상대방이 우리에게 신뢰할 수 있는 태도로 행동함 등이 융합 단계에서 나타난다.

위에서 언급했듯이 융합의 표현 형태가 초기 아동기의 특징적인 행동 방식과 밀접하게 연관되어 있을지라도, '융합'은 단순한 유아기 행동양식만은 아니다. 모든 연령과 모든 사회적 상황에서 융합은 작용하는데, 이는 역할 및 나이에 따라 구분되는 기내에 의해 수성뇌어 삭용한나. 죽음을 앞두고 누워 있는 노인소자 '융합'을 필요로 한다. 그러므로 융합은 단순히 어린아이 같은 의존의 반복이라기보다는, 각각의 상황에서 그만의 구체적인 성격을 지니며, 이를 토대로 이전의 발달 단계들에서의 경험과 감정이 확실히 영향력을 행사할 수 있다. 융합은 또한 지배적인 성격 특성을 획득하

게도 한다. 이와 관련하여 필자와 동료들은 이후에 주로 일차적 잠재능력이 강조되는
'단순한-일차적 유형' 또는 수동적인 기다림의 태도에 대해 언급하였다.

결론 ➔ 둘 또는 그 이상의 사람들 사이의 상호작용에서 융합은 상황적으로 나타나
며 다양한 형태로 나타날 수 있다. 상대방에 대한 예의가 그러하듯 혹은 일반적으로
상대방이 우리에게 관심을 보이거나 우리가 말하는 것에 귀를 기울일 것에 대한 기
대가 그러하듯, 분석에서 융합에 대한 주제를 다루게 된다. 우리는 우리 자신을 위해
융합을 받아들일 뿐 아니라, 서로 협력하는 관계인 상대방과도 융합하려고 한다. 우
리는 그러한 방법으로 사랑하고, 또 사랑을 받으려고 한다.

✳* 분화의 원리

분화는 활용가능한 잠재능력에 집중하는 기본적 기능이다. 분화를 통해서만이 충
동적 욕구와 환경적 요구 가운데 중재하는 법을 배우게 된다. 일반적으로 우리는 분
화를 배우는 중에 학습하게 된다.

분화의 단계에서 개인은 융합 단계에서와 같이 본보기가 되는 인물 또는 권위자에
의존한다.

분화 단계   부모들은 아이들에게 먹을 시간이 언제인지, 잠을 자러 가는 시간이 언
제인지, 먹기 전에 손을 씻어야 한다든지, 아침인사를 누구에게 해야 하는지, 숙제를
얼마나 열심히 해야 하는지, 돈을 어떻게 관리해야 하는지, 언제 그리고 어떻게 질문
해야 하고 어떻게 언어를 배우는지, 공상과 현실 사이의 경계가 어디 있는지, 그리고
어떠한 사회적 관계에서 어떤 관심사가 훌륭한 것인지, 또한 심리적 관점에서도 이
것이 훌륭한 것인가를 가르친다.

나이가 들면서 경고, 차별, 정보, 규칙 등과 같은 표현으로 부연할 수 있는 분화의
기능은 부모로부터 다른 기관들과 공공기관들에게 넘겨진다. 여기에는 유치원, 교육
기관과 교회 관련 기관, 학교, 동료 집단 그리고 고용주가 있으며, 또한 대중매체(신
문, 라디오 그리고 텔레비전)를 통해서도 분화가 나타날 수 있다. 개인이 서로 다른 행

동 규범 및 규칙에 직면하게 되는 모든 사회적 관계는 분화라는 의미에서 영향을 미칠 수 있다.

　분화 단계는 사회적 상호작용을 하기 이전에 시작된다. 우리는 단순히 시행착오를 통해 분화되는 것을 배운다기보다는 좀 더 넓은 의미에서 사회적 환경으로부터의 정보에 의존한다. 충고를 하거나, 타인에게 영향을 미치고자 하거나, 타인의 태도 및 행동을 바꾸려는 시도를 할 때, 우리는 분화 단계에 있는 우리 자신을 발견하게 된다. 따라서 분화는 사회적 요구 및 현재 환경에 적응하는 것의 본질적 요소가 된다.

　분화 또는 사회적 학습은 단순히 개인에게 주어지거나 어떤 것을 무지막지하게 강요하는 것이 아니다. 만약 누가 이러한 측면만을 본다면, 분화에 대한 모든 사람들의 욕구를 무시하는 것이다. 이 욕구는 단지 이차적일 수만은 없으며, 환경에 의해서 개인에게 떠넘겨진 것이다. 우리 모두는 분화를 필요로 하며, 모든 발달 단계에서 이러한 필요성을 느끼게 된다.

　단지 어린아이나 아동 및 학생만 끊임없이 질문하고 학습하는 것은 아니며, 우리는 어쩌면 전혀 배우지 않으려 할 때조차도 삶 속에서 항상 학습한다고 할 수 있다. 분화는 또한 의사소통의 필수적인 부분이다. 2장에서 대화를 분석하면서 '내용'에 대해 언급하였다. 분화의 구체적 징후는 개인이 자신의 욕구를 언급하거나, 상대방에 대한 호소로서 또는 사실적인 정보를 전달하는 것 등 모든 언어 및 비언어적 의사소통에서 발견된다.

　만약 분화가 성격의 특징적인 모습으로서 인식된다면, 특정한 반응 형태가 발달할 수 있다. 가장 현저한 성취를 위해 노력하는 것보다는 융합에 대해 다소 관심이 없는 그런 사람을 가리켜 '이차적 유형'이라고 한다.

　결론 ➔ 분화란 개인이 정보, 적절한 행동 규칙, 지식의 내용으로서 받아들이는 것을 살망한나는 것을 의미할 뿐 아니라 학습된 내용을 전달하며, 자신의 속을 털어놓고 이를 통해 사회적 관계를 형성하는 것, 즉 배우고 가르치는 능력 또한 의미한다.

✳* 일치성의 원리

인간 발달과 관련하여 최근 분석에 따르면, 일치성이란 잠재능력의 실현과 그것이 개인의 성격으로 통합되는 것을 의미한다. 이와 밀접하게 관련되는 것은 성인기까지 지속적으로 증가하는 자율성의 정도다. 발달 초기 단계에서는 '손 씻어라, 물건을 정돈해라, 열심히 일해라, 얌전히 행동해라!' 등의 말들을 반복적으로 듣는 반면, 인간이 성숙해 감에 따라 외부로부터의 정보에 대한 필요성이 감소하게 된다. 그는 자신의 진로를 선택하게 되고, 자신을 위해 그리고 다른 사람들을 위해 결정을 내린다. 이것은 자신과 가까운 본보기가 된 인물들로부터 분리되는 것과 동시에 자신이 필요한 정보를 스스로 탐색하고 자신에 대해 스스로 책임을 지는 것을 의미한다. 우리는 이를 성숙 및 성숙한 인격의 특징을 지니는 분리 단계(혹은 이탈)라 말할 수 있다. 모든 '각각의 행위'는 융합, 분화와 함께 분리를 포함한다.

분리 단계 분리는 어머니가 아이에게 수유하기를 멈추고 밤새도록 혼자 두었을 때, 아이가 본보기가 되는 인물들에게 "안녕."이라고 말하는 법을 배울 때, 아이가 초기에 수동적으로 어머니가 주는 우유를 먹다가 우유병을 스스로 쥘 때, 장난감으로부터 멀어지면서 자신의 시선을 끄는 또 다른 대상으로 관심을 돌릴 때 발생한다. 아이가 '걸음'을 시작한다는 것은 본보기가 되는 인물에 대한 수동적인 의존성으로부터 자유롭게 된다는 것이다. 아이는 스스로 씻는 법, 혼자 학교에 가는 법, 자신만의 친구를 만드는 법을 배운다. 젊은 사람은 자신만의 정보를 탐색하고, 책을 읽으며, 종종 부모님과 선생님들의 의견에 반하는 다른 정보의 원천을 사용할 때 부모님의 영향력으로부터 자유롭게 된다. 그는 자신의 직업, 상대, 준거 집단을 선택하고 동료들로부터 분리된다. 마침내 그는 다른 사람들의 죽음과 자신의 죽음을 통해 마지막으로 분리를 경험하게 된다.

분리와 관련된 자유는 완전한 자유는 아니다. 항상 권위자나 본보기가 되는 인물이 남아 있거나, 환상 속에 그들이 표현하는 활용가능한 잠재능력 및 그 유형이 남아 있게 된다. 다만, 그들은 즉각적인 힘을 가진 위치에서 우리가 복종하도록 강요하는 외부적 권위자가 아니라 그들의 권위가 내재화되어 그들이 없을 때조차 우리의 가치

판단에 영향을 미치는 것이다. 많은 사람들은 독립하기를 원하지만 독립을 감당치 못하거나, 배우자로부터의 애정을 갈망하지만 그럼에도 자신의 자유에 대한 욕구로 인해 달아나 버리는 것처럼 분리와 융합 사이에서 망설인다. 우리는 이를 '이중 구속 유형'이라 부른다.

그러나 분리는 개인이 어느 대상물 또는 사람으로부터 단순히 돌아서는 것을 의미하지는 않는다. 분리는 또한 다른 대상물이나 사람으로 방향을 바꾸는 것을 내포한다. 부모의 슬하에서 분리되는 젊은이는 어떠한 종류의 사회적 관계도 더 이상 갖지 않는 어떤 공백 상태에 진입하는 것이 아니다. 오히려 본래의 융합이(이 경우 부모와의 융합) 새로운 본보기가 되는 인물 및 배우자와의 융합으로 교체된다고 할 수 있다.

결론 ➜ 이러한 분리와 융합의 교체는 사람들이 다른 사람들과 관계를 형성하고 이로 인해 서로 다르게 행동하도록 한다. 이는 개인이 자신의 가치와 관련된 범위를 확장하고 새로운 분화를 획득하는 것을 의미하며, 또한 이는 예전의 것들에 대한 재평가를 의미할 수도 있다.

4. 상호작용 분석

상대방과의 상호작용 단계들(융합, 분화 그리고 분리)은 우리에게 실제 대인관계에서 일어나는 갈등에 대한 구체적인 실마리를 제공한다. 한편, 이러한 상호작용은 한 개인의 발달에서 발견되거나 상대의 일시적인 욕구를 특징짓기도 하며, 다른 한편으로는 본보기가 되는 인물의 태도, 소망 그리고 기대로서 자신을 표현하기도 한다. 이 책에서는 상호작용 단계 다음으로 기대 단계에 대해 언급한다. 상호작용에서 상대방의 가능한 상호작용 단계가 본보기가 되는 인물의 기대 단계와 마주칠 때 우리는 독특한 갈등 상황을 볼 수 있다.

갈등을 분석하기 위해 첫 번째로 결정해야 하는 것은 상호작용 단계 중 어떠한 단계에서 상대가 자신을 발견하는 것인가다. 개인은 융합 단계를 특징짓는 다음과 같

본보기가 되는 인물의 기대 단계	분리	분화	융합	
	A	B	C	융합(결합)
	D	E	F	분화
	G	H	I	분리(이탈)
				상대방의 상호작용 단계

상호작용 단계 모델

은 질문을 스스로에게 던질 수 있다. "나의 (지금의) 상대가 나와 함께 지내야 할 필요가 있을까?" "그가 나의 애정을 필요로 할까?" "그가 나에 대한 정서적인 애착이 있는가?"

상호작용은 단지 정서적인 유대감으로서만 존재하는 것이 아니다. 이따금씩 상대는 정보와 충고를 필요로 한다. 아래의 질문들은 충고/분화 단계를 가리킨다. "상대에게 정보가 부족한가?" "그가 나의 충고를 필요로 하는가?" "그가 결정을 내리는 데 도움이 되도록 내 의견을 필요로 하는가?"

상대로부터의 분리 단계는 결과적으로 정서적인 유대감의 약화, 변화 및 해체에 상응한다. 우리는 어떤 사람이 독립적으로 살기 위해 부모의 슬하를 떠날 때, 그가 자기 자신만의 의견을 주장하고자 시도할 때, 그가 스스로 결정하기를 원할 때 분리라고 말한다. 우리는 여기서 다음의 질문을 할 수 있다. "상대방이 내 도움 없이 스스로 결정하기를 원하는가?" "내 충고가 그의 자유를 속박하는가?" "그가 자신을 위한 독립을 주장하는가?"

각각의 이 단계들은 본보기가 되는 인물의 입장에서의 기대 단계에 직면한다. 어떤 이는 스스로에게 다음과 같이 질문할 수 있다. "나는 상대가 나와 함께 머물고, 나를 돕고, 나에 대해 정서적인 유대감을 느끼기를 원하고, 나에게 감사를 표현하기를 원하는가?"(융합), "나는 상대방의 의사결정에 영향을 미치기 위해서, 또는 그를 훈계하기 위해서 충고를 해야 할 필요가 있는가?"(충고/분화), "나는 상대가 독립하기를 기대하는가?" "나는 그에 대한 책임을 지는 것을 그만두기를 원하는가?" "나는 그를 내버려 두는 것이 옳다고 생각하는가?"(분리)

본보기가 되는 인물이 융합을 기대하는 단계가 상대의 융합에 대한 욕구와 일치하게 되거나, 충고에 대한 필요성이 주어진 정보 및 충고와 일치하거나, 상호 간에 분리가 발생하게 되는 경우 갈등 상황이 발생하지 않는다. 본보기가 되는 인물과 상대가 각각의 단계 또는 그 의미에서 일치하지 않을 때나, 그들이 관련된 단계를 서로 다르게 이해할 때 그들은 갈등하게 된다. 필자와 동료들이 생각한 모델에 따르면 다음과 같은 9가지의 가능성이 존재한다.

A. 상대의 융합 욕구가 본보기가 되는 인물과의 분리에 대한 기대 및 필요성과 마주치는 경우

상황: 4세 여자아이가 아버지와 함께 놀고, 그의 무릎에 앉으며 그가 쓰다듬어주기를 원한다. 아버지는 시간이 없고 아이가 그러한 것에 길들여지면 안 된다는 이유로 물러난다.

전형적인 장애: 거부(neglect) 증후군, 혼자 될 것에 대한 두려움 및 분리불안 장애, 두드러지는 정서적 의존성, 불안에 직면했을 때의 성급함 또는 체념

B. 상대의 융합 욕구가 본보기가 되는 인물이 정보 및 구두로써 충고를 줘야 한다는 주장과 마주치는 경우

상황: 직업을 가진 28세 여성이 밤에 남편에게 애정을 나타내려고 하루 종일 고대했다. 그런데 남편은 집에 돌아와서 "주방일도 안 끝나고 애들 물건도 바닥에 널려 있잖아. 가끔 내가 왜 결혼했는지 나 자신에게 묻고 싶어."라고 불평한다.

전형적인 장애: 과도한 책임감, 불신, 변덕, 공격성, 사랑과 증오 사이의 균형, 실망에 대한 두려움, 압력을 가하는 상대 앞에서 억압함

C. 상대방은 융합을 원하지만, 본보기가 되는 인물이 그가 기대하는 것과 다른 융합을 주는 경우

상황: 18세 학생이 자신의 부모님이 준비한 저녁 파티에 참석하였다. 그는 많은 어른들 사이에서 불안감을 느끼며, 그의 어머니와 가까이 있음으로써 도움을 얻고 안정감을 얻길 원한다. 어머니는 손님들에게 "이렇게 다 큰 아들이 있어

요."라고 말하며, 숨이 막히도록 키스를 퍼붓는다. 후에 그는 "땅을 파고 구멍 속으로 숨어 버리고 싶었어요."라고 말한다.

전형적인 장애: 집으로부터 버려진 느낌, 불신, 세대 간 갈등, 공격성, 애정에 대한 거부감, 오해받는 듯한 느낌

D. 상대는 정보, 충고 및 말로 지시받고자 하는 욕구를 가지고 있지만 본보기가 되는 인물은 그에게 독립성과 자유로운 의사결정을 요구하며 아무런 지원을 하지 않는 경우

상황: 17세 소년에게 정말 좋아하지만 무언가 신뢰할 수 없는 새로운 여자친구가 생겼다. 그는 어머니로부터 조언을 받고자 한다. 어머니는 다음과 같이 대답한다. "예전에 너는 나한테 한번도 물어본 적도 없었고, 항상 혼자서도 잘 해 왔었잖아. 아버지에게 물어보지 그러니? 어쨌든 네 질문은 내가 답할 수 있는 일이 아니구나."

전형적인 장애: 불신, 과도하게 예민한 감수성, 불안전한 느낌, 당황, 과잉 보상

E. 상대는 정보를 원하나 본보기가 되는 인물로부터 원하는 방법으로 정보를 받지 못하거나, 불쾌한 방법으로 정보를 받게 되는 경우

상황: 53세 가정주부가 "지난 주 금요일에 우리 집 식기세척기가 6년 만에 고장이 났어. 나는 남편에게 내가 어떻게 해야 할지를 듣고 싶었는데, 그는 나한테 정확한 대답을 해 주기는커녕 한 시간 동안 내가 기계를 어떻게 조심히 다뤄야 할지 강의를 하면서, 내가 여자로서 기계가 어떻게 작동하는지도 모르고 기계가 고장난 것은 내 잘못이라고 말을 하는 거야. 내가 다시 남편에게 뭔가를 물어보기까지는 상당한 시일이 걸릴 거야."라고 불평한다.

전형적인 장애: 숨겨졌거나 겉으로 드러나는 공격성, 위축감, 회피 행동, 의사소통의 단절, 환멸감

F. 상대는 정보와 충고 그리고 의사결정에 있어서의 도움이 필요하지만, 본보기가 되는 인물은 애정과 다정함으로써 융합 상태를 유지하려고 하는 경우

상황: 35세 종업원은 직업상 문제를 가지고 있다. 그는 자신이 재교육 프로그램

에 참석해야 하는지에 대해 알고 싶다. 그의 어머니가 방문해서 다음과 같이 말한다. "너는 이미 할 게 너무도 많아. 그리고 정말 안 좋아 보이는구나. 나랑 같이 가서 며칠 쉬면서 살 좀 찌워야겠구나."

　　전형적인 장애: 공격성의 억제, 우유부단함, 사랑에 대한 모호한 태도, 자기 자신과 본보기가 되는 사람에 대한 과장된 기대, 가족 상황에서의 갈등

G. 본보기가 되는 인물이 상대의 분리에 대한 소망에 또 다른 형태의 분리로 응답하는 경우

　　상황: 심리학자의 17세 딸이 집을 떠나기 원하는 동시에 부모와 먼 거리에서도 좋은 관계를 유지하고 싶어 한다. 어머니의 반응은 다음과 같다. "나는 너한테 모든 것을 다 주었는데도 어떻게 네가 그렇게 배은망덕할 수 있는지 이해가 되지 않는구나. 만약 네가 떠난다면 그것으로 더이상 너와 나는 관계 없는 사람이다. 네가 떠나는 걸 그저 참고 있을 수가 없구나."

　　전형적인 장애: 과장, 억제된 표현, 전부 또는 전무하다는 반응, 세대 간 갈등, 분리에 대한 두려움, 숨겨졌거나 겉으로 드러나는 공격성, 죄의식, 본보기가 되는 인물에 대한 정서적 거부감, 압박당하는 느낌, 불신, 고립, 적대심, 비정상적으로 중얼거리는 반응, 부부간 갈등, 원인이 없는 우울

H. 상대는 독립하고자 한다. 본보기가 되는 인물은 상대방이 갈망하고 이루고자 하는 독립을 깨닫지 못하고 오히려 자신만의 조언과 상담으로 그를 움직이려 한다.

　　상황: 결혼한 지 얼마 되지 않은 38세 여성의 집에 어머니가 방문했다. 어머니는 감시하는 눈초리로 아파트를 둘러보며 다음과 같은 말을 시작한다. "이게 뭐니, 구석마다 먼지가 있구나. 내가 오길 잘했지. 늙은 어미가 정리가 무엇인지를 딱 한 번만에 보여 줄 수 있겠구나. 네 남편이 내가 너한테 집안일 하는 것을 가르쳐 주지 않은 것으로 생각하겠다."

　　전형적인 장애: 공격성/공격성의 억압, 죄의식, 증오, 고집스러운 침묵, 본보기가 되는 사람에 대한 정서적 거부감, 더 이상 듣고 싶어 하지 않음, 우유부단함, 행동하고자 하는 능력의 방해 및 불만족

I. 상대에게 독립과 분리에 대한 욕구가 존재하나, 본보기가 되는 인물이 이러한 욕구에 대해 자신만의 융합 기대로 대응하는 경우

　　상황: 18세 딸이 대학에 가고 싶어 한다. 그녀는 고향으로부터 300km 떨어진 학교에 입학 허가를 받은 상황이다. 그녀의 아버지는 이에 대해 다음과 같은 입장을 취했다. "이건 논의할 여지도 없어. 나쁜 길로 빠지게 될 것이란 걸 너도 알고 있잖니. 게다가, 공부는 말도 안 돼. 여기서 괜찮은 직업을 찾고 함께 지내자꾸나."

　　전형적인 장애: 요구 수준이 낮음, 의존성, 자기중심적, 죄책감, 숨겨졌거나 겉으로 드러나는 공격성, 사랑과 증오에 대한 균형, 불신, 우유부단함

결론 ➔ 이러한 9가지 상호작용의 형태는 한 개인이 자신과 상대방 간에 발생할 수 있는 갈등을 분석하고자 할 때 한 예로서 제시할 수 있다. 이와 같은 상호작용의 도움으로 개인은 일시적인 문제에 잘 대처할 수 있으며, 자신의 태도를 개입 요소로서 고려할 수 있다. 다음에는 이러한 종류의 사례를 소개하여 개인이 어떻게 체계적이고 건설적으로 스스로 치료에 참여하는 것을 감당할 수 있는지를 보여 주는 시도가 이루어질 것이다.

상호작용 단계들의 적용

지금까지 상호작용 단계들을 갈등의 원인으로 다뤘다면, 이는 단순히 하나의 특정만을 본 것이다. 융합, 분화 및 분리를 제외한 사회적 관계란 생각할 수 없는 것이다. 대인관계에서의 후회스러운 초기 상황 및 왜곡에 대한 묘사를 차치하고 보면, 상호작용 단계들은 치료상의 중요성을 갖는다. 편파적인 부모-자녀 관계 또는 상대와의 질투심으로 인한 방어 관계 등에 존재하는 융합에의 고착, 오직 의존 관계를 유지하거나 모든 강한 정서적 토대를 제거하는 데만 이바지하는 편파적 분화, 갑작스럽고 준비 없이 일어나는 분리 등은 상호작용 단계를 통한 자가 치료 및 치료법을 용이하

게 한다. 여기에서는 어느 정도 도움이 될 수 있는 몇 가지 치료법 및 자가 치료 수단의 예를 제시하였다.

융합 단계와 관련된 관찰

모자(母子) 간 유대, 부녀(父女) 간 유대 또는 상대에 집착하고자 하는 욕구의 형태에서 융합 문제가 발생할 때 다루어져야 하는 것은 융합이라기보다는 어느 정도 학습되어야만 하는 분리능력이다.

결속은 좋은 것이다. 그렇지만 결속이 외부의 침입자, 또 다른 가족 구성원, 선생님, 이웃, 다른 동료 및 동료 집단을 내쫓기 위해 사용될 때, 그것은 "다른 사람들은 나빠. 내가 네게 있어서 유일하게 진실한 친구야."와 같은 자아와 관련된 편파적인 융합을 가져올 수 있다. 이렇게 극단적인 경우 그 결과는, 유일하게 본보기가 되는 인물로부터만 도움을 받을 수 있는 것으로 변형되고 모든 사회적 관계로부터 퇴보하는 것이 된다. 학교, 협력관계, 결혼, 직업, 질병, 죽음과 관련된 문제들은 선의에서 나온 융합의 강조를 통해 분리의 발달(예를 들면, "다른 사람들에 대해 긍정적으로 말해라."와 같은)을 방해한 본보기가 되는 인물에 대해 훨씬 더 강한 혐오감을 품게 한다.

가능한 한 어머니 또는 본보기가 되는 인물로 고정된 사람이라면 누구든지 아이의 생후 첫 1년 반 동안은 밖에서 일을 하면 안 된다. 아이는 사랑을 받아야 할 뿐 아니라 이러한 사랑의 표현을 받아야 한다. 아이(아이뿐 아니라 모든 사람)는 신체 및 감각을 통해 자신의 환경을 경험한다. 애정, 다독거림, 포옹은 삶에 대한 개인의 느낌에 지속적으로 영향을 미친다. 아이는 가정에서 즐거운 분위기를 필요로 한다. 이러한 이유들로 인해 다툼은 건설적으로 해결되어야 하며 아이 앞에서 다퉈서는 안 된다.

본보기가 되는 인물에게 있어서 아이는 객체라기보다는 동료가 된다. 교육자는 소유자가 아니라 단지 위탁자일 뿐이다. 아이는 직질하게 믹어야 할 뿐 아니라 시기석절한 방법으로 충족되어야 하는 여타 모든 감각 및 욕구(노래하기, 놀기, 말하기, 동화책 읽기, 움직이기, 운동하기)를 지닌다.

어른들 또한 융합, 애정, 보살핌 그리고 자신을 위해 시간을 할애할 상대를 필요로 한다. 자녀 혹은 방문객들이 있을 때 배우자를 기억할 필요가 있다.

융합은 함께 잠자리에 드는 것만을 의미하는 것이 아니며 함께 활동에 참여하고, 함께 계획하며, 함께 무언가를 경험하는 것에 시간을 보내는 것을 의미한다.

또한 융합은 한 개인이 어린 대상(아이) 또는 성장한 상대(배우자)에게 표현하는 본보기가 된다.

융합 단계에서 늘 언어보다 모델링이 더 중요하다. 사람들은 개인적으로 당신-상대방(Thou-partner)에 대해서뿐 아니라 집단(We)에 대해, 그리고 보다 상위 개념(근원적-우리)에 대해서도 융합을 형성할 수 있다. 근원적-우리에서 관계를 맺게 되는 방법으로는 기도와 명상을 들 수 있다.

양육, 협력, 의료 활동에 있어서 개인은 상대방과의 동일시에 대한 요구가 융합적인 맥락에서 끊임없이 이루어진다. 그 배경에는 개인이 완전하고 철저하게 상대의 생각과 감정을 꿰뚫어서 그를 자신의 입장이 되어 보도록 해야 한다는 주장이 있다. 이상적일 수는 있지만, 이것은 그와 관련된 개인 및 다른 사람들에게 지나친 부담을 줄 수 있다. 개인은 자신과 동일시하고자 하는 상대의 특성에 잘 준비된 채 적응할 수는 없으며, 내부 갈등 및 긴장에 빠지게 되고 결국 정서적으로 상대를 거부함으로써 자신을 방어하려고 든다. 즉, 총체적 동일시에 대한 요구는 그와 반대로 강한 감정이 실린 혐오감으로 쉽게 이어진다. 반대로, 만일 상대방의 성격 각 영역에서만 동일시하고 이러한 감정적 동일시를 단계적인 방법으로 보완한다면 총체적 동일시는 상당히 쉽게 이루어질 것이다. 이것은 불완전하고 부분적인 동일시라고 부른다. 이것에 대한 기초는 DAI 체계에 나타나 있다.

분화 단계와 관련된 관찰

활용가능한 잠재능력의 체계, 기본적 잠재능력의 양식 및 발생되는 오해에 대해 더 깊게 생각하고 생각할수록, 상황을 구분하고 갈등을 분리하는 능력은 더욱 증가하며 그에 대해 적절한 답변을 줄 수 있다. 예를 들면, 다음과 같다.

- 아이의 질문에 대답하기, 경험 및 문제에 대해 상대와 대화 나누기, 자신이 생각하는 것을(정직) 상대가 이해할 수 있는 방식으로 상처받지 않게(예의) 말하기
- 지시, 명령, 관찰, 바람을 상대가 받아들일 수 있는 방법(대화를 시작하는 태도)으로 표현하기, 그것들을 상대에게 구체화하기(내용), 결과를 도출하여 지적하기(증상)
- 일어난 일에 대해서 말하는 것이 아니라 자신이 할 수 있는 일과 하고 싶은 일, 그리고 미래에 대한 자기 자신 및 상대의 기대에 대해 말하기(과거−현재−미래)
- 자신이 어떤 일을 왜 하는가, 자신이 어떻게 행동을 평가하는가, 내용(활용가능한 잠재능력)에 의해 어떠한 영역이 영향을 받았는가를 명확히 하기, 개인이 다른 사람들에게 주의를 기울이지 않고, 단지 특정한 개별 영역에서 잠재능력을 발달시키는 것은 적절하지 않다. 만약 개인이 시간을 잘 지키지 않거나, 애매하거나, 충실하지 않거나, 낭비가 심하다면 단순히 희망을 가지는 것은 적절하지 않다. 또한 자기 자신과 상대에게 있는 활용가능한 잠재능력들을 구별하라.

당신이 상대에게 표현하는 방식은 상대에게 분화에 대한 특정한 평가 및 예시를 제공한다. 이것은 '질서정연을 원한다면 말만 하지 말고 스스로 정돈을 잘해라. 인내를 요구하지만 말고 또한 스스로 인내하라.'와 같이 때때로 자기 자신을 상기시키는 것이다.

분화의 주요 단계는 소규모로 물체를 가지고 즐거운 상호작용을 하며 연습하는 놀이다. 깊은 물을 한번도 본 적이 없는 아이는 곧바로 수영을 하기 힘들며, 자기 소유의 용돈을 가져 본 적이 없는 아이는 돈을 관리하는 데 무척 힘들어 할 것이다. 구별하는 법을 가르치는 방법은 '어떤 것이 왜 그러한가? 그것이 어떻게 기능하는가? 그것을 가지고 무엇을 성취할 수 있는가?'와 같은 설명을 통해 가능하다.

본질과 속성을 구분하는 것을 배워라. 만약 누군가가 잘못된 일을 했다면 그것이 그를 나쁜 사람으로 만드는 것은 아니며, 단지 그가 특성 기대에 미치지 못하고 실망을 시켰다든가, 규칙을 어겼을 뿐이다. 그에게 정확히 어떠한 상황과 활용가능한 잠재능력이 당신을 걱정하게 하는지 말해라. 그에게는 자기 자신을 모두 변화시키는 것보다 개별적으로 활용가능한 잠재능력들을 바꾸는 것이 더 쉬운 일이다.

장애와 갈등이 나타났을 때에도 분화는 도움이 될 수 있다. 장애와 갈등은 원칙적으로 부정적인 것이 아니며 오히려 긍정적인 결과를 가져올 수 있다. 아이가 순종하지 않는 것은 스스로를 주장할 수 있는 능력이 있다는 표시이기도 하다. 중요한 것은 단순히 갈등을 해결하는 것이 아니라 발달을 위한 긍정적인 가능성들을 인식하고, 장애가 있다면 그 장애를 이용하여 할 수 있는 것에 대해 언급하는 것이다.

분리 단계와 관련된 관찰

우리가 행하는 모든 거래, 우리가 발달시키는 모든 활용가능한 잠재능력과 함께 우리는 또한 독립성을 발달시키며 이는 우리에게 분리할 수 있는 능력을 부여한다. 분리는 개인이 독립적인 관계를 맺을 수 있고, 상대로부터 자신을 자유롭게 하며, 또다시 다른 사람 혹은 동일한 사람을 향해 돌아서는 것을 의미한다. 여기서 분리능력은 개인적인 자유에 상응한다.

개인이 상대에게 예의바르고 정직하게 무언가를 말하고 그것을 충분히 구체화시켰을 때도, 여전히 개인은 의사결정을 위한 시간이 필요하다. 개인은 오늘, 내일 또는 먼 미래에 스스로 결정을 내린다.

모든 사람이 정해진 시점에 분리할 수 있는 것은 아니며, 어떤 사람은 더 많은 융합을 필요로 하고, 또 어떤 사람은 더 많은 분화(독특함)를 필요로 한다.

오로지 자신의 상대 또는 부모만을 아는 사람은 그들로부터 분리할 가능성이 매우 적다. 때때로 분리는 죽을 때까지 일어나지 않는다. 분리능력은 다른 모든 능력들과 똑같이 훈련될 수 있다.

만약 분리능력이 부적절하게 분화되었다면, 분리하려는 시도는 본보기가 되는 인물의 융합 또는 분화를 통해 즉시 억제되는 일이 발생할 수 있다. 한편, 분리는 때때로 관계가 소멸되는 폭발적인 방법으로 일어나기도 한다.

사람이 상대 또는 집단으로부터 분리할 때, 반드시 관계가 소멸되는 것은 아니며 오히려 관계구조의 혁신, 재평가, 더 나아가 발전을 의미할 수 있다. 누군가가 분리하게 될 때, 그는 본보기가 되는 인물로부터 분리되기 위한 준비가 필요할 뿐 아니라 적절한 수준의 융합 및 분화를 필요로 한다.

　점진적 분리　이따금씩 아이를 홀로 놔둬라, 아이로 하여금 독립적으로 과업을 달성하게 하라, 아이가 다른 사람들을 방문하는 것을 허락하고 다른 사람들로부터 초대받는 것을 허락해라, 아이가 자신감을 얻을 수 있도록 융합을 하라, 아이가 독립적으로 행동하며 부모로부터 긴밀한 사회의 연결 끈을 끊을 수 있도록 아이를 분화시켜라, 아이에게 뭔가 사도록 심부름을 보내거나 아이의 눈에 보이는 것들을 정돈하도록 하는 것과 같은 과업을 줘라, 모델로서 당신 스스로 수용될 수 있는 분리의 유형을 보여 줘라, 안전한 상황에서 아이를 혼자 집에 놔둬라, 기회가 되면 아이가 친구의 집에서 잘 수 있도록 해라. 때때로 당신도 외박할 수 있다. 똑같은 권리를 부여받았을 때 상대로부터 독립적으로 무언가를 수행해라.

　어떠한 협력이나 사회적 관계도 영원히 지속되지는 않는다. 개인은 공간적으로, 사회적으로, 심리적으로 분리할 수 있다. 우리는 또한 삶 속에 예정되어 있는 죽음을 통해 신체적으로 분리되어야 한다. 죽음 또한 분리의 한 형태이며, 다른 모든 형태의 분리 및 다른 모든 잠재능력과 마찬가지로 준비할 필요가 있다.

　결론 ➔ 상호작용의 세 단계인 '융합-분화-분리'를 통해 우리는 수많은 갈등을 더욱 잘 이해할 수 있게 된다. 상호작용 단계들은 아동기 초기에 처음으로 개별적인 의미를 지니고 삶 전체에서 유사한 형태로 지속되기 때문에, 개인의 감정에 커다란 영향을 미친다. 그러나 단계들의 내용과 관련된 의미는 개인이 어떠한 행동 영역(활용가능한 잠재능력)과 어떠한 지식 영역(인지능력의 유형)이 연관되었는지를 알기 전까지는 이해하기 어렵다. 상호작용 단계를 분석하는 목적은 무엇보다도 독립적으로 일어나는 과정으로서 상호작용을 더 분명하게 드러내어 오해로 인해 확대되는 아순환을 깨뜨리는 것이다. 상호작용 단계에 대한 분석은 양육, 자가 지도, 심리치료에 적용될 수 있다.

5. 긍정주의 심리치료와 병인학

긍정주의 심리치료는 일상적인 삶의 심리학을 중요시 여긴다. 평범한 것은 특이한 것만큼이나 중요하다. 우리가 우리 자신과 주변 세계를 어떻게 경험하는가와 그 둘에 대해 어떻게 반응하는가에 영향을 미치는 것은 바로 반복되는 일들이다. 많은 사람들은 아직까지 잘 기능하고 있는 무언가에 대해 주의를 기울이는 것을 불필요한 일로 여길 수 있다. 이러한 태도는 의학과 심리치료에서도 만연하는 것으로 사람들은 너무 자주 자동차의 기름 양을 살피는 운전자보다도 비합리적으로 행동하게 된다. 이러한 치료에 대한 전반적인 개념에 따르면, 사람들은 때에 따라 결함을 지닌 모터를 고치려고만 할 것이다. 갈등 및 장애는 아무 근거 없이 발생하는 것이 아니라, 오히려 지나치게 요구를 한다거나 억제하는 환경적 영향에 대해 개인 능력이 잠재적인 반응을 하는 것이라고 할 수 있다. 건강한 것과 아픈 것은 모두 발달상의 가능성 및 잠재능력에 대한 반응을 나타내기 때문에 흑백 논리로 구분될 수 없다. 그러므로 아픔, 즉 갈등은 표면 아래 잠재되어 있는 갈등에 대해 직면할 수 있는 기회를 나타내는 것이다.

사람은 단순히 선형적 기능을 통해 묘사될 수 없는 복잡한 존재다. 모든 인간 갈등을 추적해 가는 치료는 어떤 것이든지 동일한 영역(성적 관심, 직업, 종교 등)에 봉착하며, 특정 기능만을 갈등의 원인으로 인식하는 치료는 반드시 인간 욕구를 간과하게 된다. 몇몇 사람들에게는 그것이 적절한 치료가 될 수 있는 반면, 어떤 사람들에게는 부적절한 약물치료와 같은 독이 된다. 그러므로 긍정주의 심리치료를 통해 필자와 동료들은 성격의 신체적-심리적-사회적 복잡성을 모두 포괄하지는 않지만 본질적이고 근본적인 특징을 포함하고 있는 모형을 그려 보고자 노력해 왔다. 이 모형에서 시작해서 각각의 경우에 관련된 갈등 영역을 분리시킬 수 있으며, 치료를 위한 직접적인 목표를 설정할 수 있을 것이다.

이 접근법에 의하면 모든 질병은 분화 분석 이론의 내용으로 그 원인을 규명할 수 있다. 그러므로 분화 분석 혹은 긍정주의 심리치료는 개별적인 질병에 대한 치료가 아니라 모든 질병에 대한 기초적인 치료 개념을 제공한다고 할 수 있다. 긍정주의 심리치료는 심인성 장애와 그 상호관계의 해석 및 설명을 위한 모형을 제공한다. 그러므로 위궤양 또는 폐결핵의 발병과 관련된 사람의 상황을 이해하기 위한 배경 정보는 우연적인 연관성을 제외하고는 활용가능한 잠재능력들과 기본적 잠재능력의 양식을 통해 설명될 수 있다. 더 나아가 심인성 장애와 활용가능한 잠재능력 및 기본적 잠재능력과의 관계 및 연계성이 도출될 수 있다.

　심인성 질병에 대한 병인학에서는 환자의 대인관계에서 갈등 경향의 징후들을 발견할 수 있다. 주요 양상은 개인이 갖고 있는 자신에 대한 가치감, 사회적 관계를 맺고 있는 동료의 행동 방식, 사회 규범 내에 존재하는 긴장이다. 예를 들면, 배탈, 위궤양, 십이지장궤양과 같은 자율신경계 장애와 관련해서는 과도한 야망, 체면 및 과장된 역할 요구와 같은 특징을 발견한다. 기능 호흡 장애, 천식, 장염을 앓는 환자들에게서 나타나는 전형적인 행동 경향에는 눈에 띄게 정중한 태도, 성실성, 까다로움, 사회적 소원함, 교제의 결핍, 불신, 실패에 대한 두려움이 포함된다. 그리고 기능적 심장질환을 앓는 환자들에게서는 연약함과 접근하는 데 느끼는 어려운 감정을 숨긴 채 과장된 요구를 하는 것이 매우 높게 나타난다. 담낭 질환을 앓는 환자들은 눈에 띄게 온순하고, 친절하며, 겸손하고, 즐거움 및 자신이 가진 모든 것을 다른 사람들에게 주려는 경향―벡(Beck, 1975)이 말하는 사회적 원조 행동―을 종종 나타낸다. 스피겔버그(Spiegelberg, 1965)는 장궤양(대장염)과 관련하여 수동성, 체념, 절망과 함께 강한 우울증 등이 특징적으로 나타난다고 서술하였다. 신경계의 과도한 스트레스와 심리적인 특성은 기능 장애를 초래한다. 환경적 요인은 물론, 환자의 기질 및 성격 구조와는 별도로 불안, 쇠약, 분노 또한 기능 장애를 가져오는 중요한 원인이 된다. 긴장성 스트레스는 주로 주관적인 특성에 기인한다. 즉, 환자들 중에서 특이한 전문 직업을 가졌거나 책임을 지고 있는 사람이 거의 없다는 것이다. 이러한 요인들보다는 종종 가족의 문제, 직장에서의 괴로움 또는 단지 일상생활의 하찮은 일들에 대한 불안들 때문에 증세가 일어나기도 하는데, 환자들은 구강이 건조해지거나 붓고 삼키는 데 어려움을 느끼며, 식욕 상실, 더부룩함, 구역질, 구토, 압박감, 위경련과 비슷한 복통과 설사, 변비, 트림, 가슴앓이, 거식증, 과다 타액 분비, 포만감, 체중 감소

(Seemann & Herschl, 1970과 비교)에 대한 불만 등을 나타낸다.

긍정주의 심리치료에는 심인성 질병 및 심리적 장애에 대한 서술과 설명을 위한 네 가지 모형이 있다.

서술적 모형

활용가능한 잠재능력과 기본적 잠재능력의 유형들을 통해 심인성 장애의 배경과 그 사회심리적 영향은 반드시 인과적 연계성을 가정할 필요가 없다는 것이 설명되었다. 위염을 앓는 환자의 직업적 상황은 단순히 과중한 업무 또는 스트레스와 같이 일반적으로 설명하기보다는 근면/성취, 절약, 정직, 부적절한 신뢰와 같은 활용가능한 잠재능력의 특성과 기본적 잠재능력의 유형 및 이에 동반되는 태도들을 통해 설명할 수 있다. 그리고 이러한 설명들은 활용가능한 잠재능력의 증상을 규명하는 것을 포괄한다. 활용가능한 잠재능력의 가장 좋은 사례들은 다음과 같은 삶의 세 가지 영역, 즉 성적 특질(협력), 직업(근면/성취), 종교(세계관)에서 발견된다.

성적 특질, 직업, 종교는 3면적 기능을 한다. 이들은 발달적 특징을 나타내며, 이러한 의미에서 활용가능한 잠재능력들의 목록에서도 나타난다. 더 나아가 세 가지 영역 모두 장애의 조건과 원인이 될 수 있으며, 이러한 장애가 나타나는 근원이 될 수도 있다. 이러한 관계 속에서 성적으로나 협력과 관련된 문제로 인해 고통받는 환자들이 반드시 성적 특질 또는 협력관계에서 이런 문제를 나타낸다거나, 혹은 반드시 직업적 또는 종교적 어려움과 관련된 영역에서 증상으로 나타난다고 말할 수는 없다. 오히려 이 영역들은 신체적, 심리적, 사회적 영역과 같이 전반적인 인간 체계 내에서 기능적으로 상호 관련되어 있다. 여기서 균일화 과정(성격의 특징을 조화시키는), 몸무게의 변화, 이사, 감정전이 그리고 얽히고설킨 관계 맺기가 일어나 실제로 무엇이 일차적인 것이고 무엇이 이차적인 것인지를 말하기는 어렵다. 활용가능한 잠재능력은 앞에서 언급한 세 가지 영역 모두에서 나타나며, 모두를 포괄하는 범주로 성적인 영역과도 관련지을 수 있을 뿐 아니라 직업적, 종교/세계관과 관련 영역에서도 연계될 수 있다.

"그녀는 내가 실패자라고 생각해요!"

"제 성적 관심은 완전히 무시되었어요. 제가 아내와 성관계를 가지려고 분위기를 잡으려고만 해도 항상 똑같은 옛날 얘기뿐이죠. 전 그럴 때마다 너무 불쾌합니다. 아내는 제가 실패자라고 생각합니다. 그런데 저는 직장에서 제 또래 남자들에 비해 꽤 성공했습니다. 제 자랑은 아니지만 저는 조직하는 데 명수이고, 사람들과도 잘 어울립니다. 아침 7시부터 출근해서 밤 10시까지 모든 것을 관리하고 통제하지요. 그런데 저와 아내를 위해 가질 수 있는 적은 시간에는 성적 실패자가 되어 버립니다. 예전에는 그렇지 않았어요…." (44세의 제약회사 매니저)

여기서 강박적으로 성공하려고 하는 근면/성취에 대한 스트레스는 성적 영역 및 직업적 영역 모두에 영향을 미치는 원리로 나타났다. 다음의 사례에서는 성적 특질, 충실 및 시간엄수가 직업 갈등에 영향을 미쳐 우울증과 불면증을 초래하는 것을 살펴볼 수 있다.

"전 쓸모없는 사람이에요!"

"저는 완전히 쓸모없는 사람이에요. 매일 사무실에서 하루 종일을 보내지요. 동료들과 상사는 저를 곁눈질하며 흘겨 봐요. 이제는 해고라는 위협까지 받고 있어요. 정말 직업을 바꾸든지 아니면 더 잘 듣는 수면제를 복용하고 싶어요…. 저는 항상 지각을 해요. 제시간에 일어난 적이 없지요. 바로 지난주만 해도 세 번이나 지각했어요…. 매일 저녁 퇴근하면 남자친구를 기다립니다. 어떤 때는 그가 일이 끝나자마자 오지만 또 어떤 때는 자정까지 오지 않죠. 그리고 최근에는 아예 오지도 않아요. 저는 그 모든 시간을 내내 기다리고, 새벽 3시 이전에 거의 잠들지 못하죠. 사실 남자친구가 같이 있어도 잠 못 드는 것은 마찬가지예요. 우리에겐 우리만을 위한 시간이 거의 없거든요." (27세 비서, 우울증)

협력, 종교, 직업 사이에는 유사한 관계가 존재한다. 이는 다음의 사례를 통해 살펴볼 수 있는데, 심장병, 불안증, 불면증 및 위장병을 앓고 있는 26세 여성 환자가 자신의 상황을 다음과 같이 설명하였다.

"충실하지 못함으로 인한 무의미함"

"저는 더 이상 남편을 견딜 수 없어요. 그는 저를 아주 싫어하고 있고, 전 그 사실을 설명할 수조차 없어요. 제가 어떻게 그런 남자와 결혼을 했는지 정말 이해할 수가 없어요. 결혼 전 그에게 이미 다른 여자가 있다는 것을 알게 됐어요. 저는 그 사실을 견딜 수가 없어요. 지금도 남편이 저 몰래 여자친구를 만나고 있는지 아닌지 어떻게 알 수 있겠어요? 남편에게 직장으로 전화를 걸면 거의 자리에 없죠. 남편이 시간을 어떻게 보내는지 알 수만 있다면 좋을 텐데 말이에요. 남편은 뻔뻔스럽게도 제 전화가 그저 자신을 방해할 뿐이라고 말을 하고, 동료 직원들 사이에서 우리 둘 다 웃음거리가 된다고 말하죠. 남편은 매춘부에게 갔을 때도 자신을 웃음거리로 만들었어요."

위의 환자의 부모는 정직과 충실성이 필수적 계율이고, 불충실성이 상대의 명예를 실추시키고 수치와 동등한 것으로 여기는 종교 단체에 속해 있었다. 이러한 종교적 관념은 협력 문제를 유발했으며, 그 영향은 남편의 직장으로까지 확대되었다.

미세한 정신적 외상 모형

특히 활용가능한 잠재능력 및 기본적 잠재능력의 양식과 관련되어 상처받은 경험이 축적되면 성격 중 일부분은 갈등에 민감해진다. 이러한 민감한 영역(예를 들면, 정확함을 매우 중요시하는 상대에 대한 부정확함)에 대한 지속적인 자극은 자율신경계, 호르몬계, 기관 계통에 영향을 미칠 수 있는 신경성 긴장의 발병을 초래한다. 성격 중 특히 민감한 영역에 대한 특정한 자극은 심장 기능과 관련이 있다는 것이 증명되었다(Peseschkian, 1975). 그러므로 우리는 일반화된 스트레스를 출발점으로 삼는 것이 아니라 스트레스 상황의 특징에 중점을 둔다. 즉, 스트레스 또는 스트레스에 민감한 사람에 대해 일반화하는 것이 아니라 어떠한 활용가능한 잠재능력이 스트레스에 특히 민감한지 또는 저항력이 있는지를 구분하는 것이다.

그러므로 스트레스는 개인이 일생을 통해 학습된 사회심리적 규범에 좌우되며, 그 규범은 태도, 기대, 행동양식으로서 정서적인 삶과 부합한다. 장기적인 정서적 불안에 빠지고, 가족 구성원들의 지속적인 혼란으로 인해 스트레스 반응을 보이는 환자는 시간엄수, 절약, 충실성, 예의와 관련하여 스트레스에 대해 놀랄 만한 내성을 가지게 될 수 있다(필자의 연구에 따른 관찰).

갈등 모형

장애의 발달에 대한 전제 조건은 심인성인가, 정신 반응적 또는 정신병적인가에 상관없이 서로 상반되는 태도, 기대, 가치 또는 행동 방식 사이의 갈등이다. 일반적으로 사람들은 심리치료라고 하면 욕구와 두려움, 접근과 회피, 증오와 사랑, 의지와 능력 등 간의 갈등에 대해서 말한다. 심리 분석은 이러한 관계를 양가적인 개념으로 설명하는 반면, 행동치료에서는 학습 경험의 갈등으로 말한다. 그러므로 처음부터 타당성 있어 보이는 내용에 주의를 기울이는 것이 아니라 양극성과 그에 관련된 긴장에 주의를 기울여야 한다. 양육, 학습 경험 및 그 처리과정과 사회심리적 기준, 즉 활용가능한 잠재능력은 자기 가치감과 자기개념의 기준이 되며 정서적 반응의 촉진제가 된다. 상반되는 활용가능한 잠재능력이 서로 직면할 때에는 갈등이 — 어쩌면 내면과 외부 사이에서(예를 들면, 어느 개인이 자신과 깊은 관계에 있는 상대에 대해 정서적으로 충실하기를 기대하지만 상대로부터 불충실성을 경험하는 것) — 발생할 수 있다.

갈등은 또한 내부에서 외부로 작용하는 촉진적 갈등 상황과 같이 두 개의 내면적 가치 사이에서 일어날 수 있다. 예를 들어, 알코올 중독 치료소(drying out clinic)를 방문한 알코올 중독자는 자신에게 술이 당장 치명적이지는 않지만 해로운 것이라는 것을 알고 있지만, 함께 술을 마시던 친구들이 술을 마시도록 종용하자 그와 상관없이 술을 계속해서 마시게 되는 경우나. 그는 징직(이 경우 자기 몸에 대헤 이성적으로 생가해서 '안 돼.'라고 말하는 능력)과 예의(같이 마시자고 종용하는 친구들에게 굴복하는) 사이의 갈등에 직면한 것이다.

갈등은 또한 내면적으로 일어나지만 표면적으로는 외부 원인이 없는 서로 다른 가치 사이에서 발생할 수 있다. 예를 들어, 한 정신병자가 모든 사람이 그저 자신의 돈만 원했다는 이유로 평소 자신이 가졌던 모든 사회적 관계를 등졌다고 하자. 이 경우에서는 교제 및 절약이 서로 맞선 것이다.

심인성 반응은 미세한 정신적 외상의 관점에서 이해될 수 있으며, 또 다른 면에서는 환자에게 이러한 갈등의 원인이 되는 지나친 심리적-기능적 부담에 기초하여 이해될 수 있다.

위험 모형

활용가능한 잠재능력과 기본적 잠재능력의 양식들이 반드시 신체적 질병을 촉발하는 직접적 원인이 되는 것은 아니다. 장애는 직접적인 원인뿐만 아니라 사회심리적, 사회적, 생태학적 맥락으로부터 간접적으로 나타날 수 있다.

"근육 위축증은 정의와 무슨 관련이 있는가?"

북인도의 어느 진료소에 8세 소년이 근육 위축증으로 오게 되었다. 소년은 풍선처럼 불룩 튀어나온 배를 제외하고는 마치 해골과 같은 모습이었다. 살아남기 위해 소년은 관을 통해 인위적으로 영양을 공급받았다. 의학적인 관점에서 보면 이는 영양실조를 동반한 기아와 관련된 전형적인 질병으로, 환자는 탄수화물, 비타민, 단백질이 결핍되었다. 그러나 이것만으로 소년의 질병을 충분히 설명할 수 없다. 소년의 질병을 이해하기 위해서는 반드시 사회심리적인 상태를 고려해야 한다. 그의 부모는 대부분 산업화가 이뤄지지 않은 지역에서 인구의 4분의 3 이상이 한 달에 15달러로 연명해야 하는 도시에 살고 있었다. 개인이 성장할 수 있는 기회들은 종교적인 관습에 의해 제한되어 있었다. 더 나아가 부의 분배, 사회기관, 공공기관에서는 부패와 관련된 사회적 불평등이 존재했다. 자녀 수는 성적 성취 및 다산 능력의 표상이었다. 또한 아이들은 국제 원조를 통해 그 지역에 들어오게 된 통조림으로만 음식을 섭취했다. 이 모든 요소들은 이런저런 방법으로 병인학에 포함되어 있다. 이러한 요소들 내에는 정의, 성적 특질, 근면/성취(한편으로는 종교 및 성적 특질과 관련되며, 다른 한편으로는 직업과 관련된), 믿음/

종교, 희망, 정직, 영양섭취에 대한 변형된 개념들(이성 수단, 감각 수단)의 활용가능한 잠재능력이 명백하게 나타났다.

이러한 사회적, 심리사회적 요인들은 사회적, 심리사회적 규칙이 아닌 신체적 규칙을 자연스럽게 따르는 신체 질환과 그 과정 및 징후의 배경요인이 된다. 또한 그 요인들은 숨겨졌거나 드러난 대인 간 갈등 및 사회적 갈등을 촉진할 수 있으며, 공격성, 구타, 범죄 행위, 집단 간 증오, 전쟁, 폭동, 알코올 및 약물 남용, 세대 간 갈등, 대중적 범죄(예를 들면, 공중 납치, 유괴, 고위직 인사의 암살)로 이어질 수 있다. 관념적 신념이 얼마나 다양하든지 간에 이러한 갈등은 또한 활용가능한 잠재능력의 배경에 반하여 나타난다. 위와 같은 갈등은 정의, 충실성, 정직, 성취, 성적 특질, 절약, 질서정연, 순종 등에 대한 특정한 생각과 관련된다.

산업사회에서는 이러한 신체적−정신적−사회적 연계가 너무나 잘 알려진 문명의 죄악, 즉 위험 요소에서 가장 명료하게 나타난다. 다음의 다섯 가지 요소들은 병인학과 특히 소위 문명의 폐해라 불리는 정신병 및 심인성 질병의 발전과 관련된다.

1. 흡연
2. 알코올, 마취제, 약물
3. 비만
4. 운동 부족
5. 정서적 스트레스(불안 및 내적 긴장)

흡연: 심장병을 앓는 환자의 70%가 하루에 30개피 이상의 담배를 핀다. 독일에서는 연간 약 75억 달러[1]가 담배 소비에 쓰였다. 폐 관련 질병뿐 아니라 암과 천식의 원인 중 상당 부분이 흡연으로 추정될 수 있다. 사회심리적 요인으로는 불안, 명성에 대한 욕구, 실패에 대한 두려움, 무언가를 성취하기 위해 지속적으로 준비하고자 하는 소

---

1) 200억 마르크 = 75억 달러(미국): 편집자 주석.

망, 모방 욕구, 습관, 순응(다른 사람들 또는 특정한 본보기가 되는 사람들과 같이 행동하는 것) 등이 있다.

알코올 및 약물: 1978년도에 독일 사람들은 약 130억 달러를 주류에 소비하였다. 그 결과 간 손상, 신진대사 장애 그리고 신경 및 정신 장애가 나타났다. 사회심리적 요인으로는 모방, 순응(다른 사람들이 자신과 다르게 행동할 때 말하는 것), 억제, 가정 및 직업 문제 등이 있다.

과식 및 소식: 전체 취학아동 중 55%가 비만이다. 심장병의 53%는 기름진 음식이 그 원인으로 알려져 있다. 비만이 심장 및 혈액 순환에 부담을 주는 것은 분명하다. 사회심리적 요인으로는 식사에 대한 관습(아름다움은 살찐 것이다, 많이 먹는 것이 건강의 척도다), 내적 긴장, 걱정, 부모와의 문제, 사랑하는 사람을 잃음, 지루함, 대체 행동으로서 먹는 것, 식도락에 특별한 가치를 부여하는 것(감각) 등이 있다.

운동 부족: 겨울에는 TV 시청자들의 90%가 주말과 휴일의 3~4시간을 TV 앞에 앉아 있는다. 똑같은 뉴스와 스포츠 보도가 세 번 또는 네 번 방영된다. 극히 일부의 사람들만이 실제로 운동을 한다. 운동 부족으로 인해 뼈, 근육, 내부 기관에 미치는 영향은 잘 알려져 있다. 사회심리적 요인으로는 교제의 결핍, 편향성, 자신의 몸에 대해 별로 신경 쓰지 않는 태도, 지적 성취감 및 상상 활동에 대한 과대평가 대 신체적 성취에 대한 과소평가, 부적절한 외부 자극, 과도한 업무로 인해 신체적 활동을 할 기회가 부족함, 문화 및 종교에 의한 제한(원칙적으로 또는 특정 연령층에 대해 신체적 움직임이 가치 없이 인식되는 것), 움직임 및 활동의 가능성들에 대한 부적절한 정보(누워 있어야 하는 사람들과 노인들에 대한 체육 활동, 앉아서 일하는 사람들에 대한 운동, 경쟁적 스포츠, 특별 훈련 프로그램, 예를 들어 강약 반복 훈련) 등이 있다.

정서적 스트레스(불안, 내적 긴장): 심장 질환 환자의 90%가 심장 질환을 앓기 전에 과중한 부담감과 정서적 스트레스로 고통을 겪었다. 여기서 말하는 정서적 스트레스는 개인에게 부과된 책임과 그 책임을 감당할 수 있는 능력 사이의 잠재된 불균형으로 인해 발생하는 모든 내면적 갈등 및 대인적 갈등을 의미한다. 두 갈등 모두 활용가능한 잠재능력의 개념을 통해 설명될 수 있다.

결론 ➜ 활용가능한 잠재능력은 위험요소의 배경이 되는데, 이 위험요소는 활용가능한 잠재능력이 개별적이고 문화와 관련된 구체화 없이는 질병의 요소로서 드러나지 않는다.

Positive Psychotherapy

Chapter 4

반응유형—개념—오해들
TYPES-CONCEPTS-MISUNDERSTANDINGS

1. 3가지 반응유형

불 확 실 의 짐

근심으로 애가 타는 한 아버지가 판사에게 찾아와 이렇게 호소하였다. "막내아들 때문에 내 명을 다하지도 못하고 아주 늙어 버리겠습니다. 머릿속이 근심으로 가득 찼습니다. 큰아들은 내 인생의 기둥과 같습니다. 그가 입으로 하는 모든 말은 진실입니다. 그는 절대 거짓말을 하지 않습니다. 그런데 둘째 아들은 동쪽과 서쪽이 멀리 있는 것처럼 진실과는 거리가 멉답니다. 그가 하는 모든 말은 거짓말입니다. 하지만 나는 그가 거짓말 하는 것을 다 알기 때문에 그것에는 길들여져 있습니다. 그러나 막내아들은! 거짓말도 하고 진실도 말합니다. 그가 하는 말은 거짓말이 될 수도 있고 진실이 될 수도 있습니다. 그리고 나는 어느 것이 진실이고 어느 것이 거짓인지 구분할 수가 없습니다. 다른 아들들은 내가 어떻게 다루어야 하는지 잘 알겠는데 막내아들은 도무지 모르겠습니다."(페르시아의 이야기)

다음은 기본적으로 갈등이 발생하는 상황은 성격유형의 틀 안에서 제시되고 있음을 보여 주고 있다. 본래 특성상, 갈등의 유형들은 일반적인 특징들이 추상적으로 혼합되어 있다. 그러나 현실은 좀 더 다양하다. 현실에서 나타나는 갈등은 다양하고도 점진적이라서 미묘한 변화를 보이고 좀 더 복잡하게 혼합된 형태로 드러난다. 가장 최근 유형학에서 보고한 사람의 태도와 행위 사이의 근본적인 차이점들을 보면, 인간은 자신이 어떤 조건하에서 행동하면 자신에게 유익한지를 먼저 적극적으로 생각한다고 한다. 그래서 이미 구조화되어 선척적으로 타고난 특성들은 이차적 역할을 한다고 보고하고 있다. 이는 유형론적인 입장에서 볼 때 모든 양육형태가 피할 수 없는 숙명이 아니라 오히려 시간의 흐름 속에서 변화될 수 있다는 것을 뒷받침하고 있다.

긍정적 심리치료에서, 필자와 동료들은 활용가능한 능력과 기본적인 잠재능력 양식을 미숙한-일차적 유형, 이차적 유형, 이중구속 유형의 세 가지 유형으로 구분하였다.[1)]

미숙한-일차적 유형(자기중심적 유형)

　　이에 의해 우리는 일차적 잠재능력을 일방적이고 미분화된(미숙한) 것으로 강조하고 반면, 이차적인 영역은 무시해 왔음을 이해할 수 있게 된다. 일차적 유형의 전면에는 감각적 경험, 감각적 만족감, 직관, 감각 특성에 대한 환상, 그리고 전통으로 구분되는데, 득히 밀착되어 안전이 보장되는 가족전통, 정서적인 관계로서 '나' '너' (상대방) 그리고 가족관계들로 구분된다. 미숙한-일차적 성격 유형은 본보기가 되는 인물이 보여 준 밀착수준이 어떠한가에 따라 특징지어진다. 양육자와의 밀착을 유지하기 위해서 흔히 과장된 '친절함'을 보이기도 하는데, 이는 다른 사람의 신뢰를 얻기도 하지만 때로는 속이려는 감언이설로 보이기도 하고 불쾌하게 느껴지기도 한다.

　　아래에 소개되는 유형들은 전형적인 일차적 유형의 발달 단계들이다. 부모, 특히 어머니 또는 많은 경우 조부모는 지나치게 걱정을 많이 한다. 모든 어려운 문제들에 대해―자녀 스스로 깨달아 발전시키기도 전에―자녀가 해결해 갈 방법들을 모두 부모가 대신 해 준다. 그래서 자녀들은 이차적 잠재능력 내에서 발달시켜 성취해 가야 할 필요한 요구들에 직면하여 해결해 가기보다는 가능한 한 회피하려고 한다.

　　　"나는 모든 것을 어머니가 돌봐 주셨어요…." (불안, 불면증, 결혼생활의 어려움에 시달리고 있는 28세 여성 환자)

---

1) 미숙한-일차적 유형은 자기중심적 유형으로, 이차적 유형은 이성중심적 유형으로, 이중구속 유형은 혼란한 유형으로 이해하면 용이하다(역자 주).

실제로 무엇인가를 하고자 하는 자녀의 욕구들은 느끼기도 전에 만족되고 만다. 아이가 자신의 필요를 표현하기도 전에, 어머니는 아이를 먹이고, 지도하고, 조정한다. 어린아이는 과도하게 요구할 필요가 없다. "아가야, 너는 그것을 할 필요가 없다는 걸 알 거야. 내가 해 줄게." 어떤 요구가 표현되든지 발견되든지, 즉시 해결이 된다. 사실, 이런 가정환경에서는 큰소리가 날 일이 거의 없다.

흔히 본보기가 되는 사람들의 입장에서 다음과 같은 모습들을 볼 수 있다. 상대방을 보호하려는 마음은 원래 저절로 이루어지는 단순한 과정이 아니다. 흔히 본보기가 되는 사람들의 입장에서 다음과 같은 모습들을 볼 수 있다. 과잉보호의 배후에는 잠재된 공격성이 있는데 실제로 그 공격성은 존재하지 않지만 그 보호한다는 것이 심리적인 내용과 관련지어 보면 양육자의 결정적인 행동방식과 관련되어 있다. "나는 아이에게 생길 수 있는 모든 위험들을 제거합니다. 그래서 그 애가 감사할 수 있도록 말이죠." "나는 아이의 주변에 있는 조심해야 하는 것들을 미리 치워 놓습니다. 그래서 그 애가 나의 통제 아래 순종하는 아이가 되게 하는 것입니다."

이런 자녀 양육 환경을 통해, 자녀에게 수동적으로 기다리는 태도가 만들어진다. 자녀는 의존적이 되고 또 낙관적이 된다. 아이는 "나는 사랑받고 있어. 그리고 이 세상에 사는 존재감이 있어."라는 것을 배운다. 이런 믿음은 자기만족적이고 자기중심적인 특성을 가지게 한다. "나는 나를 있는 그대로 수용하지 않는 사람은 참을 수 없어." 결과적으로, 아이는 특별히 무언가를 성취해야 할 필요를 느끼지 못하고 자기 주변의 환경에서도 자기 가족들처럼 반응해 주기를 기대한다. 그렇지 못할 경우, 아이는 낙관주의가 좌절되는 경험을 하게 된다. 그리고 배신당하고 부당한 대접을 받았다는 느낌을 갖게 되고 '이차적 유형'인 비관주의를 발달시키게 된다. 그래서 다음과 같이 표현할 수 있는 특징적인 반응 형태들을 발달시킨다.

나는 혼자서는 할 수 없어.

다른 사람들은 나를 도와주어야만 해.

다른 사람의 도움을 얻지 못하면 나는 모든 것을 잃고 말거야.

이런 반응유형을 특징으로 하는 양육형태에서는 사랑이 정의보다 지나치게 앞선다. 그래서 과잉보호적인 사랑을 좀 절제하고 지지와 감사가 강조되는 양육 방법을 제안한다. 다음에 기술되는 예화들은 일차적인 능력을 지나치게 강조할 때 나타나는 전형적인 사례들로 볼 수 있을 것이다.

✱* 비탄에 잠긴 유형

이 유형의 사람에게는 자신이 관련되어 있는 모든 어려운 문제들, 모든 위기, 질병 또는 갈등들이 큰 재앙으로 보인다. 고통이 자기 삶의 한 부분이 되고 만다. 그리고 그는 고통 자체와 고통을 극복하려는 노력의 차이점을 구별하지 못하게 된다. 다음의 사례는 이와 같은 상황을 잘 나타내고 있다.

자신의 어머니에게 심하게 정서적으로 의존하고 있는 16세 된 여성 환자에게 5번째 회기에서 전형적인 자화상을 그려 보도록 하였다. 환자가 어느 정도까지 자기신뢰를 할 수 있도록 하기 위해 그녀의 어머니에 대한 애착과 관련하여 갈등이 있는 내용을 다루었다.

> 환　자: "나는 선생님을 만난 이후로 더 나빠지고 있어요. 나는 더 동요되고 더 신경
> 　　　　질적이 되는 것 같아요."
> 치료자: "네, 그런 상태는 충분히 이해할 수 있습니다. 오래되어 거의 무너질 것 같은
> 　　　　집을 상상해 봅시다. 우리가 새로운 집을 짓기 위해서는, 오래된 집을 일단
> 　　　　무너뜨려야 합니다. 그러면 먼지와 더러운 것들이 일어나고 아주 시끄러운
> 　　　　소리도 나게 됩니다. 이와 비슷한 일이 우리의 오래된 태도와 행동에서도 일
> 　　　　어나는 것입니다."
> 환　자: "그래요, 네. 이해하겠습니다. 하지만 오래된 집을 떠날 수가 없으니, 새로운
> 　　　　집을 오래된 집 옆에 세울 수는 없나요?
> 치료자: "당신이 쓸 수 있는 땅은 아주 적은 부분밖에 없습니다."

✱* 요구하고 기대하는 유형

이 유형은 상대방이 자신이 기대하는 것을 그대로 행동해 주길 바란다. 그러나 그는 자신이 바라는 것을 결코 명확하게 말하지 않는다. 그러면서 만일 다른 사람들이 눈앞에 즉각적으로 결론을 보여 주지 않으면 '심술궂은' 반응을 나타낸다. "당신이 알다시피 사람들이 자기 자신들을 먼저 알아야죠…."라며 자기보다는 타인에게 투사한다. 여기에서 주목할 것은 이러한 유형이 성적인 장애로까지 발전되는 유형이라는 것이다. 이는 무의식적으로 부모와 의존적인 관계가 되어 결혼생활에서 특히 어머니의 이미지를 아내에게, 또는 아버지의 이미지를 남편에게 투사하기 때문이다. 이러한 사람들은 결국 자신의 '어린아이 같은' 기대에 따라 살아 줄 수 있는 배우자가 없다는 것을 뒤늦게 깨닫게 된다.

"내가 알기만 했더라도!"

"아내는 몇 주 동안 말을 안 하고 있습니다. 나는 이제야 그 이유를 알았습니다. 얼마 전에 장인, 장모님을 초대했었는데, 지금 아내는 내가 자기 부모님을 충분히 잘 돌봐 드리지 않았다고 불평하는 겁니다. 나는 왜 그때는 아무 말도 안 했느냐고 묻자 아내는 그건 내가 알아서 해야 한다는 것입니다."(결혼 9년차의 38세 사업가)

✱* 자신감 없는 유형

이 유형에 속한 사람들은 자신의 주변 세계에 원하는 것을 요구하지 못하고 자신에게 그대로 남겨 두고 있다. 이들은 누군가 자신을 안전하게 해 주는 의존적인 상황을 유지하기 위해서라도 자기보다도 자신의 결핍에 먼저 '익숙해져' 있다. 이들은 가정적인 유형이라 할 수 있다. 한편, 이들은 다른 사람들의 요구에 '아니요.' 라고 말하지 못한다. 그래서 대부분 '예스 맨'이나 성실한 믿음을 가진 훌륭한 추종자들이다. 이러한 태도의 저변에는 다른 사람들의 동정과 애정을 잃어버릴지도 모른다는 두려움이 있다. 그래서 다른 사람들이 자신에게 갖고 있는 생각을 정확히 알고자 하는 욕구가 지배적이다. 대부분 이들은 자기 자신에게 지나친 요구를 하고 자신의 (정당한) 주장(정직-예의에 대한)은 옆으로 제쳐 둔다. 이와 같은 동기 때문에, 상황에 도전할 공격성은 억압하고 자기를 비난하며 희생적 행동을 하게 된다. 그런 행동들은 상대방을 구속시키는데, 예를 들면 자기 자신에게 과도한 의무를 부여하여, 상대방에게 선물공세 또는 은혜를 지나치게 베풀며 고맙다는 치하를 들어야만 자신이 억압한 욕구에 보상하여 대리 만족하는 방식으로 부담을 주는 것이다.

"예스 맨."

"내가 다른 일을 하고 있는데 윗사람이 일을 산더미처럼 들고 불쑥 나타나서 나한테 그 일까지 할 수 있는지 물었습니다. 나는 바보처럼 당연히 할 수 있다고 했습니다. 그런 후, 내 자신에게 화가 치밀어 올랐고 심한 위장병이 생겼습니다."(심인성 질환으로 인해 심리치료를 받고 있는 42세 직장인)

✻* 떼쓰는 유형

이 유형의 사람은 어린아이 같은 행동을 하며 완고한 태도로 사람들에게 자신의 의지를 강요한다. 이런 유형은 교활한 수단을 종종 사용하여 폭력적인 권력 투쟁으로 이어진다. 그 예로, 아이스크림 가게 앞에서 아이스크림을 얻으려는 욕심으로 바닥에 뒹굴면서 비명을 지르고 발길질하며, 떼를 쓰는 어린아이를 들 수 있다. 이러한 행동이 어른이 되어서도 나타날 때 문제가 된다. 어떤 사람들은 어린 시절에 그랬던 것처럼 자기의 모든 욕구가 이루어지기를 바라면서 강제적으로 승낙을 얻으려고 한다. 이런 목적을 가지고 지나치게 반항을 하거나 또는 우회적인 방법으로 자기들의 목표를 성취하기 위해 은밀하게 접근을 한다.

"내가 무엇을 할 수 있지?"

"회사에서 남편은 자신이 주역이 되지 않으면 참을 수 없어 합니다. 그는 모든 일에 불평하고 모든 사람한테 주목받으려고 행동합니다. 나는 그것이 끔찍하게 느껴집니다."(우울증에 걸린 48세 주부)

✱* 성적으로 기다리는 유형

이 유형의 사람은 너무 전통에 묶여 있어서 지나치게 집단에 약하고 자신이 감히 이의를 제기할 수 없는 종교적 규범을 먼저 내세운다. 심지어 성적인 문제가 생길 때조차도 그는 "사람들에게 이야기할 필요 없이 그런 문제는 자신이 알아서 처리하는 것이고, 그저 참고 잘 견뎌야 해."라고 말한다.

대부분 그는 성적인 문제를 하나의 필요악으로 생각하고 참는다. 결혼생활에서 그는 전통을 중요시한다. 즉, 성교는 인간의 종족번식의 의무를 다하기 위한 것이라고 생각한다. 그의 결혼생활 좌우명은 '죽을 때까지 충실함' 이라 할 수 있다. 공식적으로 규정된 경계를 넘는 성적 행위, 즉 자위행위 같은 것은 가능한 한 억압하며, 만약 있었더라도 죄책감으로 몹시 번민하는 유형이다.

이런 사람들에게는 성적인 행동에 대한 두려움이 나타나거나, 죄책감이 장애가 되어 종종 불감증과 발기불능이 나타난다.

전형적으로 미숙한—일차적 유형으로 간주될 수 있는, 성적 특질에 대한 이런 태도 외에도 수많은 행동양식과 태도의 경우 수동적으로 기다리는 태도가 우세하다. 그러므로 이러한 '족쇄와 같은 사랑'에서의 성 관계는 상대방을 자신에게 구속시키려 한다. 이런 행동은 임신에 대한 욕구와는 거의 관련되어 있지 않다. "만일 그 사람 때문에 내가 임신하게 된다면, 그가 나를 책임져야죠." 과도하게 전통적인 태도 또한 성적 태도를 결정하는 요인이 된다('출산의 의무로서의 사랑'). 그래서 특정한 나이가 되면, 결혼을 해야 하고 아이를 가져야 한다고 믿는다. 종종 부모들은 뒤에서 강제로 이 일을 추진하며 자녀들이 결혼을 잘해서 손자, 손녀들의 응석을 보고 싶어 한다. 그래서 결혼식에 수백 명의 사람들을 초대하고, 사랑의 목표가 결혼이 된다. 이러한 '예의와 감사로서의 사랑'은 미숙한—일차적 유형에 속하는 것으로 볼 수 있다. 사랑은 보답해야 할 의무가 있다고 본다. 어떻게 보면, 이것은 가치의 변화를 초래하는데, 가족의 구조나 본보기가 되는 사람의 과보호적인 행동, 정서적으로 상하에 밀착되어 있는 가정환경은 도덕적 의무를 부여하는 효과를 가져올 수 있다.

그러므로 본질적으로 최초의 원 가족에게서 분리되는 행동이라 할 수 있는 배우자 선택은, 본보기가 되는 사람들의 기대에 순종하는 행동이 된다. '상보성으로서의 사랑'에서, 사람들은 자신이 소유하지 않은 특성을 소유하고 있는 배우자를 선택한다. "나는 매우 조용한 유형의 성격인데, 남편이 다른 사람들에게 어떻게 행동하는지, 그리고 그가 얼마나 인기가 있는지를 보고 정말 반했습니다." 사람들은 자기 자신의 능력에서 개인적으로 부족한 면의 균형을 맞추기 위해서 그런 균형을 제공하겠다고 약속하는 배우자를 선택한다. 미숙한-일차적 유형에서 사랑의 특징은 '소망 성취로서의 사랑'이다. 현실에서 기대가 좌절되면, 그리고 사랑에 대한 욕구를 성취하는 것에 대한 두려움이 생기면, 종종 환상이 사랑의 대용물이 된다. 그래서 상대방과의 만남은 소망을 이루는 것으로 변화된다. "이 남자는 나의 사고방식과 잘 맞아. 나처럼 그 사람도 동물적이고 육체적인 것에는 별 관심이 없을 거야. 우리는 미술, 음악, 문학 그리고 종교에 대한 숭고한 관심으로 가득 차 있어."

✳*미숙한-종교적 관계

이 유형에서는 '근원적-우리'와의 관계가 혼란스럽다. 대개 '일차적 유형(자기중심적)'은 종교에 대한 의존도가 양가적 감정 형태를 보인다. 한 부분은 종교적 관념이 미숙한 경우로 어린아이처럼 무조건 매달리려는 경향을 보이는데, 무조건적으로 강하게 종교와 동일시하는(이 경우, 교회의 제도와 종교적인 관습들과의 동일시) 경우라고 할 수 있다. 이러한 사람들은 하나님에 대해 인간이 아무 일 안 해도 육신의 아버지가 늘 우리를 받아 주는 것처럼 인간의 기도를 들어주고 소망을 실현시켜 주는 그런 분이라고 상상한다. 그러나 바라던 소망이 이루어지지 않을 때 맹목적인 믿음은 종종 무조건적인 거부로 바뀌게 되어 나중에는 종교에 대해서 흥미를 잃게 되는 양가적 감정을 가지는 경우다.

"하나님은 불공평해!"

"어린 시절에는 하나님에 대해 대단한 믿음을 가지고 있었습니다. 하나님은 전능하고 기적을 행하는 분이라고 믿었습니다. 그래서 매일 저녁 나를 도와주시기를 애원하며 기도했답니다. 나는 빨간색 머리였기 때문에, 우리 형과 누나가 그랬던 것처럼, 종종 학교에서 아이들로부터 놀림을 받았고, 어른들 역시 놀렸습니다. 나는 범죄자 취급을 받았지만 누구에게도 나쁜 짓을 하지 않았습니다. 반대로, 나는 항상 열심히, 친절하고 예의 바르게 행동했습니다. 그래서 나는 하나님께 나와 형제자매들에게 다른 머리 색깔을 달라고 기도했습니다. 나는 왜 사람들이 나를 놀리는지, 그리고 왜 그들은 나를 좋아하지 않는지 이해할 수 없었습니다. 하나님이 어린 시절 나의 필요를 들어주지 않았기 때문에 나를 사랑하지 않는다고 믿게 되었습니다. 나는 점점 하나님으로부터 멀어졌고, 더 이상 하나님을 원하지 않게 되었습니다."(억제, 우울, 심인성 장애를 갖고 있는 56세 비서)

결론 ➤ 지금까지의 모든 경험들을 보면, 미숙한-일차적 반응유형들은 다양한 경로의 억압된 신경증적 구조를 드러내는 경향이 있다. 이러한 구조를 가지고 있는 환자는 (공격성이 억제되는 점에서) 사랑하는 잠재능력이, 너무 강하게 또는 (공격성이 충동적인 점에서) 너무 편협하게 발달한다. 여기서 눈에 띄는 반응은 자신을 고립시키고자 도피하는데 결속과 안전을 제공하는 집단으로 도피하는 것이다. 이 유형에 속하는 사람들은 현실과 평형을 유지하기 위해서 자기만의 껍질 속에서 자기만의 작은 세계를 세울 수 있는, 자기가 우월한 삶의 영역 속으로 숨어들어가 현실에서 요구되는 긴장과 요구를 피하고 싶어 한다.

특히 수동적인 자기기만(self-manipulation)이 약물 의존에서 가장 눈에 띄는 유형으로, 고립 속으로 도피하는 전형적인 경우라 할 수 있다. 그 안에서 걱정과 억제심리가 자라며 심리적인 영역에서는 불안, 우울증, 억제, 악몽, 동기의 결핍, 권태, 근거 없는 울음, 슬픔, 무력증, 내적 불안, 기분의 동요, 소음에 대한 과민반응 그리고 급한 성미 같은 것들이 우세하고, 정신·신체적으로는 심인성 장애로 발전하게 된다. 이는 감각과 신체를 과도하게 혹사시키는 삶의 방식으로 결국은 갈등 대처방법이 편협하여 신체 손상을 가져오게 된다. 그러므로 우울증, 장염, 천식, 두통, 성적인 장애, 다양한 알레르기, 심한 피로, 번민, 갑작스러운 발한, 식욕무진, 닐신, 어지러움, 구토, 구역질 그리고 무기력증과 같은 질환을 초래하기 쉽다.

미숙한-일차적 반응유형 형태					
비탄에 잠긴 유형	요구하고 기대하는 유형	자신감 없는 유형	떼쓰는 유형	성적으로 기다리는 유형	미숙한-종교적 유형

이차적 유형(이성중심적 유형)

이차적인 잠재능력들이 발달된 경우를 보면, 현실을 헤쳐 나가는 수단으로 이성이 강조되고 감각과 직관을 부수적인 것으로 약화시킨다. 그래서 전동을 매우 숭요시하여, 단지 안내 지침이나 또는 하나의 기준만 제공되는 경우라 할지라도 그 전통을 먼저 따른다. 그러므로 이차적 유형의 성취 지향적 성향을 살펴보면 성취가 가능한 사회적인 관계를 선호한다. 이는 마치 대인간 상호작용에서 드러나는 인종차별, 개인적 분화 그리고 신중함 등에 매우 치중한 듯 보인다. 이 유형의 사람은 다른 사람에게 상처를 주게 되는 경우라고 해도 '정직함'을 고수한다. 어린 시절에는 특별한 성취를 통해 주변 환경과 부모의 애정, 관심 그리고 사랑을 얻을 수 있으며 그와 같은 성취에 모든 것이 달려 있다는 것을 알게 되어, 시간엄수, 청결, 순종 그리고 절약과 같은 사회적인 요구를 부모를 통해 일찍 배우게 된다. 자녀 양육 방식은 완전히 시간에 맞추어 구성되고, 순종을 강조하는 양육 방식을 고수하며, "내가 말한 대로 하지 않으면, 너는 아무것도 할 수 없게 될 거야." "내가 성취한 것을 봐라. 그리고 내 본보기를 따라와라."라는 식의 양육을 한다.

그렇게 하기 위해서 이 유형의 사람들은 자녀들을 버릇없게 키우지 않으려고 부드러움이나 애정 표현에도 매우 인색하다. 이 유형의 사람들에게 긍정적인 경험이라는 것들은 항상 성취와 묶여져 있다. "나는 성공할 때만 가치 있는 존재야." "너는 오직 네 자신의 성취 외에 다른 것은 믿어서는 안 돼." 자기를 신뢰하고 싶어 반복적으로 확인하고 또 막연하게 확인하면서 오히려 개별적이고도 실제로 활용가능한 잠재능력까지도 고립시키고 만다. 전형적으로 이차적인 잠재능력들이 현저하게 드러나는 사람들은 다음과 같은 방법으로 반응하는 경우가 많다.

나는 혼자서 모든 것을 할 수 있어.

나는 다른 사람의 도움이 필요하지 않아.

다른 사람들이 너를 위해 일하도록 만들어라.

이와 같은 양육 방식에서는, 사랑보다는 정의가 앞서게 되어 사랑이 약화되고, 훈계, 위협, 신체적인 처벌 같은 엄격한 양육 방법을 선호한다. 또한 이러한 사람들의 행위와 삶의 자세들은 전형적으로 다음과 같은 경우에서 흔히 볼 수 있다.

✳ 성공과 명성 추구 유형

이차적 잠재능력에 대해 일방적으로 강조하는 것은 "당신이 소유한 것이 바로 당신이다!"는 좌우명 아래 그러한 사회적 역할을 하기 위해서 지나치게 준비를 한다. 그러므로 성공은 개인적 가치를 가늠하는 유일한 척도가 된다. 성공했을 때, 이 유형의 사람은 다른 사람보다 매우 높은 우월감을 느끼지만, 성공하지 못했을 때는 자아가치감이 위태롭게 된다. 그래서 특히 수면장애, 두통, 내적 긴장, 격렬한 발한 그리고 위장 장애와 같은 신체적 반응이 나타난다.

"성공하기 위한 강박충동"

두 자녀를 둔 36세 기혼자 B씨는 재발되는 출혈성 위궤양으로 심리치료를 받으러 왔다. 그에 대한 분석에서, 그는 판사였던 자기 아버지와의 강한 동일시가 나타났다. 이런 동일시는 그의 부모가 이혼한 현실 때문에 더욱 강화되었다. 그리고 9세에서 21세까지 환자는 그의 아버지와 함께 살았다. 그의 아버지는 질서정연, 규율, 정확성, 양심 그리고 무엇보다도 정직을 매우 중요하게 여겼다. 그가 대학에 입학하였을 때, '성공하기 위한 강박충동'과 실패에 대한 두려움 속에서 그 모든 것들을 완벽하게 해야 하는 어려운 문세가 발생했다. 판사가 이런 가치들을 내면화하면서 특징된 외부적인 확신을 발달시켰다. 그러나 그는 자신의 성취능력이 성취에 대한 요구를 다 만족시킬 수 없다는 것을 깨달았기 때문에, 내적으로는 불안정하고 불확실한 채로 남아 있었다. 그러한 상태에서 환자는 자신이 수년 동안 꿈꿔 왔던 전문직 책임을 맡게 되었지만, 주관적으로

준비되지 않았다고 느끼게 되었고 그 결과, 내적 갈등이 계속되어 신체적 증상들이 심
인성 장애로 분명하게 드러나게 되었다.

✳* 대상 중심 유형

대상 중심 유형은 대상과 주체가 혼동되어 있는 유형이다. 이 유형의 사람은 다른
사람들을 마치 사물인 것처럼 다룬다. 오직 성공만이 중요하기 때문에 인간을 인간
으로 대하는 것은 부차적인 것이 된다. 이 유형에서는 한 사람의 인간적 가치보다는
자신에게 필요한 가치가 더 중요하다. 이 유형의 사람은 개개인의 가치를 별로 중요
하게 생각하지 않는다. 일종의 냉담한 회계사 같은 사람으로 얼마나 많은 사물, 생산
물을 더 수확할 수 있을지에 관심이 있는지 그 사람과의 관계에는 무관심하다. 그러
한 사람은 오랜 기간 정치를 해 온 풍자된 정치인의 모습처럼 정치라는 대상에 집중
하여 본래 자신의 성품이나 도덕성을 외면한 정치인의 모습과 같다. 더 정확하게 표
현하자면, 이러한 유형의 사람들의 경우 결국 대상 중심적 사고는 인정받게 되지만,
따뜻한 감정을 가지기 어려운 사람이며, 외견상 정서적 관계를 거부하는 사람처럼
보인다.

"조직의 분위기에 관련하여"

"회사 안의 조직분위기, 즉 조직 구성원들의 교제 등과 관련해서 어처구니 없는 일들
이 왜 새롭게 발생하는지 모르겠어요? 최종 결과는 당시 그 일이 질서정연하게, 시간에
맞게, 그리고 정확한 방식으로 완수되었는지를 문제 삼습니다. 내 생각에는 부드러움
같은 것은 회사와는 맞지 않다고 봅니다. 사람들이 서로 잘 협력할 수 있다면, 모든 것
이 잘 진행될 것입니다." (57세 부장)

✳* 완벽주의자

완벽주의는 신뢰, 질서정연, 시간엄수, 성실함을 지나치게 강조하고, 실수를 기피
한다. 이는 실수와 실패를 피하려고 하는 의식적이고 무의식적인 불안에 기초를 두
고 있다. 이러한 태도는 유아기에 실패를 허락하지 않고, 사랑과 애정이 철회된 경험

이 있는 환경에 기초하고 있다. 완벽주의자의 심리 저변에는 완벽함에 대해 고군분투(또는 사회적 관계 안에서의 경쟁적인 고투)하고, 성취한 지위를 지키기 위해 자신에게 끝없이 요구하며, 더 높이 올라가고자 하는 성공 지향적인 욕구가 깔려 있다. 이들은 일하다가 잠시 자유로운 시간이 생기면, 종종 일과 인생에 대한 의미 또는 무의미함에 대해 질문한다.

불안함이 있는 완벽주의자는 주로 하찮은 일에 몰두하는 경향이 있는데, 그는 굉장한 노력을 기울여 강박적으로 정확하게 하려고 한다. 그는 자신의 노력에 대해서 주변 사람들로부터 인정받기를 기대한다. 그러나 결국 인정을 얻지 못한다. 그래서 그는 인정받기를 추구하면서, 실제적으로 그가 해야 할 일의 전체적인 개요를 잃어버린 채, 점점 더 부차적인 일을 하게 된다. 직업적인 영역에서, 그는 동료와의 실제적인 협의보다 책상 위에 놓인 연필의 위치를 더 중요하게 생각한다. 직장 동료들과의 관계는 그에게 또 다른 불안 요인이 된다. 성공 지향적인 완벽주의자는 공개적인 경쟁에 참여하는 것에 목적을 두는 반면, 불안한 완벽주의자는 동료들이 시간을 엄수하는지를 실제로 기록하면서, 그동안 자신은 시계보다 더 정확하고 바쁘게 일하면서 자신의 위치를 방어하려고 노력한다. 그는 윗사람이나 다른 동료들이 지각을 하면 이를 상부에 보고한다. 이런 역할을 하다 보니 결국에 그는 존경이나 친구를 얻지 못하고, 그 대신 불신과 거부를 당하게 된다. 비로소 저녁이 되면 공격적 자세에서 벗어나지만 피곤함과 공허함, 그리고 불만족스러움을 느낀다. 그리고 왜 자신이 어느 곳에도 속할 수 없는지 의아해한다. 그러나 대개는 자신의 에너지를 무엇 때문에 대부분 ‘쓸모없는 것에’ 소비하는지를 알려고 하지 않는다. 그의 가족들 영향도 고려해 볼 만하다. 완벽주의는 자율성을 포기하고, 개별적으로 활용가능한 잠재능력이나 활동 양식의 폭을 대폭 제한하는 격이 된다. 그러므로 완벽주의는 거의 강박 증상에 가깝다고 할 수 있다.

✱* 성적인 성취 유형

성취의 원리 또한 성적인 영역에서도 분명하게 드러난다. 성적 경험이 자아가치의 기준이 된다. 중요한 것은 성적 질과는 상관없이, 가능한 한 많은 성적인 경험을 축적하려고 한다. 상대방과의 관계는 위에 기술한 것처럼, '객관화'시킬 수 있다. 그래서 사람 자체를 사랑하지는 못하지만, 오히려 상대방의 특징과 특성 자체는 사랑한다.

대부분 이 유형에 속한 사람들은 전통적인 기준을 깨뜨리는 사람들이다. 그들은 조용하게 있는 대신, 성적 경험을 수집하고, 성적 영역에서 솔직하게 드러낼 수 있는 모든 기회를 가늠하기 위해, 가능한 강력하게 그리고 빈번하게 성적 특질을 주제로 이야기하는 것을 중요하게 생각한다. 그들의 좌우명 중에는 '성(性)은 인간 본성의 한 부분이다.' 그리고 '성(性)은 재미있는 것이다. 그리고 재미있는 모든 것은 허용할 수 있다.'가 있다. 페르시아의 격언인 '모든 꽃은 저마다 다른 향기를 지니고 있다.'의 의미처럼 그에게 상대방은 객관적인 성적 대상이 된다. 이것이 도덕률의 폐기를 나타내는 것임에도 불구하고(또는 그렇기 때문에), 성관계의 실패에 대한 두려움과, 무절제한 성적 파트너의 선택, 그리고 심리적 및 신체적으로 지나친 책임을 져야 하는 상대방과의 관계에 구속될까 봐 매우 두려움을 느끼는 성 장애를 보인다. 이들에게 간통과 집단 성교는 단순히 사회적인 게임일 뿐이다.

사랑은 사람들의 긴장을 풀어 주는 것인데, 단지 성적 긴장뿐만 아니라 일의 세계에서 성취에 대한 압박감에서 비롯된 긴장도 풀어 주는 것이다. '성취에 대한 사랑'을 풍자한 것을 보면, 사회에서 우세하게 드러나는 성취노력도 성과 성적 특질 영역까지 확대되어 나타나는 것으로 본다. 그러므로 성관계도 하나의 성취 지향적인 스포츠로 보며, '만일 남성이나 여성이 오르가슴을 느끼지 못했다면 모든 것이 헛일이라고 보는 것이다.' 성취에 대한 추상적인 기준뿐만 아니라 성취를 위한 경쟁까지도 기본적으로 성동기에 의해 생긴다고 본다. 그래서 사랑은 전쟁터가 된다. 이것은 특히 성적 행동이 자기 가치감과 밀접하게 연결되어 있다는 사실에 의해 강화된다. 이 유형의 사람들은 사랑에서도 '사업상의 거래와 같은 사랑'을 하게 된다. 아내를 선택할 때도, 자신의 사업, 업무 또는 직업에 힘을 실어 주며, 세금에도 유익하기를 기대한다. 아내의 외모와 동작 하나하나까지도 회사로 치면 돈과 같은 가치를 지니고 있는 아내를 얻고자 한다.

"논리적으로도 그 결과를 따지는 성관계"

"내 남편은 아주 성공한 사람입니다. 그는 자기가 꿈꾸는 욕망을 내가 이루어 주기를 바라고 있어요. 그는 내 감정에는 전혀 주의를 기울이지 않아요. 나는 좀 더 부드러움을 원하지만 그는 곧장 볼 일을 시작해요. 우리 부부의 성 생활이 그래요."(우울증, 성 장애를 갖고 있는 29세 주부)

이차적 유형의 사람들이 종교와 신앙에서 두 가지 입장으로 나타내는 특징의 유형은 다음과 같다.

✳ 지적인 의심가

자녀 양육에서 이차 덕목을 지나치게 강조하여 발달시키는 것은 바로 거기에 부모 자신들의 종교문제에 대한 좌절의 경험과 거절, 무관심 또는 양가감정들이 숨어 있기 때문에 자녀들의 종교적인 잠재능력들이 피어나지 못하는 것이다. 이러한 사람들은 자신의 이성의 힘과 성취의 힘을 과대평가하게 되어 그들에게 동기가 되는 힘은 바로 의지다. 그들은 자신이 하나님이 되고 그리고 이것을 공개적으로 표현하지 않는다고 해도, 그들의 태도와 취하는 자세 그리고 행동 뒤에서 나타난다. 그들이 보는 종교에 대한 기본적인 비평은 제도와 종교 사이를 부적절하게 구분하며 신앙과 종교가 제도, 즉 교회의 실패라고 비난한다.

"나는 아닙니다!"

"종교는 나이 든 부인들과 세상에서 기대할 것 없는 사람들을 위한 것이에요. 종교라는 지푸라기를 붙잡고 있으면 어찌됐든 물에 빠지게 되어 있습니다. 종교적인 믿음을 갖는 것은 수영장에 실제로 물이 있는지 없는지 알지도 못하고 수영장에 다이빙을 하는 것과 같아요. 사기 비타가 부시지기글 원하는 사람은 누구나 그렇게 될 수 있시요. 나는 그렇게 안 해요! 우리는 우리 스스로 천국과 지옥을 이 땅 위에 만들 수 있어요. 그리고 하느님은 종교적인 광신자의 혼란스러운 머릿속 외에는 존재하지 않아요. 종교는 현실적인 사회 환경을 갈라놓고, 사람들이 필요한 것을 못하게 방해하지요."(28세 사회학과 학생)

✻ 미신에 사로잡힌 고집쟁이

미신에 사로잡힌 고집쟁이의 경우 초기에는 종교적인 행동에 대해 권위주의적 압박을 받는다. 그는 부모의 엄격하고 독단적이고 강한 종교적 분위기에서 자라 그에게 제시된 종교행위의 본을 따라 동일시함으로써 부모와 양가감정적 의존 관계를 맺는다. 최악의 경우에, 결과는 종교적인 형식에 고착되고 만다. 미신적인 고착은 이의를 제기하지 않고 무조건적으로 순종하는 경향이 있으므로 종교적 언쟁의 원인이 되었던 '선지자의 수염' 에 대한 교회의 부정도 대부분 이러한 배경에서 생긴 것이다. 실제 혹은 가상 공격을 피하기 위해서 대부분 단순히 형식적인 특징을 가지고 합리화한다. 그러나 합리화는, 진실한 신앙의 내용으로, '믿는 사람들' 이 광신적으로 방어하는 것이 된다. 합리화의 의미는 다음과 같은 교리에 강하게 고착되어 있다. 즉, "시내 산에서 모세는 하나님과 직접 이야기하였다." "예수님은 물을 포도주로 변화시켰다." "빵과 포도주는 예수의 살과 피를 의미한다." "모하메드는 달을 산산이 쪼개었다." 이러한 예화들은 종교적으로 의도된 내용으로 상징과 본질이 혼합된 예는, 불교 신자들, 힌두교 신자들, 조로아스터교 신자들에서도 두루 나타나는 현상이다. 또한 여기서 무엇이 옳은지를 분별하기가 매우 어렵게 되는데, 이는 역사성의 관점에서 '시간' 을 이해할 때 분별이 가능하기 때문이다.

"침대에서 기도하기"

"나의 어린 시절 전체 그리고 결혼식을 할 때까지, 나는 유령에 대한 끔찍한 두려움으로 고통을 받았습니다. 밤이면 밤마다 나는 불안한 마음이 가득하고 발한과 함께 땀에 흠뻑 젖은 채로 침대에 누워 있었습니다. 왜냐하면 우리 교회에서 죽은 사람들이 나타난다는 이야기를 많이 들었기 때문입니다. 사춘기에 나는 끔찍한 의심과 강박증으로 괴로움을 당했습니다. 이것은 모두 엄청난 죄책감과 함께 묶여져 있었습니다. 나는 기도를 건너뛴 적이 결코 없었습니다." (우울증, 공포증을 갖고 있는 43세 주부)

발달의 과정에서 필수적으로 나타나는 위기와 함께, 기본적인 변화는 종교에 대한 태도에서 일어난다. 이런 변화는 가족 안에서 사회적 언쟁이 과장되어 갑작스럽게 일어날 수도 있다. 어린이는 자신의 발달수준에 따라서, 사전 통고 없이 제시된 종교적 내용에 무조건 따르고 있는 자신을 발견한다. 전형적으로, 종교적인 내용과 가치는 외부에서 강요되고 부모 권위의 압력으로 주어진다. 비평과 의심이 생기는 사춘기에는, 자기 자신의 자율적 성취와, 정서적으로 밀접한 의존 관계를 가진 가족으로부터 분리하는 일이 함께 일어난다. 그런 경우에, 부모는 청소년 자녀에게 발생하는 문제와 어려움들을 직면하는 데 충분한 지원을 하지 못한다. 그러나 이런 위기는 부정적인 것으로 평가되어서는 안 된다. 청소년들에게 이러한 위기는 스스로를 미신적인 고착에서 벗어나 자유롭게 변화할 수 있게 해 준다. 특히 주변 환경이 자신의 정체성에 호의적일 때 독자적으로 연구하여 종교적인 세계관과 연결된 가치에 내해 이해할 수 있게 된다. 반대로, 부모들의 고집스러운 맹신을 변화시켜 자기들의 환경에서 제공하는 새로운 것으로 바꾸게 할 수 있을 것이라는 위험한 생각을 하는 청소년들도 있다. 그들은 교제, 이데올로기, 우상, 그리고 잘못 이해된 요가와 교리 같은 대체 종교로 선회하기도 한다.

이차적인 유형의 사람들이 갖고 있는 강박적, 분열적인 신경증의 구조는 그들의 환경에 영향을 미친다. 많은 경우에 강박적인 유형은 불안한 완벽주의자와 일치한다. 그는 움직이는 것을 힘들어하고, 말로 표현하는 것을 어려워하며, 유연하지 못하고, 부자연스럽다. 반면, 분열적 신경증의 구조는 감정적인 나눔보다 물질적인 관계를 우선하는 대상 중심 유형에 더 가깝다. 이차적인 유형의 특징은 활동적이 되어 외부적인 것으로 도피하는데, 그 과정에서 전형적 도피주의 유형인 배타적 경향이 발달한다. 그래서 그 사람의 관심은 성공으로 이끄는 부분에만 큰 주의를 기울이게 된다.

성공과 거리가 먼 다른 행동들은 무시되고 그 중요성도 때로는 평가절하되기도 한다. '책벌레'는 스포츠 활동에 대해 전혀 이해하지 못하고, 시간 낭비라고 간주한다. '스포츠 광'은 학교생활의 성실함의 중요성을 평가절하한다. 활용가능한 잠재능력에 적용해 보면, 이것은 이차적 잠재능력에 편중하여 일차적 잠재능력을 무시하게 된다. "인생의 반은 질서에 있는데 감정에 휩쓸리는 것은 말도 안 된다."라고 하면서 그런 유형들의 행동은 언제나 공격적인 본성을 드러낸다. 갈등이 외현화되어 공격성이 외부로 나타난다. 이러한 유형의 사람들로는 주로 큰소리 잘 치는 사람, 싸우는 데 적극적인 사람, 무엇이나 아는 체 하는 사람, 흥을 깨트리는 사람, 그리고 출세 제일주의자들을 꼽을 수 있다. 내부의 강한 긴장감으로 공격성은 종종 사람과 사물에 대항해서 공격하고 다른 사람을 적극적으로 조정하려고 한다. 그러므로 이들은 성취 가능한 일에만 강한 헌신과 자기 확신을 가지고 접근하며 또한 그 힘은 성적인 영역까지도 확산된다.

결론 ➤ 이차적인 유형은 다음과 같은 심리적인 질병의 경향을 가지고 있다. 강박적 충동, 강박적 사고, 강박적 행동, 실패에 대한 두려움, 주의집중력 장애, 극도로 흥분된 기분, 모든 것을 참지 못하는 것, 어떤 것을 못 견디는 것, 권태, 자신의 까다로움으로 생기는 어려움들, 부당하게 행동하는 것, 무례한 행동, 공격성, 교제 장애, 내적인 불안함, 곰곰이 생각하기, 활기의 결핍, 지나친 충동, 일을 시작하지 못함, 무의미한 계획을 시작하는 것, 매우 긴장되는 것, 심리적 요인들에 열중하는 것 등이다. 또한 자율신경계 장애와 신체적 장애들은 심계항진, 심장통증, 탈진감, 식욕부진, 입마름, 위장 질환, 불면증, 두통, 고혈압, 성적인 장애(예를 들어, 조루와 오르가슴의 장애)들이다.

이차적인 반응유형 형태

성공과 명성추구 유형	대상중심 유형	완벽주의자
성적 성취 유형	지적인 의심가	미신에 사로잡힌 고집쟁이

이중구속 유형(혼란한 유형)

일차적 잠재능력과 이차적 잠재능력은 차별적으로 강조되고 있지만 이중구속 유형이 현실과 관계를 맺는 방식은 유동적이다. 고착은 계속적으로 일어나지는 않지만 다른 유형으로 고착되는 현상이 나타난다. 이러한 역동은 어떤 면에서는 참을 수 없는 내적 긴장을 가져오게 되어 분리와 융합 사이에서 오락가락하게 된다. 무엇인가를 고대하는 유아적인 기다림의 태도와 자유를 향한 갈망이 번갈아 일어나서, 죄책감이 심해진다. 이는 본래 욕구들에 상반되는 현상이 지속적으로 일어나는 것인데, 즉 정직하기 위해서 자기의 이익을 막아야 하고 예의 바르기 위해서 공격성을 억제하는 것과 같다.

본보기가 되는 사람들은 대부분 자신의 과제를 확실히 알지 못하고 있거나, 혹은 자기 자신과 일치되어 있지 않다. 이러한 유형의 어머니는 "나는 네가 네 할 일을 다 알기를 바란다. 나는 네가 무슨 일을 해야 하는지 말하지 않을 거야. 내가 만약 그렇게 하면, 너는 나중에 불평힐 거야."라고 이야기한다. 이 부모의 태도에서는 양가감정이 동시에 나타나고 있다. 한편, 이런 부모들은 미숙한 관점에서 자녀를 도와주고자 하나 동시에 그들은 뒤로 물러나고 있는데 이는 이차적 유형에서 이미 우리가 직시한 것과 같다.

"엄마, 나한테 무엇을 말하려는 거예요?"

"엄마, 엄마는 날더러 나가 놀라고 했으면서 내 신발과 옷을 약간 더럽히니까, 나에게 고함을 쳤어요. 고함을 치고 난 후에는 바로 초콜릿을 주었구요. 나는 엄마가 무엇을 원하는지 잘 모르겠어요…." (집중력 장애와 강박적으로 씻기에 시달리는 9세 소녀)

어린아이의 충동은 시종일관 조종할 수 없다. 아이를 양육하는 사람들 사이에는 서로 다른 견해와 태도들이 존재한다. 예를 들어, 아버지의 관점은 어머니의 관점과 다르고, 부모의 관점은 조부모의 관점과 다른데, 바로 양육하는 사람들이 자신에 대한 확신이 없다. 어린아이는 이런 애매모호한 상황에서 자신에게 이익이 되는 것을 선택하는 법을 배우며, 어떤 순간에 자기에게 이익이 되는 사람 편에 선다. 그리고 양육사들이 서로 어떻게 속이고 있는시를 너늑하게 된다. 이 같은 발날에서 시작하여, 사회적 환경에 따라 발달의 척도가 달라지는데, 처음에는 한 사람에게 대항하나 다음에는 집단이나 그 견해들까지도 무시하고 제멋대로 하는 불확실한 행동유형으로 발달하게 된다. 그러면서 점차로 명확한 입장 태도를 취하거나 결정을 내리기 어렵다는 것을 깨닫게 된다. 이런 우유부단함 자체가 정서적 부담을 주게 되고 결국은 심리·신체적 결과를 낳게 한다. 이와 같은 유형에서 나타나는 특징들은 다음과 같다.

　　나는 혼자서 모든 것을 할 수 있어. 하지만 나 좀 도와줘.
　　나는 원해, 아니야 난 원하지 않아.
　　네가 나를 도와주었을 때 난 불쾌했어. 네가 도와주지 않았을 땐, 그건 옳지 않은 듯해.

　　자녀를 양육하는 방법은 정의와 사랑 사이에서 왔다 갔다 하면서 흔들릴 수 있다. 아동의 경험에서 보면, 그러한 양육 방법들이 서로 모순되어 있음에도 교체되지 않고 그대로 적용되고 있다. 이중구속 유형들이 일차적 또는 이차적 잠재능력과 관련되어 어떻게 나타나는지를 다음에 소개되는 유형들을 통해 더 잘 살펴볼 수 있을 것이다.

불확실한 유형(햄릿 유형)

　　아동의 우유부단하고도 자신감 없는 태도는 부모의 일관성 없는 행동에서 비롯된다. 후에 이런 사람들은 어떻게 행동해야 할지를 너무 깊이 생각해서 진전이 어렵다. 즉, 무엇인가를 결정하는 능력이 심각하게 감소된다. "나는 무엇이 옳고 무엇이 그른지 알 수 없습니다." 그들의 기분은 괴테가 사랑하는 사람에게 깊이 몰두했던 것처럼, 격렬한 동요에 시달리기 쉽다. "천국에 오를 것같이 환희하다가도, 죽음에 이른 것같이 비탄에 빠지기도 하고…." 그들의 기분은 오늘은 '조증'에 내일은 '우울증'으로 오르락내리락 한다.

　　"도대체 내가 아내를 이해할 수 있을까요?"
　　"내 아내는 자기가 원하는 드레스를 갖기 위해서, 일주일 내내 나에게 어떻게 아첨해야 하는지를 알고 있습니다. 마침내 내가 완전히 지치고 자신이 원한 드레스를 사고 나면, 곧바로 또 한 주 동안, 드레스 색깔을 잘 선택한 것인지, 다른 가게에 가 보았어야 했는지, 드레스 대신 다른 것을 샀어야 했는지 등등 하소연을 들어야 합니다. 나는 이런 이 야기를 더 이상 참을 수가 없습니다. 하지만 그 드레스를 자기가 못 사고 누군가가 사 갔 다면, 아내는 내가 자기 인생의 꿈을 성취하지 못하게 방해했다고 계속해서 불평할 것이 분명합니다."(46세 세금 컨설턴트)

✱* '의기소침' 유형

이중구속 유형에서 성취요소가 비교적 강하다면, 독일 문학에서 '의기소침 신경 증'이라고 표현하는 특정한 우울증의 형태가 나타난다. 목표를 이루기 위해 엄청난 노력을 한 사람은 그 목표에 도달한 후에 곧바로 감정적인 '허탈함'과 불만족에 빠 진다. 그는 자신의 무의식적인 동기를 인식하지 못하기 때문에, 계속해서 새로운 일 로 도피하려고 노력한다. 그는 자신의 직업이 비교적 만족스러운 상태임에도 계속해 서 직업을 전환하려는 심리적인 갈등을 나타낸다. 이런 행동은 정체감의 양극화에서 기인한다. 하나의 극은 사회적 성취 기준을 나타내며, 다른 한 극은 이런 성취 기준 과 관련되어 무의식적으로 의혹감이 억압돼 있음을 나타낸다.

"아내는 자신이 어떠한지를 알고 있는 걸까요?"

"내 아내의 행동은 나로서는 도저히 이해할 수 없습니다. 며칠 동안 그녀는 내내 우 울해하며, 침대에 누워만 있고, 술을 마십니다. 그리고 나서는 갑자기 180도로 달라져 서 격렬한 폭풍처럼 집안 여기저기를 휩쓸고 다닙니다. 그러면 가족들은 아내의 기분 을 맞춰 주어야 합니다. 만일 어떤 일이 아내가 원하는 대로 되지 않으면, 입이 거친 여 자처럼 욕설을 퍼붓습니다. 그런데 이런 발작은 오래 가지 않습니다. 곧 탈진해 버립니 다. 그리고는 다시 침대로 돌아가 눕고 또다시 술을 마십니다. 나는 아내가 술을 마실 때가 더 나쁜 것인지, 발작을 일으켜 인생을 지옥으로 만들 때가 더 나쁜 것인지, 잘 모 르겠습니다."(50세 실업가)

✱* 변덕스러운 유형

외부적으로 이중구속 유형의 사람들은 종종 자신들이 원하는 것을 정확하게 아는 실용주의자 같은 인상을 주지만, 이 유형의 사람들은 불확실한 감정을 자주 드러낸다. 개인적인 확신이나 용기는 미약하고 깊이 생각하는 듯하다가도 재빨리 마음을 바꾼다. 이 변덕스러운 유형은 또한 외적 세력 관계가 바뀌면 그 변화에 따라 자신도 쉽게 마음을 바꾸는 유형이다. 그러다가 또다시 세력을 얻게 되면 자기 견해를 다시 한 번 피력할 수 있도록 내부에 은밀히 보유하고 있다가 그럴듯한 근거를 제시한다. 활동적인 정치인들 중에 이중구속 유형은 한편으로는 평화를 위한 열망을 강조하고, 다른 한편으로는 무기를 제공하면서, 평화를 위태롭게 하는 것들이 있기 때문이라고 강조한다. 한 국가에 경제보조를 해 주어 다시 재건하기 위해서라도 파괴시켜야 한다거나, 또한 파괴된 국가를 보상해 주어야 한다고 피력하기도 한다. 변덕스러운 유형의 기본 성격 구조는 다음과 같이 다양한 형태로 나타난다.

"부드럽게 이야기 할 때 듣지 않는 사람은 후에 틀림없이 몽둥이 찜질을 받게 될 것이다."

"나는 그 사람과 원만하게 해결하려고 노력했고, 여러 번 우정 어린 편지도 보냈는데 도대체 응답을 하지 않았습니다. 나는 인내심을 잃었고, 변호사를 통해 조치하겠다고 으름장을 놓았더니 즉시 응답을 해 왔습니다. 그는 그때서야 빚을 갚을 준비가 되었다고 했는데 그전에는 마치 빚을 갚기가 전혀 불가능했던 것처럼 말하더군요." (38세 사업가)

✽* 성적인 기만 유형

종종 이중구속 유형은 우리가 '도덕적 이중성'이라고 정의할 수 있는 태도를 명백하게 드러낸다. 여기에 두 개의 집단이 있는데, 그중 하나는 자신이 엄격한 도덕주의자처럼 행동하는 무뚝뚝한 사람이지만, 사회적 속박이 풀렸을 때는 자신이 원하는 것이 무엇이든 행하는 사람이다. 이런 유형은 집에 있는 동안 도덕적이고 청교도적인 남편의 역할을 하지만 밤에는 비밀스럽게 매춘부를 찾아간다. 그는 공적으로는 자위행위를 비난하지만, 포르노 앞에서 자위행위를 한다. 그는 자신이 성적인 필요를 갖고 있지 않은 것처럼 여기지만, 특정한 성도착적인 기질을 가지고 있다. 다른 사람들 앞에서는 성에 대해 적당한 거리를 두기 때문에 성적으로 아무런 문제가 없다고 말하지만, 집에서 그는 이전에 거절당했던 성적 환상을 계속 갈망하고 있다. 자기 남편에게 엄격한 정절을 요구하며 남편에게 항상 냉랭하기만 한 아내는 은밀하게 남자친구를 가지고 있다. 사회 규범은 외부적으로 강하게 포장되어 있지만, 동시에 성적 특질은 이중적이거나 환상 속에서만 배출한다.

　또한 이 유형은 공공연히 자신을 위장한다. 자신이 성에 대해 모든 것을 아는 것처럼 이야기하며 마치 성에 대해서 매우 자유스러운 사람처럼 행동한다. 그러나 실제로 이런 유형은 자유로운 성생활을 방해하는 억제와 죄책감에 사로잡혀 내적으로는 성에 대해 심각한 부담에 시달린다. 친구들과 아는 사람들은 그에게서 다음과 같은 이야기를 듣게 된다. "지난밤에 한 여자를 만났는데, 두 시간이 지나고 보니 내가 그녀와 누워 있는 거야."라든가, "저기 저 여자가 너에게 마음이 있는 것 같아. 그런데 내가 이미 그 여자와 일을 치러 버렸거든. 사실 난 필요하지 않았는데 그녀가 먼저 원했어." 실제로 이런 말은 전혀 근거 없는 경우가 많다. 이와 비슷한 경우가 여자들 사이에서도 많이 있다. 여자들이 시시덕거리고 있을 때, 남자가 관심을 보이면 거절한다. 어떤 여자들의 경우에는 순진한 대화를 하다가 결혼 약속으로 전환되기도하고, 야생적인 낭만의 밤으로 폭발하기도 한다. 이런 경우에도 역시 사회 규범들이 관계되는데, 이른바 성취 요구로서 드러나지만 성적 부분을 내포하고 있다. 어떤 이는 자기가 대단히 솔직한 사람인 것처럼 행동하지만, 이는 자신의 성적 억제와 불안심리를 감추려는 태도에 불과하다. 그 사람은 성적 문제들을 경시하는 태도를 보인다.

　　"나는 성에 대해서 별 문제 없어요."
　　"당신이 성적인 문제에 대해서 왜 그렇게 많이 생각하는지 난 이해가 잘 안 돼요. 그 문제가 그렇게 큰 문제는 아닌 것 같은데. 어쨌든, 나는 성에 있어서는 별 문제 없거든요."(42세 대학교수)

　그는 지금 자신은 성문제가 없다고 가볍게 이야기하고 있지만 사실 몇 년 전부터 매우 심하게 고통을 받아 왔다는 사실을 감추고 있다. 실제로 소수의 사람들이 고도의 노력을 기울여 성적인 문제를 기술적으로 억압하고 있지만 대다수는 그렇지 못하다. 공격적인 성향도 역시 수면 위로 떠오르게 된다. "성과 관련된 모든 것은 역겨운 것입니다! 내가 당신이라면, 나는 정말 부끄러웠을 겁니다. 내가 한창 젊었을 때에도 그런 역겨운 행동은 하지 않았습니다."

성적인 문제는 흔히 있지만 직업과 다른 사람들의 관계와 관련되어 있는 만큼 표면에 잘 드러나지는 않는다. 이 유형의 특징은 결정을 내리는 데 있어서 매우 꾸물거리며 결국은 결정을 내리는 데 무능력하다.

"내가 학교 교육을 마쳤을 때…, 내가 정규직을 갖게 될 때…, 내가 좀 더 많은 돈을 갖게 될 때…, 집이 이미 준비되어 있다면 그때는 결정하기가 더 쉬울 것입니다."

이 유형의 사람이 결혼한 상태라면, 독신을 그리며 자유를 잃어버렸다고 한탄할 것이다. 이 유형의 두 사람이 결혼하게 되면 결혼을 유지 못하고 이혼하게 되는 경우를 보게 되는데 결국은 떨어져 살 수 없어서 여전히 이혼한 상태에서 결혼한 것처럼 함께 살고 있다.

✱* 이중구속 유형들의 사랑에 대한 풍자문

'순종으로서의 사랑'이란 다른 사람들과 똑같이 행동해야 한다고 생각해서 자신의 필요보다는 주변 집단에서 요구하는 기준에 따라 행한다는 것을 의미한다. '자유로서의 사랑'은 악순환의 연속이다. 부모의 보호감독에서 벗어나기 위해 급하게 동반자를 찾기도 하고, 성관계는 자기 멋대로 하는 방식이 최고라고 하면서 증명하기도 하며, 때로는 화풀이 하듯이 성관계를 하기도 한다. 이중구속 유형이 가지는 사랑 가운데 특히 '수준을 측정하는 사랑'에서 나타나는 특징을 보면 자신의 배우자가 성적 특질에서 조금도 우월하지 않다는 것을 자신과 다른 사람들에게 입증하려는 것 같은 태도를 보이기도 한다. "우리는 누구도 서로가 상대방보다 더 낫다고 단언할 수 없습니다. 내 남편 역시 결코 천재가 아닙니다."

'비상사태 해결사로서의 사랑'은 특히 배우자를 선택할 때, 소망과 실현 사이의 큰 차이를 경험하게 된다. 사람이 마침내 '손 안에 새'를 쥐었기 때문에 순간 만족할지라도, 기대하는 소망이 빗나가면, 분노가 되어 결국 배우자에게 해를 끼치게 된다. 이와 같이 이상적인 것의 획득이 어렵게 되면 내적 동요를 일으키는 근원을 제공하게 된다. '의사 역할로서의 사랑'에서 배우자는 서로를 분석하는 전쟁을 한다. 배우자의 사격조준에 말려들어가 어떻게 반응해야 할지를 갈등하며 스트레스를 받는 것이다. 남편의 넥타이를 두 개 사 가지고 온 어떤 아내의 태도를 보자. 남편이 아내를 기쁘게 하려고 그중 하나를 매었는데 "도대체 뭐가 문제예요? 왜 다른 하나는 싫어하죠?"라고 화를 내는 것과 같은 경우다.

외적으로 사랑인 것처럼 보이는 것을 좀 더 면밀히 검토해 보면, 연민이라는 것을 알게 된다. 상대방이 자신에게 무슨 일을 할지도 모른다는 두려움, 고독하다는 생각, 부당한 대우를 받는다는 생각, 가난한 사람을 행복하게 해 주어야 한다는 생각 등이 자신을 고결한 삶을 살도록 이끄는지 모른다. 그런 것 때문에 사랑은 자비로운 제도가 되는 것이다. 이런 이유로, 28세 여성은 '남동생도 인생의 무엇인가를 얻을 수 있어야 한다.'는 생각 때문에 신체장애인인 남동생과 동침을 하게 되었다.

　"두 명의 아내를 가진 것은 그저 나의 운명입니다."
　"어느 날, 아내는 자기가 무슨 배우나 된듯이 우아하게 폼내기도 하고, 화장을 야하게 하고 매우 사치스러운 모습을 합니다. 또 어떤 날에는 나보다 더 촌스러운 남자에게 더 잘 어울릴 것처럼 보이기도 하고, 때로는 물 빠진 청바지를 입고 맨발로 돌아다니기도 합니다. 나는 마치 두 명의 여자와 결혼한 것 같은 느낌입니다. 어쨌든, 나는 그중 어떤 하나를 선호하지는 않으나, 그 중간쯤을 좋아한다고 하는 것이 맞을 것입니다."(35세 직장인)

무관심한 유형

이 유형은 종종 종교적인 내용에 대하여 양가적인 반감을 보여 준다. 한편으로는 종교에 대하여 비판적인 태도를 취하지만 또 다른 한편으로 종교에 매달린다. 가까운 사람을 사고로 잃어버리는 것 같은 큰 재앙은, 과거와 관련된 갈등을 활성화시키고 전형적인 합리화로 이끈다. "왜 하나님은 악을 허용합니까?" 또는 "만일 하나님이 계신다면 왜 전쟁이 생깁니까?"와 같은 말들은 이런 태도를 특징짓는 말이다. 이런 사람들은 개선될 필요가 있는 전통적으로 내려온 종교적 이념과 세계관에 연관된 내용들이 쉽게 변화되기를 바라고 또 실로 변화시키려고 시도하기도 하지만, 몸에 베인 전통에서 쉽게 떠나지도 못한다. 이 유형의 사람들은 본질적으로 종교적인 것에 관심이 있으면서도 관여하지도 않고, 또 종교적인 혁신을 찬성하기도 하지만 일관성 없는 태도를 보이는 애매모호한 사람들이다. 그들이 특정한 것을 좋아하여 선택한다 하더라도 꾸준히 지속하지 못한다. 그들은 객관적인 필요 때문에 자신들의 의견을 바꾸지는 않으며, 오히려 사회적 환경의 권위 때문에 자신의 의견을 바꾸는 편이다. 그래서 그들의 우왕좌왕하는 종교적 신념에 대해 "당신이 태어날 때부터 가졌던 종교적 전통을 저버리면서까지 부모님께 어떻게 그렇게 할 수 있습니까?"라고 말해 줄 필요가 있다. 이런 유형의 사람은 종교와 지역사회 내에서 드러나는 본질적인 것과 비본질적 이념의 차이, 또 그 구성원들의 태도의 차이를 구별 못하는 취약함을 보여 준다.

결론 ➤ 이중구속 유형은 일반적으로 히스테리 신경증 구조를 지닌 부류에 해당한다고 볼 수 있다. 이 유형의 사람들은 자신의 삶에 초점을 맞추지 않은 것 같으며, 확실한 신념이 없고 내적인 인식(태도)도 희박하다. 그들은 갑작스러운 기회와 새로운 가능성에 유혹을 받는다. 그리고 자신과 자신을 둘러싸고 있는 세계를 신뢰하지 못한다. 이 유형의 특징적인 반응 행동은 질병으로 도피하는 것이다. 이는 대부분 모방을 학습함으로써 얻어진 결과에 기초하고 있다. 자기 모방은 다음과 같은 패턴에 따라 학습된다. 어린아이가 감기에 걸려서 어머니나 다른 양육자들로부터 특별한 돌봄을 받았다. 이 아이는 이전에 때때로 주변 상황에서 억압을 느낀 적이 있었는데, 즉 양육자의 전문적인 양육 활동 때문에, 형제자매와의 경쟁심리 때문에, 또는 질서정연함과 순종을 강조하는 어머니 때문에 억압을 느꼈었는데, 이제 한 가지를 발견해 낸다. 아프게 되면 시끄러운 잔소리는 멈춰지고 평화와 고요를 누리게 되고 더욱이 자신이 관심을 받고 오랫동안 갈망해 왔던 애정을 받게 된다. 그러므로 이런 학습 경험은 어려운 상황과 직면했을 때 적용된다. 어머니에 의하면 자녀는 시험에 대한 불안이 있고, 불편한 방문객을 맞아야 하거나, 거의 본 적이 없는 사람을 방문해야 할 때 불안해한다고 호소한다. 이럴 때 그것들로부터 도피할 수 있는 것이 질병이다. 질병은 이런 유익한 의미를 가지고 있다. 다른 사람을 모방하는 것은, 예를 들어 어린아이는 가족 안에 힘든 일이 있을 때, 어머니가 두통과 편두통 때문에 움츠러들어 연약해질 때에 아버지가 어머니를 돌본다는 것을 알게 된다. 이 아이도 '어머니가 아프기 때문에' 집을 정리하고 청소해야 한다. 이런 발견이 학습 모델이 된다. 대부분 다음과 같은 무의식적인 연상 작용이 발달된다. "어려운 일이 나를 괴롭힐 때, 내가 스스로 문제를 해결할 수 없을 때, 불쾌한 상황과 직면하고 있을 때, 그린 때 나는 (어머니처럼) 병이 납니다. 그래서 다른 사람들로부터 관심을 받으리라는 기대를 합니다." 발달 과정에서 이런 반응 형태가 당연한 것으로 받아들여지고, 결국은 그 원인과 심리적 과정에 더 이상 접근할 수 없게 된다. 환자는 이 의사에게서 저 의사로 옮겨 다니며 약물치료를 받는다. 그리고 온천으로 보내지기도 하지만 눈에 띄게 개선되지는 않는다. 더욱이, 성인은 질병으로부터 얻은 이익을 사용할 수 있는 경험을 개발한다. 환자뿐만 아니라 그 주변 동료들 또한 이중구속 유형이 보이는 행동을 따라하게 된다.

　"다른 사람들과 나"
　한 환자가 위장에 구멍(perforation of stomdeh)이 났다고 호소하였다. "내가 몸이 너무 안 좋아서 모든 사람이 나를 걱정하고 있습니다. 내 아내와 동료들, 그 밖에 하나님도 아십니다. 내가 극심한 스트레스에 시달려서 어떻게 해야 하는지 알지 못하고 있을 때, 모든 사람들은 내가 잘못했다고 지적을 합니다." (47세 사업가)

이중구속 유형은 미숙한─일차적 유형과 이차적 유형의 양극단 사이 모든 영역에 걸쳐 있다. 이 승후군은 매우 복삽하고 요농이 심하다. 심리석 및 심인성 상애블이 서도 얽혀 있으며, 그래서 이중구속증후군이라 이야기할 수도 있을 것이다. 심리적인 질환에는 다음과 같은 증상들이 있다. 우유부단함, 자기 혐오, 자기에게 부당하게 행동하는 것, 과민반응, 자신을 수용 못하는 무능력, 우울을 변화시키는 지나치게 쾌활한 감정,

억압, 변덕스러운 감정 변화, 주의집중 실패 혹은 변화무쌍, 한 번에 수많은 일하기, 나중에 후회할 일을 말하거나 행하는 것, 목적 없이 돌진하기 등이다. 자율신경계와 심인성 질환에는 다음과 같은 증상들이 있다. 분노감정, 숨참, 맥박이 멈추는 것 같은 느낌, 심장이 격하게 두근거림, 사지가 쑤시는 감각, 과도한 활동과 탈진이 번갈아 찾아오는 느낌, 두드러진 감정의 변화, 소화 장애, 현기증, 생리 불순, 류머티즘 질환 등이다.

이중구속 유형의 형태

불확실한 유형	의기소침 유형	변덕스러운 유형
성적인 기만 유형	무관심한 유형	

2. 개념과 신화

병이 반은 차 있나요, 아니면 반이 비었나요

사람이 가진 무궁한 잠재능력 가운데 활용가능한 잠재능력에 대한 태도 그리고 사랑하는 능력과 인지능력의 양식을 다루는 태도는 인간 행동의 기초가 되는 개념이다. 동반자 관계에서 갈등을 일으키는 상황은 가치관 패턴이 서로 상반되기 때문에 발생한다. 이러한 가치관 패턴들은 드러나는 태도와 행동 패턴처럼 비교적 안정적이며, 그 정도는 행동과 직접 연결되는데, 이를 실제적 개념이라 한다.

"밖으로는 장밋빛, 안으로는 추잡한"

활용가능한 잠재능력	나(I)	상대방(Partner)
질서정연	"내 생각에는 집이란 사람이 사는 곳이란 느낌이 있어야 돼요."	"남편은 집이 책이나 잡지에 나오는 꾸며진 집처럼 멋져야 한다고 생각하는 것 같아요."

이 경우에 가정에서는 '질서정연' 에 대한 서로 다른 개념 때문에 갈등이 생기며 계속적으로 언쟁을 일으키게 된다.

"남편한테서는 좋은 냄새가 나지 않아요."

활용가능한 잠재능력	나	상대방
청결	"물은 내게 꼭 필요한 것이죠. 만약 하루에 몇 번이고 씻지 못한다면 기분 나쁠 거예요."(전통을 중시하는 51세 주부)	"남편은 생전 물소리도 들어 보지 못한 사람 같아요. 그는 물을 증오하나 봐요. 어떤 때는 씻지도 않은 채 잠자리에 들지요."

　　양쪽 배우자는 청결함에 대한 자신의 관점에 확신이 있고, 정확하고 객관적으로 입증할 수 있다는 입장을 고수하고 있다. 아내에게 있어서 청결이란 위생 상태, 질병을 피하는 것, 신선한 것 등이며, 남편에게 있어서 청결이란 덜 중요한 것, 시간이 걸리는 것, '약간 더럽다고 해서 누구에게도 해를 입히지는 않는다.' '너무 과도하게 씻는 것은 피부를 상하게 만든다.' 등이다.

　　이렇게 청결에 대한 서로 다른 개념은 또한 청결한 행동에 대한 개인적인 형식을 지닌다.

"샤워를 할 것인가, 목욕을 할 것인가?"

활용가능한 잠재능력	나	상대방
청결	"물론 당신은 따뜻한 물로 목욕을 해야만 해요. 오직 비누와 따뜻한 물로만 깨끗하게 될 수 있어요."	"난 욕조에서 목욕하는 게 정말 넌더리나게 싫습니다. 욕조에서 목욕하는 건 자기 때와 같이 있는 거죠. 난 찬물로 샤워를 하겠어요. 어머니도 항상 '차가운 물로 샤워하면 저항력을 기를 수 있나.' 고 말씀하셨지요. (58세 대학교수)

이 사례에서, 청결과 관련하여 남편은 단순히 불리한 증상을 드러내는 것이 아니다. 예를 들어, 더러운 것이 아니라 오히려 청결에 대한 자신의 입장을 옹호하고 있는 것이다. 아내가 자기의 청결에 대한 개념을 주장하는 것처럼, 그 역시 그럴듯한 논쟁으로 자신의 관점을 주장하는 것이다. 각자는 모두 자신의 개념을 옹호하는 이유를 제시하고 있으며 남편은 자신의 입장에서 타당성을 주장하지만 실은 오해를 깊게 만들고 있다.

아내가 "남편은 너무 무질서합니다."라고 불평할 때, 그녀는 남편뿐만 아니라 자신에 대한 것도 말하고 있는 것이다. 불평 속에 담긴 개념은 이렇게 표현할 수 있을 것이다. "남편이 조금만 더 질서가 있는 사람이라면 난 만족했을 거예요." 그런데 질서라는 것은 '인생의 반이 질서다.'라고 할 만큼 일반화할 수 있는 말이다. 이 구절은 자신과 다른 사람들에게 기대하는 것뿐만 아니라, 개인의 행동을 결정하는 기본적 개념을 간결하게 표현하고 있다. 이런 과정은 '일반화'로 설명될 수 있는 것이다.

그러나 이와 같은 개념이 연결되어 있는 일반화는 한층 더 확장될 수 있다. 이는 개인이 가지고 있는 일반화된 생각뿐 아니라 모든 사람들의 기본 개념 안에 뿌리를 두고 있는 다수의 일반화된 생각까지도 포함하고 있는 것이다. 다른 말로 하면, '인생의 반이 질서다.'라고 자기 기본 개념을 주장하는 사람은 '사람들은 질서에 대해 어떻게 말할까?'라고 생각하는 사람들과 여러 면에서 서로 많이 다르기 때문이다.

'긴장하지 말자.'라는 낙관적인 모토로 인생을 사는 "그래서 그게 어쨌다는 거야?"라는 말로 성공이나 실패에 체념하듯 반응하는 사람보다 갈등 대처에 훨씬 높은 가능성을 가지고 있다. 그래서 개인에게 형성된 개념은, 갈등에 반응하면서 갈등에 대처할 가능성을 결정할 때 선호하는 형식에 따라 크게 다르게 나타난다.

그러므로 이 기본 개념은 우리가 경험한 것을 스스로 평가하는 범위 안에서, 이해를 돕는 참고 모델이 된다. 대부분 몇 가지 기본 개념은 공존하기도 하고 서로 완전히 모순되는 것일 수도 있다. 가장 단순한 예는, 이렇게 상반되는 기본 개념이란 개인의 감정 파동에 따라 제공되는데, 이것이 외부 변화 때문에 오는 것이 아니라 오히려 개인의 내부 정보 처리과정에서 평가하고 참고하는 체계가 어떠한지에 따라 감정 파동이 발생하며 형성되기 때문이다. '나는 가장 위대한 사람이야.'라는 개인의 개넘은 '나는 실패작이야.' 라는 개념으로 바뀌기도 하고 또 그 반대로도 바뀐다. 이런 배경에 대해서, 성공의 경험은 다르게 평가된다. 어떤 경우에는 그 경험이 개인의 잠재능력이 되어 크게 빛을 보기도 하지만, 어떤 특정한 상황 아래서 '그것은 별로 중요하지 않았어. 그런데 만약에 그것이 중요했다 하더라도 누가 알아 주겠어.' 라고 비관적인 결론을 내리기도 한다.

기본 개념이란 개인이 과거에 학습했던 것과 물려받은 관습들이 집중되어 형성된 것으로서 개인에게 아주 기본적인 갈등을 야기시킨다. 그러므로 기본적인 갈등은 자기 자신의 자유 의지가 선택한 결정이라기보다는, 우리가 이름 붙인 '집단적이거나 개인적인 신화' 발달에 그 근원이 있다고 볼 수 있다. 신화는, 한편으로는 개인의 태도를 분명히 보여 주는 기본 개념이면서, 다른 한편으로는 개인의 자유가 무시되고 이미 습득된 의사소통 유형과 전통 안에서 형성된 사회현실에서 획득된 것이기도 하다. 이런 신화는 수많은 표현을 통해 나타난다. 즉, 표어(예의), 전해 내려오는 말(살아가고 있고 살아가게 하는), 시(강한 사람이 가장 강한 외로움을 가지고 있다), 말로 표현하는 그림(모든 구름은 은빛 안감으로 되어 있다), 철학과 역사, 은유, 우화, 설화, 패러다임 그리고 도덕성 등으로 나타난다. 더욱이 개인이 모델을 통해서 경험해 온 상황들을 보면 그 개념이 그의 삶 속에서 어떤 역할을 했는지 추측이 가능하다. '우리 아버지처럼' 이라는 말은 모방하거나 혹은 피해야 하는 개념으로 형성된 수많은 상황들을 의미한다. 이와 마찬가지로, 음악도 개념을 담고 있다. 음악의 분야는 그 안에 심리사회적인 의미를 갖고 있으며, 서로 다른 관점을 나타내고 있다. 이런 의미에서, 고전음악과 행진곡은 구조적으로 성인이나 부모가 좋아하는 음악이고, 비트와 소울 그리고 민속음악은 젊은이가 좋아하는 음악의 개념이라 볼 수 있다. 민족과 국민을 나타내는 집단개념은 민속음악 같은 특정한 음악으로 표현되는 것을 발견할 수 있다. 그 전통을 통해 음악은 감각과 직관을 나타내며, 그러므로 정서와 감정, 분위기에 많은 효과를 미친다. 음악은 감동적이고, 공격을 불러일으키며, 과거에 대한 향수를 느끼게 하고, 감상적이며, 보상적이고, 긴장을 완화하며, 평화롭게도 하고, 수면제 역할도 하며, 또한 소속감을 느끼게도 한다. 그럼에도 음악의 효과는 개인의 태도에서 보이는 학습된 모델의 질에 따라 크게 좌우되어서 개인의 개념에 영향을 미친다.

"각각 자기의 것이 있습니다."

"나는 정말로 집을 떠나고 싶습니다. 아버지를 점점 더 참을 수 없어요. 나는 스테레오 음향으로 '근사한 음악'을 연주하였습니다. 그리고 음악을 즐기기 위해 음량을 한껏 높였는데 내 즐거움은 오래 가지 못했습니다. 아버지께서 들어오셔서. 무엇이든 다 아는 체하시는 겁니다. 음악을 크게 듣는 것은 끔찍하게 단조롭고, 스트레스를 주며, 청각에 해가 되고, 젊은이를 공격적으로 만들며, 등등의 온갖 말도 안 되는 얘기를 하시는 것입니다. 그래서 나는 모차르트나 왈츠같이 내 감정을 둔화시키는 음악을 들어야 했습니다. 나는 아버지에게 그런 음악은 나에게 맞지 않아서 정말 참을 수 없다고 분명히 말씀드린 후, 지옥 같은 상황에서 탈출했습니다."(세대 차이를 느끼는 17세 학생)

집단적인 신화는 이렇게 개인적인 신화 형성에 영향을 준다. 이것은 이미 옳고 그름에 대해 학습했지만 그때마다 자신의 감정을 솔직하게 잘 표현하지 못한 것이다. "내가 '젊은이들은 미숙하기 때문에 지혜가 많은 어른들보다 차라리 고통을 덜 받는다.'라는 글을 읽었을 때 나는 내심 행복했습니다. 보브나르그(Vauvenargues)가 한 이 말이 나에게 큰 공감을 주었기 때문입니다."

서로에 대한 세대 간 관계와 태도들을 잘 생각해 보면, 개인에게 형성된 기본 개념은 전해 내려오는 오래된 격언과 많은 관계가 있다. 이런 격언들은 한 문장으로 개인의 의견을 요약한 것으로 사람의 행동을 강하게 몰고 가는 경향이 있다. 우리 모두는 우리의 뜻대로 이런 신화, 즉, 개인에게 형성된 개념과 좀 더 포괄적으로 모델링이 되는 참고 체계를 내부에 가지고 있는데, 이는 우리가 의식적으로 조정하는 것이 아니라 우리에게 유용한 가능성으로 체택하는 것이다. 환자뿐만 아니라 치료자도 자기의 개념들을 가지고 있다. 모든 치료 제도와 모든 심리치료 이론, 그리고 모든 가설은 그 출발점에서 그 자리 개념과 일치하는 것이 무엇인지 특정한 추측을 하는 것이다. 그렇기 때문에 일반적으로 심리치료 이론들이 세계관, 인간의 관점 그리고 이데올로기에 좌우되고 있는 것이다.

그러나 오히려 이데올로기들이 난무하여 심리치료 이론들이 적절한 분화를 이루지 못하고 있다. 그래서 개인이 처한 상황을 이해하거나 새로운 것을 발견하도록 촉진시킬 수 있는 심리치료 개념들에 대한 이론적 구성은 매우 미약하다고 볼 수 있다. 예를 들면, 다양한 심리치료학파에서 제시하는 행동치료 이론과 관련된 교육이 이와 같이 미약한 심리치료 이론에 상응하여 나타났다고 볼 수 있다. 그러므로 개인이 지닌 기본 개념에서 자유로운 심리치료란 있을 수 없다. 만약에 심리치료가 치료를 조작하려고 위험스럽도록 강하게 이끄는 것이 아니라면, 심리치료에서 요구하는 전제조건들을 치료에 무조건 수용해서는 안 된다. 단지 환자의 심리치료 최종분석에서 나온 태도 변화, 융통성, 고착, 일방성 그리고 일반화 같은 것들이 그 사람의 신화나 이론적 개념과 관계가 있는 것으로 이해해야 한다. 신화를 일방적으로 적용하여 절대적인 것으로 만드는 것은 또다시 새로운 갈등을 불러일으키는 갈등의 요지가 된다. 그러므로 심리치료는 개인이 가지고 있는 신화들을 고려해야 하며, 지속적으로 반복되는 증상을 다루기 위해서는 개인의 신화 그 자체를 제한하지 않아야 한다. 신화가 새로운 갈등을 가져온다는 점을 잘못 적용하면, 이른바 신화를 무시하고 싶은 편견에 휘말릴 수 있다. 모든 개인의 행동과 태도는 그 사람의 기본 개념이 어떠한지에 따라 그 범위 안에서 나타나는 것이므로 언제, 어떤 상황 아래서 개인의 기본 개념이 갈등의 요지가 되는지를 잘 고려해야 한다.

56세 된 환자가 심각한 불안 증세로 심리치료를 받으러 왔다. 그는 자신의 발 아래서 땅이 흔들리고 갈라지고 지진으로 깊은 구렁텅이가 생기고, 그리고 그 속으로 떨어지지 않기 위해서 땅에 매달리는 악몽을 꾸었다.

어떤 사람은 이런 불안을 치료하기 위해 전통적인 방법으로 시작할 수 있을 것이다. 또 어떤 사람은 꿈 분석을 통해 해석하려고 할 수도 있다. 불안이 생기게 된 구체적인 배경은 환자가 획득한 관념 때문인데 소위 자기 존재에 대한 기반이 사회적이고 정치적인 변화 때문에 위협을 받아 자기 존재 기반이 무너져 버리지 않을까 하는 염려에서 발생하는 것일 수 있다. 그의 신화는 '당신이 어떤 것을 소유하면 그 소유 때문에 당신이 가치 있다.'라는 것이다. 이러한 존재가치에 대한 기본 개념—이자석 유형, 성공에 의한 자아가치감/부지런함/성취/절약—은 경제가 상승하는 경향을 보여 줄 때는 유익하지만, 그렇지 않게 되면 더 이상 자아가치 개념에 일치하지 않게 되어 곧 불안 증상이 나타나는 것이다.

그러면 개인에게 형성된 기본 개념과 개인 신화 및 집단 신화를 다룰 수 있는 치료는 무엇인가? 원칙적으로, 한 사람의 기본 개념이 잘못된 것은 없다. 비관주의도 낙관주의만큼 정당화될 수 있다고 보는데, 냉소적인 태도도 무관심만큼 충분히 근거가 있다고 볼 수 있는 것과 같은 것이다. 갈등을 일으키는 것은 개인이 가지고 있는 일방성과 배타성 때문인데, 이는 개인적 신화에서 야기되는 것이다. 이런 관점에서 보면, '모든 것이 관련되어 있다.'는 기본 개념조차, 분명하게 절대적인 신화와 관계가 있다 (이중구속 유형).

한 가지 타당한 개념을 널리 퍼뜨리는 것만이 심리치료의 역할은 아니다. 'I'm OK, You're OK'의 치료 개념은―교류분석이 차별화된 배경을 다소 무시하기는 하나―심리치료 신화의 모든 범위를 나타내고 있다. 만약에 나는 정말 아무런 문제가 없다고 하는데도, 상대방이 나의 행동양식 및 특성을 들어 가면서, 내가 아무 문제가 없다고 하는 것을 인정하지 않는다면 어떻게 되겠는가? 그때 나는 'I'm OK, You're OK'의 개념에 대해 갈피를 못 잡게 된다. 솔직하게 말해 심리치료는 한 가지에 관심을 가지는데, 말하자면 환자의 자기개념과 개인적 신화가 무엇인지를 구별하여, 대안적 개념이 무엇인지를 알아내려는 것이다. 그러므로 무엇이 옳고 그른가에 대한 의혹은 제쳐 두고 어떤 결과와 추측들이 개인의 신화를 조성하는지에 더 관심을 가진다. 개인적 신화에 대한 정보는 개인이 충실하게 지지하고 있는 집단 신화와 관련된 가치관들, 즉 세계관, 좋아하는 철학자들, 종교 창설자들, 작가들, 그리고 과학적 접근 형태들에 최소한 부분적으로라도 어떻게 동일시하고 있는지를 보면 알 수 있다. 이러한 의혹을 찾아내는 것이 치료에 아주 중요한 역할을 한다. 개인이 선호한 기본 개념은 변화가 가능하기 때문이다. 어느 정도는 자기의 기본 개념을 계속 확인하며, 자기가 확인한 기본 개념을 따를 것인가 또는 자신의 개념을 보다 더 쉽게 믿게 하는 다른 개념을 따를 것인지를 계속해서 주시하고 있다.

심리치료 현장에서, 필자와 동료들은 실제로 특정 작가들과 인격 장애자들 사이에 현저히 드러나는 관계를 관찰하였다. 그래서 필자는 아주 힘든 정체성의 위기를 경험하는 많은 환자들이 좋아하는 작가가 니체와 헤르만 헤세라는 것을 알게 되었다. 이 집단의 환자들은 대개 세대 간 문제를 가진 환자, 알코올 중독자, 그리고 우울증과 정신분열증 환자들이었다. 그들의 기본 개념들은 개인의 전 생애를 통해 나타난다. 이러한 개념들은 개인의 인생사와 섞여 짜여져 있어서, 일종의 심리지도(psychp-gram)를 그릴 수 있는 특징적인 모습들을 지니고 있다.

　"모든 사람은 혼자입니다."

　36세 된 한 대학교수가 우울증과 심장 질환, 그리고 주로 외로움과 관련된 불안 때문에 심리치료에 왔다. 이런 주관적인 질환 외에도, 환자는 계속해서 남편이 자신을 이해하지 못한다고 불평하였다. 이것은 수많은 개념들이 환자가 경험한 세계와 관련되어 있는데, 그 경험이란 어려서부터 교육받아 온 과정에서 지기(self)를 이해하는 데 어떤 특징지어진 개념들에 기초하여 구체화되었기 때문이다.

　"내 기억으로는 어려서 이야기책을 읽은 적이 없어요. 저녁 기도는 어린아이처럼 순진했죠. 아버지는 늘 말씀하시기를, '넌 왜 긍지가 없냐?' '하나님에 대한 믿음이 조금만 있었어도…' 라고 하셨고, 어머니는 '격렬한 것보다는 작고 조용한 기쁨이 훨씬 좋은 것이란다.' 라고 하셨죠."

　학창 시절에는 하이디 스피리(Heidi spyri)가 쓴 시를 읽었는데, 그 시는 지위가 높은 사람들의 보호를 받고 있다고 느끼는 한 소녀에 대한 시였다. 사춘기 때는, 지금은 모두 잊어버리긴 했지만, 유명한 사람들이 쓴 인용문구들을 수집하였다. 그러나 다방면의 소설, 시도 읽었는데, 즉 매력적인 자연에 대한 것들이다. '안개 속에서 혼자 걷는 생소한 경험, 산다는 것은 혼자가 되는 것, 누구도 다른 사람을 알 수 없다. 모든 사람은 혼자다.' (헤르만 헤세)

　'마음이 내키지 않으면 개선하려고 하지 말고 그냥 두어라.' (베르겐그륀). '이상과 삶,' (실러) '감각적인 행복감과 영혼의 평안 사이에서 인간은 오직 무서운 선택을 하고 있다.'

　내 남편에게노 역시 낳은 어려운 문제늘이 있습니다. 내가 심리학과 사회학에 대한 그의 관심을 이해할 수는 있지만, 철학에 대한 그의 사랑을 모두 이해하는 것은 불가능합니다. 남편은 키르케고르와 블로흐(Bloch)를 좋아하고, 또한 마르크스를 좋아했습니다. 그는 또 내가 정말 싫어하는 통계학에 대한 특별한 애정이 있습니다. 나는 남편과 춤추는 것을 아주 좋아하는데, 남편은 춤추는 것을 그렇게 좋아하지 않습니다.”

확실히, 이런 식의 자기소개는 전기(傳記)적 자료와 같은 정확한 표현을 제공하지는 않지만, 중요한 개인의 감상적인 특질을 묘사하기도 하고, 한편으로는 특정한 심리적 발달에서 유래하기도 하며, 다른 한편으로는 이런 발달(부모의 기본 개념의 형태에서)이 부모에게서 시작되어 자기개념(자기 자신의 태도적, 행동적인 개념)으로 강화되는 양상을 설명하고 있다.

앞서 이야기한 것처럼, 기본 개념에 대한 치료적 접근은 분화(차별화)를 통해 구성된다. 이는 환자가 갖고 있는 신화의 배경을 분석해 봄으로써 알 수 있다. 신화는 그 자체로 환자의 개인사와 관련되어 있으며, 어떻게 형성되었는지 그 신화의 내용들이 자세히 구별되어 있다. 이와 관련하여 의혹이 제기되는데, 과연 사람은 관계성에 대한 개념이 필요한가, 즉 자기 자신과의 관계, 상대방과의 관계, 양육과정에서의 관계, 일터에서 돕는 자와 같은 분명한 개념이라든지, 사람 상호 간의 관계 또는 미래의 궁금증에 대해 답을 주는 그런 개념이 정말 필요한지 의혹이 일어난다. 이러한 것들을 살펴봄으로써, 갈등 영역이 밝혀지고 어느 정도 모두에게 일반화가 가능한지 그 정도가 결정된다. 개인적 개념이 심리사회적인 규범 때문에 세워졌다고 말하기는 아직 확실하지 않다. 이런 식으로 이해하자면, 개인의 모든 활용가능한 잠재능력들이 개인적인 신화들이 되는데, 그 신화화된 잠재능력들이 개인의 영역들을 지나치게 강조하여 개인의 내면에 억압되어 있는 잠재능력들을 이끌어 내는 것으로 유추가 가능하다. 나아가, 이와 같은 개인적 신화의 바탕에는 그 개인의 인지능력 양식이 표면화되어 있음을 알 수 있다. 즉, “먹고 마시는 것은 몸과 영혼을 하나 되게 하는 것이다.”(과하게 먹는 식습관을 가진 사람들에게서 종종 발견된다.) “되돌릴 수 없는 말은 한마디도 하지 마라.”(이성, 지성은 흔히 비지배적인 감정을 억압하는 기능을 한다.) “부모에게서 받은 것을 감사하며 다시 갚아 드려야 한다.” “수세기 동안 타당하게 여겨져 온 것은 그것이 어떠한 것이든 간에 진실로 받아들여야 한다.”(전통적인 관습들이 스트레스를 유발시킨다.) “내 감정은 나에게 무엇이 옳고 그른지를 알려 준다.”(직관) 이와 같이 개인의 기본 개념에 따라 인지능력 양식이 서로 다르게 평가될 수 있다. 그러나 대부분은 개인적으로 받은 영향 때문에 일방성이 존재한다는 것을 의식하지 못하고 있다.

　신화들 간의 비교를 통해, 다른 신화들도 소개가 가능하지만, 이 절차는 저울에 무게를 다는 것과 비슷하다. 한 사물의 무게를 달기 위하여 또 다른 사물은 천칭저울의 두 번째 판에 올려놓아야 한다. 신화는 조심스럽게 다루어져야 하며, 치료자 역시 신화를 제대로 이해해야 한다. 심리치료에서 중요한 것은 사고의 맥락을 끊는 것이 아니라 사고를 자극하는 것이다. 사고를 자극하는 것은 환자가 최초로 자신의 신화에 대한 반대개념을 돌아볼 수 있는 계기를 준다.

반은 차 있고 반은 비어 있다

　"반쯤 차 있는 병이 있다고 상상해 보십시오. 이 병은 서로 다른 방식으로 볼 수 있습니다. 낙관주의자는 '병이 반이나 차 있네.' 라고 이야기합니다. 비관주의자는 '병이 반이나 비어 있네.' 라고 말합니다."

　이런 식으로, 비관주의자인 환자는 늘 익숙해져 있는 비관주의 사고방식에서 자신의 상황을 다르게 볼 수 있는 방식을 발견해야 한다. 이러한 행동적인 대안은, 만일 그가 원하는 것을 선택하고, 그 과정에서 상처받은 느낌 없이 자신이 선택한 것과 동일시할 수 있다면 그에게 매우 유용한 대안이 될 것이다. 이런 대안적인 개념으로, 비관주의적인 환자는 자신의 태도와는 상반되는 낙관주의적인 태도를 경험할 수 있게 된다.

　한 여성 환자가 이렇게 호소하였다. "나는 이미 2년 동안 정신분석을 받았습니다. 아무것도 도움이 되지 않았어요. 나는 완전히 혼란스럽습니다." 이 환자에 대해서는, 자신이 치료하러 왔는데 오히려 혼란스러워진 배경은 무엇 때문인지, 그리고 그녀 자신이 어쨌든 치료를 받기 위해 심리치료에 왔다는 모순성들을 분명하게 다루어야 할 것이다. 이와 함께 환자 자신이 장애에 대한 중요성을 인식하게 하고, 환자가 수년 동안 이미 추구해 왔던 관심사를 다루는 일이 필수적이다. 아무튼, 환자는 이러한 치료 과정에서 자신의 신화를 통해서 자기기만을 어떻게 합리화하는지를 처음 보았

기 때문에, 환자의 기본 개념은 더욱 강화될 것이다. 필자는 그런 분석 대신에, 다음과 같은 방식으로 어느 정도 환자의 상황을 설명해 주었다.

"태양을 마음에 떠올려 보십시오. 만약에 태양이 비추지 않는다면, 왜 그러할까? 태양은 항상 비치는데, 단지 때때로 구름이 가리기 때문이다."라는 것을 알게 된다.

이 이야기는 위에서 기술한 심리분석에서 혼란을 겪는 환자의 이야기와 유사하다. 태양과 구름 간의 관계에서 환자는 자신의 상황과 그녀가 확신했던 치료적 혼란의 모순성이 반은 진실임을 알게 되었다. 환자는 자동적으로 이렇게 반응하였다. "나의 우울증이나 자신과의 관계에 그림자를 드리우는 단순한 구름일 수 있겠네요?"

이와 같은 질문과 함께, 환자는 자신의 질병에 대한 새로운 개념을 가지게 되었고 그녀의 치료 작업은 촉진되었다.

"내가 얼마나 더 많이 죽어야 합니까?"

55세 된 주부는 남편이 죽고 난 후에 죽음에 대한 공포가 생겼다. 저녁에 아파트에서 혼자가 될 때마다 그녀는 자신이 죽어야 한다는 느낌에 압도되었다. "나는 죽는 것이 너무 두려운데 그 생각을 멈출 수가 없습니다." 필자는 그녀가 이미 여러 번 죽었다고 알려 주었다. 환자는 굉장히 당황하였다. "그게 무슨 의미입니까?" "겁쟁이는 수만 번 죽는다, 용감한 자만이 오직 한 번 죽는다."(셰익스피어) '겁쟁이'라는 말에 환자는 숨이 막히는 듯 헐떡거리며 말했다. "이 일이 있기 전에 사실 나는 내가 꽤 용감한 사람인 줄 알았습니다. 하지만 어쨌든 여러 번 죽었다는 말은 맞는 것 같습니다. 내가 경험하는 불안은 죽는 것보다는 더 나으니까요."

이 대화를 통해 한편으로는 필연적인 운명으로서의 죽음과, 다른 한편으로는 실제적으로 불안이 초래하는 죽음에 대한 태도를 구분하는 것이 가능케 되었다. 심리치료 집단에서 치료효과를 위해 개인이 가지고 있는 믿을 수 없을 만큼 수많은 심리적 개념들을 필수적으로 다루어야 함은 분명하다. 여성 치료 집단에서는 참여자들이 자녀 양육과정에서 자녀와의 상호작용에서 경험하는 어려움들에 대해 이야기하고 있었다. 이 과정에서 매우 역동적이고도 긴장된 분위기가 연출되었는데, 참여자인 N부인이 다음과 같이 자신에게 분노와 죄책감을 야기시킨 경험에 대한 이야기를 하였다.

"내 아들은 자기 감정을 노골적으로 드러냅니다."

N부인: "… 그런 것은 모두 좋아요. 하지만 가끔 나도 어쩔 수 없을 때가 있는데, 어떤 때는 그것이 내 신경을 건드려요. 그러고 나면 나는 아들을 죽도록 때리게 됩니다. (집단에서 동요가 일어났다.) 당신에게도 그런 일이 있었다는 걸 나에게 말하지 마세요."

F부인: "정확히 어떤 건지 말씀해 주시겠습니까?"

N부인: "사실, 정말 말하고 싶지 않은데, 엄청 화가 났습니다. 하지만 뭐 어때요, 남편과 며칠 전에 싸웠거든요. 시어머니께서 방문하기로 한 즈음이었어요. 아들이 나와 남편과 싸운 이야기를 시어머니께 곧바로 다 이야기해 버렸답니다. 그때의 분위기는 얼음보다 더 차가웠어요. 시어머니가 문을 열고 나가자마자, 나는 아들의 따귀를 후려쳤고 이렇게 소리를 질렀지요. '너 미쳤니? 아무리 어리다고 그렇게 몰라? 엄마, 아빠 싸운 건 아무하고도 상관없는 일이야…'."

B부인: "가엾은 젊은이. 결국 당신도 알다시피 당신은 자신을 비난하게 되었군요. 왜 자녀 앞에서 싸웁니까? 나 같으면 아무 말도 안 합니다. 이것은 내 잘못이기 때문에 차라리 혼자 삭였을 겁니다."

F부인: "이제 순교자 같은 역할은 하지 마세요. 당신도 자녀 앞에서 모든 것을 지킬 수는 없잖아요. 그렇지 않나요? 당신도 N 부인이 자기의 시어머니와 있는 것이 얼마나 어려운지 잘 알잖아요.

H부인: (이제까지 사체하고 있나가) '왜 우리는 이 문제를 좀 더 객관적으로 보지 않는 겁니까? 나는 아들이 다른 사람들에게는 어떻게 이야기했을지 물어보고 싶네요."

이 집단은 이 주제에 대하여 매우 성의 있게 토론하였다. 다양한 견해를 토대로 모든 구성원의 동의를 얻어 하나의 상반된 개념을 투명하게 하였다. 즉, '감추어야 할 것들은 모두 드러내지 마라.' 는 개인의 개념을 거꾸로 적용해 보게 하는 방식이다. 이 집단에서 만장일치로 합의한 이와 같은 견해에 N부인도 동의하였다. 이 말은 즉시 아들에게도 전달되었는데, '감추어야 할 것들은 모두 드러내지 마라.' 는 말은 아들의 개념("사람은 항상 정직해야 한다."와 "할머니는 내가 할머니에게 정직하며, 모든 것을 터놓고 이야기할 때 행복해하신다.")과는 상반되는 개념이었다. 그러나 이와 같은 상반된 개념 적용은 나아가 아들에게 사회적 행동을 잘 구별할 수 있는 능력을 촉진시킬 수 있다. 고함치는 것과 때리는 것 역시 내용으로 보아 어머니에게도 상반되는 개념(어머니의 개념)을 적용해야 한다. 그러나 아들의 입장에서는 부모가 어떠한 상황에 있는지 모두 이해하기가 어렵다. 그러므로 역으로 아들의 정직성과 예의범절에 대한 개념도 아들은 어머니를 위해 자신의 개념과는 상반된 개념으로 발전시킬 수 있다.

"내 인생의 개념"

상황	개념	반대개념
"할머니, 엄마와 아빠가 크게 싸웠어요. 엄마가 '당신은 있고 싶은 곳 어디에도 있을 수 있겠지만, 난 당신이 나와 함께 여기 있으면 좋겠어.' 라고 말했어요."(11세, 남학생)	"너 미쳤니? 아무리 어리다고 그렇게 몰라? 이건 아무하고도 상관없는 일이야…!" "나 같으면 아무 말도 안 합니다. 이것은 내 잘못이기 때문에 차라리 혼자 삭였을 겁니다." "당신도 자녀 앞에서 모든 것을 지킬 수는 없잖아요. 그렇지 않나요?" "너, 다른 사람들에게는 어떻게 이야기했니?"	젊은이에게: "감추어야 할 것들은 모두 드러내지 마라." 어머니에게: 정직, 예의에 관하여 바보스러울 정도로 정직해야 하는가? 시어머니가 관련된 것은 무엇이든지 시어머니와 직접 이야기한다는 것

결론 ➜ 치료적 개념은 가설적인 특징을 가지고 있기 때문에, 치료자의 권위 있는 도움만으로 이미 고정된 개념을 반대개념으로 교체하기는 어렵다. 다만 환자는 그것

들을 시도해 보고 상황에 맞추어 적용해 볼 수 있다. 치료자가 개인의 개념에 대해
질문을 할 때는, 환자가 무의식적이고 당연한 것으로 받아들이던 고정화된 자신의
참고 모델 체계에서 벗어나 다른 상황에서는 다르게 적용하여 자신의 현실을 새로이
인식하도록 조명해 주는 것이다.

사람들이 활용가능한 잠재능력과 기본적 자기개념을 의식하게 되면 자신의 충동
과 심리사회적인 압력으로부터 자유롭게 되고 불안과 공격성에 둔해지게 된다. 치료
자와 전체 치료적 상황이란 그 역할이 환자와 그 사람의 개념—예를 들어, 치료 대
질병—을 서로 마주 보게 하여 직면하도록 드러내기 때문에 그런 상황들이 신화가
되기도 한다. 치료적 상황에서는 문제행동이든 건강한 행동이든 상관없이, 환자가
자신의 개념과 상반되는 반대개념의 본질을 반드시 이해해야 한다

심리치료에서 매체로서의 동양의 이야기

기 나 긴　여 행

페르시아의 신비주의는 언뜻 보기에 끝이 없어 보이는 길을 따라 터벅터벅 걸어가는 방랑
자들에 대하여 이야기한다. 방랑자는 온갖 종류의 짐을 짊어지고 있었다. 그의 등에는 무거운
모래주머니가 매달려 있었고 두꺼운 물 호스가 그의 몸에 걸쳐져 있었다. 오른손에는 기묘하
게 생긴 돌을 들고 있었고 왼손에는 옥석을
들고 있었다. 목 주위에는 낡은 밧줄에 묶여
진 연자 맷돌이 매달려 있었고, 먼지 나는 모
래 속에서 끌리는 무거운 녹슨 사슬은 발목
주변에 상처를 냈다. 그는 머리에 반쯤 썩은
호박을 이고 있었다. 그가 걸음을 옮길 때마
나 사슬이 녈ㅡ럭서렸나. ㄱ는 힘겨운 운닝
과 자신의 연약함을 불평하면서 걸음을 옮길
때마다 신음소리와 괴로워하는 소리를 냈다.

그는 도중에, 오후의 타는 듯한 열기 속에

서 한 농부를 만났다. 그 농부가 물었다. "이런 지친 방랑자여, 왜 당신은 그 옥석을 그렇게 지고 가십니까?" "나는 터무니없는 얼간이야." 방랑자가 대답하였다. "하지만 전에는 내가 이것을 짊어지고 있는지 몰랐답니다." 그는 옥석을 던져 버렸고 몸이 훨씬 더 가볍게 느껴졌다.

또다시 그가 좀 더 먼 길을 갔을 때 만난 농부가 그에게 물었다. "나에게 말 좀 해 보시오, 방랑자 양반. 왜 당신은 머리 위에 반쯤 썩은 호박을 이고, 그 무거운 강철 사슬을 몸 뒤에 매달고 다니는 겁니까?" 방랑자가 대답하였다. "당신이 지적해 주어서 정말 기쁩니다. 나는 내가 하고 있는 일을 의식하지 못했습니다." 그는 사슬을 벗어 버렸고 호박을 으깨서 길 옆 도랑에 던져 버렸다. 다시 그는 자신이 더욱 가벼워진 것을 느꼈다. 하지만 그가 좀 더 가자 다시 고통스러워지기 시작하였다.

밭에서 일하던 농부가 와서 그를 보더니 놀라며 말하였다. "오 세상에! 당신은 모래를 주머니에 넣어서 옮기고 있군요. 하지만 멀리 떨어져서 보면 당신이 지금껏 옮긴 것보다 모래가 훨씬 더 많습니다. 그리고 당신의 커다란 물 호스, 이것은 마치 카월 사막을 건널 계획이라도 세운 것 같군요. 당신 옆에서 넘쳐흐르는 투명한 시내가 항상 있어 오랫동안 당신의 여행길에 함께 있을 겁니다." 이 말을 듣고서 방랑자는 물 호스를 찢어서는 그 맛없는 물을 길에 쏟아 버렸다. 그리고 자신의 터진 배낭 구멍에 모래를 채웠다. 그는 생각에 잠긴 듯이 지는 해를 바라보았다. 마지막 햇살이 그를 비추고 있었다. 그는 자신을 바라보았고 그의 목을 감고 있는 무거운 맷돌을 보았다. 그리고 갑자기 그것을 풀어, 할 수 있는 한 멀리 강 속으로 던져 버렸다. 그는 자신의 짐으로부터 자유로워져서, 묵을 곳을 찾아 그 저녁을 시원하게 돌아다녔다.

최근에 나는 치료에 적용할 수 있는 많은 동양의 신화(대부분 페르시아)와 우화들을 수집하였는데, 이는 신화들을 통해서 사람들의 심리사회적 갈등과 오해들, 그리고 심리적으로 어떻게 연결되어 있는지를 알아내기 위해서다. 동양의 이야기들을 지향한 것은 원리를 찾고자 하는 것이 아니다. 동양과 서양의 신화들과 지혜는 여러 가지 면에서 공통적인 근원을 가지고 있는데, 단지 역사적·정치적인 긴장 때문에 서로 분리되어 있는 것뿐이다.

동양에서는 그런 이야기들이 재미와 흥미뿐만 아니라 오랫동안 인생문제에 도움을 주었다. 사람들에게 이야기를 해 주는 사람은 대부분 이야기꾼과 수도사들인데, 살아가는 데 필요한 정보와 인간의 정체감 형성에 본질적인 필요를 채워 주었으며, 삶에 도움을 주었다. 그 이야기들 가운데는, 코란에서 비롯된 종교적인 내용이 있고, 사회적인 삶과 직접 연결되는 것도 있다. 그래서 듣는 사람들이 그 내용을 자기 자신에게 적용하기도 하고 본질적으로 즐거움을 얻기도 한다. 동양에서는 금요일이 거룩한 날이기 때문에, 목요일 저녁에 사람들은 커피하우스, 또는 특별한 목적으로 만든 오락장에서 만나기도 하고, 가족 모임을 가지기도 한다. 어떤 이야기들은 노래로 불리거나 드라마로 만들어져서, 종종 사람들을 웃고 울게 하는 공감대를 이끌어 낸다. 이런 형태의 모임이 필자의 식견으로는, 남성과 여성 모두가 단순하게 함께 참여할 수 있는 공적 행사라 할 수 있다.

만일 우리가 이야기들을 단순한 오락거리나 양육의 도구(또 부정적인 의미에서 본다면 교묘한 속임 수단으로서)라기보다 훨씬 더 가치 있는 어떤 것으로 이해하고 싶다면, 이 이야기들이 전해 주는 내용에 대해서, 그리고 왜 이 내용들이 가치 있는지에 대해서 우리 자신에게 진지하게 질문해 보아야 한다. 이는 특정한 행동규범이 심리 연구의 대상이 된다는 것을 의미하고 있다. 근본적으로, 이야기들은 교수법과 민속 심리치료의 수단으로서 대부분 종교 영역에 속해 있으며, 한편으로는 어떤 바람직한 심리사회적 기준을 사람들에게 전달하고, 다른 한편으로는 사람들이 오해하고 있는 부분을 지적하여 과장된 방식으로 문제를 해결하기도 한다. 이와 같이 문제가 되는 사회규범적인 기능이 무엇이든 간에, 신화는 사회적 현실 또는 그 양상들을 실행하는 중요한 임무를 수행하고 있다. 그렇기 때문에 사람들이 이런 사회적 현실에 직면할 때 자기를 단념하게 한다. 그러므로 이야기에서 내포하고 있는 심리사회적 규범들을 왜곡하지 않고 있는 그대로 환자들이 적용할 수 있도록 긍정적 심리치료에서 도움을 줄 수 있다면, 과장된 방식의 이야기들은 제 기능을 할 수 없게 될 것이다. 오히려 그 이야기들은 환자가 시간을 거듭해 오면서 익숙해지게 된 상황에서 새로운 빛을 볼 수 있도록 특별한 도움이 될 것이다. 새롭게 보는 상황들은 개인이 편향적인 경험을 했거나 또는 경험하지 않았거나, 환자가 맹목적이었음을 깨닫는 계기를 주어, 그런 상황에서 벗어나 어느 정도 치유되는 유사한 경험(quasiexperimental change)을 할 것이다.

많은 사람들이 심리치료에서 드러나는 내면의 심리적인 내용을 추상적으로 직면할 때 과도한 부담을 느낀다. 심리치료가 단지 전문가들 사이에서 행해지는 것이 아니라 비전문가들(환자들)에게 다리역할을 해 주기 때문에, 특히 명료하게 할 필요가 있다. 예를 들어, 패러다임, 즉 말로 묘사하는 패러다임은 그 사람을 이해하는 보조물 역할을 한다. 어떤 형태에서든, 패러다임은 내적 갈등이든 상호관계적 갈등이든 순전히 사회적인 갈등을 나타내며 문제를 해결해 갈 수 있는 가능성을 제안하고 있다. 신화적 패러다임이 의도적으로 유도하고 있는 경험의 세계에서 환자가 분리될 수만 있다면, 환자는 자신의 갈등으로부터 한 걸음 뒤로 물러설 수 있게 된다. 그래서 이야기는 그 사람을 반사하는 거울이 될 뿐만 아니라 그 이야기 자체를 반영하기도 한다.

인간은 추상적이고도 이론적인 개념을 생각하고 싶어 하지 않으며, 선명하고 생생한 사고와 환상을 통해 자신의 문제를 더 쉽게 이해하려고 한다. 이 과정에서 심리적 기능이 활동하게 되는데, 심리적 기능은 부기능인 직관과 조화를 이루게 된다. 치료자와 대화를 통해서 또는 집단 치료 장면에서 환자는 교육하고 있는 이야기의 내용과 동일시할 수 있게 된다. 이때가 환자는 자신의 문제를 투사시키기도 하고 방어적 반응도 드러내는 시기인데, 이러한 반응들이 자신의 문제를 따로 떼어 객관화하여 볼 수 있는 능력이 발달되는 시기로서 바로 치료적 작업의 대상이 된다. 필자의 경험으로 볼 때, 이와 같이 이야기와 우화는 이해를 돕는 수단이 된다. 이야기와 우화의 생생한 표현은 동일시를 촉진시키고, 제시되고 있는 이야기 내용들을 통해서 '나', 즉 자신에게 좀 더 가까워지게 된다. 심한 우울증으로 심리치료를 받으러 왔던, 세 자녀를 둔 42세 환자는 '기나긴 여행' 이야기를 그녀의 문제와 연결시켰다. 그리고 그것을 기록하고 이 기록을 다음 심리치료 회기에 가져오게 하였다.

"자유: 한 단계씩"

온갖 종류의 짐을 다 지고, 끝이 없어 보이는 먼 길을 따라 걸어가는 방랑자는 다른 사람이 아닌 바로 나 자신이었다. 내가 짊어진 무거운 배낭에는 나의 잘못된 이기주의와 낮은 자존감, 그리고 대부분 내가 아닌 체 가장하고 있는 냉정함 등등이 들어 있었다. 만족스럽지 못한 성적인 기대들과 내가 의식하지 못하고 있는 필요들이 두꺼운 물호스가 내 몸을 꽉 조여 감고 있듯이 뱀처럼 교활하게 나의 수동적 태도와 섞여 내 품위를 떨어뜨리고 있었다. 내 오른손에는 '부정직'이라는 이상하게 생긴 돌을 들고 있고, 왼손에는 '예의 없는'이라는 돌을 들고 있었는데 이것들은 꽤 교묘하게 서로 분리되어 있어서, 거리를 두고 보면 이 두 개의 양상은 서로 조화를 이루는 듯이 보인다. 내 목에 감겨 있는 다 낡은 밧줄에는 연자 맷돌이 매달려 있었는데, 이 연자 맷돌은 내 주변 사람들의 자유를 할 수 있는 한 강제로 제한하려고 했던 나의 폭력적인 억압 행위를 상징하는 것 같았다. 내 발을 묶고 있는 무겁고도 녹슨 사슬은 돈과 성공에 대한 나의 탐욕을 나타냈다. 내 머리 위에 이고 있는 반쯤 썩은 호박 역시, 왕성한 정력으로 부지런히 일해서 의심도 우울증도 없이 성공가도를 달려 온 잘 배양된 나의 정교함을 잘 묘사하고 있었다. 정말은 신음하고 괴로워하면서도, 자신을 병적인 자기연민으로 가득 채워 즐겁게 포장하고 있었고, 내 운명과 내 연약함을 계속 불평하면서, 잘 가꾸어 온 신경증을 세련되게 달래며 한 단계씩 앞으로 (혹은 뒤로) 점진적으로 발을 옮기고 있었다.

환자가 적절한 시기에 자기 자신을 발견한 관점에서 보면, 이야기의 모델이 된 자화상은 놀랄 만큼 차별화되었다. 한결같이 우울한 기분을 반격하는 이런 자화상에 대한 묘사와 자기분화는 비교적 짧은 기간 동안 치료를 종결할 수 있도록 치료를 한 걸음 더 나아가게 하는 기초가 되었다.

이런 이야기들은 집단에서 특별히 중요성을 가지고 있다. 이야기를 듣고 나서 집단에서는 처음에 일반적으로 구성원들을 참여하도록 자극한다. 많은 경우에 이야기는 "아하!"라는 경험을 하도록 이끌어 낸다. "이전에 무의식으로 남아 있었던 상호작용의 방식은 이런 패러다임을 통해 의식 속으로 나온다. 일반적으로 이런 이야기들은 환자의 공상에 호소한다. 이런 관계에서, 필자는 특별히 교훈적인 것을 실험적으로 인용해 보고자 하였다. 필자는 여러 문제를 가진 사람들이 혼합된 심리치료 집단을 이끌었는데, 이 집단에는 알코올 중독자뿐만 아니라 정신분열, 우울증 그리고 신경증 장애를 앓고 있는 환자들이 참여하고 있었다. 우리는 치료도입의 주제로 신화적인 이야기들을 선택하였는데, 이 방법이 최선의 선택이었다는 것이 입증되었다. 접근하기가 어려운 환자들조차 놀랄 만큼 잘 협력하였다. 이 실험은 다른 심리치료 방법들을 비교적 적게 사용하는 상담소에서 실시되었으며, 분석적 치료방법은 집단 치료에서 실패로 이어질 환자들의 반응들을 미리 조치할 수 없는 한, 치료를 보장할 수 없는 문제를 안고 실시되었다.

반대개념으로서의 이야기들

환자들은 그들의 기본 개념과 개인적인 신화를 포기하는 것을 불편해한다. 어쨌든, 그들은 나른 환사가 지니고 있는 갈등을 매우 공정하게 나루도록 도와주고는 있다. 물에 빠져 허우적거리는 사람을 배 안으로 안전하게 끌어올리기 위해 그들이 의지하고 있던 안전벨트를 놓으라고 하면 이를 놓기를 두려워하는 것처럼, 환자는 갈등의 악순환 속으로 빠져들게 될지라도, 지금까지 자신이 사용해 왔던 자조(self-help) 방법을 포기하는 것을 두려워한다. 이는 환자 자신이 가지고 있는 가치관과 최소한 동일하거나 또는 더 좋은 것을 치료자가 제공할 수 있다는 것을 확신하지 못할 때 더욱 그러하다. 거기서부터 저항과 방어기제가 발달하여 한편으로는 치료 작업을 방해하기도 하지만, 다른 한편으로는 제시된 방법이 아주 좋은 방법이라는 것을 깨닫게만 되면 치료에 좋은 출발점이 되기도 한다.

저항은 다양하게 많은 방식으로 표현된다. 환자는 불쾌한 주제를 피하기 위해 침묵하거나, 지금 논의되고 있는 주제를 회피하고 다른 주제의 이야기를 할 수도 있다. 그는 야생거위를 사냥하는 사냥꾼처럼 치료자를 이끌기 위해 치료자에게 무엇인가를 꾸며낼 수 있다. 그는 수많은 행동방식으로 심리치료에 저항할 수 있다. 예를 들어, 늦게 오거나, 심리치료 회기에 빠지거나, 비용이 너무 비싸고 시간이 많이 소요된다는 이유로 심리치료를 반대한다든지 등등으로 저항한다. 환자는 자신의 갈등이 얼마나 깊은지에 상관없이 심리치료 절차의 규칙에 저항하고, 자신의 행동방식을 방어한다. 또한 그는 심리치료 과정에서 나타날 공격에 대항하여 자기 자신을 방어하고자 모든 권리를 주장한다. 환자는 자신에게는 심리치료가 정말 필요하다는 것을 알면서도 심리치료가 너무 낯설기도 하고, 자신의 신경증적 개념을 보호하고자 하는 내면의 방어기제가 포기되지 않아 생성되는 불안에 많이 부딪히게 된다.

환자의 저항은 때때로 심리치료자와 치료 상황에 관련된 오해의 여지에서 비롯된다고 볼 수 있다. 어쨌든 그 결과로, 이전부터 이미 이런저런 방식으로 갈등해 왔던 문제인 의사소통 장애가 다시 드러나게 된다. 환자가 심리치료에서 드러내는 저항을 통해서, 결국에는 환자와 치료자 간에 나타나는 갈등을 일으키는 표본이 된다.

이런 행동과 태도 양상은 심리치료 상황에서만 발생하는 것은 아니다. 이런 양상들은 필수적으로 발생되는 것이고, 획득된 행동방식이며, 갈등에 대처하는 학습된 기제들이다. 심리적 내용으로 보면, 활용가능한 잠재능력과 기본적인 잠재능력 양상들이 이런 식으로 심리치료 장면에서 나타나는 것이다. 다른 말로 하면, 심리치료에서 나타나는 환자의 행동과 태도들은 바로 그 점들이 치료되어야 할 부분들임을 제시하는 것이라 볼 수 있다. 이런 의미에서 본다면, 심리치료에 대한 저항은 바람직하다고 할 수 있다. 환자가 자신의 완고한 저항 때문에 심리치료를 포기한다면, 자신의 질병 때문에 자기 자신을 받아들이지 못하기 때문이다.

환자의 정서적인 저항과 방어기제는 개인의 유기적인 특징일 뿐 아니라 어느 정도는 치료자-환자 관계에서 이차적으로 얻어지는 유익한 결과로도 볼 수 있다. 우리는 전체 심리치료에서 환자가 긍정적 동기를 충분히 갖고 있다고 가정할 수만은 없다. 대신에 우리는 환자에게 놀라서 도망치는 것이 아니라 꾸준하고 지속적인 지원을 해야 한다. 그런데 더 문제가 되는 저항이 있는데 환자가 치료자에게 지나치게 아첨하는 것으로, 치료자를 너무 이상화하여 전능한 하나님이자 훌륭한 조력자이며 치유자로 의존하여, 치료회기 밖에서의 사회적 관계들을 아예 포기하려고 한다. 이론적으로는, 그런 저항이 잘 다루어질 수 있음에도 불구하고, 이 작업은 환자에게 쉬운 일이 아니다. 환자가 오해하여 정면으로 저항하는데, 그런 방어기제도 환자가 방어에 기권하고 심리치료 규칙에 이미 잘 복종해 온 상태라 하더라도 정면으로 드러내는 방어기제 형태로 보아야 한다. 그러한 경우에 외견상 복종 이면에 '고무 벽(rubber wall)'이 있음은 이상한 일이 아니다. 환자는 감사함을 표현하여 치료자를 기쁘게 하면서 자신의 자존심을 억눌러 버리기 때문에, 언급을 회피하는 그런 잘못된 순간에 환자가 이해하고 있다고 느끼게 되지만, 치료에 진전은 일어나지 않는다. 만일 심리치료가 심리적 내용을 중요히 다루지 않으면 치료는 치료자 혼자 쉽게 권투를 연습하는 것과 같이 감정적인 개입 없이 지적으로 주입하는 역할만 하게 되는 것이다.

절약에 대한 저항

42세 된 환자는 심리치료 회기에서 점점 더 방어적으로 행동하기 시작하였다. 그는 몇 회기를 빠지기도 하였다. 그럼에도 그를 괴롭히는 우울증과 불안 발작 때문에 계속 치료에 참여하였다. 개인의 분화 분석 목록에 대한 최초 평가에서, 그는 접대를 할 때 비용이 조금이라도 든다면 접대를 자제하고 '비용도 너무 많이 들고 아무런 결과도 없다.'라는 이유로 손님을 초대하지 않을 만큼 돈을 매우 절약한다는 것이 분명히 드러났다. 심리치료에서 그가 저항하고 있음을 이야기할 때 "나는 할 일이 너무 많았기 때문에 치료 약속을 잊어버린 것이다."라고 부연설명을 한다.

그러나 절약에 대한 이야기를 하는 그 순간에, 주문이 깨진 것처럼 보였다. 그는 침을 튀며 계속 이야기하였다. "이것 때문에 나는 정말 오랫동안 화가 났습니다. 나는 우리 가족 주치의보다 심리치료에 훨씬 더 많은 돈을 지불하여 7년 동안이나 만나고 있습니다. 나는 심리치료에 그만큼 돈을 지불할 여유가 없습니다…." 이 환자는 심리치료에 있어서 매우 중요한 사실을 토로했는데 바로 그 자신을 괴롭히고 있던 것에 대해 이야기한 것이다.

첫 눈에, 그의 논쟁은 치료를 중지하는 것을 고려해 볼 만큼 매우 심각한 것처럼 보였다. 그러나 논쟁의 중심은 경제적인 것에 대한 질문이 아니었다. 환자는 충분히 쓸 수 있는 돈을 가지고 있었다. 그렇지 않았다면, 쉽게 비용을 지불할 수 있는 방법을 찾지 못했을 것이다. 그의 비난 자체는 심리치료와 그가 갈등하고 있는 모두와 관련된 증상으로 나타난 것이다. 그의 절약과 돈을 쓰는 것에 대한 평가는 자기 실존에 대한 불확실과 사회적 고립으로 이끄는 기본적인 갈등으로 설명된다. 그러므로 중요한 것은 활용 가능한 잠재능력에 포함되어 있는 '절약'에 대한 저항을 바꾸는 것이다. 처음에 이 저항은 치료회기의 실제적인 주제가 되었다. 환자는 판에 박힌 비난을 계속했으며 처음에는 어떤 진전도 없을 것처럼 보였으나 그를 구속했던 절약에 대한 그의 기준은 그가 더 이상 걱정하지 않아도 되는 것까지 자유로워졌다. 이 환자는 다음에 나오는 페르시아 사람의 이야기를 통해 도움을 얻음으로써 이 어두운 길에서 빠져나올 수 있었다. 이 이야기와 일시적으로 동일시할 수 있었으며 이야기의 뼈대 안에서 그의 상황을 생각해 보기에 충분한 거리를 둘 수 있게 되었다.

값비싼 절약

　한 남자가 뇌물 수수 혐의로 판사 앞에 섰다. 모든 증거는 그가 유죄라는 것을 증명하였다. 판사에게는 오직 판결을 내리는 일만 남아 있었다. 판사는 사려 분별이 분명한 사람이었으므로, 그는 피고에게 세 가지의 형벌 중에서 하나를 선택하게 해 주었다. 피고인은 일백 튜만(이란의 통용 화폐)을 지불하거나 혹은 매를 50대 맞거나 또는 5킬로그램(11파운드)의 양파를 먹는 것이었다. 남자는 '그다지 어려운 일은 아닐 것이다.'라고 생각했다. 그는 첫 번째 양파를 한 입 깨물었다. 생 양파를 3/4파운드 정도 먹고 난 후에, 양파라는 들판의 열매를 보자마자 혐오감으로 전율하였다. 그의 눈에서는 눈물이 넘쳐흘러 그의 뺨을 타고 폭포수처럼 쏟아져 내렸다. "판사님!" 그가 울부짖었다. "양파를 먹는 일을 면제해 주십시오. 차라리 매를 맞겠습니다." 그는 자신의 속임수를 통해 돈을 저축할 수 있을 것이라고 생각했다. 하지만 그의 인색함은 매우 널리 알려져 있었다. 법정 관리인이 그의 옷을 벗기고 긴 의자에 그의 몸을 쭉 뻗게 하였다. 근육질의 법정 관리인의 모습과 유연한 회초리는 이 피고인을 전율하게 만들었다. 회초리가 그의 등을 내리칠 때마다 비명은 점점 더 커졌다. 열 번째 매질에 그는 신음 소리를 냈다. "위대하신 용사님, 나를 불쌍히 여겨 주십시오. 매질을 멈추어 주십시오." 판사가 머리를 저었다. 한 번의 강풍으로 자신의 수고를 덜고 돈을 절약하려고 하다가 결국 세 가지의 모든 형벌을 다 경험하게 된 피고인은 이렇게 빌었다. "일백 튜만을 지불하겠습니다."

환자는 잠시 침묵을 지키면서 집중하더니 다음과 같이 자신의 생각을 이야기하였다. "이 이야기를 나에게 적용할 수 있을 것 같습니다. 나는 그동안 건강을 위해 아주 많은 돈을 썼습니다. 치료, 특별한 약물, 건강에 관한 서적 등에 돈을 썼습니다. 이제 나는 심리치료를 시작했습니다. 그리고 나는 당신을 진심으로 신뢰하고 당신이 나를 이해하고 있으며 심리치료가 나를 도와줄 것이라고 믿습니다. 나는 이놈의 절약 때문에 종종 실제로 일어날 수 있는 가능성을 포기하는 일이 많았습니다. 앞으로도 나는 계속 심리치료비를 지불할 수 있습니다." 그때부터 갈등을 내포하고 있는 활용가능한 잠재능력이기도 한 '절약'에 대한 건설적인 발판을 마련할 수 있게 되었다.

시간에 대한 저항

저항이 '절약'과 연관될 수 있는 것처럼, 환자는 갑자기 심리치료에 시간을 더 사용할 수 없다고 할 수도 있다. 이런 저항은 환자가 실제로 자신의 스케줄에 심리치료 시간을 낼 가능성이 적다는 사실에 기초할 수 있다. 그리고 다른 관심과 비교하여 심리치료를 부차적으로 여기는 것도 알 수 있다. 치료자는 이런 것들에 부적절한 동기가 있다는 결론을 내릴 수 있다. 그러나 이런 결론은 때로 너무 성급할 수 있음이 밝혀졌다. 환자는 시간에 대한 자기대로의 전제가 있기 때문에 먼저 조사해 볼 필요가 있다. 환자의 하루계획 중에서 실제로 시간이 있는지 없는지, 그리고 왜 그가 다른 관심사에 더 우선순위를 두는지를 확실히 평가해 보는 것이다. 시간이 부족하다는 것이 심리치료에 대한 방어일 수도 있고 자기 자신과 치료자에 대한 합리화를 표현하는 것일 수도 있다. 어떤 사람은 심리치료를 너무 위협적인 것으로 느껴서 심리치료를 받지 않는 것이 더 낫겠다고 생각할 수도 있다. 이런 동기들 역시 배경을 가지고 있기 때문에 대부분 환자가 취하기 쉬운 행동들이다. 그는 자신의 행위가 정당함을 증명하고자 시간의 부족을 납득시키려고 하는 것이다.

"시간이 없습니다."

심각한 심장 질환과 자율신경계의 기능 장애와 불안 발작으로 고통을 당하던 환자가 첫 번째 회기를 마친 후에 심리치료를 위한 시간을 낼 수 없다고 알려 왔다. 치료가 연기되면 그의 상태가 더 악화될 것이 분명했지만 이런 논쟁조차도 그를 설득시킬 수 없었다. 그에게 있어서 활용가능한 잠재능력은 '시간'이었다. 이 배경 정보에 따르면, 그가 아파서 일을 안 하기 때문에 비교적 시간이 더 많았고 오히려 심리치료에 시간을 더 할애할 수 있는데도 가능한 많은 날들을 침대에서 누워 보냈다는 것은 주목할 일이다. 이 성취 지향적인 환자에게 있어서 주요한 개념은 '나에게는 시간이 돈이다.'라는 것이었다. 이 개념에 반대하여 나는 리히텐베르크(Lichtenberg)의 명언을 말해 주었다. "시간이 없는 사람은 일도 아주 적게 한다."

여기서, 풍자적인 격언이 다르게 사용된 동양의 이야기와 일치되어 환자는 이런 보충적인 관념을 즉시 이해하였고 저항이 누그러졌다. 이전에 그가 의사소통에서 보였던 모든 거부적인 태도에서 돌이켜 그에게 활용가능한 '성취'와 '시간'에 집중된 자신의 문제를 스스로 말하기 시작하였다. 치료는 잘 진행되었고 단기간에 성공적인 결과를 가져올 수 있었다.

환자-이야기-치료자

많은 경우에, 언어로 표현하는 인물묘사와 이야기 및 상징은, 일시적이나마 환자가 동일시할 수 있어서 말로 하는 지적인 분석보다 환자의 필요에 보다 밀접하게 부합한다. 치료 과정에서 이러한 분위기는 치료자와 환자 사이에 적절하게 균형을 이루게 하여, 무미건조하고 추상적이지 않아야 하며 오히려 긴장을 풀고 친근하고 협력적이어야 한다. 이야기를 할 때 치료자는 미리 만들어진 이론을 소개하는 관점에서 상세하게 설명하지 않아야 하며 오히려 환자가 받아들이거나 거절할 수 있는 보충적인 개념이나 반대개념을 제공해야 한다. 동일시는 처음부터 고정되어서도 안 되고, 오히려 환자가 자기 나름대로의 방식으로 이야기를 이해하고, 인간적인 방식으로 이야기 안에서 자신을 투영해 볼 수 있도록 해야 한다. ① 치료자-환자는 이야기하는 수단(매개자 기능)에 대한 두 표면(증상과 이야기) 사이에 진입하여 직면함으로써 긴장을 이완할 수 있다. 대화는 환자를 중심으로 선회하지 말고 이야기 속의 주인공을 중심으로 하는 것이 좋다. 이런 식으로 '환자-이야기-치료자' 라는 세 가지 방식의 과정으로 전개한다. 이야기는 환자가 자신의 신경증 방어기제를 일시적으로 제거할 수 있을 만큼 큰 여과 기능을 한다. 이야기에 대한 환자의 말과 해석으로, 환자는 자신이 말하기 매우 어려운, 전통적인 심리치료에서는 굉장한 시간과 인내심을 필요로 하는 그런 정보를, 이제 이야기의 매체 없이 스스로 이야기할 수 있게 되는 것이다. 치료자는 정보를 전달하고 이야기의 문맥 속에서 환자가 자신의 문제를 알아차리도록 돕는 도구 역할을 하는 것이다.

이 절차는 커다란 '대역폭' [2]을 가지고 있어서, 치료자가 하는 단 한 가지 해석에 제한되지 않는다. 매개체로서의 이야기는 치료에서 드러나는 갈등에 치료적으로 직접 접근할 필요가 있을 때 중요한 수단이 된다. 이것은 민감한 환자들과 자신의 문제를 자기 안에 묻어 두도록 학습된 사람들, 그리고 말할 필요가 있음에도 불구하고 침묵을 지키는 사람들에게 특별히 더 필요한 방법이다. 이런 '비생산적인' 환자들은 자신의 문제를 말로 표현하도록 도와주는 것이 필요하며 이야기를 통해서 도움을 얻게 된다. 즉, 예화로 제시된 이야기를 통해, 자신의 어려움에 대하여 침묵을 지키도록 학습된 환자가 스스로 표현할 수 있게 되는 것이다.

이야기의 매체는 환자의 생생한 상상을 자극하여 시각화하고, 감정적인 참여를 할 수 있게 한다. 시각화된 심리적 내용은 환자에게 더 오래 유지되어 다른 상황에서도 좀 더 쉽게 실행할 수 있게 된다. 즉, 환자는 치료 상황에서뿐만 아니라 치료 외적 상황에서도 이야기와 유사한 상황을 떠올리기도 하고 이야기에서 드러났던 궁금했던 의혹들을 다시 생각해 보기도 하는 등, 이야기를 유용하게 사용할 수 있다. 변화된 상태에서 환자는 이야기를 다르게 해석할 수 있게 되어 이야기를 근본적으로 더 폭넓게 이해할 수 있고, 그런 신화를 확장하여 분화시키는 데 도움을 주어 진보한 개념을 활성화시킬 수 있게 된다. 이런 식으로 이야기는 앞과 뒤를 연결시키는 정류장 효과(depot effect)를 지니고 있다. 예를 들면, 반복적인 효과를 가지고 있는데, 환자가 치료자로부터 좀 더 독립적이 되게 하는 것이다.

---

2) 대역폭(bandwidth): 증폭기나 필터 같은 전자장치를 통해 전달할 수 있는 주파수 범위(역자 주).

"내 자녀는 내가 못다한 것을 다 이루어야 합니다."

세 자녀를 둔 38세의 어머니가 맏아들과 함께 심리치료에 참여하였다. 동기는 아들(12세)의 학업 성취도가 낮기 때문인데, 첫 번째 만남에서 아들은 체념한 것처럼 보이는 반면, 어머니는 열망을 눈에 띄게 보였다. 어머니는 자신이 원래 대학입시에 합격하여 대학에 다니고 싶었는데 부모의 반대에 부딪혀 뜻을 이루지 못했다고 하였다. 이제 어머니는 자신이 갖지 못했던 기회를 아들에게 주기를 원했다. 나는 어머니가 자기 자신의 성취동기를 아들에게 전달하고자 하여 이것이 아들에게는 과중한 부담이 된다는 사실을 지적하였다. 심리치료에 참여하지 않고 단지 상담만 했기 때문에, 나는 어머니에게 죄책감을 불러일으키지 않고 투사와 동일시의 심리기제를 넌지시 암시해 주며, 다음의 이야기를 들려 주었다.

상인과 앵무새

동양의 어떤 상인이 앵무새 한 마리를 가지고 있었다. 어느 날 이 새가 기름병을 쓰러뜨렸는데 상인은 매우 화가 나서 앵무새의 머리 뒤쪽을 때렸다. 그 이후로, 전에는 매우 똑똑했던 앵무새가 더 이상 이야기를 하지 않게 되었다. 앵무새는 머리 부분의 깃털이 빠졌고 곧 대머리가 되었다. 어느 날 그 새가 주인 사무실의 책장에 앉아 있을 때, 대머리 손님이 가게로 들어왔다. 그 남자의 모습을 보고 앵무새는 몹시 흥분하여 날개를 퍼덕거리면서, 꽥꽥거리며 사방을 뛰어다니고 주변 사람들을 놀라게 했다. 마침내 그 새가 말을 되찾아 이렇게 물었다. "당신도 기름병을 쓰러뜨렸군요. 그래서 머리 뒷부분을 맞아서 그렇게 머리카락이 없군요."

이 이야기는 **모델** 기능을 하고 있다. 이야기들이 갈등상황을 빈시에 주고 해결의 가능성을 제시하거나 어떤 가능한 해결책의 결과를 제시해 준다. 이런 방식으로 이야기는 모델을 통해 학습할 수 있도록 내담자를 고무시킨다. 이와 같은 모델은 엄격하게 미리 결정된 것이 아니다. 이야기모델의 양상에 의존하여 환자가 자신의 필요와 가능성을 발견할 수 있음을 깨닫게 하는 것이다.

이야기는 치료자와 환자 사이를 연결하는 매개체가 될 뿐만 아니라 환자가 관련된 사람과의 관계를 명확하게 해 주는 역할도 한다. 이런 식으로 이야기의 치료적 기능은 계속 이어져 왔다. 환자가 즉각적으로 심중을 털어놓을 수 있는 분위기를 만들지 않더라도 이야기체의 분석이나 정보, 호소는 다른 사람이 이해할 수 있는 의사소통의 역할을 할 수 있다. 피드백은 왔다 갔다 잘 전달될 수 있다. 만일 다른 사람에게 자기 자신의 문제상황을 비추어 이야기를 한다면, 그 사람과 같은 문제를 가지고 있는 다른 사람도 역시 영향을 받을 수 있게 된다. 그래서 이야기를 통해 어느 정도까지는 환자가 신뢰하는 가치와 능력을 시험하기도 한다. 때때로 이야기체 분석에서 드러나는 무정한 파워 게임이 대개 환자의 심리적 표현의 내면에 깔려 있기 때문에 적용을 회피하기도 하지만 환자에게는 자신과 무리한 타협 없이도 짐을 덜 수 있는 이점이 있다.

이야기의 여과 기능은 특별히 배우자 관계와 자녀 양육에 있어서 더욱 중요하다. 상대방의 감정에 상처를 입히지 않으면서 그에게 과거의 경험에 비추어 메시지를 보낼 수 있고 정상적으로 공격적 반응을 할 수 있게 된다. 다른 한편으로, 환자는 익숙하지 않은 의사소통 형태를 사용해서 자신을 표현하기 위해 변화를 보이기도 하는데, 이 의사소통은 좀 더 자유로운 형태를 취할 수 있게 된다.

이런 기능들은 역사적인 배경을 가지고 있다. 어떤 사람은 정당하지 않은 내용을 왕에게 솔직하게 이야기하면서(정직), 그러나 표현 형식은 예민한 통치자의 입맛에 맞게 진실을 만들어야 하는 등(예의)의 형식을 나타낸다. 동반자 관계를 보면, 많은 파트너들과 환자들은 특별히 오래전의 봉건적 통치자만큼 예민하다. 파트너들은 정직을 내세워 사랑을 철회하거나, 복수(정의) 또는 정직하고 솔직하게 자기 견해를 표현한 것을 후회하게 만들기도 한다. 신화들은 이런 문제를 해결하는 데 매우 유용하다. 신화는 환자가 원하는 만큼까지 급소를 찌르기도 하지만, 환자가 자기 자신과 신화 때문에 웃을 수 있을 만큼 충분한 거리를 유지하고 있다. 신화는 성인 또는 종종 어린이를 이해하는 양식으로 특히 적절한데, 가치를 인정받지 못하고 단지 직관에 대한 명맥만 유지하고 있다. 현대 산업 사회에서 직관은 하찮은 것으로 그 가치를 인정받지 못하고 이성이 더 우월한 것으로 인식되고 있으며, 단지 이야기가 표현하고 있는 잠재능력으로만 인식되고 있다. 이야기는 유희적이고 상상을 강요하지 않고 현실과 동떨어진 환상을 야기시키기도 하지만 오히려 환상 때문에 이야기의 실체가 좌우되기도 한다. 또한 직관이 있으면, 많은 사람들 안에 있는 잠재된 능력을 자극해서 존재 내면의 그림자 세계를 볼 수 있게 한다. 게다가 직관은 바로 환상의 입구가 되는데, 그 입구는 바로 많은 환자들이 제어하기 어려운 환상으로 빠지는 입구라고도 할 수 있다.

"돌연한 태도변화"

비정상적인 슬픔 반응 때문에 심리치료를 받고 있었던 64세 환자가 앞의 5단계 치료를 마치고 치료목표를 더 확장하고 있었다. 환자의 어머니가 세상을 떠나기 전까지 환자는 어머니만을 위해 살았고 최근에는 오직 쇼핑할 때와 어머니와 함께 산책을 할 때만 집을 나섰다. 어머니의 죽음 이후에, 환자는 인생이 공허하고 무의미한 것처럼 느꼈다. 치료 과정에서 그녀는 자신이 여행하는 것을 정말 좋아했는데 어머니 때문에 포기했음을 계속 강조했다. 치료목표를 확장하면서, 환자는 여행하고 싶은 욕구를 실행에 옮기기 시작했다. 그녀는 치료를 빠지고 몇 주 후에 와서 다섯 곳을 여행하고 다녔다고 보고하고 더 많은 여행을 계획하고 있다고 하였다. 활동적인 것으로의 도피가 계속해서 일어났다. 그러나 이런 도피 반응에 대해 직접 언급하면 이제 막 새롭게 발견한 독자적인 삶을 아주 자랑스러워하는 환자를 상심시킬 수 있기 때문에 나는 환자에게 다음과 같은 이야기를 해 주었다.

지나친 태도

한 율법학자가 아내와 함께 마을의 변두리로 산책을 나갔다. 때는 봄이었고 사랑을 나누고 싶은 분위기에 젖어 그는 아내를 꼭 끌어안고 부드럽게 그녀의 풍만한 엉덩이와 다리를 쓰다듬었다. 아내는 자기들 뒤로 다른 사람들이 지나가는 것을 보고서 얼굴이 빨개졌다. 남편이 자신을 간질이기 시작하자 그녀는 화가 났고 그에게 소리를 질렀다. "나를 좀 놓고, 혼자 내버려두세요!" "알았어." 그 율법학자가 대답했다. "나, 갈거야." 그는 빠른 걸음으로 아주 멀리 5마일쯤 떨어져 가서는, 심부름꾼을 통해 아내에게 메시지를 전해 왔다. "지금 당신으로부터 5마일쯤 떨어져 있소. 이만하면 당신을 혼자 내버려 두기에 충분하오? 아니면 더 멀리 가라면, 좀 더 멀리 가겠소."(페르시아의 이야기)

결론 ➜ 개인의 문제가 되는 태도와 행동 영역을 반영해 주기 위해 신화이야기를 치료적 매개물로 사용할 수 있는데 이는 갈등과 연결되어 있는 문제들을 자극하여 말로 표현되지 못한 채 남아 있는 갈등 영역들을 말로 표현하도록 끌어내는 데 유익하다. 이야기는 교육적이고 심리치료에 있어서 교육적인 보조도구이며 때로는 치료자 자신에게도 교육적이다.

이야기, 신화, 우화, 반대개념 그리고 보충적인 개념은 그 자체 때문에 치료가 되는 것은 아니지만 치료의 촉매제 역할을 한다. 즉, 치료절차를 조정하고, 적절하게 적용하며, 치료가 진척되는 데 도움이 된다. 신화와 개인의 개념은 환자와 첫 번째 만남이 이루어질 때 유익하다. 예를 들어, 환자의 저항 때문에 만남이 어려워지는 상황에서 적절하게 사용 가능하다. 더욱이 처음에는 환자의 직관, 공상 그리고 전통의 수준이 어떠한지를 다룰 때 이야기의 내용을 통해서 생생하게 이해할 수 있게 된다. 이런 이야기의 내용은 예를 들면, 환자가 자신의 표면적 증상과 환경 내에서 나타나는 분명한 것만 이야기함으로써 모든 치료적 접근에 저항함으로써, 우울증과 체념 상태로 되돌아가려는 그런 위험에서 벗어나게 하는 데 유익하다. 이야기와 개인의 개념은 서로 연결되는 정류장 효과를 가지는 프로그램화된 요소들을 지니고 있는데, 즉 환자는 치료자가 있고 없고를 떠나서 이야기들을 마음에 떠올려 보고 현재의 상황과 대비하여 그 이야기의 의미를 점검해 본다.

3. 오해들

선지자와 긴 숟가락

　정통주의 신앙을 가진 한 사람이 엘리야 선지자를 찾아갔다. 그는 천국과 지옥에 대해 관심이 있었고 당연히 천국에서 살기를 원하고 있었다. "지옥이 어디에 있을까? 또 천국은 어디에 있는 걸까?" 그는 이러한 의문을 가지고 선지자를 찾아갔다. 하지만 엘리야는 그에게 대답해 주지 않았다. 대신에 엘리야는 그의 손을 잡고 어두운 골목을 지나 궁전으로 갔다. 그들은 철문을 지나서 부자와 가난한 사람들, 누더기를 아무렇게나 걸친 사람들, 보석으로 장식한 사람들 등 많은 사람으로 붐비는 넓은 방으로 갔다. 방 중앙에는 '애쉬'라고 하는 큰 수프 냄비가 불 위에서 부글부글 끓고 있고, 방 전체에 맛있는 냄새가 가득했다. 그리고 냄비 주변에는 홀쭉한 뺨과 퀭한 눈을 가진 한 무리의 사람들이 수프를 얻으려고 애쓰고 있었다. 엘리야와 함께 온 그 사람은 무리져 있는 사람들이 숟가락을 들고 있는 것을 보고 매우 놀랐다. 왜냐하면 숟가락이 사람들 크기만 했기 때문이다. 모든 숟가락은 수프 때문에 하얗고 뜨거웠으며, 철로 된 둥근 부분과 끝부분에 작은 나무 손잡이가 있었다. 배가 고픈 사람들은 냄비 주변에서 게걸스럽게 (침을 꿀떡이며) 숟가락을 내밀었다. 그들은 한 사람씩 자기 수프를 받았음에도 불구하고 아무도 먹지 못하고 있었다. 냄비에서 무거운 숟가락을 들어올리기가 너무 어려웠다. 그리고 숟가락이 너무 길어서 아무리 힘센 남자라고 해도 숟가락을 입으로 가져갈 수 없었다. 사람들은 점점 난폭해져서 심지어 자기 팔이나 얼굴을 불에 데이기도 하고 수프를 옆 사람에게 쏟기도 했다. 그들은 서로서로 힐책하며 자신의 배고픔을 해결하기 위해 사용해야 할 숟가락을 든 채 싸우고 때렸다. 엘리야 선지자는 그의 동반자에게 팔을 두르며 이렇게 이야기했다. "여기가 지옥이네."

　그들은 방을 떠났다. 그리고 그들 뒤에서는 계속해서 비명 소리가 들렸다. 어두운 복도를 오랜 시간 지난 후 그들은 다른 방으로 들어갔다. 거기도 역시 많은 사람들이 앉아 있었다. 방의 중앙에는 역시 뜨거운 수프가 담긴 냄비가 놓여 있었다. 여기에도 역시 사람들은 엘리야와 남자가 지옥에서 보았던 것과 똑같은 큰 숟가락

을 손에 들고 있었다. 그러나 이곳의 사람들은 음식을 잘 공급받고 있었다. 숟가락이 수프 속
으로 들어가는 소리를 따라 평화롭고 만족스러운 콧노래가 들려 왔다. 이곳에서는 사람들이
항상 두 사람씩 함께 있었다. 한 사람이 숟가락을 냄비에 넣어 수프를 담은 후 상대방에게 먹
여 주었다. 숟가락이 너무 무거우면 두 사람이 함께 숟가락을 들었다. 그래서 모든 사람이 평
화롭게 수프를 먹을 수 있었다. 한 사람이 배부르게 먹자마자 교대로 다른 사람을 또 먹여 주
었다. 엘리야 선지자가 그의 동반자에게 말했다. "여기가 천국이네!" (동양의 이야기)

이 이야기는 수많은 세월을 지나 입에서 입으로 내려오는 구전이기는 하지만, 삶에
서 우러나온 것이다. 그래서 우리가 가족 안에서 어머니와 아버지의 논쟁, 자녀들 사
이의 싸움, 부모-자녀 관계에서 어려운 문제가 생겼을 때 또는 주변 사람들과 싸우
는 사람을 바라볼 때, 집단과 사람들 사이의 갈등을 바라볼 때, 이 이야기를 생각해
볼 수 있다. '지옥'에 있는 사람들은 처음에 함께 일하지만 서로서로 등을 돌린 사람
들이며, 자기 자신을 위해 살면서 다른 사람들을 적대시하는 모든 사람들을 의미한
다. 반대로 '천국'에 있는 사람들은 다른 사람과 긍정적인 관계를 맺을 준비를 하고
있는 사람들을 의미하고 있다. 그러나 천국과 지옥 양쪽에 있는 사람들은 모두 비슷
하거나 동일한 문제를 가지고 있다. 그들이 천국에 사는가 아니면 지옥에 사는가는
그들이 이런 문제들을 해결하기 위해 어떻게 노력하는가에 좌우된다.

천국과 지옥은 우리 안에 있다. 선택은 우리가 하는 것이다. 선택하는 이 자유가 얼
마나 위대한 것인가는 우리의 경험 수준이 어떠한가, 우리가 문제를 해결하는 것을 어
떻게 배워 왔는가, 그리고 우리의 경험을 적용해 볼 준비가 되어 있는가에 달려 있다.

사람들 간의 관계와 상대방과의 상호작용은 단지 객관적인 정보의 교환을 통해 이
루어지지는 않는다. 오히려, 우리의 기대, 이전 경험 그리고 태도에 의해 영향을 받
는다. 우리가 정보의 중요성을 판단하는 것처럼 상대방도 자신의 주관적인 특성에
따라 행동하게 된다. 이는 항상 우리가 말하는 의미대로 전달되는 것은 아니며, 우리
가 항상 상대방이 원하는 방식으로 그를 이해하지 않는다는 것이다. 우리는 이런 일
을 오해라고 한다. 오해는 우리가 말과 행동, 그리고 우리의 필요를 솔직하게 표현하

지 않기 때문에 발생하게 된다. 이런 오해들은 풍차의 날개[3]와도 같은데, 마치 돈키호테가 풍차의 날개를 실제로 싸워야 할 악마와 괴물로 본 것과 같은 것이다.

오해는 우리가 무엇인가를 구별하고자 할 때 발생한다. 사실, 우리는 모든 것을 같은 방식으로 구별하지는 않는다. 이는 같은 대상에 대한 두 사람의 관점이 왜 일치하지 않는가를 설명해 주지만, 반면에 내용이나 평가에 있어서 상대방을 전적으로 이해하기 어렵다는 것을 나타낸다. 오해는 가장 단순한 표현에서도 발생한다. 온도계는 기온이 몇 도인지를 나타낸다. 그러나 따뜻하거나 춥다는 것은 주관적인 개념이며, 그 변화를 느끼는 수준도 주관적이다. 모든 사람에게 체온이 있고 그래서 온도에 대한 평가기준이 비슷하다고 해도, 따뜻함과 차가움에 대한 우리의 태도에 따라서, 체온 조절 구조의 기능과 온도에 대한 평가기준을 학습한 정도에 따라서, 우리는 종종 온도를 다르게 평가한다.

이러한 단순한 예는, 인간이 행동하고 경험하는 모든 영역에서 계속해서 반복되고 있다. 우리 모두는 그 일이 좋은 것이든, 나쁜 것이든, 유쾌한 것이든 불쾌한 것이든, 부정적인 것이든 긍정적인 것이든, 우리의 뜻에 따라 등급을 매기는 수많은 평가기준을 가지고 있다. 사회적인 인식이란 매우 광범위하여 그 모든 것을 하나의 평가 잣대로 말하기는 어렵다. 우리의 평가와 기준이 표준이라 할 수도 없고 또 절대적이라고 말하기도 어렵다. 오히려 다른 사람들과의 지속적인 심리사회적 관계, 우리 자신과의 관계, 그리고 생태학적인 관계 안에서 우리 자신을 발견하는 것이다. 동시에 상대방 역시 나름대로 자신의 가치 체계 안에서 평가하는 것이다. 우리는 살아가면서 그때마다 부딪히는 신체적이고 생물학적이며 사회적인 문제들, 그리고 모호한 시사 문제들을 다룰 때 나름대로 근사치를 적용할 필요가 있다. 그러므로 어떤 특정한 구별이라는 것은 매우 일방적이며 갈등을 유발시키기 쉽다. 사람마다 개인적이고도 일방적 선호도를 가지고 있기 때문에, 특정 상황에서 모습을 드러내는 자기 자신의 필

---

3) 돈키호테(Don Quixote)가 거인으로 착각하고 풍차에 도전한 이야기 중에서, 돈키호테가 풍차의 날개를 괴물로 오해하여, 실제의 적이 아닌 가공의 적과 싸우는 장면을 풍자하여 현실을 오해하는 데서 비롯된 문제점을 묘사하고 있다(역자 주).

요와 상대의 필요, 사회적 상황이나 문제의 진실 들을 간과하게 됨으로써 오해를 불러일으키는 것이다.

이에 대한 수없이 많은 예들이 있다. 즉, 어떤 사람은 부모에게서 벗어나기 위해 결혼한다. 어떤 사람은 상대방이 멋있게 보여서 그 사람을 선택한다. 또 어떤 사람은 자신의 직업을 즐거워서가 아니라 돈을 많이 벌 수 있기 때문에 선택한다. 어떤 사람은 유아기적 필요 때문에 종교나 가치관을 선택한다.

이와 같은 오해들의 예화에서 보면 일종의 문제를 지연시키는 지연 작동(delayed-action)과 같은 도화선이 세워지는데 기대가 좌절되거나 필요가 변했을 때에는 폭파되고 만다. 이런 오해들은 상호관계에서 드러나는 실제적인 오해보다 더 많고 개인의 인생 전체 계획과 관련되어 있다. 다음의 오해들은 실제적인 오해와 기본적인 오해라는 두 가지 양상을 모두 포함하고 있다. 즉, 한 사람의 가치, 태도, 기대 및 참고체계(reference system)는 그 사람이 현실과 어떻게 상호작용하는지를 보여 주는 개인의 개념을 형성시킨다. 그 개념이 아무리 일방적인 것이라 해도, 또 아무리 왜곡된 것처럼 보여도, 그 개념은 그 사람의 성격에 영향을 미치며, 쉽게 변경할 수도 없고 운명적인 것이 되어 자신의 개념이 오해에서 발생했다는 사실도 간과하게 된다.

매우 오랜 시간 동안 모르핀을 투여해 온 한 모르핀 중독자는 시간이 지나면서 모르핀에 대한 의존도가 높아져 그 약 없이는 살 수 없다는 생각에 사로잡힌다. 이것은 어느 정도 그의 성격의 일부가 된다. 그리고 그는 모르핀과 자신을 더 이상 분리시킬 수 없게 된다. 많은 환자들이 그들의 가치 체계와 이러한 의존이 관련되어 있다는 것을 모르기 때문에 한쪽으로 치우쳐 갈등 유발 개념을 피하는 방법을 모르고 그중 어떤 이들은 차라리 자신의 삶과 주변 환경을 엉망으로 만드는 고통을 선택하는 것처럼 보인다. 이런 삶의 방식은 애매모호한 생각을 불러일으키는 오해가 얼마나 중요한지를 깨닫지 못하고 '난 지금 다 알고 있어!' 라고 쉽게 정정하고 만다.

이러한 인지적 요소 외에, 자기개념과 오해들은 쉽게 평가하기 어려운 사회적, 정서적, 신체적인 것과 관련되어 있기 때문에, 갈등의 잠재요소로서 오해를 통해 심한 문제를 일으킬 수 있다. 이런 현상은 개별적이고 집단적인 학습 과정에서 축적된 '미세한 정신적 외상'에서 유래한다고 할 수 있으며, 오해 때문에 발생되는 정신적 외상은 개인의 성격뿐 아니라 그 개인이 속해 있는 집단의 의식에서 유래하는 특별히 민감한 부분까지 관련되어 있다. 만일 오해로 인한 정신적 외상을 가설로 인정한다면 오해란 개인이 가슴 속에서 부글거리는 많은 것들을 이해하지 못하고 축적해 온 것으로 볼 수 있다.

　우리가 오해라고 설명한 것은 사람이 사고하는 방식, 도식화하는 것, 광범위한 사회적 행동 및 우리 자신의 행동에 영향을 미치는 태도방식과 관련이 있다. 이와 같이 사고하는 방식은 우선적으로 사물을 지각하는 바탕이 된다. 그래서 우리가 사물을 평가할 수 있는 잣대가 되고 그 잣대에 따라 우리 자신을 지향할 수 있는 척도가 되는 것이다.

　이렇게 우리가 사고하는 방식들은 심리적으로 중요한 기능을 하며, 불쾌한 경험에서 우리를 보호한다. 그리고 자동적인 평가기제로 작용하며 위험하고 불쾌한 경험을 누그러뜨린다(예를 들어, 어떤 사람을 속죄양으로 만드는 것). 따라서 이러한 사고방식은 방어기제로서 작용하게 된다.

　필자의 심리치료 경험에 비추어 볼 때, 심리적, 심리사회적, 심인성 장애의 많은 부분은 오해를 통해 일어난다는 것을 알게 되었다. 이것은 사회적인 관계에서 인간관계의 차이점들을 평가할 때 객관적인 평가가 주관적 평가보다 오해를 덜 일으킨다는 것이다. 그래서 우리가 설명하는 오해의 부분들은 환자의 심리사회적인 갈등과 갈등이 내재된 태도에 대한 모델 상황들인 것이다. 이런 모델 상황들은 환자의 입장에서 나타날 수 있으며, 아마도 환자의 장애가 발달하는 데 영향을 미쳤을 것이다. 즉, 무의식적으로 치료자의 태도에 영향을 미치거나 심리치료 과정에서 오해를 불러일으킬 수 있으며, 또한 치료를 방해할 수도 있다는 것이다. 그러므로 오해에 대한 올바른 설명이 있어야 갈등이 내재된 환자의 태도와 기대가 무엇인지를 자각하는 데 도움이 된다. 이 태도와 기대들은 양육과정으로부터뿐만 아니라, 활용가능한 잠재능력과 기본적인 잠재능력 양식이 어떻게 전수되었는지에 따라 동반자 관계와 집단행동에서 발견된다. 그러므로 여기에서 말하는 오해를 일으키는 경직된 태도와 기대들이 상호 간의 이해에 장애의 요인이 되는 것이다.

오해는 다음의 질문들을 통해 구분할 수 있다. 나는 어떤 경우에 미워하는 것을 배웠는가? 나는 개인적으로 참을 수 없다는 것을 어떻게 정확하게 알게 되었는가? 나를 못 견디게 만드는 내 남편의 특별한 특징은 무엇이며 어떻게 그 특징이 생겼는가? 같은 행동을 다른 사람들이 하면 이해하면서 왜 아내의 행동은 나를 미치게 만드는가? 나는 상대방을 적절하게 이해하고 있는가? 나는 사람들이 이해할 수 있는 방식으로 내 자신을 표현하고 있는가? 왜 그는 나를 정확하게 이해할 수 없는가? 어떻게 오해가 발생하는가? 오해를 인정하는 것이 죽을 만큼 힘든 일인가? 만일 상대방이 나를 이해하기 위해 노력한다면, 나도 역시 양보할 수 있겠는가? 다른 사람은 같은 상황을 다르게 보는데 내가 이런 방식으로 보는 것은 왜 그런가?

구체적으로 갈등상황에서 이러한 질문들에 대한 답을 찾으려면 반드시 오해 속으로 들어가서 잠재능력 내에 갈등을 일으키는 요인이 무엇인지를 알아야 활용가능한 잠재능력의 배경을 알 수 있을 것이다. 일반적으로 오해는 방어기제와 의사소통을 방해하는 요인으로 기능하지만, 이외에도 특별하게 기능할 수 있다. 오해와 관련된 특정한 사고방식은 전형적인 문제행동으로 이어지고, 그다음에는 전형적인 문제해결 대처방식과 문제증상으로 귀결된다. 이런 의미에서 모든 오해 속에는 이러한 문제행동의 맥락에서 드러나는 수많은 장애와 갈등들이 내재되어 있다. 이와 반대로, 어떤 사람에게 갈등과 장애가 나타날 때는 그 사람을 바로 이해하고 있는지 오해의 가능성을 고려해 보아야 한다.

▶▶ 첫 번째 오해: 양육의 목표와 양육의 내용

> *사람은 자녀를 잘 양육할 수 있다.*
> *그 부모가 잘 양육된 사람이라면.*
> *괴테*

"나는 사실, 내 일을 즐깁니다. 하지만 나는 다른 사람들과는 관계를 갖지 않고 삽니다." (42세 변호사)

독일어 표현에 따르면, 양육이란 좋은 품행과 지식을 자녀의 성격 안에 '채워 넣는 것' 만을 의미하지 않는다. 오히려 양육은 가능성과 모든 사람 안에 내재되어 있는 잠재능력을 지원하는 것을 의미한다. 사람은 훈련이라는 의미에서 정보 이상의 것(이차적인 잠재능력의 발달)을 필요로 한다. 또한 이러한 훈련을 하기 위해서는 정서적인 기반이 필요하다. 이런 의미에서 부모와 교육기관의 아동 양육 개념에서 자주 혼동되고 있는 훈련(training)과 교육(education)을 구분해야 한다. 아동을 의식적으로 양육한다는 것은 단지 양육의 내용을 아는 것만이 아니라 양육의 목표까지 의식하고 있어야 한다. 즉, 나는 무엇 때문에 자녀를 기르나 또 그 결과는 무엇인가? 나를 위해서인가? 아니면 자녀를 위해서인가? 아니면 인류를 위해서인가?

장애와 갈등: 일방성, 불완전 고용, 과중한 부담, 의심, 일로 도피하는 것, 자신을 고립시키는 것, 병을 핑계삼는 것

교육과 훈련을 구분하는 것을 배워라.

▶▶두 번째 오해: 가치관에 대한 상대성

자기 곁에 사랑하는 사람이 있는 사람과
사랑하는 사람이 오기를 갈망하고 기다리는 사람
사이에는 차이점이 있다.
사디(Sadi)

"질서 있게 해야 합니다."

"나는 항상 한 가지를 마친 다음에 그다음 일을 해야 한다고 배웠습니다. 모든 것은 적절한 순서를 따라 해야 합니다. 첫 번째로 이를 먼저 닦고 세수를 합니다. 그리고 면도를 하고 순서에 맞게 옷을 입습니다. 그런 후에 아침식사를 하고 두 잔의 커피를 마시고 그다음에 신문을 읽고 화장실에 갑니다. 이런 순서가 어그러지면 모든 것이 혼란스럽고, 내 그릇들이 다른 곳으로 옮겨지는 것 같습니다. 그러면 그 하루는 나에게는 헛것이 되고 맙니다."(강박증과 불안을 겪고 있는 35세 경제전문가)

사람들은 자신의 경험으로 배운 것에 혼자 만족하지 않고 다른 사람에게도 그렇게 요구하려는 경향이 있다. 이는 원칙적으로, 자기 자신의 가치판단을 확고하게 하고 다른 사람들에게 보편적인 정당성을 부여하려는 시도라 할 수 있다. 가치판단 기준에서의 '차이점'들은 다음과 같은 수많은 요인들에 의해 좌우된다. 나이, 성별, 개인적인 경험, 훈련, 사회적 계층, 가족의 전통, 사회적 환경, 가치관 또는 종교적인 태도, 정치적 견해, 기분에 좌우되는 상황 등이다. 그리고 그 기준에는 다양한 방식이 있다. 어떤 사람은 재정상의 가치, 희소성, 명성의 가치, 거래 가치 또는 감상적인 가치에 맞추어 평가한다.

심리적 내용 면에서 볼 때 활용가능한 잠재능력 양식들은 그 사람의 가치 기준의 특성을 나타낸다. 가치 기준이 다르다는 것은 사회적인 오해를 불러일으키고, 대인관계에서 갈등을 야기시키는 가장 큰 원인이 된다. 특별히 이런 갈등이 많은 사람들은 경직된 가치 기준과 개념들을 가진 사람들로서, 자신의 가치관 그리고 다른 사람들과 대면할 때 갈등을 많이 느낀다. 더구나, 사회적 관계에 변화가 많은 상황에서는 문제가 발생하기 쉽다. 우리는 이런 차이점들과 변화하는 가치관들에 무력하게 부딪힐 뿐 아니라 이러한 우리의 혼란스러움이 불안, 공격성 그리고 모방으로 변형되기도 한다.

> 장애와 갈등: 충돌하기, 집착, 융통성 없음, 동반자 관계에서의 갈등, 기대, 실망, 불안, 공격성, 소외, 일로 도피하는 것, 의심, 사고와 의지의 억제, 혼란스러움, 섬망,[4] 욕하기, 이해받지 못하는 느낌

절대적 가치와 상대적인 가치를 구분하는 법을 배워라.

▶▶세 번째 오해: 시간의 차원과 인간의 관점

> *모든 세대는 나름대로의 문제를 가지고 있고,*
> *모든 영혼은 특별한 열망을 가지고 있다.*
> *바하올라(Baha'u'llah)*

"나는 더 이상 못하겠어요."

"나는 더 이상 할 수 없습니다. 나는 시골에서 살았었습니다. 우리가 큰 도시로 이사를 온 이후로, 나는 불행하고 만족스럽지 못했습니다."(이전에 소규모 농사를 지었던, 우울증을 갖고 있는 45세 직장인) "멍청한 전문가가 되느니 차라리 다른 것을 하는 게 나을 것 같습니다. 머릿속에 자신이 교육받은 것 외에는 아무것도 들어 있지 않은, 그런 우둔한 전문가를 보면 분통이 터지더군요!"(남녀 공학에 다니는 22세 여대생)

사람과 사회는 끊임 없이 변화하도록 서로 요구하고 기대하고 있다. 또한 참고 체계, 가치 기준, 그리고 적절하게 행동하는 규범도 변화한다. 이와 같이 사회의 발달은

---

4) 섬망(delirium): 주변 상황을 잘못 이해하며, 생각의 혼돈이나 방향상실 등이 일어나는 정신의 혼란 상태(역자 주).

다음과 같은 구조적 변화에 따라 일어난다. (a) 증가하는 인구: 사회관계에서 서로 다른 교제 규칙과 적절한 인간관계를 요구한다. (b) 도시화: 사람들이 도시에 중앙집권적으로 함께 모여 살게 되면서 한편으로는 사회관계가 강화되었지만 다른 한편으로는 타인에게 자신을 열어 보이는 가능성이 제한되었다. (c) 분화: 이것은 과학기술 발달을 이루어 부분적인 기능들의 전문화를 요구하고 있다.

우리를 둘러싸고 있는 세계는 그 속에 사는 사람들과 사회에 대한 중요성을 고려하지 않고 필요와 결핍, 그리고 환경의 구조적 독특성에 따라 변화한다. 만일 사냥과 채집을 하던 이전 사회의 전통적인 방법과 동일하게 요즘 사람들을 다룬다면, 피할 수 없는 갈등을 불러일으키고 시대의 흐름에도 맞지 않는 것이다.

장애와 갈등: 변화에 대한 두려움, 익숙해진 대상을 계속 붙잡고 있으려는 경향, 부적절한 융통성, 모방하고자 하는 경향, 세대 갈등, 다른 사람 견해에 의존하는 것, 개인적 그리고 집단적 과거에 대한 거부 및 억압, 상상의 세계로 도피하는 것, 미래에 대한 두려움

과거, 현재, 미래를 통합하는 것을 배워라.

▶▶ 네 번째 오해: 발달-고착

우유는 적절하게 주어야 한다.
(왜냐하면) 우유는 유아를 튼튼하게 하여,
나중에 단단한 음식을 소화할 수 있는 능력을 키운다.
바하올라(Baha'u'llah)

"과중한 부담"

"나는 항상 왔다 갔다 바쁩니다. 나는 내 아이들을 발레에, 체조에, 수영에, 경마에, 플루트 레슨에, 스케이트에, 영어 수업에 데려갑니다. 그런데 아이들은 이렇게 훌륭한

것들에 너무 관심을 갖지 않습니다."(심장 질환과 내적인 불안을 갖고 있는 두 자녀를 둔 37세 주부)

인간은 자신의 발달과 그 발달 단계에서 상호작용하며 전개되는 잠재능력에 따라 그 필요를 충족시킨다. 양육과정, 동반자 관계 그리고 심리치료에서 문제에 직면하는데, 너무 적거나 혹은 한꺼번에 너무 많이 주는 것은 문제를 야기시킨다. 너무 많거나 너무 적게 주는 것은 신체 발달에 따라 다른데 모든 사람은 발달하는 데 시간을 필요하기 때문이다. 인간은 육체적인 성숙, 심리적 분화 그리고 사회적인 삶을 살아가기 위해서 시간이 필요하며, 반대로 다른 사람에게도 그러한 시간을 주어야 한다. 양육과 동반자 관계에서의 많은 장애는 역할 및 역할 기대에 대한 부적절한 가설에 의해 발생하게 된다. 과중한 부담, 부적절한 활용 그리고 불일치는 장애를 야기시키는 기본적 원인이 된다.

장애와 갈등: 과중한 부담, 불충분한 활용, 성급함, 욕구와 불안 사이의 망설임, 과장된 기대, 실망, 포기, 정서적인 의존성, 빈약한 자기신뢰, 문제 이탈

상대방에게 그의 발달 단계에 필요한 것을 주는 법을 배워라.

▶▶ 다섯 번째 오해: 정체성 위기와 성격 발달

> *젊은이들은 자신의 실수보다*
> *나이 든 사람들의 지혜를 참아 내지 못한다.*
> 보브나르그(Vauvenargues)

"나는 내가 누구인지 모르겠습니다."
"나는 더 이상 나 자신을 조절할 수 없을 것 같습니다. 한편으로 나는 학교 숙제의 노예가 되어야 합니다. 다른 한편으로 여자 친구에게 내 모든 시간을 주고 싶습니다. 그리고 우리 부모님은 내가 좋은 아들로 남아 있기를 원합니다. 끝으로, 내 친구들은 나와

친하게 지내고 싶어 합니다. 나는 내가 어디에 속해 있는지, 무엇이 더 중요한지 잘 모르겠습니다. 나는 내가 누군지 더 이상 모르겠습니다." (집중력 장애, 행동 동기의 결핍, 우울증과 자살에 대한 생각을 가지고 있는 15세 남학생)

인간은 삶의 발달과정에서 변화하는 수많은 문제와 직면하게 된다. 인간의 성격이 꾸준히 지속되는 것처럼 보인다고 해도, 자신의 변화에 대한 이해는 꾸준하지 않다. 즉, 자신의 변화란 신체적인 발달의 결과, 예를 들면 이전에 거의 접해 보지 못했던 새로운 문제인 생식선의 성숙에 따라 나타나는 변화 등이 있는데, 즉 역할 요구와 기대, 그리고 꼭 필요한 변화 등이 외부 상황에서 오는 것이다.

사춘기나 성년에 이른 젊은이는 더 이상 어린아이로 취급되지 않고 젊은 남자 또는 여자 또는 젊은 사람으로 역할을 해야 한다. 성년에 이른 나이에는 특별히 이런 정체성의 위기를 경험하는데 이때 내적 · 외적 환경에 변화가 일어난다. 형제자매의 탄생, 학교 입학, 본보기가 되는 인물의 상실, 변화된 성취 요구, 직업의 변화, 해고, 결혼과 부부 관계, 삶의 변화 등과 같은 외부적 환경에 맞추어 견디어 가야 삶의 상황이 이어지는 것이다.

부모, 양육자 그리고 아동에게 본보기가 되는 사람들은 그들의 자녀와 청소년, 혹은 발달과정에서 정체성의 위기에 있는 배우자 등이 좀 더 쉽게 적응해 가도록 지지해 주어야 하는데 이의 선행조건으로는 상호 간의 신뢰가 매우 중요하다.

장애와 갈등: 정체성 위기, 불확실, 우유부단, 소신 없는 것, 내부의 '나침반' 고장, 불안, 성적 특질이나 교제 또는 집단으로의 회피, 절망, 동기 결핍, 자기비난, 우울, 과중한 부담, 부적응 등이 장애와 갈등의 요인이 된다.

(삶의) 에너지 결핍과 잘못된 방향(misdirection) 사이를 구별하는 법을 배워라.

▶여섯 번째 오해: 인간–동물

> *이 날에 우리는 당신의 시각에*
> *분별력을 부여할 것이다.*
> 마호메트(Mohammed)

"그는 그런 식으로 한꺼번에 다 취했습니다."

"내 남편은 짐승 같아요. 그가 성적인 욕구를 느낄 때, 나는 그를 위해서만 있어야 하는 사람입니다. 그는 자신을 완전히 소진시킵니다. 부드러움은 하나도 찾아볼 수 없습니다."(내적 불안, 불안 발작, 성적 저항을 보이는 38세 여성판매원)

인간과 동물의 차이점을 특징짓기 위해서는 전체적으로 비교하기보다 육체, 환경, 시간의 세 가지 영역에서 어떻게 기능하는지를 비교하는 것이 보다 적절하다고 할 수 있다.

육체: 동물은 육체를 가진 존재이고, 인간 역시 육체를 가진 존재이나 동시에 인간은 육체를 경험하는 잠재능력을 가지고 사는 것이 다르다. 그래서 인간은 육체에 의해 영향을 받을 뿐만 아니라 육체에 영향을 미칠 수도 있다. 동물은 아플 때, 전적으로 육체와 조직의 자체 치료 기능에 의존한다. 인간은 육체에 의식적이고도 적극적인 영향을 미치는 능력을 가지고 있다.

환경: 동물은 태어난 후에 본능적으로 반응하며, 이외에 다른 방법으로 반응하는 일은 거의 없다. 인간은 세상 사는 기술을 배우며 잠재능력을 발달시키는 것에 좀 더 많이 좌우된다. 동물은 거의 선천적으로 사회적 행동의 규칙을 갖고 있는 반면, 인간 사회는 함께 사는 구성원의 학습과 이에 따른 사회적 규칙과 기준에 의해 좌우된다.

시간: '과거' '현재' '미래'라는 범주 안에서 인간과 동물은 구분된다. 개인적 그리고 집단적인 과거의 경험을 쌓아 가고(전통), 인간은 역사의 발달 단계를 통해 변화해 가기 때문에, 과거부터 현재까지 개인적 그리고 집단적으로 경험을 축적해 간다.

인간과 동물을 같다고 생각하는 것은 인간 행동의 대부분이 충동에 의해 행해지고,

본능에 한정되거나 또는 훈련될 수 있는 것이라고 보기 때문이다. 이런 의미에서 사회적 규범은 사회를 위협하고 혼란스럽게 하는 인간의 충동 욕구를 억압하는 특성을 가지고 있다. 동물과 비교하여 인간은 육체(보다 높은 분화수준, 질적으로 다른 중추신경계의 기능적 단위)의 영역과 환경(사회화의 중요성, 기술의 습득과 잠재능력의 형성)의 영역, 그리고 시간(과거, 현재, 미래에 대한 의식, 집단적인 전통을 사용하는 능력)의 영역에서 다른 차이점을 나타낸다. 인간은 동물이 훈련받는 방식으로 훈련될 필요가 없으며 인간의 충동 또한 억압될 필요가 없다. 오히려 분화하고 발달하는 잠재능력에 주안점을 두어야 한다.

> 장애와 갈등: 정체성 위기, 자신에 대한 과장된 견해, 실패에 대한 두려움, 열등감, 일치감의 상실, 이기주의, 친구와 대상에 대한 의존성, 사람과 동물을 향한 야만적이고 잔인한 성향, 동물에 대한 무절제한 사랑(어떤 사람은 아내와 산책하는 것보다 개와 산책하는 것을 더 좋아한다), 가족 안에서 사랑을 받거나 사랑을 보여 주는 능력 결여, '강철같이 딱딱하고' 거침없는 성격, 공동 목표 추구에 배려와 연민 부족, 타인이나 환경으로부터 영향받는 것을 못 견뎌함

육체로 살아가는 것과 육체를 경험하는 것을 구분하는 법을 배워라.

▶일곱 번째 오해: 타고난–습득된

> *조상의 죄악의 내력은*
> *자녀의 삼, 사대까지 내려간다.*
> 구약성경

"부모님께 감사하십시오."

"내 주치의는 내가 약한 신경 구조를 가지고 태어났다고 합니다. 내가 원인을 물었을 때, 그는 내가 부모님에게 감사해야 한다고 말했습니다." (불안 발작과 순환 장애를 가

진 40세 직장인)

많은 부모들, 교육자들 그리고 결혼한 사람들은 타고난 것이 무엇이고 습득된 것이 무엇인지에 대해 의문을 갖는다. '타고난' 이라는 단어는 충동적이고, 영향을 받지 않고, 희망이 없는 발달과 자동적으로 연결되어 있다. 반면에 '습득된' 이라는 말은 환경이 강한 영향을 미치고 변화가 가능하다는 인상을 준다. 행동이 '습득된' 이란 개념은 본보기가 되는 사람들과 교육자들이 끊임 없이 직면해야 하는 과제인 반면에, 행동이 '타고난' 이란 개념은 책 한 권의 '끝' 페이지라는 한정된 느낌이 들게 한다.

유전에 대한 이데올로기는 합리화와 변명으로 사용될 수 있다. 그럼에도 유전에 대한 과학적 조사의 중요성은 조금도 감소하지 않는다. 모든 사람들은 선천적으로 대다수의 잠재능력들을 가지고 태어난다. 그러나 최근의 분석에서 보면, 어떤 잠재능력들이 발달되는지 혹은 발달되지 않는지의 여부는 환경이 잠재능력을 촉진하는가 혹은 억제하는가 하는 환경의 영향을 중요시하고 있다. 교육자, 의사 또는 심리학자는 '무엇은 타고난다.' 라는 결론에 만족하지 않는다. 오히려 장애 때문에 혹은 장애에도 불구하고 잠재성을 인식하고 활용하는 것이 보다 중요하다고 보고 있다.

장애와 갈등: 자기 소외, 과중한 부담, 불충분한 활용, 주의산만, 질투, 미움, 부러워함, 거절, 매우 큰 기대, 실망, 인생에 대한 비관주의적인 생각, 부정적 성격, 회의적 성격, 신뢰하지 못하는 성격

타고난 것과 습득한 것을 구분하는 법을 배워라.

▶▶여덟 번째 오해: 독특함-동일함

> 교육자가 하는 일은 다양한 식물들을 재배하는
> 정원사가 하는 일과 같은 것이다.
> 압둘-바하('Abdu'l-Baha)

"가족 전통"

"가족 중에 남자들은 모두 기술자들이 되었습니다. 그런데 왜 막내아들이 예술을 공부하고 싶어 하는지 이해할 수가 없습니다."(세대 갈등을 겪고 있는 44세 엔지니어)

현대 문명사회에서 무언가를 '성취'한다는 것은 학교에서 시작하여 직업에까지 계속되는 것으로, 서로 비교의 원칙하에 이루어지고 있다. 많은 경우에 획일성이 정의(justice)보다 앞선다. 의복에서, 직업적인 가능성에서, 가정 문화에서, 여가시간의 사용에서, 그리고 동료나 배우자를 선택할 때도 획일성의 영향이 크다. 이와 같이 획일성이 정의를 대신하는 일은 생각해 볼 일이다.

매일매일의 경험을 통해 우리는 인간이 어떤 유사성을 가지고 있음에도 불구하고, 각자 비교할 수 없는 독특함을 가지고 있으며, 그래서 개개인이 서로 다르다는 것을 알게 된다. 자기 자신 혹은 상대방과 자신을 비교할 때, 단지 하나의 잠재능력만을 비교하는 것은 적절하지 않으며, 오히려 한 사람의 독특함을 다양한 영역에서 고려하는 것이 필요하다. 사람들을 동일하게 대하는 것은 곧 그들을 차별하는 것과 같다.

장애와 갈등: 우유부단함, 정체성의 위기, 자아가치감의 상실, 자기 혐오, 질투, 경쟁심, 교제의 장애, 불신, 동일시, 거절, 열등감, 실망, 공격성, 포기

독특함과 획일성을 구분하는 법을 배워라.

▶▶아홉 번째 오해: 무의식과 의식

> 아침에 나는 기쁨으로 웃었다.
> 그리고 왜 지금 황혼의 빛 속에서
> 울고 있는지 그것이 나에게는
> 불가사의한 일이다.
>
> 하피스(*Hafiz*)

"낯선 사람에게 항상 친절하게 해야 한다."

"얼마나 자주 나는 다른 사람들에게 내 마음을 주려고 결심하는지 모릅니다. 하지만 막상 그런 기회가 오면, 나는 딱딱한 껍질 속으로 그만 움츠러들고 마는데, 나중에는 나 자신에게 화가 납니다." (억압과 두통을 호소하는 32세 공무원)

'무의식'의 기능은 다음과 같은 단순한 예를 통해 설명할 수 있다. 우리가 식사를 하고 나면 우리 신체 내부에서는 신진대사 소화 작용이 일어나는데, 소화 장애가 발생하지 않는 한 보통은 의식하지 못한다. 이 상황은 사람들의 상호관계에서도 유사하다. 우리는 의도하지 않았던 일을 하고 있는 자신을 종종 발견하는데, 예를 들면 신체적인 벌이 자녀 양육에 적절한 방법이 아니라는 것을 알고 있으면서도, 조바심이 나서 참지 못하고, 가장 작은 일에서조차 자기조절을 못하고 알고 있는 원칙을 어기고 처벌을 하고 만다.

대부분의 모든 심리적인 기능과 대인관계에서 보면 사람의 태도와 행동양식이 드러나는데 대개는 무의식적 심리 근원과 동기에 따라 이루어지고 있다. 그러므로 발달 과정(적절한 무의식적인 반응 외에)에서 의도하지 않았던 일이 발생하게 되고 그 결과는 자신이 바라지 않은 것들이다. 활용가능한 잠재능력은 특별한 역할을 수행한다. 활용가능한 잠재능력 유형에서 나타나는 일방성은 대부분의 경우 당연한 것으로서 의식적으로 드러나지는 않지만, 매우 강한 정서적 감정을 지닌다. 그 일방성은 그 자체로 활기 있게 사람과의 관계에서 매우 중요한 작용을 한다. 무의식이 어느 정도 갈등을 싸 안고 있는 보호막 기능을 하고 있어서 갈등을 효과적으로 다루도록 버텨주는 보호막 역할을 하는 것은 확실하다.

장애와 갈등: 억압, 합리화, 다양한 전술, 실패, 상징적인 꿈, 내적인 저항, 과잉보상,
     오해와 사회적인 갈등

의식과 무의식을 구분하는 법을 배워라.

▶ 열 번째 오해: 동일시-투사

> 만약 인간이 타인을 전적으로 알 수 있었다면,
> 타인을 기쁘게 그리고 쉽게 용서할 수 있었을 것이다
>
> 하피스(Hafiz)

"나는 딸을 위해 나 자신을 희생했습니다."

"나는 내 딸을 대학에 보내기 위해 모든 것을 다했습니다. 이제 와서 그 애는 자기는
돈 버는 것을 더 원했다고 말합니다. 나는 도저히 이해하지 못하겠습니다. 내 꿈은 그 애
를 대학에 보내는 것이었습니다. 사람들이 어떻게 그런 기회를 경솔하게 포기할 수 있는
지 나로서는 이해할 수가 없습니다."(심장 질환, 천식, 우울을 겪고 있는 43세 주부)

우리 모두는 원하는 것과 필요한 것이 있다. 우리가 원하는 것을 현실화하기 위하
여 행동으로 옮기는 동기와 요구가 필요하다. 추동(drive)을 일으키는 힘으로써 동기
를 벗어나 행동으로 진전된다. 즉, 동기→행동이라는 도식이 성립된다. 우리가 다른
사람과 그들의 행동을 관찰할 때, 비슷한 상황에서 다른 사람들의 동기와 우리의 동
기가 같다고 생각하게 된다. 그래서 행동과 동기 사이의 관계를 가정하고 사람의 행
동을 보면서 그 의도가 무엇인지를 추측하게 된다. 즉, 동기←행동이라는 도식이 성
립된다. 확실히 이러한 방법은 다른 사람의 행동방식의 원인을 추측하고 결론을 이
끌어 내는 데 도움이 된다. 그러나 이것은 그 자체만으로는 오류를 범할 위험성이 있
다. 모든 공은 둥글지만, 둥근 것 모두가 공은 아니기 때문이다.

동일시는 상대방의 사회적 신분을 내가 이룬 것처럼 상상하면서 그 사람의 신분처럼 생각하는 것이다. 대부분 본보기가 되는 사람이 가진 모든 것과 똑같이 하지는 않지만, 어떤 특정한 속성을 동일시한다. 그래서 동일시를 학습에서는 핵심적인 형태로 다룬다. 그러나 동일시하는 모델이 너무 절대적으로 완성되어 기대치 이상 더 발달할 여지가 없다고 생각되면, 갈등과 혼란이 생길 수 있다. 타인이 생각하고 느끼는 감정을 상상해 볼 수 있는 능력은 그 사람의 입장이 되어 볼 수 있는 능력이 탁월해야 한다. 투사는 자기 자신의 성격 특성뿐만 아니라 의식적이고 무의식적인 자신의 기대를 외부세계와 사회적인 관계에 있는 상대방에게 전달하는 것을 의미한다.

　장애와 갈등: 과도한 모방성, 지나친 기대, 확실성에 대한 요구, 정체성 위기, 모델 거부, 이상화, 편견, 환멸, 변덕스러운 감정, 혼란스러움, 의심, 자신과 타인에 대한 불평

자신의 동기와 타인의 동기를 구분하는 법을 배워라.

▶ 열한 번째 오해: 일반화-분화

> 모든 사람을 불신하는 사람은
> 의심이 많아서 결국은 자신도
> 불신하는 경향이 있다.
> 그라프(Graff)

　"다시는 절대 안 돼!"

　"절대로 남편을 믿을 수가 없습니다. 그는 불한당이고 결국 나를 배신했다는 것을 알았습니다. 이미 얼마나 많이 나를 배신했을지 누가 알아요?"(성적 장애와 우울증을 겪고 있는 38세 주부)

　우리의 심리적인 기능은 처음에 우리가 처한 환경이 어떠한지를 보게 한다. 그러므

로 자기가 겪은 어떤 사건에 기초하여 추론하고 결론을 내리며 그 사건과 일치하는 상황에서 똑같이 행동하게 만드는 능력으로 구성되어 있다. 학습을 통해서 환경을 지배하려면 선행조건으로 환경 속에서 일어나는 모든 일들을 일반화할 수 있는 잠재능력을 길러야 한다. 일반화하는 잠재능력이 없다면, 개인적인 인식과 경험들은 연결되지 않은 채 무수한 사건들로 분해될 것이다. 오직 일반화를 통해 개념을 통합하고, 상위의 개념을 세우고, 결국엔 객관적으로 생각하도록 만드는 것을 가능케 한다. 그러나 이 일반화하는 잠재능력 안에서도 역시 오해의 싹이 있을 수 있다. 한 사건을 통해 다른 사건을 추론하면서 얻은 결론이 오해의 여지를 남길 수 있기 때문이다.

자기 자신과 다른 사람들과의 관계에서, 인간은 일반적으로 자신이 경험한 것을 바탕으로 추리하는 경향이 있다. 즉, 여러 가지 속성들을 추론해 보며 마침내 전체적으로 온전한 인간의 속성을 그리려고 한다. 이러한 전형적인 일반화 과정에서 한 영역에서 한 가지만을 선별하고 다른 영역은 아예 보지 않으려 한다. 이렇게 일반화는 자신의 관점과 관계 있는 분야에 대한 가치관들만 보려는 경향이 있어 매우 제한적이기도 하다.

장애와 갈등: 일반화, 편견, 자신과 타인에 대해 편파적임, 집착, 과도한 기대, 과중한 부담, 실망, 의심, 불안, 공격성, 사회적 고립

부분과 전체를 구분하는 법을 배워라.

▶▶ 열두 번째 오해: 판단-선입견

> *만일 한 손에는 편견을 들고,*
> *다른 한 손에는 진실을 들고,*
> *우리의 지적 능력이 교리와 미신을 구별 못하고*
> *한쪽으로는 편견을, 다른 한쪽으로는*
> *진실을 말하고 있다면, 우리는 아마도 우리가 목적하는 바를*
> *달성하기 어려울 것이다.*
> 압둘-바하(*'Abdú'1-Bahá*)

"검은 머리에 대한 애호"

"나는 검은 머리를 가진 사람들을 보면 사족을 못 씁니다. 그들은 개성이 강한 사람들임에 틀림없습니다."(19세, 의사의 조수)

선입견은 미숙한 판단으로, 대개 감정과 강하게 관련되어 있다. 많은 사람들의 관계에서 오는 갈등은 선입견에 기초하고 있다. 양육에서 발생하는 문제들은 종종 피할 수 없는 운명도 아니고 악한 의지의 산물도 아니다. 오히려 이것은 선입견의 악순환에서 온 결과다. 사람들 간의 행동과 관련된 선입견은 활용가능한 잠재능력과 그 양식과 관련되어 있다. 이러한 선입견은 개인적인 일차적 잠재능력과 이차적 잠재능력, 그리고 그 잠재능력들이 드러내는 방식들을 다루는 어떤 특정한 평가들과 관련하여 나타나는 기대들로 채워진 것들이다. 그러므로 선입견을 단순히 부정적인 속성과 연결할 필요는 없다. 그 사람의 기대가 정당하다는 것을 증명하려고 노력하지 않아도 된다. 그 사람의 동일한 신념과 긍정적인 행동방식은 예측이 가능하기 때문이다. 결국 그런 노력은 개인에게 지나친 짐이 되거나 개인의 능력 활용에 걸림돌일 뿐이다.

장애와 갈등: 부당함, 구별, 공격성, 죄책감, 일방성, 광신, 인종차별, 자신에 대한 혐오, 사회적인 실패, 판단력의 부재, 진실에 대한 두려움

판단과 선입견을 구분하는 법을 배워라.

▶▶ 열세 번째 오해: 남성과 여성

> 분명히 미래의 세대는 오늘의 어머니들에 의해
> 좌우될 것이다.
>
> 압둘-바하('Abdú'l-Bahá)

"여자가 된 것은 형벌이에요."

"내가 여자로 태어난 것은 벌을 받은 것입니다. 사람들은 여성은 열등하고, 충실하며, 감수성이 예민하고, 어리석으며, 나약하고, 남성의 속성을 참아 주며, 의존적이라고 한다. 반대로 남성은 훌륭하고, 충실하지 못하지만 객관적이며, 지적이고, 강하며, 대담하고, 불사신이며, 독립적이라고 생각합니다. 결론은 오직 남성의 역할만이 대우받는 세상이라는 것은 의심의 여지가 없습니다….". (남녀공학에 다니는 23세 학생)

남성과 여성의 관계에서는 정서적 감정이 많은 부분 내포되어 있다. 마찬가지로, 이 영역만큼 선입견이라는 무거운 짐이 지워져 있는 영역도 거의 없을 것이다. 남성-여성의 역할에 대한 오해는 결혼생활이나 사회생활에서 실제적으로 그 역할이 다를 뿐만 아니라 자녀 양육에까지 남녀의 역할이 혼동되어 있다.

이와 같은 사회 환경에서 교육의 영향력은 삶에 대처하는 능력, 사회적 행동, 진취적 성향 그리고 지적 영역뿐 아니라, 나아가 사회적 역할 행동까지 매우 넓은데, 특히 성 역할은 본질적으로 가정 교육의 영향이 매우 크다고 볼 수 있다. 가정에서의 역할은 남성과 여성의 관계를 가장 명확하게 보여 준다. 아버지는 직장을 다녀야 하고, 어머니는 집에서 가사를 돌본다. 이는 그 자체가 본보기가 되어, 자녀들의 경우 아버지는 외부세계에서 책임 있는 사람이며 어머니는 가정 내부의 일을 책임지는 사람이라는 것을 배운다.

양육에 있어서 어머니가 중심 기능을 한다는 사실은 종종 아버지가 자녀 양육의 책임을 전적으로 어머니의 손에 맡겨 버리고 자유로우며, 어머니는 '매 맞는 소년'[5]의 역할을 하게 된다. 그래서 양육이 성공하게 되면 아버지는 자신이 옳았다는 것을 증명하게 되고, 반면 양육에 실패하면 어머니 탓이 되는 것이다. 이런 식으로 매우 많은 여성들이 정서적으로 과중한 짐을 지고 있으며, 이런 사회 환경에서 신체적이고 심리적인 장애들을 가지게 되는 것이다. 그래서 이에 대한 반응으로 많은 어머니들이 일(직업)로 관심을 돌리고 있으며, 일(직업) 속에서 공정한 보상을 얻으려고 한다.

　여성이 남성과 동등하게 교육받는 기회를 누릴 때, 남성과 여성 모두 비슷한 능력을 소유하고 있고, 교육 효과도 동등하게 나타나는 것을 보게 될 것이다. 그러면 남성도 여성을 동등하게 대우하는 법을 배우게 될 것이다.

장애와 갈등: 일방적 역할, '주부의 운명', 과중한 부담, 불충분한 활용, 분리 불안, 인생의 목표와 같은 자녀들, 보험 같은 결혼, 권위 복종, 구속, 불안, 공격성, 부부간 문제, 정서 장애, 성적 선망, 세대 간 위기, 종속, 이탈 위기

타고난 성 역할과 양육된 성 역할 차이를 구별하는 법을 배워라.

▶ 열네 번째 오해: 정의-사랑

> *내가 사람의 방언과 천사의 말을 할지라도*
> *사랑이 없으면, 소리 나는 구리와*
> *울리는 꽹과리가 되고*
> *신약성경 고린도전서 13장 1절*

"네가 나에게 한 대로, 나도 너에게 해 주겠다."

"네가 엄마에게 무례하게 행동했기 때문에 오늘은 일찍 잠기리에 들어가 채. 우리는 너와 함께 있어 줄 수 없어." (38세 어머니) "내 남편이 무슨 일을 하든지, 나는 언제나

---

5) 매 맞는 소년(whipping boy): 역사적으로 왕자의 학우(學友) 역할을 하며 대신 매를 맞는 소년(역자 주).

남편과 함께 있을 것입니다. 나는 남편을 사랑하니까요." (재혼한 47세 주부)

'정당함'의 원칙에 따르면, 성취란 반드시 두 가지를 놓고 비교하는 것이다. 이는 양육의 기본 원칙으로, 정당한 대우를 받고 자랐는지 여부에 따라 개인의 활용가능한 잠재능력과 성취가 가장 두드러지게 나타난다. 그래서 만약 부부관계에서 정의가 절대적 권위가 되면 불의를 다른 사람이 따르는 악순환의 고리가 될 수 있고 부부생활은 인격이 도외시되어 마치 지옥에서 사는 것과 같아진다.

사랑은 긍정적인 정서적 관심의 표시다. 그리고 사랑은 한 사람을 전체로서 감싸안는다. 사랑은 특정한 속성, 잠재능력 그리고 독특함에 집착하지 않는다. 그보다는 오히려 이런 특성을 가진 사람에 대한 관심이라 할 수 있다. "나는 당신이기 때문에 당신을 사랑합니다." 배우자와의 관계에서 이런 경향은 많은 경우에 유익하게 작용한다. 처음에는 둘 사이에 나타나는 어려움을 가볍게 다룬다. 그리고 공개적인 갈등은 회피하게 되어 극단적인 경우에, 사랑은 현실의 통제를 잃고 구체적인 상황을 외면하고 만다.

정의라는 이름으로 배우자에게 요구하게 되고 또한 이런 요구들은 당연하긴 하지만, 배우자가 실수를 했을 때 부적절한 행위와 인간의 존재 자체는 구별되어야 한다. 이는 '나는 당신이 이 부분에서 실수를 할 때조차도 당신의 존재를 수용합니다. 당신이 실수를 통해서 무엇인가를 배울 수 있다는 것과 나 또한 나의 실수로부터 무엇인가를 배울 것을 알기 때문입니다'라는 것을 의미한다.

> 장애와 갈등: '과도한 정의', 잠재된 공격성, 불안에서 비롯된 우유부단함, 누군가에게 불의를 행함, 불의, 과도한 기대, 사랑에서 비롯된 '현실에 대한 무지함', 애정결핍, 영적인 과중한 부담, 실망, 결혼생활의 장애, 심신성 장애

사랑과 정의를 구분하는 법을 배워라.

▶ 열다섯 번째 오해: 성-성적 특질-사랑

이렇게 상세한 것들은 좀 혐오스럽다.

제임스(W. James)

"나는 나의 짝을 찾고 있습니다."

"나는 외모가 근사한 첫 번째 남편과 결혼했습니다. 그러나 얼마 지나지 않아 그가 멍청하다는 것을 깨달았습니다. 다음에는 매력적이고 훌륭한 예절 때문에 두 번째 남편과 결혼했습니다. 그의 아버지 같은 태도와 지나친 관심, 그리고 사소한 것까지 간섭하는 것이 나를 정말 짜증나게 한다는 것을 알기까지 2년이 걸렸습니다. 지금 나는 정말로 나를 이해해 줄 남자를 찾고 있습니다." (두 자녀를 둔 32세 비서)

성(Sex)은 육체적인 범위와 직접적인 관련이 있기 때문에 신체적인 기능 및 특징들과 함께 순응해 간다. 그러므로 알맞은 방식으로 신체 기능들에 대한 정보를 분명하고도 객관적으로 전달하는 것은 매우 중요한 일이다.

성적 특질(Sexuality)은 배우자와의 성적 관계에서 드러나는 특질인데, 개인의 자질과 잠재능력들과 연계되어 있으며, 활용가능한 잠재능력들이 여기에 포함되어 있다.

사랑(Love)은 포괄적인 잠재능력으로서 각 개인이 자신 및 주변 사람들과 정서적 관계를 맺어 나가는 데 특별한 느낌을 주는 감성이다. 개인이 사랑하는 능력(또한 사랑받는 능력)을 발달시키는 데 중심적인 역할은 부모에게서 모델링한다. 부모가 보여 준 사랑이 지속적이고 안정적인 것이면, 사랑하는 능력이 발달되어 평등한 인간의 권리와 책임감 있는 사람이 되는 데 크게 기여한다.

성과 성적 특질은 그 자체로 사람들을 서로 변화시키는 작용을 하는데 이런 관점에서 볼 때 사람들이 자신들을 가치 있다거나 또는 무가치하다고 판단하는 속성에 큰 영향을 끼치게 된다. 성과 성적 특질을 지나치게 강조하는 것은 인간성의 독특함을 무시하게 될 위험이 있으나, 성과 성적 특질이 잘 결합된 사랑이라는 정서 감정은 한 개인의 고유한 독특함을 확고하게 세워 주는 역할을 한다.

장애와 갈등: 상대방에게 개인적인 신체 특징을 지나치게 강조, 개인의 성격 특성의
　　　　　 이상화, 굉장한 기대, 순진한 낙관주의, 정서적 의존성, 실망, 심한 잔
　　　　　 소리, 동반자 관계에서의 갈등, 분리, 이혼, 불감증, 성적인 거부

'성'과 '성적 특질' 그리고 '사랑'을 구분하는 법을 배워라.

▶▶ 열여섯 번째 오해: 사랑의 모조품

사랑의 3/4은 호기심으로 구성되어 있다.

카사노바(Casanova)

"훈련센터와 같은 사랑"

"나는 성적으로 꽤 적극적인 편이었어요. 우선 나는 항상 먼저 남편에게 무엇인가를 가르쳐 주었거든요. 그는 정말 호기심이 많은 사람이었어요. 이제는 남편이 성에 대해 다소 알게 되었습니다. 요즈음에는 발전된 성경험 때문에 그 사람이 오히려 나를 비난하게 되었어요." (불안과 심장 질환을 가지고 있는 38세 접수원)

사랑이라는 말보다 폭넓고 다양한 의미를 지닌 말은 아마도 없을 것이다. 이것은 '단지 어떤 것을 사랑하는 것' 이상으로 어머니의 사랑에서부터 동물에 대한 사랑에 이르기까지 모든 영역을 망라하고 있다. 어떤 주어진 시간에 교환되는 성적 사랑에서조차 개인에 따라 큰 차이가 있는데 개인이 가지고 있는 성적 기준과 성향에 따라 서로 간 다른 의미를 가진다. 호기심 많은 소비적인 사랑, 확신하기 위한 사랑, 성취로서의 사랑, 경쟁과 권력 싸움으로 나타나는 사랑, 족쇄와 같은 사랑, 재생산의 의무를 지는 사랑, 예의 바름과 감사에 대한 사랑, 자기 가치 확인에 대한 사랑, 논리적인 결과를 따지는 사랑, 사업적인 관심에 대한 사랑, 한결같은 사랑, 처벌로 나타나는 사랑, 순간적인 편리한 사랑, 소망 성취에 대한 사랑, 희생적 사랑, 스승을 돕는 사랑, 의사역할을 하는 사랑, 자선단체 역할을 하는 사랑, 훈련센터 같은 사랑 등이다.

장애와 갈등: 질투, 과도한 기대, 상대방에게 애착되는 것에 대한 두려움, 분리 불안,

자유로부터의 도피, 자기비난, 자기학대, 실망, 질병으로 도피, 대리만
족, 집착 성향, 책임 회피, 성적 거부

사랑과 사랑의 모조품을 구분하는 법을 배워라.

▶▶ **열일곱 번째 오해: 통합과 일치의 상실**

> *세상을 주의 깊게 보면*
> *인간의 육체가 온전하고 완벽하게 창조되었더라도*
> *매우 다양한 원인으로 인해*
> *끔찍한 무질서와 질병으로 고난을 겪고 있는 것을 알 수 있다.*
> *바하울라(Bahá'u'lláh)*

"… 그런데 내 온몸이 욱신 욱신 쑤시며 아픕니다."

"심장병이 생겨 병원에 간 이후에야, 내가 사는 날 동안 일을 할 수 없게 되었다는 사실을 깨닫게 되었습니다."(52세 관리자)

육체와 환경 그리고 시간 사이의 필수적인 관계에서 발생하는 불협화음으로부터 갈등과 신경증이 발달하게 된다. 신경증이란 현실과의 관계가 혼란스러워져서 일치감이 상실되어 나타나는 것이다. 심리적 갈등은 지속되는 심리적 부담에서 발생하는데 처음에는 신체와는 아무 상관이 없고 몸의 체계와는 관련 없는 요인들이 끼어들어 심리에 부담을 주는 것이다. 개인의 활용가능한 잠재능력들이 균형을 이루며 다르게 적응해 가야 하는 현실은 개인을 불안하게 할 수 있는데 이는 낯선 특성들을 이해하도록 강요받기 때문이다.

한 개인은 사이버네틱스 이론[6]과 같은 체계를 지니고 있는데 그 안에서 신체의 디

---

6) 사이버네틱스(cybernetic) 이론: MIT의 수학자인 와이너(Weiner, N.)에 의해 개발된 것으로, 의사소통과 제어기제, 정보교환 등의 기능에 관한 이론이다. 1950년대 베이트슨(Bateson, G.) 등에 의해 가족치료에 도입되었다(역자 주).

양한 요인들과 구성요소들은 서로 잘 기능하도록 상호 의존하고 있는 것이다. 그렇기 때문에 하나의 구성요소 또는 서로 기능해야 하는 관계가 불안해지면 전체 몸의 체계가 영향을 받는다. 그러므로 심리적 영역에서는 개인이 어떤 것을 경험했든지 경험하지 못했든지 영적·심리적으로 모두 혼란에 빠지게 된다. 그래서 질병과 장애는 일치감의 상실로 이해되어야 하며 의미 없는 것은 아니라고 봐야 한다. 오히려 질병과 장애를 통해서 개인이 회복되며 성격 일치의 더 큰 진전이 이루어진다고 보는 것이 의미가 있다고 할 수 있다.

장애와 갈등: 고립으로의 도피, 활동으로의 도피, 빈약한 분화, 상대방과의 관계에 있어서 일방적인 기준, 이상과 가치관을 확고히 하는 것, 파벌주의

위험으로서의 위기와 기회로서의 위기를 구분하는 법을 배워라.

▶▶열여덟 번째 오해: 건강과 질병

> *우리는 아픈 사람을 미워해서는 안 된다.*
> *왜냐하면 그는 아프기 때문이다.*
> *압둘-바하('Abdú'l-Bahá)*

"자신이 늘 아프다고 상상하는 사람"

"내 아내는 신체적으로 아파야만 아픈 것으로 취급합니다. 문자 그대로 피를 흘리거나 42도까지 열이 올라가야만 병이라는 거죠. 그때만 꾀병이 아니라고 믿어 줄 겁니다. 내가 정말 낙심해 의기소침해졌을 때에도 내가 너무 약해서 아픈 척한다는 거죠."(우울증으로 자살에 관한 생각을 하는 39세 공무원)

우리 사회에서 일반적으로 사람들은 비교적 미약한 신체 증상으로도 의사를 찾아간다. 또한 자녀가 복통이나 열병, 감염 혹은 두통에 시달릴 때는 아픈 것으로 보고 특별하게 돌보지만, 이와 반대로 무례하고 무질서하고, 고집을 부리며, 단정하지 못

하고, 학교에서 잘 적응하지 못하는 아이는 즉시 비난과 거부에 부딪히게 된다. 신체적인 질병은 사회적인 업무수행에서도 예외가 되는 치외법권적인 혜택을 누리는 반면에, 행동장애에는 매우 날카롭게 반응한다. 그러므로 자녀 양육에 있어서도 벌주는 일은 매우 당연하게 적용되고 있다.

장애와 갈등: 과도한 부담, 부실함, 질투, 부러워함, 거부, 실망, 실패의 경험, 공격성, 강제적인 친절, 자기비난, 혼란, 의심, 나쁜 성질

신체적인 질병과 정신적인 질병을 구분하는 법을 배워라.

▶▶ 열아홉 번째 오해: 믿음-종교-교회

> 우리로 하여금 종교라는 신과 함께 자연과학에서
> 이야기하는 우주의 질서정연함을 확인하지 못하도록
> 하는 것은 아무것도 없다.
>
> 막스 플랑크(Max Planck)

"하나님-아버지"

"나는 종교를 신뢰하지 않습니다. 거짓말하는 성직자를 보았을 때 정말 구역질났습니다."(48세 사업가) "하나님을 상상하면 나는 내 아버지가 떠오릅니다."(성적 장애와 억압을 가지고 있는 32세 교사)

모든 인간은 믿음에 대한 잠재능력을 가지고 있다. 일반적으로 믿음은 알지 못하고 알 수 없는 존재와의 관계다. 그러나 믿음에는 단지 종교적인 질문과 죽음 이후의 삶에 대한 질문만이 포함되는 것이 아니며, 오히려 인간의 개인적인 삶과 과학에 대한 질문 또한 포함되어 있다.

인간의 믿음에 대한 잠재능력은 종교에 의해 나타난다. 사람이 어떤 믿음을 고백하게 되는가는 그 사람이 누구에게 양육되었고, 어떤 전통 속에서 교육받았는지에

따라 광범위하게 결정된다. 종교에 대한 사람의 태도는 부모와의 경험과 사회적인 환경의 수준에 의해 좌우된다. 종교는 문화적 현상이며 역사의 흐름과 밀접하게 관련되어 있다. 교회는 종교 단체이며 당연한 것으로 간주되는 종교적 수단이다. 그러므로 첫 번째 질서로서의 믿음(인간의 본질에 속해 있는)과 두 번째 질서로서의 종교는 서로 다른 질서로 구분해야 하는 것처럼 교회도 마땅히 구분되어야 한다. 종교의 임무는 인간에게 가치와 목표 그리고 의미(주어지는 의미)를 제공하는 반면, 과학은 설명을 추구하고, 논리적인 규칙을 세우며, 새로운 실제(찾아지는 의미)를 발견한다. 종교와 과학이 인간에게 유용한 것이라면, 서로 보완하고 연합하여야 한다.

장애와 갈등: 광신적 종교, 미신, 방어적인 책략, 환상, 집착, 편협, 불안, 공격성, 체념, 피상적인 것으로의 도피, 대안적인 도피성 종교, 자기 과대평가, 일로의 도피, 무조건적이고 확고한 신념, 슬픔, 외로운 느낌, 파괴적인 감정, 불신, 인생을 도외시함, 현실 외면, 사회적 구속에서 분리됨, 자신의 내면의 삶에만 집착, 현실과 관계없는 형이상학적인 의문에 대한 지대한 관심, 성취 지향적 태도, 내적인 공허함과 무관심한 느낌, 불안감, 신체적인 질병에 대한 두려움, 우울증, 과민성

믿음, 종교, 교회를 구별하는 법을 배워라.

▶▶스무 번째 오해: 조건부 운명과 결정된 운명

> 모든 사람의 운명이 언젠가는
> 죽는 것이라 하지만, 당신의 머리를
> 사자의 턱 앞에 놓지는 말라.
> 사디(Sadi)

"당신도 알잖아, 언젠가는 죽는다는 거."
"나는 담배와 포도주를 포기할 수는 없습니다. 금욕주의자들도 죽는 건 똑같으니까

요." (간경변증과 우울증을 앓고 있는 54세 숙련공)

숙명론은 우리가 피할 수 없는 운명을 말한다. 모든 인간은 태어나고 죽는다. 어느 누구도 피할 수는 없다. 반면에 조건부 운명론은 그 말 자체로도 변화 가능성을 내포하고 있는데, 이미 존재해 왔던 것을 변경할 수도 있고 또 현재 있는 것도 변화시킬 수 있는 가능성을 지닌다. 조건부 운명과 결정된 운명 사이의 관계를 분명히 해 주는 예가 있다. 결정된 운명은 양초의 밀랍이 녹아내리는 것과 같다. 이것이 녹아 없어진다는 것은 결정된 것이고, 변화되거나 수정될 수 없는 것이다. 그러나 조건부 운명은 다음과 같은 경우에 얼마든지 제시된 사건의 상황을 변경할 수 있음을 의미한다. 양초가 아직 충분히 남아 있을 때, 바람이 한 번 획 불면 양초는 꺼져 버린다. 여기서 우리는 조건부 운명을 다루어 볼 수 있는데, 양초가 꺼지는 것을 막을 수 있는 기회는 얼마든지 만들 수 있기 때문이다.

조건부 운명은 우리가 선택할 수 있지만 선택을 강요할 수는 없다. 과거의 사건은 이미 일어났고 다시 되돌릴 수 없다. 좀 더 중요한 것은 과거로부터 우리가 무엇을 배울 수 있는가와 현재의 요구에 어떻게 직면할 것인가 하는 것이다. 대안적인 길, 즉 우리가 유용한 것을 선택할 여지는 항상 있다. 이는 모든 사람의 운명은 넓은 의미에서 볼 때 유년 시절이 부모와 교육자의 손에 달려 있다면, 그 후에는 자신의 손에 달려 있다는 것을 의미한다.

장애와 갈등: 지나친 낙관주의, 느린 수동성, 포기, 패배에 대한 두려움, 좌절에 대한 두려움, 불만족, 인생 자체에 대한 두려움, 자기비난, 자기불신, 대인 간의 갈등, 내적 갈등, '붕괴'

조건부 운명과 결정된 운명을 구분하는 법을 배워라.

▶▶스물한 번째 오해: 죽음과 죽음에 대한 태도

겁쟁이는 무수한 죽음을 맞이한다.
용감한 사람은 오직 한 번만 죽는다.
세익스피어(Shakespeare)

"만일 내가 죽는다면…."

"내 몸이, 내 손의 살이, 내 가슴, 내 배가 썩고 부패한다는 생각만 해도 내 자신이 몹시 혐오스럽습니다. 내가 이 모든 것을 다 경험하지 않을 것을 알아도 내 머릿속에서 지울 수가 없습니다. 너무 너무 끔찍하게 두렵습니다."(미모의 24세 모델)

우리는 살아 있는 동안, 단 한 번만이 아닌 수없이 죽음을 만나고, 그때마다 다르지만 수많은 죽음에 직면한다.

다른 사람들의 죽음에 대한 우리의 태도: 잘 알고 지내던 사람이 죽었을 때, 또는 정서적으로 아주 가까운 사람이 죽었을 때 우리는 죽음의 의미에 대해 처음으로 깨닫게 된다. 다른 사람의 죽음을 경험하면서 일종의 죽음에 대해 객관적인 돌파구를 찾게 된다. 고인에 대한 좋은 점들에 동의하며 이야기 나누면서 그 사람과의 관계 속에서 있었던 장점에 따라 고인의 생전을 평가하곤 한다. 어떤 사람이 초기 유년 시절의 죽음에 대한 경험 때문에 분리 불안이나 유기에 대한 불안이 구체화되었다고 가정한다면, 그의 정서적 상태, 즉 슬픔에 실려 있는 감정은 충분히 이해할 수 있게 된다.

자기 자신의 죽음에 대한 태도: 자기 자신의 죽음을 상상하는 것에는 한계가 있다. 타인의 죽음을 보면서, 죽음으로 정체된 상태와 죽음 후의 상황이 어떠할지는 이야기해 볼 뿐이지 우리 지식의 영역 밖이다. 죽음은 인간에게는 결정된 운명이다. 죽음에 대한 태도는 사람마다 다르며, 반드시 심각한 형태로 엄습하는 것은 아니다. 죽음에 대한 두려움이 자연스러운 것으로 여겨지기도 한다. 죽음은 다른 경험과 비교할 수 없는 것이므로 흔히 불안의 대상과는 거리감이 있다. 죽음에 대한 두려움은 개인의 육체(죽음이 고통스럽다거나 또는 죽음 자체가 불안한 경험이라는 개념)와도 관계되고, 개인의 환경(즉, 죽음에 대한 태도인데, 그 개인의 활용가능한 잠재능력이 죽음에 대한 두려움을 가졌는지, 또는 죽음에 접근하고 싶은 열망이 있는지에 대한 태도)과도 관계되며, 또 개인이 보내는 시간(미지의 '내세관'에 대한 소망과 이상이 불안을 자극할 수도, 감소시킬 수도 있는 것)과도 밀접한 관계가 있다. 그러므로 죽음과 죽음에 대한 태도는 구별되어야 한다.

　　장애와 갈등: 죽음에 대한 두려움, 의식의 결핍, 개인적인 철학의 위기, 질병에 대한 두려움, 부정적인 생각, 냉소적인 관념, 지나친 낙관주의, 비관주의, 존재론적 두려움, 과도한 요구, 과소한 요구, 불확실한 미래로의 도피, 인생의 목표로서의 직업, 억압된 충동, 금욕주의, 슬픔, 불쾌한 기분

　　논평: 태어나는 것처럼 죽음도 필연적으로 결정된 운명이다. 그러나 죽음에 대한 태도는 가정 교육에 의해 조정되며, 그 경험에 따라 죽음에 대한 개인의 태도가 연결되고, 그 개인의 태도는 조건부 운명이 된다. 죽음에 대한 두려움은 분화된 현상으로 육체, 즉 활용가능한 잠재능력과 연결되어 있어서, 개인의 과거, 현재, 미래와 관계가 있다.

죽음과 죽음에 대한 태도를 구분하는 법을 배워라.

오해에 대한 실제적인 적용

　어떤 면에서, 앞에서 이야기한 여러 오해들은 심리사회적인 갈등에서 나타나는 까다로운 주제들이다. 그러므로 치료 장면에서, 오해에서 비롯된 태도들을 분명하게 구별하게 하는 것은 매우 중요하다. 한 가지 혹은 여러 가지 오해들로 인하여 장애가 생길 수 있으며, 그러한 장애들은 갈등에서 유발된 행동일 수도 있고 또는 오해로 인한 경험에 혼란스러운 방식으로 대처하다 생긴 것일 수도 있다. 단지 이와 같은 오해를 다룰 때에 그 개인의 개념을 확장하는 데에 치료적 기능이 활성화되어야 한다.

　'오해들'을 다루는 것은 치료자가 지향해야 할 지점들이다. 환자에게 내재되어 있

는 불만들, 환자의 심리적 개념들, 그리고 오해들 간에 야기된 요인들을 다루게 함으로써, 치료자는 환자의 입장에서 태도를 변화시켜 갈 길을 터 주는 역할을 하는 것이다. 나아가, 환자에게 특정한 중심 오해들은 여러 치료회기에서 다루어야 할 심리치료의 주제가 될 수 있다.

"남편은 폭군이에요!"

26세 된 교사가 성에 대한 저항과 심장 질환으로 심리치료에 참여하였다. 갈등은 대부분 배우자와의 관계에서 비롯되기 때문에 남편도 치료과정에 참여하였다. 치료회기 초반부에 환자는 절망스러운 목소리로 "남편은 나를 억압해요."라고 말했다.

치료자: "남편이 어떻게 억압합니까? 좀 더 자세히 설명할 수 있으십니까?"

환　자: "내 말을 듣지 않아요. 내 문제들을 남편에게 이야기하면 남편은 '그건 그렇게 중요한 일이 아니야.'라는 말이 전부입니다. 사춘기 이후로 내 코가 끔찍하게 크다는 사실 때문에 고민해 왔어요. 이건 나한테는 정말 큰 문제입니다. 예전부터 나의 가장 큰 소원은, 지금도 그렇지만 코 성형수술이었습니다. 마침내 나는 혼자서 열심히 돈을 모았습니다. 그런데 남편이 이렇게 말하는 것이었습니다. '당신은 교사이지, 미의 여왕이 아니야. 그러니 있는 모습 그대로 놔두라구.' 나는 남편의 그런 태도가 너무 야만적이라고 생각해요."

남　편: "그만해. 당신 코가 그렇게 끔찍하다고 생각했으면 당신과 결혼하지 않았어. 당신은 코보다도 다른 게 더 큰 문제라구."

여기에는 '가치에 대한 상대성'이라는 오해가 나타나는데, 이는 배우자와의 관계를 명백히 차단하고 있다.

환　자: "그것은 수많은 이유 중의 하나에 불과해요. 우리는 둘 다 일을 합니다. 그런데 나는 집안일까지 해야 합니다. 남편은 나를 도와줄 생각을 안 해요. 이건 완전히 부당해요. 마치 내가 하루 종일 집에서 노는 여자인 줄 아는 거예요."

남　편: "당신은 여자잖아. 당신 혼자 살아도 어쨌든 요리하고 청소하잖아. 당신은 내가 정원 일을 다 맡아서 하는 것에 대해서는 한 마디도 안 하잖아. 진실을 구분하라구."

'정의-사랑'과 '남편-아내' 관계에 대한 오해들을 이 대화에서 볼 수 있다.

환　자: "한 가지 더 있어요. 이 이야기는 좀 하기 힘든 것이지만, 어쨌든 해야겠습니다. 나는 부드러움을 매우 좋아해요. 그러나 내가 아주 조금이라도 남편에게 친절하게 대하면, 그는 곧바로 나를 데리고 침대로 가길 원해요. 집에서, 우리 둘만 있을 때, 나는 육체적인 애정에 관심을 보이는 나 자신이 정말 싫거든요."

남　편: "다른 사람들이 주변에 있을 때 당신이 왜 나에게 다정하게 대했는지 이제 이해가 가는군. 그런데 당신에게 한 가지 말하겠는데, 다른 사람들 앞에서 나에게 바싹 달라붙어 있으면 나는 아주 불쾌해."

이것을 보면, '사랑과 사랑의 모조품' '사랑에 대한 논리적 중요성'과 '사랑의 성취' 간에 분명한 오해가 있음을 엿볼 수 있다.

결론➜ 이런 오해들은 어느 정도 두 배우자 사이의 대화에 장벽이 된다. 각자는 자기 자신의 개념을 고집하였다. 갈등이 오해에서 비롯되었음이 명백해졌을 때, 두 배우자는 오래된 낡은 갈등을 반복하지 않고, 그들에게 더 기본적인 심리 내용들을 다룰 수 있게 되었다.

Positive Psychotherapy

Chapter 5

긍정주의 심리치료: 첫 번째 면접

THE FIRST INTERVIEW IN POSITIVE PSYCHOTHERAPY

마 법 사

뮬러는 아내가 자신에게 땅콩 요리를 만들어 준다는 소리를 듣고 아내에게 땅콩을 가져다 주기로 하였다. 자신이 제일 좋아하는 요리를 먹을 수 있다는 기쁨에 땅콩 단지 속으로 손을 깊숙이 집어넣은 다음 잡을 수 있을 만큼 땅콩을 한 가득 손에 집어 들었다. 그리고 단지에서 팔을 빼어 내려는 순간 손이 단지에 걸리고 말았다. 힘껏 비틀어도 보고 당겨도 보았지만 손은 좀처럼 단지에서 빠지질 않았다. 울어도 보고 소리도 쳐 보고 설교자로서 해서는 안 되는 욕설도 퍼부었으나 소용이 없었다. 이번엔 아내가 와서 단지를 잡고 힘껏 당겼으나 역시 소용이 없었다. 뮬러의 손은 여전히 단지 주둥이에 걸려 꼼짝하지 않았다. 몇 번의 시도가 허탕으로 끝이 나고 급기야 이웃을 부르기로 하였다. 이웃 사람들이 눈앞에서 펼쳐지는 광경에 재미있어 하면서 안으로 들어 왔다. 그중 한 사람이 상황을 자세히 살펴보더니 뮬러에게 어떻게 해서 이런 일이 생겼는지 물었다. 뮬러는 불쌍하게 들리기도 하고 불평이 섞인 어조로 사태에 대해 설명을 해 주었다. "내가 하라는 대로 하시겠다면 내가 도와 드릴 수 있습니다." 이웃이 말했다.

"무엇이든 하라는 대로 하겠습니다. 이 끔찍한 단지에서 팔만 빼 주신다면."

"그럼 팔을 단지 안으로 다시 쑤욱 집어넣으세요."

뮬러는 이상하다는 듯한 표정을 지었다. 팔을 빼내고 싶은데 왜 안으로 더 집어넣으라고 하는 것인가 의아하였다. 그러나 하라는 대로 하였다.

"손을 펴세요. 그리고 잡고 있는 땅콩을 손에서 놓으세요." 이웃이 말하였다. 이 말을 들은 뮬러는 기분이 상하였다. 자신이 제일 좋아하는 땅콩 요리를 원했던 것인데 결국은 이제 놓게 생긴 것이다. 내키지는 않았지만 그의 지시를 따랐다. 이웃은 "손을 작게 만들어요. 그리고 천천히 손을 빼세요." 뮬러가 그렇게 하자 드디어 팔이 빠진 것이다. 뮬러는 아무런 힘도 들이지 않고 쉽게 손이 빠진 것을 보고 짐짓 놀라운 눈치였다. 그러나 완전히 만족한 얼굴은 아니었다. "내 손은 빼냈지만 땅콩은 없잖습니까?" 이 말은 들은 이웃은 단지를 거꾸로 들더니 뮬러가 원하는 만큼 땅콩을 떨어뜨렸다.

지켜보던 뮬러는 눈이 동그래지고 입이 딱 벌어졌다. "마법사이신가요?" (페르시아에서 전해 내려오는 이야기)

심리치료와 자조(Self-help)

많은 환자들은 여러 전문 분야의 의사들을 만나면서 그들이 마치 배우처럼 보이는 경험을 하기도 한다. 심리치료자를 찾아오면 환자들은 자신의 장애가 복잡한 기계를 사용하고, 수술이나 약물치료 등의 기존 치료와는 전혀 관계가 없는 것을 발견한다. 그 대신 의식화하는 과정, 태도 변화, 혹은 행동 훈련 등 단순한 과정들이 놀라운 결과를 이루어 내기 때문에, 어떤 환자들은 이러한 상황에 대하여 놀라움을 보이기도 하고 불신을 품기도 한다. 어떤 경우에는 바람직한 행동에 익숙해지기까지 상당한 시간이 걸리기도 하며, 의식에 도달하기 위해 다양한 감정적인 저항에 직면하기도 한다. 또 다른 경우에는 환자가 일시적인 필요와 고착에 사로잡혀 현재 상황 저 너머에 보이는 비전이 자신에게는 완전히 쓸모없는 것처럼 보이기도 한다.

아직 다루어지지 않은 갈등이 장애 뒤에 숨겨져 있는 것이 밝혀지면 이 갈등은 의식에 도달할 수 있으며, 많은 환자들은 앞의 이야기에 나타난 뮬러의 경이감과 견줄 수 있는 '아하 효과'를 경험하게 된다. 이러한 경우에 치료자는 자신의 독특한 해석과 분화, 혹은 자신의 독특한 질문 때문에 모자에서 토끼를 꺼내거나, 혹은 앞의 예화에서처럼 단지에서 땅콩을 꺼내는 마법사처럼 보이게 된다.

심리치료에서의 성취가능한 목표에 대해서는 다양한 견해가 있다. 어떤 사람들은 의사가 환자들의 눈만 보고서도 환자의 문제 혹은 질병을 알아낼 수 있으며, 모든 병을 극복하게 해 주는 약을 곧 발견하게 될 것이라고 기대한다. 그러나 심리치료는 아직 인생의 안팎에서 발생하는 문제, 인생의 고비마다 찾아오는 문제에 대한 효과적인 '만병통치약'을 만드는 연금술을 찾아내지는 못하였다. 어떤 사람들은 의약에 대해 전반적으로 신뢰하지 않으며 특히 연구 개발된 의약품뿐만 아니라 외과 의사나 심리치료자의 성취에 대해 신뢰하지 않는다. 필요는 발명의 어머니다. 그래서 그들은 '스스로 의사가 되어' 치료에 대한 계획을 짜고, 다른 사람들에게 참신한 충고를 하며, 자신만의 좋은 방법이 생기면 다른 방법은 고려하지도 않는다. 그들은 심리치료를 돈이 많이 들고, 방해가 되며, 신비하고 의문의 여지가 많은 의약의 부록책 정도로 간주한다. 이러한 생각을 가졌던 한 산부인과 전문의는 엄마가 돌아가신 후 극심한 우울증에 걸린 환자에게 "심리치료가 무슨 소용이 있어? 심리치료자가 돌아가신 엄마를 되돌려 줄 수 없다는 걸 너는 모르니?"라고 말했다. 이 환자는 후에 복막염과 호르몬 기능 장애에 시달리게 되었다.

심리치료는 상아탑에서 생겨나지 않았다. 결국 환자가 증상과 갈등을 호소하며 치료자를 찾아왔기 때문에 발생하게 된 것이다. 예를 들어, 부부 문제는 처음에 배우자와의 관계에서 발생하고, 그다음 자신과 다른 사람들과의 사회적 관계에서 발생한다. 부부 문제가 상당한 장애로 이어지고 심리적 및 심인성 증상으로 연결될 때에야 비로소 심리치료의 대상이 된다.

필자와 동료들은 장애의 기원을 추적해 가는 가운데 장애가 인생의 첫날 혹은 엄마와 아이 사이의 생물학적 일체감이 형성되는 시기까지 연관되어 있음을 발견하였다. 장애가 생기는 원인에는 신진대사 과정에서 형성되는 독성뿐만 아니라 아이에 대한 부모의 태도, 부모와의 관계 그리고 부모가 아이에게 제공하는 기회 등 사회심리학적 요인 등도 포함된다. 따라서 아이는 세상에 나올 때 자신만의 고유한 발달가능성과 잠재능력을 가지고 나올 뿐만 아니라 부모와 환경에 의해 사전에 준비된 '틀'과 만나게 된다. 이와 같이 잠재적 갈등, 갈등 해결을 위한 도식과 개념뿐만 아니라 잠재적 갈등이 효과적일지 혹은 쓸모없는 것이 될지의 여부는 이미 정해진 것이다.

이처럼 장애의 원인이 인생의 첫날까지 거슬러 올라간다면, 그리고 양육 배경과 환경의 교육적 영향이 개별적인 장애와 관련하여 상관이 있다면, 심리치료는 이러한 영향을 고려해야 할 것이다. 이러한 관점에서 볼 때 심리치료는 양육 및 재교육을 지원하는 중요한 위치에 있다고 하겠다. 심리적 장애는 너무 많은 것을 학습했으나 아직 완성한 것은 없다는 사실 때문에, 혹은 이와 다르게 너무 다른 것들을 배운 것이 없어서 결핍 때문에 발생하기도 한다. 따라서 심리치료는 부모의 양육을 교정하는 역할도 한다. 그러나 양육은 심리치료자가 담당할 우선적 서비스는 아니다. 오히려 우리 문화에서는 부모가 이 문제와 씨름을 해야 한다. 또한 부모는 문제 발생 시 스스로 대처하는 방법을 알아야 한다. 자조(Self-help)는 의학 부문에서 새로이 등장한 주제는 아니다. 내과에서는 다이어트를 처방하거나, 헬스 트레이닝 프로그램, 제품 관리 등이 있는데, 환자는 의사의 안내를 따라 스스로 이를 실시한다. 이렇게 스스로 자신을 돕는 것(자조)은 이제 예방 의약일 뿐만 아니라 내과에서는 필수적인 요소가 되었다. 간 질환, 위장병 환자(내담자)와 당뇨병 환자(내담자)에게 병에 맞추어 특정 진단에 따라 다이어트를 병행하는 것과 같이 심리적 갈등이 있는 사람을 위한 행동 프로그램이 개발되었다. 예를 들어, 배우자나 남자친구가 충실하지 못한 경우 '정의'와 '명예'를 지키기 위해 총이나 칼을 집어 드는 방법만 있는 것이 아닌 것처럼, 슬픔을 달래기 위해 술에 빠지기도 하고, 마약에 의지하여 세상을 잊기도 하며, 복수를 위해 자신도 불충실한 길을 택할 수도 있고, 혹은 건설적인 방법으로 공격하기 위한 기회를 엿볼 수도 있다. 이들 중에 적절한 선택은 자신이 알고 있는 해결 방안 목록 중에서 이루어질 것이다.

집안에 전기가 나간 경우 여러 가지 해결방법이 있다. 즉시 사람을 불러 일을 맡길 수도 있고 혹은 스스로 문제를 해결할 수도 있다. 심리치료도 마찬가지다. 선택하는 방법을 살펴보면 환자 스스로 자신을 돕는 정도를 알 수 있다. 사실 아픈 사람의 입장에서 자신과 자신의 문제에 대해 도움을 구하려는 모든 시도는 자조를 향한 노력이다. 이러한 점에서 의사를 찾아오는 것, 자신의 문제점을 이야기하는 것, 자신의 절박함을 표현하는 것, 혹은 증상 그 자체는 자조를 향한 첫 번째 단계다. 이러한 것을 바탕으로 사회적 지원이 뒷받침될 수 있다. 치료 과정에서 자조를 완전히 금지하는 것은 참으로 커다란 손실이 아닐 수 없다. 자조에는 다양한 의미가 내포되어 있는데, 의사의 처방과 지시를 단순히 따르는 것에서부터 자신의 인생을 관리하는 것(예: 위험요소의 회피), 자신의 증상을 스스로 염두에 두는 것, 그리고 병에 대한 태도, 건강을 향한 열망 등 다양하다.

따라서 심리치료 회기는 환자가 치료자에게 인사하는 순간에서 떠나는 순간까지라기보다는 오히려 회기 전후의 시간까지 포함된다고 볼 수 있다.

치료 과정 중에는 문제가 복합적으로 발생할 수 있다. 그러나 이 문제들은 방치상태로 옆에 놔두기보다는 환자의 문제의 주제로서 치료자가 다소 의식적이고 집중적인 방법으로 다루어야 한다. 주제를 토론하는 가운데 연상이 되기도 하고, 해석이 적합한지 질문하고, 유사한 실험 방법으로 검사를 한다. 또한 습득한 태도가 생각과 현실에서 잘 반영되는지 시도해 보아야 한다. 이러한 방법을 통해 볼 때 심리치료는 효과적인 방법으로 연쇄 반응을 일으키며 행동이 치료되는 촉발장치다. 환자는 새로운 소식과 변화된 자기개념 그리고 자신을 하나의 주제로 삼고 자신의 필요 구조를 수정하는 등 새로운 경험을 가지고 치료 상황으로 다시 찾아온다.

결과적으로 자조라는 것은 심리치료의 필수 요소이며 어느 한 요소만으로 치료가 이루어지지 않는다.

1. 아이 양육 돕기: 장기적으로 볼 때 부모는 자녀의 '심리치료자'다.
2. 추가 치료 지원: 오늘날 정신적인 고통을 당하는 사람 중 소수만이 전문가를 찾으며, 대부분 민간 치료법을 통하여 도움을 받는다.
3. 심리치료의 필수 요소: 심리치료의 효과는 환자의 일상생활에서 나타난다. 따라서 진정한 효과는 삶이 전체적으로 잘 기능하도록 하는 것이다.
4. 심리치료 후 사후 관리: 심리치료 후 아무것도 안 하는 것이 아니라 계속해서 자조 방식으로 이어져야 한다.
5. 파트너의 상호 도움 및 멘터 정신: 파트너 관계는 개념, 가치, 행동 방식 등의 지속적인 상호작용과 관계가 있다. 다소 행동과 태도의 변화가 외부적으로 나타나기도 한다.
6. 질병과 갈등의 위험을 회피하거나 감소시키기 위한 방지책: 이는 행동이 형성될 때 아이 양육에서 시작할 수 있다. 사람들이 살아가는 사회적, 생태학적 세상을 고려한다. 모든 사람은 발병 요소를 가지고 있고 도움이 되는 효과도 가지고 있다.

자조의 실제적인 관련성에 대하여 아들러(Adler, A.)만큼 그 특징을 잘 설명한 사람은 없을 것이다. 그는 "1그램의 예방은 1킬로그램의 치료보다 훨씬 더 가치가 있다."고 하였다.

간 단 한 치 료

어떤 나라에서 임금의 조카가 중병이 들었다. 나라 안에 있는 모든 의사를 불러 치료를 하였으나 가망이 없어 보였다. 약도 소용이 없었다. 의사들이 아무런 방안을 찾지 못하자 임금은 당시 16세의 젊은이 아비스나가 치료하는 것에 동의할 수밖에 없었다. 아비스나가 궁궐에 들어서자 사람들은 희망이 없는 환자를 치료하겠다고 나선 그의 용기에 감탄하였다.

아비스나가 환자를 보니 창백한 얼굴을 한 삐쩍 마른 젊은이가 침대에 늘어져 있었다. 그는 의사의 질문에 대답조차 하지 못했다. 친척들은 그가 오랫동안 한마디 말도 못했다고 알려 주었다. 아비스나는 환자의 맥박을 재면서 손을 한동안 잡고 있었다. 드디어 천천히 머리를 들더니 이렇게 말했다. "이 젊은이는 다른 방법으로 치료했어야 했습니다. 이 젊은이와 함께 이 도시를 돌아다닐 사람이 필요합니다. 거리거리, 골목골목, 집, 그리고 거기에 사는 사람들을 아주 자세히 알고 있는 사람이어야 합니다." 사람들은 놀라서 물었다. "골목 이름과 환자를 치료하는 것과 무슨 상관이 있습니까?"

의심이 갔지만 아비스나의 명령에 따라 한 사람이 불려 왔다. 그 사람은 도시를 손바닥처럼 다 꿰뚫고 있다고 했다. 아비스나는 "동 이름을 말하시오."라고 한 뒤, 환자의 맥박을 재었다. 어떤 동 이름이 나오자 그의 맥박이 갑자기 뛰는 것이 느껴졌다. 그리고 그 동에 있는 거리 이름을 말하라고 했다. 어떤 거리 이름이 언급되자 환자의 맥박이 다시 뛰기 시작했다. 아비스나는 다시 거리의 모든 골목 이름을 말하라고 명령했다. 골목 이름이 하나씩 하나씩 언급되기 시작했다. 갑자기 작고 알려지지 않은 골목 이름이 나오자 환자의 맥박이 격렬하게 뛰기 시작했다.

만족한 얼굴을 한 아비스나는 "그 골목에 있는 주택 이름과 사는 사람들 이름을 모두 알고 있는 사람을 데려오시오."라고 명령했다. 그리고 아비스나는 모든 주택 이름을 소리 내어 말하라고 지시했다. 한 주택 이름이 나오자 환자의 맥박은 다시 뛰기 시작했다. 조력자가 이번에는 그 주택에 사는 사람들 이름을 한 명씩 한 명씩 말했다. 드디어 한 소녀의 이름을 말했다. 그러자 환자의 심장이 미친 듯이 뛰기 시작했다. 아비스나는 "됐습니다. 모든 것이 분명해졌습니다. 이 젊은이의 병을 알았습니다. 그리고 치료 방법은 아주 간단합니다."

그는 일어서서 놀라운 표정으로 바라보는 사람들에게 이렇게 말했다. "이 젊은이는 상사병에 걸렸습니다. 여러분이 들은 그 이름을 가진 소녀와 사랑에 빠진 것입니다. 어서 그녀를 데리고 와 결혼을 시키도록 하십시오."

아비스나의 말을 주의 깊게 듣던 환자는 너무 행복하여 귀까지 빨개지고 부끄러움에 이불로 얼굴을 덮었다. 임금은 그 소녀와 조카의 결혼을 승낙해 주었고 조카는 그 순간부터 행복하고 건강한 삶을 살았다.

긍정주의 심리치료: 첫 번째 면접

첫 번째 면접은 치료자와 환자의 첫 번째 만남이다. 짧은 시간의 만남이지만 이 면접에는 여러 가지 목적이 포함되어 있다. 첫 번째 면접에서는 전문가적 견해와 치료목적에 필요한 기초 자료가 수집된다. 이는 앞으로 진행될 상담의 기초가 되며 이 환자에게 심리치료가 적합한 것인지, 어떤 심리치료 방법이 가장 적절한지를 결정하는 데 도움이 된다. 첫 번째 면접에는 이미 심리치료적 요소가 내포되어 있으나 이는 앞으로 진행될 심리치료 과정에서 체계적으로 이루어져야 한다. 그럼에도 불구하고 치료자는 제한된 시간 안에 진단과 치료를 구분해야 하는지 또는 첫 번째 면접부터 이러한 심리치료적 요소를 통합해야 하는지를 고려할 필요가 있다.

첫 번째 면접과 긍정주의 심리치료를 논의하기 위해 필자와 동료들은 S부인으로 명명한 환자의 치료 기록을 참조하고자 하였다. 자료는 녹음테이프(환자로부터 동의를 얻음), 서면 보고서, 환자의 기록, 치료회기 중 때때로 기록한 관찰 기록 그리고 필자의 기록 등이다.

이전에 언급한 3단계의 상호작용에 맞추어 첫 번째 면접 내용을 융합, 분화, 분리의 단계로 구분하였다.

✱* 융합

　치료자는 주로 수동적 입장을 취하고 친절한 태도로 환자의 말을 잘 경청한다. 지시적 분석을 하는 가운데 치료자는 정해진 질문을 한 후 환자가 최대한 길게 대답할 수 있도록 충분한 시간을 준다. 만약 대답이 분명하지 않은 환자의 경우 첫 번째 면접 동안에 환자가 치료자의 질문에 대해 분명하게 답했는지를 확인하기 위해 환자가 이야기하는 동안 말을 끊을 수 있다. 치료자는 환자에게 다음과 같이 설명할 수 있다. "말씀하시는 도중에 제가 가끔씩 말을 끊을 때가 있을 텐데 이때는 대답하신 내용을 제가 잘 이해했는지 여쭈어 보는 겁니다. 그리고 다시 주제로 돌아오도록 하겠습니다."

　필자가 치료를 하는 경우에는 새로운 환자에게 처음에 다음과 같은 질문을 한다. "저를 어떻게 알고 오셨나요?" 이 질문은 치료자의 객관적 입장을 설명하고 동시에 환자가 찾아온 동기에 대하여 힌트를 얻을 수 있어서 매우 유용하다.

> S부인 : "저를 담당하시는 신경과 전문 의사가 소개해 주셨습니다. 그분에게서 한 2년간 치료를 받고 있습니다. 그동안 검사를 두 번 받았는데 아무 이상이 없다고 하셨습니다."

　더욱이, 이 질문은 첫 번째 만남을 용이하게 해 준다. 환자는 치료자의 사무실에 찾아온 목적에 대해 어느 정도 정당성을 갖게 되며, 환자가 언급한 사람을 치료자가 이미 아는 사이라면, "M 박사, 직장 동료지요. 그 사람이 저한테 당신을 의뢰한다고 전화했습니다."라고 한다면 이는 신뢰의 기초가 될 수 있다. 또한 환자는 치료 환경과 치료자에 대한 신뢰성을 갖게 된다. "내 문제에 대해서 담당 의사한테 알리지 마세요." 혹은 "내 남편은 내가 여기 온 걸 모릅니다." 이러한 말들을 통해 치료자는 증상의 특징과 갈등이 있는 영역에 대한 정보를 얻을 수 있다. 물론 갈등이 어느 정도인지에 대한 평가는 다른 정보들이 있을 때 가능하다.

　다음은 환자에게 치료자를 찾아온 목적에 관하여 질문한다. "어떤 문제로 오셨나요? 어디가 어떻게 아프신가요?" 예를 들어, 새로운 환경을 접하면 '침묵하는' 환자에게는 다음과 같은 말이 도움이 될 수 있다. "보통, 우리는 두 가지로 구분합니다.

한 가지 경우는 두통, 심장병, 위장병과 같은 신체적인 고통과 관련된 것이고, 두 번째는 불안이나 우울, 내적 불안, 억압과 같은 심리적인 문제와 관련된 것입니다." 이렇게 제안하는 식의 질문은 병명을 구체적으로 언급하는 것을 탐탁하게 여기지 않는 환자에게 도움이 될 수 있다. 환자에게 외모, 상황, 관련된 사람에 대한 환자의 의견을 물어보는 것이 더 낫다. 일반적으로 심리치료에서 사적인 질문은 문제가 있다고 하지만, 이는 말문이 막힌 환자를 난처하게 하는 것보다는 훨씬 낫다고 할 수 있다.

> S부인 : "어떻게 말을 꺼내야 할지 모르겠어요. 그냥 모든 것이 끔찍하고, 화나고, 불안하고, 그래서 완전히 내 자신을 잃어버린 것 같아요. 너무 너무 불안하고, 밤에는 악몽에 시달립니다. 저녁이 되면 잠도 잘 오질 않아요. 어떤 때는 식은땀에 푹 젖어서 잠에서 깰 때도 있고, 온몸이 부들부들 떨리기도 합니다. 내 심장이 작은 통 속에 꽉 갇혀서 제대로 뛰지 못하는 느낌을 받아요. 그러고 나면 토할 것 같고 실제로 고통도 느낍니다. 너무 불안하고 다리도 떨립니다. 피곤하고 토할 거 같을 때 애써 참으면 무릎이 마구 떨려요. 큰 소리만 들어도 미칠 거 같아요. 내가 요즘 이러니까 남편이 슬퍼 보이기도 하고 가끔 화도 내요. 내가 사랑하는 사람인데 내가 일만 만들고 걱정만 끼치니까 그 사람한테 별로 도움이 안 돼요. 하지만 그 사람도 가끔 나를 끔찍하게 할 때가 있어요. 가끔 그냥 이대로 내 인생이 끝이 났으면 할 때가 있어요. 그러면 나한테도 좋고 그 사람한테도 좋을 테니까…."

환자는 자신의 병을 설명할 때 마음의 자유를 느낀다. 환자는 "나는 여기에서 내 이야기를 털어놓을 수 있어. 치료자는 내 이야기에 귀를 기울이고 또 나를 이해해."라는 느낌을 받을 수 있어야 한다. 이해받고 있다는 느낌은 치료자가 환자에게 애정을 표현할 때 전달된다. 치료자가 이해하고 있다는 것을 표현하는 것, 혹은 들은 내용에 대하여 질문을 함으로써 치료자가 잘 이해하고 있다는 점을 환자에게 확인하게 하는 과정이 중요하다. 치료 과정에서 환자가 "외로움이 찾아오면 어지럼도 같이 느껴요." 이에 대하여 치료자가 "내면이 불안하다는 뜻인가요?"라고 물을 때 환자는 자신이 그런 의미로 이야기한 것이 아니면 "아니요! 몸이 진짜로 아파요. 모든 피가 머리에서 다 빠져나가서 곧 쓰러질 것 같아요."라고 말한다. 환자가 말한 '어지럽다.'는 말의 의미를 치료자는 내면적인 불안함으로 이해하였고 이에 대해 환자는 현기증이라고 분명히 명시하는 것이다. 따라서 '현기증'은 환자의 종합적 증상을 이해하는 데 매우 중요한 단어다. 이 의미를 환자가 분명하게 설명하지 않는다면 어디에서(예를 들어, 신체의 어느 부분에서), 언제(어떤 상황에서, 하루 중 어느 시간에), 어느 정도로, 언제부터 그런 병이 시작되었는지 질문할 수 있다. 그리고 질문을 보완하기 위하여 이 병이 처음에 언제 시작되었는지 혹은 이미 전에 발생했었는지를 질문하여 환자에게서 정보를 이끌어 낼 수 있어야 한다. 이런 방법으로, 촉매역할을 하는 상황, 병의 정도, 스트레스 정도 등을 알아낼 수가 있다.

> S부인 : "최근 들어 속이 심하게 땅기는 것 같아요…." (말이 없어진다.)
> 치료자: "어디에서 그런 느낌이 있으신가요?"
> S부인 : (손을 심장과 위에 놓은 후 꽉 쥔다) "여기요."
> 치료자: "항상 통증이 있으신가요?"
> S부인 : "아니요, 항상 그런 것은 아니에요. 저녁 때 혼자 집에 있을 때 처음으로 그랬
> 습니다."
> 치료자: "얼마나 되셨나요?"
> S부인 : "정확히 한 2년 반 정도 됐어요."
> 치료자: "얼마나 심하신가요?"
> S부인 : "가끔 참을 수 없을 정도로 아파요. 수면제라도 먹고 싶은 심정이에요…."

위 내용에는 증상에 대한 개략적인 내용과 언제 시작되었는지에 대한 여러 힌트가 포함되어 있다. 위의 예시는 대부분의 경우 증상이 개별적으로 존재하는 것이 아니라는 것을 보여 준다. 오히려 대부분의 증상이 복합적인 것이라는 것을 알 수 있다. 즉, 증상은 병과 잘못된 개념의 복합체다. 그리하여 불안감 때문에 심리치료자를 찾아온 환자는 불안감과 아울러 우울한 기질, 수시로 발생하는 두통, 수면 장애 등이 동

반하는 것을 발견하였다. 불안감이 환자의 결정적 요인임에도 불구하고 동반되는 증상에도 관심을 기울이는 것이 중요하다. 특히 환자가 주요 증상이라고 언급하는 것이 실제로 다른 갈등의 핵심 요인인지 100% 확실하지 않을 때는 더욱 그러하다. 위의 경우에는 병명이 정확하고, 병력이 있는 병에 대하여 부담 없이 설명할 수 있다. 환자가 제공하는 정보가 주관적이라 하여도, 병력과 살아온 배경을 통해서 객관적인 자료를 얻을 수 있다. 치료자와의 관계가 형성된 후 기본적인 신뢰감이 형성된 환자는 자신의 살아온 인생에 대한 질문을 받는다(사회적 병력)

> 치료자: "나이가 어떻게 되세요?"
>
> S부인 : "32세입니다."
>
> 치료자: "결혼하셨습니까?"
>
> S부인 : "네, 십 년 되었습니다."
>
> 치료자: "자녀가 있으십니까?" (몇 명, 나이는?)
>
> S부인 : "둘입니다. 일곱 살짜리 딸과 다섯 살짜리 아들이 있습니다."
>
> 치료자: "무슨 일을 하십니까?"
>
> S부인 : "비서를 했었는데 지금은 전업주부입니다."
>
> 치료자: "남편은 무슨 일을 하십니까?"
>
> S부인 : "보험회사 영업부서에 있습니다."
>
> 치료자: "친정 부모님은 살아계십니까?" (아니면, 언제 돌아가셨습니까?)
>
> S부인 : "아버지는 은행원이셨는데 3년 전에 돌아가셨습니다. 엄마는 연금으로 생활하고 계십니다."
>
> 치료자: "형제자매는 어떻게 되십니까?" (순서대로)
>
> S부인: "언니 하나 있습니다. 저보다 다섯 살 위입니다."
>
> 치료자: "종교가 있으신가요?"
>
> S부인: "교회 나가다가 지금은 안 다닙니다."

[32세, 결혼 10년, 2명의 자녀 딸(7세), 아들(5세), 과거 비서, 현재 전업주부. 남편: 보험회

사 영업부 근무. 아버지: 은행 근무, 3년 전 사망. 어머니: 연금생활자, 언니(37세)]

환자의 신체적 발달, 이전의 신체적 병력뿐만 아니라 이전의 정신과 치료와 심리치료 등을 받은 경험은 매우 중요한 자료다. 치료자는 병력을 통하여 현재의 병에 대한 배경 지식, 즉 배경을 이해할 수 있는 일종의 틀을 얻게 된다. 종종 면접이 진행되는 중에 병력에 관해 언급하게 되면 환자의 대답이 끊어지는 경우가 생긴다. 그러나 그런 일이 심하지 않다면 특정한 병리학적 증상에 집착하지 않도록 하는 데 도움이 된다. 치료자는 환자의 병력에 대해서 기록으로 남겨 두고, 첫 번째 면접에서 그 영역을 깊이 다루지 않는 것이 중요하다. 또한 환자의 살아온 인생을 검토하면 병력과 관련 있는 일들을 알 수 있게 된다.

> S부인 : "내가 사실은 좀 늘 긴장하고 신경질적인 편이기도 합니다. 어렸을 때는 아버지께서 두 팔로 안아 주시면서 위로해 주시곤 했습니다. 아버지가 많이 보고 싶어요. 특별히 지금처럼 문제가 많을 때는요. 아버지랑 긴 대화를 나눌 수 있었으면 좋겠어요."

첫 번째 면접에서는 가능한 한 갈등 상황에 대한 전반적인 윤곽이 그려져야 한다. 그리하여 치료 과정을 위한 적합한 행동 표본을 계획해야 한다. 이러한 지시적 면접 (directed interview)에서는 잠재된 모든 갈등 영역을 추출하여, 비지시적 면접(non directed interview)에서 발생할 수 있는 편향성을 예방할 수 있다. 환자의 병력을 조사하는 것은 치료자가 해야 하며, 다른 사람이나 심리치료 보조자에게 위임해서는 안 된다. 병력에 관한 질문에 대답하는 환자의 태도에서 치료자는 환자의 객관적인 인생 이면에 존재하는 상황적인 단서를 얻을 수 있으며, 이는 환자의 상황을 이해하는 데 중요한 것이다.

환자가 제공하는 정보는 아니지만 치료자는 환자의 전반적인 반응을 정보로 활용할 수 있다. "형제자매가 어떻게 되세요?"라는 질문에 S부인은 마치 시큼한 레몬을 씹은 것 같이 얼굴이 일그러졌다. 그리고 마치 질문을 저리 치우라는 듯이 옆으로 손을 쓸어내리는 제스처를 취했다. 그리고 안락의자에 앉았다. 곧 감정을 가라앉힌 후 "언니가 하나 있습니다."라고 반응했다. 이 장면은 환자와 언니의 관계에 대한 새로운 점을 보여 준 것으로, 이후의 치료 과정에서 고려할 수 있는 갈등의 영역을 알려 주는 것이다. 이러한 장면을 이해하기 위해서는 치료자가 환자의 입장에서 환자의 경험을 듣고자 하는 마음의 준비가 되어 있어야 한다.

환자의 살아온 인생사(life history)의 핵심을 찾기 위해서, 그리고 증상의 시작과 본질에 대해 알기 위해서, 증상이 발전하게 된 환경에 관한 질문으로 시작할 수 있다. 그리고 이러한 방식은 거의 모든 경우에 적용된다.

치료자: "지난 2년 반 전부터 병이 심해졌다고 하셨습니다. 그때 무슨 일이 있었나요?"
S부인 : "그때 내가 신경 쇠약에 걸렸어요. 어느 날 저녁 때 시작되었지요. 그날 저녁에 막 눈물이 나더니 모든 것이 다 끔찍하다는 생각이 드는 거예요. 지금까지 내가 살아온 인생이 전부 다 그런 것 같았습니다. 그날 남편이 밤 12시쯤 집에 돌아 왔습니다. 나는 그때까지 울고 있었는데 갑자기 더 큰 소리로 울었습니다. 소리도 지르고 점점 더 심해졌습니다. 멈출 수가 없었어요. 이제 내가 미쳐 버리는구나 하는 생각이 들었습니다. 모든 것이 변해 버렸습니다. 남편은 정말 짐승 같고 딸도 마찬가지고. 남편이 내 귀를 막았습니다. 그리고 나는 그쳤습니다. 높은 고도에 올라갔을 때처럼 귀가 멍멍해졌습니다. 진공청소기만 봐도 불안했습니다."

환자는 두려움에 쌓여서 모든 것이 엄청 크게 들린다고 말했다. 그 외에도 집안일을 다 하지 못할 것 같아 두려웠으며, 토할 것 같고, 미쳐 버릴 것 같다고 하였다. 그녀는 자기 통제력을 잃어 가는 것이 두렵다고 하였다.

"저녁 때가 되면 소름이 끼쳐요. 여러 번 그랬었는데 설명하기가 어렵네요. 불안하고 불행한 느낌이에요. 도망이라도 가고 싶어요. 수면제를 먹어야만 잠을 잘 수 있는데, 잠을 자면 악몽에 시달려요. 저한테는 기다리는 것보다 더 힘든 일은 없어요. 매일 저녁 저는 기다려야 해요. 남편은 몇 시에 온다고 절대 말하는 법이 없거든요. 질려 버렸어요. 1초 1초가 아주 길게 느껴져요. 슬픈 생각도 많이 들고 말할 수 없이 외로워요."

만성 질환의 경우에는 항상 예외가 따른다. 위의 경우 환자는 '항상 고통'을 느낀다고 한다. 질문에 대한 반응 중에, 증상이 시작된 환경에 대한 내용보다는 오히려 증상이 좋아졌다 안 좋아진다는 점과 외부 환경에 대하여 설명하고 있다.

결론 ➤ 이 시점에서 환자에 대한 상당한 양의 정보를 수집하였다. 앞으로는 환자와 평균 20분간 대화를 할 것이다. 우리는 환자가 주관적으로 느끼는 환경과 지금까지 살아온 인생사에 대한 정보를 얻게 된다. 그리고 치료자와 상호작용하는 가운데 나타난 환자의 행동을 통해서 추가로 정보를 얻게 된다. 핵심 주제는 융합(fusion)이다. 즉, 첫 번째 면접 이후의 심층단계 동안에 신뢰를 바탕으로 지속적인 관계가 형성되면 정직한 대화가 가능하게 된다.

✻ 분화

지금부터 주요한 동기는 분화다. 면접의 첫 부분에서 우리는 이미 분화의 요소, 즉 증상과 살아온 인생사에서 분화적 특성을 발견하였다. 면접의 다음 단계는 갈등의 심리적 배경을 중심으로 이루어진다. 그리고 활용가능한 잠재능력과 기본적인 잠재능력의 양식을 기초로 진행된다. 지금까지 환자의 자기 상은 환자가 자신의 상황을 보는 방식을 재생산하였다. 이러한 상황이나 사물을 바라보는 방식에는 환자의 설명, 합리화, 이전에 환자가 자신의 상황을 이해하는 데 도움이 되었던 개념들이 속한다. 따라서 환자는 계속해서 자신의 결혼문제를 다음과 같은 고정관념으로 이해하려고 한다. "남편과 나는 서로 잘 안 맞아요. 우리는 완전히 달라요. 사고방식도 전혀 달라요." 치료자 또한 환자가 설명하는 방식대로 이해한다면 환자가 가진 합리화라는 악순환의 고리에 빠져들게 될 것이다. 실제로 환자가 제공하는 설명에 들어 있는 정보는 환자 자신을 회복하는 것과 많은 관련이 있다.

분화는 두 가지 목적을 추구한다.

a) 갈등의 구분과 확인 및 발전가능성

b) 갈등의 내용과 관련된 진단 및 묘사된 증상

분화는 두 가지 방향으로 진행된다. 실제적인 갈등과 기본적인 갈등은 분화 분석 목록(DAI)과 기본적인 잠재능력의 양식을 통해 이해할 수 있다. 여기에서 가장 중요한 것은 환자의 현재 문제와 이에 관련된 대답을 하는 과정에서의 스트레스를 감당하는 능력이다. DAI와 관련된 대답이 엉겁결에 나오지 않는데, 이는 환자가 대답을 하는 중에 특별한 부담을 가지고 있다는 뜻이지만 예의를 갖추어 말하는 것이기도 하다.

> 치료자: "남편과 어떤 어려움이 있다고 말씀하셨고 자신이 남편과 정반대 스타일이라고 하셨습니다. 그러면 남편과 어떤 점에서 다른지 같이 알아보도록 하겠습니다."

치료자는 부담 없이 환자를 DAI로 인도할 수 있으며, 환자의 말에 대한 치료자의 해석을 기록할 수 있다. 이때 치료자가 기록하는 것이 환자와의 의사소통에 지장을 주지 않도록 해야 한다. 치료자는 다음과 같은 지시 문구에 따라 질문한다. "당신과 남편 중에 누가 더 시간엄수(질서정연 등)를 중요하게 생각합니까?"

이 '표준화된 질문'은 환자를 이해하거나 기존의 갈등을 이해할 필요가 있을 때, 활용가능한 잠재능력과 관련된 다른 질문으로 보완, 대치할 수도 있다. 필요한 예시(시간엄수, 질서정연 등에 관하여 질문하는 방법)는 3장에서 '활용가능한 잠재능력'을 설명할 때 첨부하였다. 질문을 항상 '시간엄수'라는 활용가능한 잠재능력에 관한 것으로 시작할 필요는 없다. 환자가 이미 남편의 충실하지 못함에 불만을 표현했다면, '정직/충실성'(활용가능한 잠재능력)은 이미 DAI에서 다루어진 것으로 볼 수 있다. 엄마가 아들이 학교에서 늦게된 것을 언급하였다면, 이는 DAI 중에서 '근면/성취'를 언급한 것으로 간주한다. 이 과정은 치료자의 융통성을 필요로 한다. 환자가 질문을 잘 이해하여 환자의 주관적인, 그리하여 치료에 필요한 정보를 대답할 수 있도록 하는 것이 매우 중요하다. 그러나 이러한 검사로 인한 부정적인 영향은 반드시 피해야 한다. 치료자가 환자의 체크리스트를 확인한다는 느낌을 줄 수 있다. 마지막으로, 치료자는 환자의 개인적인 환경에 대하여 정확히 판단하고, 환자의 언어를 경청하는 데 우선순위를 두어야 하며, 치료자 자신의 이론적인 목표를 따르지 않도록 해야 한다.

행동 범위는 다음과 같은 방식으로 평가한다. (+++)는 해당 범주에서 최고로 높은 주관적 평가이며, (---)는 가장 낮은 평가다. (+-)는 해당 행동 범주에 대한 무관심, (++)와 (+) 그리고 (--)와 (-)는 주관적 평가의 등급을 나타낸다. 첫 번째 칸은 활용가능한 잠재능력이며, 두 번째는 환자 자신의 활용가능한 잠재능력에 대한 판단이다. 세 번째 칸은 갈등관계에 있는 상대방에 대한 환자의 판단이다. 네 번째 칸은 환자의 자발적인 발언을 나타낸다. DAI는 활용가능한 잠재능력의 목록을 실용적으로 요약한 형태다.

갈등관계에 있는 상대방   원칙상 환자가 일차적인 갈등관계에 있는 상대방이라면 환자의 사전 설명에서 추론할 수 있다. 그러나 환자가 어느 한 사람하고만 갈등관계에 있다고 생각해서는 안 된다. 다른 사람들 혹은 다른 집단이 이 갈등과 연관되어 있을 수 있다. 시어머니와 자녀들이 이 경우의 예라 할 수 있다. 필요하다면, 다른 갈등관계에 있는 상대방을 공개적으로 포함시킬 수 있다. 갈등관계에 있는 상대방을 선택하는 것은 환자의 병과 환자가 묘사한 갈등 상황에 근거하여 이루어진다. 우리는 갈등이란 심리사회적 특징이 있고 본보기가 되는 사람들과 관련이 있다고 추측한다. 이러한 개념은 신경증적 갈등이 개인의 기본적 성격 구조에서 발생한다고 주장하고 개인에게 초점을 맞추는 것과 반대되는 개념이다. 심리사회적 갈등 모델은 환자가 결혼을 안 한 상태이거나 친구관계가 없을 때 제한된 상황을 다루는데, 그 환자의 불만족감을 통해 그 자신의 부적절감을 탐색해 보게 할 수 있다. 그럼에도 필자와 동료들은 동반자 관계를 다루고 있다. 여기에서 갈등관계에 있는 상대방은 환자의 활동 영역이나(예를 들면, 상사 혹은 동료) 혹은 한 사람의 전 생애에 영향을 미치는 부모로 대표되는 '상상 속의 동료'가 될 수 있다. 이러한 경우에 DAI에서 갈등관계에 있는 상대방은 '아버지' 혹은 '어머니'가 될 수 있으며, 이미 생존하지 않는 경우

우울과 불안, 결혼관계에서 갈등을 겪고 있는 32세 환자(S부인)의 분화 분석 목록(DAI-단순형)

활용가능한 잠재능력	본인	상대방	자발적인 발언
시간엄수	+++	ㄱㄱ	남편이 시간엄수 개념이 있는 사람인지 없는 사람인지 도무지 알 수가 없어요. 5시에 온다고 해도 저는 한두 시간 여유를 두고 생각해요. 하지만 그것도 안 돼요. 8시, 10시가 되도 안 와요. 늘 그런 식이에요. 다 일 때문인 것은 알지만 난 적응이 안 돼요. 5시만 되면 안절부절못하고 아무 일도 손에 잡히지 않아요. 집중할 수가 없어요. 5시에 남편이 오기 전까지 준비를 다 해 놓으려고 매일 허겁지겁 그래요.
청결	++	+++	내 남편은 좀 지저분한 편이에요. 하지만 저는 깨끗하게 지내려고 노력해요. ·
질서정연	+	+++	남편은 광적으로 정리정돈을 하려고 합니다. 자기 엄마처럼 이주 까다로워요. 집안일에 만족하는 법이 없고 늘 내 일에 간섭이 심해요.
순종	++	+	사실은 내가 항상 져 주는 편이에요.
예의	+++	+	사실 나는 모든 사람들에게 잘 하려고 하는 편이에요. 남편은 별로 신경을 쓰지 않는 편이구요.
정직	+	+++	네, 남편은 자기 의사를 잘 표현해요. 아주 분명하게 표현하고 아주 직선적입니다. 반대로 저는 그것 때문에 힘들 때가 있는데 무언가를 말하기가 너무 어려울 때가 있어요.
충실성	++	+-	제 남편도 충실하다고 믿어요.
정의	++	+-	남편은 직장에서는 공정한 편입니다. 그런데 항상 시어머님 편을 들고, 그때는 부당하고 비인간적이에요. 애들하고도 역시 문제가 있어요. 남편은 막내하고는 놀아 주지만 큰애는 무시해요. 사실 큰애는 아빠를 필요로 해요. 내가 지적하면 되지도 않는 핑계를 대요. "걔는 당신만큼이나 무질서해. 그게 맘에 안 들어."
근면/성취	++	++	남편에 대한 내가 가진 불만 중 가장 작은 게 그가 게으른 거예요.
절약	+	+	돈 관리하는 면에서는 우리 둘 다 돈을 중요하게 생각해요.
신뢰성	++	+-	남편이 회사에서 하는 것만큼 저한테 한다면 신뢰가 생기고 우리 관계도 확실히 좋아질 거예요. 절대로 시간을 지키는 법이 없어서 신뢰가 가질 않아요.
인내	-	++	까다로운 점을 빼고, 남편의 인내심은 대단해요. 남편을 기다려야 할 때라던가, 아니면 내가 생각한 대로 일이 잘 안 되는 때는 나는 거의 미쳐요.
시간	++	—	남편은 거의 시간이 없어요.
믿음/희망			사실, 저는 남편을 믿어요. 하지만 기다릴 때는 믿었던 모든 것이 순간에 다 없어져요. 내 병이 그 사람한테 힘겹다고 느껴지면 그는 나를 떠날 거 같아요.

〈계속〉

교제	−	−	우리 둘 다 친구나 아는 사람이 거의 없이 지내요.
성적 특질	+−	++	남편하고 성관계를 하고 나면 거의 만족하는 법이 없어요. 한숨만 나와요.
신앙/종교	+	+	지금까지 우리 사이에 종교가 문제된 적은 없어요.

에도 마찬가지다.

이외에 다른 본보기가 되는 사람은 과거에서 발견될 수 있다. 예를 들어, 이혼한 환자의 전 남편이나 아내의 경우, 사별이나 이별 등으로 그 사람을 잃어버린 경우에도, 갈등관계에 있는 상대방이 될 수 있다. 특이한 경우, 환자 자신이 갈등관계에 있는 상대방이 될 수도 있다. 이 경우 환자는 자아상을 자신의 이상형과 비교한다. DAI는 각각 자신과 다른 사람을 대표하는 두 가지 종류의 갈등관계에 있는 상대방에게 적용될 수 있다. 이런 식으로 객관화가 가능해지며 적어도 관찰에 대하여는 상호 주관적이 된다. 이렇게 하면 갈등을 겪고 있는 사람들 사이에 서로 오해하고 있던 부분이 밝혀질 수 있다.

실제적 갈등 이외에 DAI의 도움으로 기본적인 갈등이 제시될 수도 있다. 주요하게 본보기가 되었던 인물들(아버지, 어머니, 형제자매들)이 사회화 과정에서 차지하는 중요성 때문에 일반적 혹은 구체적 어린 시절 경험 속에서 이들이 개인의 활용가능한 잠재능력에 어떠한 가치를 두고 있는가에 관한 질문이 이루어진다.

S부인은 기본적 갈등(basic conflict)과 관련된 DAI에 기초하여 다음의 표 내용을 작성하였다.

S부인 기본 갈등과 관련된 분화 분석 목록(DAI-단순형)

활용가능한 잠재능력	본인	어머니	아버지	자발적인 발언
시간엄수	+++	+++	+++	내가 어렸을 때 시간엄수는 아주 중요한 규칙이었어요. 예를 들어, 우리는 늘 같은 시간에 식사를 했어요. 늦거나 이르거나 하는 일은 별로 없었어요. 엄마가 쇼핑을 가거나 잠시 나갈 일이 있으시면 꼭 언제 돌아오겠다고 말씀하셨습니다. 저는 그 말을 항상 믿었죠. 그 반대의 경우도 마찬가지이고요. 저는 학교 가는 시간도 항상 잘 지켰습니다. 조금도 일찍 가고 늦는 일은 없었습니다. 아침에는 자명종이 울리기 전에 일어났어요. 잠도 일찍 잤기 때문에 늦게 일어나는 법이 없었지요. 약속시간에도 일찍 도착합니다.
청결	++	+	+	우리는 항상 옷을 깨끗하게 입어야 했어요. 집에서는 전 가족이 수건을 같이 썼어요. 어렸을 때였지만 비위가 상했어요. 지금 우리 집에서는 수건을 많이 써요. 신체 부위별로 하나씩 쓰는 걸 선호해요
질서정연	+	+++	+	우리 엄마는 질서정연을 거의 숭배하는 정도였어요. 아버지는 그것 때문에 고생을 많이 하셨죠. 우리 엄마가 얼마나 질서정연한지 상상도 못하실 거예요. 매일 쓰는 물건도 종이에 싸서 장롱에 보관해요
순종	++	++	+++	네, 우리 아버지는 이 점을 아주 중요하게 생각해요. 훌륭한 딸이라고 자부심이 대단하시죠.
예의	+++	++	++	우리 둘 다 예의 갖추는 것을 중요하게 생각해요. 나도 항상 예의를 차려요. 식사 때는 부모님만 말할 수 있고 우리가 말하고 싶을 때는 허락을 받아야만 했어요.
정직	+	+-	++	아버지는 항상 불쑥불쑥 말씀하세요. 엄마는 필요할 때만 가끔 말을 합니다. 엄마는 풀 속에 숨어 있는 뱀 같아요. 하지만 저를 혼내실 때는 장난 아닙니다
충실성	++	+++	+++	부모님이 서로에게 충실하지 못했더라도 우리는 눈치 못 챘어요. 하지만 엄마는 남자는 성관계만 좋아하니 제대로 된 (충실한) 남자를 찾아야 한다고 했어요. 그것 외에 엄마는 항상 남편의 충실함은 아내 하기에 달렸다고 자랑스럽게 말하셨습니다.
정의	++	+++	+++	부모님 둘 다 너무 공평해서 그것을 오히려 참을 수 없어요.
근면/성취	++	++	++	나는 언제나 부엌일을 도와야 했는데 지금은 나를 도와주는 사람이 없어요. 나쁜 성적을 가지고 집으로 왔어요. 고등학교 졸업시험이나 대학 입학시험을 치르고 싶었어요. 그때 부모님 뜻을 따랐습니다. 요즘에도 그런 말씀을 하시죠. "봐라, 너는 돈을 벌잖아 여자애득우 대학에 갈 필요가 없다니까…."
절약	+	+++	+++	아마 전쟁 때문일 거예요. 우리 부모님은 엄청나게 절약하셨어요. 진짜 구두쇠였습니다. 용돈이란 것은 없었습니다. 나 혼자 돈을 벌 수 있게 되었을 때 진짜 행복했습니다. 수입 중에 일부를 방값으로 지불해야 했지만요.

〈계속〉

신뢰	++	++	++	누구보다 아버지를 신뢰합니다.
인내	+	+-	+-	부모님은 인내심이 좋았습니다. 항상 좋은 것은 아니었지만요. 어느 날 학교에서 늦게 돌아온 적이 있어요. 부모님, 언니 셋, 모두 다 제가 돌아올 때까지 기다리고 있었어요. 아버지는 매서운 눈초리로 바라보면서 수저로 그릇을 톡톡 치셨어요. 정말 신경에 거슬렸어요.
시간	++	+-	-	사실 부모님은 나와 함께 시간을 보내 주질 않았어요. 모두가 자기 일을 먼저 신경 썼지요. 엄마는 집안일을 하고 아버지는 회사일과 축구에 빠졌고 나는 부모님이 나랑 많이 놀아 주기만 바랐습니다.
믿음/희망	-	+-	+	내가 누군가를 믿는다면 그 사람은 우리 아버지입니다.
교제	-	-	++	아버지는 스포츠를 같이하는 친구가 많아요. 자주 같이 놀러 나가셨죠. 하지만 집에는 데려오질 못했어요. 엄마가 엄청 싫어하셨으니까요. 엄마는 집을 보석 상자처럼 지켰어요. 저도 친구들을 집에 데려오지 못했어요. 제가 친구가 없는 것도 이런 이유 때문인 것 같아요.
성적 특질	+-	+	+	성에 대해서는 부모님과 어떤 얘기도 나눠 본 경험이 없어요. 우리들 앞에서 애정 표현은 극도로 절제하셨어요. 부모님은 실상 아무것도 설명해 준 것이 없어요. 나보다 나이 많은 여자친구가 대신 알려 주었습니다.
신앙/종교	+	+	+	부모님은 정기적으로 교회에 다니셨어요. 내가 어렸을 때는 엄마가 잠자기 전 침대에 와서 기도해 주셨어요. 하지만 종교에는 별로 관심을 갖지 않았어요.

이러한 기본적 갈등 지향 DAI는 환자의 양육 환경과 어린 시절을 포함하여 환자의 주관적 경험과 인상을 재구성한다. 이러한 방식으로 활용가능한 잠재능력과 활용가능한 잠재능력이 발달한 과정에 관련된 질문을 할 수 있게 된다. 이것을 바탕으로 현재의 활용가능한 잠재능력에 대한 해석과 이해가 가능하며 무엇을 중점적으로 다루어야 하는지 알 수 있게 된다.

✽* DAI의 기능

DAI는 갈등 상황을 체계적으로 표본화하고, 분화적 진단에 관한 암시를 제공한다. 그리고 병의 원인에 대한 사회적−심리학적 요소를 명확하게 한다. 또한 갈등 상황의 심리사회적 특성을 인지할 수 있게 해 주며, 어떤 치료 전략을 선택할 것인지를 결정할 때 이를 도와주는 기능을 한다. DAI는 심리치료를 실시하지 않는 기관에서도 치료적인 대화를 할 수 있는 기초로서 사용할 수 있다. 그리고 갈등 중심 심리치료를 위한 기초로서 사용될 수 있다. 또한 정신건강 및 후속 치료는 물론이고 예방 치료에서 시작단계에 사용될 수 있다. DAI는 치료가 성공하도록 돕는 도구로서 사용할 수 있다. 치료의 마지막 단계에서, 치료 이전과 이후를 비교하는 목적으로 DAI가 적용될 수 있다. 잠재적인 갈등에 대한 조사에서, 치료 초기에 환자는 자신의 불만에 대해 정직하지만 끝에 가서는 예의를 차리거나, 치료자에게 상처를 주지 않기 위해서 나타나는 '안녕하세요-안녕히 가세요.' 효과를 보다 더 잘 조정할 수 있게 해 준다. DAI는 일종의 설명 절차로서 심리치료 및 심리치료를 실시하지 않는 기관, 심리 상담, 자조 등의 틀에 적용할 수 있다. 그리고 환자와 갈등관계에 있는 상대방과 다른 사람을 평가하기 위해서 사용할 수도 있다. 이러한 방법으로, 동일한 활용가능한 잠재능력을 판단할 때 보이지 않는 오해와 관련지어 조사한 후 객관화한다.

잠재적인 갈등에 집중하기: 이제 질문에 대한 답을 하였다. 그렇다면 이제 문제들을 어떻게 다룰 것인가? 이는 이론적인 가정을 근거로 결정하는 것이 아니라 오히려 치료자와 환자 사이의 관계가 발전함에 따라 점점 분명해진다.

> 치료자: "우리는 지금까지 다양한 영역에 걸쳐서 당신과 상대방 사이에 있는 특정 문제를 이야기하였습니다. 이제 당신에게 어떤 것이 가장 중요한 문제인지 알고자 합니다."

환자의 기억을 돕기 위해 치료자는 갈등이 내재된 행동 영역을 다시 한 번 확인해 준다. 환자는 활용가능한 잠재능력에 대해 갈등하는 정도를 평가한다. 이것을 통해서 객관적이고 영구적 가치가 있는 자료가 수집되지는 않는다 하더라도 현재 환자의 경험과 직접적으로 관련된 정보를 수집할 수 있게 된다.

분화 분석 목록을 사용하여 다음과 같이 갈등이 내재된 활용가능한 잠재능력을 확인할 수 있다. '시간엄수' '질서정연' '예의' '정직' '신뢰' '인내' '시간' '믿음/희망' '성적 특질'. 환자가 주장한 주요 갈등 영역은 '시간엄수' '질서정연' '성적 특질' 이다. 주요 잠재적인 갈등으로서 세 가지 활용가능한 잠재능력은 (a) 주관적인 가치의 위계를 세우기 위해, (b) 현재의 실제적 갈등 영역을 표현하기 위해, (c) 환자의 문제를 처리하기 위해 선택되었다.

세 가지 활용가능한 잠재능력은 주로 교육적 이유에서 선택되었다. 갈등이 내재된 활용가능한 잠재능력을 동시에 모두 제기한다면 결국에는 환자에게 지나친 부담을 주게 될 것이다. 환자는 하나의 주요한 잠재적인 갈등을 선택하였지만, 다른 잠재적인 갈등도 결국에는 선택하게 되는데 이는 활용가능한 잠재능력과 주요한 잠재적인 갈등이 서로 연관되어 있기 때문이다. 그러므로 지금 여기에서는 '신뢰성' 과 '인내' 에만 집중해도 충분할 것이다. 왜냐하면 이 두 개의 활용가능한 잠재능력이 거의 '시간엄수' 와 관련되어 있기 때문이다. 첫 번째 면접에서 나타난 주요한 잠재적인 갈등은 이후 치료의 시작점이 될 수 있다.

기본적인 잠재능력과 양식

DAI는 한 사람의 경험에서 갈등이 내재된 활용가능한 잠재능력에 관한 것이다. 심리사회적 규범을 표본화하는 수단이며 이에 준하여 개인의 성격, 자세, 기대, 행동유형 등을 내적, 외적 갈등 상황을 참조하여 개략적으로 살펴보는 것이다.

동시에 DAI는 정서적인 영역(사랑하는 능력)과 성취에 관련된 영역(인지능력)을 평가하는 데 있어 많은 단서를 제공한다. 사랑하는 능력과 인지능력의 양식에 대해 조사하면 보다 심도 있는 결론을 얻을 수 있을 것이다.

✳ 사랑하는 능력의 양식

갈등 상황을 이해하기 위하여 관련된 배경과 개념을 이해할 필요가 있다. 성격 발달은 초기 사회적인 관계(인간관계)에서 결정적인 영향을 받기 때문에 반드시 이를 고려해야 한다. '사랑하는 능력' 의 양식을 가지고, 환자가 선호하는 사회적 태도와 다른 사람에 대한 거부 등을 형성하게 된 배경을 조사하는 것이 효과적이다.

- 본보기가 되었던 인물들(부모)과 형제자매(동년배 친구들 포함)의 아동(본인)에 대한 태도
- 부모들이 서로에게 갖고 있는 태도(당신)
- 부모들이 그들의 환경에 대해 갖는 태도(우리)
- 부모들이 종교/세계관에 대해 갖는 태도(근원적-우리)

S부인에 대한 부모의 태도

치료자: 부모님 중에 어느 분이 더 인내심이 많으신가요. 그리고 어느 분이 더 화를 잘 내세요? 누구와 시간을 더 많이 보내셨나요?(아버지인가요, 어머니인가요?) 누구를 모델로 삼으셨나요?

S부인 : "제가 어렸을 때, 엄마가 나와 같이 보낸 시간이 별로 없었어요. 아마 그 이유 때문에 엄마는 저에 대한 인내심이 별로 없으셨던 것 같습니다. 엄마는 나에게 중요한 것이 무엇인지, 문제가 무엇인지 잘 모르신다는 생각이 들어요. 아버지는 엄마보다 나에 대한 인내심이 훨씬 많았습니다. 나를 귀찮아하신 적도 거의 없습니다. 물론 엄마가 나를 사랑하셨고, 엄마는 자신이 해 줄 수 있는 것은 다 주셨다고 생각하십니다. 사랑은 그 이상이라는 것을 모르셨습니다. 내가 이 말을 하면 엄마는 나에게 배은망덕하다고 합니다. 언니와 나는 부모에게 받은 것이 별로 없다고 생각하지만 그래도 나는 언니한테 사랑을 빼앗겼다고 생각해요. 그래서 지금까지 언니와의 관계가 별로 좋지 않습니다."

부모들이 서로에게 갖고 있는 태도

치료자: "부모님은 서로 서로 길 이해하시는 편이셨나요? 혹 한쪽 부모님이 충실하지 못했습니까?"

S부인 : "제가 아는 한 우리 부모님은 서로에게 정직하셨습니다. 엄마나 아버지나 두 분 다 서로에게 충실하셨구요. 편안한 결혼생활이라고 한다면 저의 부모님을

두고 하는 말입니다. 합리적인 분들이죠. 싸우시는 것을 한 번도 본 적이 없습니다. 그리고 가족 외의 문제에 대해 공통 관심사도 없었고, 또 열렬하게 어떤 주제에 대해 토론하는 것을 본 적도 없습니다. 자녀 교육 문제에 대해서도 토론하지 않았습니다. 그런데 예를 들어, 정해진 시간에 식사준비가 되어 있어야 하고 한 사람이라도 빠져서는 안 된다는 점에는 의견을 같이했습니다."

부모들이 그들의 환경에 대해 갖는 태도

치료자: "부모님 중에 어느 분이 사람들과 교제하는 것을 더 좋아하셨습니까? 어느 분이 더 손님을 많이 부르셨나요?"

S부인 : "엄마는 혼자 조용히 보내는 것을 좋아하셨습니다. 쇼핑도 별로 좋아하지 않으셨습니다. 아마 아무도 안 보고 살기를 더 좋아하셨을 거예요. 이웃과 연락하는 것도 안 좋아하셨고, 친구도 없고, 아는 사람만 몇 명 있었습니다. 집안일 아닌 것에는 별로 관여하지 않으셨습니다. 영화관도 안 가셨고, 다른 사람들과 인사도 나누지 않으셨습니다. 아버지는 사람들과 만나는 것을 좋아하셨습니다. 취미생활을 통해서 온갖 부류의 사람들과 사귀셨습니다. 일요일에는 친구들을 만나러 혼자 나가시고, 가끔은 나나 언니를 데리고 가셨습니다. 엄마는 같이 안 가셨습니다. 아마 아빠를 집에 묶어 두는 것을 더 좋아하셨을 겁니다. 엄마는 항상 집안일도 벅차다고 하셨습니다. 집에 손님이 없었던 것이 별로 놀랄 일은 아닙니다. 우리 집으로 찾아오는 사람도 거의 없었습니다."

종교에 대한 부모의 태도

치료자: "부모님 중에 누가 더 종교적이십니까?"

S부인 : "부모님은 두 분 다 나에게 교회에 다니라고 그러셨어요. 아주 어렸을 때 엄마는 자기 전에 날 위해 기도해 주셨습니다. 냉정하게 말하자면 우리 부모님은 종교를 형식적으로 믿으셨습니다. 교회에서 결혼하고, 일요일에 교회 가고, 장례식 때 신부님 오시고, 그런 식이죠."

사랑하는 능력의 양식에서 (+) 혹은 (−)를 사용하여 등급을 정하였다. (+)는 매우 긍정적 관계, (−)는 매우 심한 긴장관계, 관계 거부를 의미한다. 무관심의 경우에는 (+−)기호가 사용된다. 환자에 대한 부모님 태도는 '인내' '시간' '모범' 영역과 관련하여 그들의 애정을 평가하여 표시하였다. 다음의 도식은 사랑하는 능력의 양식을 표시하는 데 유용하게 사용할 수 있다.

부모, 형제자매와 나와의 관계

	엄마	아버지
시간		
인내		
모범		

부모/형제−아동

부모의 삶의 철학과 종교와의 관계   부모 서로 간의 관계

부모−환경

4가지 모델 영역에 관한 도식

✱* 인지능력의 양식

인지능력의 양식은 현실과의 관계, 개인이 갈등에 대처하는 다양한 특성을 일컫는 도구다. 이는 다음의 두 가지 방법에서 고려해 볼 수 있다.

a) 각각의 양식에 대한 태도, 즉 어떤 경우에는 환자의 자기개념 속에 있는 가치를 확인하고자 하는 시도다. "왜 쓰다듬어야 하죠? 부드러우면 무슨 소용이에요? 나한테 중요한 것은 내가 성공했고 그리고 생각이 항상 분명하다는 거예요."

"나는 이 남자와 결혼했고, 나를 사랑하지 않는다는 말을 열 번도 더 들었어요. 나한테 중요한 것은 그의 사랑을 생각하고 상상하는 거예요."

b) 증상을 구조화하는 관점으로, 이는 부분적으로 인지능력의 양식에 대한 장애로 서 해석될 수 있다. 수면 장애, 식욕 상실, 장기 관련 질병, 짜증, 과식, 생기가 없음, 성에 대한 거부, 피로감, 신체적 고통, 운동 부족, 환청과 환시, 그리고 건강 염려증적인 생각들, 인식 장애, 운전 장애, 정서 장애 등은 감각 영역에서 발생하는 증상으로 이해할 수 있다. 사고 장애, 지적 장애, 집중력 감퇴, 기억력 감퇴, 우유부단, 합리화 경향, 시무룩함, 강박관념, 현실감 상실 등은 이성과 연관되어 있다. 집착, 편견, 정형화, 광신, 판단력 약화, 진실에 대한 두려움, 미움, 죄의식, 기억력 상실, 관계에서 일방적 입장을 고수하는 것 등은 전통과 관련 있다. 과도한 상상, 현실감각의 상실, 자살 충동, 성적 망상, 두려움, 강박적 망상과 관계망상, 피해망상 등은 직관과 연결된 것으로 요약할 수 있다.

이상에서, 인지능력의 양식에 대한 태도와 환자의 고통과의 관련성이 분명하게 나타났다고 할 수 있다. 환자가 어느 영역에서 더 심각한 장애가 있는지 알기 위해 검사를 한다. 치료적 관점에서 볼 때 흥미로운 점은 태도의 생성과 태도와 증상과의 관련성은 기본적 갈등에서 알 수 있다는 것이다.

감각

치료자 : "당신은 당신의 신체에 대하여 어떻게 생각하십니까? 아버지와 어머니 중에 어느 분이 당신의 신체에 대해 더 관심이 많습니까? 배우자는 당신의 몸에 대해 어떤 태도를 가지고 계십니까?"

32세의 환자, S부인은 이러한 질문에 다음과 같이 응답하였다.

S부인 : "사실 어머니나 아버지가 신체적으로 부드럽게 대했는지 그렇지 않았는지 기억이 나질 않아요. 그분들은 가족이 모두 먹을 양식이 충분한지에 관심을

두셨습니다. 내가 먹기 싫다고 하면 싸움이 나곤 했어요. 제가 삐쩍 마르면 안 되는 거였어요. 어느 날은 집에 늦게 와서 바로 자러 갔어요. 아무것도 먹지 않고.

어느 날 자위하다가 엄마한테 들켰어요. 엄마가 비명을 지르면서 그런 짓 하면 안 된다고 나를 때렸어요…. 후에 나는 항상 숨어서 했어요. 그리고는 엄마가 볼까 봐 너무 무서웠어요. 남편은 발기만 되면 괜찮다고 생각해요. 근육을 키우고 싶다고 생각하는 거 같아요. 그리고 틈만 나면 절더러 가슴이 작다고 불평하지요."

이성

치료자: "문제가 있거나 이야기하고 싶으면 누구와 이야기를 하셨나요?"

S부인 : "시간이 있으면 엄마와 이런저런 이야기를 했습니다. 나중에 알고 보니 그것이 문제였어요. 이야기 도중에 젊은 남자 이야기가 나오거나 혹은 며칠 정도 멀리 여행을 다녀온다고 하면 엄마는 화가 나서 소리를 지르고 그랬어요. 아무 일도 없다고 설득하는 일도 나중에 포기했어요. 학교 성적이 나빴던 날은 정말 한 편의 드라마였어요. 성적표를 가지고 집으로 오는 날이면 얼간이가 되지요. 학교 성적 말고는 어떤 얘기도 부모님과 다 이야기하곤 했습니다. 지금은 내 아이들한테 왜 하면 안 되는지, 왜 어떤 일은 반드시 해야 하는지 설명하자고 다짐을 하지만 오래 가지 않아요. 설명하다가 곧 인내심을 잃어버리고 "이거 해. 저건 저렇게 해야지."라고 소리를 쳐요. 내 남편은 가끔 컴퓨터 같을 때가 있어요. 모든 일에 원칙을 세우려고 해요. 왜 해야 하는지 이해가 안 되면 절대로 하지 않아요. 정말 계획을 잘 세웁니다. 성관계나 오르가슴도 계획을 세우고 싶어 해요. 남편은 내가 여자이기 때문에 논리적으로 생각할 수 없다고 합니다."

전통

치료자: "누가 이야기 책을 읽어 주었나요?"

S부인 : "부모님은 이야기 책을 읽어 줄 시간이 전혀 없었어요. 아무 관심이 없었던 거 같아요. 나 스스로 알아서 모험담 이야기책을 수집했어요. 부모님은 항상 전통을 중시했어요. 말끝마다 "그건 옛날에 안 그랬거든."이라고 하셨어요. 우리 집안에는 '시간엄수'라는 전통이 있었어요. 아버지는 할아버지가 얼마나 시간을 잘 지키는 분이셨는지에 대해 늘 말씀하셨어요. 나도 시간엄수를 중요하게 생각하는 사람이긴 하지만 그런 기계 같은 사람을 생각하면 아주 짜증이 나요. 남편에게는 사실 집안의 전통이라는 것은 없어요. 할머니는 완벽주의자였다고 해요. 남편에게 전통이 있다면 시어머니가 하던 일이 전통인 셈입니다. 법률책보다 시어머니 말이 더 효력이 있어요…."

직관

치료자: "직관이나 환상에 대해서는 누구와 이야기하시나요?"

S부인 : "나에게 이야기하는 걸 좋아해요. 하지만 부모님은 나의 이야기를 듣지 않아요. 그래서 나는 모든 사람이 내 이야기를 재미있게 듣는 상상을 합니다. 재미있는 이야기를 만들어요. 내가 공주가 되고, 모든 일이 나를 중심으로 이루어지고, 나의 소원은 다 이루어져요. 환상은 나에게 아주 중요해요. 아주 잘생긴 남자랑 사랑에 빠지기도 하고, 내가 좋아하는 스타일의 남자친구도 있어요. 오늘도 꿈을 꾸어요. 나를 잘 이해하고, 나한테 아주 잘해 주고, 기다리게 하지 않고. 가끔 낮에도 공상을 하곤 해요. 남편이 내 옆에 누워 있는 순간에도 환상 속에 빠질 때가 있어요. 남편이 코를 골면 공상에서 깨어나요. 비눗방울이 터지는 것처럼…. 남편은 공상이 이성과는 전혀 상관이 없는 완전한 넌센스라고 생각해요. 내가 내 생각에 몰두해 있는 것을 남편이 알면 저를 이해할 수 없다고 하거나 나를 몽상가로 생각할 거예요…."

무의식

치료자: "어떤 일을 하고 난 후에 자신한테 화가 나는 경우가 자주 있나요? 가끔 꿈을 꾸나요?"

S부인 : "네, 그럴 때면 나한테 정말 화가 나요. 예를 들어, 아이들이 잘못한 것도 없는데 소리치고 나면 나한테 아주 화가 나요. 가끔 나는 애 키우는 일이 나한테 너무 안 어울린다는 생각이 들 때가 있어요. 불안감이 찾아오면 자제하려고 노력을 해요. 하지만 남편이 늦게 들어오는 때는 정말 어떻게 할지를 모르겠어요. 속에서 무엇이 올라오는데, 내 의지로는 정말 어떻게 할 수가 없어요. 최근에는 악몽을 꾸었어요. 밤에 잠자는 일이 무서워요."

S부인과 본보기가 되었던 인물들이 경험한 영역과 주관적 평가는 다음의 도식표로 요약할 수 있다. 무의식은 여러 양식과 활용가능한 잠재능력, 오해 그리고 개념과 관련하여 질적인 사고를 통해 별도로 다룰 것이다.

S부인의 인지능력 양식의 도식표

인물	감각	이성	전통	직관
엄마	−	−	+	−
아버지	−	−	+	−
환자	+ −	+ −	+ −	+
남편	+ −	+ −	+ −	−

이 도식표에서 나타난 평가는 객관적 사실이 아니고 다음과 같이 다양한 요소를 포함시킨 전체적인 인상을 평가한 것이다. (a) 질문에 대한 환자의 대답, (b) 같은 주제를 가지고 환자가 이전에 다른 곳에서 했던 말, (c) 치료자의 전반적인 인상 등이다. 심리사회적 규범의 분화와 양식에 함축된 발달 영역은, 개인의 독특한 상황과 환자의 성격에 대한 묘사를 용이하게 해 주고 따라서 전통적으로 선호되는 갈등 영역에 고착하는 것을 억제할 수 있게 한다. 그리고 수습할 수 있는 주요 증상에 대해 정면에서 맞닥뜨리는 대신 분화된 치료 전략을 따르게 된다. 다시 말해, 사회적 갈등, 성, 자아존중감, 종교 중에 무엇이 가장 중요한지 결정하는 것은 치료자가 아니라 환자의 갈등 상황이다.

인지능력 양식의 도식표는 다양한 진단적인 추론을 가능하게 한다.

1. 개별적인 양식과 관련하여 태도와 학습한 경험이 분명해진다.
2. 양식 사이의 상관관계는 반응 유형과 고려하고 있는 문제의 해결을 명확하게 해준다.
3. 더불어, 선호되는 문제해결 방식은 특별한 갈등 성향에 대한 암시를 제공한다.

이것으로 다각적인 진단이 가능해진다.

(a) 반응 유형(미숙한–일차적인 유형, 이차적 유형, 이중구속 유형)을 확실히 알 수 있다. 미숙한–일차적 유형은 매우 강한 감각과 직관 그리고 어느 정도의 전통을 수단으로 하는 것이 특징이다. 이차적 유형은 이성에 관한 지나친 강조를 특징으로 하며, 이중구속 유형은 대부분의 양식을 동등하게 판단하지만 가끔 특정한 것을 선호한다.

(b) 환자 자신과 다른 사람에 대한 환자의 판단뿐만 아니라 상대방의 자기 판단, 근본적인 의사소통의 오해 등, 의사소통의 전제 조건에 영향을 미치는 요소들이 확실해진다.

(c) 이와 함께 치료를 '시도'하는 것이 가능해지면, 각각의 사례에 적합한 것을 결정할 수 있다.

결론 ➔ 활용가능한 잠재능력과 기본적인 잠재능력의 양식은 순서에 맞춰 질문하지 않아도 된다. 개별적인 활용가능한 잠재능력과 양식은 의미 있는 내용이 중복되기 때문에 그 유형은 DAI 영역 안에 포함될 수도 있다. 그 양식은 활용가능한 잠재능력과 유기적으로 연관된다. 사랑하는 능력의 양식은 활용가능한 잠재능력인 '교제' '성적 특질' '신앙'의 특징과 같은 것으로 인지될 수 있다.

예: 누가 더 사람들과 '교제'하는 일을 잘하시나요? 할 일을 혼자 찾아서 하시나요? 배우자와 함께 있는 것을 좋아하십니까? 다른 사람들과 같이 지내는 것을 좋아하십니까? 종교나 세계관 등에 대해 서로 이야기하십니까?

인지능력의 양식은 이차적 잠재능력과 유사하다. 감각과 이성은 활용가능한 잠재능력 중 근면/성취로 간주할 수 있다. 여기에서 유전적 측면―놀이, 활동의 즐거움―은 성취 이전 단계이며 직관 역시 놀이와 즐거움을 통해 표현된다.

예: 두 분 중에 누가 더 근면/성취라는 잠재능력에서 높게 평가되었습니까? 어린 시절 놀이를 많이 하셨습니까? 무엇을 가지고 노는 것을 좋아하였습니까? 어릴 때 자기 몸과 인형, 장난감 중 어떤 것을 더 좋아하셨습니까? 상상 속의 친구나 형제를 만들고 그들과 같이 스포츠 게임을 했습니까?

소위 말하는 전통적 요소를 가장 잘 포함한 활용가능한 잠재능력은 '예의'다.

예: 누가 더 예의에 대해 중요하게 생각하십니까? 당신은 예의에 대해 어떻게 생각하십니까? 전통을 인정하십니까?

환자가 정직/솔직함에 대해 묻고 환자 자신의 필요와 생각에 대해 명확하게 표현할 때는 직관 및 상상을 암시하는 질문과 관련된 것이다.

예: 두 분 중에 누가 더 정직과 솔직함에 대해 높이 평가하십니까? 다른 사람에게 말하고 싶지 않은 일에 대해 상상하는 편입니까? 어떤 종류의 상상을 하십니까?

위의 질문들은 단순히 예를 든 것으로, 양식 혹은 활용가능한 잠재능력에 관한 질문으로 보완 혹은 대치될 수 있으며, 마찬가지로 상황에 따라 변경이 가능하다.

DAI를 적용함에 있어 양식과 다른 활용가능한 잠재능력 사이에 연관성이 나타나 이를 사용한다면 아무 문제가 되지 않는다. 이렇게 진행하는 것은, 첫 번째 면접을 할 때 환자에게 엄격하고 기계적으로 질문을 하는 것보다 그리고 같은 질문을 반복하는 것보다는 훨씬 바람직하다. 예를 들어, 환자가 '성'에 관한 이야기를 하면서 '종교' 및 '근원적―우리'를 언급한다면, 별도로 '종교' 그리고 '근원적―우리'에 관한 질문을 반복하지 않아도 된다는 뜻이다. 이러한 진행은 첫 번째 면접에서 개별적인 절차에 분리하여 적용함으로써 면접의 흐름이 끊어지지 않는 '자연스러운' 면접을 할 수 있는 장점이 있다. 수집된 자료는 치료자가 평가, 요약한다. 이러한 방식으로 각각 다른 수많은 단편적인 정보들이 모여 환자의 갈등 상황에 대한 종합적인 그림을 그려 볼 수 있다. 그리고 상황적인 요인이 포함되어 있고 치료에서 중요하게 다루어야 하는 자료의 다양성을 고려해 볼 때, 치료 절차에서 객관적인 검사는 고려하지 않아도 된다. 긍정주의 심리치료에서 파생된 표준 절차는 기존의 절차와는 다른 중요성을 갖는다.

분리/통합

마지막으로, 치료자는 발견한 결과와 이전에 암묵적으로 추정한 진단을 종합하여 하나의 통합적인 진단을 한다. 이 진단에서 중요한 것은 어떤 진단명을 제시하는 것이 아니고, 첫 번째 면접 이후에 나타난 개별적으로 수정할 사항과 이후의 조치에 대한 의사결정이 포함된다는 점이다. 그러나 이 진단은 첫 번째 면접의 종료를 뜻하는 것이 아니라 치료를 위한 이후 절차를 시작하는 것을 의미한다. 환자는 치료자와, 치료자는 환자와 분리하는 시간(breakaway)을 갖는다. 이 분리의 시간은 장기간의 치료를 마친 후뿐만 아니라 첫 번째 면접을 마친 후에도 가능하다. 회기에 이어 치료를 하지 않는 기간을 갖는 것은, 사람들이 생각하는 것처럼 치료의 공백기간이 아니라 일종의 개발을 앞두고 있는 매우 비옥한 땅으로 비유할 수 있다. 이 기간은 또한 다양한 방법으로 첫 번째 면접에 치료적 목적으로 도입될 수 있다. 심리치료자가 진단을 하는 과정은 분리–통합 기간에 필요한 기초를 제공한다. 진단의 결과로서 다음과 같은 절차가 가능하다.

- 치료가 바람직한 것으로 생각되어 치료를 요청한다.
- 다양한 이유(환자의 태도, 현재 외부적 상황, 환자의 부적합한 환경적 동기)로 심리치료를 위한 전제 조건이 맞지 않는 듯하다.
- 심리치료는 첫 번째 면접 후 곧바로 진행되기보다는 일정 시간이 정해질 때까지 연기된다. 이때 약물치료 혹은 적절한 환경에서 자유롭게 환자 스스로 활동을 하는 것(자조)이 심리치료를 대신 할 수 있다. 적합한 책이나 행동 프로그램 등을

이용하면 효과적이다.

- 치료자 자신이 심리치료를 할 것인지, 혹은 다른 심리치료자에게 의뢰할 것인지를 결정해야 한다. 첫 번째 면접자의 업무 부담을 고려해야 하는 경우, 또는 환자가 첫 번째 면접자를 회피하는 경우에는 이후 치료에 방해가 될 수 있기 때문에 다른 심리치료자에게 의뢰를 할 필요가 있다. 또한 치료자가 환자를 회피하거나 환자에 대해 확신이 없는 경우, 환자와 치료자 모두에게 부담을 안겨 주는 일이 되기 때문에 다른 심리치료자에게 의뢰하는 것을 고려해야 한다.
- 환자가 심리치료를 통해서 얻고자 하는 목적에 관한 정보를 얻는 것이 중요하다. 회복하고자 하는 순수한 동기만 있는 것이 아니라 배우자와의 갈등에서, 혹은 소유욕에서 치료자와 동맹하는 것을 목적으로 할 수 있다. 또 환자는 도움이 필요 없는 건강한 사람임을 환자 스스로에게, 그리고 자신의 배우자에게 증명하고자 치료자로부터 확인하려는 동기도 있을 수 있다. 따라서 환자는 자기가 아닌 배우자가 정신적으로 아프거나 불안정하다는 것, 즉 문제가 있는 쪽은 배우자라는 것을 증명하고자 할 수 있다. 마지막으로, 치료자는 환자가 나타내는 증상에 대한 전문가가 아니며 치료자의 능력에 대해 자신이 없거나 특수한 경우에 처한 환자의 필요를 충족시켜 줄 방법이 없다고 생각하는 경우다.
- 심리치료에서 환자가 강한 자살 성향을 보일 때는 시설에 수용할 수 있도록 요청한다. 또한 환자의 일상생활 환경이 환자에게 큰 부담이 될 때, '어려움을 감당하는 능력'이 감소하여 더 이상 감당할 수 없을 때는 병원에 의뢰할 것을 고려해야 한다.
- 심리치료는 본질상 매우 힘든 과정이기 때문에 치료자의 민감성이 상당히 요구된다. 일반적으로 너무 오랫동안 치료를 기다리게 하지 않는 것이 제일 좋은 방법이다. 그러나 치료자와 환자의 현재 비율 때문에 가끔 장기간의 대기 시간을 피할 수 없을 때가 있다. 그러나 일반적인 경우 이상으로 지연되어서는 안 된다. 그리고 자살 가능성이 있는 환자를 너무 오랫동안 대기시키면 응급 치료나 병상으로 갈 경우가 생길 수 있으며, 부부 문제도 오래 지연되면 환자는 이혼 변호사와 상담하게 될 가능성이 있다.

- 진단을 해야 하는 핵심적인 이유는 치료법의 선택 때문이다. 환자의 특수한 갈등 상황, 심리치료를 선택한 동기, 마음의 준비와 협조 능력 등 환자의 성격을 고려하여 어떤 치료 방법이 가장 적합한지를 결정한다. 원칙상, 모든 심리치료 방법 중에서 과학적으로 증명된 것, 혹은 적어도 심리치료 기관에서 실제로 증명된 것들 중에서 선택되어야 한다. 이 방법들은 긍정주의 심리치료의 다양한 절차에 따라 적용된다.

- 각각의 심리치료 결과는 사용한 시간과 에너지에 따라 평가할 수 있다. 모든 환자들에게 일 년 이상 지속되는 시간과 에너지가 많이 소비되는 치료를 받게 할 수는 없다. 그렇지 않은 환자들도 상당 기간 동안 치료자의 지원을 필요로 한다. 비교적 짧은 기간 동안의 치료, 혹은 첫 번째 면접에서의 치료에 대한 욕구만으로 충분한 결과가 나오기도 한다.

- 치료의 목적을 이루기 위해 어느 정도의 시간과 에너지가 필요한지를 결정하기 위해 사전 검토가 이루어져야 한다. 치료의 목적은 완치, 즉 증상이 완전히 사라지고 새로운 갈등 상황에 직면해도 안정성을 느낄 수 있거나 환자가 자신의 사회적 환경에서 크게 방해받지 않고 살 수 있을 정도로 교제를 줄이는 것으로 제한될 수 있다. 환자의 고통을 감소시키는 것, 현재의 뛰어난 과학 기술에도 불구하고 피할 수 없는 운명으로 환자가 감수해야 하는 것 등도 치료의 목적이 될 수 있다. 심각한 고통에 시달리는 환자에게도 의미 있는 심리치료를 적용할 수 있다.

다른 말로 하면, 진단은 그 자체가 목적이 아니며, 자기만족을 늘어놓는 방법도 아니고, 과학적 정확성에 대한 망상을 주기 위한 것도 아니다. 그보다는 진단이란 첫 번째 면접 이후 가장 적합한 치료 절차를 이루기 위해 초기의 기초 정보를 제공하기 위한 것이다.

치료자가 요약한 면접 보고서

S부인의 성장배경은 이중구속 상황이 지배적이며, 위협과 애정 표현이 억제된 자

녀 양육 방법을 통해 사회화 규범을 배웠다. 이는 '시간엄수'에서 특히 잘 나타나는데, 시간엄수는 부모에게 순종하는 표시였다. 환자는 '시간엄수'를 특별히 중요하게 생각하며 이것이 환자의 성격의 일부가 되었다. '시간엄수'와 관련하여 공격적 행동과 '인내'의 결핍, 그리고 어머니가 모델로서 환자에게 각인되어 있다. 환자의 경험에서 '시간엄수'는 지속적인 잠재된 갈등이며 이는 특히 남편의 행동으로 인해 구체화되었다. 이렇게 행동으로 구체화된 것은 내적, 외적 갈등상황을 암시하는 것이다.

이 갈등상황에 대해 환자가 불안으로 반응하는 것이 뚜렷하게 나타난다. 아버지의 죽음에는 과도한 슬픈 반응을 보인 것으로 짐작된다. 그녀의 불안은 '시간엄수 상황'(남편을 기다림)이라는 맥락과, 충실성(속는 것, 배우자를 잃는 것, 경쟁자에게 뒤진다는 두려움)과 신뢰(정서적 안정감을 위태롭게 함) 영역과 관련되어 있다. '시간엄수'는 자아가치를 측정하는 가치 측정의 척도로 작용한다.

환자는 남편이 시간을 엄수하지 않자 억압을 발달시키고, 자아가치와 관련된 문제를 갖게 되었다. 이 갈등은 대부분 싸움이 잦은 '성적 특질'의 영역으로 전이되었다. 남편이 시간엄수를 하지 않는 것은 스트레스와 불안 요인이 되고, 이는 다시 환자의 '교제'에 관한 태도에 영향을 미치는 듯하다. 환자의 교제 범위는 배우자인 '당신'과 자녀들로 국한된 듯하다. 지금까지 나타난 것으로 보면, 가족 이외의 다른 집단과의 견고한 유대감은 존재하지 않는다. 가족과의 관계나 남편 가족과의 관계도 친밀해 보이지 않는다. 환자는 남편과 자녀를 위하여 "나"를 희생하는 듯이 보인다. 이러한 사랑하는 능력의 양식이 환자의 부모로부터 환자에게 각인되었고, 환자에게 강화되었음을 알 수 있다.

축소된 사회적(인간) 관계는 '시간엄수'가 강화되었다는 것을 가리킨다. 남편이 시간엄수를 하지 않는 상황에서, 환자는 시간을 나누어 다른 흥미를 찾는 일을 못하고 있다. 따라서 그녀는 시간엄수가 지켜지지 않는 것에 집착한다. 이 문제는 '예의'를 더욱 강조하게 되고, 이는 환자의 공격성을 억압하는 것이며 따라서 갈등이 공개적으로 드러나는 것을 어렵게 한다(정직). 이와 반대로, 남편의 직선적인 성격과 솔직함을 수용할 준비가 되어 있지 않은 환자는, 이를 공격성 그리고 금지된 '경솔함'으로 경험한다. 남편이 요구하는 '질서정연'에 대하여 환자는 불쾌하고 위협적인 것으로 인식하며, 그녀의 책임영역에 대한 부당한 간섭으로 인식한다. 여기에서 두 개의 다른 질서정연에 대한 개념이 생겨 서로 일치하지 않으며, 이 모순은 환자와 남편 모두 스스로 해결할 수 없는 양상으로 드러난다. 환자가 '질서정연'을 경험하는 영역은 어머니와 시어머니와의 갈등을 밖으로 표출하는 곳이다. 그리고 환자는 외부에서 오는 간섭을 받지 않아야 한다고 생각한다.

환자의 반응 유형과 문제 해결 유형으로 볼 때, 환자는 단순한—일차적인 반응 경향을 지닌 이중구속 유형으로 인식된다. 감각, 이성, 전통 양식은 작용하지 않는 것으로 보인다. 이 환자가 갈등과 직면하는 데 사용하는 수단은, 첫 번째 면접 결과에 의하면, '직관'이다. 환자에게 직관은 일종의 자가치료라 할 수 있다. 환자는 공상의 도움을 약간 얻어 직관을 사용하여 현실에서 존재하지 않은 애정과 자아를 확인한다. 그러나 이는 동시에 갈등의 시작이 된다. 특히 직관은 반응(불안에 빠짐)을 불러일으키고, 환자는 이에 대해 반응기제(공상의 세계로 도망가기)로 도피한다.

이 개념을 좀 더 확실히 하기 위해, 인지능력 양식과 관련된 남편의 판단을 자세히 검토해 보아야 한다. 이 사항은 첫 번째 면접에서 언급되지 않았고, 다음 치료기간 동안에 제기되었다. 남편이 선호하는 양식은, 남편의 자기평가와 부인의 평가에서 동시에 보여 주듯이 '이성'이다. 치료자가 볼 때, 남편은 합리화 성향을 가진 사람이며, 어떠한 문제라도 논리적 연관성을 가지고 해결하며, 문제에 압도당하기보다는 통제하려는 성향의 사람이라는 인상을 받았다. 그는 직관에 대하여 회의적이며 신뢰하지 않는다고 하였다. "나는 아내한테 꿈이란 비눗방울과 같다고 말합니다. 나는 아내가 시간이 너무 많아서 생각의 중심을 잡지 못하는 것이 아닐까 생각합니다."

S부인의 개념: "내 생각에는 시간엄수란 신뢰, 질서정연, 믿음과 같다고 생각합니다!" "남편이 집에 늦게 오는 날에 무슨 일이 생겼는지 어떻게 알아요(어디에 있는지 누가 알아요? 연상: 다른 여자와, 병원에, 죽었어?)" "제가 세운 계획은 다 쓸데없는 것이 되잖아요." "계획이 무산되면 나한테는 그 시간은 다 없어지는 거잖아요." "나도 말이 안 된다는 것을 알지만, 바로 불안이 밀려오는 것을 어떡해요."(이성보다 강한 직관)

남편의 개념: "꿈은 비눗방울과 같다."

이 개념들은 무수히 많은 기존의 개념 중에서 갈등과 관련된 요소로 선택한 것이다. 이 개념은 갈등의 원인이 되는 요소를 대표할 수 있다. 이미 존재하는 갈등은 합리화를 통해 강화된다. 혹은 기존의 위험한 상황에 대해 서로 간의 불일치를 인내하면서 일종의 화해 및 조화를 가져온다.

의사소통 오해: 환자의 사회적 환경에 지속적으로 의사소통에서 오해가 있는 듯하다.

- 상대성: 환자와 남편은 특히 시간엄수, 질서정연, 교제 등에 대한 개념이 서로 다르다.
- 시간 분배: 환자는 경험상 시간을 엄격하게 구분하고자 한다. 환자의 살아온 인생 배경을 보면 '질서정연'이 깨지면 위협을 느낀다.
- 결정된 운명, 조건부 운명: "아무튼 아무 소용없어요. 너무 막막해요. 어떻게 해야 될지 전혀 모르겠어요. 아무도 도와주는 사람이 없어요." 한편, 치료자에게 다음과 같이 말한다. "난 당신도 믿고 심리치료를 믿어요. 나를 도와주세요."

치료의 시작(entree)과 치료 계획에 관한 고려사항

위의 내용은 '직관'을 강조한 경우다. 치료는 이미 시작되었다. 이 환자는 직관을 제일 먼저 다루어야 한다. 환자에게는 공감과 이해를 받고 있다는 느낌이 필요하다. 예를 들어, 치료자가 환자의 입장에서 환자를 이해하고 있다는 것, 환자가 남편에게서 마음을 닫은 부분이 있음을 치료자가 이해한다는 것을 알릴 필요가 있다. 그러므로 환자에게 가장 큰 관심인 꿈과 공상에 대한 대화가 적절한 것으로 생각된다.

이 절차의 주요한 목적은 갈등과 증상에 대한 구체적인 치료에 필요한 단계에 이르는 것이다. 배우자와의 치료에 포함될 남편은, '직관'에 비해 '이성'을 지나치게 강조하고 있기 때문에, 남편에게 꿈 해석 절차를 따르게 하면 정반대의 결과가 예상

된다. 그러므로 최소한 치료의 초기 단계에서는 거부 반응을 나타낼 것으로 보인다. 따라서 남편의 경우 초기 단계에서는 치료보다 자문이 더 효과적인 듯하다.

필자의 경험에 비추어 볼 때, 직관과 감각을 선호하는 환자에게는 구체적인 절차 없이 신뢰와 이해를 바탕으로 진행하는 것이 필요하다. 치료 형태의 예로는 소파에 누워서 자유 연상을 하며, 과거를 탐색하는 것이 더 적절하다. 이와 반대로 일반적으로 강한 의지를 소유하고 있는 객관적인 '지적 유형'은 보다 구체적인 방법, 예를 들어 행동치료와 언어화 등이 훨씬 더 효과적이다. 환자는 앉아도 되고 서 있어도 된다. 가끔은 치료실에서 왔다 갔다 할 수도 있다. 그러나 환자가 자신을 합리적인 유형이라고 공개적으로 언급하여도 내적으로는 융합 상태를 원할 수 있기 때문에 치료자는 환자에게 속지 않도록 주의해야 한다.

초기 치료 단계에서 '전통' 양식에 강하게 고착되어 있는 환자는 심리치료 집단에 대해 긍정적으로 말한다. 치료자 집단은 처음에는 가족의 전통을 고수하거나 상위 전통집단을 고수하면서 경험했던 안정감의 대안으로서의 역할을 해야 한다. 심리치료에서 환자는 치료자 집단을 통해 심리치료 환경에 접하게 되며, 환자 고유의 관점, 개성이 치료자들에게 수용됨을 경험한다.

이렇게 환자에게 다가가려고 애씀에도 불구하고, 심리치료는 환자에게 좌절을 경험하게 할 가능성도 많다. 이는 치료적인 의도에서 채택하는 것이다. 이러한 이유 때문에 첫 번째 면접에서 중요한 것은 환자에게 심리치료를 받도록 동기부여하는 것이며, 환자의 요구 사항을 어느 정도 받아들인다. 예를 들어, 초기 심리치료 단계의 환자를 소파에 앉게 할 수도 있고, 다음 약속을 정할 수도 있다. 그다음 회기에서는 조금 더 자유로운 자세로 앉아서 할 수 있거나, 혹은 집단에서 다각적인 전이 상황을 가지고 양극의 치료 상황으로 대치할 수 있다. 그러므로 이후의 심리치료 과정은 시작하는 부분에서 융통성을 가지고 하는 만큼 진행도 융통성 있게 이루어져야 한다. 어느 정도 환자의 개인적, 환경적 특성에 맞게 지속적으로 접근해 가는 것이 필요하다.

분화 분석 보고서는 다음과 같은 주제를 담고 있다.

• 활용가능한 잠재능력(DAI): 실제적 갈등(actual conflict)과 기본적 갈등(basic conflict)에서 갈등이 내재된 내용을 포함하고 있다.

- 사랑하는 능력 양식: 관계를 형성하는 능력과 유지하는 환자의 능력 이해
- 인지능력 양식: 인지 유형과 선호하는 현실 해석 방법 반영
- 반응 유형: 갈등에 대한 반응 방법, 즉 단순한-일차적인 유형, 이차적 유형, 이중 구속 유형
- 개념: 갈등의 조건, 갈등에 대처하는 방법, 합리화 등으로서 갈등에 어느 정도 영향을 준다.
- 의사소통 오해: 개인의 개념체계 내부에 있는 부조화 그리고 인간관계에서 오는 오해와 관련되어 있다.

진단: 32세 환자, S부인의 경우는 다음과 같이 종합적인 진단이 가능하다.

- 증상: 불안, 수면장애, 심장병, 교제(인간관계)의 결여
- 병의 악화: 2년 반 전에 시작되었음. 증상 발생 시 외부적 갈등 상황은 아버지가 돌아가시고 남편은 해외 근무 중이었음. 주로 심인성 장애에 관련해서 다루고 있다. 프로파일로 볼 때, 증상의 일부분은 만성적이며 일부분은 현재 상황과 관련이 있다. 갈등은 다음과 같은 행동규범 '시간엄수' '질서정연' '교제' '성적 특질'로 인해 일어난다. 그리고 부부 갈등, 과도한 정서적 부담감, 자녀와의 문제, 친정 엄마 및 시어머니와의 갈등, 아버지의 사망(슬픔에 대한 비정상적 반응) 등의 요인은 부가적으로 갈등을 가져온다.

실제적 갈등상황은 미숙한-일차적인 요소가 우세한 이중구속 유형을 기본으로 하여 발전한다.

- 신경승 ┼소: 우울 신경증직 구조
- 치료 가능성: 결과적으로 볼 때, 심리치료 절차는 다른 치료형태(약물치료, 온천욕 등)보다 매우 효과적이다. 5단계의 긍정주의 심리치료가 가장 목적이 뚜렷하고 점진적인 단계로 선택되었다.

환자에게 진단을 알려 주기

의학 분야와 심리치료 분야에서 의사는 진단을 해야만 한다. 규칙상 진단은 의사 한 사람의 과제가 되고, 환자는 '상호관계를 이해할 수 없다.'는 이유와 함께 의사결정에서 사소한 존재로 취급되기 마련이다. 이 관점은 두 가지 방식에서 진실을 외면하고 있다.

치료자와는 별도로, 환자는 자신의 병에 대해 자신만의 고유한 생각이 있다. 그래서 의사와 전문적인 치료 분야를 환자 혹은 본보기가 되는 인물들이 미리 선택하기도 한다. 환자나 본보기가 되었던 사람들의 관점, 병과 건강에 대한 개념, 치료에 대한 개념은 치료 환경 자체에도 중요하다. 많은 부분에서 이러한 생각들이 환자의 동기부여를 결정하며 환자의 준비 여부에 따라 이후의 치료자가 제시하는 치료가 가능하다.

치료자가 결과를 알려 주지 않을 때는 치료와 관련된 이유 때문일 수 있다. 예를 들어, 지능검사 결과가 매우 낮은 환자는 병에 대한 자신의 생각 때문에 그 결과를 자신이 일상생활의 실패에 대한 증거 혹은 변명으로 삼을 수 있다. 치료자의 관찰에 의하면, 이렇게 지능검사 결과가 낮은 것은 지능에 대한 일시적인 신경 억제 때문일 가능성이 높으나, 환자는 추상적인 검사결과를 즉각 이해할 수 없을 것이다. 그리하여 조사된 정보가 어떤 결과를 초래할지 불확실하다. 환자가 이를 내면화한 다음, 해석의 오류를 범하고 자기 자신에 대한 이해, 희망, 믿음에 영향을 미칠 수 있게 된다.

그러므로 면접 결과를 전달할 때 환자가 병에 대해 가지고 있는 생각을 반드시 고려해야 한다. 환자의 상황을 고려하여 면접 결과와 진단내용을 전달해야 한다는 것이 필자의 견해다. 이러한 방식으로 환자는 이후의 치료 유형에 대한 의사결정 과정에 참여하게 된다. S부인의 경우에는 다음과 같은 방법으로 진단내용이 전달되었다.

S부인 : "어떻게 생각하세요? 아직 기회가 있나요?"

치료자: "정확한 대답을 드린다면, 네, 그렇습니다. 이유를 설명해 드리겠습니다. 우선 먼저 질문을 하나 드리겠습니다. 저와 대화를 하면서 분명해진 부분이 있으신가요? 대화 가운데 당신의 문제가 보다 분명히 이해되었나요?"

S부인 : "대화를 하는 동안 이전보다 훨씬 분명하게 이해하게 되고, 무엇보다 다른 시각에서 볼 수 있게 되었습니다."

치료자 : "조금 더 자세하게 말씀해 주시겠습니까?"

S부인 : "제 문제는 주로 남편과의 관계에 집중되어 있었습니다. 우리는 항상 다투고 실제로 내가 싸움을 걸었죠. 맞는지 모르겠지만 항상 같은 문제를 빙빙 돌고 있다는 생각이 듭니다. 최근에 나한테 어떤 문제가 가장 중요한 것인가 자문해 보았습니다. 나에게는 '시간엄수' '질서정연'이 가장 중요하더군요. 사실은 적잖이 놀랐습니다. 전에는 남편에게 혐오감을 느꼈는데 질문을 받고 보니 내 남편이 그렇게 나쁜 사람은 아닌 거 같다는 생각이 들었습니다."

치료자 : "네, 저도 두 분 사이의 의사소통에 문제가 있는 것 같았습니다."

S부인 : "지금 생각해 보니 실제로 의견 차이가 많았습니다. 제일 주요한 것으로 우선 시간에 맞춰서 무엇인가를 한다는 것에 대한 의견이 서로 달랐고, 혹은 무언가를 반듯하게 한다는 데에서도 마찬가지이고요. 남편하고 나는 이런 차이가 아주 심하다고 생각합니다. 아마도 우리가 서로 자란 배경이 달라서 그런 것 같습니다."

치료자 : "우리는 심리치료 중이지 누구의 잘못인지를 가려내는 이혼법정에 있는 것이 아니니까요. 제 생각에 심리치료를 성공적으로 하실 것 같습니다."

S부인 : "그래서 나도 여기로 왔습니다. 아무도 날 도와줄 수 없다면 난 어떻게 해요?"

치료자 : "만약에 아무 문제가 없는 상태가 된다면 무엇을 하시겠습니까?"

S부인 : (환자는 놀라더니 잠시 침묵한다.) "사실 생각해 본 적이 없습니다. 공상을 많이 하곤 했지만 그건 상상도 못한 걸요. 글쎄요, 무엇을 할까요? 남편의 근무시간 동안 나는 어떻게 해야 할지 모르겠어요. 그 긴 저녁 시간을 또 그렇게 보낼 수는 없어요. 남편이 그토록 오래 기다리게 하지 않는다면 얼마나 좋을까? 그래도 내가 한 가지 하고 싶은 게 있어요. 한 번 남편을 기다리게 하고 싶어요. 기다리는 게 얼마나 힘든 것인지 알려 주고 싶어요. 대화를 하거나 다른 사람과 교제를 하는 일이 나에게 얼마나 불안한 일이었는지 느끼지 못했어요. 남편에게도 마찬가지구요. 지금도 아파트를 나오는 일조차도 자신이

없어요. 친한 친구를 다시 만나고 싶을 때조차도 그래요. 아무튼 이사 가면 좋겠어요. 옆집 사람과도 잘 지내지 못해요, 애들 때문에. 아이 하나가 가끔 너무 요란하게 앉을 때가 있는데 너무 겁이 나요. 정말 휴가라도 떠나고 싶어요. 하지만 남편하고 애들 하고만요(환자는 오랫동안 말이 없다.). 우리 엄마한테 미안한 마음만 안 든다면. 아버지가 돌아가시고 이사 온 후로 엄마는 잘 못 지내세요. 시어머니도 즐겁게 사셨으면 좋겠어요. 한 번만이라도 우울한 그 얼굴을 쳐다보지 않고 내 생각을 똑바로 말할 수 있으면 좋겠습니다. 이것이 제가 지금 이 순간 가장 바라는 것입니다."

치료자: "치료를 시작하면 일정 기간 동안 저와 함께하실 일이 있습니다. 기록으로 남기실 일도 있고 어떤 문제는 치료 과정 동안 아주 고통스러울 수도 있어요. 그리고 가족이 참여할 수도 있어요. 그런데 재정 문제나 다른 어려운 문제가 있다면 저에게 이야기해 주십시오. 잊어버리지 않도록 적어 두시겠어요? 마음을 열고 정직하게 함께하면 치료가 더 효과적이 될 거예요."

S부인 : "그럼 실제적으로 앞으로 어떻게 진행되나요?"

치료자: "5단계로 나누어서 진행될 거예요. 처음에 당신이 괴로워하는 점을 설명하시는 것입니다. 가능하면 정확하고 자세하게 말씀하시면 좋습니다. 이 단계를 관찰 단계, 거리두기 단계라고 합니다. 다음 회기는(다음 회기는 보통 1주에서 2주 정도 걸립니다) 이 문제를 글로 써 주세요. 남편과의 관계에서 현재 역할이 무엇인지, 현재 '시간엄수' '질서정연' '성적 특질' '교제'의 4개 영역에서 문제가 보이는 것으로 결과가 나왔습니다. 그때까지는 가능한 한 남편을 비판하는 일을 줄이고 관찰, 느낌, 감정 등을 기록해 주세요. 질문 있으세요?"

환자는 실제적으로 관찰이나 노트 기록 방법에 대해 조금 더 설명해 달라고 하였다. 이것으로 회기는 끝이 났다.

결론 ➔ 조사 결과, 진단과 가능한 치료 방법에 대해 환자에게 환자의 언어로 전달하는 일은 쉬운 일이 아니다. 왜냐하면 환자가 자신에게 들려오는 정보의 양에 지나친 부담을 느끼기 때문이다. 따라서 질문과 대답의 형태가 가장 적합한 듯하다. 왜냐하면 질문과 대답하는 과정을 통해 치료자는 환자가 병에 대해 갖고 있는 생각에 대한 단서를 얻을 수 있기 때문이다.

첫 번째 면접의 수정

위에서 언급한 첫 번째 면접은 긍정주의 심리치료의 근본적인 성격에 대해 보여주고 있다. 그러나 치료 과정에서 융통성이 요구됨에 따라 이미 많은 수정을 거듭하였다. 한 번의 상담을 통해 환자가 자신의 문제를 '완전히 다 쏟아 내기' 를 한 다음 치료를 진행하는 일은 없다. 적용한 모델(DAI, 인지능력, 사랑하는 능력, 반응 유형, 개념, 오해 등)은 각각 별개의 독립적인 것이 아니며, 하나를 하고 나면 다른 모델을 필요로 한다.

따라서 우리는 DAI를 시작으로 하여, 배경에 양식을 사용하여 개념과 의사소통의 차이를 명확히 한다. 이 과정에서 명심할 것은, 어떤 진단적 측면에 우선순위를 두는 경우 성격의 다른 영역들을 잠시 보류한다는 것이다. 보다 종합적인 절차가 채택되면 첫 번째 면접에서는 환자나 치료자에게 부담을 많이 주지 않도록 나누어서 진행한다. 첫 번째 면접의 개별적인 회기는 다음 회기에서 중점적으로 진행하거나 혹은 다음 치료 기간에 남은 요점들을 고려할 수 있다. 필요한 경우 심리검사로 상담을 진행하고 내과, 부인과, 신경학 등의 결과들을 참조하면 매우 유용하다.

결론 ➔ 첫 번째 면접에서 주도적인 진단 기능과 이후 치료를 구분한 것은, 원칙이라기보다는 진단과 치료 사이에 중복되는 부분은 융통성이 필요한 영역이기 때문이다.

첫 번째 면접과 심리치료와의 관계

의료기관에서 발생한 일상생활 사례
환자가 사무실로 들어온다. 완전히 지친 모습이며, 불안해 보이고, 긴장한 듯이 보인다. 비참한 모습을 한 채 치료 의자에 구부정하게 앉는다. 자신의 병명에 대해 설명하는 일을 많이 힘들어한다. 왼쪽 팔이 심하게 아프고, 심장도 점점 빨리 뛰고, 금방이라도 심장이 목구멍 밖으로 튀어나올 것 같다고 한다. 밤에 자리에 누우면 마치 심장마비라도 걸릴 것처럼 고통이 크다고 한다. 토할 것 같은 기분이 들고, 금방이라도 심장마비에 걸려 죽을지도 모른다는 생각이 끊임없이 머리에서 빙빙 돈다고 한다. 환자의 말을 주의 깊게 들은 후 머릿속에서는 가능한 진단을 그리고 있었다. 그의 경험상으로 보아 예전에 있었던 일로 생각이 거슬러 올라갔다. 그는 기능성 심장병인지도 모른다. 신체와 관련된 철저한 검사를 마친 후 기능성 심장병이라는 의사의 진단이 내려졌다. 다른 노련한 의사처럼 그는 질문하기 시작했다. "증상이 언제부터 심해지기 시작했나요? 회사나 가정에서 스트레스를 심하게 받으십니까?" 환자는 고개를 끄덕였다. 의사는 원인이 스트레스라는 것을 알았다. 환자는 동료 일을 대신 맡게 된 일, 새로운 업무 책임을 떠맡게 된 일, 자신이 없는 일, 끊임없이 새로운 일이 맡겨지는데 거절을 못한다는 얘기, 아내는 내 상황을 잘 모른다는 얘기, 자신더러 실패자라고 한다면서 아이에게도 관심을 쓸 수가 없다고 올해는 아마 낙제할 거라는 등의 사정을 폭포처럼 쏟아냈다.

　　의사는 그의 불평을 잘 듣고 있다가 안정제와 혈액순환을 안정시킬 약을 처방하였다. 잘 가라는 인사를 하면서 환자의 손을 꽉 쥐고 어깨를 꽉 잡은 후 간단한 조언을 해 주었다. "너무 긴장하지 마시고 편하게 하세요. 그리고 스트레스를 풀 수 있는 무엇인가를 하십시오." 진료실을 나간 환자는 중얼거렸다. "좋아, 그런데 어떻게 하라는 얘기야?"

　　심리치료 기관의 딜레마는 다음과 같다. 먼저 사람들은 치료회기와 단순한 진단 목적을 가진 접수 면접을 혼동한다. 진단에 에너지를 쏟은 후 이미 치료가 시작되었다는 생각에 이르게 되어 "자, 그럼 문제가 무엇인지 아시죠?"라고 말하기도 한다. 다른 한편으로는 심리치료하는 상황에서 눈을 감아 버리는 것처럼 된다. 즉, 편견이 두려워 진단을 위한 판단을 회피한다. 어떤 경우에도 절대적인 진단이란 존재하지 않는다. 환자가 심리치료를 받으러 왔다는 이유 때문에 치료가 필요한 상황인지, 어떤 치료가 적합한지, 최소한 잠정적으로나마 치료의 목적이 무엇인지 명확하지 않은 단계에서는 환자에게 심리치료라는 것을 무조건 받게만 하면 된다고 믿는 경우가 있다. 위와 같은 결정사항들은 진단의 주요 임무다. 긍정주의 심리치료는 심리치료의 핵심으로서 여러 단계의 치료 계획을 제안한다. 이는 근본적으로 환자와 치료자 사이, 환자와 치료자가 주장하는 의식적·무의식적인 심리사회적 규범 사이, 본보기가 되었던 사람들에서 기인한 혹은 일종의 본보기가 되었던 사람들이 주장하는 이면에 있는 실제 모델과 상상적 모델 사이 등의 상호작용을 내포하고 있다.

더구나, 환자의 치료 상황 외부에서 만나는 현재의 사회적 관계(인간관계)뿐만 아니라 환자가 습득한 상호작용 유형도 매우 중요하다. 마음속에 이미 새겨진 배경은 사회적 관계에서 습관이 되어 버린다. 예를 들어, 통상적으로 상용되는 규범, 그리고 역할 구분은 환자와 치료자의 관계에도 반영된다.

결론 ➔ 긍정주의 심리치료는 현재의 치료 상황에만 국한하지 않고 오히려 환자의 치료 외적 사회관계까지 다룬다는 점을 살펴보았다. 환자는 자신에게 부여된 환자의 역할에만 국한되지 않고 자신을 가까운 본보기가 되었던 집단에게, 그리고 특별히 갈등관계에 있는 상대방에게 치료자의 역할을 한다. 이와 같은 환자의 이중적 역할은 긍정주의 심리치료의 주요한 특징이다. 따라서 긍정주의 심리치료는 두 가지 단계로 구분할 수 있다.

- 긍정주의 심리치료의 첫 번째 단계는 환자 행동 관찰, 분화 분석을 통하여 환자의 입장에서 진단 및 예측하는 것이다.
- 두 번째 단계는 실제 심리치료에 들어가 환자의 행동으로 들어간다. 치료자와 협력하여 긍정주의 심리치료 회기에 참여하는 환자는 현실적인 시도를 감수해야 한다. 즉, 심리치료 기간 동안 치료자가 통제하는 자조 과정을 병행하는 것이다. 다른 말로 하면, 모든 심리치료에서 진행되는 결과는 환자의 심리사회적 상황을 명확히 밝혀 주기 때문에 직접적인 방식으로 채택된다. 심리치료의 결정적 요인은 갈등을 다루는 것에만 국한된 것이 아니고 갈등 내용을 포함한다는 것이다. 내용, 즉 활용가능한 잠재능력은 환자로 하여금 갈등 상황을 최소화하고, 자

신의 문제와 관련하여 현실적인 해결책을 찾게 해 준다.

심리치료의 융합, 분화, 분리

모든 심리치료에서의 만남과 마찬가지로, 심리치료의 전(全) 과정은 환자와 치료자가 서로의 필요를 주고받는 것을 반영하는 것이다. 여기에서는 상호작용의 단계, 곧 융합, 분화 그리고 분리가 있다.

심리치료의 초기 단계에서 융합과 정서적 따뜻함은 하나의 규칙으로서 전면에 나타날 것이다. 환자는 대화하고 싶어 하고, 치료자가 자신의 문제에 관심이 있고, 자신의 말에 귀를 기울이며, 자신을 수용하는 사람이기를 원한다. 이러한 경향은 모든 심리치료 과정에서 작용한다. 심리치료가 이루어지는 곳에서는 일반적인 현상이다. 여러 연구를 통해서 이러한 현상의 중요성이 많이 언급되었다. 치료자로부터 이해받고, 수용되고, 격려받는 환자는 불안정한 환경에서 치료받은 환자들보다 훨씬 더 많이 향상되었다는 점이 보고되었다.

융합은 그 자체로 포괄적인 감정일 뿐만 아니라 "수많은 사람들이 서로서로 포옹하고 있네!"(베토벤 9번곡 가사) 것처럼 언제, 어느 곳에서도 가능한 감정이다. 대부분 눈에 별로 띄지 않는 수많은 작은 행동에서 신뢰받는 느낌, 수용받는 느낌이 생긴다. 치료 상황에서 치료자가 계속해서 전화를 받고, 불안한 동작으로 연필을 돌리고, 눈을 감고(긴장을 풀기 위해, 혹은 집중하기 위해) 중간에 아무 말도 없이 환자의 말을 막고, 섣부르게 이른 조언을 하거나 환자의 상황과 전혀 관계없는 조언을 한다면, 또한 환자에게 시간을 내지 않고 인내심을 잃는다면, 치료자의 좋은 의도와 공감(empathy)이 있을지라도 환자와 융합의 감정을 만들어 내지 못할 것이다.

"그 의사 진짜 황당했습니다. 치료 중간에 전화를 받고 있어서 내 얘기를 꺼낼 수가 없었습니다. 치료자는 나에게 별로 관심이 없는 듯했습니다."(수면 장애와 불안감을 갖고 있는 33세 남성 환자)

치료 과정 동안, 융합은 잠시 핵심 위치를 차지하지만, 양육과정과 마찬가지로 융합만이 심리치료 과정에서 중요한 요소는 아니다.

"저는 2년간 정기적인 심리치료를 받았어요. 저는 꿈에 대해서 이야기하고, 치료자는 나의 이야기를 인내심을 갖고 들어 주었어요. 치료받는 보람이 있었어요. 그러나 치료자는 내 문제에 대해서 진실한 입장을 갖는 것 같지 않았습니다. 어떤 주제로 들어가면, 그냥 으–음 했을 뿐입니다."(결혼문제를 갖고 있는 34세 여성 환자).

융합의 필요 외에도 환자들은 분화와 정보의 필요성에 대해서도 표현한다. 많은 심리치료자들은 이 필요에 대해서 무뚝뚝하거나 혹은 비판적인 입장을 취한다. 치료자가 주는 정보는 조작적이고 교훈을 주는 효과가 있다는 의심을 받는다. 그러나 심리치료에서 조작의 가능성은 무수하다. 그럼에도 환자의 분화에 대한 필요는, 치료자가 종종 자신의 의지와 상관없이 정보를 주고, 가치를 표명하며, 분화를 제공한다는 사실만큼이나 현실적인 요구다. 이러한 치료자의 행동은 그렇게 해서는 안 되기 때문에, 그럴 리가 없다는 이유 때문에 눈감아 주는 방법으로는 통제되지 않는다. 대신, 분화 단계는 의식적으로 그리고 외부적으로 치료에 포함되어야 한다.

심리사회적 갈등이 부적합한 분화 때문이라고 가정한다면, 우리는 부적합한 분화의 영역을 발견해야 하고, 현실에 적합한 방식으로 분화에 필요한 도움을 주어야 한다. 그러나 분화란 '제가 당신 입장이라면 저는 ~하겠습니다.' 는 식의 조언으로 생기지 않는다. 그보다는 갈등이 내재된 활용가능한 잠재능력과 오해 등을 환자가 인지함으로써 그리고 자신의 신경증적 증상을 보다 분화된 방식으로 다루는 것을 배움으로써 가능하다.

심리치료의 다음 단계는 분리다. 분리 없는 심리치료는 영원히 끝이 없는 심리치료가 된다. 환자는 심리치료자의 애정에 평생 동안 의존하게 될 것이고, 문제나 의사결정 상황에도 치료자의 도움에 의지하게 될 것이다.

"치료자가 없으면 내가 어떻게 할지 모르겠습니다. 그는 저의 분신과도 같아요. 정말

의존하고 있어요." (28세의 학생, 분리의 문제)

확실히, 분리가 치료자의 참을성이 문제가 되어 발생해서는 안 된다. 환자의 독특함과 모든 환자가 치료하는 데 시간이 걸린다는 사실을 제외하고, 심리치료가 무엇을 목적으로 하는가에 대하여 질문해 보아야 한다. 치료의 목적은 치료의 이상적 목적—신경 쓰이는 문제로부터의 완전한 자유—과 환자의 실제적 필요 및 문제점 사이의 타협이다.

심리치료적 구성에서 분리는 환자를 물속으로 집어던져 놓고 가라앉든지 수영하든지 선택하라는 의미는 아니다.

결론 ➤ 융합, 분화, 분리의 세 단계는 하나의 단위로 간주되어야 한다. 그러나 각각의 치료 단계에서 다양한 치료가 이루어진다. 방법은 다양하지만 모든 개별적 심리치료 회기는 모두 세 단계를 포함한다. 환자는 치료자와의 융합을 획득하고자 한다. 자신의 상황과 경험을 제시하고 이어 심리치료적 분화에 직면한다. 최종적으로 치료자-환자 관계에서 좁은 의미의 분리를 한다. 그리고 다음 회기가 올 때까지 스스로 독립적인 생활을 살아간다. 따라서 치료적 의미에서 볼 때 심리치료자와 함께 50분을 보냈다는 것이 중요한 것이 아니라 이 시간을 어떻게 보냈으며 무슨 일이 발생하였는가가 중요하다.

심리치료자는 환자가 하는 방식으로 생각 없이 무리한 요구를 해서는 안 된다. 치료자가 이와 같이 한다면 심리치료 기간에 환자를 이용하여 자기 자신을 위한 치료를 하는 셈이 된다. 그럼에도 불구하고 심리치료자는 기계가 아니기 때문에 치료자에게도 필요한 것이 있는데, 그것은 환자가 자신을 인정하고, 솔직하며, 치료의 규칙을 따르고, 치료회기 시간을 잘 지키는 것 등이다. 이러한 요구들에 대한 의식적이고 사려 깊게 고려하는 것이 통제된 심리치료의 필수조건이다.

심리치료에서 환자는 자신의 필요를 또 표현할 수 있고 표현해야 하는 반면, 치료자는 자신의 요구를 통제하고 환자의 호소에 목적을 가지고 반응해야 한다. 치료자가 반응할 수 있는 두 가지 방법이 있다. 하나는 환자의 필요를 자신의 능력 안에서 수용하고 만족시키는 것이고, 다른 하나는 환자의 요구를 들어 주지 않는 것이다. 치료의 흐름에 맞추어 치료자는 환자의 개인적 요구를 거절할 것인지 너그럽게 받아 줄 것인지를 살펴보아야 한다. 그리고 환자가 어떤 치료 단계에 있는지, 치료자에게 어느 정도 의존하고자 하는지 혹은 독립적인지에 따라 다르게 결정해야 한다. 극단적인 경우에는 치료자가 환자의 지속적인 만족을 위한 수단이 되어 버려 결국 치료의 진전은 기대하기 힘들게 된 경우가 있다. 또 다른 극단적인 경우에 계속해서 요구를 수용하지 않으면 치료자에 대한 확신이 위기에 처하게 된다. 치료자는 부모와 같이 전지전능한 입장이 될 수도 있고 환자의 적이 될 수도 있다.

"갑자기 모든 일이 잘못되었다는 느낌이 들었어요. 치료자가 나에게 현실에 맞추어야 한다고 말하면서 거부하는 거예요. 그때는 그 일이 저에게 정말 벅찼어요." (혼란 증세를 갖고 있는 32세 비서, 슬픔에 대한 비정상적인 반응, 수면 장애)

어떤 요구를 만족시켜야 하는지 또는 거부해야 하는지가 분명하지 않은 상태에서 거절하거나 혹은 수용하는 것은 바람직하지 않다. 치료자에게는 환자가 전체 치료 과정 중에서 어느 단계에 있는지, 각 회기에서 어떤 경험을 하고 있는지 잘 알고 평가하는 일이 중요하다.

Positive Psychotherapy

Chapter 6

긍정주의 심리치료의 5단계

THE FIVE STAGES OF TREATMENT IN POSITIVE PSYCHOTHERAPY

도전을 감행하는 용기에 관하여

한 왕이 중요한 관직을 놓고 그의 신하들을 시험하였다. 힘이 세고 지혜로운 무수한 사람들이 왕에게 모여 들었다. "지혜로운 여러분." 하고 왕이 말하였다. "짐에게 한 가지 문제가 있소. 여러분 중에 누군가는 이 문제를 풀 수 있기를 바라오." 왕은 그 누구도 본 적이 없는 매우 거대한 문 앞으로 사람들을 인도하였다. 왕은 "여러분은 여기 짐의 왕국에서 가장 무겁고 가장 거대한 문을 보고 있소. 여러분 가운데 누가 이것을 열어 보겠소?" 하고 말하였다. 몇몇 신하들은 머리를 가로저었다. 현자(賢者)의 부류에 속하는 사람들은 문을 자세히 살펴보았지만 결국 그 문을 열 수 없다고 시인하였다. 현자들이 이렇게 말하자, 나머지 신하들 역시 모두 해결하기 너무 어려운 일이라고 하였다. 그때 한 고관이 그 문 앞으로 나아갔다. 그는 손가락으로 만져 보고 눈으로 문을 자세히 조사한 후 여러 가지 방법으로 문을 움직이려 해 보다가 마지막으로 엄청난 힘들 들여 문을 끌어당겼다. 마침내 무거운 예인용 밧줄을 문에 끼웠다. 그러자 문이 열렸다. 문은 완전히 닫혀져 있던 것이 아니고 약간 열려 있던 것이다. 문을 여는 데는 문을 열고자 하는 자발성과 대담하게 행동으로 옮기는 용기 외에 더 필요한 것이 없었다. 왕은 이렇게 말하였다. "그대는 그대가 보고 듣는 것에만 의존하지 않고, 자기 자신의 능력을 행동으로 옮겼고 도전을 감행하였소. 때문에 그대는 조정에서 높은 지위를 얻게 될 것이오."
(페르시아에서 전해 오는 이야기)

심리치료–자조: 치료자로서의 환자

긍정주의 심리치료는 심리치료와 자조(self-help)의 영역에서 5단계 절차로 구성된다. 이 절차는 앞에서 설명한 활용가능한 잠재능력에 기초한다. 5단계는 관찰하기/거리두기, 목록 작성하기, 상황에 맞는 격려하기, 언어화하기 그리고 목표 확대하기로 분류된다.

• 첫 번째 단계: 관찰하기/거리두기　환자는 종이에 자신을 괴롭히는 것이나 사람에

관하여, 그리고 어떤 경우에 즐거운지에 관하여 가능한 한 많은 것을 기록한다. 이 단계에서는 판별하는 학습 과정이 시작된다. 환자는 갈등을 망라하고 그 내용에 관해 설명한다.

• 두 번째 단계: 목록 작성하기 즉석에서 작성한 활용가능한 잠재능력의 목록(DAI)을 가지고, 치료자는 어떤 행동 영역에서 환자가 자신과 상대방에 대해 긍정적으로 그리고 부정적으로 평가하는지를 측정한다.

• 세 번째 단계: 상황에 맞는 격려하기 신뢰 관계를 형성하기 위하여, 환자는 상대방의 긍정적인 성향을 강화시키는 법과 자기 자신의 부정적인 특성에 주의를 기울이는 법을 배운다.

• 네 번째 단계: 언어화하기 침묵이나 갈등으로 생기는 혼란을 피하기 위하여, 정해진 규칙을 따라 상대방과의 의사소통을 체계적으로 훈련한다. 긍정적이고 부정적인 두 가지 성향과 경험 모두에 관하여 이야기한다.

• 다섯 번째 단계: 목표 확대하기 신경증적인 협소한 시각을 의도적으로 제거한다. 환자는 갈등을 다른 행동 영역으로 미루지 않는 법을 배우고, 아직 경험해 보지 않은 새로운 목표를 향해 나아가기를 배운다.

분화 분석(긍정주의 심리치료)**의 5단계 치료 전략**

1. 관찰하기/거리두기 단계
2. 목록 작성하기 단계
3. 상황에 맞는 격려하기 단계
4. 언어화하기 단계
5. 목표 확대하기 단계

첫 번째 면접

이상 5단계의 윤곽은 갈등이 진행되는 과정을 보여 주는 대표적 모델을 충실히 따른 것이다.

이 같은 모델은 다음에 열거하는 실례를 통해서 보다 분명히 이해될 것이다. 예를 들어, 어떤 사람의 무례한 행동 때문에 화가 날 때, 내적으로 당황스러움을 느끼는 것은 당연하기 때문에 그 사람에 대해 불평을 하거나 혹은 그의 단점에 대해서 다른 사람에게 이야기하게 된다. 나아가, 그 사람을 더 이상 다양한 잠재능력을 가진 사람으로 보지 않게 될 수도 있다. 즉, 무례한 행동으로 우리의 기분을 망친 예의 없고 버릇 없는 사람으로 여기게 된다. 부정적 경험으로 우리와 그 사람 사이에 어두운 그림자가 드리워져 있기 때문에 우리는 더 이상 그의 긍정적인 성향에 관심을 갖지 않는 것이다. 그 결과, 우리는 그와 상호작용할 준비가 안 되어 마침내 모든 상호작용이 투쟁의 장이 되거나 감정적인 폭발로 변질된다. 의사소통에 방해를 받게 되며 마침내는 우리 자신의 목표를 감소시키게 되는 것이다.

긍정주의 심리치료의 치료모델뿐 아니라 위의 갈등과정 모델 안에서 각 단계들은 갈등과 문제를 해결하려는 사람에게 해결의 가능성을 활짝 열어 놓고 있다. 각 단계의 의도는 갈등과정에 대한 모델을 단순하게 가설적으로만 반복하는 것이 아니라 오히려 각각의 사례에서 나타나는 개별적인 갈등들을 치료하는 데 목적이 있으며, 각 단계들은 그 자체에 특별한 해결 가능성들을 지니고 있다. 그러나 갈등해결의 가능성은 상호 독립적인 병행관계가 아니라 치료 과정 속에서 한 단계는 다른 관계를 위한 준비 단계이거나, 다른 관계로 이어지는 연속적인 것으로 상호 관련되어 있다고 봐야 한다. 이것은 실제 치료 장면에서 5단계 전략이 각각의 환자에게 적용된다면 그들에게 각각 특별한 절차이면서도 개별적인 단계로 적용되어야 하며, 각각의 치료사례의 욕구와 일치되는 것을 뜻한다.

첫 번째 면접에는 분화 분석 절차의 두 가지 단계, 관찰하기/거리두기와 목록 작성하기가 포함된다. 그러나 이 단계들은 우선적으로 치료자와 관련되어 있다. 이 단계들을 통해 치료자는 환자의 갈등과 관련된 상황을 개략적으로 살펴볼 수 있다. 결과적으로 환자 또한 치료자가 이 단계에서 시작하는 과정을 겪게 된다. 환자는 관찰하기/거리두기 단계를 통해 자신의 구체적 갈등상황을 인식하는 법을 배운다. 더불어, 목록 작성하기 단계를 거치면서 비교적 갈등이 없는 성격 부분들에 대한 통찰력도 얻게 된다.

　분화 분석 과정은 접근 방법에 있어서 근본적으로 전통적 심리치료 과정과는 다르다. 치료 계획은 심리치료 회기에 대비하는 것뿐만 아니라, 치료 영역 이외의 시간, 즉 회기들 간의 시간까지도 포함된다. 심리치료 회기에서 우선권을 가지는 요소, 즉 의식화 과정과 인지, 태도의 변화를 가져오는 요소들은 심리치료 회기에서뿐만 아니라 치료 영역 이외에서도 효과를 나타내는 행동 수정 부분들을 통해서도 보완된다. 그러므로 환자는 단순히 환자가 아니라 그 자신이 치료자가 되는 것이다.

　갈등이란 다른 사람들과의 관계에 기초를 두고 있는 것이기 때문에, 치료는 환자가 적응하도록 돕는 것만으로 제한될 수 없다. 오히려 사회적인 환경 속에서 갈등의 원인이 되는 요소들을 제거해야 하므로 이 과제는 환자에게 주어진다. 환자는 심리치료를 통해 획득한 분화된 모습으로 자신의 사회적인 환경 속으로 들어가, 그 실행 가능성을 시험해 보고, 파트너와 함께 심리치료를 해 나간다. 환자의 치료절차에 대한 기본 지침은 긍정주의 심리치료의 5단계 치료 계획에 들어 있다.

　심리치료자의 역할은 방향을 잡아 주고 조절해 주는 것이다. 그는 어느 치료 단계에서 환자가 자기 자신을 찾게 될지, 또한 그 단계 안에서 환자가 어떤 어려움에 직면하게 될지를 알고 있어야 한다. 치료자는 환자가 갈등관계에 있는 상대방과의 경험을 털어놓을 수 있을 만큼 신뢰할 수 있는 대상이며, 이런 신뢰를 바탕으로 치료자와 환자 사이에 평형상태가 발전되게 함으로써 환자가 주변 환경에 영향을 끼치도록 성장하게 하는 것이다.

　다른 심리치료의 경우, 치료 장면에서 치료자가 절대적이고도 분명하게 중추적 역할을 하는 데 반하여, 긍정주의 심리치료에서는 환자가 능동적이고 중심적인 역할을 하게 한다. 환자, 치료자 그리고 주변 환경 사이의 상호작용을 통해서만 가장 효과적인 심리치료가 가능하기 때문이다. 이는 더 나아가, 치료자가 치료 과정에서 환자 스스로 갈등을 해결해 가는 과정을 조절해 주는 핵심 역할자로서, 갈등에 휘말려 있는 다른 사람들까지도 치료에 포함시키고 있음을 의미한다. 이런 관점에서, 아동의 심리치료는 곧 부모의 심리치료 접근을 의미한다. 또한 동반자 관계에서 발생하는 심리적 갈등도 이 갈등에 관계된 상대방이 심리치료에 함께 참여할 기회를 갖지 않는

한 만족스럽게 해결될 수 없다. 이와 같이 복합적으로 접근하는 치료관계란 실제로 '심리사회적 치료' 접근으로 다루어 치료효과를 얻어 낸다.

1. 실제 심리치료 상황은 치료자-환자 사이의 직접적인 관계에서 이루어진다.
2. 자조능력으로 대처하는 것을 알게 함으로써 환자는 자기의 주변 환경과, 특히 갈등상황에 있는 상대방에 대해 환자 자신이 치료자의 역할을 한다.
3. 갈등관계에 있는 상대방들도, 예를 들어 가족치료나 환경치료 접근과 같이, 치료에 직접 참여할 수 있다.

1~5단계 심리치료는 다음의 세 가지 치료 영역, 즉 심리치료적 상황, 심리치료자로서의 환자 그리고 주변 환경을 포괄적으로 다룬다.

1. 첫 번째 단계: 관찰하기/거리두기

치료하기로 결정이 되면, 접수 면접 후에 비로소 환자 중심의 관찰하기/거리두기의 단계가 시작된다. 관찰하기의 목표는 환자의 상황을 분석하는 것으로서, 환자가 추상적인 것을 구체적으로 묘사할 수 있는 정도의 수준이 되도록 도와주는 것이며, 이때 일반화시키는 일은 조심해야 한다. 그렇게 함으로써 환자는 자신의 상황으로부터 한 걸음 뒤로 물러나는 기회를 얻게 된다(거리두기).

사람이 무의식적으로 자신이 책임져야 한다고 느끼는 대상을 타인과는 다른 관점에서 볼 수 있게 되는 것이다. 대개의 경우, 사람은 무의식적으로 자신의 소망을 상대방에게 전이하면서 상대방이 자신이 원하는 방식으로 행동해 주기를 기대한다. 이와 같은 감정적 개입으로 다른 사람의 관심사를 마치 자신의 것인 양 착각하게 되어 간섭하기 쉽다.

이런 상황에서는 상대방 또한 자기 자신을 더 이상 객관적이고 공정하며 주의 깊게 보지 못하고 오히려 주관적이 되어 감정적 간섭 수준이 높아지고, 가까운 관계일

수록 간섭이 많아진다. 그러한 밀착 관계가 서로에 대해 더 많은 것을 알게는 하지만 모순적이게도 이런 관계는 상대방을 객관적으로 인식하지 못하게 한다. 그보다는 오히려 개별적인 성격 특질을 억지로 부각시켜 자신이 주의를 기울이는 쪽으로만 본다. 거기서, 실제적으로 모든 심리사회적 갈등과 심리학 및 심인성 장애의 선행조건이 되는 일방적인 성격상을 발전시키는 것이다

S부인은 다음과 같이 불평한다.

"모든 상황이 제 예상을 빗나가 버렸어요. 제 자신이 무척 바보 같고 열등하다는 생각이 들어서 남편한테 도저히 아무 말도 할 수가 없어요. 제가 남편을 더 미워하는 건지, 아니면 제 자신을 더 미워하는 건지 모르겠어요. 남편 때문에 모든 것이 혼란스러워요. 저는 완전히 낙심에 빠졌어요…".

상대방에 대한 좀 더 객관적이고 적절한 시각을 갖기 위해서는 늘상하는 진부한 표현이나 생각으로부터 자유로워지는 것이 필요하다. 이 과정은 뇌에 생긴 종양을 수술하는 것과 흡사하다. 문제가 있다고 하여 뇌 전체를 제거하지는 않는다. 그보다는 최선을 다해 병든 조직만 분리하여 수술하고자 한다. 일반화하는 것은 종양 때문에 두개골 전체를 수술하는 것과 같은 경우가 될 것이다. 상대방(가까이에 있는)을 있는 그대로 보고, 갈등을 가져오는 행동양식을 없애기 위해서는 다음의 세 단계, 즉 관찰하기와 기록하기, 비판을 삼가기, 그리고 관련 없는 제3자들을 끌어들이지 않기가 필요하다.

관찰하기와 기록하기

사람들은 자신을 괴롭게 하는 상대방에 대한 정보를 이야기할 때는, 자주 다음과 같은 일반화의 경향으로 치닫곤 한다. "그 사람은 정말 나를 괴롭혀 우리는 정말 잘 안 맞아, 그 사람만 보면 화가 나서 도저히 참을 수가 없어, 우리의 관계는 아무 의미가 없어, 언제나 똑같이 구닥다리야, 우리가 잘 지내는 일은 거의 불가능해." 여기에

는 종종 상당한 불쾌감이 나타나 있다. 이런 표현들은 구체적인 행동양식과 그 행동이 나타나는 상황과의 관련성이 부족하다. 대신에 부정적인 내용과 정서만이 우세하게 나타난다. 이러한 문제는 조금 거리를 두고 떨어져 관찰하면 해결가능성이 있다.

환자는 어떤 상황에서 논쟁과 싸움이 일어나고 결과적으로 어떻게 되는가를 관찰한다. 그리고 관찰한 내용을 종이에 기록한다. 이 기록은 어느 정도 거울과 같은 효과가 있어 모호한 불쾌감을 명확한 내용으로 보이게 한다. 이 과정을 통해 환자는 갈등에 대한 새로운 견해를 갖게 되고, 그 기초 위에 갈등관계에 있는 사람들과 맺었던 잘못된 습관을 버리게 된다. 그리고 기록은 감정을 구체화할 수 있는 통로 기능을 한다. 환자는 갈등에 빠져 있기는 하지만 이로 인해서 외부적인 갈등상황이 강화되지는 않는다.

많은 환자들의 경우, 갈등을 일으키는 상대방이 너무 가까이에 있어 아주 잠깐 동안이라도 있는 모습 그대로 받아들이기가 어려울 수가 있다. 그래서 그들이 하는 의사소통 방식은 그들에겐 너무 익숙해서 버리고 싶지 않은 것이다.

　　S부인은 심지어 심리치료의 첫 번째 회기에서 관찰하면서 어떤 행운도 따르지 않았다고 불평을 했다. "저는 정말이지 할 수 없어요. 저는 그럴 능력이 없어요."

　　치료자: "부인의 입장에서 보면, 이 문제는 잘 이해할 수 있습니다. 커다란 초상화 앞에 서 있다고 상상해 보십시오. 초상화 바로 앞에서 보는 것과 조금 뒤에 물러서서 보는 것 중에 어느 것이 더 잘 보입니까?"

　　S부인 : "조금 뒤로 물러서서 보는 게 더 잘 보여요. 초상화 바로 앞에 서서 보면, 초상화 일부분만을 볼 수 있을 것 같네요…. 그럼, 제가 남편한테 너무 가까이 있어서 남편을 올바로 볼 수 없다는 말씀이시군요. 그렇죠? … 그래요. 진짜 그런 것 같네요. 제가 그림을 코앞에서 보고 있군요."

비판을 삼가기

비판은 활용가능한 잠재능력을 경직되게 하는 전형적인 양육 수단이다. 비판은 언어적인 것과 비언어적인 것, 보상과 벌, 칭찬과 비난까지도 포함하기 때문이다. 광범위한 의미에서 볼 때 우리는 비판을 통해 다른 사람이 우리에게 원하는 바와 그렇지 않은 것이 무엇인지 배운다. 비판은 다양한 방식으로 나타난다. 건설적인 비판은 우리 자신과 타인을 더 잘 평가할 수 있게 하며 정확하고 넓은 판단력을 소유할 수 있게 해 준다. 이와 반대로, 계속적인 일방적인 비판과 심한 잔소리는 한 사람의 자아상과 자존감에 문제를 가져올 수 있다. 심한 잔소리는 사람들 사이에 벽을 만든다. 사람들은 자신이 얼마나 나쁜지 듣고 싶지도 않고 들을 수도 없다. 사람들에게 필요한 것은 긍정적인 강화뿐이다.

비판과 심판은, 자신을 잘 돌보지 않고 단정치 못하고 불결한 배우자, 부모님을 절망으로 몰아가는 불결하고 오만한 청소년, 이웃을 분개하게 만드는 무례한 소녀, 늦게 귀가하는 젊은이, 기회 있는 대로 모든 일을 간섭하는 장모, 시간을 지키지 않는 친구, 매우 건방진 동료 등을 관찰함으로써 내리는 평가다.

단지 관찰한다는 자체가 비판하지 않고 갈등을 줄이려는 시도로서 갈등 영역을 줄이는 효과를 얻을 수 있다. 때때로 이 시점에서 이미 그 상대방을 다른 각도로 이해하기 때문이다. 평가가 적절히 이루어짐으로써 얻는 또 다른 효과는 관찰하기/거리두기 단계에서 그 상대방이 자신과 관련된 사람을 거의 인식하지 못하고 있었음을 새롭게 발견하게 되는 것이다. 무엇인가 조건이 있는 비평을 함으로써 쌓아 온 기대들은 갑자기 축적된 것이 아니기 때문에 의심과 불신이 먼저 생긴다. "아내에게 갑자기 무슨 일이 생긴 거지?" "부모님이 뭘 원하는 거지?" 비판과 잔소리에 길들여진 아이는 부모의 변한 행동을 '의심스럽게' 느끼게 되고 뭔가 수상쩍게 생각한다.

> S부인 : "저는 사실 남편을 비난한 적이 전혀 없어요. 제가 도저히 참을 수 없을 지경에도 남편에게는 아무 말도 하지 않았어요."
>
> 치료자 : "혹시 다른 방식으로 남편에게 표현하진 않았을까요?"
>
> S부인 : "아니요. 전혀 표시하지 않았어요, 그렇지만 접촉을 피해요. 남편은 알아채고, 가끔은 꽤 상처를 받더라구요."

상대방과 문제를 해결하기

문제가 발생했을 때 문제와 직접 연관된 사람이 아닌 다른 사람과 이야기하면 오히려 더 큰 문제가 된다. 다른 사람들은 한쪽 편만 들거나, 가끔 서로 모순되는 충고를 하거나, 문제와 관련된 사람들끼리 서로 대항하도록 부추긴다. 그러면 갈등은 해결되지 않은 채 남아 있게 된다. 이는 갈등을 극복하지 못했다기보다는 주변 친구들이 갈등을 기억하고 끼어들기 때문이다.

> S부인 : "저는 제 문제에 대해 괴로운 심정을 이야기할 사람이 아무도 없는 것 같아요.
> 가끔 어머니와 이야기하곤 하죠. 아버지가 돌아가신 이후로 어머니와 시간을
> 많이 보내요. 그런데 어머니는 남편을 별로 좋아하지 않아서 저의 불행을 많이
> 이해하고 걱정해 주세요…."

심리치료 두 번째 회기에 S부인은 지난 일주일간의 일상생활을 분류해서 관찰한 기록을 가져왔다.

일요일 오후 3시. 산책을 하는 동안 아주 이상한 기분이 들었다 - 어지럽고, 아주 슬프고, 우울하고, 또 한편으로는 불안한 감정이 찾아온다. 내가 가장 하고 싶은 것은 죽는 것이다.

일요일 저녁. 아이들을 재울 준비를 한다. 어머니는 계속 부산스럽게 왔다 갔다 하신다. 어머니 때문에 나는 너무 신경이 곤두서서 몸이 다 떨린다. 잠시 후에 전화가 다시 울렸다. 예상한 대로 전화를 받아도 아무도 응답하지 않는다.

월요일 아침. 딸아이가 일어나서 부엌으로 들어왔다. 딸아이의 시무룩한 얼굴을 보자 화가 치밀어 오르기 시작했다. 딸아이를 때려 주고 싶었다. 미쳐 버릴 것 같다.

지금은 화요일 저녁 9시다. 나는 남편을 기다리고 있다. 10시 전에는 분명히 집에 들어오지 않을 것이다. 이렇게 기다리는 일은 정말 참을 수가 없다. 책을 읽어 보려 하지만 집중할 수가 없다. 자동차 소리가 들릴 때마다, 나는 창가로 뛰듯이 다가간다. 바깥은 어

둡고 주변에 모든 불빛이 대부분 꺼져 있다. 나는 너무 외로워 울음이 터져 나올 것 같다.

지금은 11시다. 남편이 집에 왔다. 죽도록 피곤한 상태다. 나는 말하고 싶었던 것을 모두 준비해 놓았다. 그렇지만 남편은 이야기하고 싶어 하지 않는다. 그는 자고 싶어 한다. 나는 정말 이해할 수 있다. 그러나 역시 비참하고 제대로 인정받지 못한다는 느낌이 들고 다시 전처럼 너무나 외롭다.

지금은 수요일 아침이다. 끊임없이 졸라대는 통에 나는 어찌할 바를 모르겠다. 오늘 저녁에는 아는 사람이 우리 집에 온다고 한다. 나는 마치 무도회라도 가는 것처럼 흥분이 된다.

어머니는 4주 동안 휴가를 떠나신다. 즐거운 일인데도 불구하고, 나는 눈물이 난다.

지금은 금요일 정오다. 남편은 완전히 지쳤고 기분이 좋지 않다. 나에게 이런저런 언짢은 소리를 한다. 너무 짜증이 나서 그로부터 도망치고 싶다.

금요일 저녁. 나는 거의 항상 그렇듯이 외롭다. 약을 먹었음에도 불구하고, 마음을 걷잡을 수 없고 신경이 곤두서 있다. 나는 책도 읽고 TV도 보려고 하지만 여전히 차 소리에 귀를 기울이며 기다리고 있는 나를 발견한다. 이것이 나를 짓누른다. 나는 그저 침대로 가서 잠을 잤으면 좋겠다고 생각하지만 그럴 수 없다는 것을 알고 있다. 나는 정말로 왜 이럴까?

지금은 토요일 아침이다. 남편은 새벽 2시 30분에 집에 왔다. 바로 잠이 깼다. 울지 않으려고 불평하지 않으려고 엄청난 노력을 했다. 왜냐하면 전에 밤새도록 소리 지르며 뛰고 그럴 때처럼 또 발작을 하게 될까 봐 너무나 두렵다. 만일 나에게 애들이 없다면, 이미 남편을 떠났을 것이다. 하지만 지금은 그에게 의지하고 있고 나는 말로 표현할 수 없을 만큼 고통을 받고 있지만 그를 공격할 수는 없다.

일요일 저녁. 언제나 상상했던 것처럼 멋진 날이어야 했다 - 아이들은 잠이 들고, 시어머니도 안 계신다. 완전히 우리끼리만 있다. 남편과 함께 식탁에 앉아서 저녁을 먹는다. 남편과 나는 활기찬 대화를 나누고 남편은 가끔 아주 자연스럽게 나를 쳐다본다. 나는 갑자기 내 생각이 정신없이 빠르게 돌아가고 기분이 악화되는 것을 느끼다가 결국 뜨거운 열기가 나를 엄습한다는 것을 알아차린다. 나는 이것이 갱년기 증상인가 보다 생각한다. 나는 남편에게 적당한 핑계를 대고 비틀거리며 부엌으로 간다. 남편은 아마 눈치 채지 못했을 것이다. 그로부터 2시간 동안이나 나는 남편과 함께 있는 것이 아주 혼란스러웠다. 나는 이런 나 자신에게 너무 화가 난다 - 멋진 시간을 보낼 수도 있을텐데 그런데 끔찍하기만 하다. 전에는 몇 시간이라도 누군가와 계속 있을 수가 있었는데 더 이상 그럴 수가

> 없다.
>
> 월요일 아침. 지난 밤 잠을 잘 자지 못했다. 오늘 아침에 심리치료 하러 가는 것 때문에 마음이 굉장히 산란하다.

현재의 모습과 변해야 할 모습

관찰하기/거리두기 단계에서 잘못된 습관을 버리는 과정은 대부분, 환자가 자신의 갈등만을 바라보고 그 외의 다른 것은 보지 않기 때문에 어려움을 겪는다. 환자 입장에서는 갈등에 대한 자신의 반응이 마치 운명에 의해 결정되는 것처럼 생각하는 것 같다. 그래서 상대방에게 신경질을 부리거나, 틀어박혀 접촉을 하지 않거나, 병을 앓는 것으로 도피방법을 찾아내는 것 외에 다른 선택의 여지가 없다는 생각을 한다.

그러나 지금 바로 대안적인 태도와 행동양식을 목표로 정하고 나아가는 것이다. 그렇다고 치료자가 항상 이상적인 해결책을 가지고 있는 것은 아니다. 다른 대안적 행동양식을 찾아내는 것은 환자의 책임이다. 치료기법으로는 '현재의 모습'과 '변해야 할 모습'을 중심으로 자기통제 방식을 치료적으로 다루기 쉬운 방법으로 적용한다. 다음에 제시된 표에서 왼쪽의 첫 번째 칸(상황)에는 발생한 갈등상황, 즉 무엇에 대해, 언제, 어디서, 누구에게, 그리고 어떤 환경에서 환자가 화를 내거나 불쾌하게 느꼈는지에 관하여 간략하게 표현되어 있다. 가운데 두 번째 칸(현재의 모습)에는 환자가 묘사한 상황에서 어떻게 반응했는지에 대한 설명이 있다. 즉, 환자가 어떻게 느꼈고, 어떻게 행동했으며, 무슨 말을 했고, 무슨 생각을 했는지에 대한 것이다. 또한 환자로 하여금 다음의 질문에 대답하게 하려는 시도도 포함하고 있다. 왜 나는 이 상황에서 다른 방식이 아니라 꼭 이런 식으로 반응했을까? 나와 관련된 사람들(부모, 형제자매, 교사, 상사) 중 누가 나와 비슷하게 행동했을까 하는 것이다. 마지막으로 나의 반응은 나 자신과 다른 사람에게 어떤 결과를 가져왔는가 하는 질문을 한다. 오른쪽 세 번째 칸(변해야 할 모습)에는 환자가 어떻게 좀 더 나은 방식으로 반응할 수 있었는지에 대한 환자 스스로의 시각을 표현한다. 여기에는 또한 이런 행동방식이 상황을 어디로 이끌지를 명확하게 밝히려는 노력을 기울여야 한다.

그러므로 '현재의 모습(What is)'은 환자가 현재 겪고 있는 환자의 개념을 나타내며, 반대로 '변해야 할 모습(What Ought to Be)'은 환자에게 실행 가능한 대안이 될 수 있을 법한 반대개념을 제시하고 있다.

환자는 자신의 여유시간에 이러한 상황들을 조정해 본다. 환자가 자신이 부딪치는 수많은 문제 때문에 화나는 상황에서 주요 갈등을 일으키는, 내재된 활용가능한 잠재능력들이 무엇 때문에 그런 상황을 유발시켰는지를 알게 된다. S부인은 세 번째 회기에 '현재의 모습과 변해야 할 모습'을 기록하여 가져왔는데, 치료회기 중에 치료자와 환자는 그 기록을 보며 함께 이야기 나누고 근원적인 문제의 개념들을 풀어냈다. 그 전개과정은 다음과 같다.

현재의 모습과 변해야 할 모습에 관한 개요

상황	현재의 모습	변해야 할 모습
나는 무엇에 대해, 언제, 어디서, 누구에게 그리고 어떤 상황에서 화를 냈는가?	나는 어떻게 느꼈고 행동했으며, 무슨 말을 했고 어떤 생각을 했는가? 이런 상황에서 나는 왜 다른 어떤 방식도 아닌 바로 이런 식으로 반응했는가? 나와 관계된 사람들 중 누가 나와 비슷하게 행동했을까? 나의 반응은 나 자신과 다른 사람들에게 어떤 결과를 가져왔는가?	나는 더 좋은 방식으로 다르게 반응할 수는 없었을까? 이런 식의 다른 반응을 했다면 상황이 어떻게 달라졌을까?

상황

"일요일 오후에 나는 재빨리 방을 정리하고 커피를 마시기 위해 거실 탁자 위에 잔들을 준비하였다. 그때 남편이 들어왔고 탁자 위에 있는 커피 잔을 모두 치워 버리더니 탁자를 대각선 방향으로 옮겼다. 남편은 생각은 이것이 방을 더 넓게 사용할 수 있다는 것이다."

현재의 모습

"나는 더 이상 참을 수가 없었다. 그래서 남편에게 크게 소리를 질렀다. '당신은 어쩜 그렇게 당신 어머니랑 똑같아. 당신 정말 짜증나. 나 좀 편히 살게 놔둬요!' 나는 침실로 뛰어 들어갔고, 이런 내가 정말 당황스러웠다. 남편은 그 길로 바로 집을 나갔고, 밤 늦게까지 돌아오지 않았다. 나는 아무것도 하고 싶지 않았고 아이들 때문에 간단한 식사만 준비했다."

개념: "시어머니는 모든 일에 간섭을 한다."

변해야 할 모습

"'변해야 할 모습'에 대해서는 아무것도 생각이 나지 않았다. 남편의 까다로운 성격은 나를 거의 반 미치게 만든다. 그런데 다시 생각해 보니, 남편은 자기가 보기에 좋은 방식으로 방을 정리하고 싶었던 것 같다. 실은, 탁자를 대각선 방향으로 놓는 것이 아주 나쁘진 않다. 남편이 자기 마음대로 하지 못할 이유도 없다. 내가 화난 것은 내가 정돈해 놓은 것을 그가 믿어 주지 않은 것이다. 시어머니와의 문제는 아마 이것과는 다른 별개의 문제인 것 같다. 우리가 함께 심리치료에서 이 문제에서 얘기할 수 있었으면 좋겠다."

반대개념: "사람은 모두 나름대로 각자 자기만의 정리 방식을 갖고 있다. 내 남편의 까다로운 성격이 시어머니와 무슨 관계가 있는 것이 아니다."

상황

"금요일은 우리의 결혼기념일이었다. 남편이 또 늦게 왔기 때문에 끔찍한 말다툼을 하고 말았다. 차가 공장에 늘어가서 제 시간에 준비가 안 되있기 때문에 서 빌 남편도 어쩔 수 없이 늦게 된 것이다."

현재의 모습

"남편이 30분 후에 출발할 거라고 말했기 때문에 나는 외출할 준비를 하고 아이들과 함께 현관 문 앞에서 남편을 기다리고 있었다. 하지만 두 시간이 지났다. 아이들과 나는 기다리는 일이 아주 힘겨웠다. 현관 문에 서 있는 동안 아이들은 나의 잔소리에 지쳤고 옆집 사람들이 이상하다는 듯이 우리를 창문 너머로 쳐다보았다. 참으로 난처하고 창피한 노릇이었다."

개념: "나는 시간을 지킨다. 나는 적어도 30분 정도 일찍 준비해야만 한다."

변해야 할 모습

"내가 할 수 있을지는 모르겠지만 좀 다르게 행동할 수도 있을 것 같다. 아이들을 다시 집 안으로 데리고 들어가서 남편이 올 때까지 놀게 할 수 있을 것이다. 그러나 내가 그렇게 하는 것은 표범이 자기 몸의 반점을 바꾸는 것처럼 어려운 것이다."

반대개념: "시간을 지키는 것도 중요하지만 상황에 따라 태도를 달리하는 것도 필요하다."

상황

"오늘 아침 남편은 8시 30분에 집에서 출발했다. 남편은 내가 심리치료 때문에 외출하면 아이들을 돌볼 사람이 아무도 없었기 때문에 4시까지는 돌아오겠다고 말했다. 그는 '2시 또는 아무리 늦어도 3시에는 집에 올 거야. 내가 먹을 점심이나 좀 준비해 줘. 진짜로 늦지 않을게. 당신이 충분히 시간을 두고 출발할 수 있게 일찍 들어올게.' 라고 말했다. 그러나 나는 그 말을 그대로 믿을 수가 없었다. 왜냐하면 지금까지 그는 매번 나를 실망시켰기 때문이다. 내심 그가 분명히 제시간에 올 것이라고 믿고는 있었지만 낮 동안 신경이 곤두서고 기대감만 부풀어 있었다. 치료를 마치고 지금쯤 남편이 분명히 집에 있을 거라고 생각하면서 집으로 급히 들어갔다. 그는 집에 없었다."

현재의 모습

"집에서 나는 일을 좀 해 보려고 애썼지만 집중을 할 수가 없었다. 그리고 기다리는 일은 점점 더 참을 수 없는 일이 되었다. 아이들을 재우고 혼자 있으니 희망은 점점 희미해지고 슬프고 냉담해졌다. 나는 뭐라고 표현할 수 없을 만큼 철저히 혼자라고 느껴진다. 나는 남편을 위해 모든 일을 하는데, 운명은 불공평하게 느껴졌다. 10시에 전화벨이 울렸다. 남편이었다. 그는 내가 걱정하지 않도록 억지로 웃었다. 그는 이제서 막 일을 마쳤으며 이제 집에 갈 수 있을 거라고 이야기했다. 나는 점심시간에 전화할 수 없었냐고 물었고 그는 그럴 겨를이 없었다고 했다. 그러고 나서 남편은 왜 그렇게 내 목소리가 가라앉아 있는지, 집에 무슨 나쁜 일이 생긴 것인지 물었다. 나는 내가 그를 하루 종일 기다린 것을 모르고 하는 소리냐고 물었다. 그는 '그러니까 이번에도 내 탓이라는 거군. 그만 좀 해! 당신도 내가 어쩔 수 없이 그랬다는 것을 알잖아. 지금 당장 집으로 갈게.' 라고 말했다. 벌써 11시다. 그동안 어머니가 들르셨다가 내가 아직도 혼자 있다는 사실에 놀라워하셨다. 어머니는 남편에 대해 불만스럽게 말씀하셨다. 그러나 그 말은 사태를 더욱 악화시키고 만다. 왜냐하면 그 말을 들으면 늘 어머니와 싸우게 되기 때문이다…."

변해야 할 모습

환자는 "저 혼자서는 이것을 할 수 없어요. 무엇을 할 수 있는지도 당신이 알잖아요." 라고 말하는 듯이 '변해야 할 모습'을 남겨 놓은 채 나가 버렸다. 그녀는 마치 모든 치료 과정이 자신이 만족할 수 있는 한 가지 대답에 달려 있기를 바라는 것처럼 강한 기대감만 내세우는 특유한 형이었다. 치료자는 이 시점에서 어떤 해결책을 제시하는 것을 환자가 받아들이기 힘들 것이라 여겨 그만두었다. 대신에 환자의 태도에 담겨 있는 모순된 행위와 그저 기다리기만 하는 수동적인 행동 및 무조건적인 요구를 지적해 주며 다음과 같은 이야기를 들려 주었다.

터번에 관한 이야기

한 남자가 40년 동안 모자를 쓰지 않고 황무지와 도시들을 여행하고 있었다. 여행하는 동안 그는 두통으로 고통을 겪었다. 두통은 특히 저녁 시간 그리고 이른 아침에, 기온이 떨어지거나 아주 낮을 때 찾아왔다. 그때 한 친구가 이렇게 이야기했다. "자네에게 두통이 있는 것은 하나도 이상한 일이 아니네. 자네는 나무도 없는 대초원 지대의 추운 밤 바람과 험악한 날씨로부터 자네 머리를 보호하지 않았지 않은가. 이보게 친구, 나와 함께 터번을 만들 재료를 사러 가세." 남자는 이 제안에 대해 즉시 열광적인 반응을 보였다. 그는 급하게 옷 시장으로 달려가 자기 차례를 기다리지도 않고 옷감 뭉치에서 제일 좋은 옷감을 잡아당겨서 머리에 감으며, 이렇게 외쳤다. "빨리요, 빨리, 내 머리가 얼어붙을 것 같아요. 더 이상 추위를 참을 수 없단 말이오." 그러자 친구가 말했다. "자네는 40년 동안이나 터번을 하지 않고 돌아다녔는데 이제 터번을 만들려고 옷감을 고르는 데 단 2분도 기다릴 수 없는가?"

S부인 : "선생님은 제가 저의 모든 문제를 가능하면 빨리 해결하고 싶어 하는 걸 잘 짐작하시죠. 또한 남편과 저에게 너무도 깊이 뿌리 박혀 버린 다른 많은 문제들이 있는 것도요."
치료자 : "32년 이상 계속되어 온 문제를 단 몇 시간 만에 해결할 수는 없습니다."

이 대화 후에, 우리는 제시된 문제상황에 대해 개별적인 측면들을 봄으로써 분화된 방식으로 해결해 갈 수 있게 되었다.

관찰하기 단계의 치료적 양상

환자가 발달수준, 환자의 통찰력과 욕구들은 관찰하기/거리두기 단계에서 환자가 어떤 강도로 얼마나 오랫동안, 그리고 어느 정도의 대가를 지불하느냐에 따라 결정된다. 치료자가 경험한 바로는 이 단계에는 2~4회기 정도가 필요하다. 하지만 단 한 번의 회기로 끝날 수도 있고, 6주간 계속될 수도 있다. 성적 특질과 관계되는 대단히

힘든 문제로 고통받는 결혼한 배우자들에게 성관계를 금지시키면 거리두기에 도움
이 되는 것으로 밝혀졌다. 이것은 가끔 관찰하기/거리두기 단계보다 더 길게 지속될
수도 있다(성관계를 금지하는 기간은 평균 3~6주 정도 정도다.).

치료 구조의 관점에서 볼 때, 치료자와 환자 간의 '접근' 단계는 관찰하기/거리두
기 단계가 진행되는 동안 초기에 나타난다. 치료자는 환자를 있는 모습 그대로 받아
들이고, 그를 위해 시간을 들이고, 환자가 생각하느라 잠시 침묵하거나, 이야기를 장
황하게 하면서 자신을 표현하더라도 기다려 주어야 한다. 기본적으로 환자는 정보를
제공하며 치료자는 경청하고 논리적 연관성을 인식할 준비를 하는 것이다.

분화 치료에 있어 중요한 과제는 환자가 언급한 갈등상황을 분리하고 구체적으로
서술하는 것이다. '나는 불안으로 가득해요.'와 같은 일반화된 감정에 압도되지 않
게 하며 대신에 불안이 나타나는 상황들 및 불안심리와 짝지워진 활용가능한 잠재능
력들의 존재에 중점을 두어야 한다.

더구나 분화 치료는 불안심리에서 발전하는 갈등 및 오해들과 관계있는 개인적인
개념이 어떠한가에 초점이 맞춰진다. 여기에서 당장 태도와 행동방식의 구조적인 변
화가 없다고 할지라도, 이 시점에서 실질적인 오해를 탐색하는 것은 이후의 치료 과
정을 위해 필수적인 것이다. S부인은 자신이 가지고 있는 가치들의 의존성과 관련하
여 오해가 있음을 잘 표현하였다.

심리치료를 하는 동안 S부인은 반복해서 자연스럽게 남편과 시어머니와의 관계에
서 생긴 상황을 이야기하였다. 이 절차는 이야기와 우화에 의해서 뒷받침되는데, 이
런 풍자를 통해서 전형적인 오해들을 더 쉽게 인식하는 데 도움이 된다.

'분리'의 양상은 비판 없이 관찰하고 '현재의 모습과 변해야 할 모습' 접근법에 충
실히 기여할 수 있는 과제와 연결된다. 이는 환자에게 심리치료 밖에서 수행할 수 있
도록 과제로 주어진다. 이 과정에서 발생하는 장애들이 증상으로 나타날 수 있는데,
치료자는 이 가능성을 충분히 고려해야 한다.

이 단계에서 환자는 갈등상황에서 자신의 행동과 경험, 그리고 배우자의 행동을
관찰하면서 구분하기 시작하므로, 초기에는 현저하게 감각기능의 역할을 한다. 환
자는 갈등을 분리하고 그 갈등을 심리 내용과 관련지어 설명하기 시작한다. 이 작

업은 갈등을 일반화시키려는 경향을 제지하는 것이다. 많은 환자들이 생애 처음으로 배우자들이 시간을 내어 함께 인내하면서 자기 자신과 직면하는 경험을 하는 것이다.

관찰하기/거리두기 단계를 환자 자신이 적용하기

상대방의 행동을 관찰하라. 그리고 무엇이 당신을 화나게 만드는지 기록하라. 당신이 화가 나는 그 상황을 자세하게 묘사하라. 당신이 상대방을 관찰하는 동안 비판하지 마라. 이때는 의도가 아무리 좋아도 단 한 마디의 충고도 하지 말아야 한다. 문제는 개인적인 것이다. 그러므로 다른 사람들에게 이야기하지 마라. 당신에게 불안감이 찾아올 때 다른 누구와도, 심지어 상대방과도 그 불안에 대해 이야기하지 마라. 치료자가 당신의 불안을 다루는 적임자다. 불안에 대해 이야기하는 대신에, 불안이 찾아오는 상황에 대하여 기록하라. 성적인 장애와 대단히 힘든 부부간의 갈등 시 3주 정도의 일시적 성관계 금지(이 시기 동안에는 성관계가 일어나지 않는다)가 도움이 되는 것으로 입증되었다. 상호 간에 애정을 가지고 인정해 주는 자체가 성관계의 효과를 나타내기 때문이다. 치료자가 제시하는 이러한 방법들을 통해 환자는 갈등 영역으로부터 벗어나는 데 도움이 된다. '현재의 모습과 변해야 할 모습'에 중점을 두는 접근 방법으로 당신의 갈등을 분리하라. 그리고 바꿀 수 있는 행동 대안들로 접근하라.

> **중심이 되는 활용가능한 잠재능력과 양식들**: 인내, 시간, 정의, 예의, 정직, 오감들
> **오해들을 주의하라**: 가치에 대한 상대성, 정의-사랑, 일반화, 동일시-투사
> **신화와 개념**: '초상화를 관찰하기 위한 적당한 거리(351쪽)' '상인과 앵무새(251쪽)' '값비싼 절약(247쪽)' '시간에 대한 저항(248쪽)'

2. 두 번째 단계: 목록 작성하기

목록 작성 단계는 환자 중심으로 진행된다. 첫 번째 면접을 하는 동안 분화 분석 목록(DAI)은 주로 치료자에게 환자의 문제를 표면화한 평가로서 제시되는데, 환자가 실질적으로 지고 있는 부담과 이를 감내하는 잠재능력을 평가한 것이다. 이러한 진단기능을 가진 DAI가 이제는 치료적으로 사용되는 것이다. 환자는 두 회기에 걸쳐 자조(self-help) 프로그램의 범위 안에서 갈등관계에 있는 상대방과 자신에 관한 DAI의 전 과정을 모두 작성하는 과제를 해야 한다.

이 목록은 특성, 행동양식 그리고 잠재능력에 대한 체계적 설명을 가능하게 한다. 이러한 설명을 통해서만 자신과 상대방을 더 넓은 마음으로 이해하게 되어, 나중에는 서로를 의미 있게 격려할 수 있게 된다.

DAI를 이용해, 환자는 긍정적(+) 혹은 부정적(−)으로 채워진 활용가능한 잠재능력에 대해 구체적 자료를 제공한다. 등급을 정할 때는 더하기 표시 또는 빼기 표시를 세 개까지 할 수 있다. 게다가, 환자가 직접 손으로 기록한 상황은 어떤 행동방식이 누구와, 언제, 얼마나 자주 발생하는지를 명백하게 보여 준다. 여기서 DAI는 체계적인 관찰을 돕기 위한 도구로 기능한다. 중요한 것은 환자가 DAI를 작성하면서 자신의 특성과 상대방의 특성을 파악하게 된다.

S부인은 자신과 남편에 대해 DAI를 작성하였다. 전반적으로, 환자의 표현은 이미 첫 번째 면접에서 나타난 표현들과 일치하며, 대부분 자유롭게 표현한 이야기들도 첫 번째 면접과 동일하였다. 나중에 S부인은 첫 번째 면접에서는 좀 더 자유롭게 이야기할 수 있었는데, DAI를 작성할 때는 낱말 하나하나까지도 즉흥적이 아니라 심사숙고하게 되더라고 말하였다.

우울증, 불안, 남편과의 갈등을 지닌 32세 환자(S부인)가 작성한
분화 분석 목록(DAI, 단순형)

활용가능한 잠재능력	나	상대방	자연스러운 의견 누가 - 어디서 - 언제 - 얼마나 자주
시간엄수	+++	---	나는 시간엄수를 매우 중요하게 생각한다. 남편은 시간을 지키지 않고 별로 중요하게 생각하지 않는다.
청결	++	+++	청결에 대해서는 문제가 없다. 청결에 매우 세심한 주의를 기울이고 특별히 의복과 신체의 청결에 신경을 쓴다.
질서정연	+	+++	나도 질서정연한 편이지만 남편은 아주 까다롭다.
순종	++	+	나는 때때로 명령받는 것에 대해서 반항한다. 하지만 끝에 가서는 지고 만다.
예의	+++	+	인내심이 한계에 다다르지 않는 한, 나는 항상 다른 사람에게 친절하다. 내 남편은 다른 사람들과 잘 지낼 수 있긴 하지만 이해심이 많은 편은 아니다.
정직/솔직	+	++	남편은 확실히 솔직하다. 그러나 나는 자주 내 의견을 솔직하게 말하는 게 어렵게 느껴진다. 남편과 나는 완전히 반대다.
충실	+	+	만일 남편에게 다른 여자가 있다는 이야기를 듣는다면 너무 끔찍한 일일 것이다.
정의	++	+-	나에게 공평한 것은 매우 중요하다. 나는 부당함에 대해 매우 당황하게 된다. 나는 때때로 내 남편이 나와 큰아이에게 부당하다고 느낀다.
근면/성취	++	++	남편이 잘 정돈된 삶의 방식을 자리 잡으려면 첫 번째로 해야 할 일은 직업을 바꾸는 것이라 생각한다.
절약	+	+	우리는 쓸데없는 일에 전혀 돈을 쓰지 않는다. 단 한 가지, 먹는 데는 돈을 아끼지 않는다. 식비에는 아주 관대하다.
신뢰	++	+-	일에 있어서 남편은 아주 신뢰할 만한 사람이다. 그가 약속을 지키지 않는 유일한 사람들은 가족이다.
인내	-	+	남편은 나보다 훨씬 더 인내심이 많다.
시간	+-	-	남편은 시간분배를 적절하게 잘 하지 못한다. 항상 어떤 일이 갑자기 생긴다. 나는 시간을 면밀히 계획한다. 만약에 급한 일이 생기면 내 계획은 모두 망가진다.
신뢰/희망	--	+	나는 오직 나 자신을 믿으며, 다른 사람은 거의 믿지 않는다.
교제	--	++	남편은 나보다 훨씬 많이 교제를 나눈다.

〈계속〉

성/ 성적 특질	+-	++	남편은 성관계에서 더 자유롭다. 나는 남편을 많이 사랑하며, 가끔 남편이 오면 어떻게 해야지 하고 상상한다. 그러나 막상 시간이 되면 서툴고, 경직되며, 차갑고, 굉장히 억제하게 된다.
신앙/종교	−	−	우리는 종교에 대해서는 무관심하다.

집중적인 치료에서 혹은 지능이 낮은 편인 환자의 치료에서는 DAI를 단계적 그리고 부분적으로 실시할 수 있다. 말하자면, 처음에 환자에게 자신이 등급을 매기는 자극이 먼저 주어지고, 그런 다음 상대방에 대한 등급을 매기게 한다. 이는 환자 자신과 상대방을 몇 가지 부정적인 영역에만 제한시키지 않으며, 자신의 다양한 잠재능력을 인식할 수 있는 기회를 가지게 한다. 이런 식으로 사람에 따라서는 이례적인 경험을 하게 된다. "그 사람이 생각만큼 나쁜 사람은 아니군요. 오히려 긍정적인 잠재능력이 아주 많네요. 지금까지 제가 잘 알아채지 못했어요." 이런 분별력이 생기면 상대방을 좀 더 공정하게 대하게 되며, 서로 간에 신뢰를 형성하는 기초가 된다.

"마침내 상대방이 저의 단점 외에 다른 것도 볼 수 있게 되었어요." "저는 제가 늘 생각했던 그런 실패자는 아니었어요." (심각한 억압으로 고통받고 있는 24세 학생)

다음 회기의 심리치료에서는 환자의 DAI를 가지고 이야기를 나눈다. 처음에는 환자가 심하게 느끼고 있는 갈등이나 치료적으로 가장 다루기 쉬운 갈등을 주제로 선택한다. 치료자가 첫 번째 면접에서 인식했던 환자의 부적절한 판단에 대해 환자와 이야기를 나눈다. 치료적 대화에서 환자가 작성한 DAI를 근거로, 갈등상황에 있는 상대방이나 갈등상황에 대한 태도를 활용가능한 잠재능력의 관점에서 분화시킨다. 그 과정에서 환자의 설명은 치료자(첫 번째 면접의 DAI를 제공할 수 있다)에 의해 보완되며, 환자의 연상을 통해 좀 더 자세하게 묘사된다. 기본적인 구별 방법은 동정(sympathy)−반감(antipathy)과 같은 차원을 큰 비율로 반영해 보는데, 어느 영역에서 그리고 어떤 잠재능력들이 긍정적 혹은 부정적으로 평가되는가에 따라 그 효과가 나타나는 것이다. 또한 이 절차는 많은 갈등을 일반화시키는 것을 중단하고, 갈등을 바라보던 좁은 시야를 넓히는 기회가 될 것이다.

경험하는 과정과 드러나는 행동에서 장애를 분별하는 확실한 징후는, 활용가능한 특정 잠재능력들이 일방적으로 그리고 어느 특정한 부분이 지나치게 강조되느냐에 따라 나타난다. 활용가능한 잠재능력들 가운데 한 가지 또는 몇몇은 치우쳐 과장되고, 다른 잠재능력들은 별로 중요하지 않은 것으로 약화되어 무시되는 경향이 있음을 구별해 내는 것이다. 가장 명확한 실례는 일차적 잠재능력 또는 이차적 잠재능력들이(또는 양쪽 잠재능력이 번갈아서) 어떻게 활성화되느냐에 따라 한 개인의 기본 개념을 형성하는 데 중요한 역할을 한다는 심리유형학에서 찾아볼 수 있다. DAI는 한 개인에게 활용가능한 잠재능력들을 구별해 낼 수 있는 안목을 주어, 예를 들면 관심 밖에 있을 수 있는 잠재능력들까지도 알아차릴 수 있게 되는 것이다.

심리학적 갈등을 일으키는 특징으로서, 개인의 개념이 부적절하게 분화되는 경우, 활용가능한 잠재능력들 간의 관계뿐만 아니라 개개인의 활용가능한 잠재능력까지도 바람직하게 형성되지 못하는 하는 방해요인이 되기도 한다.

어머니가 집에 와서 보니, 딸에게 그토록 여러 번 말했는데도 불구하고, 아직까지 현관에 지저분하게 책가방과 신발이 놓여 있다. 어머니는 딸에게 소리쳤다. "너는 아무 데에도 쓸모없는 게으름뱅이야." 이 말로 엄마는 활용가능한 잠재능력인 '근면/성취'에 대한 개념을 일반화하며 장황하게 늘어놓는다. 그러나 이 상황에서는 엄마의 지적이 자녀에게는 정당하게 들리지 않는다. 딸은 오전 내내 학교에 있었고, 학교 수업을 마치자마자 어머니를 위해 쇼핑을 하러 갔었으며, 이미 자기방을 청소했다. 이런 면에서, 딸은 부지런했고 질서정연했는데, 문제가 되는 부분은 현관 모퉁이에 책가방과 신발(새 카펫을 더럽히지 않기 위해)을 그대로 둔 것뿐이다.

위 사례에서 보면, '아무 데에도 쓸모없는 게으름뱅이'라는 비판을 받기에는 너무 억울하다. 이는 아주 객관적인 것으로, 상대방을 배려하는 긍정적인 태도를 억압하는 것이다. 그러므로 다른 사람이 가지고 있는 규범에 맞추어 공격당할까 봐 또는 소외당할까 봐 두려워할 필요는 없다. "너는 아무 데에도 쓸모없는 게으름뱅이야. 나는 쓸모없는 게으름뱅이와는 어떤 일도 하고 싶지 않아."라는 말을 "너는 꽤 부지런한데 질서 부분이 아직 미숙하구나. 네가(우리가) 어질러 놓은 곳은 좀 치우는 게 좋겠다."라는 표현으로 대치함이 바람직하다.

"모두 제 잘못이에요."

27세 환자가 남자친구가 떠나간 후에 심리치료에 참여했다. 그녀는 이 일에 대해 죄책감을 느꼈고 남자친구를 충분히 이해하지 못했다는 것 때문에 자신을 비난하였다. 그녀는 남자친구를 이상화하여 그의 긍정적인 면만 보려 했기 때문에 그와 헤어진 사실이 더 참을 수 없었다. 그녀가 작성한 DAI는 긍정적인 평가만을 한 사실이 눈에 띄었다. 부정적인 등급이 매겨질 것 같은 항목에서 환자는 자기감정을 억누르며 아무것도 표시하지 못하였다. 그녀는 자기 남자친구를 최대한 이상화하려 하였다. 심지어 활용가능한 잠재능력 가운데 어떤 부분들은 왜 등급을 매기지 않았는지를 물었을 때 그녀는 공격적인 반응을 보이며, "모두 제 잘못이에요."라며 언급을 회피하였다.

죄책감과 정면으로 맞서게 했다면 이미 강하게 발생한 저항을 더욱 강화시켰을 것이고 아주 오랫동안의 치료가 필요했을 것이다. 대신에 치료자는 환자에게 다음과 같은 이야기를 들려 주었다.

나누어진 계명

한 상인이 집들이 잔치를 하고 있었다. 초대받은 손님들은 아주 융숭한 대접을 받았다. 김이 모락모락 나는 갓 지은 밥, 케밥, 가지, 그리고 크고 부드럽고 하얀 닭가슴살이 가득하게 담긴 큰 그릇이 긴 식탁 위에 한 상 차려져 있었다. 그리고 포도, 멜론, 오이, 오렌지도 식탁 위에 놓여 있었다. 손님들이 마실 수 있도록 유리병에 주스도 담겨 있었다. 모든 손님들이 맛있는 진미를 즐겼다. 특별히 한 이슬람교 율법학자는 손에 닿는 음식은 모두 입에 가득히 집어넣고 목이 메면 주스를 마시며 넘기고 있었다. 그는 할 수 있는 한 입에 많이 집어넣었다. 그래서 마침내 그의 얼굴이 멜론 같은 모양이 되었다. "오 선생님!" 하고 다른 손님이 그에게 소리 쳤다. "빨리 죽으려고 이러십니까? 왜 그렇게 많은 것을 빨리 드시는 겁니까?" 그는 입 안에 음식이 가득한데 다시 신선한 멜론 한 조각을 한 입 베어 물면서 대답했다. "예언자가 무엇이 라 말했나? '먹고 마시라.'고 했네. 나는 예언자가 하라는 대로 실천하는 것뿐일세." "그렇다 해도 하나님과 그의 예언자들은 '탐닉하지 말고, 절제하라.'고도 했습니다."라고 손님이 대답 하였다. 그 선생은 다시 대답하였다. "나 혼자만 신자가 아닐세. 자네 역시 신자일세. 나는 '먹 고 마시라.'는 반쪽 계명을 따르는 것이라네. '탐닉하지 말고, 절제하라.'는 계명은 자네가 마 음에 새기도록 하게." 선생은 그렇게 말하면서 입 안에 포도 몇 개를 더 찔러 넣었다.

　이 환자의 죄책감 때문에 남자친구를 이상화하는 문제도, 그의 부정적인 특성들이 표면화되는 문제도 다뤄지지 않았다. 이 이야기의 의미는 환자가 어떤 문제를 제대 로 판단하기 위해서는 전체를 볼 필요가 있음을 내포하고 있다. 환자는 다음 회기에 DAI를 완전히 작성하여 가져와 건네주면서 "이제 저는 헤어진 남자친구의 다른 반 쪽 편까지도 알게 되었어요."라고 언급하였다.

환자의 기본적인 갈등

　이제부터는 지금까지 실제적인 갈등에 초점을 맞추어 왔던 치료 과정을 확장하여 기본적인 갈등까지 다루게 된다. 이렇게 하면, 활용가능한 잠재능력들, 즉 갈등을 일 으켜 온 태도와 행동방식에 대한 전력까지 살펴보게 된다. 예를 들어, '시간엄수'와 '질서정연' 등에 대한 부모의 태도는 어떠했나? 시간엄수와 관련된 문제와 어려움들 이 있었는가? 어린 시절, 청년기 그리고 그 이후 시기부터, 이와 같은 활용가능한 잠 재능력과 관련하여 떠오르는 기억과 연상되는 것은 무엇인가?

　이런 식으로, 기본적인 갈등을 전체 성격에 내재되어 있는 기본적인 갈등으로만 취 급하지 않고 그보다는 오히려 문제가 되는 활용가능한 잠재능력이나 기본적인 잠재 능력 양식의 맥락 안에서 나타나는 환자의 갈등으로 보는 것이다. 그러므로 처음부 터 자리 잡고 있는 오해에서 벗어나 성격에 내재되어 있는 기본 갈등으로 이해하는 것이 가능해진다. 성격은 이에 비해 훨씬 더 복잡하다. 심지어 사람이 성격의 기본적인 갈등에 직면했다고 생각했을 때조차 기본적인 갈등으로 보이는 대체로 병리적인 몇 가지 성격 구조들은 갈등이 내재된 신경증적인 구조로서 몇 가지 구조들을 분리한 것뿐이다. 그러므로 치료자는 환자의 갈등상황과 연결되어 있다고 증명된 요인들과 관련 있는 개별적인 심리 내용들과 연관이 있는 환자의 기본적인 갈등을 감지해야 한다. 그러한 과정에서 얻어지는 결과는 환자가 자신의 태도, 기대감과 행동 이면의 개념들이 무엇인지 그 배경을 의식하게 되며, 그것들을 자신의 개별적인 인생사와 연계하여 이해하는 법을 터득하게 된다. 그러므로 단지 성격에 국한된 특성만을 다루기 앞서 개인사와 얽힌 가치들에 대한 태도, 기대감, 행동 이면의 개념들을 고려할 수 있어야 한다.

집단의 전통과 함께 전수되어 온 과거의 경험들은 개인의 기본 개념이 형성되는 바탕이 된다. 이는 인생의 주요 지침이 되어 일반적 태도의 기반이 되기도 하고 아니면 일정한 활동 영역이나 행동으로 제한될 수도 있다. 사람들이 믿는 신화 중 한 가지 실례로 "인생의 반은 질서정연해야 한다."는 속담이 있는데, 이는 주로 강박적이고 지나치게 규칙적인 사람들이 하는 말이다. 서로 다른 태도들과 행동의 경향을 보면 많은 요소들이 기본 개념 안에서 함께 얽혀 있다. 만약 이러한 사실에서 환자가 일반적으로 타당한 요소를 인식한다면, 치료 과정은 좀 더 직접적인 방법을 적용하여 성공할 수 있다. 한 사람이 지닌 기본 개념은 그 사람 인생의 경험을 통해 축적된 것으로 그에게는 근본적인 안내 지침이며 절대적인 가치 기준이 되므로 현재 그 사람의 진수를 나타낸다고 볼 수 있다. 그러므로 이런 기본 개념들은 직접적으로 아니면 자신이 선호하는 작가, 시인 또는 예술적인 방식을 통해서도 표현된다.

치료자는 환자가 '나(I)'에게 가장 중요한 영역들이 어떤 것인지 파악하게 인도한다. 대개의 경우 그것이 환자에게 가장 자주 갈등을 일으키게 하는 부분이며, 환자 자신이 대단히 중요하다고 여기는 부분이기 때문이다. 그럼에도 불구하고, 환자가 겪는 갈등상황과 이런 영역이 실제 어떤 관련이 있는지를 미리 알아내기는 어렵다. 오히려 이 영역은 환자가 경험하는 과정에서 갈등의 직접 요인이기보다는 갈등의 역동 안에서 훨씬 더 크게 작용하는 다른 영역들과 관련되어 디딤돌 역할을 하는 수도 있다. S부인 사례의 경우, 치료는 '시간엄수' 와 '질서정연' 과 관련 있는 갈등에서 시작하여 계속해서 '예의' '정직' '시간' '교제' 와 '신뢰' 등 갈등을 일으킬 잠재적 가능성들을 다루었다. S부인은 자신에게 문제가 되고 있는 시간엄수에 대하여 구체적으로 이야기하는 가운데 수많은 사건들을 기억해 냈고, 그중 몇 가지 사건들을 소개하면 아래와 같다.

S부인의 사례에 나타난 시간엄수의 상황

"제게 시간엄수는 신뢰와 질서정연을 동시에 의미합니다. 어렸을 때 집에서 항상 시간을 엄격히 지켜야 했어요. 어머니는 쇼핑하러 가시거나 심부름을 가실 때, 언제 돌아올 것인지 항상 말씀하셨고 약속 시간을 꼭 지키셨죠. 저 역시도 그랬기에 어머니는 저를 언제나 믿었어요. 한 번은, 제가 나이가 좀 들었을 때 남자친구를 비밀리에 만났어요. 그리고는 제시간에 집에 돌아가지 못했지요. 날은 이미 어두워져 어머니는 걱정을 하기 시작했고 할아버지 역시 걱정을 하셨어요. 어른들은 경찰에 신고를 하셨고, 제가 집에 왔을 때 모두들 걱정하고 있었으며, 특히 가족들이 경찰에 신고를 했다는 사실 때문에 기운이 쭉 빠졌어요. 이 일이 아주 오랫동안 머릿속에 남아서 지워지지 않았습니다. 학교에서도 마찬가지여서, 저는 항상 일찍 가거나 제시간을 지켰고, 절대 안 늦었어요. 저는 약속 시간에 항상 일찍 갔어요. 그리고 다른 사람이 늦게 오면 매우 실망했답니다. 저는 어린 나이에 지금의 남편과 데이트를 하기 시작했는데 그때에도 남편은 항상 늦게 왔어요. 그 사람은 제가 집에서 기다린다는 것을 이미 알면서도 언제나 그랬지요.

후에 회사생활을 하면서 저는 중간에 그를 태워 갈 만큼 아주 일찍 출발했어요. 남편은 보통 금방 일어난 상태였기 때문에 저는 항상 짜증이 났답니다. 그는 언제나 서두르지 않았고 절대로 시계를 보지 않았지요. 제가 항상 시계를 확인해야 했어요. 밤이 되면 저는 다음날 아침 일찍 일어나야 하니까 잠자리에 일찍 들었습니다. 6시에 일어났고, 대개는 알람이 울리기도 전에 깨어났습니다. 그리고 시간이 너무 많아서 불필요하게 제 자신을 지치게 만들었죠. 점심시간이 30분이었는데, 저는 식당으로 달려가서 게걸스럽게 먹으면서 계속해서 시계를 쳐다보았어요. 이렇게 하니까 내 신경이 아주 과민해졌어요. 저는 항상 사람들이 저를 쳐다보고 있다고 생각했어요. 그래서 나중에는 공원으로 빨리 가서 혼자 벤치에 앉아서 오리들과 빵을 나누어 먹었답니다.

수습기간을 끝마쳤을 때 저는 스스로 하루 계획을 세웠어요. 매일 4시까지 일을 끝내기로 결심했지요. 하지만 이것은 한 달에 다섯 번 정도밖에 가능하지 않았어요. 나머지 시간에는 제때 답장하지 못한 편지들이 늘 있었어요. 정해 놓은 시간에 맞춰서 일을 해낼 수 없는 것이 정말 속상했어요. 시간엄수에 관한 한 지금도 마찬가지예요. 저는 항상 시간에 맞춰 일해요. 저는 일을 끝마칠 시간을 정해 놓고, 그대로 하지 못하면 만족이 안 돼요. 또한 손님이 온다고 하면 필요한 시간보다 훨씬 더 빨리 준비해 놓습니다. 또 어떤 분이 우리 아이를 차로 태워다 준다고 하면 아이가 시간에 맞추도록 미리 준비를 서두른답니다. 우리가 다른 사람을 방문할 때는, 예를 들어 4시까지 가기로 약속하면, 나는 아주 예민해져서 단 1초라도 늦지 않으려고 미친 사람처럼 급하게 서둘러요.

남편이 매일 같은 시간에 집에 올 수 있게만 된다면 무엇이든 다 할 거예요. 돈을 좀 못 벌어도 괜찮아요. 또 예를 들어, 남편이 오늘 시내에 갈 거라면서 3시까지 준비하라고 말하면, 저는 2시 30분까지 준비를 마치고 서서 기다려요. 남편이 12시 정각에 식사를 해야 한다고 말하면, 15분 전에 식사할 수 있도록 모든 준비를 완벽하게 해 놓습니다. 내가 너무 열심히 일하느라 몸은 힘들지 모르지만 저는 꼭 시간을 지켜야 해요. 저에게 있어서, 기다리는 것만큼 끔찍한 것은 아무것도 없답니다. 남편은 언제 집에 돌아올지 정확하게 말하기 힘들다고 하기 때문에 저는 매일 저녁 기다려야만 해요. 정말 속상해 죽겠어요. 매 순간이 영원 같아요. 그리고 말로 다할 수 없이 슬프고 한없이 외롭다는 느낌이 듭니다. 남편이 절 기다리게 해서 분노가 일면 저는 아이들에게 화를 내게 되고, 제가 그렇게 한다는 사실이 놀랍지만 정말이지 어쩔 수 없습니다."

나아가 '시간엄수'와 더불어 혹은 그 대신에 갈등과 관련된 다른 내용들에 초점을 맞출 수 있다. 치료적인 의미에서 이 절차는 중요한 장점이 있다.

하나의 영역에 초점을 맞춤으로써 우리는 개인적 내용과 관련하여 의도적으로 퇴행을 불러일으킬 수 있다. 이런 식의 특별히 불안정한 환자들에게는 위험한 퇴행을 경험시킴으로써 일반적인 퇴행을 미리 막을 수 있다.

그와 동시에, 전이의 문제가 일어날 위험성도 줄어든다. 내용을 중심으로 단계별로 진행되는 절차에서 전이는 어느 정도 점차적으로 일어나게 되어 환자와 치료자 간의 문제가 갑자기 터진 댐에서 흘러넘치는 물처럼 불거지지는 않는다.

그러므로 기본적인 갈등은 초기 아동기의 중요한 시기에 일어난 사건뿐만 아니라 실제적인 갈등을 일으키는 배경이 된 모든 사건들까지도 포함하고 있다. 환자는 자신의 문제행동이 연속적으로 일어나는 일련의 학습 과정에 의해 좌우되어서 그 문제행동에 특유의 전통이 있다는 것을 알게 된다. 자신의 갈등이 발전해 온 내력을 이해하면 할수록, 환자는 더 이상 갈등을 위협적이고 낯선 것으로 생각하지 않게 된다.

이렇게 분화되면 일종의 감정적인 위안을 얻게 된다. 즉, 환자가 자신의 문제에 객관적으로 접근할 수 있게 되어 활용가능한 잠재능력과 그 방식의 전통으로서, 역사-사회적 배경 안에서 성격을 형성시켜 온 전통뿐만 아니라 개인의 개념과 오해에 관한 개별적인 전통까지 제일 먼저 다룰 수 있게 된다. 이런 식으로, 환자의 기억에 접근하기 쉬우면, 갈등을 유발시키는 환경과 실제 갈등상황 사이의 관계가 투명하게 된다.

'세분화된' (단계별) 절차 속에서, 마음에 떠오른 연상과 환자의 이전 경험에서 이미 자유로워진 기억들은 저변에 억압되었던 것으로 현재에도 환자에게 그다지 중요하지 않은 것이다. 이렇게 환자의 의식화를 통해 사건, 태도 그리고 아주 오랫동안 환자의 일방적인 신경증적 태도에 가려져 있던 가치에 대한 일종의 재구조화가 일어나게 된다. 환자는 자신의 과거를 다루는 법과 그 독특한 과거를 자신의 현재와 미래를 비추는 거울로서 이해하는 법을 배우게 된다.

상대방의 기본적인 갈등

환자의 기본적인 갈등과 더불어, 환자에게 갈등을 일으키는 상대방 특유의 기본적인 갈등 역시 논의할 필요가 있다. 상대방의 행동은 실제 드러난 것뿐만 아니라 갈등을 일으키는 배경적인 요소임을 분명히 검토해야 한다. 치료자는 그 상대방의 행동에서 치료가능한 요인을 찾아내야 한다. 이렇게 동일시, 투사, 일반화를 통해 아래와 같이 잘못된 해석 때문에 발생하는 오해를 상대적으로 다루어 줌이 바람직하다.

"왜 그 사람(상대방)은 그런 식으로 행동할까요? 그에게는 제가 더 이상 매력이 없는 걸까요? 저를 더 이상 사랑하지 않는 걸까요? 그에게 저는 하찮은 존재이고 아마 다른 여자가 생긴 모양이죠? 그는 제게서 벗어나고 싶은 걸까요? 아니면 사랑에 대한 본인의 무능력을 증명하는 것일까요? 그가 교육을 덜 받았기 때문인가요 아니면 공감 능력이 없는 건가요? 등등."

S부인은 시간을 지키지 않는 자기 남편의 행동에 대해 다음과 같이 언급하였다. "그는 저에게서 벗어나기를 원해요. 제가 미쳐 버리길 원하는 것 같아요." 이런 생각의 밑바닥에는 '가학증 콤플렉스'가 있는 것으로 치료자는 진단하였다.

환자의 남편을 7번째 회기에 참석하도록 초청하였고 환자는 이 회기에 참석하지 않았다. 남편은 매우 공격적인 태도로 치료실로 걸어 들어와서는 처음부터 어떤 치료적 접근도 거부하였다.

> 남　편: "제가 왜 여기 와야 하는지 모르겠군요. 회사 다니는 사람인데 아내의 우울증과 제가 무슨 관계가 있습니까? 말도 안 되는 일이라고 생각합니다. 아내가 좀 노력하면 아무 문제 없을 겁니다."
> 치료자: "선생님은 아내의 우울증과 아무런 관련이 없다고 생각하시는군요?"
> 남　편: "당연히 아무 상관없지요!"
> 치료자: "선생님께 짧은 이야기 하나를 해 드리고 싶습니다."

노동의 분배

"더 이상 감당할 수 없어요. 일이 산더미처럼 쌓여서 더는 못하겠어요. 아침 일찍 당신을 깨워야 하고, 집안의 이것저것 정리하고, 카펫을 청소하고, 아이들을 돌보고, 시장에 물건 사러 가고, 저녁에는 당신이 좋아하는 쌀 요리를 해야 하고, 밤에는 당신을 만족시켜야 하고요." 아내가 남편에게 늘어놓은 이야기였다. 그러자 남편은 닭다리를 먹으면서 간단히 대꾸한다. "그래서? 다른 여자들도 똑같은 일을 하고 당신도 그 일을 좋아하잖아. 나는 부양의 책임을 지고 힘들게 고생하지만 당신은 집에서 편히 지내잖아." "당신이 날 조금만 도와주면 좋

잖아요." 하고 아내가 불평하자 남편이 잠깐 관대해져서는 다음과 같은 제안에 동의하였다. "아내는 집안일을 책임지고, 남편은 집 밖에서 일어나는 일에 대한 책임과 의무를 맡는다." 이 부부는 이런 식으로 노동을 분배하여 오랫동안 행복하게 지냈다. 그러던 어느 날, 남편은 쇼핑을 마친 후에 카페에 앉아서 여유 있게 담배를 피우고 있었는데 갑자기 이웃 사람이 뛰어들어와 흥분해서 큰 소리로 외쳤다. "빨리 가 봐요. 당신 집에 불이 났어요." 담배 맛을 음미하던 남편은 놀랄 만큼 평온한 태도로, "제 아내에게 얘기해 주시죠. 집안일은 모두 아내가 책임지고 있고, 저는 집 밖의 일에만 책임이 있소이다."라고 말하는 것이었다(페르시아에서 전해 내려오는 이야기).

남   편: "재미있네요. 아주 재미있습니다. 오랫동안 동화 같은 이야기를 못 들어 봤습니다. 그런데 한 가지 드릴 말씀이 있습니다. 제 주변에는 많은 일들이 있습니다. 다른 일들은 전혀 신경 쓸 수 없을 정도로 제가 할 일이 많아서 카페에 한가로이 앉아 본 적도 없습니다. 그러나 한 가지 사실에 대해서는 선생님 말씀이 맞습니다. 우리 집은 늘 불난 집 같았습니다. 어쨌든, 집에만 오면 아내가 트집을 잡으면서 귀찮게 달라붙으니 정말 참을 수 없습니다."

이렇게 해서, 냉랭한 분위기는 풀어졌다. 강한 성취 지향적 유형인 남편은 아내의 질병이 그에게 어려운 문제를 초래한다는 것을 인정하였다. 이를 계기로 치료에 좀 더 협조적이 되도록 대화의 기초가 마련되었다. 치료에 협조하면서 남편은 조금씩 환자의 입장을 짐작하게 되었고, 자기 스스로 그 질병에 대한 통찰력을 얻게 되었다.

남편은 문제를 보는 자신의 관점을 일반적으로 말한 후에, '시간엄수'와 '질서정연' 부분에 초점을 두고 연상하게 되었다. 그 자신도 집에 늦게 오는 것이 정말 싫어 스트레스를 받고 있다고 하였지만, 정확히 몇 시에 집에 올 수 있을지 알 수가 없다고 하여 여전히 큰 문제를 안고 있었다.

"그동안 제가 오랫동안 바쁠 거라고 하면 아내가 실망할까 봐 실망시키지 않으려고 집에 좀 일찍 오겠다고 그냥 말한 겁니다. 제가 무언가 이뤄 내려고 늘 긴장하고 있는 걸 아내는 모를 겁니다. 매일같이 언제 돌아오느냐고 묻기에 실망시키지 않으려고 시간을 말해 주는데, 사실 다른 일이 생기면 약속을 못 지키는 거죠."

기본적인 갈등에 대해 질문했을 때 그는 이렇게 대답했다.

"저는 우리 어머니가 어떻게 집안일을 그렇게 완벽하게 해내시는지 매우 놀랍습니다. 물론 가끔 신경이 곤두서기도 했지요. 어렸을 때, 옷이 온통 먼지투성이가 되어 돌아왔을 때 어머니는 먼지를 제대로 털었는지 세밀히 검사를 하곤 하였습니다. 나는 가끔 반항하기도 했지만 결국 어머니가 옳다고 인정해야 했습니다. 먼지는 불쾌한 것이고, 주변이 더러우면 기분이 좋을 수 없죠…. 저는 때때로 아내가 시간엄수에 대해 지나치게 얘기하는 것이 이해가 안 될 때가 있어요. 시간을 지키는 일이 확실히 중요하지요. 하지만 어떤 경우는 시간을 제대로 지킬 수 없을 때도 있지요…. 사실, 우리 어머니는 상습적으로 시간을 안 지키셨습니다. 어머니는 집에 계실 때도 항상 새로운 일을 찾아내셨어요. 그래서 어머니와 약속하면 잘 해야 약속시간에 겨우 맞춰서 도착하시곤 하셨어요. 가끔 정말 곤란한 일도 생겼는데, 극장에 늦게 도착해서 못 들어가기도 했거든요. 그 뒤로, 우리는 함께하는 일은 좀처럼 계획하지 않게 되었습니다.

실제로 아버지는 그런 일에 아주 익숙하셨죠. 저는 지각하기 바로 직전에 학교에 도착하곤 했는데, 그런 내가 자랑스럽기까지 했어요. 1분 전에 도착하는 것이나 1분 지각한 것이나 시간엄수에는 별 차이 없으니까요. 저는 기다리는 것을 좋아하지 않습니다. 예를 들면, 영화 시작 전에 극장 앞에서 30분 동안 기다린다거나 철도역에서 기차를 기다리는 일 말입니다. 기다리는 것을 견딜 수 없어서 저는 항상 가장 마지막 순간에 도착합니다. 그래서 저에게는 놓쳐 버린 기차의 미등만 쳐다보는 일이 흔히 있는 일이에요. 아내가 몇 시간 전에 미리 준비하는 것도 참을 수 없습니다. 아내가 시간엄수에 집착하는 것을 느슨하게 해 보려고 노력했습니다. 그래서 가끔 아주 의도적으로 늦게도 들어갔는데, 아내는 계속 기다리더군요. 아무 소용이 없었어요…. 때로는 아내에게 정말 화가 납니다. 제가 정시에 거기에 가야 된다고 생각하면 가슴이 답답해서, 그래서 제가 일을 함으로써 가족의 생활수준을 올리려고 하는 노력이 결국은 비난받게 된 거죠…."

위의 내용은 남편이 설명한 것 중에 일부에 불과하다. 이러한 설명에서 치료자는 남편이 가지고 있는 많은 개념들이 아내가 가진 개념과 충돌하여 갈등을 유발시켰음을 추론할 수 있었고 차후에 진행되는 치료대상이 될 수 있음을 확인하게 되었다. 갈등관계에 있는 상대방에게서 수집한 자료는 개인적인 갈등의 성향, 실제적인 오해와 상호작용의 어려움이 무엇인지를 이해하는 데 훨씬 도움이 된다. 환자와의 대화를 통해 상대방의 동기를 더 잘 이해하게 되었다. 그리고 환자의 경험에서 비롯된 행동과 동기 사이의 실질적인 관련성(이는 흔히 명백한 것으로 여겨진다)이 있는지 의혹을 가져 보게 하고, 이것이 고착(병적 애착)되지 않도록 하는 것이 치료의 목적이 된다.

목록 작성하기 단계의 치료적 양상

이 단계에서는 구별하는 데에 세심한 주의를 기울여야 하는데 환자는 항상 치료자에게 애착이 있음을 알아차려야 한다. 환자는 DAI 작성하는 훈련에 들어가며, 자기 자신, 갈등관계에 있는 상대방, 자신의 어린 시절에 본보기가 되었던 사람들 및 자신의 과거에 대해서 선별적으로 DAI를 작성한다. 이 치료회기에서 주된 과제는 개인이 가진 개념과 오해하게 된 배경을 이해하며, 또한 개인의 활용가능한 잠재능력과 그 양식들을 형성시켜 온 학습 과정을 명확히 하는 것이다. 그러므로 상대방의 DAI와 그 조건화된 요소들을 명확히 하여 증상으로 발전시킨 오해들(동일시, 투사, 일반화)을 막을 수 있기 때문에 이 단계의 주된 관심은 갈등과 관련된 태도들이라 할 수 있다.

환자의 인생사에서 대체로 변할 수 없는 규칙이 되어 성격과 결부된 것처럼 보이는 태도들이 형성되었다는 가정에 기초하여 상대적으로 다루어져야 한다. 무의식의 내용들을 의식화하고, 잊혀졌던 기억들을 회상해 내며, 환자 자신의 발달사를 재현하는 과정과 함께 그 이상의 많은 과정이 드러나게 된다. 즉, 갈등을 유발하는 태도들과 괴로운 압박을 일으키는 행동방식들이 무엇인지를 가정해 보는 질문을 하게 되어 그 가정들을 확대하여 활용할 수 있게 된다. 환자는 자신의 갈등이 자신의 개인사를 이룬 과정에 영향을 받아 형성되었음을 배우게 되는 것이다.

그러므로 이 단계는 차후 치료를 위해 꼭 필요한 선행조건으로 그 치료 과정은 환자의 갈등이 내재된 행동 영역들은(기본적인 갈등: 현재) 개인사(기본적인 갈등: 과거)에서 조건화되어 형성된 것으로 보며 앞으로 변화 가능한(미래) 행동 영역들은 무엇인지를 파악하는 데 목표를 둔다. 그러므로 과거에 대한 조사는 그 자체로 끝나는 것이 아니고 오히려 실제 갈등상황을 분명하게 밝혀내는 데 목적이 있다고 볼 수 있다.

목록을 작성하게 되면, 환자의 경험이나 그 상대방의 경험이 긍정적 아니면 부정적 가치관 때문에 생긴 특성인지를 파악할 수 있다. 이런 분화 작업은 첫 면접에서 주로 치료를 위한 진단으로, 환자가 제시하고 치료자가 완성하여 특정한 기본 갈등을 다룰 때 치료적 대화에서 더욱 깊게 다루어진다. 이 단계에서 치료의 초점은 분화하는(인지하는) 잠재능력을 확장시키고 적절하게 감정을 반영하여 분화(감성적)를 촉진시키고자 하는 것이다.

목록 작성단계를 스스로 적용하기

당신이 관찰한 것을 DAI에 옮겨 적어라. 긍정적으로 생각하는 능력에는 (+)표시를 하고 부정적인 것에는 (−)표시를 하라. 만일 당신이 각각의 활용가능한 잠재능력에 대해 짧게 기록을 한다면 명확한 목록을 얻게 될 것이다. 어디서, 언제, 얼마나 자주 그리고 누구를 향해서 나타나는 행동인지를 기록하라. 당신이 상대방의 DAI를 작성한 것처럼 자신의 DAI도 작성하라. 당신 자신의 활용가능한 잠재능력을 평가해 보라! 갈등이 내재된 활용가능한 잠재능력을 찾아보라. 한 번은 상대방에 대하여, 한 번은 당신 자신에 대하여 그리고 마지막으로, 활용가능한 잠재능력에 대한 두 사람의 분석표를 비교해 보라.

> **활용가능한 잠재능력과 양식들**: 정의, 확신에 대한 믿음, 갈등, 이유, 전통, 상상 안에 내
> 재되어 있는 활용가능한 잠재능력들
> **오해들에 주의하라**: 투사, 동일시, 일반화, 정의-사랑 같은 가치에 대한 상대성
> **신화와 개념**: '나누어진 계명' (367쪽), '해시계의 그림자' (61쪽), '노동의 분배' (373쪽)

3. 세 번째 단계: 상황에 맞게 격려하기

상황에 맞는 격려하기 단계에서, 환자는 자신의 주변 환경에서, 특별히 갈등관계에 있는 상대방에게 치료자 역할을 하게 된다. 그러므로 이 단계에서도 환자는 치료 과정의 중심에 위치한다.

심리치료적인 상황 자체가 환자에게는 특별한 과제가 되는 것이다. 처음에, 이 과제는 환자와 함께 상황에 맞는 격려에 대한 기초가 되어 한 쌍의 활용가능한 잠재능력을 발견하는 것으로 구성되어 있다. 상황에 맞는 격려의 내용은 기본적인 잠재능력들의 양식뿐만 아니라 활용가능한 잠재능력과도 관련이 있다. 모든 사람은 나름대로 대단히 많은 긍정적인 속성을 가지고 있지만 이 속성들은 종종 인정을 받지 못한다. 그 이유는 이러한 속성들을 당연한 것으로 여기거나, 또는 이 특징들을 인정하게 되면 힘의 균형이 바뀌거나 상대방이 거만해져서 자기 자신에게 해가 되지 않을까 하는 유혹이 있어 의식하기를 두려워하기 때문이다.

우리는 상대방을 비판하는 대신, 상대방이 선하고 적절한 일을 했을 때 격려할 수 있다. 이때 폭넓게 일반적으로 격려를 하는 것은 적절하지 않다. "당신은 멋진 사람이에요." "사랑합니다." "당신은 아름다운 눈을 가졌군요." 등과 같은 일반적인 언급의 경우, 구체적인 것을 말하고 있는 것이 아니다. 즉, 구체적인 행동을 격려하는 일이 훨씬 더 중요하다. 격려는 (a) 내용을 직접적으로 언급해 현재의 상황과 연관시켜야 하고, (b) 즉각적이어야 하며, (c) 긍정적인 행동이 있자마자 바로 언급해야 한다.

S부인은 이렇게 불평하였다. "남편은 칭찬을 하면 무슨 큰일이 나는 줄 알아요. 어쩌다 칭찬을 할 때가 있는데 며칠이 지나고 나서예요. 이런 칭찬을 들으면 아무런 효과도 없어요. 왜냐하면 그때 무슨 일이 있었는지조차 기억을 못하기 때문이에요."

처음에, 격려는 선택된 긍정적인 행동방식이 일어날 때마다 '강화' 작용을 한다. 나중에는 두 번에 한 번, 세 번에 한 번, 네 번에 한 번씩 주어지다가 마침내는 불규칙하게 줄 수 있다. 격려는 언어라는 매개체를 통해 말로 할 수 있고, 또는 비언어적 매개체인 표정이나 몸짓을 통해, 그리고 전달하는 감정을 통해서도 할 수 있다.

말로 하는 격려는 나음과 같다. "당신은 일이 많은데도 제시간에 집에 올 수 있다니 정말 대단하다고 생각해요." 비언어적인 격려로서 다른 각도로 전달하는 표현으로는, 고개를 끄덕여 주거나, 미소를 지어 주거나, 손을 꼭 잡아 주거나, 어깨에 팔을 둘러 주거나, 껴안아 주는 것이 있을 수 있다. 이런 식의 행동은 매우 강력하게 격려하는 의미가 된다.

중요한 것은 상대방에 따라 어떤 형태의 격려가 좋은지를 각자가 결정해야 한다. 보편적인 관점으로 결정해서는 안 되는데, 예를 들어 서구 문화에서는 사춘기가 지난 후에 부모를 껴안는 것이 관습은 아니다. 그럼에도 이런 몸짓은 기적과 같은 효과를 가져올 수 있다. 격려의 기본적인 지침으로서, 사람이 인지할 수 있는 최상의 방법은 상대방이 분명하게 알 수 있는 방법으로 격려해야 하는 것이다. 심리치료 현장에서 언어적이거나 비언어적 형태의 격려에 대해 치료자와 함께 논의하고 주요한 표현들은 각자 연습할 수 있다.

종종 '격려'의 과정은 장황하고 무언가 모호하고, 그래서 결국에서 비능률적이 될 위험이 있다. 어떻게 격려할지를 미리 계획하는 것은 이런 비능률적 상황으로 발전되는 것을 미연에 방지할 수 있다. DAI에 기록된 것을 관찰하는 것은 어떻게 격려할지를 계획하는 데 기초를 제공한다. 나음의 S부인 사례에서 그 구체적인 과정은 제시하고 있다.

최고의 등급을 나란히 놓기

선별하여 격려하기 위해, 환자는 자신의 DAI로부터 특별히 긍정적이거나 부정적으로 평가된 세 가지 잠재능력을 기록하고, 극단적인 정도(+/−의 개수)에 따라 등급을 매겨 나란히 배치하였다.

환자의 DAI로부터 추출한 최고의 등급

긍정적인 것(+)	부정적인 것(−)
1. 시간엄수	1. 교제
2. 예의	2. 믿음/소망
3. 정의	3. 인내/시간

갈등을 빚고 있는 상대방의 DAI와 유사한 비교를 할 수 있다.

환자 남편의 DAI로부터 추출한 최고의 등급

긍정적인 것(+)	부정적인 것(−)
1. 질서정연	1. 시간엄수
2. 근면/성취	2. 정의
3. 교제	3. 시간

한 쌍의 활용가능한 잠재능력들

최고의 등급으로 평가된 긍정적, 부정적인 행동양식을 동시에 모두 다루는 것이 유익하지 않다는 사실이 밝혀졌다. 이런 시도는 격려하는 사람은 자신에 대한 확신이 적어지고, 상대방의 학습 효과는 훨씬 더 낮아질 것이다. 그러므로 상대방의 DAI에서 6개의 최고 등급을 선택하여 상황에 맞게 격려하는 것이 바람직하다. 현재 상황에서 가장 중요한 것으로 보이는, 긍정적 또는 부정적 등급이 매겨진 잠재능력을 한 쌍씩 선택하는데, S부인에게 있어 그 당시에 적절한 한 쌍은 '질서정연'(+)과 '시간엄수'(−)다.

대응하는 잠재능력

상대방 때문에 발생하는 갈등 잠재력은 환자에게 있는 갈등 대처능력에 영향을 미친다. S부인의 남편은 시간을 잘 지키지 못하는 사람인데, 이런 현상은 S부인이 유난히 시간엄수를 강조하는 배경과는 상반되는 현상으로 그녀가 기다림에 대한 대안으로 사회적인 교제를 촉진하며, 이미 계획했던 시간을 재조정하고, 참을성 있게 기다리는 데에도 문제를 야기시켰다. S부인은 시간을 조정해야 하는 것도 자기 남편이 시간을 잘 지키지 않기 때문에 발생하는 것이라고 여기는 것이다.

> "만일 남편을 기다리는 동안 차라리 다른 일을 할 수만 있다면 좋겠어요. 하지만 기다리는 것 외에는 다른 어떤 것도 생각나지 않아요."

그러므로 '시간' 이라는 활용가능한 잠재능력을 대응하는 능력으로 선택하였다. S부인은 상황에 맞는 격려와 함께 자신의 시간을 분배하는 등 다른 대안들을 찾아보아야 했다. 그 결과는 다음과 같은데, 이는 S부인이 카드에 기록한 내용이다.

상대방 한 쌍의 활용가능한 잠재능력	질서정연(+++)/시간엄수(- - -)
환자 대응하는 잠재능력	시간(+-)

환자가 이미 대응하는 능력에 익숙해 있다면 대응능력을 더 이상 선택할 필요가 없다. 이 경우에는 긍정적으로 평가된 행동방식을 직접 강화하는 것이 바람직하다.

행동치료와는 대조적으로, 여기에서의 주안점은 비판의 대상이 되는 행동을 소기하는 것이 아니라 오히려 뿌리 깊은 의사소통 방식을 수정하여 상대방과의 신뢰를 증진시켜서 환자의 행동을 변화시키는 데에 있다. 지켜야 할 규칙은 긍정적인 행동이란 즉시 그리고 직접적으로 인식되며, 이 기간 동안 부정적인 것은 절대 말로 표현하지 않도록 한다.

(대신 기록한다.) 비슷한 방법으로, 하나가 다루어지고 나면 이어서 다른 능력에 초점을 맞추어 집중적으로 다루는 것이다.

상황에 맞는 격려의 실제

상황에 따라 3일에서 일주일 정도의 기간 동안, 한 쌍의 활용가능한 잠재능력과 관련된 상대방의 긍정적인 행동을 격려해 준다. 환자의 눈에 비친 상대방의 부정적인 행동을 비판하지 않고 얼마 동안은 그냥 무시한다. 이런 절차는 새로운 행동에 대한 의도적인 조건형성 그 이상을 목표로 하여 주로 환자와 상대방 모두에게 태도의 변화가 일어나게 하는 것이다. 그 상대방은 전에는 아주 당연한 것으로 받아들였던 부분에서 갑자기 가치를 인정받는다고 느낄 수 있다. 이는 전통적인 강화 절차와는 반대되는 방법이다. 전통적인 강화 절차 과정에서는 상대방의 행동을 더 비판적으로 보기 때문이다. 예를 들면, 이전에 상대방의 무질서한 행동에 화를 냈다면, 지금은 그가 자기 책상을 깨끗하게 정리해 놓은 것을 칭찬해 주는 것이다. 이런 칭찬을 통해 상대방은 자신이 주변을 깨끗하게 정돈하면 환자에게 즐거움을 준다는 사실을 자각하게 된다. 처음에는 단지 격려 때문에 책상 정돈을 하지만, 마침내 질서 있게 정돈하는 행동과 그에 대한 긍정적인 가정의 특성과 관련지어 연상하게 된다. 이러한 형태의 격려는 학습이론에서도 매우 효과적인 것으로 증명되었다.

그러나 보통은 한 사람이 갖고 있는 수많은 능력 중에서 오로지 소수의 능력만 꼬집어 '비판'의 대상이 된다. 이런 점에서 보면, 다른 사람을 격려할 수 있는 가능성은 매우 희박해지게 되고 격려의 부족으로 격려를 갈망하고 있는 상대방과의 관계는 나빠지게 된다. 뿐만 아니라, 상대방의 긍정적인 성향을 당연한 것으로 여겨서 언급할 가치조차 없는 것으로 대우하는 것은 관계에서 공평하지 않다. 어떤 이에게는 중요하지 않은 것이 상대방에게는 중요한 것일 수 있기 때문이다. 이런 이유에서 상황에 맞는 격려는 비판적인 행동에만 주어지는 것이 아니라 긍정적인 면에서 당연하다고 생각되는 행동에도 주어져야 한다.

처음에 얼핏 보면, 문제 있는 사람에게 격려한다는 것은 모순인 것처럼 보이는데,

이 점에 대해 S부인은 분명하게 표현하였다.

"제가 남편을 격려한다면 제가 돌아야 하는 거죠. 첫째, 제가 그 사람을 거의 볼 수도 없구요. 다음은요, 그의 잘못들을 면전에서 쏘아 붙일 수 있다면 정말 후련할테니까요."

환자는 치료 단계에서 남편을 격려하는 것은 고사하고, 긍정적인 특성을 찾아보는 것조차 거절하였다. 치료자는 환자가 다음의 이야기에 집중하게 하였다.

까마귀와 공작

까마귀 한 마리가 궁전 정원의 오렌지 나뭇가지 위에 앉아 있었다. 손질이 잘된 잔디 위에 공작새 한 마리가 자랑스럽게 걸어가고 있었다. 까마귀가 날카로운 소리로 외쳤다. "어떻게 저렇게 이상하게 생긴 새가 이런 정원에 들어왔지? 마치 자기가 술탄(sultan, 이슬람교국 군주)이라도 된 것처럼 거들먹거리면서 주위를 걸어 다니고 있잖아. 완전히 흉칙한 다리로 말이야! 그리고 푸른빛 색조의 깃털이라니 끔찍하군! 나 같으면 저런 깃털을 하고 다니진 않을 거야. 여우처럼 자기 꼬리를 질질 끌고 다니는 꼴이라니." 까마귀는 멈춰 서서 공작새가 대답하기를 조용히 기다렸다. 공작새는 한동안 아무런 말도 하지 않았다. 그러나 곧 슬픈 듯한 미소를 지으며 말하기 시작했다. "너의 말은 사실과 달라. 나에 대해 네가 나쁘게 말한 것은 모두 오해야. 머리를 꼿꼿이 들고 다녀서 내 어깨의 깃털이 눈에 띄고, 내 이중턱이 내 목의 미관을 망가뜨리기 때문에 내가 거만하다고 하지만, 사실 나도 내 추한 모습을 잘 알고 있어. 그리고 내 다리가 주름이 많고 가죽처럼 질기다는 것도 말이야. 나도 이것 때문에 무척이나 괴로워. 그래서 내 못난 다리를 보지 않으려고 내 머리를 똑바로 들고 있는 거야. 너는 나의 추한 부분만을 보고 나의 멋진 부분과 아름다움에 대해서는 보려고도 하지 않아. 한 번도 눈여겨 본 적이 없어서 모를 거야. 그런데 사람들은 네가 못 생겼다고 하는 그 부분을 감탄하거든."

8회기에서 환자는 노력을 많이 했지만 남편을 칭찬하거나 격려하는 것이 어렵다는 것을 깨달았다고 이야기했다.

"너무 어렵다는 것을 알았어요."

"어찌된 일인지 제 입으로 하는 말인데도 더듬거렸어요. 격려하고 칭찬하는 것이 저한테 너무 어려운 일이라는 것을 알게 되었어요. 심할 때는 생각하는 것조차도 아주 싫은 거예요. 그러나 남편을 격려해 보려는 노력을 해 보기로 결심했어요. 그는 매우 부지런하고 정돈도 잘하거든요. 지난 주에 제가 몇 마디 칭찬을 할 수 있었지요. 그리고 보니 부정적인 면을 잘 골라내고 격려는 적당히 넘기는 제가 마음이 좀 삐뚫어져 있지 않나 싶어요."

이런 저항을 다루기 위하여, 칭찬과 비난의 견지에서 기본적인 갈등에 초점을 맞추어 회기가 진행되었다.

"저는 칭찬이 절실히 필요해요."

"사실, 저는 어린아이였을 때 어머니로부터 거의 칭찬을 듣지 못했어요. 어머니는 다른 사람들 앞에서는 저에 대한 칭찬을 아끼지 않으셨어요. 제가 학교에서도 영리하고 다른 것들도 아주 잘한다고 말씀하셨는데 저한테는 거의 언제나 부정적인 것만 집중적으로 이야기하셨어요. 한 번은 이런 말씀까지 하셨어요. "만일 누가 은쟁반에 너를 담아 준다 해도 나에게 선택권이 있다면 너를 선택하지 않았을 거야. 내가 확신하건대 너는 지금까지 네가 해 왔던 대로 될 게 뻔해." 이 말은 나를 몹시 불안하게 했어요. 어머니는 항상 제 여자친구들을 본보기로 삼고 저를 비교하셨답니다(제 여자친구들은 나보다 훨씬 더 개방적이고, 더 다정하고, 더 깔끔했거든요.). 저는 스스로 제 인생을 잘 살아갈 수 없을 것이라는 생각이 계속 들었어요. 제가 남편한테 하는 태도와 어머니가 제게 했던 태도에 비슷한 점이 있음을 깨달았어요. 저는 다른 사람들의 긍정적인 면은 잘 이야기합니다. 그런데 남편에게는 칭찬이 인색하고 오히려 부정적인 점에 대해서만 이야기한 것 같아요. 저는 어렸을 때 칭찬을 받지 못했기 때문에 인정받고 사랑의 표시를 받는 것을 간절히 바랐었지요. 저는 (어린아이로서) 외관상 친절한 사람들에게 잘 속아 넘어가곤 했어요."

이어지는 두 번의 회기에서, 환자는 긍정적인 행동을 칭찬하는 것이 점점 더 쉬워지고 있다고 이야기하였다.

> "저는 최근에 저의 의식이 점점 더 깨어 가고 있음을 느껴요. 이제 다른 사람들의 생각과 애정에, 예전처럼 그렇게 많이 의지하지 않게 되었어요. 제 자신과 다른 사람들에게 친절하게 되면 애정은 자동적으로 따라온다는 사실을 발견했지요."

여기서 앞의 두 단계인 관찰하기/거리두기와 목록 작성하기 단계들은 상황에 맞는 격려하기 단계를 위한 없어서는 안 될 필수적인 단계임이 분명해진다. 환자가 상대방에게 긍정적인 잠재능력이 있음을 알 때에만 이런 잠재능력을 분별하게 되어(그런 다음에 인정이 가능하다), 자기 자신도 만족하면서 현명한 방법으로 격려할 수 있게 된다. 우리가 상대방을 잘 격려할 수 있는지 없는지는 우리 자신의 자유 의지와는 무관하다. 오히려 상대방의 행동에 반응하는 방식 뒤에 숨겨져 있는 환자의 경험에 따라 다르게 나타나는데, 다른 사람을 격려 또는 비난하는 것을 어떤 방식으로 학습해 왔는지와 깊은 관계가 있는 것이다. 이런 관점에서 보면, 앞서 본 사례가 그러하듯, 경우에 따라 낙관주의 또는 비관주의, 그리고 격려 또는 비난에 대해 확실한 평가를 내리는 독특한 전통이 각 가정마다 있음을 이해하게 된다.

긍정주의 프로그램

많은 사람들이 거의 전형적으로 일방적인 개념을 사용하여 주변 환경을 지각하고 판단하고 있다. 출발은 부정적인 측면에서 시작하는데, 비록 긍정적인 측면을 인정한다 해도 그에 대해 별로 언급하지 않는다. 필자의 경험에 비추어 보면, 이러한 경향은 비관주의적 개념이 있어야 현실을 정확하게 반영하게 된다는 느낌을 동반하기 때문이다. 물론 이것이 자기 기만과 속임수일 뿐이라는 것을 이성적으로 알고는 있지만, 같은 상황을 좀 더 낙관적으로 바라보는 방식에 대해서는 회의적인 태도로서 부정적 개념에 확신을 가지고 반영한다. 이 과정에서 부정적인 태도는 실망과 실패에 대한 방패로 이용된다. 사람들은 이미 실망과 실패를 예상했기 때문에 더 이상은 그것들 때문에 좌우되지 않으리라고 생각하지만 이런 식으로 비관주의적 태도와 의혹을 가짐으로써 실태를 피하려는 전략을 쓰게 된다. 이는 마치 죽음을 두려워해서 자살을 하는 것과 흡사한 것이다.

상황에 맞는 격려하기 단계에서, 우리는 환자의 부정적인 개념을 이겨 내며, 그가 겪는 갈등을 해석하는 새로운 대안을 제공하려는 노력을 기울인다. 환자는 그 대안이 실행가능하고, 수용할 만한 것인지 아닌지를 분별해야 할 것이며, 치료 목적을 이루기 위해 모든 것을 뒤죽박죽 함께 섞어서 도덕성 결여로 몰아붙이는, 이른바 부정적인 일반화에 당당히 맞설 수 있어야 한다. 환자의 행동에 대한 긍정적 해석도 부정적 견해에서와 같이 공정하게 다루어져야 하며, 다소 눈에 띄는 사실도 몇몇 개인적인 양상들까지 이치에 맞게 적용되어야 한다. 다음에 소개되는 예화가 이를 잘 뒷받침하고 있다.

낯선 도시의 율법학자

고대 동방의 설교가인 한 이슬람교 율법학자가 여러 날 사막을 정처 없이 헤맨 끝에, 완전히 탈진한 상태로, 굶주린 사자처럼 주린 배를 안고 낯선 도시의 시장에 도착하였다. 그는 과자 가게로 뛰어 들어가서 달콤한 롤빵을 쉬지 않고 입으로 마구 집어넣기 시작하였다. 자기 가게에 있는 것을 모두 먹어 치워 버릴까 봐 두려웠던 과자 가게 주인은 그에게 돈을 낼 것을 요구하였다. 그 율법학자는 가게 주인에게 가진 돈이 한 푼도 없다고 말하고는 뻔뻔스럽게 계속 먹어댔다. 가게 주인은 그런 철면피 같은 행동을 참을 수가 없었다. 그는 빗자루 막대기로 율법학자의 등을 내리쳤다. 율법학자는 여기에 굴하지 않고 달콤한 과자를 몇 개 더 넣은 뒤에 큰 소리로 이렇게 말하는 것이었다. "이 도시 사람들은 도움을 많이 주는 아주 예의 바른 사람들이네요. 때려서라도 진미한 음식들을 먹도록 강요하니 말입니다."

광범위한 의미에서, 이 이야기에는 상황에 맞는 격려가 잘 표현되어 있는데, 즉 드러나 있는 부정적인 현상을 긍정적인 해석으로 보완하고 있는 것이다.

심리적 백신(psychoserum)

　목록을 작성하는 과정에서, 의식화 과정을 도입하였다. 환자는 대개 당연한 것으로 받아들였던 자신의 행동양식에 대한 통찰을 가진다. 자신의 내면을 통찰함으로써 적어도 갈등이 내재된 태도와 행동양식에서 한 발 뒤로 물러나 객관적인 시각을 얻게 될 가능성이 있다. 그러나 순수히 지적 통찰력만 강조되는 것은 경계해야 할 것이다.

　예를 들어, 루리아(Luria, 1974)는 연구에서 통찰력 자체는 "마음은 원하지만 몸이 따라 주지 못한다."라는 말로 미루어 보더라도 행동수정의 충분조건이 아니라고 발표하였다. 이 말은 환자가 자신의 습관을 깨뜨리는 것을 중요하게 다루는 심리치료의 경우에는 특별히 더 타당한 것으로 제언하고 있다.

　루리아는 자신의 연구에서, 피험자들이 통찰력에 대한 내적인 욕구가 있을 때에만 결과적으로 더 깊은 통찰에 들어갈 수 있었음을 보여 주고 있다. 이런 연구결과는 상황에 맞는 격려하기 단계에서 치료적으로 적용될 수 있으며, 이 연구에서 제시하는 절차들이 유익하다는 것이 증명되었다. 필자는 이 사실에 대한 이해를 돕기 위해 일반적인 경험을 상기시키고자 한다. 우리가 어려운 일에 직면했을 때, 어려운 일이 문제가 되는 것이 아니라 다른 사람들이 어떻게 반응해 주느냐가 우리에게 많은 영향을 끼친다. 이런 상황에서, 누군가 단순히 피상적으로 하는 말이 아니라 "당신이라면 이 일을 아주 잘 해낼 수 있지."라고 확신에 가득 차서 말해 준다면, 이는 "당신이 하고 싶으면 이 일을 할 수도 있겠지만, 글쎄 당신이 잘 해낼 수 있을지 의문인데…."라고 말하는 것보다는 확실히 다른 효과를 가져올 것이다.

　그러므로 우리는 이러한 표현들이 상황에 따라 동기를 증진시키기도 하고 감소시키기도 한다는 것을 알 수 있다. 이는 암시나 최면을 사용하는 것과 비슷한 효과를 가져온다. 이런 절차들을 거치는 과정에서, 어떤 내용들은 환자가 정서적으로 경험한 것보다 더 분명하게 접근할 수 있게 된다. 이 과정에서 중요한 것은 기본적인 개념을 뛰어넘을 수 있는 대안을 제공하는 것인데, 즉 내면에 갈등이 쌓이게 한 근원이며, 전반적인 행동과 관계되기도 하고 또 개별적으로 활용가능한 잠재능력과 관계되기도 하는 기본 개념들을 대신하는 방안인 것이다. 그런 대안적인 개념을 심리적 백신이라고 부른다. 심리적 백신은 환자가 가지고 있는 목표와 의미에 대한 개념을 체계화하여 단축시킨 것으로, 이는 환자에게 갈등을 초래하는 행동양식에 대한 해독제로 사용되기도 하고 행동수정을 촉진시키는 의지적인 욕구를 환자에게 전달하는 촉매제이기도 하다.

자율 훈련(J. H. Schultz 이후) 또는 점진적이고도 적극적으로 진행하는 최면술(Kretschmer & Langen)을 적용한 결과는 '용기' '신뢰' 그리고 '자기 확신'과 같은 문제들이 해결되는 반면, DAI를 적용했을 때는 개인의 활용가능한 잠재능력에서 표출되는 특정한 갈등 내용들을 개개인이 적절하게 선택·적용하기 때문에 해결이 쉽다. 그러면서 환자는 이전의 치료절차에서 자신이 부적절하게 분화되었음을 깨닫게 되어, 자신에게 유익한 방법으로 개인적이고도 중요한 다양한 잠재능력들을 개방할 수 있게 되며, 이러한 환자에 대해서는 차후 특정하게 논의할 수 있다. 그러므로 활용가능한 잠재능력들이 심리적 백신에 적절한 내용이 되는데, 이유는 그 내용들이 '자극어'로 일반적으로 이해하기가 쉽기 때문이다. 그러한 자극어들이 어떤 경우에는 아주 중요하기 때문에 사전에 환자와 미리 상의해야 한다.

> S부인은 가능하다면, 약속시간이 되기 전에 남편이 집으로 돌아오기를 기대했다. 그리고 이런 기대 때문에 강한 정서적 의존 상태에 빠지게 되었다. 남편 없이 며칠을 혼자 보내는 일이나 가족 없이 혼자 휴가 여행을 떠나는 일은 그녀에겐 너무나 높은 장애물이고, 과중한 부담이 되었다. 그녀는 다가올 아득한 미래에 대해서는 생각조차 할 수 없었다.

이에 대한 심리적 백신은 다음과 같다.

심리적 백신	기대와 희망을 구별하기를 배워라.

다음은 심리적 백신에 관한 더 많은 예들이다.

"질서정연과 인내를 구별하기를 배워라."
(자녀의 무질서함과 어머니의 질서정연에 대한 과도한 규칙에 의해 더 악화되어 자녀 양육에 어려움이 있는 사례들)
"신뢰와 확신 구별하기를 배워라."
(양육, 상호협력 그리고 사회적 관계에 어려움이 있는 사례들)
"사랑과 정의 구별하기를 배워라."
(아내의 외도에 대하여 복수하고 싶은 마음이 있는 환자)
"본성과 양육 구별하기를 배워라."
(시간을 지키지 않는 남편의 고질적 습관이 나아질 것이라는 기대를 포기한 아내)
"조건적 운명과 결정된 운명 구별하기를 배워라."
(자녀의 죽음을 극복하지 못한 환자)

이와 같이 변별하는 심리적 백신 외에 함께 통합하는 심리적 백신도 있다.

"과거, 현재, 미래 통합하기를 배워라."(기본 심리상태가 우울하고, 청년기 때 경험을 되살리는 데 집착하는 56세 환자)

행동변화를 목적으로, 심리적 백신은 자기 자신의 개념을 수정할 것을 제안하며 새로운 대안행동을 향해 한 걸음 나아가도록 지지해 준다. 고려할 만한 좌우명으로서, 심리적 백신은 암시적인 경험들과 관련하여 행동변화를 위해 적용되는데, 자율 훈련 및 행동치료에서 잘 알려진 '점진적 이완' 요법도 행동수정에 유용한 것으로 증명되었다. 이 책에서 소개하고 있는 자기 암시적인 경험과 관련하여 연상시키는 기능을 한다. 그러므로 심리적 백신은 환자 자신의 본성과 관련 있는 규칙으로서, 심리치료 범위 안에서 자신이 변화시키고자 하는 행동과 태도 개념에 대한 대안책을 채택하려는 동기를 강화하는 것인데, 이 동기는 환자에게 이미 존재하는 것이다. 자율 훈련 기법은 J. H. 슐츠(Schultz, 1964)가 자세히 묘사하고 있으며, '점진적 이완' 절차는 제이콥슨(Jacobson, 1938)과 울프(Wolpe, 1982)가 설명하고 있다.

이완 훈련

긍정주의 심리치료에서는 자기 암시적 이완 훈련을 일부 수정한 형태가 매우 유익한 요법이라고 입증하는데, 이는 원래 자율 훈련 기법에서 나뉘었던 평온, 나른함 그리고 따뜻함의 세 단계들을 하나로 흡수하여 수정된 것이었다.

"당신은 지금 매우 편안하게 소파에 누워 있습니다. 당신의 팔은 매우 평온하게, 약간 구부러진 상태로 놓여 있습니다. 발은 긴장이 풀어져서 발가락이 바깥쪽으로 향해 있습니다. 이렇게 편안하게 이완된 상태에서, 제가 하는 말에 집중하시기 바랍니다. 이 말은 현실로 이뤄질 수 있는 힘과 영향력을 지니고 있습니다. 당신의 팔과 다리는 아주 평온하고 나른해지고 있습니다(6번). 나른한 느낌은 점점 더 강해지고 온몸으로 확장됩니다. 당신의 몸 전체, 머리에서 발끝까지 점점 더 잘 순환되어 피부의 가장 작은 세포들에게까지 영양분이 공급되고 있습니다. 순환이 증진되면서 몸 전체가 회복됩니다. 경직된 몸이 점점 더 이완됩니다. 당신의 몸은 이제 평온하고 나른해지고 유쾌해져 따뜻해집니다. 이 따뜻함은 당신 몸 전체에 흘러넘쳐서, 몸에 있는 모든 세포에까지 퍼지게 되어 평온하고 나른하고 따뜻해져서 모든 압박과 모든 긴장은 조금씩 사라집니다. 당신은 평온하게 이완되어 있습니다. 이완되어 있는 느낌에 주의를 집중하십시오. 그리고 이완된 느낌이 몸 전체로 퍼지고 있는 느낌을 느껴 보십시오. 이렇게 이완된 상태에서 다음의 문장에 집중하여 보십시오." 예의와 정직 구별하기를 배워라. (환자는 이렇게 이완 상태를 약 10분간 유지한다.)

"이제, 제가 하는 것을 잘 들으십시오. 훈련을 다시 시작하고자 합니다. 제가 여섯까지 세면 당신은 완전히 활기를 되찾고 깨어날 것입니다. 하나를 세면 우선 다리에 힘이 생기는 것을 느끼게 됩니다. 다리를 약간 움직여 보십시오. 둘을 셀 때, 팔에 힘이 생기는 것을 느끼게 됩니다. 팔을 약간 움직여 보십시오. 셋을 셀 때, 당신은 팔과 다리에 힘이 생기는 것을 느끼게 됩니다. 넷을 셀 때에, 오른쪽 팔을 올려 보십시오. 그리고 왼쪽 팔을 올려 보십시오. 양쪽 팔과 다리를 세 번 꽉 조여 보십시오. 다섯을 셀 때에, 깊게 숨을 들이마시고 내쉽니다. 여섯을 셀 때에, 눈을 뜨고, 상쾌하게 깨어납니다…."

그러나 긴장이완이 잘 되지 않는 환자라면, 슐츠의 자율 훈련에서 하는 것처럼 팔 또는 다리와 관계 있는 평온 훈련으로 시작하는 것이 바람직하다.

　이완 훈련에 앞서 호흡 치료 방법(예를 들면, 들이마시고, 숨을 참고 있다가, 숨을 내쉬는 과정을 6번 반복)을 먼저 시작할 수 있다. 암시를 주는 효과를 지속하기 위해서 개별 문장들을 반복해서 말할 수 있다(천천히 그리고 강조하면서). 심리적 백신은 심리치료에 적용될 뿐 아니라 그 치료에서 환자가 처음 제이콥슨의 훈련 또는 자율 훈련과 더불어 심리적 백신 적용법을 배우며 또한 환자 스스로 심리치료 회기 중에 간간히 적용해 보게 한다. 필자는 이완 훈련을 녹음하여 환자가 집에 돌아가 재생하여 적용해 보게 함으로써 효과가 있었던 좋은 경험이 있다. 어떤 환자에게는 배경 음악이 이완을 증진시키는 데 더 도움이 되기도 한다. 심리적 백신을 적용할 때는 주어진 시간을 넘지 않도록 해야 하는데, 그 이유는 한편으로는 지나치게 부담 주는 것을 막고 다른 한편으로는 조급하게 과잉공급되는 것을 줄이기 위한 것이다.

보완적이고 대안적인 수단

＊＊ 갈등의 시각화

　환자에게 늘 비판적인 활용가능한 잠재능력 때문에 일어나는 고통스러운 갈등상황을 상상하게 한다. 이와 같이 불안이 일어나는 가상의 상황에 직면했을 때 심리적 백신요법을 적용하게 한다. 그렇게 몇 번 반복하고 나면, 대개 불안 증세가 현저하게 감소되는 것을 관찰할 수 있다. 이러한 절차를 거쳐 갈등이 내재된 활용가능한 잠재능력과 관련하여 발생하는 불안 증세의 위계가 세워지는데 이는 꽤 유익한 것으로 증명되었다. 내용을 중심으로 하는 갈등을 시각화함으로써 되살아난 불안 증세들을 점진적 이완법(긍정주의 심리치료와 행동치료를 비교해 보라)과 접목하여 체계적 둔감화를 적용하면 불안 증세를 감소시킬 수 있다. 이 훈련은 특히 우울하며 억압이 심한 환자에게 더 효과적인 것으로 밝혀졌다.

＊＊ 역설적으로 수정한 의도

　역설적으로 환자에게 활용가능한 잠재능력에 초점이 맞추어진 갈등 문제가 무엇인지를 다음과 같이 상상하게 한다. "아마 오늘도 남편은 저를 기다리게 할 거예요." "남편이 시간을 지키지 않는 것을 기쁘게 생각해요." "시어머니가 저의 질서정연을 참견하시기를 바라요."

치료적 상황에서(집단 치료와 개인 치료), 이런 바람은 처음에는 '속으로 말하기'로 표현하고 그런 다음 속삭이고, 다음엔 정상적인 어조로 말하고 마지막으로 소리를 치게 한다. 이렇게 하면 공격성을 피하면서, 강화된 내용에 힘입어 정서적으로도 참여가 수월해진다. 이러한 방법은 자아를 소외시키며 자기 합리화하는 무의식적인 습관을 수정하는 데 특히 권장할 만한 방법으로 쓰인다.

✱* 메모카드

심리적 백신 요법은 환자에게 메모카드를 쓰게 한다. 갈등을 일으키는 행동방식들 중의 하나를 다룰 때 항상 이 카드를 꺼내 보아야 한다. 예를 들면, 환자가 누군가를 기다려야 하며 시간을 지키지 않는 것에 대하여 아주 민감하게 반응할 때, 그는 카드를 꺼내서 심리적 백신에 새로운 내용을 추가한다. 이 과정에서 심리치료적 상황이 시각화되어 불안을 감소시키게 되고, 학습 효과를 가져온다. 이러한 과정이 환자에게 모델이 되어 치료 상황을 파악하는 법을 배우게 되며 다른 실제적 상황에 이와 같은 방법을 적용할 수 있게 된다.

✱* 긍정적인 행동 프로그램 편성

우세한(또는 이에 대응하는) 잠재능력을 사용하여, 다음의 원리에 따라 구성한 개인의 좌우명을 발전시킨다. 환자는 자기의 결심을 다음과 같이 표현한다.

"저는 자유로운 사람이 되기로 작정했으며, 아주 굳게 결심했어요. 아무도 제가 이 목표를 달성하는 것을 방해할 수 없습니다. 저는 충분하고도 완전하게 제 목표에 도달할 때까지 매일 자유로운 사람이 되도록 노력할 겁니다. 그런데 저에게 자유가 무엇을 의미할까요?"

여기에서 개별적인 좌우명을 볼 수 있는데, 이는 환자의 갈등과 대응하는 잠재능력과 관계가 되는 것이다. "나는 남편을 기다리는 시간에 무엇인가 적극적으로 하는 법을 배울 것이며, 남편이 시간을 지키지 않는 습관에 대해서도 긍정적인 태도를 가질 것이다."

행동 프로그램에서 말로 표현되는 분량은 강한 감정적인 참여를 하기 전까지는 단계적으로 증가된다. 감정적인 참여를 활성화하는 것은 심리치료에서 매우 오랫동안 사용해 온 절차로서, 매우 유명한 페르시아 의사인 라제스(Rhazes, Razi, 865-925 A.D.)에 의해 사용되었으며, 특히 '정신치료학'이라는 용어를 그가 처음 사용하면서 명성을 얻었다. 그는 또한 칼리프를 치료하면서 얻은 성공적인 경험담을 다음과 같이 보고하였다.

칼리프[1]의 '원초적 비명'

코라산 왕국의 아미르 만수레부 누(Amir Mansurebue Nuh) 왕이 아주 심각한 질병에 걸리게 되었다. 그를 치료하려는 모든 노력들이 아무 소용이 없었다. 아주 위대하고 유명한 의사인 라지(Razi)가 마침내 왕을 진찰하기 위하여 부름을 받았다. 처음에, 그는 모든 전통적인 치료 방법을 시도하였으나 성공하지 못하였다. 마침내 라지는 왕에게 그가 가장 최선이라고 생각하는 치료법을 실시하도록 허락해 줄 것을 요청하였다. 절망에 빠진 왕은 이 요청을 허락하였다. 라지는 그의 뜻대로 말 두 마리를 배치시켜 주도록 왕에게 요청하였다. 가장 빠르고 가장 좋은 아라비아산 말들을 그의 앞에 데려왔다. 다음날 아침 일찍, 라지는 부차라에 있는 유명한 온천인 '조우제 뮬란'으로 왕을 모셔 갔다. 왕은 움직일 수가 없었기 때문에, 들것에 태워져 수송되었다. 온천에서 라지는 왕에게 옷을 모두 벗게 하고, 모든 신하들은 온천에서 가능한 한 멀리 떨어진 곳에 가 있으라고 명령하였다. 신하들이 머뭇거렸지만 왕이 그들에게 의사가 명령하는 대로 따르라고 하자 비로소 뒤로 물러났다.

라지는 말들을 온천의 입구에 묶어 두었다. 그는 제자 한 명과 함께 왕을 욕조 안에 앉히고, 뜨거운 물을 왕에게 재빨리 쏟아 부었다. 그리고 동시에 왕에게 뜨거운 시럽을 먹이자 왕의 체온은 높아졌다. 이 모든 것을 마치고 나자 라지와 그의 제자는 옷을 입었다. 라지는 왕 앞에 서서 극도로

---

1) 칼리프(caliph): 이슬람 국가의 지배자 호칭으로, 마호메트(Mahammed)의 '후계자'를 뜻함.

불쾌한 방법으로 왕을 모욕하고 저주하기 시작하였다. 왕은 라지의 무례함과 부당한 모욕에 충격을 받고 심한 분노를 느꼈다. 특히 자신이 어찌할 수 없이 너무 무력한 상황이었기에 더욱 그러했다. 완전히 분노에 찬 왕은 몸을 움직였다. 이것을 본 라지는 자기의 칼을 뽑아 들고, 왕에게 가까이 다가가서 왕을 죽이겠다고 위협하였다. 너무 놀란 왕은 자신을 방어하려고 애썼으며, 이러한 상황에서의 공포심은 갑자기 그에게 자리를 박차고 일어나 도망갈 힘을 주었다. 바로 그때 라지는 제자와 함께 재빨리 방에서 나가 말을 탄 후 도망하였다.

왕은 완전히 지쳐서 주저앉았다. 그가 다시 의식을 되찾은 순간 그는 이전보다 자유롭게 움직일 수 있음을 느꼈다. 그러나 여전히 화가 난 채로 왕은 하인을 불러 옷을 입고 궁전으로 돌아왔다. 궁전 사람들은 왕이 오랜 질병에서 벗어난 것을 보고 매우 기뻐하였다.

일주일이 지난 후, 의사로부터 한 장의 편지가 왕에게 날아들었다. 편지에는 다음과 같은 설명 담겨 있었다. "첫 단계에서 저는 의사로서 제가 배운 모든 것을 다 시도해 보았습니다. 모든 방법이 소용없음을 알고 저는 인위적인 방법으로 전하의 체온을 높이고 분노하시도록 부추겨서 전하의 사지가 움직일 수 있는 힘이 생기도록 해 드렸습니다. 전하가 치료되기 시작한 것을 보고, 저는 전하의 처벌을 면하기 위해 도시를 빠져나갔던 것입니다. 전하께서 너무도 무력한 상황에 처해 계실 때 제가 부당하고 저속한 모욕을 전하께 퍼부었음을 알고 있고, 이를 깊이 송구하게 여기고 있사오니 전하께서 부디 처벌하지 말아 주시기를 간청드립니다."

편지를 다 읽은 왕은, 마음 속 깊이 감사함을 느끼게 되었고, 감사를 표현할 수 있도록 의사를 불러오도록 하였다.

치료적 양상

사람을 낙심시키는 것과 일방적으로 격려하는 것은 둘 다 지지해 주는 것처럼 보이지만 그 당사자에게 실망을 주는 경우가 있는데, 다음의 사례들은 이를 전형적으로 보여 주고 있다.

✱ 회피 지향 경향

"앞으로는 누가 뭐라고 해도 다시는 운전을 안 할 거예요. 자동차 운전 면허증을 땄을 때 정말 기뻤어요. 저는 남편을 차에 태우고 바로 드라이브를 하러 나갔습니다. 그러나 그러지 말았어야 했어요. 그때 남편은 제가 교통 법규를 하나도 모르고, 지나가는 보행자를 보지도 못하는 사람처럼 생각하는지 내내 잔소리를 해댔어요. 그래서 저는 당황하게 되었고, 차를 차고에 주차할 때 잔디 깎는 기계를 스쳐서 차가 살짝 긁혔어요. 그때 제 남편 얼굴을 보았어야 했는데, 자기가 가장 애지중지하는 장난감이라도 망가뜨린 것처럼 저에게 야단이더라구요. 그러더니 바로 누가 가족을 먹여 살리는지, 돈을 누가 벌어 오는지 등등 불평이 쏟아지는 거예요. 그 이후로는, 무슨 일이 있어도 절대 남편 차를 운전하지 않을 거예요."(우울증을 갖고 있는 55세 주부)

이 사례에서 회피는 환자가 낙심해서 생긴 결과이지만, 누군가에게 격려를 받았을 때에도 나타날 수 있다. 환자가 심리치료 집단에서 위와 같은 경험을 이야기하자 옆에 있던 다른 부인이 다음과 같이 덧붙여 말했다.

"저는, 자동차에 절대 관심이 없으니까 그런 문제가 생긴 적이 없어요. 제 남편은 자기가 운전하는 것에 자부심이 있어서요. 제가 항상 자기에게 멋진 여행 동반자라고 늘 얘기하거든요."

✱ 도피

성적인 장애로 인해 심리치료를 받고 있는 환자의 배우자가 자기 자신의 성적인 문제에 대해 이렇게 말하였다.

"아내가 제게서 점점 더 멀어지기 전까지는 모든 것이 괜찮았습니다. 그녀는 여전히 애정을 원하면서도 성관계는 원치 않았어요. 그런데 저는 성관계 없이 살 수 없거든요. 자위행위나 뭐 다른 어떤 것도 생각하고 싶지 않습니다. 저는 자존감을 잃어버렸구요. 그 결과, 때때로 다른 것에서 만족을 구하려고 합니다.

"함께 사는 법을 배우는 것은 어떨까요?"

"저의 부모님은 항상 일이 인생을 살 만하게 만드는 것이라고 설교하셨어요. 그리고 제가 집에 와서 새로운 성공담에 대해 이야기할 때는 항상 저를 칭찬하셨어요. 그리고는 점점 더 많은 성공을 거두게 되었지요. 하지만 제가 성공하는 동안, 아주 단순한 것 한 가지를 잊어버리고 있었다는 느낌이 들었어요. 예를 들면, 어떻게 아내와 함께 잘 살아갈 수 있을까 하는 것입니다."

** 완고함

완고함에 대해 확실히 알 수 있는 표시는 어떤 반응 뒤에 '그럼에도 불구하고' 라는 개념이 따라오는 것이다.

"너도 절대 할 수 없을 거야."

"우리 선생님은 제가 능력이 없어서 대학입학시험에 절대로 붙을 수 없다고 말씀하셨죠. 그 말 때문에 저는 너무 화가 나서 제가 할 수 있다는 걸 선생님께 보여 주었지요. 이제 저는 대학입시에 꼭 합격할 수 있어요."(22세 학생)

"더 이상 듣고 있을 수가 없어요."

"어머니는 매일 제게 긴 속옷을 입어야 한다고 하세요. 저는 그 말씀을 더 이상 용납할 수가 없어요. 사실, 가끔 굉장히 춥긴 하지만 폐렴에 걸린다 해도 제가 어머니에게 굴복하는 일은 없을 거예요."(17세 여학생)

** 대치하기

"아내는 꽤 오랫동안 아무 말도 안 하고 지내는 사람입니다."

자기 가족과 함께 보내는 시간이 거의 없는 한 사업가가 이렇게 말했다. "제 아내는 꽤 오랫동안 우울증에 시달려 왔습니다. 이상한 것은 제가 말실수를 해서 아내가 화났을 때인데, 아내가 저를 비난하는 말을 한마디도 하지 않았다는 거예요. 대신에, 부엌에 들어가 밤늦게 다림질, 바느질, 설거지를 하느라 안 나옵니다. 자기가 얼마나 고통스러

운지를 보여 주려는 거죠." (47세 사업가)

그러므로 상황에 맞게 격려하기 단계에서 심리치료 작업은 환자가 어떻게 격려받고 낙심하는지 그 개인의 인습에 따른 차이를 잘 다루어야 한다. 흔히 이러한 인습은 환자가 상대방을 적절하게 격려할 수 있는 능력이 있는지 그 여부를 드러낸다. 이것은 때에 따라 상대방을 잘 격려할 뿐만 아니라 자기 자신에게도 용기 있게 격려할 수 있는지도 포함하는 것이다. 이런 맥락에서 볼 때, 잘 선택하여 격려해 주는 단계는 많은 면에서 효과가 있다. 환자가 상대방을 격려하는 것을 배움에 따라, 상대방의 행동양식과 유사한 방식으로 분화되었던, 자기 자신의 행동양식에 대해서도 긍정적인 태도를 적용하는 법을 배우게 되는 것이다.

두 번째 효과는 사회심리적 특성을 지니고 있다. 다른 사람을 잘 '달래 줄 수' 있는 사람, 즉 격려하고, 애정을 보여 주는 사람은 집단에서 자신의 위치를 향상시킨다. 그 사람은 자신의 집단 구성원들로부터 다른 사람들보다 더 큰 인정을 받으며, 나아가 자신이 전부터 '투자했던' 격려를 자신이 되받기도 한다.

"낙관적인 인생관"

심각한 우울증과 자살 충동으로 고통을 받고 있던 18세 여학생이 같은 나이로 구성된 열두 명의 치료 집단에서 자신은 단지 남자 친구의 상대로서만 용인되었다고 반복해서 불평을 하였다. 그녀는 치료 집단에 있는 모든 여학생들에게 강한 경쟁의식을 갖고 있었으며, 이를 한치의 양보 없이 그대로 표현하였다. 그녀는 집단에 있는 다른 소녀들을 계속해서 낙심시켰으며, 그 결과 치료 집단의 다른 구성원들은 그녀가 내심 받고 싶어 했던 애정을 줄 수 없게 되었다. 사실, 그녀는 격려와 관심을 받기 원했지만 결국 받지 못하게 되었다. 반면, 비공식적인 리더였던 19세 남학생은 집단의 다른 구성원들을 격려하였고, 인생에 대해 낙관적인 인생관을 갖고 있었다.

격려는 반사작용을 하는 거울 효과를 지니고 있다. 우울증 환자들은 격려를 주고받는 것을 매우 어려워하는 것이 사실이다. 자신들이 원하는 만큼 격려를 받지 못했기 때문에 그들도 격려하는 것이 매우 부자연스럽게 보이는 것이다.

48세 여자 환자가 다그치듯이 물었다. "제가 다른 사람들을 격려하면 저는 누가 격려해 주나요? 제가 격려가 필요한데, 다른 사람을 격려할 힘이 저에게 있기나 한가요? 누가 격려해 주죠?"

이런 식으로, '정의-사랑'에 대한 오해가 있어 악순환이 계속 되고 있다. 자신을 지지해 주기를 기대하며 관련된 사람이 그런 애정을 보여 주지 않거나, 그가 기대했던 방식으로 애정을 주지 않을 때, 환자는 애정이 불공평하고, 자신이 거부되며, 사랑이 없는 것으로 생각하게 되어 자신도 상대방을 격려하고, 사랑, 즉 애정을 주려고 하지 않는다. 그 결과, 사회심리학적으로 환자의 역할은 현저하게 위축되고—그는 여전히 환자일 뿐이다—고립된다. 상대방 또한 협력하는 것이 환자에게 유익하다는 의미를 확신하지 못하게 되어 결국은 자신에게 부담만 주는 협력에서 손을 떼게 됨으로써 환자는 더욱 깊은 갈등 속으로 빠지게 된다.

"그 사람이 어떻게 그럴 수 있어요…?"

자살을 시도했던 환자가, 후에 이렇게 불평하였다. "세상에, 내가 우울증에 시달리고 있는 줄 알면서 어떻게 저를 혼자 내버려둘 수 있어요? 그의 도움을 그토록 간절히 필요로 하는 순간에 말이에요." 부부치료에 참여한 환자의 남편은 이렇게 말하였다. "전에는 모든 것이 다 괜찮았습니다. 저 역시 아내를 무척 사랑했습니다. 지금도 아내는 여전히 매력적입니다. 하지만 저는 이제 지쳤어요. 저는 언제나 아내를 위해 옆에 있어 주어야만 하고, 아내 때문에 너무 바쁘고, 아내가 우울증으로 고생하고 있기 때문에 늘 아내의 말을 들어 주고 격려해야만 했어요. 저는 그렇게 해 주는 것이 기뻤는데 결국 오래 가지 못했습니다. 아내는 저에게 격려받기만 했지 저를 격려해 주는 말은 한마디도 한 적이 없었습니다. 제가 무엇인가 잘못했을 때에만 어떤 반응을 보였고 그럴 때마다 아내의 우울증이 더욱 심해지곤 했습니다. 저는 제 자신을 더 이상 믿을 수 없게 되었습니다."

에너지 비축하기: 격려할 수 있는 힘을 어디에서 얻을 것인가

어떤 환자들은 스스로 위축되어, 다른 사람에 대한 애정과 공감을 얻으려는 태도가 눈에 띈다. 그들은 마치 주는 입장이 되면 안 되는 것처럼 받으려고만 한다. 이런 소모적 행동 뒤에는 자기 치료만이 유익하다고 생각하는 경향이 숨어 있다. 그럼으로써 외부의 요구를 회피하게 되고, 일시적으로 내적 환경이 안정된 듯하지만, 환자는 실제로 에너지가 거의 없는 것처럼 보인다. 때로는 일상적인 업무조차 적절히 처리할 힘이 없는 것처럼 보이고, 한편으로는 심리적인 장애 때문에 상대적으로 많은 에너지가 소비된다. 이런 상황은 환자가 자신의 문제에 깊이 빠져 생각하는 시간 그리고 죄책감과 자신의 병에 관해 다른 사람들과 이야기하는 시간을 많이 보내면서 느끼는 죄책감과 경직된 태도 그리고 양심의 가책을 방어하고자 완고해지는 것을 보면 알 수 있다. 상황에 맞게 격려하기의 요법을 통해서 이런 잠재적 가능성을 치유할 수 있게 되는 것이다.

격려와 관련 있는 내용들: 적게 하는 것이 때로는 더 큰 도움이 된다

어떤 사람들에게 격려는 단지 스치는 말 외에 아무런 의미를 주지 않는다. 특히 동료에게 지나치리만큼 사회적인 인정을 쏟아 부어 주며, 주변 사람들에게 친절하게만 대하려는 사람들에게서 더 그러한 것을 느낀다. 이런 경우에, 그 사람의 격려는 진지하게 받아들여지지 않고 거짓말이나 과장된 친절로 보이는 결과를 낳는다. 그런 사람들은 격려하는 데 많은 에너지를 소모하고 나서 흔히 실망하여 더 이상 격려하지 않게 된다. 이렇게 전개되는 가장 큰 이유는 분별 없이 '치켜세우기'에만 전념했기 때문이다.

상황에 맞게 격려하기 단계에서, 격려는 환자가 사람들에 집중적인 관심을 받는 데 더 마음을 쏟았던 환자의 역할을 뒤로 하고 고통을 감수하고 인내하도록 세워주었으며, 대신에 치료는 환자 자신의 환경에 먼저 관심을 두고 병이 들게 한 사회적 특성에 먼저 주안점을 두게 된다. 환자의 환경은 그가 병에 걸리는 데 영향을 미쳤으므로 이제는 환자 자신의 환경이 건강해지는 데 관심을 기울인다. 환자의 입장에서 이러한 유형의 활동은 때때로 매우 어렵기도 하지만, 이것이 긍정주의 심리치료에서 가장 중요한 목표 중 하나이기도 하다.

결론: 상황에 맞는 격려하기 단계를 환자 스스로 적용해 보기

모든 사람은 긍정적이고 부정적인 특성들을 가지고 있다. 당신이 부정적으로 보는 면을, 상대방은 부정적으로 생각하지 않을 수도 있다. 상대방의 행동은 그것 자체만 가지고 볼 때는 부정적인 것이 아니지만 당신의 '장밋빛 환상'(기대)을 통해 보면 부정적인 것이 된다. 상대방의 비판받을 행동과 당신의 어떤 기대 및 태도가 어떻게 대응되는지 스스로에게 한 번 물어보라. DAI를 사용하면, 상대방이 어떤 긍정적인 특성과 부정적인 특성을 가지고 있는지 가장 잘 확인할 수 있다. 한 쌍의 활용 가능한 잠재능력과 이에 대응하는 잠재능력을 카드에 기록하라. 상대방을 비판하지 말고, 1~2주일 동안 상대방의 긍정적인 행동을 격려하라(내용과 관련된 것을 간략하게, 그 즉시 격려하라.). 그리고 이를 통해 상대방과의 관계에서 신뢰에 대한 새로운 기반을 발전시켜라. 이렇게 함으로써 당신은 다음 단계를 위해 신뢰의 기틀을 쌓게 될 것이다.

활용가능한 잠재능력과 관련된 양식들: 신뢰-확신, 믿음, 희망, 전통, 이성, 직관, 당신 (Thou)과의 관계

오해들에 주의하라: 정의-사랑, 판단-편견, 일반화, 정체성의 위기

신화와 개념: '까마귀와 공작(383쪽)' '해시계의 그림자(61쪽)'

대신할 것: "당신은 할 수 없어." 대신에 "당신은 아직까지는 할 수 없어."

4. 네 번째 단계: 언어화하기

　환자가 DAI 방법으로 체계적인 관찰을 해 왔다면 자기 자신의 행동과 상대방의 행동 사이에서 일어날 만한 문제들의 암시들을 이미 깨달았을 것이다. '언어화하기' 단계의 특징은 갈등을 일으킨 상대방과의 사이에 존재하고 있는 오해들을 해결하려는 시도를 한다는 점이다.

　대개 말이란 것은 이해를 도모하기 위해 쓰이지만 또 오해를 야기하기도 하는데, 이때 생기는 의사소통의 왜곡은 대인관계를 혼란스럽게 한다. 이러한 말하기의 왜곡은 다음 두 가지 중 하나의 방식으로 나타난다.

• 형식에 관한 것: 말하기의 왜곡은 독백이나, 전보를 칠 때 사용되는 간결한 어법 (telegraphic style)이 쓰일 때 생긴다. 의사소통을 하는 그 제한된 시간 속에 언어적이 표현과 함께 비언어적인 표현이 사용되는데, 이 두 표현들이 같은 사람을 놓고도 서로 다른 개념을 나타내거나, 심지어는 반대개념을 나타내는 등 서로 일치하지 않을 때가 많다. 보통 언어적인 의사소통이 가장 분명한 의사전달 방법으로 여겨지기 때문에, 언어적인 의사소통의 혼란을 대인관계 갈등의 특징으로 보는 것이다. 대개, 분화되지 않은 비판을 하는 의사소통의 구조는 전형적인 형태를 띠게 되는데, 말을 짧게 하거나 명령조의 발언을 자주 되풀이 하게 되는 형태를 말한다. "숙제 다 했니?" "왜 아직 다 못 했어?" "네가 느리기 때문에 짜증나!" "이것도 모르니?" "당장 그만둬!" "너 땜에 미치겠어!" 이렇게 간결한 어법의 의사소통은 완전히 일방적인 것이 된다.

상대방 편에서도 그에 못지않게 분화되지 못한 언어적 표현, 즉 "아니." "웅." "아마." "나 좀 내버려둬."와 같은 간결한 어법을 쓰게 된다. 분화되지 못한 대답의 방어적인 특성 때문에 대개는 고집불통으로 보이게 되고, 다시 한 번 비판을 불러일으키면서 악순환이 생긴다. 이와 같이 실질적인 의사 교환이 완전히 결여된 형태를 '위축된 의사소통'(shrunken communication)이라 부른다.

이렇게 불충분하게 표현된 비판은 공격성을 띤 감정적인 행위다. 이와 상반되는 의사소통 장애는 한 사람이 거의 끊임없이 말을 하여 상대방이 실제로 대답할 기회조차 주지 않는 '대화의 독점'(monopolizing conversation)이다.

• 내용에 관한 것: 상대방은 활용가능한 잠재능력과 그 양식들을 남다르게 평가하면서, 대화의 대상에 대해서는 그와 같이 구별된 평가를 하지 못한다. 활용가능한 잠재능력과 그 양식들, 개개인의 개념들과 그 개인들이 속해 있는 집단의 개념들, 그리고 그 집단에(민족에) 내려오는 여러 가지 신화들이 합쳐져서 높은 이상 가치 체계(superordinate value system)를 형성하는 역할을 하는데, 이러한 높은 이상 가치 체계는 어떠한 상대성도 고려하지 않고 생긴 체계다. 언어화하기 단계의 심리치료 과정에서는 자조 단계가 소개되고, 이 자조 단계는 언어화하기 단계에 같이 동반되며, 이 모든 과정은 다음과 같다.

주요한 갈등인 예의와 정직

예의와 정직은 언어화하기 단계에서의 핵심 갈등이다. 여기서 예의는 전통적인 대인관계에 대한 인지, 다른 사람의 욕구와 권리를 위해 자기 자신의 욕구와 권리의 희생, 그리고 결국 공격성의 사회적 금지 등을 의미한다. "저는, 제 의견을 말하는 것이 두려워요. 왜냐하면 제 의견 때문에 다른 사람들 기분이 언짢아질까 봐서요."

반면, 정직은 다른 사람들의 필요와 권리가 상충되더라도 자기 자신의 권리와 욕구를 주장하는 것을 의미한다. "저는 언제나 무엇이든 제 생각을 다 말합니다. 상대방이 좋아하든 좋아하지 않든."

환자가 겪는 갈등의 소재와 그의 의사소통 발전가능성을 파악하기 위해서, 예의-정직에 대한 그의 경험과 그의 생각을 조사하고, 그에 따라 구체적인 상황을 설정한다. 이와 관련하여 세 가지 전형적인 반응유형, 즉 예의바른 사람, 정직한 사람 그리고 우유부단한 사람이 나타난다.

✽* 예의 바른 사람

이 사람은 다른 사람들을 위하여 자신의 의견을 마음속에 담아 둔다. "저는 도저히 그것을 말할 수 없어요." 반면, 그는 다른 사람들이 자기 눈을 보고, 자신이 원하는 것이 무엇인지 알아차리기를 기대한다. "당연히 그 사람들 스스로 알아차려야죠." 공손함의 가면 뒤에 좌절된 기대가 축적되면, 공손한 사람에게서 심인성 질병이 나타나거나 관계를 기피하는 증상이 발견된다. "제가 거기에 관심 있는 것을 그 사람들은 알아차렸어야죠. 그들은 정말 자신들밖에 몰라요. 그런 사람들과 같은 세상에 산다는 것을 참을 수가 없어요."

✽* 정직한 사람

이 사람은 자신의 생각을 바로바로 이야기한다. 그것이 상대방의 마음에 상처가 되든지 말든지 상관하지 않는다. "저는 제 생각을 이야기했을 뿐입니다. 그 사람이 제 생각을 어떻게 받아들였는지에 대해서는 전혀 관심 없습니다." 그는 융통성 없이 자기 방식대로 밀어붙이고, 그래서 자기중심적이고 이기적인 것처럼 보인다. 때때로 그의 정직은 주변 사람들에 의해 실제로 높은 평가를 받기도 하지만 그보다는 더 빈번하게 그의 '자만심'(egotism)에 의해 사람들은 모욕감을 느끼기도 하고 몰상식한 사람으로 간주한다. 그가 죄책감을 느낄 때도 있지만, 궁극적으로 자신의 정직에 대해 자부심을 갖는다. "저는 제가 변해야 한다고 생각한 적이 한 번도 없습니다. 진실한 것은 진실한 것으로 남기 때문입니다."

✽* 우유부단한 사람

이 사람은 예의와 정직, 그리고 공격성과 죄책감 사이에서 결정을 하지 못하고 우유부단하다. "제가 그에게 너무 무질게 한 것을 후회해요. 하지만 어떻게 사과해야 할지 잘 모르겠어요." "오랫동안 저는 모든 것을 제 마음속에 묻어 두고 한마디도 이야기한 적이 없었습니다. 그러나 결국엔 제 인내심에 한계가 왔고, 제가 그를 어떻게 생각하는지 다 말해 버렸습니다."

이렇게 상반되는 감정의 양면성은 다양한 활용가능한 잠재능력들 사이에서 분화

될 수도 있다. "아내가 늦게 들어오는 날이면, 저는 대단히 화를 냈었습니다. 하지만 제 아내에게 남자 친구가 생긴 걸 알았을 때는 한마디도 하지 않았습니다."

이런 양상은 다른 사람들과의 관계에서 또 다른 형태로 나타날 수도 있다. "그가 자기 상사에게는 한마디도 못하면서, 집에서는 어떻게 하는지 봐야 해요."

이 단계에서 치료자의 첫 번째 임무는 환자의 예의/정직 유형을 입증하는 것이다. 가능한 한 예의와 정직에 관한 그의 행동이 상황에 따라 어떠한지 적절하면서도 상세하게 관찰하고 진술해 주는 것이다.

이러는 가운데 의사소통 능력이 발전한다. 예를 들어, 자기 자신을 믿고 자기가 무엇을 좋아하는지, 무엇을 싫어하는지, 무엇을 하고 싶은지, 무엇을 하기 싫은지를 말해 봄으로써, 그 사람이 무엇을 말하는 것인지 수긍하고 이해하게 된다. 또한 메타커뮤니케이션(metacommunication) 능력이 언급되는데, 이것은 의사소통 장애를 인식하고, 그 문제들의 원인과 조건을 이해하며, 의사소통에는 오해와 개념들로 구성되어 있음을 감지하고, 가능하다면 그에 따르는 모든 혼란을 제거하는 능력이다.

기본적인 갈등

환자의 부모는 어떻게 행동하였을까? 예의와 정직의 영역에 대하여 부모는 어떤 목표를 추구하며 자녀를 양육하였을까? 환자의 어린 시절, 그 부모는 긍정적 혹은 부정적 본보기로 어느 정도까지 영향을 주었을까? 환자 자신은 자라면서 예의/정직과 관련하여 어떠한 경험들, 성공들, 실패들을 하였을까?

S부인은 이렇게 말했다. "제 어머니에게는 다른 사람들이 어떻게 말하는가가 가장 중요했어요. 어머니께서는 우리 자신이 그런 관점에 대해 만족하는가에는 별로 관심이 없었고, 다른 사람들의 말이 더욱 중요했어요. 나중에 저는 어머니의 공손함이 무엇인가 잘못되었다고 생각했기 때문에 그 공손함으로 인해 화가 나곤 했습니다. 제가 어머니께 저와는 별로 시간을 보내지 않는다고 투덜댔을 때, 어머니는 참을성을 잃고 입 다

물라고 하셨거든요. 어머니는 단연코 예의와 순종에 가장 높은 가치를 두고 계셨어요. 그래서 저는 어머니와 제 자신을 힘들게 하지 않으려고 곧 아무 말도 안 하게 됐죠. 어머니는 너무 불같이 화를 내서서 저는 두려웠어요. 하지만 아버지는 정직하신 분이시긴 한데 표현방법이 거칠어서, 어린 저에게는 참 무서운 분이셨어요. 여자 친구가 있었는데, 그 친구는 제가 감히 한'번도 해 보지 못한 방식으로 자기 부모님을 대했어요. 그 친구는 어머니에게 "오늘은 오지 마세요. 다른 계획이 있어서 안 되겠어요."라고 아주 간단하게 말하는 것이었어요. 저는 그런 식으로 어머니를 대한다는 건 꿈에도 생각하지 못할 거예요. 만약 제가 어머니께 그렇게 대한다고 상상만 해도, 어머니가 어떠실지 뻔하죠…."

언어화할 수 있는 능력은 그 자체가 기본적인 갈등이 발생하는 동안 강력한 모방이 일어나면서 영향을 받는다. 그래서 말하기에 대한 태도와 실제 언어 행동은 어린이가 양육되는 상황을 통해 이미 형성되는 것이다.

"'말하고 싶은 게 있으면, 아주 명확하게 표현해야 해. 그렇게 하지 못할 거면 아무 말도 하지 마라.' 제가 무슨 말을 하려고 할 때마다, 숙모는 이렇게 말씀하시곤 하셨어요. '얘야, 너는 그렇게 예쁜 얼굴을 가지고 있으면서 어떻게 말투는 그리 엉망이냐? 내가 한마디 충고를 하자면, 너는 그 푸른 눈으로 모든 사람을 아주 상냥하게 바라보기만 하고, 말은 하지 마라.'"(억압이 심한 28세 주부)

반면, 말을 하는 것이 아주 인기를 끌 수도 있다.

"제가 재잘거리면, 부모님들이 아주 예뻐하셨어요. 친구들도 제 얘기에 열광하구요. 저는 항상 그들의 대변인이죠. 남편은 제게 에스키모한테도 냉장고를 팔 수 있는 사람이라고 말하죠."(32세 비지니스 매니저)

말하기에 대해서 문화마다 다르게 나타나는데, 동양에서는 아이들에게 큰 소리로 소리치는 것은 지극히 자연스러운 것으로 여긴다. 주위 이웃들도 그것에 대해 별로 신경을 안 쓰고, 아이들의 시끄러움에 대해서도 그리 거슬려 하지 않는다. 일반적으로 말하기가 규칙과 규범에 의해 덜 제한받고 훨씬 더 즐거운 것으로 여겨지는 것 같다. 예를 들어, 이란 사람이 길을 걸어가는 내내 노래를 부른다 해도, 지나가는 다른 사람들이 그것을 전혀 이상하게 생각하지 않는다. 그러나 유럽에서는 이런 일이 거의 드물다.

DAI 과정 중 S부인이 이미 언급했다. "식사 중에는 부모님만 이야기할 수 있었어요. 우리는 부모님이 말을 시키셨을 때만 말할 수 있는 게 규칙이었거든요…."

심리치료에서 예의-정직을 다룸으로써, 무엇보다도 어떤 행동에 따라 일어날 만한 결과들을 말해 보는 데에 큰 의미가 있다. 말하기를 통해, 인지적으로 생각하는 거 외에 그 가능한 결과들을 미리 예측해 보는 것이다. 다시 말하면, 그 예측으로 인해 다른 대안 행동을 선택할 수 있게 된다는 것이다. 언어화하기 단계에서 우리는 예의-정직의 주요한 갈등만 다루는 것이 아니라, 다른 활용가능한 잠재능력들과 양식들에 관련된 기본적인 갈등도 다룬다.

S부인은 자신은 정직에 대해 긍정적 태도를 가졌다고 거듭해서 강조하였다. 하지만 사실, 자기 남편과 노골적인 말다툼으로 이어질 수 있는 모든 사항에 대해서는 정직하게 말하지 못하고 모두 회피하였다. 자기 생각을 표현하지 못하고, 자신이 남편의 생각에 동의한다고 남편이 믿게끔 하거나, 아니면 뭔가가 잘못됐다는 느낌만을 남편이 갖게끔 하였다. 그래서 때때로, 실제적인 갈등으로 인해 환자와 환자의 남편 모두 무시무시한 감정의 폭발로 이어지기도 했다. S부인의 주장을 통해, 그녀는 정직을 자기 자신의 권리만을 주장한다는 의미에서 공격으로 보고 있었기에, 자기 자신의 욕구를 희생하는 것이 더 낫다고 느끼는 것을 치료자는 인식할 수 있었다. 그래서 그녀가 생각해 볼 여지를 주기 위해 동양의 한 이야기를 들려주었다.

감사해야 하는 이유

"돈이 좀 필요한데 일백 토만(이란의 화폐)만 좀 빌려 줄 수 있겠나?"라고 한 남자가 친구에게 물었다. "돈은 있네. 하지만 자네에게 줄 수는 없네. 이 점을 감사하게 여기게!"

친구가 화를 내면서 말하였다. "자네가 돈은 있으나 빌려 주기 싫다고 하면 어쩔 수 없이 이해하겠네만, 내가 이 상황을 감사해야 한다는 것은 이해할 수도 없을 뿐더러 몹시 치욕적일세."

"이보게." 하고 친구가 대답하였다. "자네가 나에게 돈을 빌려 달라고 할 때, 나는 '내일 오게나.' 하고 말할 수도 있었지. 내일이 되어 나는 '미안하네. 아직 돈이 준비가 안 됐네. 내일모레 다시 오게나.' 하고 말할 수도 있었네. 그날이 되어서 자네가 다시 나를 찾아오면 그때 다시 나는 '이번 주말에 다시 오게.' 하고 말했을 걸세. 이런 식으로 나는 끝까지 계속 미루거나 아니면 적어도, 다른 사람이 자네에게 돈을 줄 때까지 기다릴 수도 있었네. 하지만 자네는 나에게만 의지하여 돈을 빌리러 오는 일에 너무 열중한 나머지 돈을 빌릴 다른 사람을 찾지 못했을 걸세. 그러나 이제 자네는 돈을 빌릴 수 있는 또 다른 곳을 찾아볼 수도 있고, 거기서 행운을 찾기 위해 노력할 수도 있으니 자네는 나에게 감사해야 하네."

이야기를 다 들은 후, 환자는 이렇게 말했다. "저는 항상 자신이 원하는 것이나 권리를 주장하는 것은 이기주의라고 생각했어요. 그리고 늘 이기주의는 나쁜 것이라고 배웠습니다. 자기 자신의 생각이나 권리를 명확하게 표현하는 것이 실제로 다른 사람을 훨씬 더 많이 돕는 것이 될 수도 있다는 점은 저에게 너무 새로운 것이에요."

개념－기본적인 개념　　개념과 기본적인 개념들의 관계에서 개인적인 가치판단 개념들이 얼마나 중요한 역할을 하는지 명백해진다. 그 개인적인 가치판단 개념들은 예의－정직에 대한 태도의 핵심 요소들이고, 자기 행동에 대한 합리적인 이유들이며, 변명의 구실이다. 가족의 전통은 대개 환자의 사회 계층과 관련되어 있으며, 그 관점에서만이 이해될 수 있다.

"세상은 네 머리로 이해하기에는 너무 크니깐, 그냥 세상에 맞추어 살아야 한다."
"수완이 좋다는 말은 다른 말로 사기를 잘 친다는 말이다." "먹은 게 있어야 뱉을 것이
있다는 말은 머리에 들은 게 있어야 말할 게 있다란 소리다."

어린 시절에 형성되는 가치판단 개념들은 자라면서 보편적으로 합당하다고 여겨
지게 된다. 자기의 개념이 아닌 다른 개념들은 비현실적이고, 잘못된 것이며, 부도덕
한 것으로 단정 짓게 된다. 특히 개인적 가치판단 개념에 대해 기본으로 대화하게 되
면 의사소통 왜곡과 혼란을 일으킨다. 자기개념의 한 부분으로서, 그 가치판단 개념
은 아주 강력하게 방어적인 역할을 한다. 적절한 반대개념을 가지고 환자와 직면시
키면, 치료자는 이 반대개념을 상대적으로 다룰 수 있고 치료적으로 사용할 수 있다.
이러한 직면을 순전히 개념 간의 직면으로 본다. 왜냐하면 치료자는 자신이 제시한
그 반대개념이 무엇인지 일일이 알리고 환자로 하여금 그 반대개념이 무엇인지 알아
내게 하는 데에 목적이 있는 것이 아니라, 단지 환자의 가치판단 개념과 상대적으로
비교하고 따라서 그 가치판단 개념을 중화시키는 효과를 얻기 위해 제공할 뿐이기
때문이다.

개   념: "나는 말을 돌려 하지 못해. 단도직입적으로 말하지."
반대개념: "사람이 귀가 두 개고 입이 하나인 이유는 말보다는 경청하라고 있는 것이지."
개   념: "사람은 모든 문제를 다 이야기해야 해."
반대개념: "너의 더러워진 세탁물을 공공장소에 내걸지 않듯이 모든 속내를 다 드러
          내지 마라."

결과적으로 반대개념은 논쟁이나 토론을 위한 것이 아니라 치료 목적으로 쓰이는
것이다. 따라서 어떤 환자의 개념이 다른 환자의 반대개념으로 쓰일 수 있다.
자신이 가진 가치판단 개념이 무엇인지 확실하게 알게 하기 위해서는 환자의 가치

판단 개념과 관련된 상황들을 연상하는 것이 중요하다.

> S부인 : "어머니와 제가 함께 어느 유명한 사람에게 초대받았던 때를 기억합니다. 식
> 사하는 내내 저는 착한 소녀처럼 앉아 있어야 했습니다. 제가 힘들어서 점점
> 몸을 비비꼬기 시작하자 어머니는 즉시 '가만히 있거라. 사람들이 너를 어떻
> 게 생각하겠니?'라고 말씀하셨지요."

언어화하기 단계의 기술

이제 어떻게 대화를 시작할 수 있을까?   여기서 소개된 언어화하기 방법으로 충분히 준비가 된 후(거리두기, 목록 작성하기, 상황에 맞는 격려하기), 편견 없는 관점을 교환함으로써(즉, 오해로 인해 대화가 단절되는 일이 없는) 대화를 시작한다. 신뢰에 대한 기초가 이러한 기반 위에 형성되거나 다시 형성되면, 갈등을 초래하는 행동방식들에 대하여 이야기할 수 있게 된다. 그 과정에서, 예상치 못한 사항들이 불쑥 튀어나올 수도 있다. 다음에 소개하는 대화의 순서가 가장 적절한 시작으로 보인다. 대화를 시작할 때, 먼저 상대방을 격려하고 상대방의 긍정적 행동방식을 언급하는 것으로 시작하면 상대방에게 그의 좋은 의도가 돋보이게 된다. 그리고 나서 문제가 되는 주제(내용)를 이야기하고 그에 따른 결과(증상)에 대하여 지적하고 논의할 수 있게 된다.

이러한 대화의 과정에는 두 가지 장점이 있다. 첫 번째, 환자가 상대방의 긍정적인 잠재능력을 상기하게 된다는 점이고, 두 번째, 서로에 대한 신뢰의 기초가 형성된다는 점이다. 상대방은 자신이 인정받는다는 사실을 깨닫게 되면 상대의 비평을 더 잘 받아들일 수 있게 된다. 실제로 다음의 방법을 해 볼 수 있을 것이다. "당신이 생각하는 바를 솔직하게 말해 주어서 고맙게 생각해요. 단 한 가지, 때때로 당신이 나에게 말하는 방법이나 말투 때문에 기분이 언짢아질 때가 있어요. 어때요, 우리가 이 문제를 해결해 볼 수 있을까요?"

대화를 위한 게임의 규칙 ➔ 양쪽이 함께 해결의 가능성들을 이야기하고, 그것을 기

록한다. 만일 어머니가 자신의 딸에게 너무 어지른다고 야단을 치고, 딸이 놀고 난 직후에 모든 것을 제자리로 치우라고 명령했다면, 딸은 놀이가 다 끝나고 오후 또는 잠자리에 들기 전까지 모두 정리하겠다고 다른 제안을 할 수 있다. 만일 자녀의 제안이 외부 환경(아파트의 크기, 형제자매 문제 등)과 모든 것을 고려해서 적절하다면 두 사람 모두 이 제안을 받아들인다. 그러나 그렇지 못하다면, 다른 해결책들을 찾아볼 수 있다. 때로는 대화를 중단하고 다른 날로 연기해야 할 수도 있다. 이렇게 매일 저녁 대화를 시도하고 결정을 실행하는 데에 따르는 성공과 실패에 대해서도 토론한다. 이런 식으로 대화하면, 서로가 의견들을 제안하고 그 제안에 둘 다 동의하는 바탕 위에 해결책이 만들어진다. 잠자러 가기 전 시간이 특히 권장할 만하다. 하지만 만일 서로의 관계가 너무 경직되어 있는 상태라면, 완고한 반응이 오래 갈 것이라는 것을 예상해야 한다.

언제 대화해야 할까   이 대화법을 스스로 연습해 본 후, 정해진 시간에(주로 저녁시간에) 대화를 시도하되, 보통 15~20분간 대화하는 것을 원칙으로 한다. 이렇게 하여, 갈등을 조금씩 해결해 나가는 것이다. 현재 통용되는 심리치료는, 어떠한 문제에 대하여 시간적 제한 없이, 한 번에 밤을 셀 만큼 오래도록 상담을 하고 난 후 갈등을 유발했던 대화내용을 몇 주 동안 금지시키는 비전문적인 방법이 행해지고 있는데, 여기에서 말하는 대화법은 그와는 사뭇 대조적인 방법이다. 특정 시간과 정해진 시간 동안만 대화한다고 제한을 두는 새로운 목표를 추구하는 데 이 제한이 비판의 핵심이다. 우리 문화권에서는 부정적인 행동에 대하여 즉각적으로 무의식적인 반응을 하여 언제나 자연적으로 갈등을 초래하는 방법이 통용되고 있다. (어린아이가 엄마로부터 달아나려고 하다가 넘어져서 바지가 더러워지면, 엄마는 아이를 일으켜 세워 야단을 치고 엉덩이를 때린다.) 반면, 여기에서 말하는 언어화하기 방법은, 즉각적인 조치(아이를 자동차가 다니는 길로부터 끌어당기는 것)와 비판(대화법을 습득하고 나서)을 구별한다(어린아이가 어머니로부터 달아나려고 하다가 넘어져서 바지가 더러워지면, 필요에 따라 엄마는 아이가 일어설 수 있도록 도와주기도 하지만 필요치 않을 때는 그냥 모른 척하고, 나중 저녁시간에 아이와 함께 아까의 사건을 돌이키며 그렇게 해서 일어날 수 있는 위험성에 대하여 다시 한 번 이야기한다.).

　이런 대화의 과정은, 즉각적인 처벌로 바람직하지 않은 행동이 소거된다는 학습이론의 관점과 모순되는 것이다. 위에 묘사된 어린아이와 엄마의 경우, 아이의 행동에 따른 결과(넘어지고 바지가 더러워진)로 이미 아이는 벌을 받은 셈이다. 또한 아이의 부정적 행동을 엄마가 모른 척함으로써 아이의 부정적 행동이 소거될 수도 있다. 위반행위에 곧바로 심하게 체벌하는 것보다 더 중요한 것은 습관적으로 생기는 갈등과 부정적 행동이 반복되는 현상(chain reaction)을 끊는 것이다. 그러므로 두 사람 간의 신뢰를 쌓고 유지하는 것이 더 중요하다.

　환자는 갈등이 내재된 자신의 습관을 허물어버리는 것과 동시에, 인내를 기르고, 상대방과 마주하여 같은 관점으로 보려고 노력한다. 이렇게 진행되는 방식은 특히 언어화하기의 초기 단계에 적절한 것이다. 환자가 자신의 굳어 버린 행동양식으로부터 벗어나서, 통제할 수 없이 계속적으로 일어나던 갈등이 더 이상 일어나지 않는 단계가 되면, 그는 다시 상대방의 행동에 좀 더 자연스러운 반응을 보일 수 있게 된다. 이런 반응들은 물론, 원래의 반응과 근복적으로 다른 것이다.

어떤 상황에서 말해야 하나　남편이 집에 돌아와 편안하게 긴장을 풀고 아내에게 이렇게 묻는다. "오늘 어떻게 지냈어?" 아내는 곧바로 이렇게 말하기 시작한다. "별로 안 좋았어요. 아이들 때문에 하루 종일 짜증이 났어요. 이런 식으로 계속 지낼 수는 없어요. 당신이 아이들에게 훨씬 더 신경을 써야 할 것 같아요."

　적어도 그날 저녁은 좋은 분위기가 계속될 가능성은 사라진다. 경험의 부정적인 속성은 이전의 중립적인 상황과 결합하게 된다. 대화의 상대방에게 싸움을 걸 때, 어떠한 상황에서 하느냐가 문제의 핵심이다. 예를 들어, 한참 놀이를 하고 있는 아이를 불러서, 치우지 않고 논다고 야단치는 것은 상식에 어긋나는 일이다. 말할 때를 완전히 잘못 선택한 것이다. 친척이나 아는 사람 그리고 친구들이 있는 앞에서 이런 말을 꺼내는 것 역시 부적절한 것이다. 그런 처신은 당연히 상대방으로 하여금 자신의 명예가 훼손된 것으로 생각하게 하고 분노를 느끼게 한다. 그것은 상대에게 반항심을 일으킨다.

어떻게든 대화해 보려고 노력하는 것만큼 문제가 되는 것은 독백(monologue)이다. 대화는 혼자 하는 것이 아니라 둘이 하는 것이므로, 만약 당사자가 일방적으로 훈계하고 충고만 한다면 상대방을 지루하게 만들 것이다. 30세의 한 종업원이 이렇게 말하였다.

"저는 항상 복종하는 역할을 강요당했어요. 저는 제 생각을 말할 권한이 전혀 없었고, 항상 훈계를 참아야 하고 그저 듣기만 해야 했어요. 만일 제가 한 번이라도 제 입장을 변호하려고 시도하면, 즉시 분노가 폭발하고 싸움이 일어났어요. 제가 정말 하고 싶지 않지만 억지로 떠맡아야 하는 역할을 계속 하는 것만이 상사로부터 제 자신을 보호하는 것이었죠. 그 외에 제가 할 수 있는 일이 무엇이 있었겠어요?"

이렇게 '악화되는 분위기'에서는 언어화하기의 시간적·공간적 제한으로 인해 상대방이 그에 적절한 대처를 하게 되고 그 상황은 악화된다.

객관적인 비판   환자는 발생한 어려움에 대하여 구체적으로 말한다. 그는 자신이 무엇에 대하여 화가 났는지 설명하고 예를 제시한다. "당신 때문에 기분이 상했습니다."와 같은 일반적인 말로 하지 않고, 자신이 분노하게 된 실제 상황을 구체적으로 또박또박 제시한다. 상대방의 이해를 돕기 위해 몇 가지의 예를 들 수 있다. 부모들은 종종 이런 불평을 한다.

"아이들 때문에 화가 났을 때, 우리는 아이들과 그 상황을 자세히 따져 보기 위해 대화를 시도한 적이 있었죠. 아이들을 조용히 시키고 정작 대화를 시작하려 하면 무엇 때문에 화가 났었는지 잊어버릴 때가 많았어요. 그러면 '어떻게 그렇게 무례하니?' 아니면 '너무 버릇없이 굴어.'라는 진부한 표현으로 아이들의 감정만 상하게 했었죠."

이럴 때는 아주 간단한 방법이 도움이 될 수 있다. 상황을 기록해 두면 기억하는 데 도움이 된다. 지금 토론하고 있는 상황에 대하여 자세하게 핵심 요소들을 제시한다면, 모두가 무슨 이야기를 하는지 금방 알 수 있게 된다. 그러면 너무 일반적이거나 너무 불투명한 이야기들로 인해 이해하기 어려웠던 부분들을 최소화할 수 있다.

환자가 상대방에게 객관적인 비판을 제시하고 상대의 긍정적인 속성들을 아무리 부각시키려 한다 해도 상대방이 객관성을 잃고 이성을 잃을 수 있다는 것을 예상해야 한다. 또한 서로의 다른 관점을 인정하는 대화의 역동성에 대하여 아무리 알고 있다 하더라도, 끝까지 평정을 잃지 않고 공정하게 행동하는 것이 어렵다는 것을 깨닫는다. 그렇다면 자신의 문제를 노골적으로 직면하고 있는 상대방의 어려움은 어떻하겠는가….

원하지 않는 충고　대화의 첫 번째 단계에서 환자가 좀 더 능동적으로 대화를 이끌어 갔다면, 그다음은 단순히 경청하는 것이 필요한 때다. 이것은 상대방의 말을 방해하지 않고, 어떤 비평도 하지 않으며, 좋은 의도라 하더라도 어떠한 충고도 하지 않고, 상대방과 비교하여 자신을 정당화시키려고 노력하지 않는다는 것을 의미한다. 대화란 서로 다른 견해를 교환하는 것이며, 양쪽 모두에게서 같은 의견을 기대할 수 없다는 사실을 대화하는 사람들은 계속해서 자각하고 있어야 한다. 사실, 의견이 다르다는 것은 솔직하고 정직하게 대화한다는 표시이며, 서로에 대하여 신뢰도가 높다는 표시이기도 하다.

압력을 가하지 않는다　종종 문제는 중심인물보다 주변에 관련된 상대 사람들에게 더 긴박한 사항들일 때가 있다. 중심인물은 상황을 명확하게 설명하고, 특정 상황을 인식해야 하며, 최종 결정을 해야 하는 등의 책임을 지고 있는 반면, 중심인물에게 압력을 받은 관련된 상대방은 방어적인 입장을 취하게 되고, 그렇게 되면 말로 표현할 수 있는 가능성들은 줄어들게 된다. 다음의 예를 보자.

자녀가 학교를 마치고 집에 돌아온다. 자녀가 책가방을 내려놓기도 전에 어머니가 엄하게 따져 묻는다. "영어 시험 점수 받았니? 학교에서는 무슨 일이 있었니? 손 들고 발표를 몇 번이나 했니?"

여기서 자녀는(상대방은) 공격을 당하고 있다고 느끼게 되고, 그러면 부모(말하는 사람)에 대하여 더 이상 신뢰하지 않게 된다. 눈에 띄는 의사소통 장애가 없는 가족 안에서는 모든 가족 구성원이 자기의 마음을 열어 보이고자 하는 열망을 자주 갖는다. 이런 긍정적인 참여가 억지로 마음을 열도록 강요해서 받아내는 자백보다 훨씬 더 좋은 것이다.

올바르기(being right)**와 올바른 대화**(communicating right)   정직과 공정은 상대방과의 조화로운 협력관계에 꼭 필요한 것인데, 다음과 같이 최후의 정면공격용으로 사용되기도 한다. "만일 당신이 나의 형제가 되기를 원하지 않는다면, 나는 당신의 머리통을 부숴 버릴 것이다." 이런 식의 언어 표현은 싸움을 거는 전투적인 발언이며 만약 이 말이 협력 관계 간의 대화라면 이것은 권력싸움인 것이다. 자신이 옳다고 믿어 버림으로써 상대방 역시 옳을 수도 있다는 상대방의 관점에서 보는 가능성을 배제해 버린다.

그저 '올바르기'만 한 것은 예의 없는 정직이며, 타인을 고려하지 않은 공정이고, 공감이 없는 자기주장이다. 자기만이 옳다고 주장하는 것은 자신의 주장과 상대방의 주장에 대하여 서로 다른 관점으로 받아들일 수 있는 마음의 준비를 방해한다. 이것과 반대되는 것은 '올바른 대화'인데, 그것은 정직과 관련된 예의를 말한다. 자신의 올바른 의견만 무조건적으로 내세우는 것보다는 상대방과의 소통과 서로 이해하는 것을 더 중요한 목적으로 강조한다. 따라서 '올바른 대화'의 의미는 두 사람 사이에 생기는 견해 차이를 그대로 인정해 주는 것이다.

환자에게 있어, 이런 식으로 대화를 진행하는 것이 항상 쉬운 것만은 아니다. 누구든지 자신들의 가치 체계를 이루는 여러 가지 개념들을 기준으로 상대방과 맞서 논쟁을 하는 것처럼, 상대방 역시 자신만의 고유한 개념을 기준으로 주장한다. 사람들은 이 문제를 너무 간단하게 생각하고 말한다. "그는 완전히 다른 생각, 다른 견해, 다른 확신, 다른 태도를 가지고 있어요. 그는 뭔가 다른 (이상한) 것을 믿어요. 그러니 나와는 완전히 다른 유형의 사람이죠(상종하기 힘들죠.)." 이런 개념은 상대방에 대한 기대나 자신의 행동에 지대한 영향을 끼치며 혼란을 가지고 온다. 따라서 시종일관

'올바르기'만 한 것을 대화한다는 것은 오랜 기간에 걸쳐 형성된 자신에게는 확고한 가치 개념을 상대방으로 하여금 빨리 수용하게 하려고 부단히 애쓰는 것이다. 어떤 때는 이런 식으로 상대를 압도하는 것이 성공할 때도 있다. 하지만 거의 많은 경우, 서로 다른 개념들과 판단들로 인해 상호협력 관계는 위태로워지며 실패로 끝날 수 있다. "그렇게 긴 장발머리로 다시는 이곳에 또 나타날 생각하지 마라. 히피는 이곳에 절대로 어울리지 않으니깐."

자신의 생각이 절대적으로 맞는다고 확신해도, 상대방의 의견이 완전히 틀렸다고 할 수는 없다. 누구든 자신의 견문이 넓어지는 데 시간이 필요한 것처럼, 그 상대방 또한 그의 견문을 넓힐 시간이 필요하다. 이런 관점에서 봤을 때, 심리치료를 받고 지금 대화를 시도하고 있는 환자는 상대방의 치료자 역할을 담당하고 있는 것이다. 환자는 자신이 의미하는 것을 상대방이 어느 정도 이해하는지 한계를 시험해 봐야 한다. 관찰하기/거리두기 단계에서 익힌 행동양식을 적용해 본다. 그 행동양식은 일시적으로 상대방으로부터 거리를 둠으로써 그가 이해하고 신뢰를 갖는 데 필요한 시간을 주는 것이다.

'여기 내 의견을 받아들이든지 말든지' 식의 노골적인 직면(open confrontation)이 아니라 상대방이 다른 의견들을 잘 이해할 수 있는 방법을 찾도록 노력해 본다. 한가지 방법으로는 반대개념을 사용해 보는 것이다. 반대개념을 통하여, 상대방은 새로운 사고방식을 거부감 없이 생각해 보게 되고 이해할 수 있게 되면, 지금 당면한 갈등에 대하여 진정한 대화를 시작할 수 있게 된다. 그렇게 되면, 질서정연, 시간엄수, 신념이나 정치 등의 다양한 이슈들에 대하여 서로 다른 관점이라 하더라도 상대방과의 유대관계와 문제를 분리하여 유대관계는 유지하면서도 갈등은 해결해 나갈 수 있게 된다.

말에 대한 분석　갈등 영역에 대하여 지적할 때, 단편적으로 간단한 말로 자주 끝내버린다. 실제로 짚고 넘어가야 하는 분명한 사항에 대해 언뜻 힌트로만 비추고 마는데, 그 힌트 또한 온갖 비방과 비난하는 말에 가려지기 십상이다. 그러면서 언어적으로든 비언어적으로든 전달된 힌트를 상대방이 알아채고 실제 문제를 이해하기를 기대한다. 전체 발언 중에서 보통 실제 언급된 말과 그 증상만이 남아 있게 되고, 그 내용에 대해선 기껏해야 불평으로만 인식하게 된다. 왜냐하면 상대방은 당사자와 같은 개념을 가지고 있지 않아 왜곡된 정보를 잘 풀지 못하여 오해를 하게 되기 때문이다.

언어화하기의 첫째 목표는, 실제 대화와 함께 그 내용, 그 증상 모두를 완전하게 구사하도록 격려하는 것이다. 그리고 두 번째로, 다른 개념을 가진 상대방이 이해할 수 있는 방법으로 그 자신이 언급한 내용을 구별하는 것이다.

S부인의 갈등상황에서, 그녀와 남편 모두 서로 왜곡된 의사소통 증상의 징후들을 확실하게 보여 준다. 부인의 경우, 현재 상황에 대하여 그녀가 얼마나 힘들게 지내고 있는지에 대하여 표현한 것에 의하면 상대방 말의 증상에만 집중해 있는 것을 볼 수 있다. 실제 언급된 말과 그 내용 모두 불평으로 간주하고 있다. 그 남편의 경우는 본질적으로 발언의 내용이 적절하게 분화되어 있지 못하다. 남편이 "5시까지 돌아올게."라고 말하면 그는 두 가지 다른 정보를 주는 것이다. 하나는 "진짜로 5시까지 집에 돌아올게, 날 믿어도 돼."라는 정보이고 또 하나는 "당신도 알다시피, 내가 시간을 그렇게 잘 엄수하지 못하니깐, 좀 늦을 수도 있어."라는 정보다. 그는 전에도 종종 집에 늦게 들어왔기 때문에 두 번째 정보를 전달해 온 것이다. 하지만 아내는 이 두 가지의 가능성 중에 남편이 어떤 것을 의미하는지 알 수 없었다. 이런 상황에서 남편은 자신이 의미하는 것을 정확하게 말하는 법을 배워야 한다.

의사소통 개념

실제 대화	내 용	증 상
나 지금 가야 해. (전화 끊어야 해.)	나는 9시에서 10시 사이에 도착할 거야. 만일 내가 그때까지 못 가면 전화할게.	걱정마. 당신도 알다시피, 할 일이 아주 많아. 하지만 나도 저녁시간에 집에서 당신과 같이 있고 싶어.

S부인의 위축된 의사소통도 비슷한 방식으로 해결되었다.

조절된 의사소통   언어화하기 단계에서 갈등이 내재된 대화의 주제에 대해 서로 이야기할 때, 각자의 기질들이 저절로 나타난다. 말하자면, 소위 다혈질이라고 불리는 사람들은 실제 대화가 이뤄지기도 전에 폭발한다. "일단 울화가 치밀어 오르면, 제 자신이 통제가 안 돼요. 자제력을 잃어버리고 나중에는 죄책감과 후회에 사로잡혀 꼼짝 못해요. 친구도 잃게 되구요." 또 다른 극단적인 기질을 가진 사람은 너무나 억압되어 일단 겉으로 어떤 공격성도 내보이지 않는 형이다.

이 두 성격의 유형 모두 대단히 큰 공격적 성향을 띨 수 있다는 것은 충분히 예측할 수 있기에, 핵심 문제는 공격할 수 있는 능력이 있느냐가 아니라 어떻게 공격하고픈 감정을 조절하느냐에 달려 있다. "저는 저항에 부딪히면 굉장히 화가 나서 상대에게 거리낌 없이 잔소리를 해야 속이 시원해요. 그리고 제가 무슨 일을 하든, 저는 옳게 해요." 또는 정반대로, "제가 분별력도 없는 것처럼 행동하고 마구 소리를 지르고 야단을 치고 나서 죄책감으로 인해 다음엔 그러지 말아야지 하며 나를 더 억압하게 된다면 그게 무슨 도움이 되겠어요?"라고 생각할 수 있다.

정직하다고 하면서 내뿜게 되는 공격성은 조절 가능하다. 성이 나서 폭발할 때까지, 아니면 너무 억압해서 갑자기 폭발할 때까지 기다리지 말고, 화가 치솟아 오르기 전에 일단 대화를 중단하고 이성을 한 번 되찾은 다음 '어떻게 하지?' 하고 생각해 본다.

S부인의 열두 번째 치료회기에서, 우리는 예의와 정직의 문제를 다루었다. 그리고 예의와 정직의 상황을 훈련하였다. 이 과정에서 S부인은 의사소통을 조절하는 기술에 익숙해졌다. 두 번의 회기를 마치고, 열네 번째 회기에서 S부인은 성공담을 자랑스럽게 이야기하였는데 사실 그녀는 결코 기대하지 않았던 것이라고 하였다. 남편과 대화를 나누면서 그녀는 대화를 이끄는 역할을 맡았고 동시에 자신과 남편 모두 받아들일 수 있는 방법으로 그녀의 요구를 표현하였다. 심리치료 회기에서 환자는 의견대립 상황을 재구성하였다.

아내: "왜 당신은 아이들을 위해 조금도 시간을 내지 않는 거죠?" (첫 번째 단계)
남편: "나는 집에 돌아오면, 평온하고 조용하게 지내고 싶어. 결국 당신이 여기 있는

이유가 바로 그거잖아."

아내: (이때 꾹 참고 피해 버리거나 아니면 비명을 지를 수도 있지만 그 대신 이렇게 말한다.) "나는 그저 엄마일 뿐이에요. 하지만 아이들에겐 아빠와 엄마 둘 다 필요해요."

남편: (소리친다.) "됐어, 됐어. 당신은 내가 아이들에게 소홀하다고 돌려서 말하는데 당신은 생각은 하고 사는 거야? 내가 누구 때문에 이렇게 열심히 일하는지 당신은 한 번도 생각해 본 적 없지? 하긴 당신이 너무 둔해서 이해를 못하는 거겠지."

아내: (화를 내고 싶지만, 자신을 조절한다.) "우리는 당신의 노력을 매우 높이 평가하고 있어요. 하지만 그것은 이미 당신에게 여러 번 이야기했어요. 그래도 내가 충분히 얘기하지 않았다면, 우리가 당신의 노력을 매우 높이 평가한다고 더 말할 수 있어요. 내가 지금 말하는 것은 당신의 노력을 높이 평가하지 않는다는 것과 다른 문제예요. 나는 당신이 두 가지 문제를 혼동하고 있다는 느낌이 들어요." (두 번째 단계)

남편: (다시 고함을 지른다.) "됐어, 그걸로 충분해. 그만하라구."

아내: (목소리를 높인다.) "당신이 소리 지를 수 있으면, 나도 소리 지를 수 있어요. (훨씬 더 큰 소리로 외친다.) 나도 크게 얘기할 수 있다구요. (하지만 다시 갑자기 조용해진다.) 우리는 둘 다 이성적인 사람들이에요. 그리고 서로에게 소리를 지를 필요는 없잖아요." (세 번째 단계)

남편: (사실을 왜곡하며 반박한다.) "내가 먼저 (소리 지르는 걸) 시작한 건 아냐."

아내: "당신이 내 말을 들으려고 했다면, 내 말뜻을 이해했을 거예요."

남편: "아, 그러니까 내가 내 아내를 더 이상 이해하지 못한다는 말이네. 당신 눈만 보고 당신이 원하는 게 뭔지 내가 읽어 내야 한다고 생각하는군. 하지만 내가 원하는 것을 말할 수 있어. 나는 평화와 고요를 원해."

아내: (차분하고 염려하는 목소리로) "그럼요, 당신은 이미 그럴 자격이 충분해요. 우리가 당신에게 그것을 내주기 아까워할 사람들이 아니잖아요." (네 번째 단계)

남편: "그거 굉장히 고마운 소리군. 시종일관 일해야 하는 말도 가끔 한 번씩은 각설

탕을 얻을 수 있지."

아내: (웃으면서) "당신이 설탕이 싫다면, 내가 가끔 그 설탕을 많이 애용하도록 할게
   요." (다섯 번째 단계)

남편: (스스로 웃지 않을 수 없다.) "하지만 당신이 섭취하는 열량도 생각해야지! 당
   신이 옳아. 내가 지금 약간 신경이 날카로운 거 같아. 나를 조금만 쉬게 해 줘.
   그러고 나서 그 문제에 대해 얘기하자구. 게다가, 사실 나는 아이들 교육 문제
   에 너무 무심했어. 나는 불필요한 존재라는 느낌이 들었고 나 없어도 모든 일이
   잘 되어 간다고 생각했어."

여기서 아내는 논쟁을 조절한다. 이 과정에서 아내는 자신의 요구를 부정하지 않으면
서, 동시에 남편이 자제력을 되찾도록 기회를 준다. 웃는 것은 성공적이었다. 남편은 약
간의 공격성을 내보일 수 있었다(열량에 대한 암시). 대화에 있어서 일반적인 기초가 세
워졌다. 대화를 위한 공동의 기반이 마련되었다. 대화는 다음과 같이 진행될 수도 있었을
것이다.

아내: "왜 당신은 아이들을 위해 조금도 시간을 내지 않는 거죠?"

남편: "나는 집에 돌아오면, 평온하고 조용하게 지내고 싶어. 결국 당신이 여기 있는
   이유가 바로 그거잖아."

아내: "당신이 이 집에서 무슨 큰 인물이라도 된다고 생각한다면, 당신은 아주 잘못
   생각하고 있는 거예요. 당신은 마치 주부는 아무 일도 하지 않는 것처럼 생각하
   는군요. 당신하고는 말이 안 통해요." (방을 뛰쳐나가며 문을 쾅 하고 닫는다.)

갈등–개념–반대개념

많은 환자들이 자기와 다른 개념들을 인정하는 것을 매우 어려워한다. 그들은 자
기 자신만의 개념과 가치판단의 틀(잣대)을 가지고 대화하는 것만 배웠을 뿐이다. 갈
등을 일으키는 상대의 다른 개념과 부딪칠 때, 마치 그들은 상대방이 체스 경기에서
체스의 규칙을 따르지 않고 체커 게임의 규칙을 따르는 것 같은 느낌을 갖는다. 개념

들을 말로 표현하는 것은 개념과 반대개념을 적용해 보면서 알 수 있게 된다. 그리고 그 개념들을 현재의 모습(what is)과 변해야 할 모습(what ought to be), 이 두 가지 상황에 적용해 보면서 시험해 본다.

　　두 번의 이혼을 한 후에, 한 38세 여성이 더 이상 혼자서 자녀들을 감당할 수 없게 되자 기숙사 학교에 자녀들을 입학시켰다. 어린 시절 환자는 주변에 어머니 같은 분들이 네 명 정도 있었다. 첫 번째 심리치료 회기에서 그녀는 정서적으로 매우 불안했으며 눈물을 쏟기 직전이었다. 그리고 최근 밤에 단 한숨도 잘 수가 없었다고 말하였다. '현재의 모습과 변해야 할 모습'의 범위에서 상황을 다룬 것이 유익한 것으로 증명되었다

상황	현재의 모습	변해야 할 모습
환자와 알고 지내는 한 사람이 아이들에 대하여 물었다. 그리고 지나가는 말로 자기 의견을 말했다. "어떻게 자기 아이들을 그렇게 보내 버릴 수가 있지?"(관련 개념: 자기 자녀를 떼어 낸 어머니는 잔인하다.)	환자는 공격을 받은 느낌이었다. "저는 제정신을 잃고 흥분했어요. 나는 더 이상 그 누구도 만나고 싶지 않았어요. 그리곤 엄청난 분노가 일어났어요."(환자의 개념: 아무도 나를 이해하지 못해.)	"모든 사람들이 모든 일에 대하여 무슨 상황인지 모두 안다면, 흔쾌히 용서할 수 있을텐데…."(반대개념) 공격하는 사람의 주장에 대해 상대평가를 해 보고 나면, 환자의 개념은 이런 내용을 포함했을 것이다. "당신이 내가 왜 그럴 수밖에 없었는지 알았다면 나를 그렇게 잔인한 엄마라고 할 수 없었을 거야." 상대방(그녀의 친구인 다른 여인)은 환자의 동기를 몰랐기 때문에 이해할 수 없었고, 그래서 용서할 수도 없었다.

　　반대개념은 환자에게 자신이 해석했던 것과 전혀 다른 방식으로 갈등을 바라볼 수 있는 가능성을 주었다. 그녀는 잠재된 죄책감 때문에 전에는 그녀가 아는 사람의 말을 부당한 공격으로만 생각해서 이에 무의식적으로 반응했었다. 그러나 반대개념은 그녀로 하여금 갈등을 빚고 있는 상대방의 행동을 오해라고 인식할 수 있게 했으며 따라서 자신과의 연관성은 희박한 것으로 생각할 수 있는 여지를 주었다.

S부인은 열네 번째 회기에 다소 흥분한 상태로 와서 그녀를 분노하게 만든 사건에 대해 이야기할 필요가 있다고 하였다.

치료자-환자: 개념-반대개념

상황	현재의 모습	변해야 할 모습
"그저께 밤에 어머니가 저를 찾아 오셨어요. 또다시 아주 슬픈 기색을 하시고 대화는 대부분의 자녀를 잃은 케네디 어머니 이야기로 넘어갔어요."	"어머니가 또 돌아가신 아버지를 생각 하셨구나라고 생각하고 이렇게 어머니를 위로하려고 했어요. '그 분이 얼마나 심한 고통을 받으실까요. 참 불쌍해요! 자녀 여덟 중에 다섯이나 잃었네요.' 그러자 어머니는 화를 내면서 문을 쾅 닫고 나가 버리셨죠."	반대개념으로서, 우리는 오래된 격언을 변형하였다. "엄마, 엄마는 케네디 부인이 얼마나 고통스러운지 이해할 수 있을 거예요."

S부인의 위로의 말에는 다음과 같은 뜻도 같이 담겨 있었다. "엄마의 처지에 대해 너무 많이 슬퍼하지 마세요. 다른 사람들이 겪는 고통과 한번 비교해 보세요." 이렇게 환자의 언어 행동에는 자기 판단적 해석이 결합되어 있었다. 그녀가 자기 어머니에 대해 갖고 있는 언어적 공격성은 의심할 여지없이 아주 강했고, 그래서 두 사람은 긍정적인 정서적 유대관계를 가질 수 없었다. 환자의 무의식 속에서 서로 반대되는 두 가지 모순적인 개념이 나타난다. 이런 식으로, 그녀의 언어 습관 속에는 시한폭탄이 있었고, 이전에도 비슷한 상황에서 이런 식으로 말해 왔었다. 반대개념에는 환자의 근본적인 의도인 긍정적인 유대관계가 담겨 있다. 그렇다면 "불평은 이제 그만두시고, 저를 제발 좀 조용히 내버려 두세요."라는 두 번째 개념은 행동으로부터 분리되어 온 것으로 볼 수 있으며, 따로 구별되어 다뤄질 수 있을 것이다(정직 부분에서).

언어화하기의 치료적 양상

5단계 심리치료에서, 언어화하기는 3배로 기능하는 것으로 나타난다. 이것을 통해

의식화(자기 발견)의 주된 작업이 수행된다. 우선적으로 억압적인 예의 기제에 희생되어 온 내용과 사건을 표현하는데, 이것은 자기 고유의 태도와 동기들의 배경이 된 것들이기도 하다. 핵심 갈등은 예의와 정직 사이의 관계에 있다. 환자에게 이전에 확립된 억압과 예의 기제를 단념시키는 일은 그 결과를 그에게 보여 줌으로써 촉진될 수 있다.

두 번째, 언어화하기는 단순히 목적 달성의 수단일 뿐 아니라 치료의 목적이기도 하다. '말하기'라는 도구를 가지고 갈등과 그것을 조건화하는 요소를 이해하고, 문제에 대한 해결책을 찾는다. 치료적인 대화에서 환자는 자신의 문제에 대하여 이야기하며 치료자는 환자가 자신의 갈등에 대하여 좀 더 잘 이해할 수 있는 새로운 용어와 의미를 제공한다. 더 나아가, 이야기를 통해서 직관의 수단도 다룬다. 이 모든 것을 통해 환자의 언어적 레퍼토리가 확장된다.

세 번째, 환자의 사회적 행동과 그의 의사소통 기술과 관련되어 있다. 치료에서, 의사소통 방식의 배경, 형태, 결과를 다루고, 이에 대한 의사소통의 대안 방식을 만들어 나간다. 이것은 형식적인 상호작용만을 위한 훈련을 하는 것이 아니고, 오히려 예의-정직의 핵심 갈등을 중심으로 한 내용에 관련된 분화와 실천을 위한 프로그램인 것이다. 다른 말로 하자면, 사회적인 억압이나 비사교적인 행동을 단지 새롭고 증명된 기술을 통해 바꾸는 것이 아니라, 오히려 장애에 관련된 내용 및 활용가능한 잠재능력과 그 양식을 분명하게 밝히는 것이다. 구체적으로, 우리는 이렇게 질문한다. "누구와 그리고 얼마나 자주 예의-정직의 갈등이 발생합니까? 어떻게 그리고 언제 그런 갈등이 나타납니까? 그리고 어떤 활용가능한 잠재능력과 그 갈등이 관련되어 있습니까?"

긍정주의 심리치료에서 의사소통 훈련은 둘로 이루어지는 환자-치료자 관계나 집단 치료에서 적용될 수 있다. 집단 치료 시, 확장된 사회적 상황 속에서 예의-정직의 행동을 시도해 볼 수 있다. 자기조절 능력을 위해서 역할 바꿔 보기를 해 보거나 비디오테이프로 이 훈련을 녹화하여 환자가 집에 돌아가서 재생해 볼 수 있게 한다. 이런 식으로, 환자는 관찰을 통해 자기의 감정과 행동을 조절하는 법을 배운다. 이런 방법은 가족 치료(치료자가 함께 있다) 또는 환자의 경험 속에서 갈등을 빚고 있는 상대방을 이 훈련에 참여시키고자 할 때 특히 도움이 되는 것으로 증명되었다.

언어화하기 단계를 환자 스스로 적용해 보기

이 단계에서 현재 존재하는 갈등과 문제에 대하여 상대방과 이야기를 나눈다. 신뢰의 기초를 세우기 위하여 합당한 격려로 대화를 시작한다. 상대방이 자신의 불만을 말한다. 그의 이야기를 경청한다(예의 바르게 하라.). 당신 자신의 문제를 상대방에게 구체적으로 자세히 말한다(정직하라.). 현재 존재하는 문제에 대하여 상식적인 해결의 가능성도 찾아본다(가족 집단과 상대방의 집단을 비교하라.). 참여하는 사람들은 대화 내용에 대하여 비밀 규칙을 지키도록 해야 한다. 대화를 위한 게임의 규칙을 지켜라. 가식적인 배려는 자신의 생각을 표현하고 솔직한 대화를 나누는 것보다 더 당신 자신과 상대방에게 상처를 줄 수 있음을 잊지 말아야 한다.

> **활용가능한 잠재능력과 관련된 양식**: 예의, 정직, 교제, 인내, 시간, 이성과 직관의 수단들, 나, 당신 그리고 우리의 관계
> **오해들에 주의하라**: 정의-사랑, 가치에 대한 상대성, 투사와 동일시, 편견
> **신화와 개념**: '감사해야 하는 이유' (407쪽)

5. 다섯 번째 단계: 목표 확대하기

목표 확대하기 단계에서 내용과 관계가 있는 양상들을 다시 한 번 전면에 드러나게 하여 무엇보다 말로 표현하는 능력을 선행조건으로 강화해야 한다.

배우자와의 관계에서 의사소통 장애는 대개 상호 교제를 위축시킨다. 즉, 한쪽 배우자가 상대방이 무엇인가를 할 수 없게 한다든지 또는 움츠러들도록 벌을 준다. 이런 벌의 형태가 자녀 양육에서도 적용되어 벌주는 것을 당연시하게 되며, 상호관계

에서도 융통성 없이 경직된 양상으로 나타난다. "네가 어지르기만 하고 거짓말했기 때문에 이번 일요일 소풍은 못 가는 거야."

이는 흔히 노력해 가도록 격려하지 못하고 개인을 위축시키는 결과를 가져오는데, 이를 벌이라고 깨닫기보다는 오히려 상호관계를 악화시켜서 냉랭한 관계를 형성시킨다. 심리치료에서는 이런 과정이 목표를 위축시킨다고 보며, 이런 상황은 환자의 배우자 또는 관계가 있는 사람들 사이에서 주로 드러난다. 그러므로 하루 종일 아이들의 무질서함과 학업 문제들 때문에 화가 나 있는 어떤 어머니는, 자기의 내적인 흥분을 남편에게 전이시키며, 아마도 성적인 관계에까지도 영향을 끼칠 것이다. 아내는 자신의 육체적 욕구를 도외시하게 되며, 왜 그러한지 원인조차 인식하지 못하게 되는데 그런 상황이 꼭 자녀들 때문에만 생기는 것은 아니다. 가능한 촉매 요인에는 시부모, 자신의 부모, 일에서 생기는 짜증, 그리고 가장 큰 원인 제공자일 수 있는 남편과의 관계가 큰 비중을 차지한다고 볼 수 있다.

또한 개인이 적절하게 분화되지 못하면 위축되어서 정의와 사랑을 혼동하며, 상과 벌을 주는 기준도 활용가능한 잠재능력들에서 제시하는 행동규범에서 오게 된다.

한 어머니가 딸에게 이야기했다. "너 때문에, 네가 학교에서 그렇게 게으르기 때문에 오후 내내 소리를 질렀다. 그러니 내가 너랑 같이 시내에 나갈 거라고 꿈도 꾸지 마라. 완전히 기운이 빠졌으니까…."

여기서 이 어머니는 단지 딸에게 벌주기 위해 자기가 하고 싶었던 것을 포기한다. 이 어머니는 자기의 가능성과 목표를 축소시키게 된다. 이런 형태의 벌은 실질적인 문제는 그대로 둔 채 벌주는 것만을 양육의 수단으로 삼는다. 벌로써 상대방을 통제하여 강제로 단념하게 하거나 또는 자신도 포기함으로써 상대방의 죄책감을 자극한다. 목표를 축소시키는 분명한 증거는 그 순간의 문제만 보고 다른 것은 보지 않기에 결과적으로 가치 있는 비전을 내다보는 시각이 좁아지기 때문에 발생하는 것이다.

목표 확대하기의 기본적인 원리는 상대방과의 관계가 순간적인 갈등 때문에 불행하다는 관점보다는 그러한 갈등이 단지 수많은 문제들 중의 하나라는 경험을 배우는 자세에 초점을 둔다. 상대방과의 관계에는 현재 있는 갈등 외에도 다양한 측면에서 발생한다. 심리적 문제의 특징으로 나타나는 목표 축소 현상은 목표 확대하기를 시도하면서 제거할 수 있게 된다.

이제까지 취해진 조처들을 통해 신뢰 형성을 위한 기초가 만들어지고, 언어화할 수 있는 준비와 능력이 회복되었다면, 목표가 축소되는 것을 막을 수 있다. 상대방에게 그가 무엇을 하라고 지시하는 것은 그다지 바람직하지 않으며, 그보다는 오히려 상대방과의 협력 속에서 스스로 솔선하도록 자극하여 목표를 발전시켜 가는 것이 좋다. 목표 확대하기는 인성의 세 가지 영역인 신체, 환경 그리고 시간에 영향을 미치기 때문에, 사람이 단지 책상에 앉아 있기만 하는 것이 아니라 산책도 하고 스포츠에도 참가하는 것이다. 그러므로 가족을 위해 자기 자신을 희생하는 일에만 몰두하지 않고, 책을 읽거나 음악회에도 가야 한다. 또한 사회적인 인간관계도 시들게 하지 않으며, 친구들도 초대하고 가능하다면 아이들도 초대한다. 아이들에게도 숙제만 하게 할 것이 아니라 시간을 내어 함께 놀아 주긴 하지만 같은 놀이만을 반복하지 않는다. 이때의 선행조건은 그 사람이나 그의 상대방이 서로 무엇을 생각하는지 그리고 무엇을 원하는지 분명히 표현하는 법을 배우는 것이다.

목표 확대하기란 참여자들 가운데 어느 한 사람이 결정하는 것이 아니다. 한 집단의 사람들이 어떤 결정에 합의할 때까지 각각은 자기 자신의 견해를 말할 권리가 있다. 목표 확대하기는 배우자 집단이나 가족 집단에서 매우 효과적이다.

목표를 축소하는 영역   행동을 억압해서 나타나는 장애들처럼 이는 활용가능한 잠재능력들과 그 양식들을 알아야 이해되는 부분들이다. 목표를 확대하는 양상들은 이미 다른 치료단계들에서도 효과를 나타냈었다. 이는 '현재의 모습'과 '변해야 할 모습'의 절차와 행동 대안들과도 관련지었던 경우였으며, 개인적인 신화의 반대개념과도 관계되었던 것이나. 사실은 반대개념이라기보다는 보충 개념으로 보는 것이 더 바람직하다. 치료과제의 목표는 환자의 행동 영역, 태도 및 사고방식들을 환자 자신의 관점에 초점을 맞추어 가능한 대안들 가운데서 자유롭게 선택하여 폭넓게 적용해 가게 하는 데 있다. 그래서 목표 확대하기의 첫 번째 대상으로 활용가능한 잠재능력 등을 선택하는 것이다. 이는 이미 이전의 치료에서 추진되었던 것으로, 예를 들면 환자는 상대방의 시간엄수 능력에만 주목하는 것이 아니라 그의 정직성, 근면성, 질서정연함 및 교제능력까지도 주목해 볼 수 있는 안목을 배웠던 것이다.

목표를 축소시키는 본질적인 요인이 장애에서 기인되는 것이라면, 목표 확대하기 작업은 치료의 시작이라 할 수 있다. 그러므로 목표 확대하기 단계에서 사랑하는 능력의 방식(즉, 심리사회적인 관계 차원에서)뿐만 아니라 인지능력의 방식(즉, 우리가 실제에 직면하는 일련의 수단)까지도 활성화될 수 있도록 치료하는 것이다.

기본적인 개념과 목표 확대하기　대개 기본적인 개념은 인지능력과 사랑하는 능력에 대한 개별적 방식들을 선호할 수 있는 힘을 부여하는 반면에, 다른 방식들은 터무니없거나 생각조차 하지 않도록 상상하게 한다. 그래서 금욕주의자는 영적인 활동(이성과 직관)은 수용하지만, 감각의 수단들은 억압한다. 다른 한편으로는, 이성의 수단들을 전면으로 내세워 감각적인 수단들을 무시하기 때문에 만족을 포기하며, 전통을 경시하여 공상을 완전히 터무니없는 생각이라고 여긴다.

이와 유사하게 사회적 관계는 특정한 사람과의 관계이기 때문에 파벌 안에서 보호한다는 것 때문에 배타적 집단으로 제한될 수 있다. "강한 사람은 혼자일 때 가장 강하다."라는 로빈슨 크루소의 개념이나 윌리엄 텔의 말처럼, 우리는 우리 자신 안으로 움츠러들거나, 자신의 가족 안에 있는 건강하지 못한 상황을 보지 않으려 하고, 오히려 사회나 다른 사람들 속에서 건강함을 추구한다. 원칙적으로는, 특정한 분야에 대한 혐오란 있을 수 없다. 우리는 심지어 한 번에 한 가지만 할 수 있다고 믿도록 강요받기도 하였지만, 모든 방면에 주의력을 집중하라는 요구들도 있다. 우리가 모든 에너지를 단지 한 영역이나 한 가지 심리사회적 차원에만 쏟는다면, 장애에 노출될 확률이 매우 높아질 것이다.

목표의 축소와 확대의 예

영 역	목표의 축소	목표의 확대
감각의 수단들, 직관, 당신과의 관계, 시간, 교제 및 절약	"제가 남자 친구와 함께 데이트할 때는 무엇을 할지 이미 결정이 되어 있어요. 근사한 식당에 가서 식사를 하고, 또한 나는 특별한 식당을 모두 찾아다니며 정말 즐거웠어요." (과체중과 우울증을 갖고 있는 38세 환자. 관련된 수단들, 즉 당신, 감각의 수단들)	"최근에 우리는 식당에 거의 가지 않았어요. 대신에 우리는 몇 편의 재미있는 영화를 본 다음에 몇 시간 동안 계속 이야기를 나누었어요. 가끔 저는 완전히 다른 사람을 만나는 것처럼 남자 친구에 대해 다시 배우는 것 같은 느낌이에요. 게다가 비용도 더 저렴하게 들어요." (당신, 직관과 이성의 수단들)
교제, 우리(가족 집단, 더 확장된 집단)와의 관계, 전통, 정확함과 완벽주의	"전에는, 아이들 옆에 있어 주는 것에만 대단히 큰 가치를 부여했어요. 그러는 동안, 우리는 사회적으로 완전히 고립되고 말았어요. 마침내 우리 곁에 아무도 남아 있지 않게 되었답니다. 그리고 아이들이 집을 떠나게 되자 아내는 갑자기 불안이 몰려와서 괴로워하기 시작했어요. 그것이 아내가 심리치료를 받으러 온 이유입니다." (53세 종업원. 관련된 수단들, 즉 당신, 핵가족으로 제한됨)	"처음에, 우리는 몇 년간 만나지 않고 지냈던 친척들을 초대했어요. 우리 아이들이 우리를 만나러 거의 오지 않는다는 것을 깨달았을 때 우리는 아이들 또한 자연스럽게, 사교적인 모임에 초대했습니다. 그런데도 여전히 무엇인가 억압되어 있는 것같이 느꼈습니다. 이번 여름에 오랜만에 처음으로 휴가 여행을 떠났고, 거기서 아주 좋은 사람들을 만났답니다. 그들에게서 초대도 받았구요."
근면/성취, 교제, 시간, 믿음, 이성, 성적 특질, 당신과의 관계	"전에는, 저에게 중요했던 건 오직 일뿐이었어요. 심지어 내 아내와 아이들도 두 번째 순위였지요." (위장 질환이 있는 44세 매니저. 관련된 수단들, 즉 자신의 일과 관련된 우리, 당신과의 위축된 관계)	"이제 새로운 시작을 하게 되었어요. 원래 제가 늘 시간에 쫓겼었는데, 제가 시간을 많이 낼 수 있음을 알았거든요. 그래서 이제 저는 가끔 책을 읽거나 가족들과 함께 뭔가를 하는 데 시간을 낸답니다. 오랫동안 제게 성적 특질이 조금도 중요하지 않았기 때문에 아내가 매우 애를 태웠죠. 요즘엔 성관계까지도 다시 활발해졌어요." (아내와 아이들이라는 당신과의 관계 확대)

에너지 계획

인간은 한 사람이 실제로 얼마나 많은 에너지를 사용할 수 있는지에 대해서 확실히 알지 못하고 있다. 때때로 에너지가 갑자기 다 소모되었다거나, 비축되어 있던 전혀 뜻밖의 에너지가 가동될 수 있다는 사실을 깨닫게 될 수도 있다. 여기서 에너지 계획에 대해 이야기하면서, 다음과 같은 상황을 고려해 보고자 한다. S부인이 이렇게 불평하였다. "저는 더 이상 힘이 없어요. 제가 어떻게 그렇게 하겠어요?" 그녀가 처한 상황에서 보면, 그녀의 말은 충분히 근거가 있었다. 그때 당시에는 그녀에게 더 이상 남아 있는 에너지가 없었다. 그녀의 전형적인 일상사를 듣고, 토론한 내용은 다음과 같았다. 저녁에 그녀는 보통 두 시간 넘도록 긴 소파에 누워서 음악을 들으며 향수에 젖거나 자신이 잘못한 것을 떠올리며 그 상황에서 빠져나갈 길은 없었는지, 만일 남편이 다른 직업을 가져서 제시간에 집에 돌아올 수 있다면 얼마나 좋았을지 생각하면서 불안하게 왔다 갔다 하며 걸어 다녔다. 말할 필요도 없이, 이는 목표 설정 없는 에너지 소비였다. 다른 말로 하면, 그녀가 목표 없는 에너지 소비를 목적 있는 소비로 바꿀 수 있다면, 그녀는 충분한 에너지와 시간을 가질 수 있을 것이다. 에너지 계획은 그런 변화를 일으킬 수 있다. 환자는 자기의 개인적인 영역에서 시간과 에너지를 어떻게 사용하는지 백분율로 기록할 때, 다음의 영역을 고려하게 한다. 즉, 사람이 자신에게 사용하는 시간과 에너지(개인적인 위생, 자신의 취미, 스포츠, 숨쉬기, 독서하기 등), 자기의 배우자(상호 간의 대화, 상대방에 대한 비판, 공통의 과제들, 애정, 성-성적 특질-사랑, 공통의 취미), 동료(일, 직업적인 교제, 사회성, 친척들 및 아는 사람과의 관계, 평생교육 등), 근원적-우리(미래에 관한 생각, 종교적 내용을 포함하는 세계관과 인생의 의미에 대한 염려 등)에 대한 영역들을 고려해 보는 것이다.

　그 구성요소들에 대한 표기 방법은 다음과 같다.

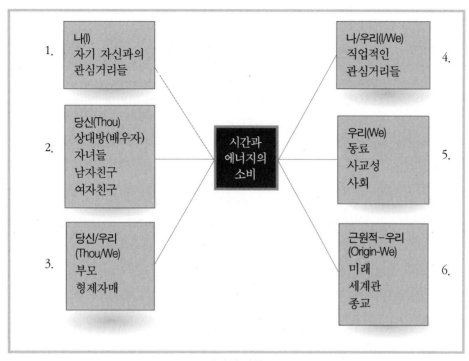

에너지 계획

환자는 이들 영역에서 자신의 관여 정도와 사용되는 에너지 및 시간을 어림잡아 평가한다. 에너지 소비의 총 합계는 100%가 된다.

S부인은 자신의 에너지 계획을 다음과 같이 평가하였다. "제가 하는 일은 거의 모두 남편이나 아이들과 관련되어 있어요. 제 에너지의 60%가 그들을 향하고 있다고 해도 과언이 아니에요. 저는 전업주부로서 집안일만 하고 있죠. 에너지의 약 20%를 사용해요. 아버지가 돌아가시기 전보다 지금 더 많은 시간을 어머니와 보내고 있는데 아주 많은 에너지를 그 일에 사용하는 것 같아요. 아마 한 10%쯤 된다고 할까요. 저는 동성 친구들과 아는 사람들도 좀 있어요. 하지만 그들과는 아주 가끔 만나기 때문에 아마 5%쯤 사용하는 것 같아요. 사실, 저는 종교에는 전혀 관심이 없어요. 정치나 세계관에 대한 관심도 별로 없는 편이구요(1%). 왼쪽 맨 위에 저에게 남는 에너지를 모두 합해 보면, 약 4%쯤 되네요. 제 생각에도 그것이 대강 맞는 것 같아요."

　　주부로서 환자의 활동은 가족과 관계되는 시간이 대부분이기 때문에, 이런 비율은 '당신(Thou)' 영역으로 간주될 수 있는데, 이렇게 보면 '당신(Thou)' 의 영역에 에너지의 80%가 소요된다.

　　그러므로 그녀에게 에너지 결핍이나 실질적인 허약함이 있었던 것이 아니라 에너지의 분배가 편중된 것이다. 다음의 예시를 통해 에너지 분배가 얼마나 중요한지를 환자에게 보여 주었다.

　　치료자: "한 성공한 사업가가 자신이 오랫동안 모아 온 자산을 한 가지 사업에 몽땅 투자한다고 상상해 보십시오. 경제적인 상황이 좋다면 이것도 이익을 창출하는 좋은 기회가 될지도 모릅니다. 그러나 이때 만약에 사업이 실패한다면 그는 한 푼도 없는 신세가 될 것입니다. 하지만 다른 투자영역에 자신의 자본을 나누어 투자한다면, 다른 자본금으로 어려움을 회복할 수 있었을 것입니다."

　　환　자: "사실, 제 모든 삶은 지금까지 저보다는 남편과 아이들에게만 속해 있었어요. 그래서 남편이 집에 늦게 들어오면 저는 정말 어찌할 바를 모르겠어요. (환자가 웃는다.). 그리고는 이 모든 것이 무의미해져 버려요…."

　　이런 대화는 이미 환자 편에서 눈에 띄는 진보가 있었음을 보여 주고 있다. 그녀는

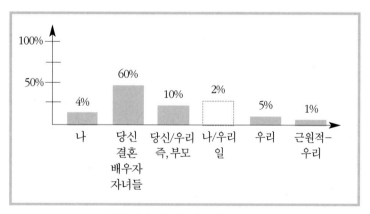

S부인이 평가한 에너지의 분배

이제 분화되어서, 자기의 문제에 직면할 수 있을 입장이 되었으며, 이미 자신의 행동 계획에 다른 대안적인 개념을 고려하기 시작하였다.

계획된 미래

목표 확대하기에서 핵심 부분을 구성하는 미래와의 관계는 많은 사람들에게 어려운 문제를 야기시킨다. 미래에 대한 개념은 "계획은 세워서 뭐해요, 상황은 언제나 변하기 마련인데."(억압 증상을 보이는 19세 학생)라고 생각하는 사람 또는 "저는 제게 일어날 수 있는 모든 가능성을 깊이 고려합니다. 저는 제가 상황을 지배할 수 있어야 한다고 봅니다. 그렇지 않으면 기분이 좋지 않아요."(강박증세를 보이는 43세 사업가)라고 생각하는 사람까지 모두 생각들이 다양하다.

목표 확대하기의 시작 단계에서 S부인은 시간엄수에 대한 자신의 요구 때문에 형성된 자신의 시간 분배에 대해 의문을 제기하기 시작하였다. "저녁시간까지 시간을 적절하게 배분할 수 없어요. 무슨 일이 항상 생기기 마련인데, 그러면 이미 세워진 계획이라 할지라도 포기할 수밖에 없잖아요."

이 과정에서 환자는 '시간엄수'에 대한 자신의 고도로 조직화된 태도뿐만 아니라, 미래에 대한 자신의 태도에까지도 포함하여 의문을 제기하였다. "만약에 매사가 자신이 상상한 거보다 늘 다르게 바뀌어 버린다면, 인생이 도대체 무슨 의미가 있겠어요?"

환자는 완벽주의적인 태도에서 나타나는 불안 증세와 방어하려는 태도를 보이며, 조정가능한 미래와 조정 불가능한 미래 사이의 관계에 대해 의문점을 제기하였으므로 다음과 같은 대화가 전개되었다.

> 치료자: "당신이 전에 경험했던 것은 당신에게는 이미 지나간 인생사입니다(과거). 지금 당신이 행하는 것과 경험하고 있는 것은 지금 눈앞에 펼쳐져 있고, 또 잘 조정할 수 있습니다(현재). 단지 미래의 경우에는, 바로 다음 순간에 일어날 미래와 20년의 세월이 지난 후에 일어날 미래는 좀 다른 것입니다.
> 환　자: "네, 제 생각도 그래요."

치료자: "아주 간단한 예를 한 번 생각해 봅시다. 당신이 비스바덴에서 프랑크푸르트까지 운전해서 간다고 가정해 봅시다. 당신은 프랑크푸르트에서 열리는 강연회에 참석하는 거예요. 당신은 그 강연회에 대한 기대와 필요한 것이 무엇인지 잘 알고 있습니다. 당신은 필요한 자동차 서류도 챙기고, 가치가 있는 강연 내용을 기록하는 것이 중요하다는 것을 알기 때문에 펜과 종이도 챙깁니다. 차에 휘발유가 얼마나 있는지 점검하고, 얼마만큼 소모될 것인지, 또 프랑크푸르트까지 갔다가 다시 돌아오기에 충분한지 가늠해 봅니다. 차를 타고 출발하기 전에, 능숙한 운전자가 할 수 있는 모든 것을 다합니다. 어떤 일이 갑자기 생길 것을 대비해서 당신은 돈도 얼마쯤 준비합니다. 프랑크푸르트에 오후 8시까지 가야 한다면 그때까지 도착하기 위해서 시간에 맞춰 떠납니다. 가능한 한 사람이 할 수 있는 모든 것을 다 준비했지만, 당신이 미처 예상하지 못한 일이 갑자기 생길 수도 있습니다."

환　자: "타이어가 펑크 날 수도 있고, 교통이 혼잡해서 꼼짝 못할 수도 있고, 사고가 날 수도 있겠네요. 그리고 아무 일 없이 잘 도착한다 하더라도, 강연장 앞에 이런 표지가 붙어 있을 수도 있습니다. '강연자의 개인 사정에 의하여 오늘 강연은 취소되었습니다.' 이런 일은 정말 제가 가장 싫어하는 일이죠."

치료자: "설사 무슨 일이 생길 수도 있고, 당신이 사전에 준비한 모든 것이 헛된 것이 될 수도 있지만, 그렇다고 기름을 넣거나 종이 가져가는 일을 소홀히 하시겠습니까?"

환　자: "물론 아니지요. 그러면 제 계획은 훨씬 더 큰 차질이 생기겠지요. 기름은 바닥나고, 고속도로에서 꼼짝 못하고 있게 될 수도 있구요."

치료자: "미래에 대한 것도 마찬가지입니다. 당신이 예전에 경험한 것과 현재 상황을 근거로 하여, 당신은 미래의 일부를 아주 잘 계획해 볼 수 있습니다. 그렇게 계획을 세워 보는 것이 아주 중요합니다. 그렇게 해야만 위험을 피하고 장애물들을 최소한으로 줄일 수 있습니다. 그러나 분명한 것은 현재에 당신이 조정할 수 없는 부분이 미래에는 있습니다. 어떤 일이 생길지 모르지만, 그냥 둘 수밖에 없습니다. 당신이 강연자가 할 말을 계획할 수는 없습니다. 그것은

강연자에게 맡겨야 할 일이며, 또 다른 참가자들이 당신에게 말을 걸어 볼지 어떨지도 알지 못하고, 그들의 질문에 어떻게 대답할지도 알지 못합니다. 그 상황이 닥쳤을 때에만 적절한 대응을 할 수 있게 됩니다. 그때 그 일을 해결하고 났을 때에는 그 일이 더 이상 미래가 아니고, 이미 과거가 되어서, 그 경험으로 다가올 새로운 상황에 적용할 수 있게 됩니다."

환　자: "선생님도 아시듯이, 저는 어떤 일을 정확하게 계획했으면, 모든 것이 순조롭게 되어야 한다고 늘 생각했었어요. 어떤 일이 갑자기 생겼을 때, 예를 들어 기다리는 일이 생긴다면 정말 끔찍한 일이지요. 그런데 지금 생각해 보니, 계획하지 않은 미래가 정말 황당할 수 있다는 것을 알게 되었네요…."

대인관계에서는 그런 계획되지 않은 미래의 순간들로 가득 차 있다. 우리는 상대방이 어떻게 반응할지 알지 못한다. 그러나 우리는 과거에 있었던 일을 통해 어떤 예상을 할 수 있다. 우리가 사람을 잘 알지 못할수록 계획되지 않은 미래에 수반되는 위험은 더 크다. 이 때문에 많은 사람들이 신뢰할 만한 사람이 아니면 교제하지 않으려고 하는 것이다. 미래에 대한 주관적인 생각은 추상적인 것이 아니라 오히려 구체적인 내용에 근거하고 있다. S부인의 경우에 구체적인 내용은 시간엄수였다. 이런 관점에서 시간엄수에 대한 그녀의 기대치가 빗나가 버린다는 것은 희망찬 미래가 사장되는 것과 흡사한 것이다.

일간 계획

하루 일과 중 시간 배정은 갈등을 일으킬 가능성이 많은 부분과 직접적인 관계가 있다. 왜 나는 항상 시간을 지키지 않을까? 왜 나는 상대방을 기다리느라 녹초가 되는 걸까? 왜 나는 내 자신과 가족들을 걱정하는 걸까? 이런 질문들은 왜 나는 우리 아이들과 잘 지내지 못할까? 왜 내 아내는 무시당한다고 느끼는 걸까? 이와 같은 질문들과 관계가 있다. 이와 같이 '무엇 때문일까?'라는 질문은 문제 해결을 위한 가장 적합한 방식으로서, 시간과 관계 있는 자신의 행동양식을 반영하여 시간을 계획하는

데 큰 도움이 된다.

시간 배정하는 방식은 세 가지 유형으로 구별된다. 이성 중심의 이차적 유형의 사람들은 지나치게 조직적으로 매 순간이 할 일과 의무로 모두 채워져 있다. 그러나 미숙한-일차적 유형의 사람들에게는 시간 배정이 비조직화되어 있으며 아무것도 시작할 수 없을 정도로 큰 공백과 무료한 시간이 많다. 우울증 환자의 경우, 비조직적인 시간을 그 안에 의무, 부담 그리고 불쾌한 사건들이 함께 뭉쳐 있는, 모호하고 불유쾌하며 압도하는 덩어리 같은 것으로 느낀다. 이중구속 유형의 사람들은 시간을 지나치게 계획하거나 아예 조직하지 않는 등 두 범위를 왔다 갔다 한다. 때로는 하루를 시작할 마음의 준비를 하는 데도 시간이 걸리며, 때로는 마감 시간에 맞추느라 부담이 많은 계획을 세우기도 한다.

일간 계획을 짜는 중요 항목으로, 대안 프로그램들을 제시한다. 일간 계획을 잘 조정하는 것은 일종의 자기조절 능력을 통해 일어난다. 즉, 자신이 하고 싶어 했던 것을 이루어 낸 것과 할 수 있었기 때문에 이루어 낸 것을 비교해 보는 것이다. 이런 피드백은 계획을 수정하거나 행동을 수정하는 데 도움이 된다. 이런 피드백의 틀 안에도 해결할 수 없는 어려움이 있다면 심리치료 장면에서 문제를 제기하여 치료자와 함께 논의해 봐야 한다.

다음에는 S부인이 작성한 일간 계획이 제시되어 있다. 이 계획은 심리치료 절차를 거쳐 작성된 것이다. 일간 계획 세우기에서 보면 목표확대하기 양상이 뚜렷이 나타나는데, 원래 증상이 있는 영역에 영향을 미치고 있다.

관찰   내일, 토요일에는 친구 부부와 함께 극장에 갈 계획이다. 이번에는 시어머니가 아이들을 돌봐 주실 것이다.

일간 계획과 마찬가지로, 주간 계획도 기록할 수 있다. 대개 주간 계획은 일간 계획보다는 좀 더 총괄적으로 정리하여 꼭 해야 할 일이거나 또는 하고 싶어 하는 매일매일의 과제들과 활동분야가 무엇인지를 제시해야 한다. 시작 단계에서는, 일간 계획과 주간 계획들은 지금까지 소홀히 했던 부분들에 적절하게 관심을 기울여 줌으로써, 최적의 방법을 동원하여 현실과 개인의 욕구들 간에 조화를 이룰 수 있도록 계획되어야 한다.

S부인의 일간 계획(18번째 회기 전에 작성한 것)

6:30 a.m	일어나기
6:30~6:45	용변, 샤워, 양치질 하기
6:45~7:00	음악을 들으며 휴식하거나 운동하기, 옷 입기
7:00~7:30	아침식사 준비하기, 남편과 함께 식사하기, 일간 계획에 대해 이야기하기
7:30	남편 출근시키기
7:35~8:45	아이들 준비시키기, 그들의 계획에 대하여 이야기 나누기 니콜은 8:45에 학교에 보내기
8:45~9:15	설거지하기, 침대 정리하기
9:15~11:00	쇼핑하러 가기, 마틴(막내)를 함께 데리고 감
11:00a.m~1:15p.m	집안일, 식사 준비하기
1:15~1:45	니콜이 학교에서 집으로 돌아옴, 함께 식사하기
1:45~2:00	설거지하기(아이들이 함께 도와줌)
2:00~3:30	나 자신을 위하여 낮잠 자기, 잠을 안 자면 신문이나 책 읽기
3:30~4:30	다림질, 세탁, 집안에서 해야 할 필요가 있는 일들 하기
4:30~5:15	저녁 준비하기
5:15~5:30	숙제 점검하기
5:30~6:00	저녁 식사하기(만일 남편이 늦으면, 그의 식사는 오븐에 넣어 둠).
6:00~8:00	영어 강의. 이는 나를 위한 재교육 과정. 아는 사람의 차에 동승하여 감. 만일 남편이 이 시간까지 집에 오지 않으면, 니콜이 마틴을 돌봄.
8:00~9:00	아이들이 잠잘 시간. 아이들의 문제들을 함께 나눔.
9:00~10:30	이 시간에는 여러 가지를 할 수 있음(남편과 함께 앉아서 이야기를 나누거나, 남편과 산책을 하거나, TV를 보거나, 책을 읽음)
약 10:30	잠자리에 들기

교제의 영역에서 목표 확대하기

서양문화에서 목표 확대하기는 본질적으로 '교제' 영역에서의 목표 확대하기를 의미한다. 동양에서는 가족, 특히 확대가족이 준거 집단이 되어 좋을 때나 나쁠 때나 항상 가족과 동행하는 반면에, 유럽 사람들은 일반적으로 가족의 기능을 대체할 집단을 따로 찾지 않고 자기 가족에서 훨씬 더 쉽게 분리가 가능하다. 따라서 다음과 같은 반응들, 즉 파벌 집단 형성(집단 속으로 도피)과 사회적 교제 거부(고립 속으로 도피) 등으로 나타난다.

그렇다고 모든 사람들이 교제를 거부한다는 것은 아니다. 사람은 항상 꾸준히 이어지는 사회관계를 추구하는데, 예를 들면 한 쌍의 관계 같은 그런 밀접한 관계를 찾고 있다. 사회적인 고립은 일차적인 욕구가 아니다. 사회적인 금욕주의의 뒤에는 사회적 인정 및 대인 간의 관계에 대해서 잠재적으로 초조한 욕구가 숨어 있기 때문에 이익 중심적인 모임보다는 사람 중심적인 교제를 통해 만족을 얻으려고 한다.

그러므로 동양에서의 목표 확대하기는 환자가 먼저 자기 자신과의 관계를 처음 확립하고 관계와 집단 밖에서의 활동에 관심을 키워 가는 것을 목표로 하는 반면에, 서양에서의 그 과정은 사실상 그 반대다. 여기서 목표 확대하기는 대개 사회적인 교제를 잘 형성하는 것을 의미하는 것으로, 사회적 교제가 사람 중심의 모임으로 세워져 개인의 업적이나 사회모임에만 치중한 것이 아닌, 관계를 중요시하는 활동 및 교제에 중점을 두어야 한다. 서양 사람은 사회적 관계를 멀리하는 경향이 있는데 이는 명상을 하며 혼자 사는 삶만을 중요시해서라기보다는 사회적인 활동에 뒤따르는 의무가 많아질까 봐 두려워하여 아예 사회적 교제를 등한시할 수 있다. 이런 관점에서 볼 때, 교제는 개인의 활용가능한 잠재능력들, 즉 '절약'(손님 초대는 비용이 너무 많이 든다), '질서정연' '청결'(손님들은 내가 정돈해 놓은 것을 엉망으로 만든다), '시간엄수'(어디를 가든지 마찬가지다. 그저 조금 늦어도 다른 사람들의 비난의 시선만 참으면 된다), '성취'(우리는 훨씬 더 좋은 생활에 익숙한 사람들을 초대하지 않아도 돼요) 등과 다양하게 연결되어 있다.

이런 식으로 대인 관계는 좁혀진다. 그 결과, 고립되고 외로워하면서도 교제의 필요성을 억압한다. 이런 배경을 극복하여 교제에 대한 태도뿐 아니라 교제와 관계 있는 개인의 활용가능한 잠재능력들도 넓혀 가야 하는 것이다.

가족 집단 상담–부모 집단 상담–상대방 집단 상담

✽* 가족 집단 상담

가족은 모든 사회 집단의 기본 형태이며 동시에 최초 사회 집단의 모델이 된다. 가족은 아버지, 어머니, 자녀들 그리고 함께 사는 공동체에 속해 있는 가까운 사람들로 구성되어 있다.

가족은 최초의 공간이고, 가장 기초적인 사회 경험을 하는 곳이다. 가족 간에는 공통의 관심사가 있으며, 각각의 가족 구성원 사이에는 관계와 상호작용이 존재한다. 가족 집단의 모든 구성원은 각각의 역할이 있으며, 이 집단에 대한 이해와 자신의 관심사 간에 균형을 이루는 일에 직면하는데, 예를 들면 상호 간 분화를 이루어 성숙한 관계를 이루는 일이다.

집단의 잠재능력 기능 여하는 구성원 상호 간에 의사소통을 잘하는지 그 여부에 달려 있다. 만약 의사소통이 왜곡되어 잘못되어 있다면, 그 집단은 역동적이고 조직 체계로서 기능을 할 수 없게 된다. 역동성과 유연성 대신에 행동을 엄격히 통제하려는 요구("네가 이 집에 있는 동안은 순종해야만 해.")와 역할의 속성이 경직("내가 이 집의 최고 주인이야.")되어서 목표들을 축소시키게 된다("우리 각자는 자기 나름대로의 흥미가 따로 있어."). 또 다른 면으로, 기능이 잘 되는 가족은 여러 면에서 다양하게 발전할 수 있는 가능성을 지니고 있다. 부모나 형제자매들 간에 갈등이 내재되어 있는 가족관계에서는 실질적으로 장애를 일으킬 여지가 많은 징후임을 짐작할 수 있다.

가족 구성원들이 가지고 있는 흥미, 소망 또는 실질적인 문제들이 목표 확대하기와 관련이 있는데, 한 사람 또는 두 사람 간의 관계보다는 훨씬 더 넓은 사회적 영역에까지 영향을 끼치게 된다. 그 가족 집단의 경험을 통해서, 전체 가족이 조화를 이루게 되어 목표를 성취할 수 있게 된다.

• 가족 집단은 어떻게 조정되는가

모든 가족 구성원은 정해진 시간에 정기적으로 만난다. 이는 일주일에 한 번 하는 것이 바람직하지만, 가족 집단 회기는 아주 특별한 경우에 소집할 수도 있다. 만일 예기치 못한 상황 때문에 누군가 약속을 지킬 수 없게 된다면, 다른 구성원들에게 시간 전에 알려서 새로운 시간을 함께 정해야 할 것이다. 가족 집단 회기가 진행되는 시간은 45~60분이다. 때때로 가족 집단이 모이는 기회가 자연스럽게 생기기도 한다. 예를 들면, 식사를 마친 후 모든 가족 구성원들이 자리를 뜨지 않고 계속 함께 앉아 있는 경우다. 굳이 '가족 집단'이나 '가족 회의'라는 표현으로 언급하지 않아도 된다. 비공식적으로 초대("모두 같이 있을 때 이야기하고 싶은데 어때요?")한 가족간의 대화 시간은 오히려 창조적이고 역동적인 집단 회기가 되기 때문이다.

• 집단 구성원들의 동등한 권리

모든 구성원은 인격적으로 동등한 협력자로 서로 귀하게 여겨 준다. 가족 집단을 이끌어 가기 위해서 부모가 교육적이어야 한다거나 특별한 훈련을 받아야 하는 것은 아니다. 비록 다른 가족 구성원들이 서로 이야기하는 말을 자녀들이 그대로 이해하지 못한다 하더라도 무슨 일이 일어나고 있는지, 사람들이 서로에게 어떻게 이야기하는지, 그리고 문제 해결을 위해 어떻게 접근하는 것이 유용한지를 알아차린다. 자녀는 그저 먹고, 산책하고, TV를 보는 것뿐만 아니라 가족들이 서로 협조하는 것을 관찰하게 된다.

• 가족 집단 상담 촉진자

다른 집단에서와 마찬가지로, 가족 집단에서도 때때로 격론이 벌어지기 때문에 모든 집단 구성원에게 공평하게 말할 수 있는 기회를 제공하고, 단 한 사람도 심지어 아버지라 할지라도 대화를 혼자서 독점하지 않도록 균형을 이루어 주는 탁월한 촉진자가 있어야 한다. 따라서 매주 집단 구성원들이 번갈아 가면서 집단 촉진자의 역할을 맡도록 그 순서를 기록해 둔다.

• 가족 집단 상담 기록장

모든 가족 구성원은 각자의 기록장에 가족이 결정한 사항과 결과뿐만 아니라 자신이 이야기하고 싶은 주제를 적어 온다. 집단 구성원들은 그들의 문제를 기록해야 하는데, 만일 어린 자녀가 아직 쓰기를 하지 못한다면 그림으로 그리고 말로 설명할 수도 있다. 기록장은 집단 구성원들이 시간엄수, 질서정연, 청결과 정확함을 보다 잘 배울 수 있는 표본인 동시에, 매일매일 일어나는 일들에 대해서 분화된 태도를 생성하도록 도움을 준다. 가족 집단 상담 안에서 비판을 처음 접하게 된다. 그때까지 관찰해 온 내용을 집단 상담 기록장에 기록해 둔다.

• 가족 집단 상담의 진행 절차

가족 집단 상담은 정해진 시간에 즉시 만나야 하며, 가능하다면 한 테이블에 둘러 앉는 것이 좋다. 진행 절차 중에는 집단 구성원 개개인이 서로 가까이 앉도록 주의를 기울인다. 텔레비전, 라디오, 그리고 다른 방해거리가 될 만한 것들은 모두 치워 놓는 것이 좋다. 구성원들은 모든 참가자가 다 모일 때까지 기다린다. 집단 촉진자는 "누가 먼저 이야기하시겠습니까? 누가 특별한 이야깃거리가 있나요?" 하고 분위기를 띄우며, 제시된 문제들을 모아서 차례차례 다룬다. 집단 촉진자는 모든 집단 구성원들에게 문제와 관련된 그들의 의견을 묻는다. 이와 같은 절차에서 유용한 질문들은 다음과 같다. "무엇이 문제입니까? 문제 뒤에 숨겨져 있는 권리와 목표는 무엇이며, 문제가 일어나는 원인과 배경은 무엇입니까? 어떤 가능한 해결책이 있습니까?"

이번 집단 회기에서 가장 중요하게 의미 있는 주제는 그 주에 관심을 가져야 할 좌우명이다. 그래서 '예의 바른 주간' '질서정연한 주간' '정직한 주간' '시간을 엄수하는 주간' 등의 좌우명이 생길 수 있다.

• 메모 카드

가족 집단 상담 회기에서 관찰하기, 목록 작성하기, 상황에 맞게 격려하기, 언어화하기 단계들과의 현저한 차이점은 우선 상호작용에 초점을 두고 자녀의 질서정연과 어머니의 인내심과 같이, 두 사람 간의 관계를 다루기 때문에 가족 집단에서 만든 그 주간의 특정한 좌우명은 집단의 모든 구성원들에게 매우 유익한 작용을 한다. 그 주간의 좌우명을 마음속에 깊이 새기기 위해서, 또 학습을 가화하기 위해서, 집단 구성원들은 그 주간의 좌우명, 즉 '예의 바른 주간'(메모 카드)이라 적혀 있는 작은 카드를 받게 된다.

이에 따라서 부모는 그 주제의 내력과 이론, 그리고 실제를 숙지하는 과제를 맡는다. 문제가 일어나는 상황과 원인을 파악하게 되면, 문제들을 제대로 다룰 수 있을 뿐 아니라 관련되는 문제들(상응하는 잠재능력 같은 것)까지도 다룰 수 있게 되어 그다음 주부터는 문제를 보완할 수 있는 생각도 하게 된다. 가족 집단 안에서 활용가능한 잠재능력이나 문제가 되는 행동 분야를 주제로 삼고 실제로 다루어 보며 그 문제들을 해결해 갈 수 있는 가능성을 갖게 된다. 예를 들어, 아이가 비용을 지불하지 않고 버스를 타 본 후에야 정직의 문제를 다룰 수 있도록 적절한 내적 관심을 불러일으켜, 대화를 할 수 있는 동기가 발생하게 된다.

아이가 부모의 인내심이 너무 적었다거나 자신에게 시간을 너무 적게 할애했다고 불평하는 경우에는, 대화의 주제를 인내와 시간, 그리고 그에 해당되는 잠재능력들에 초점을 두어야 한다.

• 작업의 분배와 역할 교환

가족 집단의 원리는 작업을 잘 분배하는 데 있다. 가족 구성원들이 서로 다른 사람의 문제에 관심을 기울일 때에만 그런 문제들을 더 잘 이해할 수 있기 때문이다. 가족 안에서 역할이 골고루 분배되지 않으면 보통 부모가 자녀의 입장이 되어 자녀문제를 볼 수 있는 통찰력이 둔화된다. 그 반대 경우도 역시 마찬가지다. 그러므로 역할 바꾸기를 통해서 서로 역동적이 되도록 가족 구조에 변화를 주는 것이 가장 좋은 방법이다. 한정된 기간에, 한 사람의 가족 구성원이 이전에 다른 가족 구성원이 맡아왔던 과제와 역할의 특성들을 맡는다. 예를 들면, 아버지는 주부의 역할을 하고 어머니는 '가족의 우두머리'에게 주어졌던 계획하기 과제를 맡는다. 그리고 자녀들은 집안 경제라든지 계획하기, 충고하기 등과 같이 부모가 책임져 왔던 영역의 일과 업무를 맡는다.

가족 집단 상담의 열두 번째 회기 기록: 금요일 저녁 여섯 시에 나는 남편과 두 아이들과 함께 모여 앉았다. 곧이어 딸아이가 첫 번째 제안을 내놓았다. 딸은 가족 모두 수영하러 가기를 원하였고, 이들은 또한 즉시 열광적으로 반응하였으며, 나 역시 그랬다. 시간이 없다는 이유를 대고 남편만 반대하였다. 나는 남편이 함께 간다면 정말 기쁠 것이라고 말해 주었는데도 남편은 우리가 자기를 이해하지 못하며 모두가 자기에게 맞선다고만 이야기하였다. 그때 딸아이가 자신의 감정을 대변하듯 다음과 같이 말했다. "아빠도 알다시피, 전 이해하지 못해요. 제가 가족과 함께 뭔가를 같이 하고 싶어 하는 이유는 우리 식구 모두를 좋아하기 때문이에요. 그런데 어떻게 아빠는 저희가 아빠에게 맞선다고 말씀하실 수가 있어요? 전 엄마는 매일 봐요. 하지만 아빠는 전혀 볼 수가 없어요." 남편은 다소 충격을 받았다. 하지만 그는 왜 일요일 아침에 우리와 함께 수영을 하러 갈 수 없는지 설명하려고 애쓰다가 대신 일요일 오후에 가자고 하였다. 우리 모두는 찬성하였으며, 나는 일요일 아침에 요리하는 과도한 부담을 털기 위해서 세 사람이 부엌일을 도와달라고 제안하였다. 딸아이는 그일이 귀찮다는 생각을 했지만, 아빠가 함께 수영하러 간다는 것 때문에 딸아이는 어쨌든 도울 각오를 하였다….

• **가족 집단 상담의 중요성**

가족 집단에서는 갑자기 발생하는 문제들만 논의할 뿐 아니라 더 나아가, 가족 활동들, 즉 주말 소풍, 쇼핑, 여행, 손님 초대, 파티, 선물하기 등도 계획한다. 이렇게 모든 가족 구성원들은 가족 안에서 능동적으로 협력하는 법을 배우며 가족 집단에서 공식적인 일이나 문제들만을 제기하는 공간이 아니라, 집단 안에서 각 구성원도 중요한 결정에 참여할 수 있다는 사실을 인식하게 된다.

한 집단에서 작업하는 것은 집단 역동성을 촉진시키는 영향을 끼친다. 의식적인 조절 없이, 다소 무분별한 방식으로 기능하는 가족 안에서는 대개 무의식적인 역할 온농, 상한 혐오감, 혹은 특정한 편애, 예를 들면 어머니-아들 간의 애착 또는 아버지-아들 간의 갈등 같은 것이 나타난다. 가족 집단은 동시에 가능하기 때문에, 예를 들면 모든 집단 구성원들이 동시에 참여하여 집단에서 능동적으로 활동하기 때문에, 그런 애착과 갈등 문제를 좀 더 잘 조절할 수 있도록 도움을 주면서 광범위하고 다양한 의사소통과 정서적 참여를 촉진한다.

결론 ➜ 가족 집단 작업을 통해서 얻어진 생각, 관점 그리고 해결방법들은 구성원 각자의 특성이라기보다는 집단 작업의 성과라고 할 수 있다.

스튜 요리의 종합적인 맛이 어느 야채에서 나왔는지 알 수 없듯이, 한 집단의 태도, 행동양식, 그리고 결정 사항들은 단 한 사람이나 몇몇 구성원만의 노력에서 나오는 것이 아니라, 그보다는 오히려 집단 구성원 모두의 작업에서 얻어진 결과로 볼 수 있다.

✳* 부모 집단 상담

부모의 문제는 자녀와 관련된 것이거나, 당면한 문제 또는 주변 환경과 관계되는 것들이다. 그 문제들은 부모의 개인적인 문제일 수도 있고, 또는 부모 간의 관계와 연관된 문제일 수도 있다. 그런 문제들은 자녀들이 가족 집단 상담 중에 직접적으로 제시한 문제가 아닌 이상, 자녀들 앞에서 이야기할 필요는 없다. 가족 집단이 모이기 전에 부모는, 적어도 원칙적으로는, 자녀에 관한 문제에 있어서 부모와 같은 관점을 갖도록 합의가 이루어져야 한다. 그러므로 드러나고 있는 갈등을 시기적절하게 차단할 필요가 있는데, 어린 자녀를 부부싸움에 불필요하게 끌어들이지 않으며, 예를 들면 저녁 시간 같은 적절한 시간에 부모가 자신들의 갈등을 함께 의논해야 하는 것이다.

그러한 부모 집단 상담은 15~30분을 초과하지 않아야 하며, 가능하다면 한 달에 한 번 9시부터 자정까지 하는 것보다는 매일 저녁 15분씩 이야기하는 것이 바람직하다. 부모 집단을 위한 보조 도구로서 분화 분석 목록을 사용할 수 있으며, 분화 분석의 구조와 기술을 사용하여 부모 집단은 배우자 집단 상담의 모델이 될 수 있다.

결론 ➜ 부모 집단 상담에 대한 격언들 훌륭한 결혼생활은 문제나 갈등이 하나도 없는 것이 아니라 오히려 문제에 대하여 솔직하고 정직하게 그리고 객관적인 방법으로 함께 이야기하며 문제에 대처해 갈 수 있는 준비를 해 가는 것이다. 결혼은 보험 회사 역할을 하는 것이 아니라 오히려 사랑과 정의 사이에서 균형을 맞추어 가는 것이다.

결혼한 부부는 인생사의 다양한 영역(자녀 양육, 직업 문제, 중요한 계획과 비용, 성적인 문제, 그리고 양가 부모나 친척들과의 갈등들)에서 발생하는 문제들에 대하여 서로 대화하는 법을 배우게 된다. 준비만 되어 있다면, 그와 같은 문제들을 함께 토의할 시간을 내지 못하는 사람은 하나도 없을 것이다.

　만일 혼자서 결혼생활의 어려운 문제를 다룰 수 없다고 느낀다면, 상담 전문가에게 도움을 요청하는 것은 아주 권장할 만하다.

　이혼은 책임의 문제로서, 즉 배우자, 자기 자신 그리고 자녀들에 대해 책임 있는 자세가 무엇보다 중요하다 할 것이다.

✳* 배우자 집단 상담

　갈등은 처음에는 전혀 영향을 미칠 것 같지 않았던 부분까지 침투해 들어가는 악성종양과도 같은데, 배우자 집단 상담은 이런 경향에 제동을 걸 수 있다. 배우자 간에 시간과 장소를 제한해 주고 서로 갈등을 다루게 한다. 개괄적으로 보면, 배우자 집단 상담에서는 이미 가족 집단에서 접했던 방법론 적용이 가능하다. 이 집단에는 틀림없이 해결이 거의 불가능해 보이는 어려운 문제에 처한 집단 구성원들이 있다. 무엇보다도 배우자를 벌주는 태도로 침묵을 일삼다가 갑자기 대화를 하려고 하니, 습관적으로 서로에게 해 오던 행동을 바꾼다는 것이 결코 쉬운 일이 아니다. 그런 변화는 흔히 부부간에 유지되던 지위에 대한 상실감을 가져오기도 한다. 자신의 지배 아래 있다고 생각해 왔던 배우자를 이제는 동료 관계로 받아들인다는 것이 쉽지는 않다. 동료 관계로 역할 구분을 하는 것이 결국 맥이 빠지는 기분이 되기 때문이다. 이런 어려움을 없애기 위해서, 관찰하기/거리두기, 목록 작성하기, 상황에 맞게 격려하기, 언어화하기 그리고 목표 확대하기 단계들을 스스로 적용해 볼 수 있다. 더 나아가, 배우자와 역할을 바꾸어 보면 아주 놀랄 만한 효과를 보게 된다.

• 역할 바꾸기

　역할 바꾸기는 서로를 이해하며 공감해 주는 것으로, 아주 간단하다. 약 일주일 동안 한 사람이 다른 사람의 역할 가운데서 몇 가지 활동을 맡아 본다. 상대방이 남성인 경우에는 쇼핑을 하러 가고, 여성인 경우 손님을 초대하는 임무를 맡는다. 성적인 부분에서도 마찬가지로, 두 사람이 번갈아 가면서 주도권을 잡아 본다. 여성은 그저 수동적인 자세에서 벗어나 능동적인 태도를 배우며, 남성은 성적인 성취와 지배하려는 욕망에서 거리를 좀 두는 법을 배운다. 이렇게 역할 바꾸기를 어떻게 실천해 볼 수 있는지를 배우자 집단 상담에서 사전에 결정해야 한다. 역할을 바꿔 보는 것은 자발성과 낭만을 상실하는 것이 아니라 오히려 획일적인 성 역할에서 벗어나 배우자와의 관계를 새롭게 엮어 갈 수 있는 계기가 된다.

• 기억 보조 도구

갈등을 글로 써서 표현해 보면 배우자와 훨씬 쉽게 객관적으로 이야기할 수 있게 되어 좀 더 객관적인 관계를 유지하게 해 준다.

사람들은 좋은 목적을 기억하기보다는 경험을 더 잘 기억한다. 이 점에서 유용하게 쓸 수 있는 도구가 바로 메모 카드다. 이는 앞의 가족 집단에서도 소개되었다. 말로 기분 나쁘게 하기보다 '예의'라고 쓴 메모 카드를 건네주는 것만으로도, 상대방에게 상처 주거나 화나게 하는 행동을 멈추게 할 수 있다. '질서정연'이라고 쓴 메모 카드는 조심스럽게 행동함으로써 다른 사람을 불편하게 하던 행위를 피할 수 있음을 상기시켜 준다.

배우자 집단 상담에서(또 다른 유형의 자조 집단에서) 불안과 공격성만 다루는 것은 아니다. 오히려 핵심은 활용가능한 잠재능력들의 기저에서 부적절하게 분화되어 나타나는 불안, 공격성 그리고 죄책감을 인식하게 해 주는 것이다. 그러므로 집단 구성원은 서로를 이해할 수 있게 되어, 중요한 상황에 따라 평가해 봄으로써 활용가능한 잠재능력에 내재되어 있는 갈등을 적절하게 통합할 수 있게 된다.

배우자와의 갈등상황에서 각자 자기 자신에게 다음과 같은 질문을 해 볼 수 있다. "이 문제는 변화될 수 있을까? 나는 무엇 때문에 이 문제를 바꾸고 싶어 하는가? 내 배우자는 나의 기대에 부응할 수 있을까? 그 사람은 문제를 해결하고 싶어 하는가? 나는 문제 해결을 위해서 어떤 시도를 한 적이 있는가? 나는 배우자와, 또는 나 자신과 시간을 가질 준비가 되어 있기는 한가? 아니면 당장에 문제가 변화되길 기대하고 있는가? 우리 스스로 우리 문제를 조정할 수 없다면 상담전문가에게 도움을 요청해야 하는 것은 아닌가? 나는 상대방이 변화하길 기대하면서 내 자신은 스스로 변화할 준비가 되어 있는가? 나는 나 자신과 상대방에게 변화할 기회를 주고 있는가? 나는 큰 갈등이 있는 상황에서도 상대방에게 신실한 사람인가?

결론 ➜ 배우자 집단 상담을 위한 격언: 인간은 선천적으로 협력하는 능력을 가지고 태어난다. 그러나 사전 준비 없이 협력을 잘할 수 있는 사람은 아무도 없다.

모든 사람의 삶 속에서 조화를 이루고 있는 성/성적 특질 및 사랑 사이에서도 근본적인 차이가 있기 때문에, 협력을 위한 교육과 준비도 아동기 초기부터 계속 이루어져야 하며, 주의해야 할 점은 협력을 하든 이혼을 하든 이에 대한 개인적인 견해를 타인에게 전이시키지 않아야 하는 것이다. 모든 사람이 자신만의 독특성을 가지고 있는 것처럼 협력하는 방법도 개개인이 독특하다. 그러므로 친구와 친척이 선의의 간섭을 통해 두 사람의 협력관계를 방해하지 않도록 조심해야 한다.

별거를 통해 새로운 기회를 가지게 되며 그에 따른 학습 경험을 얻어, 재결합이나 또는 새로운 배우자를 만나는 계기가 되기도 한다.

목표 확대하기의 치료적 양상

언어화하기에 뒤이어 목표 확대하기는 긍정주의 심리치료적 관계에서 종결하기 전 마지막 단계라 할 수 있다. 종결에 대한 주제는 부차적인 주제이지만, 치료자와 환자가 헤어지게 됨으로써 발생하는 슬픔을 다루는 것이다. 이러한 슬픔의 양상이 어떤 특정한 질병의 형태(비정상적인 슬픈 반응, 우울)로 나타나거나 특별한 주의를 요한다고 할지라도, 이 단계에서 치료접근은 어느 시점에서 환자가 치료를 종결할 수 있는지를 탐색하는 데 수안점을 둔다. 환자의 증세와 종결시점에서 나타나는 증세 간에는 큰 차이가 있는데, 치료의 종결이 반드시 고통스럽고 해로운 것이 아니라 오히려 마지막 치료 단계로서 치료가 성공적인지 아닌지를 평가해 볼 수 있는 기회가 된다. 치료자가 환자를 보호하던 손을 놓는다고 아이처럼 무력한 존재가 되는 것이 아니다. 이 단계는 이제 지나간 각각의 치료회기에서 민감한 사안이었던 것을 분명히 하며, 이에 근거하여 치료목표들에 대한 결과를 산출하는 것이다.

환자는 스스로 적극적으로 활동할 수 있게 되어 그런 활동들을 즐길 수 있는 능력을 얻게 된다. 이것이 바로 장애 때문에 위축되었던 잠재능력들이 활기를 띠는 모습이다. 치료절차가 진행되는 동안 환자는 유아처럼 의존하는 상태가 아니라, 처음 치료 시작부터 오히려 단계적으로 치료의 종결을 준비해 나가는 것이다. 환자는 결코 무기력하지 않다. 배우자와 자신에 대하여 여러 가지 면에서 치료자와 흡사한 역할을 맡을 수 있다. 이것은 반드시 치료자에 대해서 아버지 이미지를 동일시함으로써 이루어지는 것이 아니라, 그보다는 갈등해결에 쉽게 적용할 수 있는 치료모델에 기본을 두어야 가능하다.

환자는 이렇게 '좀 더 잘 준비가 되어야' 치료를 종결하게 되고 일생 동안 스스로 자신을 돌보기 시작한다. 따라서 융합과 분화의 단계에서 부모를 대신하는 역할을 하던 치료자는 점점 더 상담 파트너의 역할을 하게 된다.

목표 확대하기는 치료목표와 관계 있는 신경증적으로 좁아진 시각, 대인관계 장애들(이것은 대개 작은 영역의 잠재능력에 집중된다), 목표 설정의 위축, 그리고 자발성이 봉쇄되는 것 등을 해결해 가는 데 그 목적이 있다. 이 단계의 핵심은 가치와 관계되는 환자의 시각을 넓혀 주는 것이다. 환자는 자신의 삶을 다시 새롭게 만드는 것을 배워서 신경증적으로 자신이 위축되기 전에 추구했던 목표들을 다시 계획하는 것을 배운다. 특별히 주의를 기울여야 할 것은 환자의 개인적인 진취적 정신이다. 환자는 자신의 일을 독립적으로 처리하고 자기 자신의 발전을 구체화시키는 법을 배운다. 이런 목적을 달성하기 위한 기법이란 역할 바꾸기 기법 외에도 가족, 십난, 배우사 집단 및 부모 집단 상담 기법 등이 있다.

각 기법의 목표에는 미시적 목표(가까운 미래를 위한 계획 세우기)와 거시적 목표(좀 더 멀리 있는 미래를 위한 계획 세우기)가 있으며, 이와 관련하여 긴요한 질문들, 즉 활동의 의미와 인생의 의미가 무엇인지를 다루어야 한다. 또한 다른 사람들의 자유시간에 대한 개념은 어떠한지를 모델로 삼아 자기 자신의 자유 시간에 대한 개념을 확장시킬 수 있다. (당신은 주말에 무엇을 하십니까?) 더 나아가, 환자는 교제에 대한 자신의 개념을 발전시킬 수 있는데, 예를 들어 배우자와의 관계(당신)를 강화하면서, 여가 활동과 스포츠 단계 참여, 동호회, 정당 활동 및 종교적인 공동체 같은 우리(We)라는 새로운 관계를 정립하는 법을 배워 가는 것이다.

목표 확대하기 단계를 환자 스스로 적용해 보기

대인관계에서 나타나는 갈등들은 인생의 목표가 한정되어 있으므로 발생하는 것이 특징이다(너무 위축되어 일방적으로 반응하는 것). 한정되어 있는 목표란 개인의 활용가능한 잠재능력들이 오히려 공격수단이 되어 상대방을 폭넓게 보지 못하는 것이다(오직 무질서함, 시간을 지키지 않는 것만 보는 것 등).

활용가능한 잠재능력의 영역(당신은 지금까지 어떤 방식으로 활용가능한 잠재능력을 인색하게 다루어 왔는가?), 인지능력 양식의 영역에서(당신은 지금까지 인지능력의 양식 가운데 어떤 부분을 기만해 왔는가?), 그리고 사랑하는 능력의 영역(어떤 관계를 소홀히 했는가?) 등에 적용하는 것이다. 목표를 확대함으로써 당신 자신과 상대방에 대해 새로운 양상을 보고, 새로운 목표를 추구해 가며, 일방적인 경향을 극복하기 위해 노력하는 것이다.

다른 가족 구성원의 바람과 목표에 대한 그들의 생각에 대하여 체계적인 논의를 가능하게 해 주는 가족, 부모 또는 배우자 집단을 만드는 것이 좋다.

만일 배우자가 협조하지 않으면 당신은 어떻게 할 것인가? 당신 자신의 권리도 중요함을 기억해야 한다. 단지 다른 사람뿐만 아니라 당신 자신을 위해 사는 것도 생각해야 한다. 배우자의 입장에서는 때로는 당신의 제안을 받아들이기 전에 생각해 볼 시간이 필요하다. 당신 자신에게 물어보라. "내 배우자는 나의 제안에 동참하기를 원하지 않을까?" 이 과정에서 나타나는 징후는 실제로 문제의 본질과 동떨어져 있다는 느낌 때문에 때때로 오해가 발생한다. 한 예로, '배우자가 자신이 억지로 끌려가는 기분이 들어서 협조하고 싶지 않은 걸까?'도 생각해 볼 수 있다. 이런 이유로 미리 계획을 잘 세우고, 당신 자신과 배우자에게 당신의 목표를 분명히 하라.

만일 당신은 목표를 확대하기 위한 계획의 한 부분을 성취할 수 없을 것이라고 지적한다면 어떻게 하겠는가? 당신은 실망해서 위축될 수도 있고, 자신이 미숙해서 잘 다룰 수 없었던 어려운 문제를 탓할 수도 있다. 또는 자유 시간을 다른 방식으로 사용하려고 할 수도 있다. 예를 들면, 이전에는 그다지 많은 시간을 낼 수 없었던 관심 거리들에 흥미를 가질 수 있다(초대한 손님이 오지 않았지만, 그 대신에 혼자 또는 다른 사람과 외출을 할 수 있음 등).

당신의 목표가 확대되거나 목표가 저절로 확대될 때까지 기다릴 수만은 없고, 당신이 첫발을 내딛어야 한다.

> **활용가능한 잠재능력과 관련된 양식:** 신뢰, 희망, 믿음, 의심 그리고 일치성이 있다. 이는 인지능력 양식(감각, 이성, 관습 그리고 직관), 사랑하는 능력의 양식들(나, 너, 우리 그리고 근원적-우리와의 관계)과 관계가 있다.
> **관련된 오해:** 양육의 목표-양육의 내용, 건강-질병, 결정된 운명-조건화된 운명, 동물-사람, 시간의 차원
> **관련된 신화:** '현명한 상인(430쪽)' '기나긴 여행(239쪽)' '해시계의 그림자(61쪽)'

분석적 연구 – 치료의 과정 – 경과 확인

앞에서 정의한 치료전략에 따라 7개월간 22회기를 마친 후, S부인은 자신이 질병에서 벗어났다고 느꼈다. 추수 과정에서 검진을 통해 그녀에게 질병이 있다는 어떤 진단도 발견할 수 없었으며, 동시에 9회기 동안은 주변 환경과 병행하는 치료로서 그녀의 남편과 함께 진행하였다. 남편은 세 번은 혼자서 왔고, 여섯 번은 아내와 함께 왔다. 치료를 종결한 후, 일 년 동안 환자는 석 달에 한 번씩 필자를 만나러 왔으며, 그다음 일년 간은 분석적 연구를 위해서 첫 번째 통제조사가 이루어졌고, 그 이후 또 2년 동안 두 번째 통제조사를 하였다. 약 100분간 지속됐던 첫 번째 면접을 제외하고는 1회기당 평균 50~60분의 시간을 소요하였다. 각 단계에서 사용한 시간은 다음과 같다.

- 관찰하기/거리두기 단계   : 4회기
- 목록 작성하기 단계   : 4회기
- 상황에 맞게 격려하기 단계   : 3회기
- 언어화하기 단계   : 4회기
- 목표 확대하기 단계   : 7회기

　다음에 나란히 제시해 놓은 표는 치료 과정에서 강조된 영역을 보여 준다. 융합에서부터 분리까지 거의 연속적인 움직임은 실수가 없었던 기간이다. 상황에 맞게 격려하기 단계에서 환자는 처음에 어려움을 겪었고, 분화 단계에서 융합 단계로 다시 퇴행하려는 욕구가 분명히 드러났다. 이와 비슷한 경향이 목표 확대하기 단계에서도 관찰되었는데, 이때는 이 단계의 두 번째 회기가 끝난 후 가족 집단이 만들어지려는 때였다. 이런 상황들은 이전 단계로 잠시 되돌아가는 경우였다.

　환자가 심리치료 중 상호작용의 상태가 어느 단계, 어느 국면에 있었는가 하는 문제는 많은 요인들이 영향을 미쳤을 것으로 볼 수 있다. 즉, 한 단계마다 전형적으로 나타나는 환자의 이야기에서, 환자 자신의 평가에서, 그리고 치료자의 종합적인 견해에서 환자의 상태를 파악해 볼 수 있는 것이다.

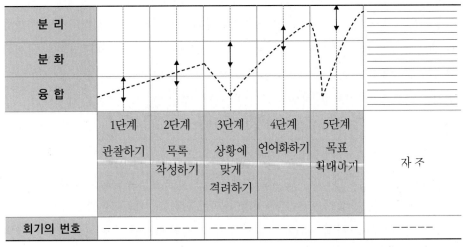

S부인의 치료 과정에 대한 평가-긍정주의 심리치료 과정의 주요 단계

최초의 증상으로는 자살 충동뿐만 아니라 내적 불안, 억압, 우울, 순환적인 장애들, 어지럼증, 심장과 위장 관련 질환들도 나타났다. 심리치료를 하기 전에, 환자는 자신의 가족 주치의와 신경증 및 정신병리를 전문의와 내과 전문의에게서 주로 약물치료를 받아 왔다. 그러나 눈에 띌 만한 효과나 지속적인 효과를 보지 못했다. 환자가 상상한 내용을 외적으로 표현한 것("남편은 짐승같이 냉혹한 사람이었어요. 진공청소기까지도 저를 불안하게 만들었지요. 남편은 저를 없애 버리고 싶어 해요.")과 환자의 감정적 폭발에 근거하여, 여성 신경과 전문의가 감정적 정신 이상이 의심된다고 진단하였다. 그리고 환자에게 4주 동안 심리치료를 받도록 위탁하였다.

심리치료를 종결할 때, 환자는 질병, 즉 불평에서 자유로워지는 것을 느꼈다. 그 시점에서 기능성 위장 질환과 심장 질환은 두 달 정도 나타나지 않았으며, 가끔씩 근심과 내적인 불안감이 나타났는데, 특히 환자가 익숙하지 않은 환경과 만났을 때, 또는 때때로 기다리는 일이 있을 때 나타났다.

그럼에도 치료자가 제시한 치료 제안에 대해 치료자를 실망시키고 싶지 않고 환자 자신이 치료에 실패했다고 인정하고 싶지 않아서 과장된 공손함으로써 치료가 성공한 것처럼 보이게 하는 경우가 더러는 있다. 이런 이유로, 최종적인 진단은 단 한 번의 회기에서 결정되지 않았으며, 오히려 목표 확대하기의 마지막 회기와 그 이후의 상담 회기들을 거친 후 결정되었다. 더 나아가, 필자와 동료들은 환자에게 구체적인 상황들을 통해 "저는 잘 지내고 있어요."와 같은 일반적인 보고에 대해서도 설명하려 하였으며 남편의 견해를 토대로 추가적인 정보를 얻기도 하였다. 남편은 자신이 관찰한 내용을 바탕으로 환자가 언급한 이야기를 확인해 주며, "아내는 훨씬 더 안정되어 보이고, 더 친절하고, 더욱 독립적인 인상을 주고 있습니다."라고 덧붙였다. S부인의 경우에는, 치료의 성공을 보여 주는 또 다른 지침이 있었다. S부인이 필자를 처음 만났을 때, 일곱 가지 종류의 약을 규칙적으로 복용하고 있었는데, 불안 억제제, 수면제, 위 질환 치료제, 심장과 순환기 계통을 위한 두 가지 보조제, 종합 비타민제, 그리고 현기증을 가라앉히는 진통제들이었다. 환자는 치료가 진행됨에 따라 이런 약물을 점차 덜 복용하게 되었고, 3주 만에 두 가지의 약물만 복용하게 되었다. 심지어 2개월 후에 복용을 완전히 중단하게 되었으며, 치료가 종결된 후에 환자는 더 이상 어떤 약물도 복용하지 않게 되었다. 치료 종료 후 네 번째 추수상담 회기에서 환자는 다음과 같이 말하였다.

"성적 특질과 시간엄수"

"약 여섯 달 전에 매우 중요한 경험을 했습니다. 일요일에 아는 사람에게서 초대를 받아서 오후 7시까지 그곳에 가려고 준비하고 있었어요. 아이들은 밖에 나가 집에 없었고, 조는 목욕을 하고 옷을 갈아입었는데, 남편이 돌아와서 아주 낭만적으로 분위기를 띄우며 함께 자기를 원했어요. 사실, 저도 아주 기분이 좋았는데 갑자기 시간이 충분하지 않다는 생각이 들었어요. 성관계 하는 동안 우리가 정말이지 당장 출발해야 한다는 생각을 지울 수가 없었는데, 그러고 나니 제가 남편한테서 과도하게 압박을 받는 것처럼 느꼈습니다. 내심, 저는 꽤 불안했기 때문에 생각이 자꾸 다른 데로 갔습니다. 계속해서 저는 우리가 제시간에 도착할 수 있을까 생각했어요. 나중에 저는 남편에게 다음 날 저녁에 '배우자 집단 치료'에 참여할 수 있는지 물었지요. '배우자 집단'에서 제가 무엇을 느꼈었는지를 이야기했어요. 처음에 남편은 매우 놀랐지만 제 상황에 대해 많은 이해를 하게 되었어요. 그 과정에서 남편은 자신도 그때 성관계를 갖는 동안 저와 비슷한 느낌이었다고 말했습니다. 하지만 그는 저를 실망시키지 않으려고, 자신이 시작했으니 단지 끝내야 한다는 생각만 했다는 거예요. 그 대화로 제가 남편을 많이 신뢰하게 되었습니다. 저는 그런 신뢰가 어디에서 왔는지는 모르겠지만, 그때 솔직하게 이야기 나눈 후, 훨씬 기분이 좋아져서 그때 이후론 성적으로도 항상 절정에 도달하게 되었어요. 지난 몇 년 동안 한 번도 그래 본 적이 없었는데 말이에요…."

치료의 종결에 이를 즈음에 환자는 많은 진전을 보여 스스로 자신의 문제 해결을 할 수 있게 되었으며, 치료자를 만나는 횟수도 점점 줄어들었다. 그녀는 자신과 배우자를 도울 수 있는 능력이 생겼기 때문에 드디어 치료자에게서도 독립할 수 있게 되었다. 치료의 종결 이후에 2년간의 통제조사 회기에서 환자는 다음과 같이 설명하였다.

"저는 마침내 객관적인 방식으로 제 스스로의 권리를 주장할 수 있게 되었습니다."

"선생님은 저한테 시간엄수가 가장 중요한 문제였다는 것을 잘 기억하실 겁니다. 그리고 지금도 저는 분명히 시간을 어기는 사람이 아닙니다. 하지만 저에게 근본적인 변화가 일어났다고 믿습니다. 그것이 어떤 것인지 선생님께 정확히 설명할 수는 없지만, 예를 들어서 설명하는 것이 가장 좋겠네요. 우리 시어머니는 적어도 남편만큼이나 시간을 잘 지키지 않으십니다. 점심을 먹기 위해 시어머니가 도착하기를 두 시간까지 기다려 본 적이 얼마나 자주 있었는지를 기억해요. 한 번은 시어머니를 초대한 적이 있었답니다. 그전에 저는 식사를 대접하기 위해 그렇게 오랜 시간 동안 기다리는 일이 주부에게 얼마나 불쾌한 일인지를 남편에게 설명했었어요. 30분이 지나도 시어머니는 도착하지 않으셨고, 아이들은 이미 배가 고파서 인내심을 잃어버린 상태였을 때 저는 시어머니가 없는 상태로 식사를 하자고 제안했습니다. 한 시간 반이 더 지나서도 시어머니께서는 여전히 오지 않으셨어요. 그리고 저는 계획했던 일요일 산책을 놓치거나 어두워질 때까지 미루지 말자고 제안했지요. 날씨가 정말 아름다웠고, 아이들은 더 이상 기다리지 못할 지경이었답니다. 오직 남편만 이것에 대해서 두 번 생각해야 했답니다. 우리는 곧바로 준비를 했고, 이웃집에 우리가 약 세 시간 후에 돌아올 거라는 메시지를 남겨 놓았답니다. 우리가 돌아왔을 때, 시어머니는 뾰로통한 얼굴로 문 밖에 서 계셨어요. 큰 소동 없이, 우리는 시어머니가 1시까지 오시기를 기다렸고, 그 이후엔 더 이상 기다려도 오시지 않을 거라고 판단했노라고 말했습니다. 하지만 시어머니가 식사를 하시고 가시면 좋겠다고 말씀드렸죠. 저는 그 과정에서 제가 그전에 그랬던 것처럼, 유치하거나 의존적이라는 인상을 주지 않았습니다. 사실, 그날 저녁은 예상 외로 긴장이 풀어졌어요. 내 남편은 놀라워했답니다. 나는 모든 것을 다시 한 번 생각해 보았습니다. 그리고 치료에서 우리가 이야기했던 것에 대해서도 생각해 보았습니다. 그리고 치료에서 우리가 이야기했던 것에 대해서도 생각해 보았습니다. 이제, 시어머니와 약속을 할 때 저는 어느 시간까지 도착할 수 있고, 그렇지 않으면 몇 시부터 몇 시까지만 기다리겠다고 즉시 말합니다. 저는 그것이 시어머니에게 아주 큰 도움이 되었다고 생각합니다. 그런 경험을 하면서, 저는 전에 그랬던 것 같은 죄책감을 가끔 느꼈습니다. 때때로 굉장히 섬뜩한 기분이 들었습니다. 다른 사람의 정직함에 대해 감사해야 한다는 이야기를 생각하는 것이 도움이 되었지요."(S부인은 '감사해야 하는 이유' 이야기를 의미하는 것이다.)

분석적 연구(2년이 더 지난 후에)를 위한 두 번째 회기에서, 환자는 필자에게 긴장 없이 아주 편안하고 균형 잡힌 인상을 주었다. 그녀는 두 자녀들을 데리고 왔고 자기 가족들의 일과 자신의 활동—그동안 그녀는 번역 과정을 배우고 있었다—그리고 가족들과 함께하는 활동에 대해 이야기했다.

긍정적 심리치료 5단계의 변형

긍정적 심리치료의 5단계는 환자가 가지고 있는 독특성을 고려하지 않고 환자를 몰아가는 융통성 없는 치료 계획이 아니며, 그 근본방침을 모든 심인성 장애와 심리적 문제에 적용할 수 있다. 이는 모든 질환을 치료할 수 있다고 주장해서가 아니라 환자 개개인과 각 상태의 독특성을 고려하는 모든 가능성의 영역을 포함하고 있기 때문이다. 그래서 심인성 질환군인 위궤양, 천식, 류머티즘, 심장 장애, 성적인 장애, 수면 장애, 두통뿐만 아니라, 불안과 우울증, 강박증, 다른 사람의 관심을 끄는 행동, 세대 간의 문제, 다문화 간의 어려운 문제들, 정신분열증까지도 긍정적 심리치료 5단계의 도움을 받아 치료될 수 있다. 성공 여부는 마음에 품고 있는 상황에 달려 있다. 그래서 S부인의 경우에서처럼, 주요한 갈등인 시간엄수와 예의—정직 대신에 정의, 청결, 질서정연, 교제, 절약, 믿음, 신뢰 등이 분화 분석적 과정이 지향하는 갈등 영역의 중심이 될 수 있었다.

갈등해결 위주의 단기 심리치료처럼, 우리는 다음의 임상특징들을 가지고 이미 긍정주의 심리치료를 실시하였다.

성적인 장애(여성에게서 보이는 성적인 불안, 불감증, 성욕 과도 항진, 남성에게서 보이는 성적 능력 장애, 조루, 발기 부전, 성적인 불안, 강박적 자위행위 그리고 병리적인 동성애): 현재 80명의 환자에게서 자료를 수집하였다(52명의 여성 환자와 28명의 남성 환자). 진단상으로, 여성들 사이에서 보이는 가장 일반적인 장애는 성적인 불안과 일반적 혹은 선택적 불감증이다. 남성 환자는 대부분 조루, 발기 부전 그리고 성적인 불안으로 고민하였다. 수집된 자료의 모든 사례에서 적지 않은 진보가 나타났는데, 사례의 74%에서 치료효과가 지속되는(약 1년의 대조조사 간격) 결과를 얻었다. 개개인의 진단과 관련해서, 치료의 평균 기간은 12회기에서 21회기 사이로 다양하게 나타났다.

자율신경계 기능장애: 확증된 심리학적 병인 및 기질성 신경증(수면 장애, 두통, 천식, 대장염, 십이지장과 심실의 궤양, 류머티스성 질환, 심장 노이로제, 전립선염, 거식증, 비만, 신경성 피부염, 근육긴장 이상, 말더듬기 그리고 야뇨증)

심리 반응적-정신적 장애(공포증, 우울증, 행동 장애, 강박증, 학습 장애, 알코올 중독, 약물 의존 그리고 병적인 슬픔 반응): 중증 정신병의 경우, 다른 방식으로 긍정주의 심리치료가 수행된다. 상당히 가능성 있는 결과를 얻었다.

긍정적 심리치료 5단계는 어떤 특별한 치료의 한 부분을 위해 치료자에게 입증된 진행 절차를 제공하는 안내 지침이며 상황판단의 도구다. 이 단계들은 변형이 가능하다.

단계들 안에서: 기본적으로 단계들은 치료적 상황의 필요들에 따라서 서로 폭넓고 자유롭게 결합될 수 있다. 결합의 종류는 주로 상황적인 요소들과 개개인의 성격의 독특성과 관련 있는 요소뿐만 아니라 주로 증상의 특징과 의도한 치료 기간에 달려 있다.

관련된 세부절차에 관해서: 긍정주의 심리치료는 배타적이고 독단적 신조가 아니라 그보다는 오히려 그 안에서 서로 다른 접근 방법과 방법론들이 효과적인 것으로 증명될 수 있는 다차원적인 체계구조다. 그러므로 여기에 정신분석적 과정, 행동치료의 기술들, 그리고 심층 심리학의 방법론 그리고 최면 치료 과정을 도입하는 것이 가능하다. 반대로, 긍정주의 심리치료의 양상들을 또한 다른 심리치료의 모델들과 통합할 수도 있다.

개인 치료나 집단 치료로서의 긍정주의 심리치료

긍정주의 심리치료의 5단계를 보다 명확하게 설명하기 위해서 치료자와 환자가 일대일로 만나는 개인 치료를 중심으로 설명하였다. 개인 치료에 대한 대안적인 치료로서 혹은 보충적인 치료로서, 긍정주의 심리치료는 집단 심리치료로 진행될 수 있다. 집단 치료는 어느 정도 주제별로 모이고, 5단계의 안내 지침을 사용하여 통제되고 조절된다. 이에 더하여, 집단 치료에서는 융합-분화-분리의 양상을 조절하는 것이 매우 중요하다. 심리치료 집단에 참여했던 자조 집단(부모 집단, 가족 집단 그리고 배우자 집단)이 서로 연계하여, 치료 집단에서 적용된 모범적인 행동대안을 실천하기가 쉬워지고 집단 치료에서 일어났던 사건들에 대하여 현실적인 통제가 용이해진다.

집단 심리치료 안에서의 긍정주의 심리치료

다른 사람들의 근심

자신의 운명에 불만을 가진 한 여인이 있었다. 그녀는 다른 어떤 사람들보다 더 가난했다. 그녀는 자신의 일곱 아이들에게 음식을 충분히 줄 수가 없었다. 그녀의 남편은 젊어서 세상을 떠났다. 어느 날 밤, 절박한 기도를 한 후에 한 천사가 그녀에게 나타나서 자루 하나를 주면서 그녀가 가진 모든 걱정과 필요들을 그 안에 던져 넣으라고 명령했다. 그 자루는 그녀의 수많은 근심들과 걱정들, 열망들을 다 담을 수 있을 만큼 충분히 크지가 않았다. 천사는 그녀의 손을 붙잡고 그녀를 천국으로 이끌고 갔다. 그녀는 괴로워하고 불평하면서 자루를 옮겼다. 그녀가 도착했을 때, 깜짝 놀랐다. 그녀는 천국을 다르게 상상했었다. 수없이 많은 근심의 자루가 쌓여 있었다. 그리고 가장 큰 자루 위에 그녀가 어린 시절에 사진으로 보아서 알고 있었던, 가장 덕망 있는 노신사가 앉아 있었다. 전지(全知)한 유일신 역시 그녀의 근심에 대해 알고 있었다. 그는 매일 그녀의 기도와 저주들을 들었다. 그는 그녀에게 자루를 내려놓으라고 말했다. 그리고 다른 모든 자루들을 열어 볼 수 있고 안을 들여다볼 수 있다고 이야기했다. 하지만 그녀는 그들 중의 하나를 선택해야 했고, 속세의 그녀의 삶으로 그것을 가져가야 했다. 그녀는 차례차례 자루를 열었고 분함, 문제거리, 압박하는 갈등, 권태, 그리고 다른 비슷한 것들을 찾았다.

이들 중 많은 것이 그녀에게는 생소한 것이었지만 친숙한 것도 있었다. 그리고 나머지 다른 것들은 그녀가 이미 본 적이 있는 것인지 아닌지 분명하지 않은 것들이었다. 그녀는 자루 무리 속에서 마침내 마지막 자루까지 열정적으로 찾아 열면서 나아갔다. 그녀는 그것을 열었다. 그 안의 내용을 펼치고 정리하고 그것이 그녀의 것임을 알아차렸다. 그녀가 그 자루를 집어 들었을 때 훨씬 더 가벼워진 것처럼 느껴졌다. 더욱이 그녀의 근심들은 더 이상 그녀를 괴롭히지 않았고, 그녀의 고통은 더 이상 그녀에게 고통이 되지 않았다. 대신에, 그녀는 진정한 고충이 무엇인지를 보았고 가치 있는 목표가 무엇인지 깨달았다. (동양의 이야기)

인간은 사회적 존재로서 다른 사람에게 의지하고 산다. 사람 간의 교제는 끊임없이 주고받는 것을 통해 이루어진다. 그 과정에서 사회(생활) 집단은 우리에게 많은 이로움을 주는데, 이는 때때로 우리에게 없어서는 안 된다. 하지만 또 다른 경우에는, 위협적인 것으로 경험이 되기도 한다. 많은 사람들이 집단 안에서 교제하기가 편안하지 않고 어렵다고 생각한다. 그런 사람들은 남을 심하게 의식하거나 수줍어하고, 집단에서 거부당했다고 느낀다. 이들은 종종 집단에서 탈퇴하거나(위협을 느끼고 단념함) 물러나거나 집단의 다른 구성원을 지배하기 위해 과장된 혈기를 드러내기도 한다(평화의 교란자). 그리고 집단을 방해하지도 않고 집단에 협력하지도 않을 수 있으나, 그보다는 오히려 수동적인 인내와 무관심을 보이기 쉽다. 인간의 사회생활이나 사회적 환경에 대한 그 행동은 우연적인 것이라기보다는 과거에 발생한 사건과 그로 인한 경험을 통해 시간이 경과하는 동안 발전된 것이다.

잘 알려져 있듯이, 우리는 우리와 같은 사고방식을 가진 사람, 어떤 문제에 대해 같은 관점을 가지고 있는 사람, 비슷한 취향을 가지고 있는 사람, 비슷한 취미를 추구하는 사람과 친구가 되는 경향이 있다. 이런 획일적인 집단에서 속마음을 털어놓는 것은 더 어려울 수 있다. 모든 질문에 대한 변하지 않는 응답 레퍼토리가 개발되었고 그 새로운 대답을 찾을 동기가 없다. 어느 정도 시간이 지나면, 더 이상 새로운 것을 말할 것이 없어지고 계속해서 같은 것을 반복하는 것에 만족하게 되는데, 그렇게 하는 것이 편하기 때문이다.

우리가 어떤 집단에 들어갈 때, 전에 알지 못했던 사람들과 만나게 된다. 치료 집단에 새로 참여하는 사람은 그 집단의 다른 사람들이 자기 자신과 상당히 다른 기준과 규범으로 자란 것을 금방 알아차리게 된다. 어떤 사람은 자신의 지적 능력으로 논쟁하는 것을 좋아하고, 또 어떤 사람은 감정적이고 직관적인 방법으로 논쟁하는 것을 더 좋아한다. 어떤 사람은 전통적인 기준을 고수하는 것을 좋아해서 특정 질서와 예의에만 익숙해져 있는 반면, 어떤 사람은 의사소통의 새로운 방식을 찾고자 노력하고 때때로 보편적인 사고와 판단의 기준에 이의를 제기하는 것을 좋아한다.

각각의 집단 구성원들은 자기 자신의 태도와 행동방식을 가지고 심리치료 집단에 참여하는데, 각자들의 태도와 행동방식은 심리치료의 대상이 되기도 한다. 집단 상황에서는 이런 갈등이 내재된 행동 영역의 돌발행동, 증상 및 상징들이 명백히 드러나게 된다. 그것은 자기 나름대로의 기준, 가치들 그리고 독특한 행동방식을 가지고 있는 다른 집단 구성원들에 의해서 파악된다. 즉, 각각의 집단 구성원들은 자신들의 태도와 행동방식들이 집단 안에서 다양하게 많이 바뀌어서 나타나는 것을 보며 자신에 대해 새로운 면을 발견하게 된다.

A   씨: "저는 이 모임이 아무 진전도 없는 거 같습니다!"

B부인: "저도 그렇다고 느끼고 있어요."

F씨가 A씨에게: "지난 시간에 이 집단을 정말 좋아한다고 말한 사람은 당신이었습니다. 게다가, 당신의 말투가 마음에 안 들어요."

K   양: "저는 여러분이 싸울 때 정말 끔찍해요. 이럴 때마다 우리 부모님이 늘 어떻게 싸웠는지, 우리 부모님을 생각나게 하거든요."

예의-정직의 활용가능한 잠재능력에 집중된 논쟁으로 시작한 대화는 환자의 기본적인 갈등과 경험 안에 있는 이런 활용가능한 잠재능력들의 문제로 넘어갔다. 다른 활용가능한 잠재능력들 역시 표면에 드러난다. 집단의 모임이 시작되고 15분이 지나자 H양이 들어왔고 최대한 방해되지 않게 자리에 앉았다.

무엇인가를 막 이야기하려고 했던 한 환자가 잠깐 이야기를 멈추었고, 짜증을 냈다. 모든 집단 구성원들이 새로 온 사람을 쳐다보았기 때문이다.

> L씨: "집단 모임이 6시 30분에 시작하는 것을 알고 계실 텐데요. 당신이 늦게 오는 일이 이번이 처음은 아닙니다."

H양은 얼굴이 빨개진다. F부인이 그녀를 도와 준다.

> F부인: "아마도 당신이 늦은 데에는 그만한 이유가 있겠지요. 저도 역시 가끔은 시간에 맞추어 오는 것이 힘들 때가 있어요."

그러자 집단은 잠시 조용해지게 되었다. 분위기는 숨 막힐 듯이 긴장되어 있었다. 갑자기 H양이 울음을 터뜨리기 시작했다.

> "저는 여기에만 늦게 오는 게 아닙니다. 제가 때때로 두 시간씩 늦게 회사에 출근한 적이 있기 때문에 직장 상사가 저를 해고하겠다고 협박했어요(그녀가 흐느낀다.). 저도 지각하고 싶지 않아요. 하지만 아침에 도저히 침대에서 일어날 수가 없어요. 그리고 아무도 나를 걱정해 주지 않아요. 저는 그저 야단만 맞아요."

여기서 또한 주요한 상황이 묘사되고 있다. L씨와 관련된 활용가능한 잠재능력은 정직이다. 그는 집단의 규범을 지키고 벌주는 아버지와 같은 치료자의 유형으로 간주되는 사람이다. 주제가 되는 활용가능한 잠재능력은 '시간엄수' 다. 집단에서의 시간엄수 갈등을 다루다가 환자는 갑자기 직장에서의 시간엄수 갈등으로, 그리고 그에 따른 관계자나 상사와의 껄끄러운 문제로 갈등 영역을 넓히면서 사회생활의 모든 요구를 해내지 못한 실패자로 느끼게 된다. 신뢰, 확신, 교제, 희망, 의심 같은 주요한 잠재능력들 역시 같은 역할을 한다. 시간을 부적절하게 분배했다는 의미에서 시간지체 또한 중심 주제가 된다.

이 경우에 시간엄수와 시간을 지키지 못한 것에 대한 실패감 사이의 관련성이 자동적으로 발생한다. 환자는 사무실에 늦게 도착했고, 사무실 안의 냉담한 분위기를 직감했으며, 일단 적절하게 집중할 수가 없었다. 그래서 그녀는 자신에게 할당된 업무에서 뒤지게 되었고, 그것 때문에 자신을 실패자라고 생각하게 되었다. 이러한 생각은 그녀의 업무 능력을 계속적으로 저해시켰고, 그녀는 계속해서 마감시간에 맞추어 일을 다하지 못하였다. 그래서 다음날로 나머지 업무를 미루어야 했으며 미루어진 잔업을 보면서 즉시 실패자로 예상하기 시작했다. 그래서 아침에 일어나는 것과 그녀의 일이 훨씬 더 두렵게 느끼게 되었다. 이런 예는 갈등 과정과 갈등 내용에 관한 환자의 역동 정도와 이해 해석 능력 수준의 정도에 따라 얼마나 다른 결과를 가져올 수 있는지 확실하게 보여 주는 예화다.

모든 집단에서, 특별히 심리치료 집단에서─여기서는 객관적인 문제보다 개인적인 어려움을 보다 비중 있게 다룬다─집단 구성원들이 갖고 있는 다른 개념들이 서로 서로 직면하여 부닥치게 된다. 그러므로 집단 치료 안에서의 상호작용은 드러나는 개념들과 신화들이 서로 대면하는 상호작용으로 이해될 수 있다.

본질적으로 집단에서의 이러한 상호작용은 앞에서 말한 반대개념의 역할이 수행된 것으로 볼 수 있다. 왜냐하면 집단 구성원들은 다른 개념들을 알게 되고, 그것들을 잘 이해하는 법을 배우게 되었기 때문이다. 그리고 이런 식으로 자기 자신의 개념을 확장시키는 법을 배운다. 그러나 필수적인 선행조건은 집단 안에서의 융통성을 보유할 수 있어야 하며, 집단 구성원이 분화되지 않은 집합체를 위해 개인의 독특성을 포기해 버린 획일적인 '작은 군중'(crowd in miniature)이 되어서는 안 된다는 것이다.

광범위하고 다방면에 걸친 전이는 감정적 유대 관계를 초월하여 활용가능한 잠재 능력과 양식을 기초로 한 개념의 전이를 의미한다. 보충개념은 사이코드라마 형태를 통해 가설적으로 채택해 볼 수 있다. 여기서 집단 구성원들은 자신의 개념과 관련된 갈등을 극적으로 표현하고 연기해 본다. 서로를 잘 알게 된 환자들은 각 사람들의 개념과 각 사람들의 특징적인 역할을 서로 바꾸어 사이코드라마를 진행해 보면서 상대방의 역할을 가장해서 연기해 본다. 이 과정에서 환자들은 재미있게 노는 방식으로 낯선 개념을 인식하고 다루는 것을 배우게 된다. 다른 한편으로, 환자들은 이제 드라마에서 상대방이 모방하는 자기 자신의 개념과 직면하게 한다. 집단 상황에서는 개념들을 가지고 드라마 형식으로 다룰 수 있는 방법들이 아주 많다.

독백: 환자는 혼자서 연기를 하고 자신의 생각과 견해, 의도, 감정을 연기하고 이야기한다.

역할 바꾸기: 주인공과 한두 사람의 '보조 연기자(보조 자아)' 들이 역할을 교환한다. 이런 방법은 작은 심리치료 집단에서도 역시 적용 가능하다. 거기에는 치료자 외에도 갈등을 겪는 상대방이 참여할 수 있다.

거울 이미지: 자신의 역할을 다른 사람이 연기할 때 주인공은 그것의 관찰자가 된다.

2인조: 두 명의 환자가 한 사람을 연기하는 것이다. 예를 들어, 환자의 성격이 양면적이거나 서로 모순되는 개념을 동시에 표현하거나, 또는 어려운 문제의 원인이 되는 개념을 제2의 자아가 말로 표현해 보는 것이다.

반대 효과: 주인공의 인생에 있었던 사건에 대해 회상한 것을 동료 환자들이 연기하고, 그 연기를 보면서 과거 사건을 직면하게 된다. 동료 환자가 연기로 표현한 후 주인공에게 "이런 식이었나요?"라고 묻는다. 거의 모든 경우 주인공은 그것을 부인하게 되고, 그 사건을 다시 표현할 때 과거와는 달리, '올바르게' 표현할 수밖에 없게 된다.

만남의 시작: 다음과 같이 주어진 상황이라 가정하고 한 사람이 집단 안에 있는 다른 모든 구성원들에게 인사한다. (손님이 도착하는 상황, 직장상사의 사무실에 들어가는 상황, 직장 동료에게 인사하는 상황, 낯선 사람과 사귀고 싶어 하는 상황, 배우자에게 인사하는 상황) 집단 안에서 모든 상황들에 대해 이야기를 나누고, 녹화된 비디오테이프를 재생해 상황들을 다시 보면서 관련된 활용가능한 잠재능력과 일어날 수 있는 오해들에 관해서 토의하며, 행동 규제를 통해 고조된 감정을 진정시킨다.

빈 의자: 주인공을 표현하는 빈 의자를 놓고 집단의 모든 구성원들이 평가를 한다. 의자에 앉는 것은 환자 자신이 아니라 환자에게서 분리된 개념이나 가상의 어떤 것 등을 올려놓는다.

'등 뒤에서' 기법: 주인공은 다른 사람들에게 등을 돌리고 앉는다. 그리고 드라마를 연기할 때 주인공이 행동했던 방식에 대하여 집단 구성원들이 해석하는 것을 돕는다.

공 때리기 기법: 주인공은 모든 집단 구성원들에 의해서 추궁당하는 듯 반대심문을 받는다.

긍정주의 심리치료에서 집단은 주제를 중심으로 진행된다. 5단계 모델에 기초하여, 환자가 제기한 특정한 갈등상황과 문제들이 집단의 주제가 된다. 이 과정은 집단 중심으로 유지된다. 무엇보다도 리더는 집단을 조정하고 정보를 제공하며 모든 필요한 지원을 한다. 주제는 집단 안에서 일어난 사건이나 집단 구성원들이 제기한 사건, 그리고 다른 참여자들 또한 문제라고 동의한 사건과 관련된 것일 수 있다. 이런 의미에서, 주제는 활용가능한 잠재능력, 기본적인 잠재능력의 방식, 그리고 오해들에 의한 개념들인 것이다.

이렇게 진행되는 방식은 집단 구성원들의 어려운 문제를 점차적으로 다룬다는 이점이 있다. 그런 과정을 거쳐 공격성에 대한 잠재능력은 다루기 쉬워지고 따라서 일어나는 횟수가 줄어들게 되므로 파괴적인 공격성으로 다시 되돌아가는 것을 막을 수 있다. 특히 공격성이 더 이상 집단 구성원들 사이에서 직접적으로 표출되거나 다른 집단을 겨냥하여 표출되지 않기 때문에 그러한 것이다. 대신에, 주제와 개념은 집단 구성원들 사이에서 중재자로서 작용하게 되고 보호적인 기능을 맡게 된다. 이런 방식으로, 특히 흥분된 집단 회기에서 발생할 수 있는 자기 파괴 행위와 같은 통제되지 않은 집단의 위험성 전개를 피할 수 있다.

개념의 삽입, 모델 상황 그리고 신화를 통해 환자의 퇴행적 경향을 막을 수 있다. 확실히, 환자는 퇴행에 관해 집단 안에서 분명하게 말할 수 있다. 하지만 주제에 대한 집중은 집단을 '큰 어머니'(R. Battegay, 1971)로 퇴보하게 만드는 경향에 맞서 행해져야 한다. 그래서 집단은 상호작용의 세 단계, 즉 융합, 분화, 분리 모두를 위한 여지를 만든다.

긍정주의 심리치료에서 집단은 자기만족을 추구하지 않는다. 이것은 개개인 구성원이 활동하는 그런 집단을 위해 모델을 제시하는 상황이 되는 것으로 이해할 수 있다. 이는 다음의 두 가지로 증명될 수 있다. 한편으로, 환자는 집단에서 논의하기 위해 일상생활에서 생기는 문제를 표현할 수 있고, 또 한편으로는 집단 안에서 분화가 생길 수 있고 행동 대안들이 개발된다. 그래서 이것을 매일 생활 속에서 시험할 수 있게 된다.

환자가 능동적으로 집단에 참여하는 것을 배우게 되면, 그의 성취는 다른 집단 구성원들과 치료자에게서도 또한 칭찬을 받는다. 이 과정에서 집단은 일종의 대리 가족처럼 된다. 여기서는 바람직한 행동방식이 강화되고, 바람직하지 않은 행동방식은 다른 집단 구성원들의 거부하는 반응을 통해 소멸된다. 이 집단은 집단 자체를 초월하는 데까지 이르고 아주 큰 집단이 된다. 환자는 집단 구성원으로 알고 지내던 믿을 만한 관계를 자신의 주요한 집단 안으로 가져온다. 이 시점부터 치료 집단은 일종의 세포 분열과 같은 과정으로 자조 치료 집단 같은 다른 집단을 재생산한다. 이런 식으로 근본적인 문제에 대한 해결책이 제시된다. 다시 말하면, 집단에서 배웠던 갈등에 대처하는 행동방식과 태도, 형식을 어떻게 매일의 삶 속에 적용할 수 있을 것인가 하는 문제에 대한 해결책이 제시되는 것이다. 그래서 긍정주의 심리치료의 일반적인 특징인 내적인 치료와 외적인 치료의 영역 사이에서 지속적으로 상호작용하게 된다.

언제 개인 치료를 해야 하고 언제 집단 치료를 해야 하는지 그리고 이 둘을 결합한 치료를 언제 해야 하는지 사례별로 결정해야 한다. 개인 치료와 집단 치료가 함께 사용되는 결합 치료에서는 개인 치료나 집단 치료 중 어느 한쪽에 무게를 싣는 것을 권할 만하다.

결론 ➔ 집단 치료에서 분화를 나타내는 표시는 둘 이상의 문화가 혼재된 지역에서 가장 명백하게 볼 수 있다. 필자의 심리치료 활동에서 두 개의 특정 문화 형태를 만났다. 그중 하나는 전형적인 서양 삶의 방식이었고 다른 하나는 동양 삶의 방식이었다. 독일인들은 소수의 교제나 사회적 고립으로 인해 종종 좀 더 우울하게 산다. 이란 사람들은 자기의 확대가족의 계속되는 영향을 더 이상 견딜 수 없기 때문에 일반적으로 더 우울해진다.

치료 가능성들 역시 주어진 사회적 환경에 의해 제공된다. 독일에서는 집단 심리치료가 좋은 기회를 맞고 있는데, 이는 적어도 본보기로서 실패한 사회적 관계를 회복하기 때문이다. 그리고 이 안에서 사회적 교제의 형태가 실행된다. 대조적으로, 이 란에서 집단 심리치료는 뉴캐슬에 석탄을 운반하는 것과 같은데, 이는 비대해진 사회적 관계가 갈등을 가져왔기 때문이다. 집단 치료는 또 다른 기능을 가지고 있다. 그것은 치료 집단에 참여하게 됨으로써 가족 집단에서 환자의 위치를 강화시키는 것이다.

Positive Psychotherapy

Chapter 7

긍정주의 심리치료와 다른 심리치료들

POSITIVE PSYCHOTHERAPY AND OTHER PSYCHOTHERAPIES

1. 협력하기 위한 비평과 가능성들

꼭두각시 쇼

  수많은 무리의 사람들이 꼭두각시 쇼가 열리는 천막에 꽉 들어차 있었다. 그들은 꼭두각시 쇼를 보면서 큰 소리로 웃어댔다. 뒤편 통로에 한 아버지가 자기 아들과 함께 서 있었다. 아버지가 발꿈치로 발돋움하고 서서 그저 간신히 쇼를 보는 동안, 그의 아들은 자기를 둘러싸고 있는 사람들의 엉덩이 부분에 겨우 머리가 닿아 있을 뿐이었다. 아이는 실제로 목이 빠질 만큼 쭉 뻗어 보았다. 그리고 아버지가 자기를 어깨 위로 들어 올려 줄 때까지 울어댔다. 마침내 모든 사람들 머리보다 더 높이 올라간 이 어린 소년은 이제 재미있는 꼭두각시 쇼를 볼 수 있었다. 얼마나 기뻤던지! 이제 소년은 더 이상 울지 않았다. 대신에, 기쁨으로 소리쳤고, 마치 아버지는 말이 되고 자신은 말을 탄 사람처럼 아버지 어깨 위에서 위아래로 들썩거렸다. 그는 자기 주먹으로 아버지의 머리를 힘차게 사정없이 탕탕 치고 발로는 아버지의 가슴을 찼다. 그리고는 자기가 아버지 위에 앉아 있다는 것을 완전히 잊어버렸다. 갑자기 그는 자기 어깨 위에 한 손이 올라온 것을 깨달았다. 깜짝 놀란 소년이 주위를 둘러보자, 하얀 수염의 수도사가 자신을 친절하게 바라보고 있는 것을 발견하였다. 그는 "얘야, 너는 아주 즐거워하고 있구나. 너는 이 천막 안에 있는 다른 많은 사람들보다 꼭두각시 쇼를 더 잘 보고 있어. 하지만 네가 한 번 생각해 볼 것이 있다. 만일 네 아버지가 수고스럽게 너를 어깨 위로 올려 주시지 않았다면, 너는 여전히 저 아래 다른 사람들의 그늘 아래 서 있어야 했을 거야. 그러니 네가 누구의 어깨 위에 앉아 있는지를 잊지 말아라. 너는 기쁘고 행복하겠지만 네가 누구의 어깨 위에서 행복하게 앉아 있는지, 그 다른 한쪽 사람도 잊지 말아야 한단다."라고 말했다(동양의 이야기).

  오늘날 심리치료에 대한 불신은 심리치료에 대한 관점과 수많은 기준들이 여기저기에 무질서하게 존재하기 때문인 듯 하다. 외과에서는 '빌로트(Billroth) I'과 '빌로트(Billroth) II′와 같은 믿을 만하고 정확한 위 수술법이 있다. 이 방법들은 프랑크푸르트, 시드니, 마이애미에서도 정확하게 같은 방식으로 실행되고 있으며, 단지 절개하는 방식과 절개의 크기가 다양할 뿐이다. 그래서 위 수술을 받기 위해 온 환자는 믿을 만하고 정확한 원칙에 따라 수술을 받게 될 것이라는 확신을 갖게 된다.

대부분의 경우, 불안, 우울, 억압 등으로 고통을 받는 사람들을 위해서는 이와 같이 믿을 만한 정확한 원칙이 존재하지 않는다. 300개가 넘는 서로 다른 학과들, 심리치료 적응지도 그리고 신념을 가진 심리치료들이 환자들에게 서비스를 제공하고 있으며, 실제로 모든 심리치료자가 자신만의 심리치료를 육성하고 있기 때문에 서로 다른 심리치료의 수가 점점 더 증가하고 있는 추세다. 이렇게 복잡한 상황은 심리치료자들이 자신들의 관점과 기준을 고집하고 그 밖의 심리치료 접근과는 서로 협동하지 못하고 있기 때문에 좀 더 복잡해졌다고 할 수 있다. 안타깝지만 이에 대한 좋은 예로, 정신분석치료와 행동치료 사이의 영원히 끝나지 않은 싸움을 들 수 있다.

학습이론가인 아이젱크(Eysenck)는 "경험적 치료 근거도 없고, 심리학 이론과도 거리가 먼" 명상방법을 쓰는 집단에 정신분석치료를 접목하였다(Eysenck, 1960; Eysenck & Rachman, 1964, Rachman, 1963). 정신분석가인 미처리히(Mitscherlich A.)는 이를 비난하며, "심리치료가 성공적이기를 바라는 관심 때문에 실제적으로 정신분석치료에서 행동치료로 어느 정도 범위가 넓어졌는데, 이는 행동치료가 초기 심리학 요건을 지니고 있고, 최면치료와도 견줄만 하기 때문이다."(1970, p. 126)라고 반박하였다. 현존하는 거의 대부분의 심리치료적 관점은 나름대로 일종의 절대성을 주장한다. 많은 경우 이를 암묵적으로 주장하지만, 명확하게 공식화하는 경우도 있다. 예를 들어, 야노프(Janov, 1976)는 "초기 치료는 정신장애를 치유하는 것이며, 더 나아가 초기 분석치료만이 유일한 치료 방법이라고 주장한다. 이는 모든 다른 심리학 이론들을 논박하고 진부한 것으로 여긴다는 것이며, 신경증과 정신병을 치료하는 타당한 방법은 초기 치료 한 가지밖에 없다는 것을 의미하는 것이다."(p. 12)라고 주장하고 있다.

야노프에게서 인용한 이 본문은 심리치료의 상황을 잘 나타내는 징후라 할 수 있는데, 실제로 심리치료들 사이의 배타성으로 인해 성전(聖戰)의 성격을 띤 필사적인 투쟁이 벌어진다. 만일 이러한 각각의 심리치료적 관점들이 적어도 부분적으로나마 진실이며, 어떤 특정한 질병을 앓고 있는 집단에서 실제적으로 치료에 유익한 것으로 판명되었다면, 병이 잠재되어 있는 환자의 상황은 더 모호해지게 된다. 특별한 병리적인 특징을 가지고 있는 환자가, 자신의 문제에 대한 적절한 심리치료적 관점을 가진 치료자를 뜻밖에 만날 수 있을지 없을지는 환자가 가진 기회에 달려 있다 하더라도 궁극적 분석 과정에서 환자의 등 뒤에서는 심리치료 성전(聖戰)이 벌어지고 있는 것이다. 심리치료자들이 같은 방향 또는 더 나은 방향으로 향해 있거나, 한 기관이나 또는 생각이 같은 학과에 속해 있지 않는 한, 심리치료자들 사이에 불신과 오해의 긴장된 관계는 계속 나타날 것이다. 그들은 서로 다른 언어를 이야기하고 서로 다른 핵심을 강조하기 때문이다.

심리치료적 관점은 주요한 갈등 부분을 다룰 때 매우 일방적으로 임한다. 정신분석은 중심에 성적인 관심을 두고, 다른 갈등의 영역들은 단순히 부수적으로 수반되는 현상으로 간주한다. 개인심리학(A. Adler와 R. Dreikurs)은 문제에 대항해서 극복하는 것을 강조하여, 결과적으로 성취 지향적(직업적)이 되도록 부추긴다.

융(C. G. Jung)의 분석심리학은 치료의 목표를 자기 실현에 두고 노력하는 반면, 프랭클(V. Frankl)의 의미치료 같은 실존주의 분석 관점은 의미에 대한 질문에 불만족스럽게 응답된 부분을 신경증의 원인으로 여긴다. "정신분석에 있어서, 인간은 이른바 쾌락의 원리, 곧 즐거워지기 위한 의지에 의해서 지배되는 존재로 본다. 개인심리학에서 인간은 이른바 지배하기 위한 욕망, 즉 권력의지에 의해서 결정되는 존재이기 때문에, 실제로 인간은 의미를 찾으려는 의지에 의해 가장 깊이 지배받는다."(Frankl, 1973)."

만일 이러한 모든 영역들이 발달 과정에서, 또 갈등해결 과정에서 어떤 역할을 한다면, 처음부터 심리적 · 사회심리적으로 유익한 결론을 얻기 위해서 그 영역들 가운데 단 하나만을 유일한 논쟁거리로 선택해야 할 명백한 이유가 없을 것이다. 환자를 먼저 생각한다면, 이러한 결정은 개인이 지니고 있는 사례를 첫 번째로 고려하고 그 다음으로 치료자의 이론적인 지향점을 고려하여 결정해야 하는 것은 아닌가?

소외된 갈등은 위에서 언급한 영역 중 한 가지에만 국한되는 것은 아니다. 오히려

한 가지 영역 안의 갈등들은 다른 영역 안에 있는 오해와 일방성에 관련이 있다. 갈등 가운데 어떤 범위를 고려하는가의 문제는 개인이 관심 있는 주제(thematic orientation)와 연관되어 있다(성적 특질, 종교, 직업 등). 더구나 최근에는 지형학적 차원(topographical dimension)까지도 고려해야 할 요인으로 대두되고 있다(신체적, 사회적, 심리학적 영역).

정신의학이나 신경학적인 것까지 포함하여 신체 기능들이 잘 활동하게 하는 치료방법들은 환자가 경험하고 행동하는 것까지 전 인격을 유일한 기본단위(정신분석, 심층심리학, 행동치료)로 평가할 때 환자의 내적인 심리 동향과 직면할 수 있다. 그런데 이러한 치료 방법들은 사회적 상호작용과 사회정치학적인 구조와 기능들이 우세한 사회학적인 접근과는 일치하지 않고 있다. 세 가지의 관점 모두 심리치료에서 효과적인 것으로 증명되었고, 각각의 관점에 근거하여 치료접근법이 발전되어 왔다. 그러나 이 접근법들은 각자 역사적인 배경에 근거하고 있으나, 결국 하나의 흥미로운 사실에 이끌린다. 세 접근법 모두 인간이 주로 육체적, 심리적, 사회적인 영역 속에 존재한다는 것을 당연한 것으로 구조화하여, 그 외에서 발생가능한 다른 실용적인 영역들은 무시하거나 경시하기 때문에 어떤 면에선 불충분한 것이다.

의학, 심리학, 사회학은 위대한 삼분법을 통해, 인간의 본질을 세 부분으로 나누는데, 이러한 구분은 인간의 현실에서 일어나지 않는 것을 고려하지 않기 때문에 이차적인 문제까지 초래하기 쉽다. 최근에는, 이론을 극단적인 방식으로 형식화하지 않는 데 초점을 두고 있다. 다른 영역들도 특히 중요하게 다루어야 하는데, 이런저런 주요한 영역들까지 포함하여 보편적 수준에 속하지 않는 면들까지도 다루어져야 한다. 결국 이것이 타협된 방식이지만 이에 기초하여, 서로 다른 관점들 사이에 최소한의 의사소통이 이뤄질 수 있을지 모른다.

긍정주의 심리치료는 육체, 환경 그리고 시간이라는 표현을 사용하지만, 물리적이고 심리학적이고 사회적인 것과 개념적으로 동등하게 취급하는 것은 아니다. 육체는 신체적인 양상을, 환경은 사회심리학적인 양상을, 시간은 육체와 환경이 연합되어 역동적이고 개방된 하나의 체계로 통합되는 양상을 띤다. 더구나 오늘날의 심리치료는 방법적인 차원에 따라 다르게 적용되고 있는데 이는 인간관계가 일반적으로 융합,

분화, 분리의 양상을 반영하고 있으며, 이 양상은 심리치료라고 하는 특별한 경우에도 치료에 적용되는 것이 사실이다. 이와 같이 서로 다른 치료적 관점은 서로 다른 단계의 상호작용을 강조하는 것처럼 보이기도 한다.

여러 가지 다양한 강조점과 함께, 정신분석은 융합과 분리라는 두 가지 상호작용을 가장 두드러지게 다룬다. 우리가 전이의 문제라고 부르는 것은 치료자와 환자가 치료의 과정에서 끊임없이 서로에게 영향을 미치는 개인적인 애착으로서, 상호 신뢰가 형성되기도 하고, 감정적 애착이 싹트기도 하며, 과장되기도 하다가 결국은 정신분석의 현실 원리에 따라 내면의 문제를 포기하게 되면서 정서적 균형을 유지하게 되는 것이다. 이렇게 정서적 균형을 유지하는 행동은 제한된 범위 내에서 이루어지는 정서적 관계이고 한정된 시간에만 허락되는 것이며, 치료자와 융합되려는 환자의 노력은 적절한 분리 경험을 통해 중지된다. 게다가, 심리치료에 대한 저항 뒤에는 숨겨진 양가감정적인 분리 경향이 있는데, 사실 이것은 양가감정의 개념이 융합과 분리 사이에 드리워진 긴장의 연속성으로 볼 수 있다.

행동치료는 학습이론적 관점에서 이와는 다른 것을 강조한다. 어쨌든 고전적인 행동치료는 융합을 가장 중요하게 다루지 않았다. 그러므로 아이젱크와 래크먼(Eysenck & Rachman, 1964)은 "개인적인 관계들은 어떤 특정 상황 아래서 유용한 것이 될 수 있지만 신경증적 장애를 치료하기 위한 필수 요소가 아니다."라고 하였다. 많은 환자들이 융합되지 않는 것을 거절당한 것으로 생각하는데, 행동치료의 치료적 관계는 학습이론의 규칙에 따라 환자와 치료자 사이에 단순한 기술적인 관계로 제한되기 때문이다. 행동치료의 과정은 어린아이의 애착과 같은 욕망에 주의를 기울이기 때문에 이런 의미에서 보면, 행동치료란 단지 행동을 고쳐 배우는 과정이며 독립적으로 실천하게 하는 것이다.

각각의 치료적 관점들은 이론적으로 의의 있는 요소들로서, 특정한 환자 집단과 증상에 대한 윤곽들을 잘 설명하고 있다. 그러나 오랫동안 신뢰를 쌓는 과정이 필요한 환자에게 갑자기 심리적 지식 및 분화를 요구하는 것은 효과적이지 않을 뿐 아니라, 분화를 학습하고 경험할 시간적 여유가 필요한 환자에게 오로지 융합-분리 영역 안에서만 활동하게 하는 것도 도움이 안 된다. 환자를 너무 일찍 분리에 직면하도록 하는 것은 수영을 배우기도 전에 환자를 물속으로 던져 버리는 것과 같다. 반면, 환자가 치료자에게 정서적으로 의존하도록 내버려 두는 것도 부모-자녀 간의 관계에서의 양가감정을 반복하는 것과 같은 맥락이다. 핏카우와 툰(Fittkau & von Thun, 1976)은 융합, 분화, 분리를 세 가지 학습 방법으로 유사하게 구별하였다. 즉, 자기 자신의 경험, 정보의 전달 그리고 행동 훈련인데, 이는 개인의 성격 중 인지적이고 감정적이고 행동적인 영역과 일치하는 것이다. 그들은 다음과 같은 결론을 제시하고 있다. "전인격체(예를 들어, 대뇌피질뿐만 아니라)에게 말로 전하는 지시적인 메시지는 다양하게 전달하지 않으면 오히려 경직될 위험이 있는데, 성격의 한 부분에 대해서만 편파적인 훈련을 강화하여, 결국은 사람의 인지, 감정, 행동의 세 영역들 사이에 분열과 부조화를 일으킬 위험이 존재한다고 경고하고 있다." (1976, p. 62ff.)

그러므로 최소한 세 가지 차원, 즉 치료주제, 지형학 그리고 방법론적 요인을 중요하게 고려해야 한다고 강조하는데, 이는 문제를 예방하고 치료하고 어떤 추수과정(follow-up)을 거칠 것인지를 결정하기 전에 점검해야 한다는 것이다. 진정제로 부부간의 문제를 몰아내려고 하는 시도가 뇌에 생긴 종양을 심리치료로 치료하려는 것만큼 무의미하다. 또는 직업적인 문제를 이야기하는데 성적 특질에 관해 언급하거나, 의미에 대한 해답도 없는 질문을 한다거나, 융합을 원하는 환자에게 분화를 강조하는 것 역시 무의미한 것이라 할 수 있다.

이러한 일은 주제, 지형학적 및 방법적인 차원들 중 어느 하나를 일방적으로 지나치게 강조하는 데서 기인하는 자연스러운 실수의 예화일 뿐이다. 이 세 가지 차원 외에도 부가적인 요소들이 고려되는데, 그 요소들은 특히 과거, 현재, 미래에 대한 치료적 중요성, 기본적인 잠재능력의 양식들, 그리고 활용가능한 잠재능력들이다. 어떤 심리치료 이론에서도 기본적인 잠재능력이 양식들을 명백하게 드러내지는 않지만, 특징적인 편애나 거부로서 인식될 수 있다. 특징적인 편애나 거부는 우리가 신경증적 경험과 행동의 특징으로 설명해 온 일방성을 반복하는 것이다. 일방성을 지향하는 심리치료적 접근 방법 또한 개개인의 신경증적 개념을 반복하는 것이다. 정통 정신분석은 성적인 신경증 환자가 가진 것과 유사한 개념을 취하고 있으며, 독단적인 행동치료는 주로 충동적인 개념을 가정하고 있고, 실존주의적 분석과 이에 상응하는 심층 심

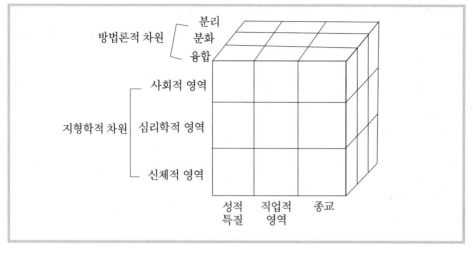

심리치료 주제의 차원

리학적 관점은 비유전적–신경증적 개념을 재생하고 있다.

　정신분석가들과 심층 심리학자들은 심리장애가 과거 어린 시절부터 발전하였다는 가정 아래 치료의 초점을 개인의 인생사에 두고 있다. 예를 들어, 정신분석가는 초기 어린 시절에 특정한 위기를 맞은 기간을 조명하기 위해 자신의 치료 방법으로 접근하나, 이와는 대조적으로 행동치료는 과거에 대해서 단지 피상적으로 다룬다. "신경증적 장애에 대한 모든 치료법은 현재 존재하는 습관과 관련이 있다. 개인의 일대기(傳記)를 밝히는 것은 대부분 관계없는 부적절한 것이다."(Eysenck & Rachman, 1964). 그러므로 행동치료의 활동 영역은 현재이며, 비지시적 심리치료(Rogers)와 게슈탈트 치료(Perls)도 마찬가지로 행동치료 개념의 토대 위에서 현재에 초점을 맞추고 있다. 심층 심리학적 관점은 어떤 면에서 실존주의 분석처럼 과거와 현재를 대부분 간과하고, 미래를 치료의 출발점으로 선택한다.

　만일 환자들이 자신들의 과거에 접근할 수 있다면, 많은 환자들이 치료의 과제를 만족스럽게 이행할 수 있을 것이다. 치료의 중요한 목표는 주로 자기개념과 관련된 태도를 변화시키는 데 있다. 다른 환자들에게는 주된 요구가 습관을 바꾸고, 대안적인 행동을 구축해 나가는 것으로, 즉 현재와 관련된 행동기능을 변화시키는 것이다.

행동의 변화는 환자의 사회적 관습에서 그들에게 유익하게 구축되어야 한다. 많은 환자들에게 있어서 미래는 불확실한 것으로서, 어떤 이는 실제로 미래에 대한 문제를 가공의 문제로 간단하게 처리해 버리거나 쉽게 합리화해 버린다. 하지만 많은 환자들에게는 간과해서는 안 되는 실질적 문제이므로, 치료자가 유아적인 행동으로 무시하거나 하찮게 넘기지 않아야 한다.

더 나아가면 이런 차이점들은 치료 양식과 관계가 있다. 어떤 특정한 양식은 치료적인 수단이나 치료목표의 기준으로 인기가 있고 지지를 받으며 그 다양한 치료적 방법들은 인지능력의 양식과 감각, 이성, 전통 그리고 직관을 활성화하는 양식에 큰 비중을 두고 접근하거나 또한 서로 다른 방식으로도 작용할 수 있게 한다. 정신분석에서는 자유연상을 지지하는 치료로서 직관/환상을 중요하게 다룬다. 행동치료에서는 체계적 둔감화 방식을 사용하여 직관/환상을 상상의 능력으로 다루어 갈등상황을 시각화하게 한다. 사랑하는 능력의 양식들—나, 당신, 우리 그리고 근원적 우리—은 신경증의 본질과 관련된 기본적인 질문을 통해서 다뤄진다. 겝자텔(Gebsattel)은 모든 신경증의 주축이 되는 증후군이 자기(the self)와 자기 자신과의 관계에서 생기는 장애인데, 즉 자기보다는 자신이 되고자 하는 목표를 향한 자신의 행동 때문에 발생하는 장애라는 것이다. 더욱이 특정한 치료 양식에 대한 편애는 치료절차에 영향을 미치는데, 즉 개인 치료를 수행해야 할지 집단 치료를 수행해야 할지, 또한 치료 목표는 무엇이어야 하는지를 결정하는 데 영향을 끼친다. 즉, 치료목표는 '갈등에서 자유로운 자아 영역' '당신(Thou)을 발견하기 위한 능력' '집단에서 유능하거나 사회적으로 유능하게 되는 것' '의미와 관련된 만족스러운 해답을 찾거나, 적어도 인생의 목적을 발견하는 것' 이다.

심리치료의 다양한 형태를 구분하는 또 다른 차원은 활용가능한 잠재능력을 활성화시키는 데 암묵적이나마 주의를 기울이는가에 있다. 활용가능한 잠재능력은 우연히 발생할 수 있지만 그럼에도 태도와 행동의 변화를 가져온다. 이런 경우는 고전적인 정신치료 형태에서, 해석, 연상 혹은 자발적인 언급과 관련하여 개인에게 일치되는 잠재능력에 초점이 맞춰질 때 변화가 일어난다.

그 외에도 이와 같은 치료적 관점은 특정한 활용가능한 잠재능력들을 고려하고, 그것들을 통해 치료에 노력을 기울이기도 한다. 예를 들어, 정신분석에서 초기 어린 시절의 배변 훈련이나 성적 발달이 다루어지고 더 나아가 절약하는 행동이나 '시간엄수'를 다루는데, 다뤄지는 정도의 양은 치료에 대한 환자의 호응도에 따라 적절히 적용된다. 또 다른 예를 열거하자면, 개인심리학은 '일치감'과 '경쟁심' 같은 주제에 초점을 맞춘다. 전자는 '교제'와 같은 활용가능한 잠재능력을 최우선적으로 주안점을 두고, 후자는 '정의' '모델링' '성취'와 같은 활용가능한 잠재능력을 최우선적으로 다루는 것이다. 다른 말로 하자면, 어떤 활용가능한 잠재능력들은 즉시 치료 사례에서 중요하게 다루어질 수도 있고 아닐 수도 있지만, 치료방향에 기본으로 다루어지도록 그 중요성이 결정되어 있을 만큼 활용가능한 잠재능력을 중요히 여긴다. 치료회기 중 대화에서, 다른 활용가능한 잠재능력들이 마음에 떠오를 때조차, 당연히 선택된 활용가능한 잠재능력들만이 이론적으로 적용되기는 하지만, 정신분석에서 환자의 항문기 단계(배변 훈련)가 환자의 '절약'과 관련 있는 것처럼, 이미 예정되어 있는 이론적 체계 안에서 활용가능한 잠재능력들이 다뤄질 수도 있다.

추가로, 활용가능한 잠재능력들은 증상과 일치하는 방향에서 고려해야 한다. 사회적으로 억압되어 있고, 자기 자신의 권리를 주장할 수 없는 환자에게 행동치료는 '자기 확신' 훈련을 통해 '예의-정직'이라는 주제를 다룬다. 활용가능한 잠재능력들이 이미 증상적인 특징을 가지고 있어서 부정적으로 왜곡되어 있을 때만 다루어질지라도 원칙적으로는 모든 활용가능한 잠재능력들이 치료에 포함될 수 있다. 다른 치료에서는 긍정주의 심리치료에 있어 치료의 출발점이라 할 수 있는 환자의 긍정적인 자질들은 외면하고 있다.

긍정주의 심리치료는 다른 많은 치료 방법들 중의 하나가 아니다. 오히려 이것은 특정한 사례에 적절하게 접근할 수 있는 방법론을 선택하는 수단으로, 그리고 어떻게 이런 방법들을 상호 교환할 수 있을지를 선택하는 수단이 될 수 있다. 그러므로 긍정주의 심리치료는 심리치료의 상위이론(metatheory)이라 할 수 있다. 필자와 동료들은 심리치료를 단지 특정한 증상만을 치료하는 틀에 짜인 치료 방법으로서만 이해하지 않으며, 현존하는 사회관습적·범(汎)문화적 사회적 상황들에 반응해 줄 수 있는 치료여야 한다고 생각한다.

2. 긍정주의 심리치료의 단기 치료 접근

오늘날 시대적 상황은 효과적이고 또 그만큼 경제적인 치료 방법을 발전시킬 필요가 있다. 심리치료 절차의 기술적인 문제 외에 치료내용에 대한 문제가 중요한데, 이는 기존의 갈등을 치료할 때에 갈등의 어느 범위를 표현하도록 다루어 주어야 하는지 그 판단 기준을 알아내는 문제가 매우 중요하기 때문이다.

그러므로 단기 치료 접근에 대한 필요가 점점 증대해 가고 있는 시점에 있다. '간결은 재치의 정수'라고 하지만, 그럼에도 심리치료에서 단기 치료 접근 개념은 어느 정도 문제가 있다고 할 수 있다. 프로이트는 이러한 단기 치료 필요성이 사회적 요구를 성취하려는 표면적 원리에만 치중하여 중요한 치료 지침들을 경시하려는 일종의 성급한 치료 개념이라고 지적하고 있다(S. Freud, 'Die endliche und umendli-che Analyse', 1937). 이와 같은 시각은 기계의 단순한 조립라인처럼 심리치료의 본질에서 벗어나 악몽이 될 수도 있다는 것이다. 물론 이러한 요구는 사회적 관심뿐만 아니라 환자가 빨리 끝나는 단기 치료를 절실히 필요로 하기 때문이기도 하다. 프로이트는 "나는 외관상 치료가 종결되지 않는 것이 일반적이라는 것을 이해하기 시작하였다. 그리고 외관상 치료의 종결이란 통상적이지만 전이 현상의 해결에 달려 있으며 증상이 깨끗이 치료되었음을 의미한다는 것을 이해하기 시작하였다."라고 기록하였다. 그가 증상이 깨끗이 치료되었음을 담담한 심정으로 바라볼 수 있을 때 종결이 이루어져야 한다는 것은 일종의 치료적 완벽주의를 요구하는 것이다. 이는 건강해질 수 있는 인간은 없다는 경직된 기준에 의하여 '건강'을 이상화시키는 표현이다.

긍정주의 심리치료에서 건강의 극치로 여기는 것은 내적, 외적인 문제들이 발생할 때 환자가 그것들을 지배할 힘을 부여하는 것이다. 어떤 사람이 건강하다는 것은 그에게 문제가 없다는 것이 아니라 그가 문제를 다룰 수 있는 사람이라는 것이다. 그래서 심리치료는 그저 단순히 치료의 수단이 아니다. 오히려 긍정주의 심리치료는 갈등이 발생할 때 갈등을 제거하며, 문제 해결을 위한 특정하고도 보편적인 가능성들을 발견하게 하여 환자가 자조능력을 효과적으로 수행할 수 있도록 중심적인 역할을 담당한다.

불안, 슬픔, 우울 또는 때때로 찾아오는 강박충동을 다루지 못하는 무능력한 사람은 완전한 인간이 아니지만, 그보다는 이런 가능성들(불안, 슬픔, 우울, 강박적 행동)을 꽃피워 성장할 수 있게 하는 능력이 정지된 사람으로 봐야 한다. 정신분석에 관한 프로이트의 논문에서, 정신분석 기간을 단축시키려는 의도 뒤에는 '의학발달 초기에 신경증 치료에 주목하여 쏟아졌던 비난의 잔재'가 있었음을 꿰뚫어 봐야 한다고 하였다(1937, p. 375). 그러나 그의 해석은 매우 불확실하고 의심스러운 것이다. 치료자에게 있어 치료는 처음부터 끝까지 끊임없는 인내심을 보여 줄 준비가 되어 있는 하나의 의식으로 볼 수 있다. 하지만 단지 예외적인 경우에 이것이 환자에게 적용되는 것이고 대부분 이러한 순수한 의식에 저항하는 환자들은 자신이 건강해질 권리를 강력히 요구하기도 한다.

긍정주의 심리치료의 치료 방법은 구조적으로는 단기 치료접근이며 갈등을 중심으로 하여 갈등의 주제 및 내용을 환자가 잘 다루고 적용하는 방식을 따른다. 때때로 불분명한 심리역동을 계속 일으키게 하는 치료 방식과는 대조적으로, 정확히 갈등 내용을 극복하게 하는 이 치료는 필자와 동료들이 S부인의 사례에서 설명하였던 것처럼, 기본적인 갈등과 발전시켜 온 증상에 대해 주의하고 노력을 기울여 해결하게 한다. 이것이 긍정주의 심리치료를 단기 치료 접근으로 광범위하게 적용할 수 있는 가능성을 가진 치료라고 하는 이유다. 왜냐하면 이것은 각 개별 사례의 독특한 특성 속으로 들어가 분화 분석의 틀 안에서 의도적으로 특별한 절차를 사용할 수 있기 때문이다. 그래서 긍정주의 심리치료는 사회심리학적으로 이목을 끄는 행동과 장애를 비교적 광범위하고 효과적으로 치료할 수 있다.

심리역동 및 내용과 관련된 이차원적인 과정을 통해, 긍정주의 심리치료는 단순한 심리역동에 적용하게 하는 모델의 차원을 넘어 모든 문화를 초월해서 일어나는 문제들을 잘 설명하고 있다. 학습과 심리역동에서 일어나는 규칙과 같은 그런 구조적인 특징들은 독특한 문화 집단과 개개인에게서 나타나는 사회문화적인 규범들을 평가하는 양식에 따라 보완될 수 있다. 일반적으로 모든 문화 전반에 걸친 문제란 단일한 사회 내에서는 사회적 계층과 계급 간의 관계가 어떠냐에 따라 드러난다. 그런 점에서 긍정주의 심리치료는 사회의 지배 계층의 요구를 고려하는 특정한 가치를 우선해서 대우하지 않는다. 그러므로 긍정주의 심리치료는 환자의 사회 계층과 무관하게 모든 환자들에게 동등한 치료를 제공한다는 입장을 고수하고 있다. 긍정주의 심리치료에서 사용된 표현법, 특히 활용가능한 잠재능력이라는 언어표현은 서로 다른 사회계층에서 쓰이는 다양한 언어적 방식과 말하기 습관에 따라 다르게 나타난다. 환자가 하류 계급의 언어를 사용하든 중류 계급의 언어를 사용하든 상관없이 모든 사람은 시간 엄수가 무엇인지 알고 있다. 그 의미는 사례에서 즉시 다루어져야 하는데 치료자와 환자가 서로 연합하여 해결해야 한다.

하지만 긍정적인 심리치료는 병에 감염되었을 때 페니실린을 사용하는 것과 같이 그렇게 간단히 처리하는 단기 치료 접근은 아니다. 실제로 긍정주의 심리치료에서도 프로이트의 다소 끝없이 이어지는 정신분석적 면도 있긴 하지만, 과거도 끝이 있듯이, 장황하게 오래 지속해야 하는 정신분석과는 좀 다른 수정 보완된 접근이다. 긍정주의 심리치료에서 힘을 얻고, 안내 받고, 조절이 가능해진 환자는 그에게 제공된 자조(self-help)능력의 가능성을 의식적으로 인식하게 된다. 그런 면에서 심리치료를 연장하게 되어 치료가 계속되는 것이다. 이러한 심리치료 연장은 더 이상 심리치료가 필요없게 되는 것을 목표로 향해 가는 첫 단계인 것이다.

3. 긍정주의 심리치료와 다른 이론들

여기에서 필자와 동료들은 긍정주의 심리치료와 다른 심리치료 방법들과의 관계에서 나타나는 특정한 양상을 살펴볼 것이다. 수많은 심리치료 방법들 중에서 우선 독일어를 사용하는 나라에서 현재 널리 장려되고 있는 심리치료 몇 가지를 선택하였다. 그리고 전체적인 것을 살펴보기 위해 선택한 심리치료들의 중요한 특징 중 몇 가지를 주로 개요를 설명하는 식으로 요약하였다. 이렇게 하는 목적은 긍정주의 심리치료와 다른 이론과 치료형태 사이의 차이점을 찾아내려는 것만은 아니다. 필자와 동료들은 건설적인 협력을 하기 위한 의도를 가지고 긍정주의 심리치료와 다른 이론들의 차이점을 지적하였으며 이런 협력은 두 가지 방식으로 나타날 수 있다. 하나는 분화 분석 치료 계획을 구체화시킬 수 있는 유리한 치료접근 방식이고, 다른 하나는 분화 분석 접근들을 다른 심리치료 방법들의 틀 안에서 적용할 수 있는 방식을 찾는 것이다. 이렇게 하기 위한 필수 선행조건은 심리치료적 독단주의에 빠지지 않도록 주의해야 하는 것이다.

긍정주의 심리치료와 정신분석

✳* 정신분석 이론

정신분석의 창시자인 프로이트는 인생의 초기 경험이 성격 형성을 폭넓게 결정하며, 어린 시절 이후의 경험은 성격 구조를 거의 변화시키지 않는다고 가정하였다. 그러나 어린 시절 이후의 경험은 초기의 갈등을 재현할 수 있다고 보며 모든 행동은 근본적으로 쾌락을 얻고 고통을 피하기 위한 노력으로 본다. 인생의 초기 단계에서 인간은 쾌락을 추구하며 결과에 대해서는 관심이 없다. 인간은 모든 충동에 기초를 둔 욕망, 즉 원칙적으로 성적 본능의 욕구인 원초아(id)에 속하는 '쾌락 원리'에 의해 지배된다는 것이다. 때가 되면, 인간은 점점 더 자신을 조건화된 현실 요소들에 적응시키는데, 이는 현실 원리로서 요약될 수 있으며, 계획하고 통제하는 현실 적응에 대한 과제는 자아(ego)에게 주어진다. 좀 더 성장한 어린이와 어른의 행동은 도덕적 가치판단과 초자아(super ego)를 통해 일어난다고 보는데 초자아는 주어진 행동 기준에 어린이가 적응하는 과정에서 획득된다는 것이다.

자아분열은 신경증의 근원으로 정신분석 이론에서 나온 것이다. 프로이트는 모든 신경증의 핵심은 오이디푸스 콤플렉스(Oedipus complex)라고 보았다. 이는 자기의 성(性)과 반대되는 부모에 대한 성적인 욕망과 이로 인한 처벌에 대한 공포(거세 불안)로부터 발생한다. "오이디푸스 콤플렉스는 정상적인 유아기 성적 발달의 절정을 이루게도 하며 모든 신경증의 근거가 되기도 한다."(Fenichel, 1945, p. 108) 정신분석치료는 무의식적이고 억압된 내용을 의식으로 가져오기 위해 노력하며 분석가는 환자에게 그의 머리에 떠오르는 모든 것을 분석가와 나누도록 요청하는데, 이것이 자유연상 방법이다. 이 과정에서 분석가는 과거의 사건과 환자의 현재 문제 사이의 심리적인 관련성이 분석가와 환자 모두에게 명확해질 때까지 자료들을 분석하고 해석한다.

✱* 용어 전환(傳換) 가능성

정신분석이라는 용어는 긍정주의 심리치료라는 표현으로 바꾸어 표현할 수도 있고 그 반대도 마찬가지로 가능하다. 비록 전환된 후에 그에 상응하는 이론적 구조를 통해서만 설명할 수밖에 없는 부분이 있다 하더라도, 이러한 용어 전환은 지금까지 잘 알려진 이론을 새로운 시각으로 볼 수 있게 할 것이다. 필자와 동료들은 이와 같이 다른 표현으로 대체해도 좋을 몇 가지 적절한 예를 제안한다.

초자아	
정신분석: 일반적으로 초자아는 양심이라고 부르는 것과 일치하는 말이다. 그러나 양심과는 대조적으로, 초자아는 대부분 완전히 무의식적인 것이다. 이것은 근본적으로 초기 어린 시절에 부모의 도덕적 양상을 내면화한 것에서 시작된다(Brenner 이후, 1967).	**긍정주의 심리치료:** 초자아는 사회심리적 규범들을 심리적 표상으로 묘사한 것으로서 심리적 내용과 관련하여 우리의 행동과 경험에 영향을 미치는 활용가능한 잠재능력과 관련이 있다. 긍정주의 심리치료에서는 더 이상 초자아란 용어를 일반적 의미에서 사용하지 않는다. 그보다는 질서정연, 시간엄수, 정직, 충실성, 근면, 절약 등으로 표현한다.
동일시	
정신분석: "충동에 기반을 둔 심리적 반응들(선정적이고 공격적 에너지)에 대한 대치는 주로 충동과 관련 없는 목표들로(예술적 직업 안에서와 창조적인 지적 활동 중에 일어나는 것들) 바뀌어지는 것." (Goeppert, 1976, p. 229)	**긍정주의 심리치료:** 역할과 행동의 특정한 양상들은 활용가능한 잠재능력들을 통해 설명되고 적용된다. 예를 들어, 어떤 사람은 어머니의 질서정연에 대한 생각에는 동일시하지만, 어머니의 시간엄수에 대한 생각은 거부한다.
승 화	
정신분석: 본능적인 일차 과정에서 추동된 욕구 충동들을 사회적으로 좀 더 고귀한 행동표현으로 전이하는 것(Freud 이후, 1941).	**긍정주의 심리치료:** 행동의 가치가 더 높거나 낮거나를 가리키는 기준을 의미한다. 그런 기준은 절대적인 것은 아니고 오히려 문화적인 제도와 상관이 있다. 원칙적으로는 기본적 잠재능력에서 활용가능한 잠재능력으로 분화가 증가하는 것을 의미한다.

〈계속〉

퇴 행	
정신분석: 심각한 욕구불만의 결과로서, 유전적으로 후기 발달단계에서 초기 발달단계로 후퇴하는 것(F. Fanai 이후, 1972).	**긍정주의 심리치료**: 개인의 발달단계에서 획득한 특정한 행동뿐 아니라 그 시점에서 시작하는 퇴행은 심리사회적 가치 체계 안에서 설명된다. 이런 의미에서 자기 색정적인 성적 특질로 다시 타락하는 것은 성적 특질에 대한 긍정적인 각인, 감각의 수단 및 '나'를 향한 태도로 이해된다. 반면, 다른 사람과의 교제와 '상대방'에 대한 태도는 아주 미숙하다.

성적 특질	
정신분석: 정신분석에서 성적 특질(리비도)은 기본적인 현상이다. 그리고 충동으로서, 인간 에너지의 가장 본질적인 근원 중의 하나다. 리비도 때문에 방출되는 장애는 수많은 심리적 및 심인성 증상으로 나타난다. 성적 특질은 성기관뿐 아니라 일정한 발달단계에서 정욕과 만족을 나타내는 주요한 심적 태도를 보여 주는 영역과 관련이 있다.	**긍정주의 심리치료**: 성적 특질은 활용가능한 잠재능력들 중의 하나다. 이것은 기본적인 현상으로도, 부수적인 현상으로도 볼 수 있다. 이런 의미에서, 성적 특질의 장애는 갈등의 원인일 수도 있고 다른 장애의 결과일 수도 있다. 그래서 성적 특질은 단지 충동이 아니라 성적 특질이 형성되는 과정에서 획득된 행동이다. 우리 자신에게 어떤 요소가 성적 특질을 만들어 냈는지 질문한다면, 사회적인 학습, 활용가능한 잠재능력과 기본적인 잠재능력의 양식들의 영역과 만나게 된다. 예를 들어, 성적 장애는 과도한 시간엄수 요구 때문이거나 단호한 성취동기와도 관련이 있다. 긍정적 심리치료에서는, 성-성적 특질, 그리고 사랑을 분명하게 구분한다.

남근 선망	
정신분석: 소녀들에게는 음경이 없기 때문에 느끼는 수치감이 있는데 이는 소년들이 느끼는 거세 불안과 유사하다는 것이다. 이런 인식의 결과는 음경이 없이 태어나게 한 어머니에 대한 강렬한 분노뿐 아니라 수치심, 열등감, 질투심을 발달시킨다(Brenner 이후, 1974).	**긍정주의 심리치료**: 남근 선망을 설명할 때 두 가지 주요한 갈등이 일정한 역할을 한다. 첫째, 음경을 소유하는 것이 유익하다는 남녀에 대한 오해를 문화적으로 분명한 평가도 해 보지 않고 그대로 받아들여서는 안 된다. 둘째, 정의에 대한 문제인데, 성 역할에서 개인적이고도 독특한 인간관계가 고려되지 않기 때문에 경험하는 불공평의 문제가 대두된다.

(계속)

가학 피학성의 변태 성욕	
정신분석: 형벌을 주거나 고통과 굴욕에 복종하게 함으로써 희열을 느끼는 성적 쾌락(Freud 이후).	**긍정주의 심리치료**: 성적인 것과만 관련되는 것이 아니라 어떤 활용가능한 잠재능력과 연관이 있는 것으로 간주한다. 예를 들어, 일부러 시간을 지키지 않아 벌 받음으로써 자신을 확인하려는 경향 등이 있다.

프로이트 학파의 오류	
정신분석: 무엇인가를 기억해 내고 행동하고 또 이 야기하려는 취지 대부분이 무의식적인 역발상적 의도 때문에 순수한 의도가 희석되는 경우다. 예: "그 사람들은 모두 특별해요. 당신도 알다시피 욕심이 많아요. 내 말은 그들이 원기왕성하다는 뜻이에요." (Freud 이후, 1941)	**긍정주의 심리치료**: 정신분석 내용을 보면 몇 가지 이유들이 프로이트 학파의 오류로 규명된다. 그중 하나는 예의와 정직 간의 관계인데, 예의의 개념이 공격적이고도 정당한 충동 때문에 혼란스럽게 되는 경우다.

협력과 비판 우리는 이미 정신분석에 관하여 일정한 비평적 평가를 했다. 이 중 가장 먼저 한 비평은 인간에 대한 정신분석적 관점에 대한 평가였다. 정신분석은 인간을 동물과 동일하게 생물학적으로 다루었고, 위험한 충동을 억압할 필요가 있는 존재로 보았다. 정신분석은 성인이 되면 사회 환경에 의해 더 이상 영향을 받지 않는다는 가설을 지지한다. "심리적 구조, 특히 자아구조가 아직 완전히 분화되고 확립되지 않는 한, 유년기와 청소년기에서만 외부 현실과의 교류가 개인의 성격 형성에 다소 실질적인 영향을 미친다는 것이다." (Richter, 1975)

긍정주의 심리치료의 입장에서는 환경적 영향이 개인에게 끊임없이 영향을 미치고 있으며, 이전 경험들, 미세한 정신적 외상까지도, 그 이후 경험에 대한 평가기준의 틀을 형성한다는 관점을 지지한다. 초기 유년기뿐만 아니라 각각의 모든 발달단계에서도 심리적 발달에 영향을 미칠 수 있다. 이런 가정은 정신분석이 단지 주변적인 것으로 생각하는 개인의 내용들을 통해서만 이해할 수 있다.

정신분석에서의 원초아(Id)는 긍정주의 심리치료에서는 신체와 감각 수단의 범주에 들어간다. 충동-역동적 관점에서만 고려하는 것이 아니라 신체적인 기능 및 행동의 유기적 기초로서의 신체까지도 고려한다.

'초자아' 는 심리사회적 규범과 '활용가능한 잠재능력' 을 통해, 내용에 의해 묘사된다. 이 과정에서 활용가능한 잠재능력은 다양한 의미들을 지니게 된다. 그 한 가지는 활용가능한 잠재능력이 행동에 대한 사회적 규범이 된다는 것이다. 또 다른 의미는, 개인에게 중요한 일차 집단에서는 사실상 규범이 되며, 개인이 내면화한 가치 기준과 이상적 삶의 목표다. 그리고 마지막으로 인간이 본래 타고난 잠재능력이라는 의미를 지닌다.

이에 상응하여 '자아' 또는 '나(I)' 는 긍정주의 심리치료에서 이중의 몫을 가지고 있다. 자아는 억압된 사회적 요구와 개인적 충동 사이를 조정할 뿐만 아니라, 동시에 그 스스로를 드러나게 하고 있는 잠재능력의 근원이기도 하다. 현실을 검증하는 기능은 경험하고 행동하면서 과거, 현재, 미래의 시간 차원 범주에서 동시에 작동하고 통합하는 것으로 특별히 인간만이 갖고 있는 잠재능력과 밀접하게 관련되어 있다.

자기 자신의 욕구와 환경의 요구 사이를 직면하는 일은 사회적, 심리적 규범(활용가능한 잠재능력)의 틀 안에서 발생하는데 이 규범들은 개인의 심리적 구조 안에서 밝혀지는 역사라고 볼 수 있다. 긍정주의 심리치료는 이와 같이 직접적으로 개인의 사회적 행동에 대한 개념까지도 충분히 다룬다. 긍정주의 심리치료의 결과는 다음과 같다. 전통적인 정신분석 접근과는 대조적으로 치료자–환자 관계, 부모–자녀 관계의 유년기 상황까지도 환자가 과거를 회상하도록 돕고 오히려 귀찮게 여길 수 있는 다른 환경적 요소들도 더 살펴보게 하는 등 분화 분석 과정은 환자의 사회적 현실에 특별한 주의를 기울인다. 이런 점에서 분화 분석 과정은 양육–자조–심리치료의 세 부분에서 이해할 수 있다.

긍정주의 심리치료는 명확한 분석적 요소로 구성되어 있다. 특히 두 번째 단계(기본적인 갈등을 다루는 환자에 관한 목록 작성하기)와 네 번째 단계(자유 연상기법을 적용하여 치료자의 해석이 가능한 언어화하기)에서 드러난다. 반대로, 분화 분석적 요소들은 정신분석과도 통합될 수 있다. 특히 적절한 것은 내용과 관련된 활용가능한 잠재능력을 지향하는 절차이기 때문이다. 활용가능한 잠재능력에 의해 인도되는 초점 과정은 정신분석 과정에서 필수적으로 다루는 전이, 퇴행, 저항 같은 역동적인 요소들을 조정하도록 촉진한다.

정신분석 이론과 유사한 긍정주의 심리치료 양상의 한 예로서, 우리는 신 프로이트주의 정신분석가인 호나이(Horney, K.)가 보고한 사례를 선택하였다. 이 사례는 호나이의 지도를 받았던 환자인 클레어(Clare)가 자기 분석을 한 것으로, S부인의 사례와 많은 부분에서 일치한다.

"자기 분석에서 별로 생산적인 결과가 나오지 않은 채 몇 달이 지난 어느 일요일 아침, 클레어는 자신이 출판하는 잡지에 기사를 보내기로 한 약속을 지키지 않은 한 작가에게 맹렬하게 화를 내면서 일어났다. 그녀는 그렇게 믿을 수 없는 사람들을 참을 수가 없었다. 그녀는 곧 자신의 분노가 지나쳤다는 생각이 들었다. 이 모든 일은 그녀를 새벽 5시에 깨울 만큼 중요한 것은 아니었다. 분노와 분노의 외면적인 원인 사이의 모순에 대해 생각해 봄으로써 그녀는 분노의 진짜 원인을 알게 되었다. 실제 원인은 불신과 관련되어 있지만, 그녀가 분노한 진짜 원인은 그녀의 마음에 있었다. 그녀의 남자친구인 피터(Peter)는 사업상 출장을 갔다가 돌아오기로 약속했던 주말까지 돌아오지 못했다. 엄밀히 말해서, 그가 정확하게 약속을 한 것은 아니었다. 아마 토요일까지 돌아올 수 있겠다고 말했다. 그녀는 남자 친구가 어떤 일에도 정확하거나 명백히 말한 적이 없고, 항상 그녀를 희망에 부풀어 놓게 해 놓고 바로 실망시킨다고 혼잣말을 하였다. 그녀가 전날 밤 느꼈던 피로감에 대해 일을 너무 많이 한 탓으로 돌린 것은 실망에 대한 반작용이었음에 틀림없다. 그녀는 저녁 시간을 피터와 함께 보내기를 원했기 때문에 다른 사람의 저녁 초대를 정중히 거절하였다. 그리고 피터와 저녁 시간을 보내지 못하게 되자 그녀는 영화를 보러 갔다. 피터는 사전에 무언가를 결정하는 것을 싫어해서 어떤 약속도 할 수가 없었기 때문에 클레어는 많은 저녁 시간을 무료하게 보내게 되었고, 그가 자신과 함께 저녁 시간을 보낼 것인지 아닌지에 대한 의문이 항상 그녀를 괴롭게 하였다." (Karen Horney의 『자기 분석』(1942) 참조).

이 분석은 대상 상실에 대한 위협을 느끼는 것과 관련한 환자의 분리 불안, 보호받고 싶은 유아적 욕구와 그녀의 정서적 의존성을 겨냥하고 있다. 이런 주제들은 4년간의 긴 치료 동안 꿈과 자유연상을 통해 다루어졌다.

본문에 인용한 것처럼, 여기서 우리는 신뢰, 시간엄수, 믿음, 희망, 교제 그리고 시간과 같이 갈등이 내재된 활용가능한 잠재능력에 대한 몇 가지 암시를 발견하게 된다. 긍정주의 심리치료에서, 불안이 표현된 활용가능한 잠재능력은 분리 불안 자체를 대신한다. 이 사례에서 주된 요점은 환자가 신뢰성과 시간엄수에 대해 수동적으로 기다리는 태도에 있다. 단순히 분리 불안을 활용가능한 잠재능력으로 바꿔 말하는 것만으로도 S부인의 사례에서 보았듯이, 갈등의 회전목마 밖으로 이끌어 낼 수 있는 새로운 치료적 가능성들을 열어 준다.

긍정주의 심리치료와 행동치료

✳* 행동치료 이론

행동치료는 행동이 자극(S)-반응(R) 모델에 따라 학습된다고 단정하는 학습이론에 기초를 두고 있다. 학습이론은 많은 과학적 실험을 통해 검증을 받고 있다. 행동치료에서는 증상을 부적절한 반응으로 바라보고, 잘못된 학습의 증거로서 간주한다. 치료는 증상에 대한 처치를 통해 얻어진다. 즉, 부적절하게 조건화된 반응을 소거시키고 바람직한 반응을 강화시키는 것을 통해 치료하는 것이다. 아이젱크에 의하면(Eysenck & Rachman, 1964), 신체운동기관을 자극하는 자율반사와 조건반사 모두가 소거된다면 증상의 치료는 영구적으로 개선된다고 본다.

학습이론은 신경증을 어떤 '무의식적인' 원인의 탓으로 돌리기보다는 신경증적 증상은 단순히 획득된 습관으로 간주한다. "증상을 일으키는 신경증은 없고, 단지 증상이 있는 것이므로, 증상을 제거하면 당신의 신경증은 사라지게 될 것이다." 사회적으로 바람직한 행동양식을 발달시키려면 조건 반사운동을 강화시켜야 한다(Mowrer, 1950). 따라서 바람직하지 않은 행동양식은 즉시 벌을 받도록 조건반응이 이루어져야 한다. "이런 식의 조건반응을 통해 성장하는 어린이에게 선제적인 도덕체계를 발달시켜 준다면, 결국 '양심'에 대한 기틀이 세워지게 된다."(Eysenck & Rachman, 1964)

바람직한 행동과 바람직하지 않은 행동

행동치료: 무엇이 사회적으로 바람직한 행동인가 바람직하지 않은 행동인가 하는 것이 행동치료의 고려 대상이다. 고통스러운 압력, 사회적인 여론, 부모나 교사들의 관점은 바람직하지 않은 행동이 그것에 따라 소거되고 바람직한 행동이 강화되는 기준이 된다.

긍정주의 심리치료: "상호작용에 있어서의 장애들은 '바람직하지 않은 행동방식'과 같은 식으로는 분류되지 않는다. 그것들은 내용의 관점에서, 일차적, 이차적 잠재능력의 형태로 구체화되어 있고, 분화 분석 도구 안에서 조직화된다." (Deidenbach, 1975)

벌

행동치료: 벌은 행동을 조절하기 위한 방법이다. 벌은 반응의 여부에 따라 혐오자극이 주어지는 절차다(Cristoph-Lemke 이후, 1974).

긍정주의 심리치료: 상벌에 관한 기본적인 구조는 정의와 사랑의 관계다. 상벌은 행위에 관해 현존하는 사회적, 집단적, 개인적 규범에 따라서 발생하는데, 이것은 활용가능한 잠재능력을 통해 설명될 수 있다. 예:"한때 내가 돈을 훔치자, 우리 아버지는 나를 3일 동안 집에 가둬 놓으셨다."

외향성-내향성

행동치료: 아이젱크에 의하면, 외향성-내향성은 신경증과 함께 성격의 본질적 차원으로 묘사할 수 있다. 전형적인 외향성의 사람은 사회적으로 대범하고, 모임을 좋아하며, 많은 친구들을 가지고 있다. 전형적인 내향성의 사람은 조용하고, 움츠러들고, 자기성찰을 하는 경향이 있고, 사람보다 책을 좋아한다.

긍정주의 심리치료: 외향적인 유형의 주변 환경에서, '우리'와 '정직'에 대한 평가가 강화되어 있음을 발견할 수 있다. 반대로, 내향적인 유형은 근면/성취, 객관적인 '당신'에 대한 관계, 예의의 영역을 더욱 강조하는 것으로 보인다.

자기주장 훈련

행동치료: 자기주장 훈련은 솔터(Salter)에 의해서 1950년도에 발전되었다. 이것은 모든 신경증적인 질병의 원인이 지나친 억압에 있다고 가정한다. 그러므로 치료의 목표는 환자의 자극 수준을 높이는 것이다. 그 예로서, 솔터는 억압된 알코올 중독 환자의 예를 인용하였는데, 그 환자는 자신을 소심하고 비판에 민감한 반응을 보이고 굴욕적인 경험에 화를 내는 사람이라고 평가하였다(Eysenck 이후, 1964).

긍정주의 심리치료: 자기주장은 예의와 정직과의 관계에 연관된다. 여기서 예의는 억압된 것을 의미한다. 특히 공격성이 억압된 행동을 의미하는데, 이것은 정직하게 자기를 주장하는 것을 방해하고 있다. 즉, 지나치게 타인을 고려하고, 자기 자신의 권리를 희생하며, 망설이고 주저한다.

자기주장 훈련에서는 정직에 우선권이 부여되는 반면에, 예의-정직 훈련에서 환자는 두 가지 활용가능한 잠재능력을 자신이 만족스러운 방식으로 통합하는 것을 배운다. 주요한 갈등으로서 예의-정직은 더 나아가서 다른 활용가능한 잠재능력들과 관련되어 있다. "그 사람이 내 전화로 장거리 전화를 하는 것이 옳지 않다고 말할 용기가 없었어요." (예의, 정직, 절약)

✱* 용어 전환 가능성

협력과 비판　행동치료는 주로 대부분 격리된 증상, 예를 들어 개인적 불안과 같은 증상이 있는 환자들에게서 매우 성공적인 것으로 나타났다. 드러난 증상을 직접 치료하는 행동치료는 결과를 다소 조절하는 것이 가능하다. 그러나 치료 접근이 어려울 때가 있는데, 증세가 복잡하고 다양하여 단단하게 서로 얽혀서 분리될 가능성이 거의 없고, 증상이 너무 확산되어서 분화가 어려운 경우 직접적인 행동 수정이 안 되는 경우들이다(Gelder & Marks, 1966, 1969; Lazarus, 1963; Meyer & Chesser, 1971). 이런 특징적인 증상들은, 예를 들어 우울하고 심인성 질환을 앓고 있는 환자의 복잡한 불안 증상에서 찾아볼 수 있다. 상황에 따른 불감증은 특정한 남성(대부분의 경우에 남편이다)에게서 부적절한 반응으로서 관찰되는데, 행동치료는 이것을 체계적으로 치료할 가능성이 없다. 울프(Wolpe, 1972)는 이런 어려운 문제에 대해 솔직하게 표현하고 있다. "이런 사례에는 어떻게 해야 할지 잘 모르겠습니다." 이와 대조적으로 긍정주의 심리치료에서는 이런 사례가 '우수한 견본'이 될 수 있다. 이런 문제를 해결하고자, 행동치료에서는 인지적 기술을 단계적으로 치료에 접목시켜 새롭게 발전시켜 가고 있다.

행동치료 접근은 상대적으로 한정적일 수밖에 없는데, 특히 인간의 성격 중 객관화와 조작화할 수 없는 그러한 성격의 차원을 고려하지 않기 때문이다.

행동치료의 요소들은 특별히 분화 분석 치료 계획의 세 번째 단계인 '상황에 맞게 격려하기' 단계의 요소와 유사하다. 이 단계에서 태도 변화의 기능과 더불어, 학습이론의 과정들이 실시된다. 유사한 실례들이 매일의 계획 및 개인적 불안을 감소시키는 과정에서 '현재의 모습과 변해야 할 모습'을 깨닫게 된다.

긍정주의 심리치료 접근도 어느 부분 행동치료의 맥락 안에서 적용될 수 있는 것들이 있다. "특별히 배우자와의 갈등 치료 시 행동치료의 접목은 얼마든지 가능하다."(Süllwold, 1975) 다음의 두 가지 가능성이 이에 해당된다. 첫째는 치료자와 환자 사이의 융합에 목표를 둔 일반적인 과정을 좀 더 강조하는 것이며, 다음으로 좀 더 복잡한 상황을 포함하여 광범위한 행동 표본을 추출하여 진단할 수 있는 행동 범주를 고려하는 것이다. 이렇게 하여 DAI를 통해서 좀 더 복잡한 임상적 측면을 분석할 수 있다. 이때 필수 선행조건은 행동치료가 증상을 보이는 단순한 행동에만 집착하지 않고, 그보다는 활용가능한 잠재능력으로 나타나는 것과 추상적인 개념의 중간 수준에서 가설적인 구조들을 받아들일 준비를 해야 한다는 것이다.

　S 부인의 사례에서 특별한 행동치료 절차로는, 불안 증상(이것은 좀 더 포괄적이고 복합적인 증상의 한 부분으로 표현되었다)을 다루도록 체계적 둔감법(긍정주의 심리치료에 따라 수정된 접근)이 적용되었다. 이런 절차의 목적은 치료 상황에서 환자에게 눈에 띄는 불안반응이 나타나지 않으면서, 환자가 불안유발자극을 인식하도록 특정한 사건과 직면할 수 있는 상황을 조성하는 것에 있다(Wengle, 1974). 이런 목표는 두 가지 측면에서 추구된다. 하나는 불안유발자극들을 조심스럽게 일정 순서로 배열하고, 소위 불안 위계(anxiety hierarchy)라고 부르는 것을 선택한다. 그와 동시에, 환자의 불안을 감소시키기 위한 준비는 긴장 완화의 과정들을 통해 증진된다. 이것은 환자에게 불안을 불러일으키는 상황—실제 또는 상상된 상황—에 직면하게 하고, 흥분 상황이 뚜렷하게 발생하고 난 직후에 점진적 긴장 완화를 통해 다시 마음을 가라앉히도록 하는 방식으로 제이콥슨(Jacobson)이 제시한 방법이다(1938). 이런 식으로, 불안을 일으키는 소인이 점차적으로 해체된다. 이때의 필수조건은 환자가 불안을 느끼는 한 가지 원인과 관련하여, 불안유발 상황들에 점차적으로 직면하는 것이다.

　긍정주의 심리치료에서는 일반적인 불안 위계가 아니라 각각의 갈등상황과 일치하는 위계를 제안하는데, 이를 '시간엄수 위계' '절약 위계' '예의 위계' 등으로 분류한다. 현존하는 갈등관계는 기능하는 자극(S)-반응(R) 분석을 통해 분류된다. 조건화 자극(CS)과 조건화 반응(CR)은 학습된 자극과 학습된 반응이다. 남편의 시간을 잘 지키지 않는 행동과 S부인의 시간엄수에 대한 기대치를 다음과 같은 그림으로 표현하였다.

기능하는 S-R 분석의 단면도(일반화된 행동의 고리)

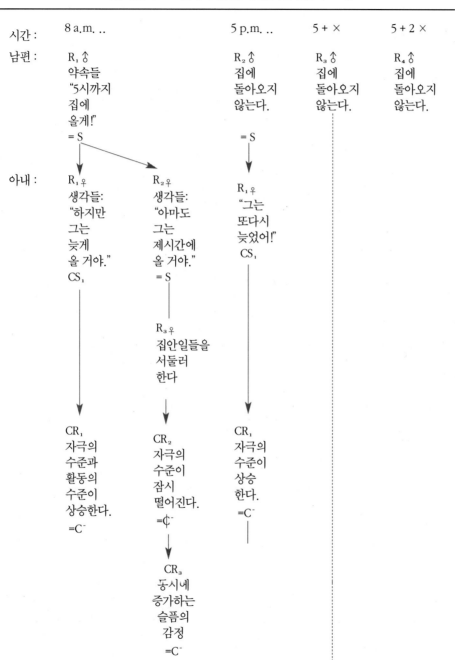

시간 :	8 a.m. ..		5 p.m. ..	5 + ×	5 + 2 ×
남편 :	$R_1 ♂$ 약속들 "5시까지 집에 올게!' = S		$R_2 ♂$ 집에 돌아오지 않는다. = S	$R_3 ♂$ 집에 돌아오지 않는다.	$R_4 ♂$ 집에 돌아오지 않는다.
아내 :	$R_1 ♀$ 생각들: "하지만 그는 늦게 올 거야." CS_1	$R_2 ♀$ 생각들: "아마도 그는 제시간에 올 거야." = S	$R_1 ♀$ "그는 또다시 늦었어!' CS_1		
		$R_3 ♀$ 집안일들을 서둘러 한다			
	CR_1 자극의 수준과 활동의 수준이 상승한다. $=C^-$	CR_2 자극의 수준이 잠시 떨어진다. $=¢^-$	CR_1 자극의 수준이 상승 한다. $=C^-$		
		CR_3 동시에 증가하는 슬픔의 감정 $=C^-$			

〈계속〉

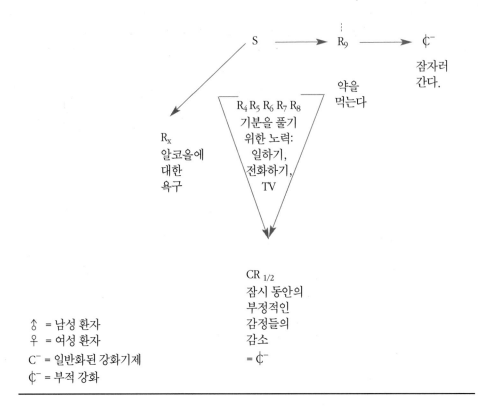

이렇게 하여 다음의 행동치료적 접근 방법을 도출할 수 있다.

✳* 치료를 위한 가능성

남편의 말뿐인 행동인 변수 $R_{1\male}$은 다음과 같이 수정되어야 한다: "나는 ~시와 ~시 사이에 집에 올 거야!"

기능 $CS_1 - CR_{1/2}$은 긴장 완화 훈련과 시간엄수 치료(둔감해지기, 대처하기)를 통해 개입되어야 한다.

변수 $R_{1\female}$은 다음과 같이 수정되어야 한다. "그가 어떻게든 집에 제시간에 오는지 두고 보자!" 또는 다른 말로 하자면, 대처하기는 태도를 변화시키기 위한 목적이 있다.

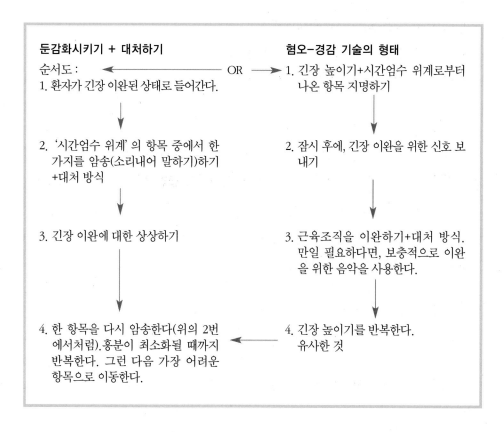

둔감화시키기 + 대처하기	혐오-경감 기술의 형태
순서도 : ◄─────── OR ───►	1. 긴장 높이기+시간엄수 위계로부터 나온 항목 지명하기
1. 환자가 긴장 이완된 상태로 들어간다.	
2. '시간엄수 위계'의 항목 중에서 한 가지를 암송(소리내어 말하기)하기 +대처 방식	2. 잠시 후에, 긴장 이완을 위한 신호 보내기
3. 긴장 이완에 대한 상상하기	3. 근육조직을 이완하기+대처 방식. 만일 필요하다면, 보충적으로 이완을 위한 음악을 사용한다.
4. 한 항목을 다시 암송한다(위의 2번에서처럼).흥분이 최소화될 때까지 반복한다. 그런 다음 가장 어려운 항목으로 이동한다.	4. 긴장 높이기를 반복한다. 유사한 것

다음의 상황은, 불안을 유발시키는 영향에 따라서 분류되었고 '시간엄수 위계'에 대한 불안지수를 산출한 것이다.

✳* 시간엄수 위계

1. 세 시간 더 지나면, 그가 집에 올 거야! 하지만 그는 아마 또 늦을거야!
2. 두 시간 더 지나면, 그가 집에 올 거야! 하지만 그는 아마 또 늦을거야!
3. 한 시간 더 지나면, 그가 집에 올 거야! 하지만 그는 아마 또 늦은거야!
4. 그는 지금쯤 오고 있을거야!
5. 이미 30분이나 늦었어! 그는 언제 올까?
6. 이미 한 시간이나 늦었어! 그는 언제 올까?

7. 이미 두 시간이나 늦었어! 그는 언제 올까?

8. 이미 세 시간이나 늦었어! 그는 언제 올까?

9. 이미 네 시간이나 늦었어! 그는 언제 올까?

✱* 대처 방식

'남편은 일에 매여 있나 보다.' '남편이 집에 돌아오면 나는 기쁠텐데(소망).' 이와 같이 대처하기는 불안을 극복하는 기술로서, 피험자가 불안자극에 능동적으로 직면하여 문제를 해결하는 방식이다(이전 불안유발자극에 대한 인지적인 재해석).

긍정주의 심리치료와 개인심리학

✱* 개인심리학 이론

개인심리학은 아들러(Adler A.)에 의해 발전되었고(1920), 성격 발달의 세 가지 주요한 주제를 강조한다. 첫 번째는 우월감에 대한 노력으로, 이는 성격 형성의 방향을 제시한다. 두 번째는 열등감 콤플렉스로서, 이 때문에 내면에서 갈등이 야기된다. 마지막으로, 공동체 의식 및 이의 발달을 방해하는 장애물이다(1930). 아들러의 관점에서 볼 때 인간의 피상적인 행동이 아무리 모순적인 듯 보일지라도, 연속적으로 일어나는 '생활양식(life-style)'은 항상 확인될 수 있다. '생활양식'이라는 개념은 개인이 지닌 모든 것, 즉 개인의 습관, 태도, 기대까지 모두 포함하고 있는 것으로 성격 형성 과정의 결과로 보며, 이 과정에서 개인은 가정과 사회에서 경험하면서 생물학적인 기호를 형성시킨다고 본다.

* 용어 전환 가능성

열등 콤플렉스

개인심리학: 개인심리학에서는 인간에게 실제 열등 콤플렉스라고 하는 타고난 열등감이 형성되어 있다고 보며, 개인이 자신의 열등감을 보상하려는 노력 여하에 따라 어느 정도 성공한다고 본다.

긍정주의 심리치료: 아들러가 이야기한 자기 가치감과 열등감의 문제에 대해, 필자와 동료들은 다음과 같이 자문해 보았다. 이러한 감정과 관련된 행동 영역은 무엇인가? 이는 개인의 전인적 성격 분야에 속한 감정인가 아니면 어떤 자질에 대한 평가를 지향하여, 후에 그것이 일반화된 것인가? 열등감은 생물학적인 문제라기보다는 사회심리적인 규범과 인간이 가지고 있는 경험에 좌우되는 사회적 차원의 문제이며, 열등감 자체는 현존하는 기준과 집단 내의 다른 개인들과 비교하는 것을 통해 명백해지고, 근면/성취, 명예, 절약, 교제, 성적 특질과 같은 개별적이고도 활용가능한 잠재능력과 관련이 있다고 본다.

우월감에 대한 노력

개인심리학: 우월감에 대한 노력이란 열등감과 직접적인 관련이 있다. 열등감에 의해 인간은 자신이 처한 상황에서 보다 나은 상태로 끌어 올리려는 욕구가 있다고 본다. 바로 그러한 본능 때문에 인간은 우월해지려는 노력을 계속 발전시킨다는 것이다 (Adler 이후, 1930).

긍정주의 심리치료: 우월감에 대한 욕구가 어떤 영역에서 발달하는가에 대해 질문한다. 당신은 다른 사람들보다 크거나 아름답기를 원하는가?(성), 당신은 보다 더 성공하기를 원하는가?(근면/성취), 당신은 돈을 더 많이 벌기를 원하는가?(절약) 이처럼 우월감에 대한 노력은 일반적인 것이 아닌 특정 영역과 사람에 대한 것으로 제한할 수 있다. 이는 시동생보다 돈을 잘 벌기를 원하고, 동성 집단의 구성원들과 비교하여 경쟁하고, 특정 형제와 비교하여 우월해지려고 하는 것 등이다. 여기에는 정의와 사랑 사이에서 생긴 오해도 포함되어 있다.

공동체 의식

개인심리학: 우월감에 대한 노력과 상반되는 것으로 다른 사람들과 함께하려고 하고, 다른 사람들과 협력하여 과제를 완성하려는 경향, 그리고 사회적인 관점에서, 일반적으로 자신을 매우 쓸모 있게 만들려는 경향을 말한다(Adler 이후, 1930).

긍정주의 심리학: 공동체 의식은 활용가능한 잠재능력 중 '교제'와 관련된다. 이것은 절약, 질서정연, 예의 등으로 나타나는 가치관들과 같은 수많은 다른 요인들을 통해 수정되는 것이다. 교제는 집단(우리)과의 관계뿐만 아니라 사랑하는 잠재능력에서 기인하는 관계성, 즉 나와의 관계, 너와의 관계, 우리와의 관계, 그리고 근원적-우리와의 관계 등을 포함하고 있다.

협력과 비판　사회적 요인들을 고려하고 양육을 특별히 강조하는 것이(Dreikurs & Blumenthal, 1973) 개인심리학과 긍정주의 심리치료가 서로 친밀한 요인이 된다. 아들러(1930)는 자신의 연구에서, 어느 정도 활용가능한 잠재능력을 언급했지만, 그것들의 체계적인 특성을 온전히 인지하지는 못했다. 그의 치료접근은 무엇보다도 격려하는 것인데, 이는 긍정주의 심리치료의 3번째 단계(상황에 맞는 격려하기)와 특별히 유사하다. 아들러의 아동 양육방식 가운데, 이른바 응석 받아 주기, 엄격하기와 같은 구별은 긍정주의 심리치료에서 보다 더 구체적이다. 즉, 활용가능한 잠재능력들에서 응석 받아 주기와 엄격하기가 긍정주의 심리치료와는 어떻게 관계되며, 또 상호작용 면에서는 그것들이 어떻게 나타나는가(예를 들면, 엄격하기: 분화인가? 아니면 분리인가?)라는 질문이 가능하다.

긍정주의 심리치료와 분석심리학

✳* 융의 분석심리학 이론

융(Jung, 1921)은 일반적인 정신 에너지를 분명하게 가정하고 있다. 정신(영혼)의 역동성을 의식과 무의식, 사고와 감정, 인식과 직관과 같은 상반되는 개념으로 특징 짓고 있다. 이렇게 정반대되는 한 쌍의 개념은 외향적이거나 내향적으로 구분된다. '페르소나(persona, 가면)'는 외부세계를 향한 태도를 포함한다. 융은 영적-종교적 경향성까지 포함하는 집단 무의식으로서 무의식을 인식한다. 그의 무의식에 대한 개념은 선조로부터 물려받은 무의식의 원형, 무의식의 심층에서 나온 상징들 그리고 신화, 꿈, 동화에서도 발견되는 모든 상징들을 포함한다. 분석심리학의 치료절차는 개성화가 이루어질 때까지 성격을 확장해 나가는 것이다.

*[*] 용어 전환 가능성

집단 무의식

분석심리학: 집단 무의식은 단지 부정적이고 위협적인 의미를 가지고 있는 것이 아니다. 그보다는 오히려 창조적인 힘과 조직화의 근원이 된다. 여기에는 인간의 열망과 지혜뿐만 아니라, 인간의 발달과정에서 이미 지나온 과거의 경험과 갈등이 모두 담겨 있다.

긍정주의 심리치료: 긍정주의 심리치료에서 집단 무의식과 상응하는 것은 모든 인간이 마음대로 사용해도 되는 두 가지 기본 잠재능력, 즉 인지능력과 사랑하는 능력인데 이를 인간 본성의 일부라고 가정한다. 역사적으로 획득된 집단 무의식의 양상은 전통과 집단 신화들을 통해 밝혀진다.

원형들

분석심리학: 원형은 유전적으로 형성되어 꿈, 신화, 종교적·신화적·철학적인 내용들을 묘사하고 있다. 또한 보편적인 상징을 통해 사람의 의식에서 표현되며 아니무스, 아니마, 위대한 어머니(太母)상, 현자 노인 등의 다양한 상을 내포하고 있다.

긍정주의 심리치료: 가장 넓은 의미에서 원형은 집단 신화와 개념들에 해당되며 전통을 통해서 문화적이고 독특한 참고 체계로서 어떤 방향성을 제시하는 기준점이기도 하다. 그것들은 활용가능한 잠재능력들과 관계되는 특징 있는 가치들뿐만 아니라, 사랑할 수 있고 인지할 수 있는 잠재능력의 양식과 관련된 어떤 개념들을 내포하고 있다. 그러므로 원형들은 신화와 동화에서 상징적 인물로서 표현되곤 한다.

개성화

분석심리학: 개성화 또는 자기 실현은 치료의 목표다. 개인의 모순되고 상반되는 힘을 모두 모아 조화를 이루어 공존할 수 있을 만큼 충분히 강한 단일체로 융화시키는 것이다. 성격의 재통합은 분석가가 환자의 후기 삶을 형성케 한 사건들을 다시 체험하게 하여 인간성 발달과정에서 겪는 환자의 갈등을 복원하는 것이다.

긍정주의 심리치료: 긍정주의 심리치료에서 개성화는 좀 더 폭넓은 의미로 이해된다. 긍정주의 심리치료에서는 자기 실현, 즉 개인의 모순되는 힘들이 조화를 이루게 할 뿐 아니라 나아가 이러한 조화 속에 개인을 초월하여, 사회적이고 집단적인 요소들을 중시한다. 융의 이론도 긍정주의 심리치료에서 인지능력 양식이라고 집합적으로 제시하는 것과 맥락을 같이하고 있다. 긍정주의 심리치료에서 중요시하는 사랑하는 능력, 활용가능한 잠재능력 그리고 상호작용의 단계들도 역시 개성화의 역할을 하는 것으로 본다. 개성화는 동시에 사회화와 같은 것으로 간주한다.

협력과 비판　융의 분석심리학은 전통과 직관을 강조하면서 믿음, 종교, 희망과 같은 신뢰할 만한 활용가능한 잠재능력들을 중요하게 다룬다. 분석심리학의 접근 방법은 긍정주의 심리치료의 네 번째 단계인 '언어화하기' — 여기에서는 개인적이고 집 단적인 개념들을 함께 다룬다 — 와 또한 통합과정인 '목표 확대하기' 에서도 맥락을 같이한다. 환자의 서로 다른 개념들은 개인적이고 집단적인 구성요소들과 관련되는 부분에서는 의문이 제기될 수 있지만, 특별히 활용가능한 잠재능력들과 관련된 부분 에서는 이해될 수 있다. 전통을 특별히 강조하며 동반자 관계 협력이나 민주적인 접 근의 치료 양식을 강조하는 관점에서 보면, 분석 심리치료 절차에서 나타나는 치료 기술들은 나이가 든 환자들에게 더 유익하다 하겠다.

긍정주의 심리치료와 의미치료

✳* 의미치료 이론

의미치료가 가장 큰 비중을 두는 것은 삶에서 의미 있는 일에 의욕적으로 임하게 하는 데 있다. 프랭클(Frankle, 1959)은 이와 같은 접근으로, 삶의 의미를 잃고 자신의 존재에 대해 좌절하는 사람의 문제를 드러내어 전형적인 인간의 문제 영역을 찾아 낸다고 한다. 프로이트(편지들 1873-1939, 1960)가 "인간이 자신의 삶의 가치와 의미 에 대하여 의혹을 느끼는 때는 병이 들었을 때다…."라고 한 것과는 대조적으로, 프 랭클은 "자신의 삶의 의미를 아는 사람은 외부의 갈등과 내면의 불안정을 극복하는 힘을 다른 어떤 것보다도 삶의 의미를 지각함으로써 얻는다."라고 역설하고 있다 (1955, p. 13). 치료와 종교 사이에는 근본적으로 현저한 차이가 있음에도 불구하고, 만일 '심리치료 과정에 있는 환자가 자신의 삶을 되돌아보며 오래전부터 막혀 있던, 근본적이고 무의식적인 억압된 신앙의 뿌리가 자신에게 있었음을 알게 된다면', 그 것이 심리치료의 성공 요인으로 가장 핵심 요소라고 프랭클은 주장하고 있다.

치료의 근본 원리는 경험, 행동방식, 장애의 뒤에 숨겨진 의미, 즉 상징(logo)들을 발견하는 데 있다. 그리고 핵심 기술은 역설적인 의도다.

✱* 용어 전환 가능성

의미에 대한 의지

의미치료: "사실, 인간 존재는 항상 존재 자체를 초월하며, 언제나 의미 있는 일에 주의를 돌린다. 이런 의미에서 인간의 존재란 쾌락, 권력, 자기 실현을 위한 노력보다는 오히려 의미 있는 일을 성취하는 데 뜻을 둔다고 본다. 그러므로 의미치료에서는 의미 있는 일에 기여하는 인간의 의지를 중요하게 다룬다." (Frankl).

긍정주의 심리치료: 의미 있는 일에 관한 질문과 함께, 프랭클은 인간의 현실에서 중요한 시간적 차원의 한 양상으로 미래에 초점을 두고 있다. 의미 있는 일이란 일반적인 어떤 것이 아니라 사람의 심리사회적 현실에서 아주 개인적인 내용들과 밀접한 관계가 있는 것으로 본다. 그러므로 실패하거나 불공정하거나 재물을 잃어버리는 경험을 하게 되면 인생의 회의를 느끼게 된다. 그러나 긍정주의 심리치료에서는 활용가능한 잠재능력 가운데 어떤 영역, 즉 시간엄수, 질서정연, 충실성, 성취, 절약, 희망, 믿음, 종교/세계관, 성, 성적 특질, 사랑 가운데 어느 면에 의미를 두는지를 다룰 수 있다.

역설적 의도

의미치료: 자신을 위하여, 어떤 것을 두려워하는 것보다 원하는 것에 초점을 둔다. 예: 나는 오히려 걱정하고 싶다.

긍정주의 심리치료: 여기서는 자신이 원하는 것이 무엇인지 구체적으로 표현하게 한다. 예: 나는 남편이 시간을 지키지 못하기를 바라요.

협력과 비판　긍정주의 심리치료는 세 번째 단계(상황에 맞게 격려하기)와 네 번째 단계(언어화하기), 그리고 다섯 번째 단계(목표 확대하기)에서 의미치료적인 요소들을 내포하고 있다. 의미치료는 믿음, 종교, 세계관과 같은 활용가능한 잠재능력들을 가장 중요하게 다루며 특정한 일차적 잠재능력들에 초점을 둔다. 현재 드러난 집단적이고도 개인적인 장애들을 대하면서 프랭클은 무엇보다 먼저 종교적인 약점을 중요시한다. 이 개념은 긍정주의 심리치료의 맥락 안에서 확장되는데, 근본적인 원인이 종교적인 약점에서 기인한다기보다는 신앙, 종교 그리고 교회 상황 안에 둘러싸여 적절하게 분화되지 못한 데서 발생하는 오해에서 기인하는 것으로 본다.

　의미치료에서의 치료 설자는 환자가 의미를 추구해 가는 설자 속에서 올바른 개념과 반대개념들을 폭넓게 수반하여 조화를 이루어 가게 한다. 즉, 환자가 대안이 가능한 개념을 찾아내어 새로운 각도에서 새로운 의미를 부여할 수 있도록 자신의 상황을 잘 판단해 갈 수 있게 하는 것이다.

긍정주의 심리치료와 대화치료

✷* 대화치료 이론

로저스(Rogers, 1942)가 창시한 대화치료는 그 절차가 따뜻하고, 관대하고, 안전하게 진행되지만, 사회적 관계를 중시하는 것으로 알려져 있다. 이 사회적 관계 안에서 치료자와 환자는 정서적으로 자신의 상황을 책임 있게 통제하는 방법들을 포함하여, 환자의 감정적인 행동이 어떠한지 함께 토론하는 방식을 취한다(Shoben 이후, 1953).

대화치료를 다른 말로 하면 내담자 중심 치료와 비지시적 치료라 할 수 있다. 타우슈(Tausch, 1974)에 따르면, 이 치료법은 자기개념과 그에 따른 경험들 때문에 심리적인 상처들을 가진 사람들에게 특히 적절하다고 한다. 심리치료자는 내담자를 대할 때 다음과 같은 행동 특징들을 유념해야 한다. 내담자에게 내면화된 정서적 경험의 내용들을 말로 표현할 때, 치료자가 내담자에 대한 태도에 존중감이 있는지, 배려해 주는지, 애정과 따뜻함이 있는지, 자신을 솔직하게 노출함과 더불어 진실함과 꾸준함이 있는지가 가장 필수적이다. 심리치료자는 기능적이고 선호하는 심리 양식에 의하여 환자가 보고 따를 수 있는 긍정적 모델이 되어 주는 것이 바람직하다. 또한 대화치료의 절차에서 드러나는 변수들을 조작하고 그것들을 경험적으로 시험하는 시도를 취해 왔다.

✷* 용어 전환 가능성

존중해 주는 배려–애정–따뜻함

대화치료: 심리치료자는 환자에게 사회적 행동에 대한 자질들을 분명히 보여 주는데, 이런 인간미 있는 자질들은 사회적 변화와 밀접하게 관련되어 있다. 이는 한 개인을 그 사람의 순간적인 행동과는 무관하게, 한 인격으로서 수용해 주는 것을 의미한다. 치료자는 종속관계가 아닌 독립된 방식으로, 잠재능력을 가진 한 개인으로서의 환자에게 관심을 기울인다. 인격을 존중해 주는 것은 무조건적이어야 하기 때문이다

긍정주의 심리치료: 긍정주의 심리치료도 대화치료와 같은 맥락으로 볼 수 있다. 긍정적인 존중과 정서적인 따뜻함 등은 일차적 잠재능력 안에서 표현되며, 환자의 독특성을 인정하는 것 또한 치료자의 태도로서 필수적인 기준들이다. 그러나 그 기준들은 선한 의지만 있다고 양산되는 것이 아니라 치료자의 훈련 여하에 따라 생기는 것이다. 오히려 그 기준들이 혐오를 일으키는 차원으로 발전하여 치료자가 조정하고 분화시킬 수 있는 이차적 잠재능력을 생성시키기도 한다. 오히려 그것은 동정과 반

(Rogers 이후, 1962, pp. 420ff).

감의 차원이 되고 치료자에 의해 조정되고 분화될 수 있는, 이차적인 잠재능력들에서 시작된다(예를 들면, 환자의 몸에서 나는 악취에도 불구하고 그를 받아들이는 것). 만약 그렇지 않으면, '진실성'과 '일치성'의 범주에서 갈등을 유발시킬 수 있는 위험이 따른다.

진실성–일치성

대화치료: 구조적인 심리치료 과정과 치료의 결과에 긍정적인 영향을 미치는 심리치료자의 한 가지 행동적 특징은 치료자의 사람 됨됨이에서 나타나는데, 즉 치료자가 자연스럽게 행동하여 환자에게 가식적인 느낌을 주지 않는 것이다.

긍정주의 심리치료: 치료자의 행동에서 '예의'와 '정직'이라는 활용가능한 잠재능력이 형성된다. 즉, 치료자는 환자의 행동에 솔직하게 반응해야 하지만 환자가 끝까지 참을 수 있는 방식으로 반응한다. 나아가, '예의'와 '정직'은 언어화하기 단계에서 중심적인 내용으로 다루어져야 한다.

자기개념

대화치료: 자기 이미지와 자신의 성격에 대한 평가는 이상적 자기개념(자신이 어떻게 되고 싶은지)에 대해서 다소간에 불균형을 나타낼 수 있다. 그러나 자기개념과 이상적 개념은 심리진단 절차(Q-sort)의 도움으로 파악이 가능하다.

긍정주의 심리치료: 자기 자신이 누구인지, 어떤지 그리고 얼마나 가치가 있는 존재인지에 대한 개념이다. 자기개념(기본 개념) 이외에도, 순간의 행동을 조절하는 행동의 규칙 같은 활용가능한 개념들이 존재한다. 기본적이고 활용가능한 개념들은 기본적인 잠재능력과 활용가능한 잠재능력들을 지향하고 분화 분석 도구(DAI)의 도움과 그 양식의 평가로 파악이 가능하다.

긍정주의 심리치료에서는 하나로 통합된 자기개념을 필요조건으로 요구하지 않으며, 오히려 개별적이고도 활용가능한 잠재능력들과 관계가 있으면서 이러한 기초 위에서 한 사람의 행동양식에 영향을 주는 다양한 개념들을 요구한다. 분화 분석 도구를 통해서 이상적인 개념이 무엇인지 평가가 가능하다.

협력과 비판　대화치료의 특징은 환자가 정서적으로 경험한 내용을 치료자가 말로 표현해 주는 것이다. 여기서 치료자는 최근에 환자 자신의 내적인 평가기준(개념)에서 나온 환자의 감정적 의미를 인식하려고 노력한다. 이것은 철저하게 원칙을 따르지는 않을지라도, 관찰하기 단계에서 환자의 감정을 인식하여 밀착의 정도를 알아낸다. '신경증적 교착'을 피하기 위해서 치료자는 단순히 환자의 신경증 개념을 강화하여 분화 분석이 지도 절차로서 환자에게 도움이 되도록 주의를 기울인다. 결과적으로 질문하기, 기대조절하기, 반대개념 인식하기, 그리고 행동규범 척도들을 적용한다. 그러므로 긍정주의 심리치료는 인지적이며 정서적 구성 요인들 이외에도 장애를 일으키는 행동 요인들까지도 중요하게 다룬다. 언어화하기의 분화 분석 단계에서도, 환자 자신은 대화치료의 과제들을 수행한다. 대화치료와 비교하여 보면, 긍정주의 심리치료는 좀 더 조직화되어 있고 내용 중심적이다. 그러므로 환자가 더 용이하게 받아들일 수 있고 또한 깊이 있게 조사할 수도 있다.

긍정주의 심리치료와 게슈탈트 치료

** 게슈탈트 치료 이론

펄스(Perls, 1951)가 발전시킨 게슈탈트 치료는 이중 접근 방법을 통해 성격 발달을 이룬다고 보는 접근이다. 한편으로는 해결되지 않은 정신병리적 상황으로부터 인간이 스스로를 해방시키며 발달하는 것으로 가정한다. 게슈탈트 심리학 이론에 기초해 관찰된 바에 따르면(Köhler, 1929), 인간에게는 아무리 오랜 시간이 경과했더라도 한번 시작된 행동들은 그 상태에서 변화되지 않고 종결하려는 경향(게슈탈트 이론의 종결 경향)이 있음을 제시하고 있다. 이에 고정된 상태에서 일방적으로 과거와 미래에 집착한다면 장애를 일으키는 핵심 요인이 되는 것으로 보인다. 치료는 현재 상태의 겉모습에서부터 시작되는데, 즉 "이전에 억압되어 과거 속에 묻혀 있던 것들이 원동력이 되어 지금 눈앞에서 움직이고 지각되는 현실을 통해, 즉시 재생되는 것이다." (Polster & Polster, 1975, p. 22). 치료적 경험이란 개인적으로든 집단적으로든, "현재에 제한되어 있는 생활 속에서 연습하여 획득하는 것이다."(p. 25) 더구나 미해결된 상황들은 아직 의식되지 않아서 여전히 발달되지 않은 잠재능력까지 발현시키는 역할을 하는 기폭제가 되기도 한다(Berger, 1975).

✱* 용어 전환 가능성

해결되지 않은 상황

게슈탈트 치료: "모든 경험은 사람이 끝내기 전까지는 불완전하게 남아 있다. 대부분의 사람들은 해결되지 않은 상황을 참을 수 있는 대단한 능력을 가지고 있다. 그렇지만 사람이 해결되지 않은 수많은 상황을 견딜 수 있다고 해도, 상황은 완전한 해결을 추구한다. 그리고 이런 해결의 욕구가 강해졌을 때 개인은 선입견, 충동적인 행동, 지나친 경계, 우울한 에너지, 그리고 무감각한 과다 활동으로 인해 어려움에 빠진다."(Polster, 1975, pp. 46ff.).

긍정주의 심리치료: 해결되지 않은 상황은 특정한 일 뿐 아니라 실제로 유용하지만 배경 속에서 분화되지 않은 상태로 남아 있는 잠재능력들과도 관련되어 있다. 하지만 이것은 축적되고 증상이 나타나도록 이끌어 낸, 개인적으로 해결되지 않은 문제들은 아니다. 그보다는 근본적인 행동규범, 즉 활용가능한 잠재능력과 해결되지 않은 문제와의 관계다. 미세한 정신적 외상과 같이, 그것은 삶의 과정에서 축적되고 특정한 활용가능한 잠재능력과 관련해서 사람을 민감하게 만든다.

지금-여기의 원칙

게슈탈트 치료: 게슈탈트 치료는 단순하게 현재를 강조한다. 신경증 환자의 삶은 궁극적으로 시대착오적이기 때문에 과거의 경험이 현재에서 다뤄질 때 마다, 그 자체로 신경증에 대한 공격을 의미하는 것이다(Polster 이후).

긍정주의 심리치료: 이것은 시간의 차원과 각 개인의 경험 속에 있는 과거·현재·미래 사이의 관계에 관심을 둔다. 과거와 미래로 도피하려는 것 이외에도, 이에 상응하는 현재의 활동으로 도망치려는 신경증적 기제가 존재한다. 치료에 대한 함축적 의미는 다음과 같다. 정도의 차이는 있지만, 과거, 현재 그리고 미래는 모든 장애에 관련되어 있다. 따라서 환자의 과거, 현재, 미래가 고려되어야 한다.

협력과 비판　미해결된 과거의 문제를 현재로 끌어와 신경증을 제거하는 결과를 가져온다고 전제하는 게슈탈트 치료접근법은 그 타당성에 의혹의 여지가 있다. 아직 미해결된 문제들이 다시 상처받게 될 수도 있고, 하나의 게슈탈트 접근이 종결될 때마다(적어도 갈등이 다뤄진 영역에서는) 끝나지 않은 새로운 게슈탈트 치료가 다시 연장되는 것은 아닌지 의혹이 남아 있다. 아이가 태어나는 순간도 결코 문제가 끝난 것이 아니고, 원고가 출판되었을 때 또는 오랫동안 억압된 욕망을 자유롭게 말로 표현했을 때에도 그것으로 문제가 끝난 것으로 볼 수 없다. 진짜 문제는 대부분 그 이후에 발생하기 때문이다. 예를 들어, 모든 것을 완벽하게 처리하고 싶어 하고 당장 끝내기를 철저히 원하는 환자들, 그리고 아직 미해결된 상황이 있으면 불안해지는 그런 강박증 환자들과 의사소통해야 하는 것은 당연하다. 결과적으로, 치료는 삼중의 임무를 맡고 있다. 환자가 자신의 문제에 대해 의식하게 하며(활용가능한 잠재능력), 두드러진 갈등을 해결하고, 그리고 환자가 바로 지금 해결될 수 없는 문제를 참고 보류할 수 있는 능력을 기르게 하는 것이다. 분명하게 말해서, 이와 같이 미해결된 문제들은 단순히 일반적 요소로 보기보다는, 활용가능한 잠재능력들 그리고 사람이 자기의 환경 안에서 경험하는 것들과 구체적으로 관련되어 있다. 그러므로 예를 들면, 다른 사람의 정직과 관련되어 나쁜 경험을 했다면 현재 그리고 시간이 지난 후 개인의 먼 미래까지 영향을 미치게 되는 것이다.

긍정주의 심리치료와 원초적 치료

✱* 원초적 치료 이론

야노프(A. Janov, 1973, 1976)의 원초적 치료(Primal Therapy)는 '원초적 장면'을 중요시하는데, 예를 들면 어린 시절에 겪은 좌절감이 근원적인 고통으로 축적된다는 것이다. 이 근원적인 고통은 환자에게 있어서 '근본적인 진실'이다(1975). 상처가 계속 쌓인다는 것은 아이가 자신이 필요한 때에 아무도 차를 가지고 마중 오지 않았을 때, 조롱을 당했을 때, 보살핌을 받지 못했을 때, 또는 과중한 부담을 지게 되었을 때와 같은 일정한 경험을 통해서 발전하는 것이다(1973, p. 20). 그리고 이러한 상처의 축적은 아이가 비현실적이고도 신경증적이 되게 한다. 야노프에 의하면, 사회적 환경은 주로 '실제 자기'를 괴롭히는 요소가 된다. "신경증은 대인관계에서 나타나는 문제가 아니라 내면의 상태를 나타내는 것이다."(1975) 치료 접근은 '원초적 비명(primal scream)', 즉 근원적인 고통을 재체험하게 하는 방법을 적용한다. 실제적인 치료효과는 비명 지르는 표현기법으로 근원적 고통을 발산하는 것이다. 실제 치료효과는 근본적인 고통에 대하여 이것을 표현하는 비명으로 발산하는 것이다. 이는 사후 원초적 집단('원초적 비명'의 '원초적 경험'을 하고 나서 치료에 책임을 지는)을 통해 보충될 것이다.

협력과 비판 야노프는 원초적 치료를 다른 방법들과 통합하거나 절충해서 적용할 수 없다고 주장한다. 그러나 섞이지 않고 순수한 치료 접근이라는 주장은 허구다. 왜냐하면 이것이 독창적인 접근이라고 주장하지만, 그럼에도 불구하고 원초적 치료는 분명히 심리치료의 역사적인 틀 안에 있으며, 그래서 다른 치료접근들과 비교될 수밖에 없는 것이다. 원초적 치료를 통해 얻게 되는 인간의 존재 양식은 "긴장에서 자유롭고, 방어 없는 삶인데, 이런 삶을 통해서 사람은 완전히 자기 자신이 되고, 자신의 가장 깊은 곳의 감정들과 내적 기준들을 자각할 수 있게 되는 것이다."(Janov, 1973, p. 15) 이런 내적 기준들은 자세히 설명되지 않은 채 남아 있으나, "방어기제들은 대부분 부모들이 자녀에게 요구하기 때문에 생기는 것들이다."(1973, p. 56)

야노프 자신은 우리가 일차적인 잠재능력으로 알고 있는 정서적 영역에 본질적으로 관심을 갖고 있으며 사랑받고 주목받고 싶은 무의식적 욕구에 중점을 둔다. 성취 요구, 즉 이차적인 잠재능력들은 '참 자기'를 위협하는 것으로 나타난다. 이런 기초 위에서 우리는 야노프가 말하는 '참 자기'란 '거짓 자기'라고 확인할 수 있는데, 이 거짓 자기가 아주 단순하고도 일차적으로 기다리는 태도를 재생성한다고 하여 수많은 가능성 있는 환자들에게 아주 적절한 것처럼 보인다. 야노프가 근원적인 고통의 상황이라고 명명한 것을 보면, 긍정주의 심리치료에서 활용가능한 잠재능력들, 특히 이차적 잠재능력들 가운데에 분명히 고통의 상황들도 있음을 발견하게 된다. 그러나 야노프의 저술에서는 고통의 상황들이란 잠재능력 틀에서 드러나는 것이 아니라 오히려 방어기제의 부분들로 드러난다. 예를 들면, "어떤 이가 자신을 조금 기다리게 했다고 해서 미칠 것 같다고 말한 사람을 떠올려 보자. 아마도 그는 어렸을 때 부모가 자신을 오랫동안 기다리게 했을 것이다. 그런데 어른이 되었음에도 불구하고, 부모가 자신이 어렸을 때 무관심했던 것과 흡사한 상황에 부딪힐 때마다, 그는 그 상황에 전혀 맞지 않는 지나친 분노가 폭발하는지도 모른다."(1973, p. 67)

여기에서 분화 분석적인 미세한 정신적 외상과의 고리가 연결된다. 그러나 '상황과 전혀 맞지 않는 지나친 분노'라는 말은 관습에 따른 방식으로 진행되지 않는다고 그가 주장했지만, 야노프가 개인의 관습적인 개념과 반대되는 규범을 암묵적으로 도용한 것으로 보인다. 그는 환자에게 독특함이 있다고 생각하였는데, 원초적인 경험을 한 사람만이 자기에게 특별한 신경증을 불러일으키는 것이 무엇인지를 알 수 있다는 것이다. 원초적 치료는 실제적으로 모든 환자들을 단 한 가지 방식으로 치료해야 하는 비교적 미분화된 도구다. 그의 치료는 인용해 볼 만한 요점들로서 인간의 감정들에 초점을 두고 분화와 분리와는 반대되는 융합을 강조하는데, 이것과 반대되는 정신적 충격을 주는 것으로 설명되고 있다. 원초적 비명 기법에 담겨 있는 카타르시스적 요소는 긍정주의 심리치료의 '언어화하기' 단계와 맥을 같이한다. 긍정주의 심리치료에서도 정서적 참여를 증가시키기 위해서, 더 크게 소리 지르고 마음껏 울부짖게 하는 방법이 사용될 수 있는데, 이 방법은 일반적인 방법으로 이미 민속 심리치료에서 적용되었던 방법이다. "즉, 소리쳐서 당신 몸 밖으로 작은 악마를 몰아내라는 것과 같은 것이다."

야노프의 방법론은 특히 특정한 문화에 제한되어 있다. 중부 유럽과 미국 백인들 언어로 표현하는 행위가 억제된 곳에서는 무엇보다도 효과적일 수 있으나, 동양에서는 기쁨으로 노래하고 소리치는 것이 익숙해 있는 회교 수도사와 얘기하는 것 같아서 서양에서와 같은 효과를 가져오지는 못할 것이다.

프로이트가 1937년 랑크(O. Rank)를 비평했는데 아마도 원초적 비명 치료에 적용될 수 있을 것이다. 랑크는 신경증의 원인을 태어날 때의 정신적 외상이라고 보았는데 그는 출생 시 받은 정신적 외상이 어머니에게서 원초적 억압으로 지속되면서 극복하지 못하고 근본적인 고착으로 이어진다고 주장하였다. 랑크는 시간을 거슬러 올라가 본래의 정신적 외상을 해결함으로써—야노프의 말로 하자면, '본래의 고통'—모든 신경증을 제거할 수 있게 되기를 희망하였다. 이 방법이 어떤 것을 성취할 수 있을까 하는 질문에 프로이트는 "아마도 소방서에서 일 처리한 경우보다 더 나을 것 같지 않은데, 만일 어떤 집에 기름 램프가 엎어져서 불이 났을 때, 불이 난 방에서 램프만 치우면 해결된 것으로 생각하는 것과 유사한 것"이라고 대답하였다(1937, p. 209).

긍정주의 심리치료와 교류분석

✱* 교류분석 이론
번(Berne, 1964)과 해리스(Harris, 1982)가 창시한 교류분석의 주요한 개념은 교류다.

'교류분석'이란 무엇을 의미하는가? 잠정적으로나마 이 표현에 대한 이해를 위해 다음과 같은 설명이 도움이 될 것이다.

특별한 심리학적 의미에서, '교류'란 두 사람 사이에서 이루어지는 심리적인 거래를 뜻한다. 한 사람이 '어떤 것'(행동)을 메시지로 보내오면 다른 사람은 거래를 결정하고, 같은 정도의 메시지를 보내면서 상대방 메시지를 받아들인다. '보내는 사람'과 '받는 사람' 사이는 메시지 주고받기의 복잡한 과정에서 지쳐 버린다. 메시지를 보내는 사람과 받는 사람의 역할은 재빠르고 반복적으로 교환된다. 그러나 항상 보내는 사람의 특정한 자아상태가 받는 사람의 자아상태를 자극한다. 받는 사람의 입장에서는 이 자극에 대하여 자신의 자극된 자아상태를 언어적 또는 비언어적 행위로서 보내는 사람에게 반응해 주게 된다(A. Harres, 1982).

자아상태는 어버이 자아(한 사람이 초기 어린 시절에 지각했던 외부의 사건들을 검토하지 않았거나 또는 충동적으로 받아들인 사건들을 뇌 속에 모은 집합적인 기록들), 어린이 자아(보고 듣는 것에 대한 어린이 같은 반응들), 어른 자아(이는 주로 자극을 정보로 바꾸고, 이전 경험을 바탕으로 이 바뀐 정보를 처리하고 저장하는 것과 관련된다)다(Berne, 1964). 교류분석은 환자가 어버이 자아, 어른 자아, 어린이 자아를 인식하는 법을 배우게 되는 치료 집단 안에서 일어난다.

협력과 비판   긍정주의 심리치료에서는 교류적 요인들을 집단 치료와 관련하여, 목표 확대하기와 상호작용의 부분과 같은 맥락에서 인정하고 있다. 교류분석은 집단 안에서의 교류들 그리고 교류의 기본적인 심리 요소들에 관심을 가지고 있다. 이것은 대단히 융통성 있고 이해할 만한 심리치료의 형태라는 것이 증명되었다. 그러나 교류분석은 교류의 내용들, 그리고 그것들과 밀접한 관계가 있는 주관적이고 기능적인 의미를 고려하지 않고 작용한다. 긍정주의 심리치료에서는 활용가능한 잠재능력이 나타나는 충분한 사례를 찾을 수 있으나, 이런 내용들은 설명되지 않고 있다. 어버이 자아, 어린이 자아, 어른 자아는 단지 형식적으로 결정되는 것이다. "어버이 자아 안에는 자녀가 부모로부터 듣거나 또는 부모가 이끌어 온 삶에서 유추해 낼 수 있는 모든 충고와 규칙들, 그리고 모든 명령과 금지사항들이 등록되어 있다. 이 소량의 정보 덩어리는 단번에 전부 내면화된다. 왜냐하면 각 개인이 집단 안에서 독자성을 유지하고 존속하기를 원한다면 그 정보들에 의지해야 하기 때문이다."(Harris, 1982) 긍정주의 심리치료는 활용가능한 잠재능력들과 그것들의 특별한 조건 안에서 이 '소량의 정보 덩어리'를 해독하는데, 그렇게 하고 나면 그 정보 덩어리는 더 이상 '단번에 전부 내면화' 되지는 않는 듯하다. 교류분석이 선택한 역동적인 측면은 필연적으로 내용과 관련된 개인의 모습을 고려하여 서로 보충해 주는 역할을 한다.

긍정주의 심리치료와 일정한 심리치료 학파 간에 형성할 수 있었던 상호 관련성, 그리고 상호 적용의 가능성들은 다른 심리치료 방법과 일반적 치료 방법들에서도 찾을 수 있다. 좁은 의미에서, 정신병리적 절차 자체는 긍정주의 심리치료의 체계 안에서 구체적으로 구분하여 수많은 방향 및 내용들을 명백하게 설명할 수 있다.

긍정주의 심리치료 자체를 배타적인 체계로 인식할 것이 아니라, 오히려 각각의 다양한 심리치료 방법에는 특별한 가치가 있음을 존중해야 한다. 그러므로 정신분석치료, 심층 심리치료, 행동치료, 집단 치료, 최면 치료, 약물치료 그리고 물리치료 등 각각의 치료형태들을 귀히 여기는 것이다.

따라서 긍정주의 심리치료는 다차원적인 치료라는 의미에서 통합된 치료방법으로 간주될 것이다.

4. 긍정주의 심리치료의 실제적 적용

질병에 대한 새로운 해석

의학적, 심리학적, 정신병리학적이라는 표현들은 기본 가설을 근거로 하여 사용되는데, 이 표현들은 원래 만들어진 의미가 있는 이론과 과학적 개념들과 관련되어 있기 때문에, 그 이론과 과학적 개념을 형성하게 된 역사의 일부가 된다. 그러므로 한 가지 표현을 사용할 때는 그 이론을 함께 이해해야 하고, 이론적인 가설들과 가능성 있는 진단뿐 아니라 치료의 결과까지 총망라하여 의미 있게 적용해야 한다. '초자아' 라는 낱말을 이해하기 위해서는 적어도 근본적으로 정신분석 이론의 기본은 알아야 하는 것이 필수다. 심리치료에서 강화의 의미가 무엇인지 알고 싶은 사람은 학습이론에 대한 정보와 행동치료에 어떻게 적용하는지 그 방법을 배워야 한다.

나아가, 심리치료란 하나의 이론에만 한정되어 있는 것이 아니라 어떤 치료가 적용되는지 그 방향에 따라 치료의 의미에 대한 표현들은 아주 다양하다. 하나의 예로 '불안' 에 대한 표현을 들 수 있다. 색맹에게는 초록색 사과를 맛으로 지각해 새콤한 과일로 신선하다고 했다면 색깔로 지각하는 사람에게는 다른 의미로 받아들여질 수 있는 것처럼, '불안' 이라는 말은 이론적 방향에 따라 다른 의미를 갖는다.

내과 의학에서, 불안은 대부분 협심증 같은, 다른 심각한 질병을 동반하는 증상일 뿐이다. 외과 의사에게 그것은, 예를 들어 수술 전에 고려하여 약이나 주사를 통해 제거할 수 있는 요인이다. 그러나 정신병리학에서는 불안을 좀 더 구별된 방식으로 다루어 불안유발 상황에 대한 반작용, 저절로 떠오르는 불안, 우울증을 동반하는 증상으로 보고, 의사 지시에 따른 방법으로 불안을 경감시키기 위해 특수한 형태의 약품을 사용한다. 정신분석에서는 불안을 억압된 심리적 내용, 충동, 내면의 요구 그리고 직접적인 자아의 기능 사이에서 생긴 갈등의 결과라고 보며, 행동치료에서 불안은 자발적 참여로 학습된 반응인데 특정한 학습 치료 과정을 통해 소거될 수 있다고 본다. 최종 심리분석에서 이 모든 해석들은 같은 것으로 간주될지라도, 사람들은 용어 안에서 서로 다른 의미를 해석해 내고 따라서 다른 치료방법들을 적용한다.

이와 마찬가지로 긍정주의 심리치료는 분화 분석에 근거를 두고 있으며, 질병과 장애에 대한 나름대로의 개념을 가지고 있고, 기존의 잘 알려진 접근 방법과는 여러 면에서 다르다. 기존의 익숙한 표현에 비해 새로운 표현기법과 다른 의미를 부여하는 방식으로 재고하기를 제안한다. 이렇게 생각을 바꾸는 것은 잘 알려진 현상에 대한 새로운 안목을 제공하고, 따라서 다른 해결가능성을 발견할 수 있게 한다. 긍정주의 심리치료에서는 가장 먼저 치료 절차에 대한 실질적인 결과, 환자와의 상호작용, 치료 가능성에 대한 정의, 그리고 정신건강 판단의 척도들을 중요시한다.

이와 동시에 우리는 의학 내의 문제, 즉 질병의 증상과 질병 그 자체를 환자 자신이 초래하는 부정적인 어떤 것으로 간주하기 때문에 건강을 담당하고 있는 의사가 그것을 제거해야만 한다는 문제를 다룬다. 그러나 모든 환자들은 자기 자신 안에 건강한 면과 질병을 모두 가지고 있다. 최종 심리분석에서 보면, 치료자가 병리적인 것을 제거하는 것만으로는 충분치 않다는 것이 나타나 있다. 나아가, 일정한 사례에서는 심지어 최우선 사항으로서, 치료자가 건강한 쪽을 다루고 안정시켜야 한다.

만일 심리치료가 과도하게 부정적 행동(이것에 환자는 꽤 친숙해 있다)을 다루어 환자와 치료자가 부정적인 것을 상세하게 드러내면, 치료자의 의도가 단순히 환자가 얘기하도록 내버려 두는 것일지라도, 환자의 의식에 의도적으로 접근시키려는 작업이 되어 치료효과에 아무 도움이 되지 않는다. 오히려 치료가 되어야 할 문제들에 계속해서 혼란스러운 영향을 끼칠 요소들을 가중시킬 뿐이다. 환자가 경험한 내용을 부정적으로 강조하고 비관적으로 보는 배타적인 선입견은 환자의 신경증적 증세를 반복하게 하는 것이다. 이는 환자의 인지수준과 관련하여 최종 심리분석에서 나타난 것을 보면, 환자는 같은 문제들을 같은 방식으로 계속 생각함으로써 갈등 대처 방식들에 악영향을 끼치고 있었다.

더 나아가, 치료가 환자의 극적이고도 부정적인 내용에 큰 비중을 두고 관심을 보인다면 환자는 자신의 비관적인 태도에 더 큰 가치를 두게 될 수도 있다. 이는 환자의 증상이라는 부분을 더 두드러지게 하기 때문이다. 더욱이, 그러한 심리절차는 환자의 의사소통 방법에 영향을 미치게 되어 오히려 부담감을 가지게 되는데, 예를 들면 불쾌한 경험들을 이야기함으로써 자기를 강조하며, 자기와 타인들을 긍정적으로 강화하는 것을 거부한다. 이는 자기와 타인에게 있는 긍정적인 부분들인 예절 바른 행위나 신앙심 있는 태도가 오직 사람들을 '분명하게' 현혹시키는 행위라고 생각하기 때문이다. 긍정주의 심리치료는 모든 것에 긍정적 예상을 하고 접근하지 않는다. 그보다는 오히려 비판받을 행동에서 전환하여 구별되는 행동을 하도록 관심을 기울인다. 이는 초기의 증상 그 자체에서 갈등이 적거나 긍정적으로 행동할 수 있는 요소들을 분리하여 환자와 그 주변 환경에서 자신의 문제를 더 잘 다루어 갈 수 있도록 기반을 만들어 주기 위한 것이다.

"제 아들이 성범죄자입니까?"

완전히 어쩔 줄 몰라 하면서, 열 살짜리 소년의 어머니가 필자의 심리치료 클리닉에 찾아왔다. 극도의 좌절감에 사로잡힌 인상이었는데 울면서 이렇게 이야기하였다. "상상도 못한 일이에요. 세상에 도대체 이게 무슨 일인가요? 제 아들을 어떻게 해야 하나요? 오늘 아침 아들이 다니는 학교 교장 선생님이 전화를 하셔서 곧장 학교로 오라고 하시는 거예요. 저는 스테판한테 무슨 일이 생겼다고 생각했지요. 교장 선생님은 스테판이 교실에서 자기 몸을 완전히 노출했다고 하시더군요. 교장 선생님은 나중에 크면 스테판이 노출증 환자나 문란한 게으름뱅이가 될 수 있다고 하시더군요. 아들을 정신과 의사에게 데려가라고 하셨습니다. 안 그러면 학교에서 쫓겨날 각오를 하라고 하셨지요."

긍정주의 심리치료의 관점에서는 다음과 같이 설명할 수 있다. 옷 벗는 것은 그 자체로 나쁜 것은 아니다. 우리는 모두 매일 적어도 한 번은 옷을 벗는다. 문제는 어디서, 언제, 그리고 누구 앞에서 그렇게 하는가다. 이런 식으로 그 학생의 증상 행동은 다음의 두 가지 행위로 나뉜다. 하나는 옷을 벗은 것이고, 또 다른 하나는 이것이 발생한 사회적 상황과 그 상황에서 옷을 벗은 것 자체가 처음으로 주목받았다는 것이다. 그러자 어머니는 안심하였다. "저는 정말로 제 아들이 성범죄자가 되는 줄 알았어요."

어머니와 어린 아들이 함께 참여하여 치료를 계속하는 중에 그가 교실에서 다른 학생들 앞에서 옷을 벗게 된 동기를 다루었다. 이 사례의 성(性)적인 동기는 그때 당시에 공공장소에서 벌거벗고 달리기를 해서 '용기' 있는 사람으로 알려졌던 현대인의 '모델'이었던 스트리커들보다는 문제가 더 적은 것으로 밝혀졌다.

이 장의 앞부분에서 우리는 다른 이론들에서 나온 특정한 표현들을 긍정주의 심리치료의 용어로 전환시키는 시도를 하였으며, 그 용어들을 다른 치료 언어들로 전환해 볼 것도 제안했다. 다음에서는 긍정주의 심리치료와 관련 있는 새로운 방식으로 사고를 전환할 수 있도록 의학, 심리치료 그리고 정신병리학에서 사용하는 일반적인 용어 표현들을 선정하여 설명하고, 거기서부터 치료의 새로운 방향을 제시할 것이다. 첫째로, 질병의 의미를 재평가함으로써 긍정적인 측면을 제시한다. 그다음으로, 치료에 있어서 발전가능한 영역들에 대하여 참고사항들을 제시한 것이다. 이는 이미 치료적 유익성을 드러냈고, 그리고 정신의 건강한 면과 유익한 심리치료를 이루어 내는 방향성에 기여하며, 전통적 심리치료에도 도움이 되는 새로운 치료 안내 지침서가 될 것이다. 긍정주의 심리치료에서는 질병의 개념을 추상 관념으로 보지 않고, 그보다는 질병이란 언제나 내용과 관련되어 있으며 활용가능한 잠재능력과 발현되는 양식에 관련되어 있는 것으로 보려는 노력을 기울인다.

질 병	긍정주의 해석
학습 장애	• 정서적 또는 성취와 관련된 과중한 부담에 대한 어린이나 청소년의 반응. • 발전 가능한 영역: 장애와 관련되어 있는 문제를 구별해라(성취 경향, 학교의 제도, 가족 문제 또는 동료와의 교제 문제?). 학업 실패(교사, 학급, 학교 또는 제도의 변화)
지방과다(비만)	• '나(I)'와의 긍정적 관계, 감각 수단, 특히 미각에 강조를 둠, 음식의 미학, 음식에 관련된 관대함, 먹는 것에 대한 기존의 관습에 충실함(살찐 사람은 누구나 아름답다) • 발전 가능한 영역: 다른 감각기관에 대한 태도, 이성(reason)에 대한 태도, '당신(Thou)'과 '우리(We)'와의 관계, 정직, 교제, 성적 특질
알코올 중독과 약물 남용	• 자기 치유(self-healing)의 시도(Battegay, 1976), 알코올의 도움으로 문제를 조정하려는 시도, 예의, 모방, 감각을 다루는 수단들. • 발전 가능한 영역: 정직, 갈등이 내재된 영역을 구분하는 것(가족, 동반자 관계, 직업, 인생의 의미), 갈등에 대한 수동적인 기다림 대신 능동적 관계 형성
거식증	• 육체적인 고행생활을 통해 갈등에 반응하는 것. 종종 비밀스럽게 무엇인가를 먹게 됨 • 발전 가능한 영역: 갈등을 말로 표현하기, 정직성
주의를 집중시키려는 아동과 청소년의 행동(손톱 물어뜯기, 바지에 오줌 싸기, 탈선행위, 학습 장애, 공격성 등)	• 특정한 상황과 갈등에 대하여 반응하고 장애의 표시로서 이목을 끄는 증상 행동을 발달시키는 아동이나 청소년의 능력 • 발전 가능한 영역: 예의-정직, 관련된 사람에 대한 공감능력과 민감함, 갈등을 말로 표현하는 능력, 부모를 치료자로서 사용하기, 부모가 없이 어린이 혼자만 다루지 말 것.
야뇨증(아이가 배변 훈련 후에 재발함)	• 융합이 필요하다는 신호 • 발전 가능한 영역: 감각 수단에 대한 태도, 신뢰, 청결, 시간, 시간엄수(어린이는 언제, 어디서, 소변을 봐야 하는지 배울 수 있다.)
기관지 천식	• 자기 자신의 몸이나 관련된 사람과의 강렬한 관계, 증상(기침하기, 숨을 헐떡거리기, 창백해짐)을 통해 끊임없이 자신에게 다른 사람의 주의를 집중시키는 능력 • 발전 가능한 영역: 갈등(원인)을 말로 표현하기, 융합-분리, 정직, 믿음, 신뢰, 희망

〈계속〉

갱년기 (전환기)	• 인간 성숙의 단계인 '완고함의 세 번째 단계'로 이전의 세월 속에서 함께 살 아가려는 충동의 영향으로 숨겨 왔던 장애와 질병들을 인정할 수 있는 기회 • 발전 가능한 영역: 목표 확대하기, 분리의 단계, 시간, 희망, 과거·현재·미 래를 통합, 결정되고 조건적인 운명, 남편과 아내 사이의 오해, 난소기능이 제 역할을 못하는 생리적 현상에서 오는 갱년기 위기와 성 역할(성적 특 질)과 가족 역할(자녀들이 떠남), 그리고 성취기능(퇴직)과 관계되어 재적 응해야 하는 삶의 전환기는 분명히 구별되어야 한다. 전환기는 병리적인 진단이 아니며, 오히려 질환에 책임이 있는 요인들이 어떤 것들인지 의문 을 가져야 한다.
궤양성 대장염	• '당신'(부모, 상대방)과의 긍정적 관계, '말로하는 언어', 과거, 신뢰 • 발전 가능한 영역: 분화, 분리, 시간, 믿음
강박적 신경증(예를 들면, 문이 닫혀 있는지 보기 위 해 반복적으로 뒤를 돌아 보는 것, 강박적인 씻기, 강박적인 격식차리기, 그 날의 사건들을 자꾸 검토 하려는 강박적인 충동이 반복하여 생각에 떠오르 는 것 등)	• 질서정연, 신뢰, 정확, 배려에 대한 욕구가 두드러지게 강화됨 • 발전 가능한 영역: 확실성, 시간, 확신과 교제, 희망, 미래, 자신을 놀라게 하 는 능력
범죄행위	• '나' '특정한 당신' 또는 '제한된 우리'와의 긍정적 관계 • 행동의 규칙을 무시하는 능력, 불법적인 목표를 추구하는 데 있어서의 근 면/성취, 시간엄수, 양심, 정확성 • 발전 가능한 영역: '우리'와 '근원적-우리'와의 관계, 절약, 정의, 사랑, 정 직, 가까운 미래와 먼 미래와의 관계의 구분, 행동의 중요성에 대한 고려
퇴보(옷 입기와 예절과 같 은 외면적인 퇴보는 교양 과 도덕적 품행을 나타내 는 내적퇴보와는 구분되 어야 한다)	• 의무적인 규범을 어기거나 무시하는 능력(활용가능한 잠재능력의 각인). • 발전 가능한 영역: '나' '당신' '우리'와의 관계, 개별적인 활용가능한 잠재 능력(질서정연, 정직, 예의, 청결, 절약, 시간엄수 등), 확신과 희망, 융합- 분화와 분리의 발달에 주의를 집중하라.
우울(현저하게 수동적인 내면와 함께 의기소침한 느낌)	• 내면의 깊은 정서에 반응하는 능력 • 발전 가능한 영역: '당신' '우리' '근원적-우리'와의 관계, 시간, 확신, 희망

〈계속〉

불복종, 오만	• '아니요' 라고 말할 수 있는 능력 • 발전 가능한 영역: 시간('아니요' 라고 말해야 할 때), 신뢰, 이성(언제, 어떤 것을 해야 하는지를 배우고, 또한 '아니요' 라고 말하는 이유를 명확히 하는 것)
본질적 초긴장(고혈압)	• 근면/성취에 강조를 둠, 갈등에 반응하는 성향 • 발전 가능한 영역: 예의, 정직, 인내, 시간, 신뢰, 융합
노출증(공개적으로 성기를 노출하는 것을 통해 성적 만족을 얻는 것)	• 자신의 신체적 특성들에 대한 긍정적 태도로서, 교제를 만들어 가는 하나의 방법. • 발전 가능한 영역: 언제, 어디서, 그리고 누구에게 자신의 몸이나 성기를 보여 주는가?(예절), 옷을 벗는 것 자체가 저절로 갈등으로 연결되지는 않는다. 갈등은 사건이 일어난 장소, 그리고 누구와, 언제 노출하는가에 따라 발생한다.
존재 불안	• 미래에 대한 두드러진 관심, 희망 · 믿음 · 의심 같은 활용가능한 잠재능력들에 우선권이 주어짐. 절약, 근면/성취, 정의 등에 대한 의혹이 일어날 때 불안해진다. • 발전 가능한 영역: 미래와 분화된 관계, 이차적 잠재능력과 관련된 조작성, 교육과 훈련, 인간의 관점에 대한 오해들이 있다.
집단에 대한 공포	• '나' 또는 현재의 상대방과의 관계에 강조를 둠. • 발전 가능한 영역: 교제, '우리' 와의 관계, 예의, 정직, 언어화하기, 목표 확대하기 등이다.
고립에 대한 공포	• 한 가지 형태의 관계('당신' 과 '우리' 와의)에 대한 과장된 욕구. • 발전 가능한 영역: '나' 와의 관계, 특정한 활용가능한 잠재능력(개인적인 권리들)에 대한 태도, 정직(자기 자신의 관심을 추구하기 위한) 등이 있다.
성도착증(종종 자위행위를 위해 훔친 여성의 속옷, 신발, 모피 같은 물건으로 성적 흥분과 만족감을 얻는 것)	• '나' 와 '당신' (물건)에 대한 긍정적 관계, 성적 특질에 대한 강조, 인생사에서 나온 학습 경험(개인적이고 집단적인 전통), 환상 • 발전 가능한 영역: 협력하는 '당신' 과의 관계, 정직성 등
불감증	• 몸으로 '아니요' 라고 말할 수 있는 능력 • 발전 가능한 영역: 자기 자신의 몸과의 관계, '당신' 과의 관계, '아니요' 라고 말로 이야기할 수 있는 능력, 예의, 정직, 성적 특질, 교제

〈계속〉

심근 경색	• 활용가능한 잠재능력들이 활동함에 따라 드러나는 위험요인들에 의해 과도하게 부담이 된 상당한 정도의 신체 적응 • 발전 가능한 영역: 환자의 성취 개념의 수정, 식습관의 변화(감각적 수단), 적절한 영양 공급(이성적 수단), 그리고 적절한 운동의 형태를 통해 '나' 와 신체에 대한 태도의 개선 • DAI를 통한 현존하는 과중한 부담의 측정과 보상의 가능성들
동성애(동성의 사람에 대한 사랑)	• 같은 성에 대한 '나' 와 '당신' 과의 긍정적 관계, 감각의 수단 • 발전 가능한 영역: 반대 성의 '당신' 과의 관계, 정직, 교제
건강염려증(병과 관련된 자기 관찰)	• 자기 자신의 몸의 기능에 주의하는 능력, '나' 와의 강렬한 관계, 감각의 수단, 환상 • 발전 가능한 영역: 이성, 구별하는 능력, 개인의 활용가능한 잠재능력에 대한 태도, '당신' 과 '우리' 와의 관계, 융합, 분화-분리
히스테리 반응 (환자가 자신의 환경으로부터 동정과 경탄 등과 같이 특정한 어떤 것을 얻기 위한 역할을 하는 것)	• 자기 자신에게 주의를 쏠리게 하고 자신의 욕구를 표현하는 능력, 환상을 강조함 • 발전 가능한 영역: 언어화하기, 정직(자신의 필요를 히스테리성 발작같이 육체적인 것으로 표현하는 대신 말로 표현하기 위한), 이성적인 수단, 융합-분리
(자극에 대한) 민감성	• 특정하게 드러나는 활용가능한 잠재능력들에 대한 자발적인 운동 반응 능력 또는 부정적 반응 노력 • 발전 가능한 영역: 어떤 활용가능한 잠재능력들이 민감성과 관련되어 있는가? 신뢰, 확신, 인내, 시간?
질투광	• '나' 와의 긍정적 관계 그리고 상대방과의 긍정적 관계, 충실함에 대한 긍정적 태도, 뚜렷한 환상 • 발전 가능한 영역: '우리' 와의 관계, 시간, 신뢰, 확신, 희망, 교제
도벽(훔치려는 충동, 훔치는 행동은 종종 성적 본능의 자극과 관련되어 있다.)	• 최소한 일시적으로 생기는 사물에 대한 긍정적 태도, 다른 종류의 결핍을 느끼는 상황에 대한 보상. • 발전 가능한 영역: 사물에 대한 태도, '당신' 과의 관계, 정직, 분화의 단계
게으름	• 성취 요구를 피하는 능력 • 발전 가능한 영역: 시간(사람이 언제, 어디서 게으른가), 분화 그리고 자기 자신의 잠재능력에 대해서 깨달음을 얻는 것

〈계속〉

광(狂)적 열정 (병적 쾌감으로 고조된 기본 심리상태, 억압된 상태에서 일반화한 해방감과 동기가 증가되고, 방심한 상태로 되다가 또한 말하고 싶은 충동이 심해진다.)	• 교제에 대해 강하게 두드러진 욕구, 재정적인 관대함, 억압 없는 환상, 감각·신뢰·확신의 수단으로 여김 • 발전 가능한 영역: 절약, '나' 와 '당신' 과 '우리' 와의 관계, 정직·정확·확실성.
자위행위(성적인 자기만족)	• '나' 와 자신의 신체의 긍정적 관계. 자신의 생식기와 관계를 맺는 능력이 있다. • 발전 가능한 영역: '당신' 과의 관계, 상대방 간의 성적 특질과의 관계, 정직과 청결
자기도취증(자신의 '나' 와 사랑에 빠지는 형태)	• 신체적 특징과 활용가능한 잠재능력에 관련된 '나' 와의 긍정적 관계. • 정직하게 자신이 가진 것을 보여 주고 겸손함으로 자신의 잠재능력들을 억압하지 않는다. • 발전 가능한 영역: '당신' 과 그리고 '우리' 와의 관계, 예의, 신뢰, 교제
편집증(변함없이 유지되는 생각, 의지 그리고 행위에 대해서 명백하게 드러내는 체계적인 망상)	• 정의, 정직 등과 같은 고립된 활용가능한 잠재능력과의 두드러진 관계, • 이성(理性)에 대한 강조, '소외된 환상' • 발전 가능한 영역: 다른 활용가능한 잠재능력과의 관계, 환상, 이성, 감각적 수단, 예의, 정직, 신뢰, 희망
공포증(쥐, 개, 거미 등과 같은 특정 대상에 대한 두려움 혹은 상황들, 예를 들어 공개된 장소나 밀폐된 지역에 대한 두려움 또는 트림하는 것에 대한 두려움)	• 위협적인 것으로 경험한 상황 및 대상을 회피하는 능력 • 발전 가능한 영역: 이러한 상황과 대상과의 관계, 교제, '나'·'당신'·'우리' 그리고 '근원적-우리' 에 대한 관계, 그리고 관련된 활용가능한 잠재능력에 대한 확신
조루증	• '당신' 에 대한 긍정적 관계, 근면/성취, 시간에 대한 두드러진 강조 • 발전 가능한 영역: 시간, 인내심, 시간엄수, 신뢰
류머티즘(비관절 류머티즘 증후군)	• 긴장과 갈등이 운동조직(감각과 신체)을 통해 나타난다. 주어진 상황 하에 인격의 자주성을 보존하기 위해 나타나는 것에 의미를 둔다. 예의 • 발전 가능한 영역: 예의-정직, 어떤 영역들이 긴장을 유발시키는가?(예를 들어, 질서정연, 청결, 충실, 배우자와의 관계, 자녀와의 분리 등) 류머티즘성 질병의 경우에서는 경험 있는 심리치료사와 상의해야 한다.

〈계속〉

정신분열증(내인성 정신병, 설명되지 않은 기원; Psychyrembel 1972). 증상은 방심상태, 사고 내용의 분열, 빈약한 교제, 환자와 외부세계 간의 분열(Spoerri 이후, 1963)이다.	• 망상적인 형태에서는 환상과 전통을 강조한다(예를 들어, 정의광, 종교광, 충실광 등). 파과병(hebephrenia)의 형태에서는 성취 요구(활용 가능한 잠재능력) 때문에 위축되어 의혹을 갖게 하는 능력이며, 긴장증의 형태에서는 운동신경이 위축되거나 또는 자연스러운 움직임에서 자극받는 것이다. • 발전 가능한 영역: 어떤 내용들이 …광기와 관련되는가? • 어떤 행동방식들이 증상과 관련되어 있나? 우리가 무엇이 "타고난" 것이며 무엇이 "내인성"인가에 대한 판단을 내리기 전에, 지금까지 환자에게 무엇을 치료해 왔는가를 자문해야 한다. 치료자로서 가족과 사회적 환경을 이용하라. 단지 보호감독 시설로서 부분적 역할을 하는 정신병원들은 상담센터, 치료센터 그리고 주간 상담소로 전환되어야 한다. 그 안에서 환자들의 가족은 환자 치료에 도움되는 준비를 하게 되고, 환자 자신도 치료에 협력할 능력을 지니게 되는 것이다.
형제자매 간의 경쟁(형제자매 간의 질투심에서 오는 긴장상태의 관계)	• 상대방과 상호작용하는 방식을 터득하고 자기 자신의 이익을 주장하는 기회다. • 확장 가능한 영역: 정의와 사랑, 독특함, 교제, 예의, 정직
위장궤양	• 근면/성취에 대한 뚜렷한 강조, 확신과 의혹에 비례하여 특별히 나타나는 활용가능한 잠재능력들 • 발전 가능한 영역: 질서정연, 시간엄수, 시간(규칙적이고 천천히 식사하는 것), 예의, 정직, 신뢰, 교제
스트레스(Selye에 의하면, 스트레스는 유기체가 공격받아 심하게 긴장하는 상태인데, 최후에 유기체는 긴장 속에서 자기를 위협하는 상황에 맞서기 위하여 방어하려는 힘을 최대한 동원하게 된다.)	• 이런 의미에서, 매번 새로운 상황에 유기체가 적응할 때마다 스트레스가 생긴다. 인간은 어느 정도 최소량의 긴장과 스트레스가 필요하다는 상당한 증거도 있다. 스트레스는 누구에게나 똑같지 않다. 어떤 사람에게는 성취 요구가 스트레스를 만들고, 다른 사람들에게는 무질서, 예의 없음, 불성실 또는 명확한 시간엄수 요구와 대면하며 스트레스를 유발시킨다. • 발전 가능한 영역: 어떤 영역이 스트레스와 관련되어 있는가 하는 질문이 발생한다. 이러한 진행방식은 과중한 부담에 대한 일반적인 충고를 줄 뿐 아니라 목적에 도달할 수 있도록 스트레스 상황을 검토할 수 있게 한다.
현기증(마치 땅이 흔들리거나 주변이 회전하고 있는 것처럼, 균형이 깨진 느낌으로 종종 나쁜 기분과 자율신경계의 장애를 수반한다(Psychyrembel, 1972). 마스(Maass, 1976)는 심인성 현기증	• 심인성 장애 '현기증'의 신호기능은 환자가 종종 적절한 방식으로 처리하기 어려운 근본적인 갈등을 가리킨다. • 'Schwindel'의 유래인 어형 'Schwinden'은 순전히 어원학적인 것이다. 다른 연관성이 가능한데, 즉, '남을 속이는 것(to swindle)' (예의-정직 영역에서의 갈등)이다. 대상상실의 심리학적 중요성을 고려하면, 어떤 활용가능한 잠재능력들이다. 대상상실과 관련되어 있는가에

〈계속〉

(Schwin-dei=vertigo)이 어원적 뿌리(Schwinden=vanish)에서 유래되는 것으로 보며 아마도 대상상실에 대한 두려움의 결과일 수 있음을 시사하고 있다.)

대한 질문이 발생한다.
• 발전 가능한 영역: 예의−정직, 시간엄수, 시간, 융합−분리
• 오해: 조건화되고 결정된 운명

결론 ➜ 앞에서 제시한 이러한 용어 전환은 질병과 장애들을 명시할 때, 모든 치료법은 가능한 용어들로 전환할 수 있는 예시와 모델들이다. 질병과 장애의 거의 전부가 부정적이거나 비관적인 관점과 밀접하게 엮여 있기 때문에, 그 절차가 대부분의 사람들에게는 아주 생소한 것이다. 사실, 그와 같은 부정적 경향들은 당면한 문제들을 좀 더 현실적으로 파악할 수 있는 시각을 제한하며, 오히려 현실은 의학과 정신병리적 심리치료 접근이 환자에게 비관주의가 생기게 하는 산실이 되고 있다는 것이다. 치료가 질병에 대한 긍정적인 양상을 무시한다면, 다음과 같은 놀라운 결과를 보게 될 것이다. 즉, 부모가 자녀를 너무 서둘러 집에서 몰아내며, 젊은이들이 더 이상 부모와 어른들과 아무런 관계도 갖고 싶어 하지 않게 되고, 너무 쉽게 배우자와 헤어지거나 이혼하게 되는 것이다. 또한 많은 사람들이 너무 성급하게 직장을 그만두고 점점 더 많은 사람들이 삶의 문제를 알코올과 약물로 해결하려고 하며, 실질적으로 자신은 아무런 도움을 받지 못하면서 복지에 참여하고자 남을 도와주려고 한다. 사람들과 집단들이 서로 서로를 미워하고, 좀 더 나은 삶을 위해 함께 일하지 않고 각자 있고 싶어 하며, 심인성 질병이 꾀병으로 취급받고, 오로지 약물치료만으로 치료하려고 한다. 정신질환자들이 비정상으로 취급받으며, 병원에서는 정신병 환자들이 심리치료적으로 치료받는 것보다는 단순히 보호관리하는 것으로 끝난다.

이 책에서 필자와 동료들은 잘 알려진 이론이나 현상을 새로운 관점으로 보기 위해, 임박한 질문에 대한 대답을 제공하기 위해, 그리고 새로운 의혹들을 자극하기 위해 문제들이 무엇인지를 파악하려고 하였다. 그래서 가능한 해결 방안들을 제안하고 실행가능한 심리치료 접근법과 자조에 도움이 될 수 있는 모델을 제시하기 위한 연구를 해 왔다.

이에 비추어 긍정주의 심리치료에서 제시하는 분화 분석에 대한 기본적인 제안이 있다. 즉, 인간이 이미 본질적으로 소유하고 있는 것을 달성할 수 있게 하고, 자신에게 있는 기회와 잠재능력을 상기시켜서 내재하는 치료 가능성들을 이용하게 함으로써 판별능력이 발전하게 하는 것이다.

　이 책은 독자를 물가로 인도하지만, 물은 독자 자신이 퍼서 마셔야 할 것이다.

POSITIVE PSYCHOTHERAPY

부 록
APPENDIX

1. 개별적인 활용가능한 잠재능력

활용가능한 잠재능력들은 우리의 직업 생활에서 두드러진 역할을 담당하고 있다. 그리고 우리의 현대 문명은 활용가능한 잠재능력들을 전형적으로 표현해 놓은 것 위에 기초하고 있다. 대부분의 사람들이 활용가능한 잠재능력을 표현하는 용어들이 의미하는 바를 인식하지는 못하면서 이를 사용한다는 것은 주목할 만한 일이다. 유명한 사전들과 백과사전에서조차 활용가능한 잠재능력을 표현하는 용어들을 피상적으로만 다루고 있다.

사회심리학적 의미에서, 활용가능한 잠재능력을 그다지 중요하지 않은 것으로 간주하기 때문에, 우리는 활용가능한 잠재능력을 심리치료적 관점에서 함께 묶었다. 활용가능한 잠재능력을 사용할 수 있도록 하기 위해, 즉 추상적인 표현에서 구체적인 질문과 상황으로 발전시키기 위해 활용가능한 잠재능력들을 어떻게 질문할 수 있는지 다음과 같이 예를 제시하고 중요한 특징의 간략한 개요와 정의를 보충해 놓았다. 이런 질문들은 면접에서 실제적으로 적용할 수 있으며, 좀 더 특정한 다른 질문들을 서로 결부시켜 연결할 수 있는 주요한 질문과 예들이라 할 수 있다.

'동의어와 장애' 부분은 독자들에게 해당되는 활용가능한 잠재능력과 관련이 있는 일상생활에서 벌어지는 여러 가지 상황들을 좀 더 쉽게 상상할 수 있도록 해 준다. '행동의 규칙'은 자기 스스로 더 깊이 생각해 볼 수 있도록 하는 자극제로서, 갈등해결을 위한 전략들을 간결하게 요약해 놓았다.

교육학적 관점에서, 활용가능한 잠재능력들은 이미 필자의 책 『일상생활에서의 심리치료(The Psychotherapy of Everyday Life)』(Springer, 1986)에서 포괄적으로 다뤄졌다.

시간엄수

정의와 발달: 예정되어 있거나 의견일치를 본 분배된 시간을 지키는 능력. 수동적 시간엄수(다른 사람이 시간을 지키길 기대하면서 주어진 시간 분배에 순응하는 것)와 능동

적 시간엄수(스스로 시간을 계획하고 시간을 잘 지키는 것)가 있다. 심리분석가들은 첫 번째 문화적 성취로서 청결함을 들지만, 긍정주의 심리치료에서는 시간엄수라고 본다. 먹고, 청소하고, 잠자고 일어나는 리듬은 유아에게 최초로 시간 분배를 결정하는 것이다. 발달 과정에서 시간엄수에 대한 기대와 시간엄수 행동은 추후 특정한 학습 경험을 통해 변형된다(예를 들어, 학교에 지각하는 것 등).

이것에 대하여 어떻게 질문할 수 있는가: 여러분 중 누가(당신 또는 상대방) 시간엄수를 좀 더 높이 평가합니까? 당신은 시간을 지키지 않는 것 때문에 어려움을 당하고 있거나 당해 본 적이 있습니까?(누구와), 누군가가 합의한 시간에 오지 않을 때 당신은 어떻게 반응합니까? 당신 또는 상대방은 항상 시간을 정확하게 지킵니까? 당신의 부모님(혹은 조부모) 중 누가 시간엄수를 더 가치 있게 여기고 시간 계획을 더욱 정확하게 세웁니까?

동의어와 장애: 신속함, 시간에 맞추기, 정확함, 더딤, 지연, 내일 언젠가—불안한 기다림, 시간에 대한 압박, 준비되지 않은 것에 대한 계속되는 두려움, 불확실성, 스트레스, 내적인 안절부절.

행동의 규칙: 스케줄 달력이 없이는 어떤 약속도 잡지 말라. 누군가에게 시간이 없다고 정직하게 이야기하는 것이 그를 기다리게 하는 것보다 훨씬 낫다. 만일 누군가가 늦게 도착한다면, 때로는 그가 아예 오지 않은 것보다 훨씬 나을 때도 있다.

좌우명: 어쨌든 와 주셔서 감사합니다.

청결

정의와 발달: 몸, 의복, 매일 사용하는 물건들, 집과 환경뿐 아니라 성격에 이르기까지 '깨끗함'에 대한 잠재능력. 초기 유년기의 배변 훈련이 나중에 성격 발달에, 적어도 청결함에 대한 태도에 영향을 미친다고 추측할 수 있다.

이것에 대하여 어떻게 질문할 수 있는가: 여러분 중 누가 청결함을 더 높이 평가합니까? 당신은 청결함 때문에 어려운 일을 겪고 있거나 겪었던 적이 있습니까?(누구와), 당신은 불결한 환경 속에 있을 때 어떻게 느낍니까? 당신은 육체적인 위생상태, 옷과 집과 환경의 청결함에 주의를 집중하고 있습니까? 당신의 부모님 중 누가 청결함과 깨끗함에 더 높은 가치를 두셨습니까?

동의어와 장애: 깨끗이 하기, 씻기, 정화하기, 돼지우리, 꾀죄죄함, 오물, 청결을 유지하기 — 의식적인 청결함, 씻으려는 강박증, 불결함, 교제에 어려움을 느끼는 장애, 성장애, 야뇨증, 분뇨증, 습진, 알레르기

행동의 규칙: 말을 많이 하지 말고 대신 식사하기 전에 자녀들과 함께 손을 씻어라. 사람이 왜 손을 씻어야 하는지 알고 있다면 손씻는 일은 더욱 쉬워진다.

질서정연

정의와 발달: 자신의 개념과 환경을 정리하고 체계화하는 능력. 이것은 다양한 참고 체계들, 즉 이성과 유사함, 객관적인 질서, 전통적인 질서, 직관적이고, 환상으로 가득 찬, 낭만적인 질서, 외부적이고 내부적인 질서에 맞추어져 있다. 무질서한 아이조차도 나름대로의 질서정연과 자신만의 질서의식을 가지고 있다. 질서정연은 부모의 본보기, 처해 있는 환경, 그리고 보상과 처벌로부터 학습된다. 어린이의 두드러진 무질서함은 자신의 세계를 체계화하려고 노력하는 한 단계다. 질서정연의 기본적인 기능은 분화다. 이것을 통해서 대상에 대한 신뢰와 대상과의 특정한 관계를 만든다.

이것에 대하여 어떻게 질문할 수 있는가: 여러분 중 누가 질서정연함에 더 높은 가치를 두고 있습니까? 당신은 질서정연함 때문에 어떤 어려움을 겪고 있거나 겪은 적이 있습니까?(누구와), 당신은 당신의 집(아파트, 침실, 거실, 차고, 마당)이나 당신이 일하는 장소가 항상 정결하고 깨끗하도록 조심합니까? 당신은 흐트러진 환경에서 불편함을 느낍니까? 아니면 당신은 약간 무질서한 것은 적절한 것이라고 생각합니까? (그 상황은) 당신의 부모님 중 누가 질서정연함에 더 주의를 기울이셨습니까? 어린 시절 당신이 방을 길 정리에 놓지 않으면 무슨 일이 일이있습니까?

동의어와 장애: 정리하기, 사방 천지에 던져 놓은, 혼돈된, 외모에 소홀한, 엉망으로 정리한 — 까다로움, 지배하고 싶은 충동, 내적인 동요, 퇴행, 공격성, 세대 간의 갈등, 직업적인 장애, 심장 질환, 위와 장의 질환.

행동의 규칙: 처음 개략적으로 살펴볼 때 대충 분류(거시 정돈법)하라. 당장 필요하지 않은 물건들을 담는 상자가 있으면 방 안이 지저분해지는 것을 막아 준다. 모든 것을 제자리에 둔다. 자신이 내려놓은 장소에서 물건을 찾는다(미시 정돈법). 어린아이도 자기 나름대로 정리할 필요가 있으며 특히 놀이에서 그럴 필요가 있다. 다른 사람 물건을 가졌다면 말하라. 그 덕분에 당신 자신과 그는 시간을 낭비하지 않고 곤혹을 치르지 않을 것이다.

순종

정의와 발달: 요구에 응하고 외부의 권위로부터 나온 요구와 명령을 따르는 능력. 순종은 질서정연, 시간엄수, 그리고 근면/성취와 같이 내용으로 정의되는 영역들 안에서 원칙적으로 보이고 요구되는 것이다. 순종은 벌이나 벌에 대한 위협을 통해, 명령 수행 이후 받는 칭찬을 통해, 관련된 사람의 본보기를 통해 발달될 수 있다.

이것에 대하여 어떻게 질문할 수 있는가: 여러분 중 누가 더 순종과 규율에 높은 가치를 두고 있습니까? 여러분 중 누가 다른 사람에게 명령을 내리는 경향이 있습니까? 다른 사람(상대방, 동료, 상사, 부모)이 당신에게 무엇을 하라고 말하는 것을 좋아합니까? 순종이나 불순종으로 인한 문제가 지금 있거나 과거에 있었던 적이 있습니까? 당신의 부모님 중 누가 좀 더 순종에 높은 가치를 두고 있습니까? 당신의 부모님은 당신의 불순종에 대해 어떻게 반응하였습니까?

동의어와 장애: 승낙, 자기 부인, 복종, 코가 납작해지는 것, 잘난 척하기, 반역, 저항ー권위에 대한 맹신, 명령에 대한 자율성, 권위의 위기, 불안, 공격성, 오만, 손톱 물어뜯기, 오줌싸개, 적응의 어려움

행동의 규칙: 비명을 지르는 것과 무례한 언행은 결코 순종과 다정한 분위기를 보장하지 않는다.

좌우명: 예의 바르게 처신하라. 사람이 어떤 일을 왜 해야 하는지 안다면 좀 더 쉽게 그 일을 할 것이다. 다른 사람 역시 옳을 수 있다.

예 의

정의와 발달: 사람들 상호 간의 관계를 형성하는 능력. 이것은 예절로 표현되고 예절 속에서 사회적 행동규범이 인정된다. 즉, 사려 깊음, 자신에게 하는 것만큼 상대방에게도 주의 기울이기, 겸손 등이다. 예의는 자기 자신의 권리와 요구를 잠시 유예시키는 것으로서, 사회적으로 공격성을 억제하는 것이다. 본보기(대부분 부모의 본보기)로부터 학습된 것과 성공(자기 자신의 행동방식의 성공)으로부터 학습된 것을 통해 예의를 습득한다. 겉으로 드러난 자녀의 무례한 행동에 대한 부모의 반응은 강한 영향력을 미친다. 학습되는 예의범절은 문화와 사회 계층의 규범에 따라 대부분 결정된다.

이것에 대하여 어떻게 질문할 수 있는가: 여러분 중 누가 더 예의(사려 깊음, 훌륭한 예절)에 높은 가치를 두고 있습니까? 상대방이 당신이 기대했던 예의(존경)를 나타내지 않을 때 당신은 어떻게 느낍니까?(상황을 제시한다) 당신은 좀 더 예의 바른 편입니까? 아니면 좀 더 정직한 편입니까? 당신은 다른 사람들이 당신에 대해서 어떻게 이야기하는지에 주의를 집중합니까? 당신은 좋은 관계가 깨질 수 있는 위험을 무릅쓰기보다는 차라리 화를 참는 편입니까? 당신의 부모님 중 누가 더 훌륭한 예절에 더 높은 가치를 두고 있습니까?

동의어와 장애: 예절 바르게 행동하다, 해야 하는 예의 바른 행동을 아는 것, 예절, 상호작용의 형태와 방식에 주의 기울이기, 예의범절—위선, 의식화된 친절함, "아니요."라고 말할 수 없음, 자기중심주의, 사회적으로 불확실함, 불안, 자기 자신의 권리를 보호하기 위한 부적절한 능력, 알코올 중독, 근육 경련, 류머티즘 질환, 두통, 심장 통증, 위장 질환

행동의 규칙: 예의는 교제에 대한 가능성을 제공한다. "~해 줘." 대신에 "~해 주시겠습니까?"라고 말하는 것이 훨씬 낫다. 만일 상대방이 당신이 상대방을 대하는 것과 같은 방식으로 당신을 대한다면 어떻게 말하겠는가? 당신은 어떤 영역(절약, 충실, 성적 특질, 질서정연)과 관련해서, 그리고 누구에게 특별히 예의바른가? 당신의 예의범절 가운데 부족한 면을 조절하면 당신에게 이익이 될 것이다.

정직/솔직

정의와 발달: 자신의 요구나 권리를 나누고 정보를 주기 위해 자신의 의견을 터놓고 표현하는 능력. 진실함과 성실함은 정직함이라고 생각된다. 상대방과의 관계에서 정직은 충실함이라고 생각된다. 사회적 의사소통에서는 솔직함과 청렴함을 정직이라고 생각한다. 어린이가 말하기를 시작할 나이에는, 상상과 현실 사이를 분명하게 구분하지 못한다. 만일 어른이 어린이의 경험 논리를 이해하지 못하고, 거짓말을 했다고 벌을 주게 되면, 그는 이미 어린이에게 부정직함을 가르치는 것이 될 수도 있다.

이것에 대하여 어떻게 질문할 수 있는가: 여러분 중 누가 자신의 의견을 좀 더 솔직하게 표현할 수 있습니까? 부정직함 때문에 상대방과 또는 당신 자신에게 문제가 있거나, 문제가 생긴 적이 있습니까?(상황을 제시한다.) 누군가 당신에게 거짓말을 했을 때 당신은 어떻게 반응합니까?(상황을 제시한다.) 당신은 가끔 선의의 거짓말을 할 필요를 느낍니까? 당신은 다른 사람에게 당신 자신에 대해서 (솔직하게) 많이 이야기하는 편입니까, 아니면 적게 이야기하는 편입니까? 당신은 진실성과 관련하여 스스로 관대한 편입니까? 아니면 오히려 지나치게 엄격합니까?

동의어와 장애: 당신 마음을 솔직하게 말하라, 꾸밈없이 이야기하라, 사람에게 완전한 진실을 이야기하라, 점잔 빼며 이야기하지 말라, 침묵을 지켜라, 당신 의견을 그냥 간직하고 있으라—악담하기, 등 뒤에서 욕하기, 과장하기와 얕잡아 보기, 지배하고 싶은 충동, 이기주의, 사람 상호 간의 갈등, 공격성, 땀이 남, 고혈압, 두통

행동의 규칙: 당신이 옳다고 생각하는 것을 말하라. 단, 상대방에게 상처를 주지 않는 방식으로 이야기하라. 당신의 솔직함 때문에 기분이 상한 사람들이 나중에는 당신에게 감사하게 될 것이다. 당신의 배우자에게 정직하기는 어렵지 않지만 돈과 관련해서 직장에서 정직하기는 쉽지 않을 것이다. 대부분 사람들은 삶의 모든 영역에서 같은 기준의 정직함을 적용하지는 않는다.

좌우명: 어떤 활용가능한 잠재능력, 어떤 상황, 그리고 누구에게 정직해지는 것이 어려운지 관찰하라.

충실성

정의와 발달: 안정된 관계를 형성하고 오랫동안 유지하기 위한 능력. 믿을 만한 방식으로 행동하는 것이다. 엄격한 의미에서, 우리 문화에서 충실함은 특별히 성적인 문제와 관련되어 있다. 전통적인 결혼은 충실함에 기초를 두고 있다. 그러나 충실함은 제도, 사고방식 또는 원칙에 대해서도 발견되는데, 예를 들면 헌법에 대한 충실함과 자기 자신에 대한 충실함 같은 것이다. 충실함에 대한 변하기 쉬운 태도는 상대방에 대한 무조건적이고 단순한 집착과 같이 그 사람의 인생사에 원인이 있다.

이것에 대하여 어떻게 질문할 수 있는가: 상대방과의 관계에서, 당신은 충실함에 대한 문제를 가지고 있습니까?(상황을 제시한다.) 충실하지 못한 것에 대하여 당신은 어떻게 이해하고 있습니까? 당신이 상대방에게 충실하지 못했던 것 때문에 문제가 있거나 생긴 적이 있습니까? 상대방에게 다른 애인이 생긴다면 당신은 어떻게 반응하겠습니까? (그런 일이 있었다면 당신은 그런 상황에서 어떻게 반응했습니까?) 당신은 배우자 외에 다른 애인을 생각해 본 적이 있습니까? 당신이 없는 사이에 당신의 배우자가 충실하지 못할 가능성이 있다고 생각하십니까? 약간의 불충실함은 다소 자극이 된다고 생각합니까? 당신의 부모님은 서로 서로에게 진실하였습니까?

동의어와 장애: 확신, 신뢰, 충성심, 애착을 느끼는, 보수적인, 자신에게 의무를 지우기, 약속하기, 불신, 불성실함, 배반자, 훌륭한 믿음으로, 원탁의 기사와 같이 진실하게—충실함에 고착된, 질투, 광적인 질투, 신의 없음, 확신에 대한 배신, 변절, 가망 없음, 불안, 공격성, 우울함, 성장애

행동의 규칙: 충실함은 결혼식 날 시작되지 않는다. 배우자를 선택하는 것 역시 충실함이나 불충실함과 관계가 있다.

좌우명: 당신이 충실하기를(성-성적인 문제-사랑) 원하는 배우자를 선택하라. 한 사람을 선택하는 것이 두 사람 사이에서 망설이는 것보다 문제가 더 적고, 누구에게도 상처를 입히지 않게 된다. 배우자가 당신에게 맞지 않는다고 결정했다면, 다른 사람을 찾기 전에 먼저 헤어져라. 이것이 당신과 배우자 모두에게 좀 더 정직한 일이다.

정 의

정의와 발달: 다른 사람의 권리와 자기 자신의 권리 사이에서 균형을 잡기 위한 능력. 이 과정에서 사람은 객관적으로 심사숙고한 끝에 이루어진 거래가 아닌 개인적인 기호나 좋아하지 않는 것, 또는 협력관계에 의해 영향을 받은 어떤 거래라도 부당한 것이라고 인식하게 된다. 이런 잠재능력을 사회적인 측면에서 보면 사회적 정의라 할 수 있다. 모든 인간은 정의에 대한 감각을 가지고 있다. 관련된 사람들이 어린이를 대하는 방식과 그들이 그 아이와, 형제와 자매들에게, 그리고 서로 서로에게 얼마나 공정한가 하는 것은 개인의 정의에 대한 참고 체계를 형성한다.

이것에 대하여 어떻게 질문할 수 있는가: 여러분 중 누가 더 정의를 높이 평가합니까? (어떤 상황에서, 그리고 누구에 대하여 공정하거나 불공정합니까?) 당신은 상대방(자녀들, 배우자의 부모들)에게서 정의를 발견합니까? 동료들에게서는 어떻습니까? 당신은 스스로에게서 자신에 대한 정의를 발견합니까? 당신은 불공평하게 취급당했을 때 어떻게 반응합니까? (직장, 가정 등에서) 당신은 불공평함 때문에 문제가 있거나 생긴 적이 있습니까? (다른 누군가가 편애를 드러냈습니까?) 당신의 부모님 중 누가 더 당신이나 당신의 형제자매에 대한 정의에 관하여 주의를 기울였습니까?(상황을 제시한다.)

동의어와 장애: 공정한, 당연한 보답으로 받은, 객관적인, 공평한, 동의할 수 없는, 불공정한, ~와 비교하여, 손해를 본 것으로 느끼는— '정의에 집착함', 자기 자신의 손으로 법을 집행함, 신경과민, 경쟁, 권력 다툼, 약하다고 느낌, 불공평, 보복, 개인적이고 집단적인 공격성, 우울증, 경제적인 면에 대한 신경증

행동의 규칙: 사랑이 없는 정의는 오직 성취와 비교만을 바라보게 한다. 정의가 없는 사랑은 현실을 조정하는 능력을 상실하게 한다. 정의와 사랑을 결합시키는 법을 배워라. 두 사람을 똑같이 다룬다는 것은 그들 중 어떤 한 사람은 불공평하게 다룬다는 것을 의미한다.

근면/성취

정의와 발달: 특정한 목표에 도달하기 위해 대부분 오랫동안 노력하고 고되게 일하는 행동양식을 유지하기 위한 준비와 능력. 근면과 성취는 사회에서 명성과 인정을 받으며 성공하는 기준이 된다. 아동의 발달에서 놀이는 인생 초기에 근면과 성취를 이루기 위한 기회를 제공한다. 학교생활에서 근면은 매우 중요하다. 그리고 근면이란 더 쉬운 것일 수 있는 다른 종류의 만족을 포기하는 것이므로, 스스로 과제를 수행하는 것에 보상이 있다고 인식할수록 근면한 행동을 더 쉽게 할 수 있다.

이것에 대하여 어떻게 질문할 수 있는가: 여러분 중 누가 근면과 성취에 더 높은 가치를 두고 있습니까? 당신은 이전에 또는 현재 직업과 관련된 문제가 있습니까? 당신은 당신의 직장이나 동료들에게 불만을 갖고 있습니까? 당신은 일과 가정 중 어떤 것에 더 전념합니까? 당신은 가끔 아무 일도 하고 있지 않을 때 편안하게 느낍니까? 당신은 자녀들의 교육이나 직업적인 성공에 만족하고 있습니까? 당신은 현재의 직업을 어떻게 시작하게 됐습니까? 당신의 부모님 중 누가 근면과 성취에 좀 더 높은 가치를 두고 있습니까?

동의어와 장애: 능동적으로 행동하기, 자신을 바쁘게 움직이기, 창조하기, 활동에 참여하기, 시간 잘 사용하기, 어떤 일에 자신의 역량을 기울이기, 일의 의미를 알지 못한다, 서두르지 말아라―일 속으로 도피하기, 밀어붙이기, 성취하려는 강박증, 스트레스, 과중한 부담, 권태, 경쟁, 부러움, 공격성, 불안, 게으름, 자신을 고립시키기, 위장 장애, 수면 장애, 두통, 알코올 중독, 약물 의존

행동의 규칙: 사람은 훈련의 의미에서 정보 이상의 것이 필요하다. 또한 훈련에 숙달하기 위해 정서적인 기초도 필요하다. 교육과 훈련 사이를 구분하는 법을 배워라. 당신이 일하면서 화를 낼 때 당신이 정말 화가 난 이유가 일 때문인지, 아니면 불쾌한 수변 환경(불공평한 규칙, 동료들 사이의 경쟁 등) 때문인지 구분하는 것은 그만한 가치가 있는 것이다. '성취'가 갈등의 초점이 될 때 성취를 줄이는 데 목표를 두기보다는 오히려 교제, 자신과의 관계와 같은 다른 영역을 발전시켜라.

절 약

정의와 발달: 돈, 가치 있는 것, 잠재능력들, 에너지와 관계된, 경제를 실습하는 능력. 절약의 양극은 낭비벽과 인색함이다. 먼저 어린아이가 장난감과 돈을 다룰 수 있게 될 때 좁은 의미의 절약에 대하여 이야기하자. 어린아이는 돈의 가치를 돈에 상응하는 물건 또는 근면과 성취를 통해서 배우게 된다.

이것에 대하여 어떻게 질문할 수 있는가: 여러분 중 누가 더 절약을 높이 평가합니까? 당신은 재정적인 어려움을 겪고 있거나 겪어 본 적이 있습니까? 돈이 좀 더 많이 있다면 당신은 무엇을 하고 싶습니까? 당신은 어떤 것에 돈을 쓰는 것을 더 좋아합니까? 당신은 어떤 것에 돈을 쓰고 싶지 않습니까? 당신의 부모님 중 누가 더 검소하였습니까? 당신은 어린아이였을 때나 젊었을 때 용돈을 받았습니까?

동의어와 장애: 인색, 절약, 가격에 신경 쓰기, 낭비하기, 소비, 호화롭게 사는 것, 아까워하지 않음—인색함, 힘의 수단으로서의 돈, 낭비, 지배하기 위한 열정적인 욕구, 도박, 사기, 수동적으로 기다리는 태도, 판단력 없는 낙관주의, 무책임함, 삶에 대한 두려움, 우울증, 자기 가치감의 문제, 내적인 동요, 불면증, 자살에 대한 생각

행동의 규칙: 하나의 계획에 모든 돈을 투자하는 것은 복권을 사는 것과 같다. 돈은 다양한 목적에 쓸 수 있다. 즉, 자기 자신을 위해, 가족을 위해, 친구들을 위해, 사회적인 제도에, 그리고 미래를 위해 돈을 쓴다. 돈이 어디에서 생기는지 알기 전까지는 절대 돈을 쓰지 말라. 당신의 가족과 계획에 대하여 이야기하라. 가족의 모든 구성원들에게 용돈을 주어라. 사람은 돈을 쓰는 법과 저축하는 법을 배운다.

신뢰, 정확성, 성실

정의와 발달: 우리는 어떤 사람을 의지할 수 있을 때 신뢰에 대하여 이야기한다. 우리가 자리에 없을 때조차도 서로 동의한 방식으로 일을 수행할 것이며, 우리가 기대한 것을 실망시키지 않을 것이다. 정확성이란 미리 지시된 방식으로 과제를 수행하는 것을 의미한다. 정확성이 클수록 실수할 가능성은 적어진다. 성실은 정확성, 조심

성 그리고 틀림없음이라는 내적 기준을 전제한다. 인간은 성취가 이런 내적 기준과 부합하고, 그래서 성실과 조화를 이룰 때 성실함에 대해 이야기한다.

이것에 대하여 어떻게 질문할 수 있는가: 여러분 중 누가 신뢰성을 더 높이 평가합니까? 당신이나 당신의 배우자는 당신이 어떤 실수도 하지 않고, 모든 것을 항상 완벽하게 해야 한다고 생각하는 경향이 있습니까? 당신은 신뢰, 정확성, 성실과 관련된 문제를 겪고 있거나 겪은 적이 있습니까? 당신은 당신의 상사가 사무실에 있을 때나 외출했을 때나 동일하게 일을 합니까? 상대방이 당신을 대하는 데 있어 신뢰할 수 없게 행동했을 때 어떻게 느낍니까? 이에 대한 어떤 실례를 들 수 있습니까? 당신 부모님 중 누가 좀 더 신뢰와 정확성을 높이 평가합니까? 당신의 부모님은 당신이 가끔 일을 완벽하게 하지 못했을 때 어떻게 반응하였습니까?

동의어와 장애: 꼼꼼함, 까다로움, 엄밀함, 그를 믿는 것은 시간 낭비야, 완전함, 완벽주의—성가심, 부적절한 융통성, 피상적임, 확신에 대한 배신, 실패에 대한 두려움, 사회적이고 직업적인 갈등, 충동적인 기만, 충동적 행동, 환멸, 과도한 부담을 줌, 우울, 죄책감, 불면증, 곰곰이 생각하기

행동의 규칙: 신뢰성과 독립적인 일은 잘 배우는 것만으로 불충분하다. 커다란 과제는 과중한 부담을 나타내기 때문에 빈번한 피드백 및 조정과 함께 작은 과제를 부여한다. 사람은 특정 활동을 완성하는 것을 배우게 되며, 이 과정에서 다른 영역들을 소홀하게 할 수 있다. 새로운 영역에 있는 목표, 특히 일차적 잠재능력에서 비롯된 목표는 서서히 이루어라. 신뢰와 정확성은 단지 일시적으로 나타날 수 있다(상반되는 행동). 관계를 형성할 때는 절대적 방식을 요구하지만 결국 곧바로 다시 포기해 버린다. 예를 들어, 환자는 전화를 걸어 즉각적인 약속을 요구하지만, 나타나지 않거나 늦는다. 약속이라는 것에 지시를 받는 것이 아니라 당신 스스로 약속을 정하라.

사 랑

정의와 발달: 수많은 대상을 서로 다른 수준으로 대할 수 있는 긍정적인 정서적 관계를 위한 능력. 사랑은 단 하나의 행동을 의미하지는 않는다. 사람은 다른 사람을

사랑하는 능력과 사랑받기 위해 행동하는 능력을 가지고 있다. 일반적으로 "자녀에게 더 많은 사랑을 주어라."는 충고는, 어떤 영역에서 사랑이 부족한지, 그래서 어떤 종류의 감정적 관계가 특별히 강조되어야 하는지에 대한 정보가 부족하다면 별로 도움이 되지 않는다. 자녀를 양육할 때 가장 긴급히 요구되는 사랑의 표현방식은 모델링과 인내, 시간이다.

이것에 대하여 어떻게 질문할 수 있는가: 당신은 자신(당신 자신의 몸)을 인정합니까? 여러분 중 누가 더 상대방을 잘 받아들이는 편입니까? 당신은 파트너를 독점하는 것을 더 좋아합니까? 큰 집단 속에서 당신은 편안함을 느낍니까? 아니면 압력을 받는 것으로 느낍니까? 무엇이 당신으로 하여금 다른 사람을 위해 좋은 일을 하도록 만듭니까? 어린이였을 때, 그리고 좀 더 커서 청년이 되었을 때, 당신은 부모님의 인정을 받았습니까? 가정 안에서, 구성원들이 당신에게 온화함과 호감 또는 사랑을 넉넉하게 보여 준 편입니까? 아니면 야박했습니까?

동의어와 장애: 자기 자신을 찾는 것, 다른 사람에게 매달리는 것, 누군가와 사랑에 빠지는 것, 좋아하는 것, 친절하게 하는 것, 사람에 대한 특별한 감정을 갖게 되는 것—사랑에 대한 두려움 혹은 사랑하다 헤어지는 것에 대한 두려움, 불안정, 불신, 질투, 과장된 기대, 언짢음, 편협한 느낌, 성적인 장애들, 교제의 부족, 감정적으로 곤경에 빠짐

행동의 규칙: 당신이 상대방을 사랑한다면, 당신은 또한 사랑받기 위한 방식으로 행동하는가? 당신이 사랑받는 방식으로 행동한다면, 당신도 역시 사랑을 주고 온화함을 나타낼 수 있는가? 당신이 상대방을 수용하고 사랑하는지, 혹은 그렇지 않은지에 관한 기준으로는 어떤 활용가능한 잠재능력들이 있는가?

모델링

정의와 발달: 다른 사람을 모방하거나, 다른 사람에게 모방할 본보기를 제공하는 능력. 사람이 본보기를 보여 주는 행동방식뿐만 아니라 그가 자신의 사적인 일로 간주하는 품행, 태도, 감정의 특성도 모방된다. 모방은 중요한 학습 기능 중의 하나다. 어

린이는 모방이 보상과 같은 것임을 깨닫기 때문에 부모를 모방한다. 모방은 보상을 받기 때문에 일어난다. 모방은 모델이 보상을 받거나 벌을 받기 때문에 일어나거나 아주 일어나지 않는다.

이것에 대하여 어떻게 질문할 수 있는가: 여러분 중 누가 좀 더 본을 보입니까? 어떤 사람, 어떤 인물, 어떤 작가, 어떤 좌우명이 당신의 귀감이 됩니까? 당신은 누구처럼 되고 싶습니까? 당신의 부모님 중 누구를 닮고 싶습니까? 당신은 자신에게서 (또는 상대방) 어린 시절 당신이 관계를 맺었던 어떤 사람의 속성과 행동방식을 발견합니까?

동의어와 장애: 행동을 본받는 것, 따라하다, 복사하다, 흉내를 잘 내는, 흉내쟁이, 본뜨다, 다른 사람의 발자국을 따라가다, 남에게 빌린 옷으로 자신을 장식하다—모방 경향, 자신의 판단 능력 감소, 모델에 대한 감정적인 거부, 사랑과 미움 사이에서 갈팡질팡함, 이상화, 과장된 기대, 환멸, 자기 가치감의 문제, 재정적 어려움

행동의 규칙: 우리의 행동과 생각은 다른 사람에게 본보기가 될 수 있다. 당신이 본보기 자각을 가지고 행동하라. 가장 큰 영향력을 끼친 인물에게서 모방한 것도 검토할 필요가 있다. 결정하기 위해 당신 자신의 눈으로 살펴보고, 당신 자신의 귀로 들어 보고, 당신 자신의 판단력을 사용하라.

인내

정의와 발달: 자기 자신과 다른 사람, 혹은 상황을 있는 그대로 받아들이는 능력. 인내는 상대방의 방식이 여전히 의심스러워도 기다리고, 참고, 부분적인 만족을 연기하고 다른 사람에게 시간을 주는 능력과 일치하는 것이다. 인내는 수반된 활용가능한 잠재능력의 평가에 따라 발달할 수 있다. 원칙적으로 인내심이 없는 사람은 없다. 다만 시간엄수, 질서정연, 절약, 충실함, 근면 또는 부지런함, 성취 등과 관련하여 인내심이 없는 것으로 보인다.

이것에 대하여 어떻게 질문할 수 있는가: 여러분 중 누가 더 인내심이 있습니까? 그리고 여러분 중 누가 더 쉽게 화를 냅니까? 어떤 상황에서 그리고 누구에게 당신과 당신의 파트너가 조바심을 냅니까? 상대방이 참지 못하면 당신은 어떻게 느낍니까? 당

신은 기다릴 수 있습니까? 당신은 빨리 자제력을 잃습니까? 당신의 부모님 중 누가 좀 더 인내심을 보여 주었습니까? 당신이 인내심을 잃어버렸을 때 당신의 부모님은 어떻게 반응하였습니까?

동의어와 장애: 주먹으로 테이블을 탕하고 치다, 혈관이 파열되다, 이것은 나를 분노하게 만들어요, 이것이 나를 짜증나게 만들어요, 견디는 것, 그렇게 하도록 허락하는 것, 그것을 견딜 수 있는 것, 그것을 너그럽게 보아주는 것, 자기 자신을 조절하는 것, 그것을 참아내는 것, 그것을 받아들이는 것, 화를 억누르는 것, 자기 자신을 억제하는 것, 그대로 놓아두는 것—성급함, 불안에서 기인된 인내심, 불일치, 과민반응, 과장된 기대, 야망, 경청할 수 있는 능력이 없는 것, 배려심이 없음, 오만, 두통, 수면 장애, 내적인 동요

행동의 규칙: 조급함 때문에 자신을 괴롭힐 필요가 없다. 당신은 조급함에 대하여 이야기할 수 있다. 당신을 조급하게 만드는 것을 기록하라. 당신 때문에 상대방이 조급해지는 이유를 기록하라. 적절한 시간에 조급함에 대해 상대방과 이야기하라. 당신이 상대방에게 그 문제에 대하여 이야기하고 나면, 그가 당신의 생각을 이해하고 자기 자신의 생각을 보호하는 데 걸리는 시간 동안 그를 그냥 놔두어라. 자신이 참을성이 없는 사람이라고 스스로 확언하고 만족하지 말라. 어떤 상황에서 당신이 인내심을 잃어버리는지, 누구에게, 그리고 어느 정도로 그러한지 주의를 기울이라. 만일 인내심을 잃어버렸다면 자신의 행동에 대하여 죄책감을 가지고 사는 것보다 사과하는 것이 때때로 더욱 유쾌한 일이 될 것이다.

시 간

정의와 발달: 시간의 경과를 구체화하고 과거, 현재, 미래와의 관계를 정립하는 능력. 이 잠재능력은 시간의 구분과 배치가 정해져 있을 때는 수동적으로 발휘되고, 개인적인 계획에 따라 시간을 분배하는 것에서는 능동적으로 발휘된다. 초기 유년기로부터, 어린이는 스스로, 그 시간 동안 무엇을 할 수 있는지, 그리고 어떤 형태로 시간을 보낼지를 배우거나 모든 사건을 수동적으로 지켜보기만 할 것인지 아닌지를 배운다.

이것에 대하여 어떻게 질문할 수 있는가: 여러분 중 누가 당신 자신과 상대방을 위한 시간이 더 많습니까? 당신의 배우자가 당신을 위한 시간이 거의 없을 때 당신은 어떻게 느낍니까(상황)? 당신은 자신에게 적당한 양의 시간이 있다고 생각합니까? 아니면 시간에 압박을 받거나 지루하다고 느낍니까? 당신은 당신 자신을 위한 시간이 충분히 있습니까? 그리고 이런 시간에 어떤 일이라도 할 수 있습니까? 만일 당신에게 마음대로 사용할 수 있는 일주일의 시간이 주어진다면 무엇을 하겠습니까? 당신(상대방)은 일하는 데 규칙적으로 시간을 사용합니까? 당신의 미래를 위한 계획은 무엇입니까? 당신은 종종 과거에 잘했던 일이나 잘못했던 일에 대하여 생각합니까? 부모님 중 누가 더 당신을 위한 시간이 많았습니까?

동의어와 장애: 권태, 지속되는 영원한, 순간적인, 이상향의, 시간에 압박을 받는, 자유 시간, 예전의 좋던 시절, 시간 낭비하는 것, 시간은 돈이다, 두고 봐라, 해가 비추고 있는 동안 짚을 말려라(호기를 놓치지 마라.)—과중한 부담, 충분히 활용 못함, 소홀한, 불안, 생각에 잠긴, 치우친 정도, 명백한 스트레스, 과거에 고착됨, 현실에 대한 일방적인 관계, 이상주의, 위 질환, 심장 질환, 성적인 장애.

행동의 규칙: 당신은 당신에게 주어진 시간에 무엇을 하고 싶은지 사전에 곰곰히 생각하라. 그것에 대하여 상대방이나 가족과 이야기하라. 계획을 세우면 불안을 줄일 수 있다. 그럼에도 우리는 갑자기 생기는 뜻밖의 일에 대처해야 한다. 시간에 압박을 더 받는 것과 덜 받는 것을 명확히 정하라. 그리고 이런 것들에 차례차례 대응하라. 당신 자신, 상대방, 가족, 사회적인 교제, 직업, 세계관/종교 중에서 어떤 일에 시간을 쓰는가.

교 제

정의와 빌딜: 사회적 관계를 돈독히 하고 확립하는 능력. 사회적 교세는 교세를 위한 능력 중 하나인데, 이 능력은 동물, 식물 또는 사물을 향해서도 나타낼 수 있다. 다른 활용가능한 잠재능력은 교제를 선택하는 기준으로서 기능한다. 사람은 다른 사람에게 예의, 시간엄수, 질서정연, 어떤 특정한 관심 영역에 대한 시간 할애 등을 기대

한다. 그리고 이런 기준을 만족시키는 상대방을 찾는다.

이것에 대하여 어떻게 질문할 수 있는가: 여러분 중 누가 좀 더 사교적입니까? 여러분 중 누가 손님 초대하는 것을 즐깁니까? 큰 규모의 집단 속에 있을 때 당신은 어떻게 느낍니까? 당신은 다른 사람과 교제하는 것이 어렵습니까? 손님들이 많을 때 당신은 어떻게 느낍니까? 당신의 부모님 중 누가 더 사교적이었습니까? 어린 시절 당신은 친구가 많이 있었습니까? 아니면 혼자 있는 것을 더 좋아했습니까? 당신의 부모님이 손님을 초대했을 때, 당신은 모임에 참여해서 대화해도 좋다는 허락을 받았습니까?

동의어와 장애: 좌담가, 사교적인, 우연히 마주치는 것, 만나는 것, 관점의 교환, 의논, 함께 모이기, 긴밀히 접촉하는, 교제하는—금지, 불확실한, 불신, 과민반응, 교제의 결핍, 과장된 기대, 고립, 외로움, 사회적 모임으로의 회피, 재정적인 어려움, 우울, 세대 간의 문제, 문화적인 차이로 인한 어려움

행동의 규칙: 사람들을 방문하는 것, 손님을 초대하는 것, 편지 쓰는 것, 전화하는 것, 외출하는 것 등과 같은, 교제를 맺기 위한 단계들을 밟아 가지 않는다면 교제에 대한 분명한 욕구는 아무 소용이 없다. 우리는 교제하고 사회적 관계를 돈독히 하는 방법을 배울 수 있다. 교제의 장애가 다른 활용가능한 잠재능력들로부터 나온 것이라면 교제에 대한 훈련만으로는 별 소용이 없다. 절약, 질서정연, 청결, 예의, 시간엄수 등의 이유로 교제를 맺는 일에서 위축되는 일이 생길 수 있다.

성적 특질

정의와 발달: 자기 자신이나 상대방과 성적인 혹은 성적으로 동기화된 관계를 정립하는 능력. 우리는 성, 성적 특질, 사랑을 구분 짓는다. 성은 육체적인 특성과 기능에 관련이 있다. 성적 특질은 애정과 거절에 대한 기준이 되는 특성과 독특함에 관련이 있다. 사랑은 이런 속성들을 다 지니고 있는, 사랑하는 사람을 포함하고 있다. 그가 가지고 있는 것을 사랑하는 것이 아니라 그 사람 자체를 사랑하는 것이다. 성적 특질의 발달은 부모의 본보기에 의해 직접적으로 영향을 받는데 부모의 애정을 바라는 자녀의 욕구에 대해서 그들이 어떻게 반응하였는지, 그리고 성적 특질이 청결, 예의,

정직, 충실함, 시간엄수와 같은 다른 활용가능한 잠재능력들과 어떻게 관련이 되는 지에 영향을 받는다.

이것에 대하여 어떻게 질문할 수 있는가: 여러분 중 누가 좀 더 성적 행동에서 능동적 입니까? 당신은 성적 특질의 영역에서 문제를 겪고 있습니까? 당신은 당신의 파트너를 육체적으로 좋아합니까? 당신은 파트너의 어떤 특징을 좋아합니까? 그리고 어떤 것을 싫어합니까? 또 다른 파트너와 성적인 관계를 가져 본 적이 있습니까? 그 사람을 그리워합니까? 당신은 언제 첫 번째 성관계를 가졌습니까? 당신은 언제 자위행위를 시작했습니까? 당신은 그 행위에 대해 어떻게 생각합니까? 당신은 성적 특질을 어떤 형태로 표출하기를 선호합니까? 어렸을 때 누가 '새와 벌'(성)에 대해 알려 줬습니까? 성적 특질에 대하여 당신 부모의 태도는 어떠하였습니까?

동의어와 장애: 사랑에 빠진, 사랑받는, 황홀한, 부드러운, 헌신적인, 성애의, 열정적인, 매혹적인, 자극하는, 매력적인, 유혹하는, 매력, 애정, 헌신, 욕망, 열정―인생의 목표로서의 성, 성욕 과다, 광적인 자위행위, 성적 도착, 변태 성욕, 가학성 변태 성욕, 피학성 변태 성욕, 성행위를 성취하기 위한 충동, 성적인 불안, 환멸, 자기 가치감의 문제, 부부간의 어려움, 성적인 방어, 의존적인 경향

행동의 규칙: 성―성적 특질―사랑 사이를 구분하는 법을 배워라. 발달 단계에 따라 성적인 기능, 사람 상호 간의 관계 그리고 협력의 원인과 결과에 대하여 설명하라. 또한 성적인 문제와 욕구에 대하여 이야기하라.

믿음/확신

정의와 발달: 믿음이란 자신을 다른 사람의 손에 맡기는 능력, 그와 함께 있으면 안전하다고 느끼는 능력이고, 확신이란 특정한 소양과 자질에 의지하고 그것들을 기대하는 능력이다. 믿음은 일차적 잠재능력과 사랑하는 능력으로부터 처음 발생하고, 믿음의 관계 안에서 전인격과 때때로 모든 환경을 다 포함한다. 다른 한편으로, 믿음은 특정한 활용가능한 잠재능력(예를 들어, 확신 같은 것을 통해)과 관련이 있었던 특정한 경험을 통해 조절된다.

이것에 대하여 어떻게 질문할 수 있는가: 당신은 당신 자신과 상대방을 믿습니까? 당신은 자신의 믿음에 대해 실망을 해 본 적이 있습니까?(상황을 제시하라.) 당신을 믿었던 사람에게 실망을 안겨 준 적이 있습니까?(상황을 제시하라.) 당신은 낯선 사람을 믿을 수 있습니까? 아니면 조심스럽습니까? 당신은 상대방의 잠재능력과 가능성 중에서 어떤 것(충실성, 정직, 근면/성취, 신뢰, 시간엄수)에 대해 믿습니까? 당신은 스스로(상대방이) 특정한 행동방식(예를 들면, 제시간에 집에 돌아오는 것)을 고칠 수 있다고 믿습니까? 당신은 부모님 중 누구를 더 믿었습니까? 어린이였을 때 누구와 함께 있는 것이 더 안전하다고 느꼈습니까? 사람들은 당신이 독립적으로 행동하도록 믿어 주었습니까? 아니면 끊임없이 당신을 통제하였습니까?

동의어와 장애: 믿음을 갖기, 자신감을 불어넣는 것, 믿을 만한 가치가 있는, 속기 쉬운, 누군가를 의심하는, 수없이 성경책에 맹세하는, 한 점 의심도 없이, 정직하게 — 믿음의 파괴, 불신, 맹신, 환멸, 질투, 증오, 부러움, 혐오, 과장된 기대, 실패에 대한 예상, 열등감, 체념, 불안, 우울

행동의 규칙: "하나님을 믿고, 낙타를 안전하게 묶어라." 믿지 못하는 대신에, 좀 더 정확하고 정직해져라. 믿음, 확신 혹은 불신이 어떤 특성, 어떤 사람 그리고 어떤 집단과 관련되어 있는가? 무엇이 불신을 일으켰는가—모방에 대한 환멸인가?

희 망

정의와 발달: 현재의 범위를 넘어 미래에 대한, 자기 자신의 잠재능력과 상대방과 집단의 잠재능력을 향한 긍정적인 태도를 발달시키는 능력. 이런 의미에서, 우리는 내일, 내년 혹은 언젠가 아직은 정해지지 않은 시간에 어떤 일이 일어나기를 희망한다. 그리고 희망은 우리에게, 개인적인 행동이나 우리의 전 생애가 의미 있는 것으로 보이게 만든다. 희망의 긍정적 개념은 낙관주의이고 부정적 개념은 비관주의다. 희망은 실질적인 것, 사람이 가진 경험, 환경에 의해 그에게 주어진 가능성에 의지하여 발달한다. 미래에 대한 태도인 희망은, 개별적으로 활용가능한 잠재능력에 구체적으로 관련되어 있는 긍정적 경험들과 실망들을 통해 조절된다.

이것에 대하여 어떻게 질문할 수 있는가: 여러분 중 누가 좀 더 낙관적입니까? 당신은 직업이나 개인적으로 어떤 계획을 가지고 있습니까? 당신(상대방)은 실망하였을 때 어떻게 반응합니까?(상황을 제시하라.) 당신은 어떤 영역에서 특히 환멸을 느끼기 쉽습니까?(상황을 제시하라.) 당신은 당신이나 상대방의 모든 것이 만족스럽게 변화할 것이라는 희망을 가지고 있습니까?(근거) 당신의 부모님 중 누가 좀 더 낙관적 혹은 비관적이었습니까? 그것은 어떻게 표현되었습니까?

동의어와 장애: 희망하기, 무엇인가 기대하기, 스스로 어떤 것을 약속하기, 전망이 좋은, 기대, 누군가에게 어떤 가능성을 제공하는 것, 지푸라기 붙잡기, 모든 것을 장밋빛으로 바라보기, 모든 것을 암담하게 바라보기, 의미 없는, 가망 없는, 도달하기 어려운, 풀리지 않는, 불가능한―희망 없음, 불만족, 비관주의, 체념, 환상으로의 도피, 수동적으로 기다리는 태도, 판단력 없는 낙관주의, 인생의 두려움, 죽음의 두려움, 행동 능력의 봉쇄, 자살 의도

행동의 규칙: '어두운 밤을 지나면 밝은 아침이 온다.' "너는 그것을 할 수 없다는 걸 알잖아." 대신에 "너는 아직 할 수 없을 뿐이야." 변화시킬 수 있는 것과 견디는 법을 배워야 하는 것(탄생, 죽음, 과거)을 구분할 수 있어야 한다. 내 희망이 성취되는지 성취되지 않는지 기다리면서 두고 볼 것인가? 아니면 그것에 대해 뭔가를 할 것인가? 가장 어둡고 희망이 없을 때조차도 그 원인은 있다. 대부분 그것은 활용가능한 잠재능력과 관련된 경험에 있다. 희망이 없어진 진짜 원인은 무엇인가? 희망과 가장 정확한 계획에도 불구하고 여전히 헤아릴 수 없는 요소가 남아 있다.

좌우명: 나는 예상되는 미래를 좋아한다. 그러나 불시에 갑자기 일어나는 일 역시 좋아한다.

신앙/종교

정의와 발달: 아직 알지 못하고 알 수 없는 것과의 관계를 정립하는 능력 그리고 이 알지 못하는 부분을 알게 될 때까지 한 걸음씩 나아가는 능력. 믿음은 자기 자신의 잠재능력에 대하여, 자신의 동료의 잠재능력에 대하여, 그리고 아직까지 알려지지

않았고 아직까지 연구되지 않은 과학적 진실과 종교의 알 수 없는 것들에 대하여 생길 수 있다. 어린이는 처음에 확고한 믿음을 가진다. 그러나 나중에 그 믿음의 내용이 분화된다. 어린이는 부모의 애정이나 정의를 믿는다. 부모의 본보기를 통해서 그는 알지 못하는 것과 알 수 없는 것과 관계를 맺는 법을 배우고, 역사적으로 형성된 종교적이거나 세계관과 관련된 믿음의 형태를 받아들인다.

이것에 대하여 어떻게 질문할 수 있는가: 당신의 결혼생활에, 종교나 세계관에서 비롯된 문제들이 있습니까? 여러분 중 누가 좀 더 종교적입니까? 당신은 절대자를 믿습니까? 당신은 죽음 이후의 삶을 믿습니까? 당신은 종교에 대하여 어떻게 생각합니까? 당신은 어떤 종교 단체에 속해 있습니까? 당신은 교회에 대하여 어떻게 느끼고 있습니까? 당신의 부모님 중 누가 좀 더 종교적이었습니까? 가정에서는 종교를 어떻게 실천했습니까(기도, 명상, 의식)? 당신은 당신(상대방)이 좀 더 발전할 수 있고 훨씬 더 깊이 비축된 에너지를 이용할 수 있다고 믿고 있습니까? 당신은 당신의 직업과 개인적인 활동을 위한 확고한 목표를 가지고 있습니까?

동의어와 장애: 받아들이는 것(신앙, 기타 등등), ~라고 믿는 것, 느끼는 것, 가정하는 것, 전제하는 것, 의지하는 것, 신뢰하는 것, 세계관, 관념, 이론, 전제—미신, 고집불통, 믿음의 위기, 불신, 불안, 공격성, 모방, 단념, 과중한 부담, 불확실성, 교류하는 기분, 인생의 두려움, 축적된 증오, 편견, 열망, 종교적 광신 등

행동의 규칙: 모든 인간은 예외 없이 신앙이라는 잠재능력을 가지고 있다. 신앙, 종교, 그리고 교회를 구분하는 것을 배워라. 당신 자신, 당신의 잠재능력, 상대방, 집단, 우상, 이상, 이론, 세계관, 신을 믿어라.

의 심

정의와 발달: 믿음을 논의의 대상으로 삼고, 판별하고, 서로 반대하는 내용에 중요성을 더하는 능력. 전인격보다 개별적인 활용가능한 잠재능력에 좀 더 관련이 있는 의심의 기능은 관련된 사람과의 상호작용 속에서 학습된다.

이것에 대하여 어떻게 질문할 수 있는가: 당신은 무엇에 대하여 의심하십니까? 당신은

당신 자신의 잠재능력을 의심합니까? 당신은 때때로 당신의 아내가(남편이) 당신과 꼭 맞지 않는다는 느낌이 있습니까? 당신은 적합한 직업을 선택하지 못했다는 느낌이 있습니까? 당신은 다른 시대, 다른 환경, 다른 사회에서 태어났다면 더 좋았을 거라고 생각합니까? 당신은 당신의 종교와 세계관을 때때로 의심합니까? 당신의 부모님 중 누가 가장 많이 의심했습니까?

동의어와 장애: 내적인 불일치, 동요, 머뭇거림, 우유부단함, 자기 자신과의 싸움, '예' / '아니요' 를 분명히 말하지 못하는 것, 결심하기 위해 노력하는 것―불확신, 불안, 양가감정, 기분의 변화, 변덕스러움, 성급함, 확신의 부재, 결단력 없음, 당혹, 자기 가치감의 문제, 부정적 사고 경향

행동의 규칙: 의심은 단지 연약함으로 간주되어서는 안 된다. 오히려 적시에 현실을 조절하기 위한 중요한 기능이라고 할 수 있다. 우리는 우리 자신, 배우자, 세계 또는 우리의 요구와 더 이상 일치하지 않는 것을 의심하는가?

확실성

정의와 발달: 의심을 한 후에, 더 이상 어떤 죄책감도 불러일으키지 않는 결정을 내리는 능력. 사람은 '예' 나 '아니요' 를 명확하게 말할 수 있고 이런 결정에 공감할 수 있다. 이에 더하여, 확실성은 믿음의 질 혹은 강도를 의미한다. 아기에게도 의심의 상황은 발견된다. 배가 고파서 우는 아기는 누군가 와서 먹을 것을 줄지 어떨지 알 수 없다. 어머니가 계속 해서 오고 또 오기 때문에 '나의 욕구가 즉각적으로는 아닐지라도 곧 만족하게 될 것이다.' 라는 확실성이 발달하는 것이다.

이것에 대하여 어떻게 질문할 수 있는가: 당신(상대방)은 어떤 것을 결정할 때 당신이 제대로 하고 있다는 느낌이 듭니까? 당신이 결정을 내려야 할 때(직업적/개인적으로) 얼마나 확신합니까? 당신의 부모님 중 누가 틀림없고, 침착하고, 확실하다는 느낌을 전달해 주기 위해 더 노력했습니까? 당신이 독립적으로 어떤 결정을 했을 때 당신의 부모님은 어떻게 반응하였습니까?

동의어와 장애: 확실함, 단호한 신념, 의심의 여지없이, 절대적인, 명백한, 분명하게,

질문할 것도 없이, 물론, 어떤 경우에라도, 확고부동함―엄격함, 독단주의, 고정, 광신, 방어, 양가감정, 죄책감, 불확실성, 불안, 불신, 희망 없음, 과중한 부담

행동의 규칙: 확실성과 의심을 조정하는 것은 현실을 시험하는 인간의 잠재능력이다. 당신은 어떤 내용과 관련해서 확실성을 느끼는가? 충실함, 정직, 정의 또는 종교적이거나 세계관과 연관된 내용인가? 자신의 확실성을 다른 사람들의 확실성과 대조하라(교제, 대화, 갈등을 인식하고 해결하는 것, 상호 이해와 존경, 가치에 대한 상대성).

일치성

정의와 발달: 활용가능한 잠재능력, 기본적인 잠재능력, 가치 체계, 그리고 경험들의 배열형태를 통합하는 능력. 이런 심리적 일치는 인격의 통일을 뒷받침해야 하는데, 이는 하나의 단위로서 기능과 특성, 그리고 몸과 환경과 시간의 욕구를 통합하는 능력을 의미하는 것이다. 이것에 대한 상위의 개념은 '보편적인 일치'다. 이것은 다른 사람, 집단, 생물, 사물, 권력과 관계를 맺고, 존재하는 상호 관련성을 이해하는 능력을 의미한다. 자아상을 포함하는 성격의 일치는 활용가능한 잠재능력과 기본적인 잠재능력의 발달, 그리고 이 능력들과의 경험에 의해 좌우된다.

이것에 대하여 어떻게 질문할 수 있는가: 당신은 당신의 신체적인 외모, 당신의 건강, 신체적인 능력에 만족하고 있습니까? 당신은 당신 자신 그리고 당신의 특징과 능력에 만족하고 있습니까? 당신이 인생의 의미와 연관시키고 있는 것, 곧 당신 자신의 복지, 가족, 국가와 같은 특별한 집단, 모든 인류 전체, 좀 더 나은 미래, 어떤 것에 만족하고 있습니까? 당신은 당신 자신과 일치한다는 느낌을 갖고 있습니까? 당신은 자신을 둘러싸고 있는 세계와 일치하고 있다는 느낌을 갖고 있습니까, 아니면 당신을 둘러싸고 있는 세계와 대치하고 있다는 느낌을 갖고 있습니까? 부모님이 당신 성격의 모든 영역에서 당신을 인정했다고 느꼈습니까? 만일 그렇지 않다면, 어떤 영역과 어떤 내용이 강조되거나 무시되었습니까?

동의어와 장애: 협동, 융합, 동일시, 연합된, 하나됨, 상호 관련성, 체계, 보편적인, 획일성, 전체성, 종합, 구조, 양극단―통합성의 상실, 분열, '나'에 관한 장애, 몰개성

화, 일방성, 건강염려증적 태도, 직업을 인생의 게임처럼 생각하기, 환상으로의 도피 또는 미래로의 도피, 편견, 정체성의 위기, 전체주의, 우상 숭배, 획일성, 파벌주의, 절충주의

행동의 규칙: 비록 우리가 그것을 지각하고 싶지 않더라도, 우리가 행하는 모든 것은 주변과 관계되어 있다. 어떤 환경이 우리에게 주어진다고 해도, 우리가 통합할 수 있도록 도와줄 수 있는 수많은 판단 기준들이 있다. 치료는 장애를 제거하는 것뿐 아니라, 일치성의 회복이기도 하다. 질병, 고통, 위기는 보편적인 장애가 아니다. 오히려 어떤 특정한 영역의 장애라고 볼 수 있다. 장애와 잠재능력을 구분하는 법을 배워라.

2. 긍정주의 심리치료에 대한 통계 조사

아래의 내용에서, 우리는 어린이의 눈에 띄는 행동뿐만 아니라, 상대방과의 관계와 직업적인 갈등에 관련하여, 어떤 활용가능한 잠재능력(일차적 잠재능력과 이차적 잠재능력)이 가장 빈번하게 지적되는지를 통계학적으로 조사하였다. 자료는 한 쌍의 커플들을 면접하는 방식(자기 스스로, 그리고 다른 사람이 등급을 매기는)을 통해 환자들에게서 수집되었고, 면접관이 평가한 주관적인 중요성에 따라 코드화되었기 때문에 시대적 경향을 반영하는 것이라 할 수 있다.

상대방과의 관계에 관련된 갈등(성적 장애)과 활용가능한 잠재능력

성적 장애(오르가슴과 관련된 어려움, 조루, 발기부전, 불감증, 강박적인 자위행위)를 가진 환자들의 기록에서 무작위로 50명의 환자(남성 환자 16명, 여성 환자 34명)를 표집하였다. 각각의 환자에게 그들의 파트너(배우자, 남자 친구, 여자 친구)와의 관계에서 있을 법한 갈등 영역에 대하여 질문하였다. 갈등의 요인으로서, 분화 분석 도구(단순형)에 포함된 활용가능한 잠재능력에 대해 주의를 기울이도록 하였다.

'질서정연'은 파트너와의 관계에서의 매우 중요한 갈등 요소로서 가장 빈번하게

지적되었다(48번, 즉 사례의 96%). 그렇지만 '예의'와 '정직/충실성'을 결합시키면 가장 번번하게 지적된 장애의 영역임을 보여 준다(50번, 100%).

서른 네 명의 환자(68%)가 활용가능한 잠재능력, '시간엄수'를 파트너와의 관계에 있어서 가장 중요한 갈등 내용 중 하나라고 생각하였다. 31명의 환자에게서는 청결이 갈등의 두드러진 영역이었다(62%). 스물일곱 명의 환자(54%)는 근면/성취, 24명의 환자(48%)는 절약의 중요성을 강조하였다. 나머지 이차적 잠재능력은 성적 장애와 관련해서 자주 언급되지 않았다.

일차적 잠재능력 중에서, '인내'의 결핍(34명, 68%), '교제'의 결핍(30명, 60%) 그리고 '시간'의 결핍(16명, 32%)이 가장 빈번하게 선택되었다

두 개 이상의 질적인 항목을 가진 변수에 대한 카이검증으로(Mitteneker, 1968, p. 45), 우리는 차이의 빈도가 기회에서 기인될 수 있는지를 검토하였다. 카이 제곱(x^2)은 .05 수준에서 유의미한 값을 산출하였다. 빈도의 차이가 기회 때문일 확률은 5% 미만이다.

직업적인 갈등과 활용가능한 잠재능력

이 조사는 직업이나 직업훈련(교사, 학교, 공부)에서 오는 어려움으로 우리에게 찾아 왔던 환자 34명(16명의 남성 환자, 18명의 여성 환자)의 무작위 표본에 기초하였으며, 그들과 관련된 자율신경 기능 장애와 기질성 신경증 장애에 대하여 언급하였다. 열여덟 명의 환자가 불안과 공격성을 증상으로 지적하였다. 여섯 명의 남성 환자(여성 환자는 한 명)가 공격적인 태도 또는 공격적인 행동방식에 불만을 가진 반면, 흥미롭게도 오직 세 명의 남자 환자만(여성은 여덟 명) 공포증 증상과 불안을 지적하였다. 열세 명의 환자가 신경과민과 내적인 동요 그리고 집중력 장애를 언급하였다. 집중력의 장애는 여성 환자에게서보다 남성 환자에게서 더 빈번하게 나타났다. 반대로, 신경과민과 내적 동요에 대해서는 여성 환자들이 좀 더 많이 해당된다는 징후들이 있었다. 아홉 명의 환자가 심실과 십이지장의 궤양과 더불어 위와 장의 질환을 호소하였다. 십이지장궤양의 임상적 특징은 남성 환자(여섯 명의 남성 환자 대 한 명

의 여성 환자)에게서 두드러지게 나타났다. 그 밖에 아홉 명의 환자가 억압에 대해 호소하였다.

이 집단은 다음과 같은 잠재적인 갈등에 대한 평가를 보여 주었다. 환자의 입장(개인적이고 직업적인 영역)에서 '정직/솔직' 은 갈등의 잠재성으로서 가장 빈번하게 지적되었다(15명의 환자). 열한 명의 환자가 '예의' 를 언급하였고, '시간엄수' '청결' 그리고 '질서정연' 역시 자주 지적되었다(28번). 10번 이상 언급된 활용가능한 잠재능력은 '근면/성취' '절약' 그리고 '신뢰/정확성' 이었다. 성별에 따른 중요한 차이점은 확인되지 않았다.

일차적 잠재능력 중에서, '성적 특질' (17번), '인내' (16번) 그리고 '교제' (15번)라는 활용가능한 잠재능력이 빈번하게 장애를 일으키는 것으로 대답되었다. 반면, 종교적인 태도(5명)는 상대적으로 거의 지적되지 않았다. 이제는 성인이 된, 자녀에 대한 부모의 부적절한 '인내' 와 부부간의 관계로 인해 각각 16개와 15개의 사례에서 방해받는 것으로 응답하였다. 반면, 부모의 외부세계와의 관계('교제')와 '종교' 와의 관계는 갈등을 일으키는 것으로 자주 인식되지 않았다. 34명의 환자 중에서 최소한 12명이 부모와의 관계를 (갈등이 내재된) 부모에 대한 애착으로서 간주하였고, 단연 어머니에 대한 애착이 현저하게 나타났다(어머니에 대한 애착은 10명, 아버지에 대한 애착은 2명이 대답하였다)

활용가능한 잠재능력의 관점에서 바라본 아동과 청소년의 눈에 띄는 행동

이 조사는 다양한 심리적 반응 장애, 자율신경 기능 장애, 기질성 신경증 장애로 인해 치료를 받으러 온 어린이 48명(3~16세까지의 32명 남자 어린이와 16명 여자 어린이)의 무작위 표본을 기초로 하였다. 대부분의 어린이들은 억제와 집중력 장애, 학교에서의 어려움, 학습과 집중력 장애, 불안이나 공격적인 행동, 그리고 내적인 동요, 신경과민 등 여러 가지 증상을 나타내었다.

부모(본보기가 되는 인물)에게 자녀의 '장애' 로 드러나는 이차적 잠재능력에 관한 견해를 물어보았다. 그리고 관련된 자녀와의 관계, 부부간의 관계, 외부세계와의 관계, 종교와의 관계에 대하여 질문하였다(기본적인 갈등).

이차적 잠재능력 중에서는, '근면/성취'와 '질서정연'이 두드러졌다(통계적으로 매우 유의미함). 이 두 가지 행동방식 모두 대부분의 사례에서 잠재적인 갈등을 분명하게 나타내는 것이다.

또한 통계적으로 유의미한 것은 아니지만 비교적 높은 빈도로 나타난 것은 '청결' '예의' '정직' '순종' 그리고 '시간엄수'였다.

'정의' '신뢰/정확성' '절약'은 필자와 동료들의 조사에서 사실상 고려되지 않았다.

일차적 잠재능력 중 부모의 입장에서 통계적으로 가장 의미가 있는 것은 '인내' (48개의 사례 중에서 39개)였고, 다음으로 '시간'의 결핍(48개 중에서 31개)이었다. 32개의 사례에서 부부간의 관계에서 장애를 겪고 있었으며(10쌍의 부부는 이혼하였다), 21개의 사례에서 외부세계와의 관계(부모의 입장에서 교제의 장애)에서 장애를 겪고 있었다. 종교적인 태도와 행동방식은 잠재적인 갈등으로 거의 나타나지 않았다.

이런 결과는 갈등이 내재된 방식으로 형성되어 온 활용가능한 잠재능력 간의 연관성을 지적하고 증상 특징들을 명백하게 보여 주는 것이다. 그러나 이런 통계학적 조사는, 다만 시대적인 경향을 의미하는 것으로, 예비 연구로서 간주되어야 한다는 점에 주의해야 한다. 설문지 구조에 대한 요건을 만족시켜 주고, '더 신뢰성이 있는' 자료를 제공해 줄 수 있는 분화 분석 도구가 준비 중에 있다. 긍정주의 심리치료에 대한 수많은 과학적인 연구가 다른 여러 대학의 심리학 연구소의 연구 계획에 포함되어 있다.

참고문헌

Abdu´l-Bahá (1981). *Some answered questions.* Wilmette, Illinois. Bahá´í Publishing Trust.

Adler, A. (1930). *The education of children.* London.

Adler, A. Individualpsychologische Behandlung der Neurosen. In *Praxis und Theorie der Individualpsychologie* (Fischer Taschenbuch no. 6236).

Allport (1958). *Werden der Persölichkeit.* Bern/Stuttgart.

Ammon, G. (1973). *Dynamische Psychiatrie.* Darmaradt, Luchterhand.

Ammon, G. (1974). *Psychoanalyse und Psychosomatik.* Munich, Piper Verlag.

Argelander, H. (1976). *The initial interview in psychotherapy.* New York, Human Sciences Press.

Bach, G., & Deutsch, R. (1971). *Pairing.* New York, Avon.

Bachmann, C. H., ed. *Psychoanalyse und Verhaltenatherapie* (Fischer Taschenbuch no. 6171).

Baháu´lláh (1976). *Gleanings from the writings of* Baháu´lláh. Wilmette, Illionois, Bahá´í Publishing Trust.

Balint, M. (1979). *The basic fault: therapeutic aspects of regression* (Classics in Psychoanalysis no. 5). New York, Brunner-Magel.

Balint, M. (1959). *Thrills and regressions.* New York, International Universities Press.

Battegay, R. (1971). *Der Mensch in der Gruppe, vol. 3.* Berne, Hans Huber.

Battegay, R., Mühlemann, R., Zehnder, R., & Dillingerm A. (1975). Konsumverhalten einer repräsentativen Stichprobe von 4082 gesunden 20 jährigen Schweizer Männern in bezug auf Alkohol, Drogen und Rauchwaren. in *Schweiz. med. Wschr, 105*, 180-187.

Beck, D., ed. (1975). *Psychosomatishe Schmerzyndrome des Bewegungsapparates.* Basel/Stuttgart, Schwabe & Co.

Benedetti, G. (1954). Die Welt des Schizophrenen und deren psychotherapeutische Zugänglichkeit. In *Schweiz. med. Wschr. 84*, 1029.

Berger, M. M. (1975). Foreword to *Gestalttherapie* (Polster, E. u. M.). Munich, Kindler.

Berne, E. (1978). *Games people play.* New York, Ballantine.

Bitter, W. (1965). *Psychotherapie und religiöse Erfahrung.* Stuttgart, Klett.

Bloomfield, Fiedler, L. (1985). *Making Peace with Your Parents.* New York, Ballantine Books.

Bollnow, O. F. (1938). *Wesen und Wendel der Tugenden.* Berlin. Ullstein.

Brästigam, W. (1968). *Reaktionen, Neurosen, Psychopathien.* Stuttgart, Thieme.

Brenner, Ch. (1974). *An elementary textbook of psychoanalysis.* Garden City, NY, Doubleday.

Bühler, Ch. (1962). *Psychologie im Leben unserer Zeit.* Munich/Zurich, Droemer/Knaur.

Clauser, G. (1972). *Die moderne Elternschule.* Freiburg, Herder.

Cremerius, J. (1974). *Psychoanalyse und Erziehungspraxis*(Fischer Taschenbuch no. 6076).

Christoph-Lemke, Ch. (1974). Bestrafung. In *Hamdbuch der Verhaltenstherapie,* Kraoder, 33-74.

Deidenbach, H. (1975). *Review of Schatten auf der Sonnenuhr* (N. Peseschkian). Wiesbaden, Medical Tribune.

Depner, R. (1974). *Äsztliche Ethik und Gesellschaftsbild.* Stuttgart, Enke.

Dreikurs, R., & Soltz, V. (1964). *Children: the challenge.* New York, Dutton.

Dreikurs, R., & Blumenthal, E. (1973). *Eltern und Kinder, Freunde oder Feind.* Stuttgart, Klett.

Erikson, E. H. (1964a). *Childhood and society.* New York, Norton.

Erikson, E. H. (1964b). *Insight and responsibility.* New York, Norton.

Erikson, E. H. (1980). *Identity and the life cycle.* New York, Norton.

Esslemont, J. E. (1980). Baháu´lláh *and the new era.* Wilmette, Illinois, Bahá´í Publishing Trust.

Etessami (1954). *Parvin Etessami diven* (Persian). Teheran, Madjless.

Ey, H. (1948). *Éudes psychiatriques: historique, méthodolgie, psychopathologie générale.* Paris.

Eysenck, H. J. (1960). *Handbook of abnormal psychology.* New York, Basic Books.

Eysenck, H. J., & Rachman, S. (1964). *Causes and cures of neurosis.* Brooklyn Heights, NY, EDITS.

Frhrenberg, J. (1970). Selg, H. *Freiburger Persönlichkeitsinventar (FPI).* Göttingen, Hogrefe.

Fanai, A. (1972). *Systematische Einfünrung in die moderne Psychoanalyse.* Frankfurt, Dipa-Verlag.

Fenichel, O. (1945). *The psychoanalytic theory of neurosis.* New York, Norton. Festinger, L. A. (1957). *Theory of cognitive dissonance.* Stanford, California.

Fittkau, B., Schulz von Thun, F. (1976). Ein paar Worte *über* Kommunikationstrainings. in *Psychologie heute, 2, 3.*

Frankl, V. (1959). Grundri β der Existenzanalyse und Logotherapie. In *Handbuch der Neurosenlehre und Psychotherapie, vol. 3.* Urban und Schwarzenberg.

Frankl, V. (1973). *The doctor and the soul: from psychotherapt to logotherapy.* New York, Random House.

Freud, A. (1966). *Normality and pathology in childhood: assessments of development.* New York, International Universities Press.

Freud, S. (1971). *Psychopathology of everyday life.* New York, Norton.

Freud, S. Psychische Behandlung (Seelenbehandlung). *Gesamtwerk, vol. 5, pp. 289-315.*

Freud, S. Die endliche und die unenliche Analyse. *Gesamtwerk, vol. 16, pp. 59-99.*

Fromm, E. (1971). *Revolution der Hoffnung,* Stuttgart, Klett.

Goeppert, S. (1976). *Grundkurs Psychoanalyse.* Reinbek, Rowohlt Taschenbuchverlag.

Guilford, J. P. (1964). *Persönlichkeit.* Weinheim, Beltz.

Harris, Th. A. (1982). *I'm O. K., you're O. K.* New York, Avon.

Honey, K. (1942). *Self Analysis.* New York, Norton.

Jacobson, E. (1938). *Progressive Relaxation.* Chicago.

Janov, A. (1981). *The primal scream.* Shepherdstown, West Virginia, Patmos Press.
Jordan, D. C. (Fall, 1968). Becoming your true self. *World Order: A Bahá'í Magazine,* 3:1, 43-51.

Jordan, D. C., & Street, D. D. (Spring, 1972). The ANISA Model. *World Order: A Bahá' í Magazine,* 6:3, 21-30.

Jordan, D. C., & Street, D. D. (Summer, 1973). Guiding the process of becoming: the ANISA theories of curriculum and teaaching. *World Order: A Bahá'í Magazine,* 7:4, 17-26.

Jung, C. G. (1938). *Psychology and religion,* New Haven, Connecticut, Yale University Press.

Katz, D., & Stotland, E. (1959). A preliminary statement to a theory of attitude structure and change. in S. Koch, ed., *Psychology: Study of a science, vol. 3.* New York, 423-475.

Köhler, W. (1929). *Gestalt psychology.* New York, Liveright.

Kraiker, Ch. (1974). Bemerkungen über die empirischen und theoretischen Grundlagen der Verhandlungstherapie. in *Handbuch der Verhandlungstherapi* Kraiker, ed., pp. 11-32.

Kranz, H. (1957). Abgrenzung der Neurose gegenüber Psychopathie und Psuchose. In *Handbuch der Neurosenlehre und Psychotherapie, vol. 1.* Gebstattel-Schultz, ed., Urban und Schwarzenberg.

Kreschmer, E. (1936). *Psysique and character: an investigation of the nature of constitution and of the theory of temperament.* Totown, New Jersey, Cooper Swuare.

Künkel, F. (1962). *Ringen um Reife: Eine Unterschung über Psycholgie, Religion und Selbsterziehung.* Konstanz, Friedrich Bahn.

Langen, D. (1973). *Psychotherapie: Kompendium für Studenten und Ärtzte.* Stuttgart, Thieme.

Lazarus, A. A. (1963). The results of behavior therapy in 126 cases of severe neurosis.

In *Behav. Res. Ther.* 1:69.

Loch, W. (1971). *Die Krankheitslehre der Psychoanalyse.* Stuttgart, S. Hirzel.

Luria, (1974). *Das Leben, das unvollendete Experiment.* Munich, Piper.

Maass, G. (1976). Schwindel als psychosomatisches Symptom. In *Diagnostik,* 10, 9.

Maeder, A. (1947). *Selbsterhaltung und Selbstheilung* (Kindler Taschenbücher no. 2062/63).

Mann, L. (1972). *Sozialpsychologie.* Weinheim and Basel, Beltz.

Meyer, H. H., ed. (1969). *Seelische Störungen.* Frankfurt, Unschau-Verlag.

Meyer, V., & Chesser, E. S. (1971). *Behavior therapy in clinical psychiatry.* New York, Aronson.

Mitscherlich, A. (1967). *Krankheit als Konflikt: Studien zur psychosomatischen Medizin,* II. Frankfurt, Suhrkamp.

Mitscherlich, A. (1970). *Versuch, die Welt besser zu bestehen: Fürf Plädoyers in Sachen Psychoanalyse.* Frankfurt, Suhrkamp.

Mittenecker, E. (1968). *Planug und statistisch Auswertung von Experimenten.* Vienna, Franz Deutikke.

Murray, H. A. (1943). *Thematic Apperception Test.* Cambridge, Harvard University Press.

Pavlov, J. P. (1953). *Vorlesungen über die Arteit der Gro βfirnhemisphären,* Sämtliche Werke, *Vol. IV.* Berlin, Akademie-Verlag.

Perls, F. S., Hefferline, R., & Goodman, P. (1951). *Gestalt Theory.* New York.

Peseschkian, N. (1974). *Actual Capabilities as Aspects of Connotation and Social Origination of conflict handling.* Presentation at the fifth International congress of Social Psychiatry, Athens, Sept. 1 to 7.

Peseschkian, N. (1974). *Psychotherapy as re-education.* Presentation at the fifth International Congress of Social Psychiatry, Athens, Sept. 1 to 7.

Peseschkian, N (1974) *The Meaning of Norm-Conflicts in the Development of Psychosomatic Diseases.* Presentation at the twelfth International Congress of International medicine, Tel Aviv, Sept. 8 to 13.

Peseschkian, N. (1974). Zum Beispiel Höflichkeit. In: *Sexualmedizin, Vol. 3,* pp 506-510.

Peseschkian, N. (1979). Der Körper sagt Nein. Ein Beispiel für die Positive Psychotherapie. In: *Sexualmedizin, vol. 8*, pp. 115-118.

Peseschkian, N. (1985). *Oriental Stories as Tools In Psychotherapy*. The Merchant and the Parrot. Berlin Heidelberg, New York, Springer.

Peseschkian, N. (1985). *Positive Family Therapy, The Family as Therapist*. Berlin Heidelberg, New York, Springer, 1985.

Peseschkian, N. (1985). *Positive Psychotherapy of Everyday Life*. Berlin Heidelberg, New York, Springer.

Peseschkian, N. (1985). *In Search of Meaning*. Berlin Heidelberg, New York, Springer.

Peseschkian, N. (1986). *Positive Psychotherapy in Psychosomatics*. Berlin Heidelberg, New York, Springer.

Polster, E., & Polster, M. (1975). *Gestalttherapie: Theorie und Praxis der integrativen Gestalttherapie*. Munich, Kindlich

Psychyrembel, W. (1972). *Klinisches Wörterbuch*. 251st edition. Berlin, de Gruyter.

Puntsch, E. (1971). *Zitatenhandbuch*, 5th expanded edition. Munich, Moderne Verlags GmbH.

Rachman, S. (1963). *Critical essays on psychoanalysis*. Oxford, Pergamon Press.

Rank, O. (1924). *Das Trauma der Geburt*.

Richter, H. E., Strotzka, H., & Willi, J. (1976). *Familie und seelische Krankheit*. Manburg, Rowohlt.

Rogers, C. R. (1957). The necessary and sufficient conditions of therapeutic personality change. In *J. Consult, Psychol, 21*, 95-103.

Rogers, C. R. (1962). The interpersonal theory of attitude dynamics. In *Harvard Educ. Review*, 416-429.

Rosenberg, M. J. (1960). A structural theory of attitude dynamics. In *Publ. Opin. Quart, 24*, 319-340.

Rumi (called Mowlana) *Massnavi* (Persian). Teheran, Islàimie Publishing Co.

Sadi *Sadi Divan* (Persian). Marefat Publishing Co.

Selve, H. (1978). *The stress of life* (2nd ed.). New York, McGraw.

Schulte, W., & Tölle, R. (1971). *Psychiatrie*. Berlin, Springer.

Schultz, J. H. (1970). *Das autogene Training*, 13th ed. Stuttgart, Thieme.

Schultz-Hencke, H. (1951). *Lehrbuch der analytischen Psychotherapie.* Stuttgart, Thieme.

Shoben, E. J. (1953). Some observations on psychotherapy and the learning process. In O. H. Mowere, *Psychotherapy: theory and research.* New York.

Spiegelberg, U. (1965). *Colitis ulcerosa.* Stuttgart, Enke.

Spoerri, Th. (1963). *Kompendium der Psychiatrie.* Frankfurt, Akademischebn Verlagsgesellschaft.

Süllword, L. (1975). Der pädagogische Impetus des Buches ist dessen Stärke. Review of *Schatten auf der Sonnenuhr* (N. Peseschkian). Wiesbaden, Medical Tribune.

Stern, W. (1923). *Theorie und Wirklichkeit als metaphysische Probaem.* Heidelberg, Carl Winter.

Stern, W. (1923). *Person und Sache.* Complete Works, *Vol. 1.*

Tausch, R. (1974). *Gespächspdychotherapie,* 6th ed. Göttingen, Holgrefe.

Thibant, J. W., & Kelly, H. H. (1959). *The social psychology of groups.* New York.

Weil, A. P. (1976). Der psychische Urkern. *Psyche, 5.*

Wengle, E. M. (1974). Der systematische Desensibilisierung. In *Habdbuch der Verhaltenstherapie,* Kraiker.

Wolpe, J. (1982). *The practice of behavior therapy,* 3rd ed. Elmsford, New York, Pergamon.

찾 아 보 기

저자 소개

Nossart Peseschkian

저자 페제슈키안은 국제적인 강연가로 미국, 하와이, 캐나다, 뉴질랜드, 호주, 파푸 아뉴기니, 케냐, 일본, 인도, 브라질, 스위스, 오스트리아, 독일 등의 대학에서 강연을 했다. 1969년 이후 비스바덴(WIESBADEN)에서 심리치료와 가족치료를 주로 하는 전 문병원을 운영하였으며, 독일의 한센의과협회 소속의 의학교육학교에서 부교수로 재 직하였다.

역자 소개

김희진

미국 보스턴 대학교 석사(목회상담심리 전공)

서울여자대학교 대학원 박사(교육심리학 전공)

미국 AAMFT(American Association for Marriage
  and Family Therapy) 정회원

가족치료 전문가, 한국상담학회 · 가족상담학회 수련감독자

한국목회상담협회 수련감독자

전 평택대학교 상담대학원 교수
  평택대학교 학생생활상담소장

현 서울외국어고등학교장

긍정주의 심리치료
Positive Psychotherapy

2010년 7월 15일 1판 1쇄 인쇄
2010년 7월 20일 1판 1쇄 발행

지은이 • Nossrat Peseschkian
옮긴이 • 김희진
펴낸이 • 김진환
펴낸곳 • ㈜ 학지사

121-837 서울특별시 마포구 서교동 352-29 마인드월드빌딩 5층
대표전화 • 02) 330-5114 팩스 • 02) 324-2345
등록번호 • 제313-2006-000265호

홈페이지 • http://www.hakjisa.co.kr
커뮤니티 • http://cafe.naver.com/hakjisa

ISBN 978-89-6330-462-5 93180

정가 22,000원

인터넷 학술논문 원문 서비스 **뉴논문** www.newnonmun.com